O negócio de **apps** para iPhone e iPad

Criando e comercializando aplicativos de sucesso

Dave Wooldridge e
Michael Schneider

TRADUÇÃO SERGIO FACCHIM

REVISÃO TÉCNICA JOE KISSEL E MARCOS TRINCA

LSEVIER

CAMPU

Do original: *The Business of iPhone and iPad App Development, 2nd edition*
Tradução autorizada do idioma inglês da edição publicada por Apress®.
Copyright © 2011, by Dave Wooldridge and Michael Schneider

© 2012, Elsevier Editora Ltda.

Todos os direitos reservados e protegidos pela Lei nº 9.610, de 19/02/1998.
Nenhuma parte deste livro, sem autorização prévia por escrito da editora, poderá ser reproduzida ou transmitida sejam quais forem os meios empregados: eletrônicos, mecânicos, fotográficos, gravação ou quaisquer outros.

Coodernador de Produção: Sandra Scapin
Preparação de Texto: Márcia Duarte, Bel Ribeiro
Revisão: Heraldo Vaz
Editoração Eletrônica: S4 Editorial

Elsevier Editora Ltda.
Conhecimento sem Fronteiras
Rua Sete de Setembro, 111 – 16º andar
20050-006 – Centro – Rio de Janeiro – RJ – Brasil

Rua Quintana, 753 – 8º andar
04569-011 – Brooklin – São Paulo – SP

Serviço de Atendimento ao Cliente
0800-0265340
sac@elsevier.com.br

ISBN original 978-14-302-3300-8
ISBN 978-85-352-4808-1

Nota: Muito zelo e técnica foram empregados na edição desta obra. No entanto, podem ocorrer erros de digitação, impressão ou dúvida conceitual. Em qualquer das hipóteses, solicitamos a comunicação ao nosso Serviço de Atendimento ao Cliente, para que possamos esclarecer ou encaminhar a questão.

Nem a editora nem o autor assumem qualquer responsabilidade por eventuais danos ou perdas a pessoas ou bens, originados do uso desta publicação.

CIP-BRASIL. CATALOGAÇÃO-NA-FONTE
SINDICATO NACIONAL DOS EDITORES DE LIVROS, RJ

W861n

Wooldridge, Dave
   O negócio de apps para iPhone e iPad : criando e comercializando aplicativos de sucesso / Dave Wooldridge e Michael Schneider ; [tradução de Sergio Facchim ; revisão técnica Joe Kissel]. - Rio de Janeiro : Elsevier, 2012.

   Tradução de: The business of iPhone and iPad App development : making and marketing Apps that succeed
   ISBN 978-85-352-4808-1

   1. Software de aplicação - Desenvolvimento. 2. Software de aplicação - Marketing. 3. iPhone (Smartphone) - Programação. 4. iPhone (Smartphone) - Software. 5. iPad (Computador) - Programação. 6. iPad (Computador) - Software. I. Schneider, Michael. II. Título.

11-5055.   CDD: 005.1
                    CDU: 004

Agradecimentos

Dave e Michael gostariam de agradecer a Dominic Shakeshaft e toda a família da Apress por acreditarem neste livro. Nada disto teria sido possível sem as diversas pessoas incríveis que estiveram envolvidas neste projeto. O talentoso Douglas Pundick forneceu orientação inestimável. A maravilhosa Kelly Moritz não apenas nos manteve no caminho, mas seu espírito positivo foi um grande motivador. O brilhante Joe Kissel contribuiu com informações técnicas essenciais e testou pacientemente todos os códigos de exemplo do livro. A mágica revisional de Marilyn Smith realmente nos tornou melhores escritores. A magia de sempre da equipe de produção garantiu que nossas humildes palavras parecessem boas quando impressas, e o pessoal de marketing e de vendas trabalhou duro para entregar essas palavras aos leitores em todo lugar. Obrigado! Nós agradecemos imensamente todos os seus esforços e dedicação.

Dave gostaria de agradecer pessoalmente aos bons amigos Clay Andres e Dave Mark por convidá-lo para se unir à turma da Apress. "Um agradecimento muito especial à minha família por seu apoio. Eu certamente não seria hoje um autor sem as habilidades para escrever que aprendi com minha mãe há muito tempo. Obrigado, Mãe! Finalmente, sou eternamente grato pelo imenso amor e incentivo da minha esposa, Madeleine, por toda esta longa jornada. Você é meu porto seguro e minha alma gêmea!"

Michael gostaria de agradecer pessoalmente a Clay Andres por envolvê-lo neste projeto, e a Mark Johnson por fazer as apresentações que deram início a tudo. "Meu muito obrigado aos meus pais, Mark e Nancy, por incentivarem meu interesse em aprender, e à minha esposa, Stacy, por me apoiar na minha contribuição com este livro e na decisão de deixar o mundo corporativo e perseguir meus sonhos."

Prefácio

Primeiramente, gostaria de agradecer a todos que compraram uma cópia da primeira edição, fazendo dela o best-seller de negócios e marketing de aplicativos entre as publicações para desenvolvedores iOS. Agradeço, realmente, por todos os maravilhosos comentários e retornos que recebi dos projetistas, programadores e gerentes de projeto de aplicativos que consideraram o livro proveitoso. Mas, mesmo que já tenha lido a primeira edição, você rapidamente descobrirá a grande quantidade de novos materiais que há nas páginas desta segunda ediçao.

Apenas um ano se passou desde a publicação da primeira edição, e, ainda assim, tantos novos e empolgantes desenvolvimentos aconteceram na arena móvel, que o livro definitivamente precisava desta bem merecida atualização. Dentro desse curto espaço de tempo, a Apple mudou o nome do iPhone OS para iOS, visando ao desenvolvimento em múltiplas plataformas, liberou o instantaneamente popular tablet iPad e o iPhone 4, lançou sua própria rede de propaganda in-app iAd, revelou o impressionante novo Xcode 4, introduziu o Game Center, continuou evoluindo e melhorando o iTunes Connect e a App Store, e a lista continua...

Alguns novatos têm a irreal crença de que se você criar um bom aplicativo as pessoas o comprarão, e por isso acham que um livro inteiro sobre o marketing de aplicativos é um exagero. Esta crença não poderia estar mais errada! Como qualquer desenvolvedor experiente que atualmente venda aplicativos na App Store pode atestar, você deve fazer todo o possível para ajudar a aumentar a exposição e as vendas do seu aplicativo. Com mais de 300 mil aplicativos disponíveis na já superlotada App Store (e esse número continua crescendo exponencialmente a cada ano), agora é mais importante do que nunca aprender como promover seu aplicativo de forma bem-sucedida para que ele se sobressaia dentro do imenso mar de concorrentes.

Esta recém-revisada e expandida segunda edição está repleta de soluções vencedoras de marketing e estratégias eficazes de negócios sobre as mais recentes oportunidades no mundo iOS, inclusive uma ampla nova cobertura de marketing de aplicativos para iPhone e iPad, aplicativos universais, iAd, atualizações da Compra in-app, recentes alterações na política de submissão da App Store, interpromoção in-app, mídia social e compartilhamento, e muito mais! Aproveite! E que seu aplicativo se torne o próximo grande vendedor na App Store.

Saudações,

Dave Wooldridge

Sumário

Capítulo 1: Vendo o panorama geral no mercado abundante da App Store **1**

Por que um livro de negócios para desenvolvedores iOS?.................. 2
    Descobrindo o novo mundo do marketing móvel...................... 2
    Fique tranquilo, este não é um típico livro de negócios 3
Planejando sua própria história de sucesso........................... 3
Como usar este livro 6
Iniciando com seu primeiro aplicativo iOS 8
Já está na App Store? Nunca é tarde para estimular as vendas............. 10
Desenvolvendo aplicativos iOS para os clientes 10
Pronto para mergulhar?....................................... 10

Capítulo 2: Fazendo a lição de casa: analisando ideias de aplicativos iOS e fazendo uma pesquisa competitiva **11**

Atendendo a uma necessidade 11
    Descobrindo mercados inexplorados 12
    Melhorando a experiência móvel.............................. 15
    Competindo com aplicativos similares 16
Quando evitar categorias saturadas 17
Avaliando a concorrência...................................... 19
    Usando diretórios alternativos de aplicativos para pesquisa competitiva...... 21
    Analisando as estatísticas de classificação de aplicativos................. 21
    Encontrando inspiração nos comentários dos clientes sobre seus concorrentes. 22

Aprendendo com o erro dos outros 23
Indo além dos comentários dos clientes na App Store 24
Levando seu concorrente para um test-drive 25
Definindo seu diferencial 25
Objetivando múltiplos dispositivos iOS 26
Os aplicativos universais pela perspectiva comercial 27
O que há no nome de um aplicativo? 29
Registrando nomes de domínio de websites 32
Construindo uma identidade única para o seu aplicativo iOS 33
Progredindo 33

Capítulo 3: Protegendo sua propriedade intelectual 35

O que é propriedade intelectual? 36
Definindo sua estratégia de propriedade intelectual 37
Os aplicativos iOS são diferentes 37
Desenvolvendo um plano de jogo específico para aplicativos iOS 38
O direito de autor para aplicativos 39
Como obter o copyright 39
Limitações da proteção por copyright 40
Solicitando registro de marcas para ícones e logotipos de aplicativos ... 40
Como obter o registro de marca 41
Escolhendo uma marca 42
Segredos comerciais (Trade Secret) 43
Como estabelecer um segredo comercial? 44
Acordos de confidencialidade 44
Limitações da proteção do segredo comercial 45
Patentes 46
Sua invenção é patenteável? 47
Evitando a barreira temporal 48
Como solicitar uma patente 48
Registrando você mesmo uma solicitação provisória de patente 48
Tratando da propriedade intelectual em contratos com funcionários e terceiros .. 49
Contratando terceiros 49
Contratando funcionários 50
Adquirindo licenças de uso de propriedade intelectual 51
Documente suas licenças de uso de propriedade intelectual de terceiros .. 51
Saiba o que você está obtendo 52
Evite licenças virais 52
Não use marcas registradas da Apple 52
Criando um contrato personalizado de licença para usuário final 53
A finalidade do EULA 53
Aviso legal sobre garantia 53
Limitações de responsabilidade 54
O EULA da Apple 54

Motivos para usar o seu próprio EULA	55
Como e quando buscar proteção legal	55
Os primeiros passos na solução de uma demanda	56
Pré-litígio	56
Litígio	57
Resumo	57

Capítulo 4: Seu aplicativo para iOS é sua mais poderosa ferramenta de marketing 59

Colocando um pé dentro: as primeiras impressões são as que valem	59
O primeiro estímulo visual	60
O segundo estímulo visual	60
Mais incentivo para uma boa primeira impressão	61
Jogando pelas regras no campo da Apple	61
Projetando para múltiplos dispositivos iOS	63
Preparando materiais artísticos de interface	63
Considerações sobre orientação no iPad	64
Duplique a diversão com as imagens no Retina Display	65
Criando um ícone e um logotipo eficazes para o aplicativo	65
Regras e ferramentas para ícones de aplicativos	66
Desenhando um ícone de aplicativo personalizado	68
Não se esqueça do logotipo	72
Mantendo uma identidade de marca consistente	74
Desenho da interface: pense como um usuário, não como um desenvolvedor	75
O imenso valor de fazer protótipos	76
Colocando suas ideias no papel	77
Lindos modelos no Illustrator e no Photoshop	78
Outras ferramentas de software para desenhar modelos	79
Desenhando aplicativos com aplicativos móveis	80
Prototipagem em papel	80
Testando interações do usuário com o seu protótipo	81
Subindo de nível com uma interface personalizada	83
A confortável familiaridade do UIKit	84
Ícones e imagens	86
Cores da barra de ferramentas	87
Cores e imagens de background	88
Desenhando para acessibilidade	88
Dicas para o artisticamente incapaz	89
Encontrando imagens e ícones	90
Escolhendo as fontes	91
Acrescentando áudio e música	92
Usando serviços profissionais de design	92
Um impulso criativo	93

Capítulo 5: Iniciação social: promovendo seus aplicativos dentro dos aplicativos 95

Estimulando usuários a enviar comentários dentro do seu aplicativo 95
    Buscando retorno durante a execução 96
    Quando pedir classificações.................................... 98
Conte a um amigo com in-app Email e redes sociais 99
    Usando serviços web de terceiros............................... 100
    Conectando usuários com o in-app Sharing....................... 100
    Adicionando suporte a e-mail 105
    Integrando Twitter e Facebook 108
        Acessando a API do Twitter................................ 109
        Usando o Facebook SDK para iOS........................... 110
        Usando o ShareKit....................................... 111
A força em números: criando sinergia com interpromoções in-app 113
    Configurando uma loja 115
    Unidos prosperaremos... 116
Faça seus usuários falarem com plataformas sociais de jogos de terceiros 118
    O entusiasmo é contagiante.................................... 119
    Escolhendo uma plataforma social de jogos...................... 120
Um merecido reconhecimento....................................... 121

Capítulo 6: Dinheiro, pra que dinheiro? Quando vale a pena ser gratuito......................... 123

Gerando receita com aplicativos gratuitos 123
    Estratégias gratuitas.. 124
    Experimente antes de comprar.................................. 124
Escolhendo um caminho: Lite versus Compra in-app.................... 125
A abordagem lite: muito gostosa e não engorda 127
    Não se arrisque: as restrições da versão lite 128
    Uma versão lite pode realmente incentivar a venda de aplicativos pagos? 129
    Eles não vão comprar a vaca se o leite for de graça 130
        Versões lite de aplicativos de produtividade e utilitários......... 131
        Versões lite de jogos..................................... 132
    Quando liberar a versão lite................................... 133
    Aperfeiçoando o discurso de vendas in-app...................... 134
        Colocando o botão Comprar 134
        Adicionando informações de atualização na versão lite 135
        Incluindo análises....................................... 138
    Deixando sua versão lite à prova de falhas....................... 139
    Migrando dados da versão lite para a versão paga 140
        Sincronizando com a nuvem.............................. 140
        Transferindo dados via URL.............................. 141
Garantindo uma fatia do mercado: doe agora e receba depois 143

Buscando receita adicional com programas de afiliação........... 146
   Como funcionam os programas de afiliação 146
   Ingressando no iTunes Affiliate Program................ 148
Aumentando a velocidade 149

Capítulo 7: Capitalizando aplicativos gratuitos com iAd e outras oportunidades de propaganda in-app ... 151

Quando usar a propaganda in-app........................... 151
   Conhecendo o seu público 152
   A propaganda in-app como uma ferramenta de vendas 153
Escolhendo uma rede móvel de propaganda..................... 154
   Investigando as opções............................... 154
   Qual rede de propaganda é melhor para você? 155
      Tamanhos e formatos de propaganda suportados 156
      Relatórios e análises........................... 156
      Disponibilidade global e direcionamento............. 156
      Taxas de ganhos e de preenchimento................ 157
Construindo um negócio com aplicativos suportados por propaganda........ 158
   Harmonizando a estética da interface com as propagandas........ 158
      Desenhando aplicativos gratuitos com propagandas removíveis 159
      Desenhando duas versões: com e sem propagandas 160
   Encontrando a melhor combinação de redes de propaganda........ 161
   Aproveitando a força das propagandas domésticas 162
Implementando a iAd da Apple nos seus aplicativos para iOS 164
   Associando-se à iAd Network 164
   Projetando o seu aplicativo para exibir banners iAd............ 165
   Programando o seu aplicativo para trabalhar com propagandas........ 168
      Criando um novo projeto Xcode 168
      Acrescentando o iAd Framework ao projeto 169
      Acrescentando ao projeto a classe Reachability, da Apple....... 169
      Construindo a fundação do aplicativo 170
      Verificando a conexão do dispositivo iOS com a rede 173
      Criando a interface do aplicativo e a hierarquia da UIView........ 174
      Copiando para o projeto seus arquivos domésticos com imagens de propaganda 176
      Criando o código da propaganda in-app 177
   Habilitando as propagandas ao vivo no seu aplicativo........... 188
Saber é poder: rastreando a utilização do aplicativo através de análises 188
Considerando patrocínios e acordos de colocação do produto........... 190
O ponto de desequilíbrio................................. 191

Capítulo 8: Explorando o modelo freemium com compras in-app 193

A fidelidade compensa: os atuais usuários são os melhores clientes........... 193

Suportando a cauda longa: ganhando dinheiro com o desenvolvimento
contínuo 194
O desafio de mudar a percepção do cliente. 195
Quando e como usar a Compra in-app 198
Entendendo os fundamentos 199
Tipos de compras in-app 199
Diretrizes da Compra in-app 200
O poder da simplicidade 201
Vendendo mais conteúdo 202
Oferecendo serviços e assinaturas 204
A apresentação é a chave do sucesso. 205
Encontrando o ponto ideal 206
Colocando a dose certa de ingredientes. 207
Permitindo que os usuários gastem tanto dinheiro quanto quiserem 208
Entregando e gerenciando as Compras in-app 209
Destravando o conteúdo embutido. 209
Baixando conteúdo do seu servidor 211
Encontrando ajuda na nuvem 213
Configurando a Compra in-app no iTunes Connect 214
Estabelecendo uma conta de iTunes Test User. 214
Criando os itens de compra in-app 215
Gerenciando seus itens de Compra in-app 218
Preparando o seu dispositivo de teste. 219
Explorando o Store Kit Framework 220
Configurando o projeto para Compra in-app 220
Configurando o básico 221
Colocando a Compra in-app para funcionar 223
Passo 1: O cliente permite Compras in-app?. 223
Passo 2: Busque os itens de Compra in-app disponíveis 224
Passo 3: Solicitar uma compra 226
Passo 4: Status do recebimento do pagamento. 227
Passo 5: Fornecer acesso ao conteúdo adquirido 229
Restaurando o conteúdo pago 231
Procurando ouro 231

Capítulo 9: Testes e usabilidade: causando uma boa impressão 233

Evitando a maioria dos comentários de uma estrela 233
Evitando as armadilhas comuns 234
Pedindo retorno direto 235
Evitando a frustração do usuário com a ajuda in-app 237
Plantando sementes de conhecimento com dicas na tela 238
Vídeos instrucionais: a faca de dois gumes. 239
Não fale, mostre com demonstrações visuais 240

Oferecendo manuais móveis com ajuda baseada em texto	242
Um pouco de HTML vai longe	242
Criando ajuda in-app com frameworks web móveis	244
Provisionamento: configurando um dispositivo de desenvolvimento	245
Passo 1: Definir o seu dispositivo de teste no Xcode Organizer	245
Passo 2: Obtenha seu certificado de desenvolvimento	246
Passo 3: Registre o ID do seu dispositivo	248
Passo 4: Crie um App ID	249
Passo 5: Gere e instale o seu provisioning profile	250
Passo 6: Execute o projeto Xcode no seu dispositivo de teste	251
Testes beta: navegando pelas complexidades da distribuição ad hoc	253
Passo 1: Obtenha o seu certificado de distribuição	253
Passo 2: Registre os device IDs dos seus beta testers	256
Reunindo a tropa	256
Coletando um UDID de cada beta tester	257
Passo 3: Gere e instale um perfil ad hoc de provisionamento de distribuição	258
Passo 4: Configure o seu aplicativo para distribuição Ad Hoc	259
Passo 5: Crie o arquivo Entitlements	260
Passo 6: Compile o seu aplicativo iOS	260
Passo 7: Distribuir seu aplicativo para os beta testers	261
Distribuição sem fio para os beta testers	262
De bem com a vida	263

Capítulo 10: Deixe a festa começar! Criando expectativa antes do lançamento ... **265**

A contagem final: preparando para a decolagem	265
Investindo tempo para encontrar o seu público	266
Afine o seu discurso de elevador	266
Colete materiais adicionais de marketing pré-lançamento	268
Logotipo da empresa	268
Ícone e logotipo do aplicativo	269
Imagens das telas	269
Trailer de vídeo	270
Presença dedicada na web	272
O seu aplicativo iOS merece um website bem desenhado	272
Hospedagem web	272
A guerra dos formatos: blogs contra sites personalizados	273
Os benefícios do nome de domínio (domain name)	273
Táticas de SEO	275
Tag <title>	275
Metatags de description e keywords	276
Texto rico em palavras-chave	276
URLs com palavras-chave favoráveis	277
Mantendo links válidos	277

XML Sitemap 277
Rastreando o tráfego de websites 278
A anatomia de um website de aplicativo iOS 279
    Identidade de marca do aplicativo 281
    O breve discurso: o que é e por que eu deveria me preocupar? ... 283
    Emblema de identidade da App Store 283
    Botão de compra 283
    Preço 284
    Imagens das telas e vídeo 284
    Detalhes adicionais 287
    Mídia social 287
    Seu blog e feed RSS 290
    Mala direta de notícias por e-mail 292
    Suporte ao cliente e informações de contato 293
    Identidade da empresa 294
    Interpromoção dos seus outros produtos 294
    Extras para baixar 295
    Antes de vender, comece a receber 295
Por que a compatibilidade do site com o Mobile Safari é tão importante? 296
    "Estou pronto para meu close-up, Mr. Viewport" 297
    Usando a detecção de navegador para entregar conteúdo direcionado 299
        JavaScript para detecção de navegador 300
        PHP para detecção de navegador 301
    Substituindo dinamicamente Flash com conteúdo compatível com iOS 301
        JavaScript para substituição de Flash 302
        PHP para substituição de Flash 302
    Deixando lindo o Bookmarking da sua tela principal 303
Vamos fazer um pouco de barulho: a força dos blogs, Twitter e Redes Sociais ... 304
    Cultivando uma comunidade on-line 304
    Blogando 304
        Redistribuindo o conteúdo do seu blog para publicação 305
        Solicitando comentários 305
        Hospedar seu próprio blog ou usar um serviço de blog de terceiros? ... 306
    Twitter 306
        Gerenciando as contas do Twitter 307
        Ganhando seguidores 307
        Personalizando seu perfil 309
        Palavras-chave e hashtags 312
        Listas do Twitter 313
        Gerenciando o tráfego 314
    Facebook 314
        Criando uma Página do Facebook 315
        Conectando-se com os fãs 316
        Importando seu blog, enviando para o Twitter 316
    Outras redes sociais e fazendo bookmark de sites 318

Comentando em fóruns, grupos e blogs 318
Sem muito barulho: mantendo uma reputação profissional 319
Todos admiram um vencedor: coletando notícias pré-liberação e testemunhos . . . 321
    Preparando uma lista de distribuição 321
    Estabelecendo relacionamentos 322
    Oferecendo montagens Ad Hoc exclusivas e avançadas para garantir cobertura 323
Passando o bastão. 324

Capítulo 11: As chaves do reino: o processo de submissão à App Store 325

A política de preços 326
    Analisando aplicativos similares 326
    Espaço de manobra 326
    Sustentando um negócio de longo prazo 327
    O valor percebido e a resistência do consumidor. 329
Melhorando a descoberta do aplicativo: a arte das palavras-chave e dos nomes . . . 331
    Atribuindo palavras-chave 331
    O jogo do nome. 333
Aperfeiçoando o discurso de vendas da descrição do seu aplicativo 335
    O que ela é? 335
    Prêmios e testemunhos 336
    Recursos e benefícios do aplicativo 336
    Juntando tudo. 337
Uma imagem vale por mil palavras: a importância das imagens de tela 338
    Escolhendo a imagem de tela principal 338
    Quando uma imagem de tela é mais do que isso 340
Preparando o binário do seu aplicativo para a App Store 342
    Passo 1: Verifique se seu certificado de distribuição continua instalado. 342
    Passo 2: Gere e instale um provisioning profile de distribuição na App Store . . 343
    Passo 3: Configure seu projeto Xcode para distribuição na App Store 343
    Passo 4: Compile seu aplicativo iOS 345
Garantindo que a Apple tenha processado seus contratos e configurações de
    pagamento 346
Não chegamos ainda? Submetendo seu aplicativo ao iTunes Connect 346
    Passo 1: Criar uma entrada de novo aplicativo 347
        Nome da empresa e idioma principal 347
        Informações sobre o aplicativo 347
    Passo 2: Definir a data de disponibilidade e o preço 350
        Data de disponibilidade 350
        Faixa de preço 351
        Descontos educacionais e disponibilidade regional 351
    Passo 3: Submetendo os metadados do seu aplicativo 351
        Version Number (Número de versão) 351
        Description (Descrição) 352

Primary Category e Secondary Category (Categoria principal e categoria
  secundária) 352
Keywords (Palavras-chave) 353
Copyright 353
Contact Email Address (Endereço do e-mail de contato)............ 353
Support URL (URL de Suporte) 353
App URL 354
Review Notes (Notas adicionais) 354
Passo 4: Atribuir uma classificação para seu aplicativo............ 355
Passo 5: Carregar o ícone e as imagens de tela do seu aplicativo 357
Ícone da App Store... 357
Imagens de tela do aplicativo.................................... 358
A listagem do seu novo aplicativo no iTunes Connect 359
Passo 6: Suporte a vários idiomas 359
Passo 7: Carregar o binário do seu aplicativo para análise na App Store 360
Export Compliance (Autorização para exportação) 360
Status de Waiting for Upload App (Status de espera pelo upload do
  aplicativo).. 361
Submetendo o binário do seu aplicativo no Xcode Organizer........... 362
Status de Developer Rejected (Status de desenvolvedor rejeitado) 362
Status In Review (Status em análise) 363
Status Ready for Sale (Status pronto para venda) 363
Recebendo notificações sobre o status do aplicativo 363
Tente, tente novamente: lidando com rejeições na App Store 364
Aprovado! Você chegou à terra prometida 365
Analisando as estatísticas de venda do seu aplicativo na App Store 366
Acelere seus motores 368

Capítulo 12: Aumentando a perceptividade do seu aplicativo iOS 369

Dedicando tanto esforço ao marketing do seu aplicativo quanto dedicou ao seu
  desenvolvimento.. 369
Lançando com uma supernova de publicidade 370
Recrutando ajuda dos profissionais............................... 370
A arte de criar um press-release eficaz............................... 371
Os ingredientes essenciais de um press-release................... 372
Instruções de liberação (A) 373
Linha do assunto (B) 374
Linha do resumo (C) 374
Introdução (D)... 375
Descrição (E).. 375
Preço e disponibilidade (F).................................. 375
URL do website e informações adicionais (G).................. 375
Sobre sua empresa (H) 376

Fim do press-release (I) 376
Informações de contato para a mídia (J) 376
Traduzindo seu press-release 377
A sala de imprensa virtual 24/7 377
Conectando-se com a imprensa 378
   Formatando seu e-mail de anúncio 378
   A quem notificar? 379
   Chegando às massas 380
   Reforçando relacionamentos com um "obrigado" 380
Distribuindo códigos de promoção: solicitando análises de aplicativos para blogs e sites de análise influentes 381
   Fornecendo material para análise 381
   Obtendo códigos de promoção 383
   Publicidade requer planejamento e paciência 384
Usando promoções e brindes para melhorar a descoberta do aplicativo 385
Programando uma boa promoção de vendas para rejuvenescer o interesse pelo aplicativo 389
A propaganda pode vender aplicativos? 390
   Fazendo propaganda para uma audiência móvel 391
   Tirando proveito do iAd for Developers 392
   Incentivos "pague por instalação" para venda cruzada de aplicativos 393
Ficando conectado com os clientes 394
   Entregando atualizações frequentes do aplicativo 395
   Fornecendo suporte de alta qualidade 395
Dicas adicionais para manter o momentum na App Store 396
   Apostando no prestígio de prêmios e recomendações 397
   Compartilhe seu conhecimento 397
   Participando de entrevistas e podcasts 398
Olhando para o horizonte 398

Apêndice: Recursos on-line para pesquisa e marketing de aplicativos 401

Sites com diretórios, notícias e análises sobre aplicativos iOS 401
Recursos adicionais para comercialização de aplicativos 404

Índice remissivo 405

Capítulo 1

Vendo o panorama geral no mercado abundante da App Store

Quando se vive em Los Angeles não faltam clichês sobre Hollywood. Houve um tempo em que parecia que todos que eu encontrava – não importava sua profissão – estavam trabalhando em um filme.

Agora, todos eles estão trabalhando nos seus próprios aplicativos iOS!

E quem pode culpá-los? É um testemunho da crescente popularidade dos iPhone, iPod touch e iPad. Há muito dinheiro para ganhar na App Store e todos querem entrar em cena.

Todos nós já conhecemos as histórias de sucesso do desenvolvedor independente Steve Demeter. Seu jogo Trism, junto com muitos dos outros 500 aplicativos que foram incluídos na abertura inaugural da App Store, em julho de 2008, teve uma incrível explosão de vendas. Com alguns preços tão baixos quanto 99 centavos de dólar, os proprietários de iPhone e iPod touch estavam baixando compulsivamente esses aplicativos baratos num ritmo alucinante. Nos meses que se seguiram, vários dos aplicativos mais populares já estavam rendendo aos seus criadores centenas de milhares de dólares, permitindo que programadores como Steve Demeter saíssem de seus empregos regulares para se dedicar em tempo integral a essa lucrativa oportunidade.

A mídia rapidamente proclamou o grande interesse do momento na App Store como uma "corrida do ouro" para desenvolvedores. Com a sedução da potencial riqueza, empreendedores inspirados de todo o mundo baixaram o SDK do iOS, correndo para aprender Objective-C e Cocoa Touch, na esperança de lucrar com esse fenômeno de software.

Foi um avanço rápido de dois anos, até julho de 2010. A Apple desde então introduziu o iPad rodando em iOS, vendendo mais de 3 milhões em apenas 80 dias. Some-se a isso o enorme número de usuários de iPhone e iPod touch para se chegar a um impressionante total de mais de 120 milhões de dispositivos iOS vendidos e 7 bilhões de downloads de aplicativos da App Store. Você deve pensar que, com estatísticas como esta, seria mais fácil do que nunca ganhar dinheiro na App Store, certo? Melhor pensar mais um pouco...

Por que um livro de negócios para desenvolvedores iOS?

Com mais de 300 mil aplicativos na App Store e o interesse dos desenvolvedores crescendo num ritmo impressionante, os analistas do mercado preveem que este número possivelmente dobrará antes do final de 2012.

Pense nisso por um momento. Quando estiver navegando pela App Store, com quantos novos aplicativos você se depara a cada semana, ou mesmo a cada mês? 25? 50? Segundo a Apple, aproximadamente 15 mil novos aplicativos e atualizações são submetidos toda semana para sua equipe de revisão de aplicativos!

Num mercado tão abarrotado, está se tornando cada vez mais difícil a divulgação de novos aplicativos. Sem a exposição necessária, seu aplicativo pode simplesmente ficar perdido nas infindáveis listas de novos softwares que inundam a App Store todos os dias. Já se foram os dias em que se podia rapidamente criar um aplicativo simples, jogá-lo na App Store e depois sentar e esperar a chegada dos generosos cheques com os royalties.

A máquina de propaganda da mídia é tão boa em celebrar as histórias dos pequenos desenvolvedores independentes que encontraram fortuna instantânea na App Store que os novatos frequentemente acreditam que, se eles criarem um aplicativo, as vendas virão. Quando a esperada grande onda de lucros se revela nada mais do que uma marolinha, os surpresos desenvolvedores logo descobrem que a filosofia de *Campo dos sonhos* já não é mais suficiente neste mercado altamente competitivo. "Ah, mas e se acabo de criar um aplicativo matador?", você se pergunta. "Com certeza a Apple vai querer exibi-lo como um aplicativo de destaque na App Store."

Ter um grande produto é certamente um importante componente desta equação, mas não é suficiente. É verdade que estar listado como um "Featured App", "New and Noteworthy" ou "Staff Favorite" pode levar suas vendas instantaneamente para a estratosfera, mas infelizmente esses valiosos pontos sob os holofotes não são espaços de propaganda que se possa comprar. A Apple escolhe todo mês apenas um seleto grupo de aplicativos para esses cobiçados pontos. Com milhares de novos aplicativos lutando por atenção a cada semana, suas chances de receber aquela ligação da Apple que muda sua vida são bem pequenas. Na verdade, pode até ser mais fácil ganhar na loteria.

Mas não se desespere. Seu aplicativo matador pode ganhar bastante dinheiro sem ser iluminado pela Apple. Como tudo na vida, encontrar o sucesso no atual ambiente da App Store requer algum planejamento e trabalho duro, mas quem disse que a jornada não pode ser divertida até chegar lá?

Descobrindo o novo mundo do marketing móvel

Se você tem o privilégio de trabalhar para uma grande empresa de software, com o bolso cheio, ela provavelmente tem um departamento dedicado para todo o marketing dos produtos que você cria. Mas se você é um desenvolvedor independente, responsável por gerenciar cada aspecto do seu próprio negócio, então está bem familiarizado com as assustadoras questões que surgem quando se pretende implementar estratégias eficazes de marketing para aumentar a venda dos aplicativos.

E você não está sozinho. Dê simplesmente uma olhada nos diversos fóruns on-line de desenvolvedores relacionados com iOS e você rapidamente encontrará incontáveis posts (alguns bastante mal-humorados) de programadores frustrados, todos fazendo perguntas parecidas:

- Como posso promover meu aplicativo?
- Meu aplicativo acaba de ser aprovado na App Store. E agora?
- Como consigo análises para o meu aplicativo? Droga! Meu aplicativo de 99 centavos está vendendo apenas algumas unidades por semana. O que eu faço?
- Há algo que eu possa fazer para evitar comentários de usuários com uma só estrela?

Embora tudo isso possa parecer muito assustador, acredite, não é tão opressivo assim. O objetivo aqui é fornecer respostas a essas perguntas e muito mais. Uma porção de táticas inovadoras de marketing, ferramentas e recursos estão disponíveis para os desenvolvedores iOS. Da mesma forma que você não vai querer entrar num tiroteio usando uma faca, a chave para o sucesso está na escolha da arma certa para a tarefa a ser realizada. O principal objetivo deste livro é armá-lo com a munição de que você precisa, servindo como seu guia definitivo de referência no mercado do desenvolvimento de aplicativos para iPhone, iPod touch e iPad.

Fique tranquilo, este não é um típico livro de negócios

Se o simples pensamento de ler mais um livro árido sobre conceitos bastante generalizados de marketing já faz seus olhos revirarem, então não se preocupe! Este não é um livro comum sobre negócios. Você não precisa ter MBA de Harvard para digerir este material.

Como todo livro da Apress, este aqui foi escrito por desenvolvedores para desenvolvedores, levando-o passo a passo através das soluções de marketing que se mostraram bem-sucedidas para criadores profissionais de aplicativos para iOS. Não apenas vou dizer o que você precisa fazer, mas também mostrar como fazê-lo.

Não estamos falando de campanhas baratas de propaganda. Falamos de alternativas de marketing com relação custo/benefício favorável, que podem ajudá-lo a vender mais aplicativos! Na verdade, a maioria das estratégias de negócio descritas neste livro custa muito pouco ou até mesmo nada – perfeito para todos nós, desenvolvedores independentes com orçamentos apertados. Tudo o que você precisa é de algum tempo, paciência, alguma criatividade e, lógico, deste livro.

Planejando sua própria história de sucesso

Eu sei o que você está pensando. Parece que tudo isso vai tomar muito tempo, algo que você simplesmente não tem sobrando. Sendo eu mesmo um desenvolvedor em tempo integral, entendo tudo isso muito bem. Quer esteja me sentindo pressionado por deadlines que estabeleci para um trabalho ou correndo para terminar o projeto de um cliente, o tempo muitas vezes parece ser um inimigo. Mas tudo o que quero é gastar qualquer tempo livre que tiver programando o próximo aplicativo matador. Não quero ser incomodado com preocupações sobre marketing, pelo menos não até que meu aplicativo esteja pronto. Infelizmente, aí pode ser muito tarde.

Sem um sólido plano de jogo definido, quando seu aplicativo for liberado você descobrirá que um solitário recurso publicitário pode não ser suficiente para gerar vendas substanciais. Houve um tempo em que enviar um *press-release*, conseguir algumas análises em revistas e listar as atualizações dos seus produtos nos diretórios on-line sobre software funcionavam bem para promover os aplicativos tradicionais para desktops. Mas muitas daquelas antigas técnicas de shareware não se aplicam aqui. No singular mundo da App Store você provavelmente conseguiria um salto momentâneo nas vendas no dia do lançamento, que rapidamente desabaria na semana seguinte (veja a Figura 1.1). Depois, você acabaria gastando um monte de tempo extra, que não tinha previsto, numa busca desesperada para descobrir como melhorar as vendas.

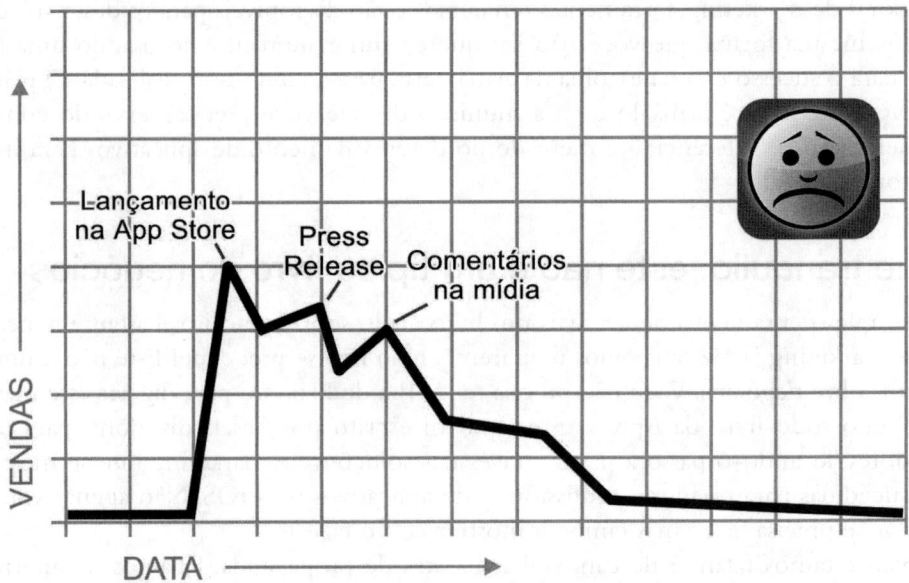

Figura 1.1. *Sem um plano estabelecido de marketing para o longo prazo, você se arrisca a encurtar drasticamente o tempo de vida e a lucratividade do seu aplicativo para iOS.*

Se ninguém conhece seu aplicativo, não importa quantos novos recursos bacanas você pode acrescentar no futuro. Você criou um aplicativo que os consumidores vão querer e que satisfaz uma necessidade atual do mercado? Você fez de tudo para gerar interesse antecipado pelo seu aplicativo? E o que dizer da longevidade do seu aplicativo na App Store? Você pensou sobre como sustentar e aumentar suas vendas após a liberação inicial? Você não gostaria que o gráfico das suas vendas fosse mais parecido com o da Figura 1.2?

A realidade é que, se isso for feito corretamente, seus esforços de marketing devem realmente ajudar a economizar seu tempo no longo prazo. Não se trata apenas de gerenciamento do tempo. Certo, conseguir algumas poucas horas toda semana para focar na promoção de seus aplicativos é importante, mas isso é apenas parte da solução.

Pense como um marqueteiro. Pense no todo.

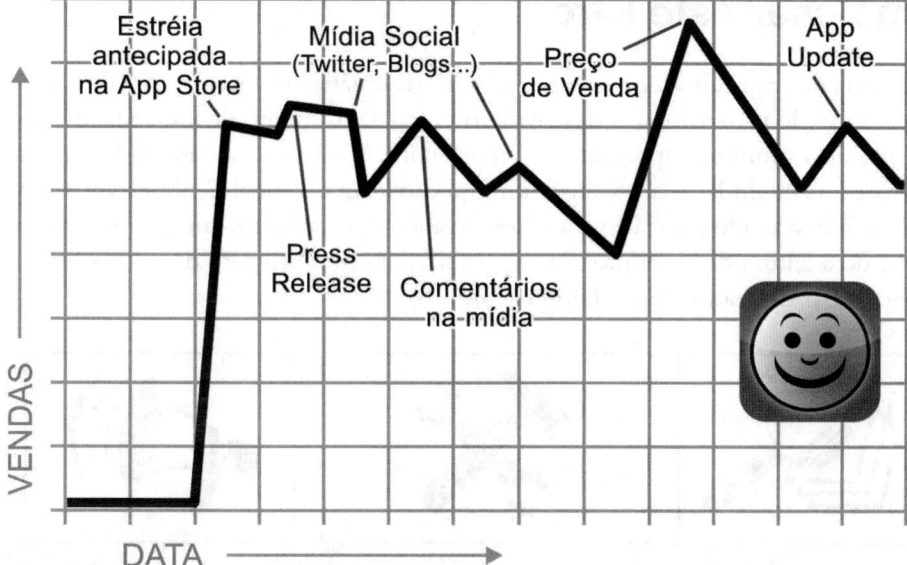

Figura 1.2. *Você não preferiria que o gráfico das suas vendas fosse mais parecido com este?*

Não se preocupe com o que fazer apenas depois que seu aplicativo estiver disponível na App Store. Sabia que, como um desenvolvedor, você pode integrar diretamente ao seu aplicativo vários elementos para estimular as vendas, gerar fluxos adicionais de renda, contar com os usuários para ajudar a espalhar a notícia através do marketing social embutido e melhorar o suporte aos clientes e seus comentários? Seu aplicativo sozinho é uma das mais poderosas ferramentas promocionais, mas para tirar proveito dessas valiosas táticas (e de muitas outras) você deve começar a planejar sua estratégia de marketing antes até de ter escrito uma única linha de código.

Na verdade, esse é um ponto tão importante que eu me sinto obrigado a repetir: comece a planejar sua estratégia de marketing antes de escrever uma única linha de código. Incorporando conhecimentos de marketing e comercialização em cada aspecto do processo de desenvolvimento, você estará dando ao seu aplicativo a melhor chance possível de ter sucesso na App Store.

Agora, para que fique bem claro, não estou sugerindo que você transforme a interface do seu aplicativo num letreiro ambulante de propaganda – esta é uma tarefa mais adequada à sua descrição na App Store, ao seu website e aos materiais de publicidade (que também são amplamente abordados neste livro). Tratamos aqui dos componentes essenciais que podem ser integrados na funcionalidade do seu aplicativo e no projeto da interface de usuário (UI), que ajudarão a promover seu aplicativo de maneiras tão sutis que seus usuários os verão apenas como recursos convenientes que melhoram sua qualidade.

O SDK do iOS fornece milhares de estruturas de trabalho que economizam tempo, muitas das quais podem realmente tornar mais fácil seu trabalho de marqueteiro. Por exemplo, tanto o in-app Purchase como o in-app Email serão explorados neste livro.

Sim, você leu certo. Diversos capítulos deste livro serão focados no que você mais gosta de fazer: desenhar e programar seu aplicativo! Agora consegui chamar a sua atenção? E você pensava que marketing não ia ser divertido!

Como usar este livro

A sequência dos capítulos tem uma abordagem sistemática muito linear, trabalhando passo a passo através do planejamento, desenvolvimento e lançamento de um aplicativo para iOS. Ao longo do caminho, importantes soluções comerciais serão apresentadas em cada fase do processo para ajudá-lo a produzir um aplicativo que venda! Embora você possa ficar tentado a ficar saltando para lá e para cá, lendo apenas os capítulos que chamem sua atenção, recomendo a leitura dos capítulos na sequência, para tirar proveito deste fluxo de trabalho estratégico e organizado (veja a Figura 1.3).

Figura 1.3. *Para conseguir os melhores resultados, siga o fluxo de trabalho linear deste livro.*

- *Capítulo 2: Fazendo a lição de casa: analisando ideias de aplicativos para iOS e fazendo uma pesquisa competitiva* – Então, você acha que tem uma grande ideia para um aplicativo móvel? Aprenda como identificar mercados inexplorados e refinar o conceito do seu aplicativo para que seja único e altamente comercializável, destacando-se da concorrência. Você descobrirá o imenso valor de fazer algum trabalho tradicional de detetive, analisando o que seus concorrentes estão fazendo de certo e de errado. Vamos também explorar as vantagens de ter como objetivo múltiplos dispositivos iOS além do iPhone e os desafios comerciais dos aplicativos universais.
- *Capítulo 3: Protegendo sua propriedade intelectual* – Este pode ser simplesmente um dos capítulos mais importantes! Embora provavelmente detestemos tratar de assuntos legais, é crucial para a saúde e o sucesso dos seus negócios no longo prazo não apenas se proteger, mas também proteger a propriedade intelectual dos seus conceitos originais e do código. Michael Schneider, um advogado especialista que se transformou em desenvolvedor de aplicativos, o conduzirá por todos os caminhos que você precisa conhecer para salvaguardar seu negócio de software.
- *Capítulo 4: Seu aplicativo para iOS é sua mais poderosa ferramenta de marketing* – O ícone do seu aplicativo e as imagens das telas frequentemente são os primeiros elementos

visuais que os usuários veem na App Store quando o avaliam. Primeiras impressões ruins podem lhe custar vendas e motivar comentários negativos, portanto, refinar o desenho do seu aplicativo é um componente importante para o sucesso. O Capítulo 4 inclui dicas úteis sobre prototipagem, criação de ícones atraentes, elaboração de interfaces intuitivas com usuários e desenhar, tendo como alvo múltiplos dispositivos iOS.

- *Capítulo 5: Iniciação social: promovendo seus aplicativos dentro dos aplicativos* – Alavancando a jornada do Capítulo 4 para transformar seu aplicativo no seu próprio promotor de marketing, este capítulo o levará um passo adiante, integrando convenientes elementos de compartilhamento e mídia social, como in-app Email, Twitter e Facebook. Estimule de forma agradável os comentários dos usuários da App Store dentro do seu aplicativo, crie sinergia com interpromoção dentro do aplicativo e plataformas sociais de terceiros, e aprenda como implementar todos esses variados ingredientes para obter resultados eficazes.

- *Capítulo 6: Dinheiro, pra que dinheiro? Quando vale a pena ser gratuito* – Diferentemente do mundo do software para desktops, a App Store atualmente não permite versões experimentais por tempo limitado ou com recursos reduzidos. Para contornar essa restrição, muitos desenvolvedores oferecem um modelo *freemium*, suportado pelo in-app Purchase ou uma versão *lite* de seus aplicativos, na esperança de que os usuários comprarão o conteúdo *in-app* ou a edição separada paga para ter acesso aos recursos *Premium*. Aprenda os benefícios das versões gratuitas para promover as versões pagas, mais as oportunidades de ganhos adicionais com os programas de associação.

- *Capítulo 7: Capitalizando aplicativos gratuitos com iAd e outras oportunidades de propaganda do in-app* – Os aplicativos gratuitos ainda podem resultar em dinheiro, mesmo sem conteúdo pago. Aprenda como entrar em fluxos alternativos de renda com propaganda in-app, patrocínios e acordos de colocação de produto. O mundo da propaganda in-app é examinado detalhadamente, ensinando-lhe sobre as redes de propaganda móveis disponíveis para os aplicativos para iOS e o valor de rastrear a utilização através de análises in-app. O Capítulo 7 inclui também um guia passo a passo para a implementação da estrutura de trabalho iAd da Apple no seu aplicativo.

- *Capítulo 8: Explorando o modelo freemium com Compras in-app* – Com as Compras in-app, os desenvolvedores podem construir novos modelos de negócios dentro de seus aplicativos, como oferecer assinaturas, vender conteúdo e serviços adicionais e destravar recursos *premium*. Interessado em fornecer valor agregado aos seus usuários ao mesmo tempo em que suporta financeiramente seus esforços continuados de desenvolvimento? Este capítulo oferece instruções detalhadas sobre quando e como usar o Compras in-app e sua estrutura de trabalho Store Kit nos seus aplicativos para iOS.

- *Capítulo 9: Testes e usabilidade: causando uma boa impressão* – Você sabia que muitos dos comentários de clientes com uma estrela na App Store são causados pela frustração do usuário com as interfaces difíceis de usar do aplicativo ou com os recursos problemáticos? Classificações baixas dadas pelos clientes podem realmente afetar a percepção e as vendas do seu aplicativo, portanto, evitar essas situações sempre que possível deve ser sua maior prioridade. O Capítulo 9 é todo sobre o valor de oferecer ajuda incorporada, provendo os aplicativos de teste no dispositivo e conduzindo beta tests abrangentes.

- *Capítulo 10: Deixe a festa começar! Criando expectativa antes da liberação* – Seu aplicativo está pronto, mas antes de submetê-lo à App Store é hora de começar a gerar alguma expectativa em torno dele. O Capítulo 10 mostrará a melhor maneira de criar alguma excitação e expectativa com relação ao seu aplicativo, promovendo-o no seu website, blogs, Twitter e outras redes sociais, bem como conseguindo que o maior número possível de pessoas o analise ou fale sobre ele.

- *Capítulo 11: As chaves do reino: o processo de submissão à App Store* – A sua página de produto na App Store é a porta de saída do seu aplicativo para o mundo, portanto, sua apresentação é essencial para comunicar adequadamente o seu valor. Este capítulo o levará através do processo de submissão do aplicativo pelo iTunes Connect, ajudando-o a otimizar o texto que o descreve, usando palavras-chave, classificação, imagens de telas e outros elementos necessários, bem como a definir o preço para maximizar o potencial de vendas.

- *Capítulo 12: Aumentando a perceptividade do seu aplicativo para iOS* – Depois que você já estiver na App Store, é hora de rever o mecanismo de publicidade para aumentar a perceptividade dos clientes com relação à disponibilidade do seu aplicativo. Mesmo que seus esforços de marketing antes da liberação tenham resultado em um pico inicial de vendas, ainda há algum trabalho vital a ser feito. É sua responsabilidade garantir que seu aplicativo iOS não fique soterrado no meio de milhares de novos aplicativos que inundam a App Store. O Capítulo 12 revela como criar *press-releases* eficazes, utilizar códigos de promoção, conseguir exposição por meio de entrevistas e manter o destaque na App Store com promoções, brindes e eventos de vendas cuidadosamente programados.

Supomos que você já esteja familiarizado com a programação de aplicativos em Objective-C, Cocoa Touch e iOS. Se você está buscando por direcionamento aprofundado, além da documentação e dos tutoriais disponíveis no site Apple Developer, recomendo os seguintes livros da Apress:

- *Learn Objective-C on the Mac*, de Mark Dalrymple e Scott Knaster (http://www.apress.com/book/view/9781430218159).
- *Beginning iPhone 4 Development: Exploring the iOS SDK*, de Jack Nutting, Dave Mark e Jeff LaMarche (http://www.apress.com/book/view/9781430230243).
- *Beginning iPad Development for iPhone Developers: Mastering the IPad SDK*, de Jack Nutting, Dave Wooldridge e Dave Mark (http://www.apress.com/book/view/9781430230212).
- *More iPhone 4 Development: Further Explorations of the iOS SDK*, de Jack Nutting, Dave Mark e Jeff LaMarche (http://www.apress.com/book/view/9781430232520).

Iniciando com seu primeiro aplicativo iOS

Temos um longo caminho a percorrer aqui, portanto, antes de irmos muito longe, certifique-se de que você já tenha baixado e instalado a última versão do Xcode e o iOS

SDK (4.0 ou superior). Senão, dê uma chegada até o website Apple Developer, em http://developer.apple.com/.

Se você ainda não for um Apple Developer registrado, então, registre-se (é gratuito), para que você possa ter acesso às mais recentes ferramentas, documentação, tutoriais e códigos de exemplo do SDK no iOS Dev Center (http://developer.apple.com/devcenter/ios/).

Quando estiver por lá, aproveite para se cadastrar no iOS Developer Program. Não espere para fazer isso quando seu aplicativo estiver pronto para ser submetido à App Store, já que pode levar semanas para receber a aceitação no iOS Developer Program, o que atrasaria desnecessariamente seu progresso. Após ser aceito, pague a taxa necessária para completar seu cadastramento. Após o pagamento ter sido processado, quando estiver logado no iOS Dev Center, você verá uma coluna iOS Developer Program no lado direito da tela do navegador. Clique no botão iTunes Connect que aparece lá.

Na página principal do iTunes Connect, não deixe de visitar as seções Contracts, Tax & Banking Information para verificar os contratos ativos que você tem atualmente. Como padrão, você deve ter o contrato Free Applications, que lhe permite submeter aplicativos gratuitos à App Store, já ativado. Mas se você quiser submeter aplicativos pagos à App Store, precisará solicitar um contrato para Paid Applications. A Apple precisa das suas informações bancárias e de impostos, para que ela possa efetuar os pagamentos das vendas de seus aplicativos. Como a Apple faz o pagamento através de transferência eletrônica, você precisará fornecer o número ABA de roteamento, nome e endereço do banco, bem como o número da sua conta, portanto, certifique-se de que sua conta bancária permita transações eletrônicas de terceiros. Se você planeja vender seu aplicativo em várias App Stores regionais, de forma que possa haver pagamentos internacionais, a Apple também pode precisar do código SWIFT do seu banco. Embora a maioria dos bancos nacionais dos Estados Unidos trabalhe com o sistema SWIFT, alguns bancos pequenos não trabalham, portanto, tenha certeza de que seu banco pode fornecer um código SWIFT.

Enquanto você não completar as tarefas necessárias (veja a Figura 1.4), a Apple reterá qualquer pagamento que ela lhe deva. E como esse processo pode ser razoavelmente longo, recomendo que você complete o contrato de Paid Applications antes de submeter seu aplicativo à App Store.

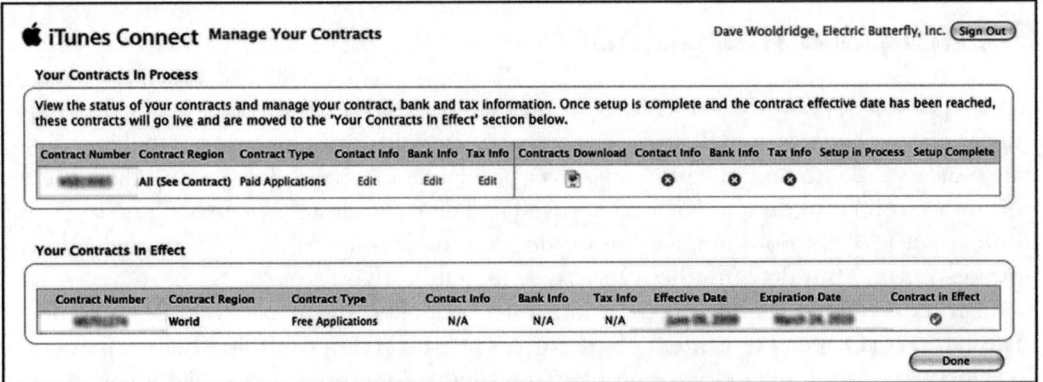

Figura 1.4. *Para poder receber os pagamentos pelas suas vendas na App Store, não deixe de preencher o contrato de Paid Applications da Apple, no portal on-line iTunes Connect.*

Já está na App Store? Nunca é tarde para estimular as vendas

Mesmo se você for um desenvolvedor veterano para iOS, com um ou mais aplicativos já disponíveis na App Store, ainda pode fazer muito para aumentar a exposição e as vendas de seus aplicativos. Você já investiu um tempo valioso de desenvolvimento e dinheiro para chegar a este ponto, portanto, seria uma pena largar tudo agora!

Mas não cometa o erro de pular direto para os capítulos de pós-lançamento deste livro. Muitas das soluções apresentadas nos capítulos anteriores podem ser utilizadas com grande efeito, especialmente se você estiver planejando novas versões e atualizações dos seus atuais aplicativos.

Gaste algum tempo passando por todos os capítulos, na sequência apresentada. Você pode se surpreender com as dicas que conhecerá ao longo do caminho, que podem ajudar até mesmo velhos aplicativos que estejam estagnados há meses na App Store.

Desenvolvendo aplicativos iOS para os clientes

Este livro pode ser útil não apenas às pessoas que querem vender seus próprios aplicativos na App Store, mas também aos consultores que desenvolvem aplicativos para terceiros. Você está sendo contratado pela sua experiência, portanto, tudo o que puder fazer para ajudar seus clientes a ter sucesso na App Store servirá para aumentar seu valor para eles. O que pode ser melhor para garantir um contrato de consultoria do que oferecer um pacote completo de serviços, guiando seus clientes desde o conceito até o lançamento do aplicativo, fornecendo tanto suporte ao código como ao marketing? Acrescentando um pacote opcional de marketing/publicidade à sua lista de serviços de desenvolvimento para iPhone, você também estabelece novas oportunidades de renda.

O sucesso dos seus clientes afeta diretamente o seu relacionamento com eles. Acrescente as soluções de negócio deste livro à sua caixa de ferramentas, de forma que você possa parecer um super-herói indispensável para todas as necessidades dos seus clientes com relação a aplicativos móveis.

Pronto para mergulhar?

Agora que você já deu uma olhada geral no estado atual da App Store, fica evidente que muitos desafios aguardam os desenvolvedores iOS à medida que eles avançam pelo caminho para o sucesso. Como programadores, resolver problemas é o que todos fazemos diariamente, portanto, estou certo de que você irá aproveitar cada passo deste processo. E apenas pense, junte as peças certas do quebra-cabeça e de repente você pode encontrar aquele alusivo pote de ouro no fim do caminho. Obaaaa, vender aplicativos!

Para começar, por enquanto, tire todo aquele código Objective-C que fica rolando na sua cabeça. Você precisa ter a mente livre para os próximos dois capítulos. Não se preocupe, você logo estará mergulhando nos problemas relacionados com projeto e desenvolvimento. Porém, antes disso você precisa fazer um pouco de pesquisa competitiva e planejamento de negócios. Portanto, arregace as mangas, coloque aquele chapéu de detetive e vamos começar.

Capítulo 2

Fazendo a lição de casa: analisando ideias de aplicativos iOS e fazendo uma pesquisa competitiva

Então você acha que tem uma boa ideia para um aplicativo para iPhone ou iPad? Certifique-se de que seja mesmo uma *ótima* ideia. Nenhum marketing vai ajudar a vender um aplicativo ruim. Certo, você pode ter excelentes habilidades de programação, com capacidade para produzir aplicativos com desempenho otimizado e de alta qualidade, mas se ele for baseado em um conceito mal elaborado não terá nenhuma chance na atulhada App Store de hoje em dia.

Neste capítulo você aprenderá como um bom trabalho de detetive à moda antiga pode ajudar a testar a validade e a capacidade de comercialização do conceito do seu aplicativo. Analisando o que os seus concorrentes estão fazendo de certo e errado, você terá informações necessárias para efetivamente refinar e melhorar suas ideias e chegar a um aplicativo único, que se destaque dos demais.

Mesmo que a ideia de fazer um pouco de pesquisa competitiva pareça elementar para você, continue lendo. Você pode ter a agradável surpresa de aprender algum truque novo aqui. Vamos explorar também as vantagens de mirar múltiplos dispositivos iOS além do iPhone e os desafios comerciais dos aplicativos universais.

Atendendo a uma necessidade

As pessoas compram software para resolver um problema ou satisfazer uma necessidade. Listas de o que fazer nos mantêm organizados. Aplicativos de previsão do tempo e notícias nos mantêm informados. Jogos se encaixam no nosso desejo de entretenimento. Mesmo aplicativos bobinhos de novidades servem às nossas necessidades básicas de aceitação, permitindo que compartilhemos umas boas risadas. Embora esses exemplos genéricos possam ser fáceis de reconhecer e entender, o que dizer de necessidades mais específicas?

Se você está pensando em criar algo mais do que um jogo, como um aplicativo de produtividade ou utilitário, há alguns fatores a considerar:

- Ele tem como foco uma necessidade ou um problema que não é tratado por nenhum aplicativo existente?
- Seu aplicativo atende àquela necessidade de forma a tornar a experiência móvel significativamente mais fácil do que se aquela mesma tarefa for executada em um computador desktop?
- Se o seu aplicativo é parecido com outro já existente, que recursos você pode adicionar para atender às necessidades que ainda não foram atacadas pelos seus concorrentes?

Descobrindo mercados inexplorados

Milhares de aplicativos para iPhone têm pouquíssimos usuários. Em 2009, antes de a Apple mudar sua política sobre análise de aplicativos de terceiros (veja mais sobre isso no Capítulo 7), a rede popular de propaganda móvel AdMob informou que impressionantes 54% dos aplicativos para iPhone que exibiam ativamente propagandas AdMob embutidas tinham menos de 1 mil usuários cada. Certamente, os poucos milhares de aplicativos incluídos naquele relatório da AdMob em 2009 representam uma pequena amostra quando comparados com o tamanho da App Store (de então e de hoje), mas continua sendo um chocante chamado à realidade, sem dúvida, especialmente quando se considera que a maioria dos aplicativos da rede AdMob é gratuito.

Mesmo que um aplicativo seja gratuito, isso não garante que as pessoas irão usá-lo. E se você espera que as pessoas paguem pelo seu aplicativo, é muito mais importante que você forneça um serviço, recurso ou experiência muito desejada – algo que os usuários ficarão tentados a baixar.

Embora os aplicativos móveis sejam baratos quando comparados com os preços dos softwares tradicionais para desktop, eles não são mais considerados compras por impulso, como eram nos primeiros dias da App Store. No ano passado, os usuários entupiram seus iPhones, iPads e iPods touch com tantos aplicativos que eles se tornaram gradualmente muito mais seletivos.

Simplesmente, pense no seu próprio processo de tomada de decisão quando vai comprar um novo aplicativo. Talvez não pense duas vezes para gastar $12 num ingresso para o cinema, mas por alguma curiosa razão provavelmente pensa muito antes de gastar meros $2,99 na compra de um jogo para iPhone. Sinto culpa por fazer a mesma coisa, mesmo sendo um programador; estou plenamente consciente de quanto trabalho duro é preciso para criar um aplicativo iOS.

Parte do problema é que, com tantos aplicativos custando apenas 99 centavos na tentativa de alavancar o volume das vendas e obter classificação alta nos gráficos da App Store, os usuários agora têm uma percepção distorcida do valor dos aplicativos. Infelizmente, isso os condicionou a esperar muito valor por pouco dinheiro. Para atravessar essa barreira de compras, seu aplicativo *precisa* ser especial, oferecendo uma experiência única e/ou satisfazendo uma necessidade real.

Com mais de 300 mil aplicativos na App Store, numa primeira olhada pode parecer que todas as ideias originais já foram tidas. Quando a Apple diz "já há um aplicativo para isto", ela não está brincando. Mas, então, de vez em quando aparece um pioneiro com um novo aplicativo que faz os desenvolvedores do mundo todo bater na testa e dizer "por que não pensei nisso?".

Às vezes, as ideias mais interessantes são os conceitos mais simples, escondidos bem debaixo do nosso nariz. Como desenvolvedores, ficamos tão cativados (e invejosos) pelas histórias de sucesso dos nossos pares que um dos primeiros instintos que nos atinge é frequentemente o mais fatal: como tirar proveito da tendência atual, seguindo na esteira do que for popular. Quando o iFart Mobile se tornou um sucesso absoluto em 2008, uma inundação de aplicativos imitando peidos lotou a App Store, esperando ganhar dinheiro com a novidade mais popular. Embarcando nesse trem, os primeiros aplicativos imitadores provavelmente geraram vendas suficientes para justificar seu desenvolvimento, mas, a partir de certo ponto, a App Store ficou saturada. Com mais de 500 aplicativos relacionados com peido disponíveis atualmente, as chances de os consumidores encontrarem e comprarem o seu novo aplicativo com peido são muito baixas. Quando tiverem de escolher um entre tantos disponíveis, será simplesmente muito trabalhoso vê-los todos, portanto, os clientes provavelmente ficarão com os aplicativos mais populares, ou seja, aqueles que estão próximo do topo nos gráficos.

Você não gostaria de ser o visionário que desenvolveu *aquele* aplicativo – aquele que centenas de desenvolvedores correm para emular? Com certeza todos nós gostaríamos. Portanto, como sair em busca de novas e inexploradas ideias?

Primeiro, dê uma olhada nas suas próprias necessidades e interesses. Certo, você é um desenvolvedor, mas é principalmente um usuário também. Há alguma funcionalidade faltando que você adoraria ver acrescentada ao iPhone? Se houver, há algum aplicativo que já a oferece? Não? Bem, se é um recurso que você quer, então há chances de que outros por aí estejam desejando a mesma coisa, e talvez até querendo pagar por ele!

Vale a pena notar que alguns itens da lista de desejos podem se tornar grandes recursos, mas nem sempre grandes aplicativos. Por exemplo, o muito solicitado recurso de copiar-e-colar foi finalmente acrescentado ao iOS 3, mas ele não faz muito sentido como seu próprio aplicativo independente.

Que interesses você tem além da tecnologia? Há aplicativos de sucesso para observadores de pássaros, colecionadores de gibis, fãs de esportes e assim por diante. Se você for um apaixonado por um determinado hobby e não encontrou aplicativos relacionados, talvez seja um excelente espaço para preencher. Simplesmente lembre-se de que quanto mais específico ele for (alguém aí topa "fazer submarino de cestas de vime"?), menor será sua base de clientes em potencial. Se você desenvolver um log diário para um grupo pequeno mas dedicado de nadadores nus no ártico, poderia deixar felizes alguns poucos indivíduos de lábios azuis e tremendo de frio, mas não ganharia muito dinheiro com isso. Ampliando essa ideia para abranger todos os esportes aquáticos (incluindo modelos de logs voltados para surfistas, barqueiros, nadadores e mergulhadores), seu aplicativo expandiria drasticamente sua base potencial de clientes, tornando-o um conceito de aplicativo muito mais viável.

Se você estiver se sentindo particularmente vazio de ideias originais, tente consultar os amigos e a família. Veja que necessidades e interesses específicos eles têm que possam se encaixar bem em um aplicativo móvel. Mas, o que quer que você faça, por favor, não peça ideias para aplicativos no seu blog ou na sua página do Facebook ou pelo Twitter. Embora seus seguidores possam oferecer algumas boas sugestões, aceitá-las o deixará legalmente vulnerável. Se o seu aplicativo se tornar um sucesso, você corre o risco de um desconhecido processá-lo por roubar a ideia dele sem oferecer o crédito adequado ou a compensação por ela, gerando evidências na forma de um tweet arquivado ou comentário no blog que ele postou para você. É melhor limitar seu questionamento apenas a amigos confiáveis e à família.

Outra boa fonte de ideias originais é sua banca de jornal. Embora isso possa parecer um pouco "fora de moda", não deixe de folhear as revistas mais recentes. A internet é um vasto baú cheio de dados, mas você precisa saber o que está procurando para conseguir encontrar algo relevante. Na banca de jornal, você pode rapidamente folhear dezenas de revistas populares de vários gêneros. Imprimir custa caro, portanto, se há uma revista mensal dedicada a um assunto, há boas chances de que exista um número suficiente de pessoas interessadas nele para justificar sua exploração. A questão real, então, é como descobrir se um percentual razoável daqueles leitores é ligado em tecnologia e se eles planejam adquirir ou já têm um dispositivo iOS. Se a revista tiver um website, é um bom lugar para começar. Verifique se ele tem uma coluna ativa de fórum on-line, um RSS feed, podcasts ou uma conta no Twitter. Simplesmente tirando alguns minutos para ler algumas das postagens de lá você pode ter uma boa percepção da base de leitores da revista.

Procure ver também se algum dos anunciantes da revista está promovendo soluções relacionadas com computador – ou móveis. Por exemplo, revistas incluem para quem escreve diversos anúncios de ferramentas de software com vários elementos úteis na elaboração e formatação de artigos. A App Store já tem diversas ferramentas móveis para ajudar autores a organizar suas notas e ideias para textos, mas o que dizer sobre oferecer aos escritores independentes a possibilidade de rastrear a situação de suas consultas enviadas para potenciais editores?

Agora que você já tem uma ideia geral do que procurar, é hora de levar sua investigação para a internet. Em 2009, quando escrevi a primeira edição deste livro, havia diversos programas de software para desktop e websites baseados em assinatura que ofereciam aquele serviço de rastreamento de consultas, mas não havia nenhum aplicativo para iPhone que se ocupasse dessa tarefa em particular. Naquela época, parecia que o mercado estava totalmente aberto para esse conceito de aplicativo móvel.

Por acaso do destino, alguns meses depois Andrew Nicolle liberou seu aplicativo para iPhone e iPad, o Story Tracker, para atender à demanda. O ponto vital aqui é que, se você topar com um mercado inexplorado, é melhor começar a desenvolver rapidamente seu aplicativo. Se você descobriu um novo nicho, posso garantir que há *pelo menos* uma dúzia de outros desenvolvedores pensando sobre aplicativos com conceitos similares. O tempo é essencial. Lembre-se deste famoso (e relevante) ditado: "Não existe isso de ideia original. O que importa é quem faz primeiro".

Quando for atender a uma demanda existente, você estará vendendo para um público-alvo conhecido. Mas se você introduzir um conceito totalmente novo de produto, que seja diferente de tudo o mais na App Store, esteja ciente de que seus esforços de marketing terão de incluir a orientação dos consumidores sobre o porquê eles deveriam comprar um aplicativo que ainda nem sabem se querem ou precisam.

Você não consegue vender às pessoas uma solução para um problema que elas não sabem que têm. É por isso que o foco do seu marketing precisa demonstrar as inadequações das opções atualmente disponíveis (ou a falta delas). Mostre como o seu aplicativo preenche aquele vazio e pode lhes economizar tempo, melhorar seu fluxo de trabalho, dar alegria, ou o que quer que ele faça que melhore suas vidas (como todo software deveria se esforçar para fazer). No caso de uma categoria totalmente nova de aplicativo, você vende a solução destacando o problema.

Melhorando a experiência móvel

Quando estiver criando um aplicativo para dispositivos móveis, como iPhone, iPod touch ou iPad, tenha em mente que, quaisquer que sejam os recursos que seu aplicativo oferece, ele deve fazê-lo da maneira mais eficiente e conveniente possível. Os consumidores podem estar trabalhando no seu aplicativo usando só uma das mãos (ou só um dedão) enquanto se movimentam. Tire proveito das estruturas de trabalho móveis únicas que a Apple oferece. Pense em como você poderia simplificar os recursos e a usabilidade do seu aplicativo, acessando diretamente tecnologias embutidas, como acelerômetro, geolocalização, Wi-Fi e rede de celulares, bem como suporte a telefone, correio e calendário.

Um exemplo básico disso é um aplicativo que procura empresas locais. Em vez de forçar os usuários a sempre digitar um CEP ou endereço (o que muitas vezes pode ser inconveniente em um ambiente móvel), habilite uma opção para descobrir facilmente sua localização, usando as frameworks de geolocalização da Apple. Lembre-se de fazer com que o aplicativo peça antes permissão ao usuário. Por razões de privacidade, alguns consumidores podem não querer revelar sua localização atual.

Um exemplo em larga escala de um produto que melhora a experiência móvel é o Bump, um aplicativo gratuito para iPhone que faz troca de informações de contato (bem como de fotos, eventos do calendário e outros dados) tão facilmente quanto um toque de mãos com outro usuário do Bump (veja a Figura 2.1). Trocar informações de contato não é um conceito novo nos smartphones. Há anos diversos aplicativos móveis têm tentado simplificar esse processo nos dispositivos portáteis, mas eles normalmente requerem um excesso de cliques em botões e complicados métodos de *beaming* de dados formatados como vCard. Alguns deles são até mesmo limitados ao envio de vCards por e-mail, o que acrescenta ainda mais passos. Os desenvolvedores do Bump tiraram proveito das tecnologias embutidas no iOS visando simplificar essa necessidade para uma única ação, que troca informações de contato de forma instantânea e segura.

Figura 2.1. *O Bump melhora a experiência móvel simplificando muito a troca de informações de contato entre duas pessoas.*

"Nosso principal objetivo quando projetamos o Bump era criar uma forma simples, divertida e intuitiva de conectar dois telefones", diz David Lieb, cofundador e presidente da Bump Technologies, Inc. "O acelerômetro e os serviços de localização nos permitem fazer isso. O Bump monitora a saída dos acelerômetros e a envia para os servidores globais da Bump sempre que um toque (bump) físico é sentido. Os servidores então casam quaisquer pares de telefones que sentiram o mesmo bump ao mesmo tempo e na mesma localização. Isso permite que conexões sejam feitas entre dois telefones com um simples toque."

Lieb acrescenta: "A ideia do Bump surgiu em um momento de frustração (bem, na verdade dois momentos). Em 2005, eu trabalhava como engenheiro e realmente me aborrecia o fato de que para conseguir dados simples, como nomes e números de telefone, de um telefone para outro que não estivesse a 30 centímetros do outro, eu tinha de pedir a alguém que lesse suas informações e digitá-las. Queria simplesmente poder encostar os telefones e transferir a informação – mas os telefones de 2005 não tinham o que é necessário para isso. Passando rápido para 2008, quando fui para a escola de negócios, foi a mesma frustração ao ter de digitar no telefone os números de dezenas de novos colegas de classe. Mas então percebi que todos estavam carregando seus smartphones, muitos dos quais tinham acelerômetros e recurso de geolocalização. Foi assim que decidi criar o Bump."

Mesmo considerando que a ideia do aplicativo surgiu da necessidade dos seus próprios desenvolvedores, ele parece estar atendendo a uma necessidade comum a muitas pessoas. Em 2010, o Bump ultrapassou os 10 milhões de downloads na App Store.

A mesma lógica de simplificar tarefas móveis também se aplica àqueles desenvolvedores que querem portar seus próprios aplicativos Mac ou Windows para versões iOS. Não faça simplesmente um re-empacotamento dos mesmos recursos em uma interface para iPhone ou iPad. Projetando o seu aplicativo para ser mais fácil de usar pelo usuário do mundo dos portáteis, que normalmente está com pressa e usando apenas uma das mãos, você não apenas fortalecerá a fidelidade dos seus atuais clientes, mas também seu aplicativo iOS pode atrair novos usuários para suas versões desktop.

Sabe-se até de algumas pessoas que mudaram de dispositivo móvel (como de um BlackBerry ou de Windows Mobile) para o iPhone apenas para poder usar um aplicativo específico que não está disponível em nenhuma outra plataforma móvel.

Competindo com aplicativos similares

O mundo realmente precisa de mais listas do que fazer, listas de compras, calculadoras de gorjetas ou aplicativos de peido? Se você acha que sim, então deve ser porque identificou algum novo recurso que nenhum dos outros aplicativos detectou – um que as pessoas querem e precisam. Senão, tentar competir com as centenas de aplicativos de calculadoras de gorjetas, listas do que fazer etc. pode ser fútil, especialmente se alguns realmente bons já tomaram conta desse determinado nicho do mercado.

Faça uma busca na App Store por *tip* (gorjeta) e você verá que há atualmente mais de 100 aplicativos calculadores de gorjeta. Verdade, é uma grande ideia para um aplicativo móvel, mas como você encontra público para o seu novo aplicativo quando compete com tantos calculadores de gorjeta que já existem, particularmente quando alguns desses aplicativos são muito benfeitos e foram apresentados na mídia com estrondo? Um dos mais populares, o Tipulator, foi até mesmo exibido em uma propaganda do iPhone da Apple.

Certo, pode ser muito mais fácil gerar rapidamente um aplicativo calculador de gorjetas do que desenvolver um complicado jogo em 3D, mas, olhando para uma concorrência tão forte nesse espaço, valeria mesmo a pena gastar tempo com um aplicativo tão simples de desenvolver se você não conseguiria vendê-lo? É difícil justificar a alocação de qualquer quantidade de tempo numa tarefa – não importa quanto seja pequena – se isso se mostrar um mau investimento. Se você não consegue oferecer uma nova abordagem, ou novos recursos que motivem os usuários a escolher o seu aplicativo em vez de centenas de outros aplicativos similares, talvez seja melhor tentar outra ideia.

No entanto, se você souber criar um produto melhor, esse conhecimento aliado a algum marketing criativo pode ser suficiente para colocar um pé no mercado. Veja simplesmente quantos aplicativos clientes para Twitter existem e, mesmo assim, outros novos surgem o tempo todo, com maiores e melhores recursos ou com uma interface móvel mais intuitiva, fazendo os usuários mudarem.

Se você acha que tem um conceito vencedor e decide atacar um determinado nicho que já esteja saturado com aplicativos similares, saiba que terá trabalho. Será uma grande batalha para aumentar sua base de clientes quando os usuários têm tantas opções lutando por sua atenção. Um pouco mais adiante neste capítulo daremos uma olhada mais aprofundada em como analisar e derrotar a concorrência.

Se após liberar seu aplicativo você descobrir que a concorrência num espaço tão concorrido é muito difícil e preferir abandonar o aplicativo para desenvolver um produto diferente em uma categoria menos concorrida, correrá o risco de manchar sua reputação e o futuro de qualquer outro novo aplicativo que quiser liberar. Por que um usuário compraria algum outro aplicativo seu se não puder ter a confiança de que você continuará a dar suporte, com atualizações e novos recursos?

A App Store está repleta de aplicativos que foram abandonados pelos seus desenvolvedores por falta de vendas. Suas páginas de produto estão cheias de comentários de clientes zangados. Embora possa parecer exagerado fazer um estardalhaço por causa de 99 centavos, essas reclamações não são realmente pelo dinheiro, mas por princípios. Você precisa ter paixão por seu aplicativo, com o compromisso de continuar mantendo-o por um longo período, de forma a preservar o relacionamento com seus clientes.

Quando evitar categorias saturadas

Quando chegar a hora de submeter seu aplicativo à App Store, você deverá escolher uma categoria apropriada para colocá-lo. Algumas vezes, a escolha mais óbvia nem sempre é a melhor.

Quando pesquisar por aplicativos similares na App Store, dê uma boa olhada em quais categorias eles estão e como eles estão classificados nelas. Apenas esse pequeno trabalho de detetive pode ajudá-lo a escolher a melhor categoria, que dará ao seu aplicativo as melhores chances de uma boa exposição na App Store.

Um exemplo disso é o aplicativo *best-seller* da DistinctDev, o The Moron Test. Mesmo considerando que o aplicativo inclui vários níveis de jogo, os desenvolvedores tomaram a decisão consciente de evitar a enorme categoria de Games, optando por colocá-lo na categoria menor de Entertainment. Isso se mostrou uma jogada inteligente. O Moron Test subiu rapidamente para o topo dos aplicativos pagos de entretenimento. A exposição alimentou ainda mais as vendas, o que, por sua vez, elevou sua posição para o topo da lista US App Store's Top 25. Teria o Moron Test vendido tão bem se estivesse na categoria de Games? Talvez não. Mesmo considerando que a categoria maior de Games está dividida em 19 subcategorias (como Ação, Arcada e Jogos de Tabuleiro), continuaria sendo difícil competir contra os jogos de ação em 3D que dominam todo o gráfico dos Top Games.

Mas tenha cuidado. Dependendo do tipo de aplicativo que você tem, algumas vezes essa estratégia pode trabalhar contra você. Obviamente, ter as palavras-chave certas no nome do seu aplicativo é vital, de forma que seja incluído nas pesquisas relacionadas na App Store, mas as pessoas também gostam de pesquisar dentro de suas categorias preferidas para encontrar novos aplicativos. Tendo isso em mente, não escolha uma categoria simplesmente por ela ser menor. Escolha a categoria na qual a maioria das pessoas vai pensar em procurar pelo seu tipo de aplicativo. Portanto, mesmo considerando que a DistinctDev descartou a categoria dos Games, a de Entertainment continua sendo uma localização muito apropriada e intuitiva para o Moron Test.

Para os aplicativos que se encaixariam bem em diversas categorias, a decisão pode não ser tão óbvia. Quando isso ocorre, é melhor investigar as categorias escolhidas por aplicativos similares, especialmente aqueles que estiverem vendendo bem. Por exemplo, dezenas de aplicativos de anotação estão disponíveis, mas esse tipo de aplicativo estaria mais bem colocado em Utilitários, Produtividade ou Negócios? Faça uma breve busca na App Store com a palavra *notes* para ver onde fica a maioria desses aplicativos.

É altamente recomendado que você use o iTunes no desktop para todas as suas pesquisas competitivas, porque ele exibe muito mais informações do que a App Store móvel em dispositivos iOS. Por exemplo, se você selecionar um aplicativo nos resultados da pesquisa, a categoria do aplicativo não será apresentada na listagem móvel da App Store, mas ela aparece na versão para desktop do iTunes (veja a Figura 2.2).

Figura 2.2. *Se acessada a partir dos resultados da busca, uma categoria de aplicativo não é listada na App Store móvel do iPhone (à esquerda), mas é listada na versão para desktop da App Store no iTunes (à direita).*

Quando compro software para editoração, meu objetivo é encontrar ferramentas para editoração que me ajudem a ser mais produtivo como escritor, portanto, instintivamente, a categoria Produtividade é o primeiro lugar para onde olho. E aparentemente não estou sozinho pensando assim. Embora alguns aplicativos de anotação estejam localizados em Utilitários e Negócios, a maioria deles fica em Produtividade.

Há situações em que uma determinada categoria pode limitar seu público potencial. No caso do Bump, o aplicativo para troca de informações de contato mencionado antes neste capítulo, os desenvolvedores a princípio queriam que ele chamasse mais a atenção dos usuários de negócios. Embora aplicativos similares tenham se enraizado firmemente na categoria Negócios, a simplicidade do Bump fez dele uma solução prática de compartilhamento de dados para qualquer um, portanto, a decisão foi de colocá-lo na categoria de Redes Sociais.

"No fundo, o Bump é muito mais do que um trocador de informações de contato; é uma tecnologia que permite que dois dispositivos interajam intuitivamente. Não queríamos restringir o Bump a um aplicativo de negócios, nem queríamos posicioná-lo como um utilitário apenas para o iPhone", diz Lieb. "Escolhendo a categoria Redes Sociais, posicionamos o Bump como uma ferramenta para você se conectar com as pessoas ao seu redor. E também sabíamos que, se tivéssemos sucesso, estar na categoria de Redes Sociais nos colocaria bem ao lado de marcas de renome mundial, como Facebook, MySpace, LinkedIn, AIM, Yahoo e Loopt."

Portanto, se estiver em dúvida, verifique as escolhas de categoria da concorrência e as possíveis vantagens que eles tenham tido com suas escolhas.

Avaliando a concorrência

Se a sua ideia de aplicativo encontrar alguma concorrência, não confie apenas em investigar os concorrentes que você conhece. Será preciso fazer o trabalho de campo para encontrar todos os principais concorrentes na App Store. Depois de fazer algumas buscas iniciais, você já vai ter uma ideia de quantos aplicativos similares existem, mas deverá começar a compilar uma lista deles para futura referência. E toda vez que surgir um novo na App Store, você deverá acrescentá-lo à sua lista.

Ficar por dentro do que os concorrentes estão fazendo é uma das suas principais tarefas como desenvolvedor. A única forma de aumentar sua base de clientes e evitar que os usuários mudem para o outro lado é garantir que você esteja um passo à frente dos seus concorrentes, e isso requer ficar de olho nas suas atualizações. Acredite, se o seu aplicativo é um competidor, os concorrentes também estão observando cada movimento seu.

Você deve executar diversas buscas usando diferentes palavras-chave e variações de frases de forma a encontrar aplicativos similares que possam existir. Vale a pena gastar tempo para criar uma lista de palavras-chave que você, como usuário, poderia tentar para encontrar esses tipos de aplicativos. E use também um dicionário e um dicionário de sinônimos para descobrir mais palavras relacionadas. Não há como prever quais palavras-chave as pessoas vão usar nas buscas, portanto, é melhor ser abrangente.

Por exemplo, digamos que você esteja pensando em criar um aplicativo que ajude as pessoas a localizar onde elas estacionaram o veículo. Como esquecer onde parou o carro após um evento esportivo ou mesmo depois de um longo dia de compras pode acontecer com qualquer um, é realmente um conceito que se encaixa em um aplicativo móvel – um que é base para pelo menos 40 aplicativos diferentes disponíveis atualmente na App Store.

Para encontrar todos esses aplicativos para localização de carros estacionados, vamos fazer algumas buscas na App Store. Os resultados da busca por palavras-chave como *car* (carro) e *park* (estacionamento) incluem muitos aplicativos não relacionados, portanto, vamos refinar nossa busca com uma frase. Eis a quantidade de aplicativos relevantes que foram listados nos primeiros 20 resultados da busca para as seguintes frases-chave: *car park* (14), *find car* (13), *car locator* (9), *car finder* (8) e *parked car* (8). É interessante ver que *car park* deu os melhores resultados (veja a Figura 2.3), embora você pudesse pensar que *car locator* e *car finder* fossem as melhores combinações de palavras-chave. Isso mostra justamente o quanto podem ser subjetivos os termos de busca; portanto, tente de tudo!

Figura 2.3. *Uma busca na App Store por* car park *encontrou 14 aplicativos relacionados dentre os primeiros 20 itens listados.*

Esse exemplo demonstra outro ponto importante. Você percebeu que poucos aplicativos selecionados, como o G-Park, apareceram em quase todas as buscas relacionadas? Não por coincidência, no momento dessa busca, o G-Park estava classificado mais alto do que qualquer um dos outros no Top Paid Navigation Apps.

Certo, o G-Park tem uma interface engenhosa e se beneficiou da publicidade fora da App Store – como ser exibido no comercial International iPhone, da Apple, e nos jornais *USA Today*, *Los Angeles Times* e *The New York Times* – portanto, com relação às vendas do G-Park, há mais coisas trabalhando do que apenas palavras-chave.

Mas o fato daqueles outros aplicativos frequentemente listados sobrepujarem seus concorrentes e consistentemente aparecerem nas buscas mais relevantes – e nos primeiros 20 resultados, nada menos – prova que eles estão usando palavras-chave importantes e nomes estratégicos de aplicativo.

Ao procurar por um tipo de aplicativo, a maioria dos consumidores normalmente não olha além das primeiras telas de resultado, portanto, é importante que você avalie as descrições e os nomes dos aplicativos dos seus principais concorrentes para descobrir que palavras-chave é fundamental incluir.

Embora as descrições não possam mais ser pesquisadas na App Store, elas frequentemente incluem frases que chamam a atenção e que podem se mostrar valiosas na sua procura por palavras-chave. Conseguir estar inserido na primeira tela de resultado da busca relacionada dará ao seu aplicativo a necessária exposição, o que, no final, poderá também ajudar a incrementar as vendas.

Outra dica para sair à caça dos seus concorrentes é ler os comentários dos clientes para os aplicativos que você já encontrou. Frequentemente, eles fazem a comparação dos aplicativos nas suas avaliações, recomendando um e não outro. Certifique-se de adicionar quaisquer novas menções na sua crescente lista de aplicativos concorrentes e também de dar uma boa olhada neles. Os usuários estariam certos nas suas comparações dos aplicativos e de seus recursos?

Usando diretórios alternativos de aplicativos para pesquisa competitiva

Você vai realizar a maioria das suas pesquisas dentro da sua App Store regional no iTunes, mas não se esqueça dos aplicativos concorrentes que possam estar disponíveis em outros países. Isso é especialmente importante se você planeja oferecer o seu aplicativo em diversas App Stores em outros países.

Vale a pena explorar diversos diretórios de aplicativos de terceiros baseados na web. Muitos desses sites também postam análises de aplicativos. Você encontrará uma lista desses sites úteis no apêndice deste livro.

Analisando as estatísticas de classificação de aplicativos

Depois de ter uma ideia do tamanho da concorrência que existe no seu nicho em especial, é importante também saber como os concorrentes estão posicionados na App Store. Estão classificados em posição alta nos gráficos da App Store? Algum deles extrapolou sua categoria principal para se classificar bem nos downloads em geral? Esses aplicativos se saem melhor em alguns países do que em outros? Essas informações também podem ajudá-lo a descobrir se um determinado nicho é popular ou lucrativo o bastante para garantir seu próprio investimento no desenvolvimento dele.

Sua conta no iTunes Connect o limita a ver apenas as suas próprias estatísticas, mas, felizmente, algumas alternativas incríveis podem ajudar na busca por informações de concorrentes.

- *Mobclix* (http://www.mobclix.com/appstore/) – Além de oferecer uma interessante plataforma de serviços para iPhone, variando de propaganda móvel embutida até análises sofisticadas de aplicativos, o Mobclix também oferece uma abrangente classificação de aplicativos da App Store dos Estados Unidos. Quer investigar as tendências dos seus concorrentes nos gráficos ou mesmo dos seus próprios aplicativos? Aqui você pode encontrar uma grande quantidade de informações valiosas. O website da Mobclix deve ser um destino obrigatório para todos os desenvolvedores iOS.
- *MajicRank* (http://majicjungle.com/majicrank.html) – David Frampton, da Majic Jungle Software, criou um prático aplicativo Mac OS X que permite rastrear facilmente as estatísticas de classificação de aplicativos iOS em várias App Stores regionais. David trabalhou muito nesta ferramenta gratuita de software, portanto, se você a considerar útil, pense em comprar um de seus outros aplicativos como forma de agradecimento.
- *APPlyzer* (http://www.applyzer.com/) – O APPlyzer é uma popular fonte de estatísticas de classificação, gratuitas e pagas, baseada na web. Este site oferece uma quantidade

abrangente de informações estatísticas das App Stores tanto regionais como mundiais, portanto, mesmo na sua forma de associação Standard, gratuita, ele tem muito a oferecer; vale muito a pena pagar a pequena taxa da associação como Pro.

- *Top App Charts* (http://www.topappcharts.com/) – O Top App Charts oferece uma visão particular das estatísticas de classificação de aplicativos, colocando no gráfico os grandes, poderosos e influentes das listas. Semelhante ao APPlyzer, este site gratuito usa marcadores visuais para estreias, saltos e quedas principais, revelando a real movimentação dos aplicativos por meio das classificações.
- *PositionApp* (http://positionapp.com/) – Quer uma solução móvel para checar as classificações da App Store? O PositionApp, da ustwo, é um poderoso aplicativo para iPhone que permite rastrear os movimentos gráficos históricos dos 300 principais aplicativos em todas as App Stores regionais.
- *App Store Metrics* (http://148apps.biz/app-store-metrics/) – Este é um ótimo website, lotado de novidades sobre desenvolvimento e negócios para iPhone e iPad. Mas além de todo o seu maravilhoso conteúdo o 148Apps.biz talvez seja mais conhecido por suas abrangentes métricas da App Store, que incluem estatísticas sobre contagem de aplicativos ativos, submissões e aprovações, preços de aplicativos e sua distribuição pelas diversas categorias.
- *App Store Stats* (http://www.yappler.com/Apple-iPhone-App-Store-Stats/) – Mesmo considerando que o Yappler é basicamente um diretório on-line para encontrar e compartilhar aplicativos, ele também oferece algumas estatísticas interessantes da App Store, que valem a pena conferir.
- *App Trends* (http://appsfire.com/apptrends) – Em vez de rastrear a classificação na App Store dos principais aplicativos, o App Trends, da Appsfire, representa uma classificação de quais aplicativos são mais populares no Twitter e no Facebook. Este é um valioso site para monitorar e ver que tipos de aplicativos estão sendo mais comentados na mídia social.

Embora diversos outros serviços analíticos de aplicativos, websites, ferramentas de software e até mesmo alguns aplicativos interessantes para iPhone (como o AppFigures e o AppViz) rastreiem as classificações na App Store, eles são mais focados na análise das estatísticas do seu próprio aplicativo e na coleta de dados dos registros de vendas da sua conta no iTunes Connect. Assim, mesmo considerando que esses recursos possam estar além do escopo da pesquisa da concorrência, não se preocupe – seus perfis serão traçados nos próximos capítulos.

Encontrando inspiração nos comentários dos clientes sobre seus concorrentes

Vamos continuar com o exemplo da análise competitiva dos aplicativos para localizar o carro estacionado. Agora que você compilou uma lista de todos os aplicativos similares, é hora de dar uma olhada mais de perto nos seus conjuntos de recursos individuais e nos comentários dos clientes. Todos esses aplicativos usam o localizador por GPS embutido no iPhone para, primeiro, armazenar a localização do estacionamento do seu carro e, depois, para determinar sua atual localização, para ajudá-lo a mapear o caminho de volta ao local do estacionamento, mostrando uma estrutura de trabalho de um mapa, como o MapKit. Alguns aplicativos não oferecem muito mais do que essa funcionalidade básica. Outros oferecem recursos adicionais, como salvar uma nota de texto, recado de voz e/ou foto do local onde o carro está estacionado para registrar os números de fileira, nível e vaga e assim por diante (perfeito para estacionamentos com vários níveis). Uns poucos selecionados incluem a capacidade de registrar a hora da chegada e, se você estacionou em local pago, eles podem rastrear o tempo que falta para terminar o prazo de estacionamento, para que você retorne ao carro antes de expirar.

O interessante sobre a comparação desses aplicativos é que todos eles apresentam recursos semelhantes através de interfaces totalmente diferentes. E, com base nos comentários publicados dos clientes, você pode rapidamente determinar quais interfaces se mostraram mais fáceis de usar e quais são menos intuitivas, deixando o usuário frustrado.

Agora, não vou aqui dirigir nenhuma crítica a algum aplicativo em particular. Nem vou revelar quais aplicativos receberam comentários negativos dos clientes. O objetivo deste livro é ajudar os desenvolvedores a ganhar dinheiro com seus aplicativos, portanto, não quero inadvertidamente lhes causar dificuldades apontando suas fraquezas. Você pode facilmente ver por si mesmo quais aplicativos estão recebendo os piores comentários na App Store. Portanto, com o objetivo deste exemplo, apresento uma visão geral dos comentários dos clientes como um medidor do que alguns desses aplicativos estão fazendo de certo e de errado, sem citá-los nominalmente. Vamos mergulhar.

Aprendendo com o erro dos outros

Para aqueles aplicativos que registram quanto tempo de estacionamento você ainda tem, alguns clientes postaram comentários negativos, questionando por que um determinado aplicativo não os notifica com um alerta de que o tempo do estacionamento está acabando. Por exemplo, um dos comentários deu uma classificação baixa, de duas estrelas, dizendo: "precisa de um temporizador para medidores que possa alertar quando o aplicativo está fechado". Como desenvolvedores, vemos esse tipo de comentário como uma solicitação de recurso, mas os clientes desapontados tendem a vê-lo como recursos que faltam. Infelizmente, suas "solicitações de recursos" são postadas como comentários negativos, o que afeta a percepção geral do aplicativo e pode impactar as vendas. O objetivo é aprender com os erros dos seus concorrentes, na esperança de evitar (tanto quanto for humanamente possível) esse tipo de avaliação.

A maioria, se não todos, desses aplicativos se torna presa de uma grande quantidade de comentários negativos que reclamam do funcionamento lento e dos resultados imprecisos do GPS. Mais frequentemente do que se pensa, esses problemas não são causados por falha na programação, mas são devidos à potência do sinal que o usuário recebe e a deficiências de modelos antigos do iPhone. A maioria das pessoas (especialmente usuário não técnicos) não entende as limitações de seus dispositivos móveis e, então, simplesmente culpam os aplicativos por suas dificuldades.

Para contornar essas reclamações relacionadas com GPS, a maioria dos desenvolvedores registra em linguagem muito clara nas suas descrições na App Store que, para melhores resultados, é recomendada a utilização de um iPhone 3G, 3GS ou iPhone 4, que oferecem localização por GPS com mais precisão. Mas parece que muitos usuários não perdem tempo lendo as restrições apresentadas nas descrições da App Store e, depois, ficam zangados quando os aplicativos não têm bom desempenho nos seus dispositivos iPod touch (que não têm GPS real).

Esses desenvolvedores também alertam que, se você estiver em um local muito abaixo da superfície, num estacionamento de muitos níveis, a obstrução do concreto acima pode fazer com que seu aplicativo falhe em encontrar precisamente sua localização. O GPS montado no carro perde o sinal nos locais subterrâneos, mas os usuários esperam que o GPS do aplicativo do iPhone continue funcionando sem problemas? Nem sempre se trata de lógica, mas você precisa antever as expectativas dos usuários.

Os aplicativos que apresentam menos reclamações relacionadas com GPS são os que atacaram com sucesso o problema por dentro. Em vez de confiar somente nas suas descrições na App Store, esses poucos e seletos desenvolvedores usaram uma abordagem proativa, integrando também indicadores de status nas interfaces dos seus aplicativos. Esses indicadores variam desde mostrar aos usuários o progresso da recuperação dos dados de localização do GPS (para os impacientes com sinais lentos) até classificações de precisão da localização (para notificar os usuários se os dados recuperados do GPS forem fracos). Um par desses aplicativos até mesmo foi um passo adiante, permitindo que os usuários ajustem manualmente a posição da localização na tela do mapa quando o resultado do GPS se mostrar impreciso. Isso também ajuda a evitar a frustração dos usuários de iPod touch e iPhone de primeira geração (aqueles que não tinham texto de alerta do desenvolvedor).

A partir deste pequeno exemplo com aplicativos de localização do carro estacionado, você pode ver que os comentários dos clientes podem ensiná-lo bastante sobre o que eles esperam desse tipo de aplicativo. Monitorando seus gostos e desgostos com aplicativos similares, você pode planejar melhor os recursos que precisam ser incluídos no seu próprio aplicativo para que ele seja competitivo nesse espaço. Qualquer coisa a menos e você estará recebendo os mesmos tipos de comentários dos seus clientes.

Indo além dos comentários dos clientes na App Store

Embora os comentários dos clientes na App Store sejam úteis no curso da pesquisa competitiva, tenha em mente que por um longo período a implementação das classificações da Apple teve falhas. Antes do iOS 4, quando você excluía um aplicativo do seu dispositivo iOS, a Apple perguntava se gostaria de classificar o aplicativo. Obviamente, se você está excluindo um aplicativo, ou não gostou dele ou não tem mais utilidade para ele, portanto, isso automaticamente convidava a classificações negativas. Se você quiser deixar uma avaliação positiva para um aplicativo que você adora (e pensa em usá-lo indefinidamente), vai precisar sair do seu caminho para encontrar o aplicativo na App Store e postar seu comentário. Portanto, com isso em mente, não assuma que os comentários dos clientes na App Store sejam sempre uma boa representação da qualidade e do valor de um aplicativo. (Felizmente, a Apple retirou aquela mensagem de "classificar ao excluir" no iOS 4, assim, ela não será mais um problema de agora em diante.)

Você também deve dar uma olhada nos muitos websites e blogs que oferecem abrangentes análises de aplicativos. Muitos deles também postam vídeos, mostrando como usar os aplicativos com comentários em áudio. No apêndice deste livro, junto com a listagem dos diretórios de aplicativos, você encontrará uma extensa lista de sites que fazem análise dos aplicativos.

Levando seu concorrente para um test-drive

Então, você gastou horas lendo os comentários, mas chegou a experimentar os aplicativos? Não fique somente com as palavras dos usuários. Nada supera o conhecimento em primeira mão. Baixe os aplicativos dos seus concorrentes e os experimente.

Provavelmente, você hesitará em colocar dinheiro no bolso dos seus concorrentes, mas com os preços dos aplicativos girando entre 99 centavos e alguns dólares, você não precisa se preocupar; eles não ficarão ricos só com a sua comprinha. Além do mais, é do seu maior interesse brincar com as interfaces e funcionalidades para ver como os aplicativos realizam suas tarefas. É uma boa maneira de aprender que partes da interface funcionam e quais elementos parecem estranhos ou não intuitivos – algo que você pode não conseguir avaliar adequadamente apenas vendo as imagens das telas.

Mesmo se estiverem disponíveis versões lite/gratuitas dos aplicativos, é importante baixar também as versões pagas, para poder experimentar os recursos *premium* que não estão disponíveis nas edições gratuitas.

A boa notícia é que, com os preços dos aplicativos tão baixos como estão, mesmo os desenvolvedores com orçamento apertado normalmente podem se permitir fazer isso, já que comprar uma dezena de aplicativos para iPhone ou iPad provavelmente não custará mais do que um ingresso de cinema.

Definindo seu diferencial

Imitar os mesmos recursos de aplicativos similares não vai alavancar suas vendas mais do que as do resto. Você precisa oferecer algo mais – algo melhor do que as soluções existentes.

O que seu aplicativo pode fazer que o torne melhor do que os da concorrência? Se você estiver criando um aplicativo para localizar carros estacionados, o que faz seu aplicativo ser diferente dos outros? Você precisa definir um ou mais diferenciais únicos que façam seu aplicativo ter mais chances do que os outros similares.

Depois de ler os comentários dos clientes, você descobriu que alguns dos aplicativos que monitoram o tempo restante de estacionamento pago (ainda) não suportam a capacidade de notificar o usuário com um alerta antes de acabar o tempo. Se nenhum dos outros aplicativos oferece essa funcionalidade, então, ela seria um bom diferencial para ser acrescentado no seu aplicativo, especialmente porque muitos clientes já pediram esse recurso.

Digamos que você vai encontrar os amigos no shopping e quer que eles saibam sua localização exata, sem ter de chamá-los ou enviar um texto a cada um deles. Se os seus concorrentes não estiverem usando essa potencial conveniência, então, ter em seu aplicativo um recurso que transmita o mapa da sua atual localização pelo Twitter, Foursquare, Facebook ou Short Message Services (SMS) com um só clique pode ser um grande diferencial.

Basicamente, seus diferenciais devem ser atraentes o suficiente para que, ao promover seu aplicativo, esses recursos únicos influenciem a decisão de compra dos consumidores que estiverem avaliando diversos aplicativos similares. Se os usuários desejarem esse recurso que nenhum outro aplicativo tem, eles não vão pensar duas vezes para comprar o seu.

Mas você não pode parar aí. Cedo ou tarde (normalmente mais cedo do que você imagina), os concorrentes acrescentarão aqueles mesmos recursos aos seus aplicativos.

E provavelmente passarão a ter vantagem sobre você com mais alguns novos recursos exclusivos, forçando-o a desenvolver algum novo diferencial nas futuras atualizações, para garantir que as pessoas continuem interessadas no seu aplicativo.

Ter muitos diferenciais definidos, junto com um mapa geral do caminho para novos recursos que você planeja acrescentar em futuras versões, ajudará a manter seu aplicativo relevante e competitivo. Por exemplo, as versões anteriores do iOS não suportavam o teclado no formato paisagem no Mail, Notes e Messages. Para satisfazer a demanda de digitação fácil com dois dedões, um monte de aplicativos com teclados largos inundou a App Store, oferecendo a capacidade de digitar mensagens de e-mail e notas no modo paisagem. Muitos desses aplicativos para iPhone eram mágicos de um truque só, com seus teclados no modo paisagem sendo o único argumento de vendas. Quando o iOS 3 acrescentou o suporte ao teclado no modo paisagem para o Mail e o Notes e outros aplicativos embutidos da Apple, ele invalidou instantaneamente a utilidade de muitos desses aplicativos de uma só função. Aqueles que sobreviveram foram os que ainda tinham algo único para oferecer, como sincronizar as notas com o Google Docs, organizar as notas em grupos, postar notas no Twitter, etc.

Lembre-se de que quanto mais recursos você acrescentar, mais simples e intuitivo o projeto da sua interface precisa ser, especialmente numa pequena tela móvel. Após várias atualizações, se o seu aplicativo começar a parecer inchado e desordenado, ele terá falhado no seu principal objetivo, que é fornecer uma experiência móvel fácil de usar. Dê uma olhada no aplicativo oficial do Twitter (antigamente conhecido como Tweetie). Seu desenvolvedor, Loren Brichter, continua adicionando dezenas de novos recursos a cada liberação, enquanto gasta muito tempo simplificando o projeto da interface para que os recursos adicionais nunca interfiram com a apreciação da funcionalidade central de Twitter do aplicativo. Cada novo recurso que ele implementa serve para aumentar o poder do usuário, sem diminuir a usabilidade do aplicativo.

Objetivando múltiplos dispositivos iOS

A menos que o seu jogo ou aplicativo precise de um hardware ou recurso do sistema iOS que seja exclusivo de um determinado dispositivo, é do seu maior interesse tornar seu aplicativo disponível para o maior número possível de usuários e dispositivos. É, na verdade, simples lógica de vendas. Um público-alvo maior é igual a um número maior de potenciais clientes. Embora tornar o seu aplicativo disponível para múltiplos dispositivos requeira algum esforço extra de sua parte no desenvolvimento, é uma forma muito boa de aumentar o retorno sobre o investimento (de tempo e dinheiro). Por que ter como alvo apenas alguns milhões de usuários de iPad se o seu aplicativo poderia ser desenvolvido para ser compatível com todos os 120 milhões de dispositivos iOS que existem? Seu público potencial deve continuar a se expandir com cada novo dispositivo iOS que a Apple liberar.

Como um grande percentual dos usuários continua executando o iOS 3 em antigos iPhones e iPods touch, alguns desenvolvedores adotaram a acomodada abordagem de simplesmente produzir seus aplicativos para o menor denominador comum. Eles sabem que um aplicativo compilado para iOS 3 provavelmente funcionará bem no iOS 4 e até mesmo em iPads. Tais aplicativos são compatíveis com uma ampla gama de dispositivos iOS, mas estão longe do ideal. Seguindo por esse caminho, você está prestando um grande desserviço ao futuro do seu negócio na App Store.

Os usuários do iPhone 4 e do iPod touch querem aplicativos que tirem proveito da resolução aprimorada da Retina display. Se os seus concorrentes oferecem uma excelente interface do Retina display, enquanto o seu aplicativo continua utilizando a velha interface pixelizada do iOS 3, os aplicativos dos seus concorrentes terão um apelo visual muito maior para os usuários de iPhone 4 e iPod touch. E isso pode resultar na perda de vendas. Com um pouco mais de trabalho gráfico, seu aplicativo pode – e deve – ser elaborado de forma que sua interface seja otimizada para ambas, o Retina display e as outras telas mais antigas de menor resolução. O Capítulo 4 discute os requisitos de projeto para ambas as telas.

O mesmo vale para o iPad. Embora seu aplicativo para iPhone possa funcionar bem no popular tablet da Apple, não se acomode com uma experiência inferior para o usuário. Certo, o iPad inclui um botão "2x" para superdimensionar aplicativos do iPhone para ocupar a tela toda, mas esse efeito ampliado é muito pixelizado e tosco quando comparado à beleza dos aplicativos nativos dos seus concorrentes para o iPad.

Como o iOS apresenta alguns componentes únicos de interface, exclusivos do iPad, alguns desenvolvedores para iPhone podem não querer manter dois projetos Xcode separados para o que é, em essência, o mesmo produto, para suportar adequadamente a ambos os objetivos. Para resolver esse problema, a Apple introduziu um novo formato universal de aplicativo que roda tanto em dispositivos iPhone como iPad. Dependendo do dispositivo que está rodando o aplicativo universal, a versão adequada do aplicativo é executada. Dessa forma, você pode manter um projeto Xcode com código fonte compartilhado, mas projetos de interface separados, customizados especificamente para cada dispositivo-alvo. Por exemplo, seu aplicativo para iPhone pode usar um **NavigationController** para organizar o conteúdo, enquanto no iPad você provavelmente vai querer exibir um **SplitViewController**. Ambas as versões usam os mesmos dados, mas apresentados de forma diferente para melhor adequação ao dispositivo escolhido.

Para os desenvolvedores que objetivam atender a ambos, iPhones e iPads, a Apple recomenda fortemente a criação de aplicativos universais. Gerenciar e atualizar apenas um aplicativo na App Store facilita bastante para os clientes que usam seu aplicativo tanto em iPhones como iPads (e até mesmo em iPod touch). Mas se a sua versão para iPad for radicalmente diferente do aplicativo para iPhone, com dezenas de novos recursos que requerem uma pesada reescrita do código, um aplicativo universal pode não ser a escolha ideal. Se as duas versões não compartilharem boa parte do código, pode fazer mais sentido criá-los como dois produtos independentes: um para iPhone e outro para iPad. Fatores comerciais e de marketing também pesam na decisão de criar ou não um aplicativo universal.

Os aplicativos universais pela perspectiva comercial

Do ponto de vista do desenvolvimento, criar um aplicativo universal apresenta muitas vantagens, mas seria esta a melhor opção? Se o seu aplicativo for gratuito, então o seu objetivo é fornecer o acesso mais conveniente e amigável para ele. Um aplicativo universal torna fácil para os usuários baixá-lo para todos os seus dispositivos móveis da Apple. Mas para os aplicativos pagos a coisa muda. Deixando de lado por um momento os benefícios técnicos, vamos olhar para os fatores comerciais envolvidos.

Quando você cria um aplicativo universal, os atuais proprietários do seu aplicativo para iPhone serão capazes de acessar gratuitamente a versão para iPad, já que não há mecanismo oficial de atualização suportado nos aplicativos universais. Se o seu aplicativo para iPad representar uma edição melhorada, oferecendo dezenas de novos recursos exclusivos que não estejam disponíveis na sua versão para iPhone, pode fazer mais sentido liberar o aplicativo como uma versão separada, independente, para iPad.

Vendendo o aplicativo para iPad como um produto separado, você tem a oportunidade de recuperar seus custos de desenvolvimento. E se ele oferece um valor adicional acima e além da sua edição para iPhone, a maioria dos clientes não verá nenhum problema em pagar por ele, mesmo depois de já terem comprado a versão para iPhone. Digo "a maioria" porque sempre haverá uns poucos usuários reclamando de que deveriam receber gratuitamente todas as versões de aplicativo para todos os dispositivos iOS. Ironicamente, as piores reclamações normalmente vêm de pessoas que pagaram apenas 99 centavos pelo seu aplicativo original para iPhone. Mas não interrompa um potencial canal de receita que poderia ajudar a suportar seus desenvolvimentos só porque você está preocupado em manter todo mundo feliz. Eis um pequeno segredo: não é possível contentar a todos. Simplesmente construa os melhores recursos e experiências dos usuários possíveis. Se você fornecer aos seus clientes um valor adicional, a maioria deles ficará mais do que satisfeita em pagar pela versão melhorada para iPad.

Por outro lado, se o seu aplicativo para iPad não oferecer nada de novo além de uma interface otimizada para iPad jogada sobre o mesmo conjunto de recursos do iPhone, você deve considerar a criação de um aplicativo universal. Se você não consegue justificar o preço do aplicativo para iPad com funcionalidade adicional exclusiva para iPad, vendê-lo como um produto separado certamente atrairá um grupo raivoso de clientes, brandindo forcados e escrevendo comentários negativos na App Store! E a Apple pode simplesmente concordar com eles. A Apple é conhecida por rejeitar aplicativos independentes para iPad que não acrescentem nenhum valor significativo além do que já está disponível nos seus equivalentes para iPhone. Nessas situações, a Apple normalmente aconselha o desenvolvedor a convertê-lo para um aplicativo universal antes de reapresentá-lo à App Store.

Outro grande problema a considerar é o tamanho do arquivo do seu aplicativo. Um aplicativo universal combina o código incremental com arquivos .xib separados e recursos de imagem tanto para as versões iPhone como iPad em um pacote, o que significa que ele frequentemente pode chegar perto de dobrar o tamanho do arquivo de um único aplicativo-alvo. Embora a Apple tenha elevado o limite de downloads para celulares 3G de 10MB para 20MB, para acomodar os aplicativos universais, alguns jogos com conteúdo pesado ainda podem exceder esse tamanho de arquivo. Se o seu aplicativo universal for maior do que 20MB, isso reduz drasticamente o público potencial do seu aplicativo para apenas algumas pessoas dentro do alcance de Wi-Fi. Se o seu aplicativo é um produto gratuito ou pago, este fator sozinho pode persuadi-lo a liberar versões separadas para iPhone e iPad, para garantir que seu aplicativo possa ser baixado tanto por conexões Wi-Fi como de celular 3G.

O que há no nome de um aplicativo?

Enquanto pesquisava os concorrentes, sem dúvida você efetuou incontáveis pesquisas dentro da App Store. Pelo caminho, descobriu que as palavras usadas nos nomes dos aplicativos e nas palavras-chave relacionadas podem afetar sua posição nas pesquisas da App Store. O Capítulo 11 discute como refinar o nome, as palavras-chave e a apresentação na App Store; por ora, vamos focar no nome do seu aplicativo. Na App Store, você pode adicionar curtas descrições ao nome exibido do seu aplicativo para ajudar a garantir sua inclusão em resultados relevantes de busca, mas ainda não vamos nos preocupar com esses longos nomes da App Store.

O nome do seu aplicativo é aquele que você usará para promovê-lo em todo lugar, tanto dentro como fora da App Store. Acoplado ao seu ícone, o nome do seu aplicativo é uma marca – a que você espera tornar um nome reconhecível que seja tanto representativo da sua função principal como atrativo o suficiente para ser guardado na memória. Se as pessoas não conseguirem se lembrar com facilidade do nome do seu aplicativo, não irão recomendá-lo para os outros.

Há também o nome de exibição do pacote do aplicativo que é atribuído no arquivo da lista de propriedades (*plist*) do seu projeto Xcode. Ele é o nome listado no espaço bem pequeno sob o ícone do aplicativo na tela inicial, no iPhone ou no iPad. Você tem aproximadamente 12 caracteres para usar. Acima disso você se arrisca a ter seu nome truncado (com...). Por exemplo, Jack Nutting, da Rebisoft, desenvolveu um brilhante jogo de tiro retrô chamado Diabolotros, que faz muito bom uso do acelerômetro do iPhone. Tendo crescido nos anos 1980, gastei um bom tempo nos fliperamas jogando Space Invaders; por isso, rapidamente baixei o Diabolotros Lite para dar uma olhada. É um jogo divertido, que prende, e logo comprei a versão completa. Notei que o Diabolotros, com 11 caracteres de comprimento, aparece muito bem sob o ícone do aplicativo na tela do meu iPhone. DiabolotrosLite, no entanto, é longo demais, portanto, para que ele possa caber, o nome é automaticamente truncado para "Diabol...sLite" (veja a Figura 2.4).

Figura 2.4. *Tente manter o nome do seu aplicativo dentro de 12 caracteres ou menos, para evitar uma exibição truncada na tela inicial do iPhone.*

Como adicionar a palavra *lite* ou *free* deixaria o nome da maioria dos aplicativos com mais do que 12 caracteres, muitos desenvolvedores colocam uma tarja de "lite" ou "free" no ícone de seus aplicativos para que os usuários possam distingui-los facilmente da versão completa. Isso evita a necessidade de exceder o tamanho para o nome do seu aplicativo com essas palavras.

Em comparação, o 3D Rollercoaster Rush, da Digital Chocolate, tem um nome bastante longo na App Store, mas o nome exibido do pacote é abreviado para 3D Coaster, para garantir que ele caiba sob o ícone do aplicativo em uma tela inicial de iPhone. Felizmente, os usuários reconhecem o abreviado *coaster* como significando *rollercoaster*. E na versão gratuita, a Digital Chocolate simplesmente modificou o ícone do aplicativo com uma tarja "FREE!" (mostrado na Figura 2.4).

Se você usar um nome abreviado na exibição do nome do pacote do seu aplicativo, tome muito cuidado para que ele não seja muito diferente do seu nome na App Store. Se os dois nomes não parecerem relacionados aos olhos da equipe de revisão de aplicativos da Apple, isso pode servir de motivo para a rejeição na App Store. O Capítulo 11 explora as convenções de nomes de aplicativos no que diz respeito à submissão à App Store, mas você precisa pensar nessas questões antecipadamente. Quando estiver decidindo o nome do seu aplicativo, tome cuidado para não usar palavras longas, que não possam ser convertidas em apelidos ou abreviaturas. *Supercalifragilistic* é uma palavra memorável, mas impossível de reduzir a 12 letras.

Assim, agora que você já sabe das limitações quanto ao tamanho do nome, o que daria um bom nome? Descobrir o nome perfeito pode ser bastante desafiador, mas vale a pena gastar tempo para chegar ao certo. Em buscas anteriores na App Store, os nomes dos aplicativos que incluíam palavras-chave relevantes tinham boa classificação nos resultados das buscas, mas não fique muito amarrado tentando integrar palavras-chave ao nome do seu aplicativo. Lembre-se de que o nome do seu aplicativo na App Store pode ser muito mais longo com uma descrição abundante em palavras-chave, portanto, você deve se concentrar primeiro em criar um nome que seja único e fácil de lembrar.

Embora um nome como Parked Car Locator seja bastante descritivo, é rico em palavras-chave e pode ser facilmente encurtado para os 11 caracteres de Car Locator quando necessário, mas provavelmente é muito genérico para se tornar uma marca registrada. Como a lei de patentes dos Estados Unidos não permite o registro da propriedade de marcas com palavras comuns, que descrevam um serviço ou função – termos comuns que outras empresas eventualmente tenham que usar para descrever coisas similares –, proteger legalmente um nome como Parked Car Locator seria difícil.

Em vez disso, tente descobrir algo um pouco mais criativo. Para não ficar perdido na floresta, os viajantes normalmente colocam marcadores de lugar em galhos ou deixam uma trilha de migalhas para encontrar o caminho de volta. Como encontrar o caminho de volta até o seu carro estacionado envolve uma estratégia semelhante, você poderia querer brincar com um nome bonitinho para o aplicativo, como Breadcrumbs (Migalhas), que tem apenas 11 caracteres. Para garantir colocação nos resultados de buscas relevantes dentro da App Store, você poderia incluir na submissão do seu aplicativo palavras-chave importantes e até mesmo expandir o nome na App Store para Breadcrumbs – Parked Car Locator.

Se outro aplicativo para iOS estiver usando um nome similar, você certamente vai querer encontrar um nome diferente. Mesmo se tiver cravado um nome que ninguém mais esteja usando na App Store, você não pode parar aí. Deve também pesquisar na internet e em todos os principais diretórios de software – a Mac App Store, Google.com, Android

Marketplace, MacUpdate.com e Download.com, para citar alguns – para ver se encontra algum possível conflito em outras plataformas de software.

É importante pesquisar também no banco de dados Trademark Electronic Search System (TESS), do US Patent and Trademark Office, em http://www.uspto.gov/trademarks/, para ver se há marcas registradas com o nome escolhido. Pesquisar no TESS de forma alguma o obriga a solicitar uma marca registrada. Isso é algo que você pode fazer depois que estiver pronto. Por ora, simplesmente precisa ter certeza de que o nome já não foi registrado por outros.

> **NOTA:** Se você estiver planejando colocar seu aplicativo disponível em múltiplas App Stores regionais além da sua, é importante verificar também se há marcas registradas ou qualquer utilização daquele nome nos respectivos países. Para orientação sobre como garantir e proteger internacionalmente os direitos do nome do seu aplicativo, você deve consultar um advogado de patentes.

Por que seria importante saber se um produto de software Android, Mac ou Windows já está usando aquele nome, se você planeja usá-lo apenas no seu aplicativo móvel para iOS? Bem, isso pode causar alguma confusão com relação aos nomes entre os consumidores, que poderiam equivocadamente entender que o seu aplicativo é a versão iOS do aplicativo Android, Mac ou Windows com o mesmo nome. Se outra empresa de software estava usando o nome antes e puder provar sua arte prévia (uso público anterior do nome e logotipo), especialmente se ela já tiver registrado a marca, você estará legalmente vulnerável. Você não vai querer gastar meses desenvolvendo o seu aplicativo para depois receber dos advogados da empresa uma carta de cessar violação. Ou, pior ainda, se o seu aplicativo se tornar um *best-seller* na App Store, você não vai querer que a empresa o processe por infringir uma patente e exija um percentual dos royalties do seu aplicativo.

Minha intenção não é assustá-lo, mas simplesmente deixá-lo ciente das possíveis armadilhas que devem ser observadas na escolha de um nome para o seu aplicativo para iOS. Esse é o tipo de salvaguarda legal que é importante ter para nome, ícone e logotipo original do seu aplicativo, portanto, veja a seção do Capítulo 3 em que Michael Schneider explica os benefícios e processos de se registrar uma marca. Uma última observação sobre nomes de aplicativos diz respeito à distinção entre os diferentes dispositivos para iOS visados. Se você estiver desenvolvendo versões separadas do seu aplicativo para iPhone e iPad (em vez de um único aplicativo universal), precisará identificá-los adequadamente.

No primeiro lançamento do iPad, os desenvolvedores para iPhone liberaram versões apenas para iPad com o sufixo identificador *HD* no nome, como uma lembrança inteligente ao tamanho maior e de alta definição (high-definition) do tablet. Uma rápida busca na App Store revelará uma porção de aplicativos e jogos para iPad usando essa convenção de nome, como Real Racing HD, Harbor Master HD e Flick Fishing HD. Infelizmente, nos meses que se seguiram, a Apple apresentou sua nova tela Retina para o iPhone 4, uma tela realmente de alta definição. Para aqueles aplicativos para iPad que já estavam bem estabelecidos com seus nomes HD, não valia a pena o trabalho de fazer uma mudança de nome. Mas no mundo pós-iPhone 4, novos desenvolvedores para iPad estão abandonando o identificador HD, já que não dá para saber quais dispositivos iOS poderão ter Retina display em futuros modelos. Muitas das liberações de aplicativos simplesmente diferenciam seus nomes na App Store por dispositivo, como GoodReader para iPhone e GoodReader para iPad – uma estratégia que recomendo fortemente.

Registrando nomes de domínio de websites

Agora que você tomou a decisão quanto ao nome do aplicativo, vai querer garantir um domínio para ele antes que alguém o faça. Ter um website dedicado ao seu aplicativo iOS é importante para o sucesso. O site é um local central para promover o aplicativo e oferecer suporte aos clientes. Não se preocupe ainda com o projeto e a estrutura dele. No Capítulo 10 discutirei os métodos de transformar o seu website em uma ferramenta promocional bem-sucedida e um centro de suporte.

A tarefa importante agora é garantir um bom nome de domínio para o seu aplicativo. Para descobrir se os nomes que você quer já estão sendo usados (e, se for o caso, saber quem os está usando), pesquise no banco de dados WHOIS. Eis alguns sites nos quais você pode fazer isso:

- DomainTools WHOIS Lookup (http://whois.domaintools.com/).
- WHOIS Domain Search (http://www.whois.net).
- Network Solutions WHOIS Search (http://www.networksolutions.com/whois/).

Procurar em um registrador de nomes de domínio apenas lhe dirá se um domínio já está ocupado. Uma busca no WHOIS normalmente fornece informações sobre os proprietários dos domínios.

Se você estiver com problemas para encontrar um domínio que combine com o nome do seu aplicativo, tente acrescentar a palavra *app* ou *game* (se for um jogo) ao seu final. Por exemplo, para o popular aplicativo Simplenote, o domínio Simplenote.com já estava tomado, portanto, os desenvolvedores registraram SimplenoteApp.com.

O Register.com e o NetworkSolutions.com são registradores populares de domínio. Pessoalmente prefiro o GoDaddy.com. Existem várias alternativas, muitas delas oferecendo preços menores para o registro. Primeiro, faça alguma pesquisa on-line para encontrar um registrador de nomes de domínio que ofereça os recursos de que você precisa e por um preço que caiba no seu orçamento.

Se atualmente você mantém seu próprio blog ou website, não precisa criar um site separado para o seu aplicativo iOS. Você pode adicionar um diretório ao seu site atual para as páginas web relacionadas com o aplicativo iOS e, depois, redirecionar a URL do seu aplicativo para o novo diretório do seu site. Por que ter uma URL específica para o aplicativo se o seu atual website ou blog já tem uma URL personalizada? Porque é mais profissional direcionar os clientes para http://www.breadcrumbsapp.com/ em vez de para http://www.mywebsite.com/software/iphone/breadcrumbs/.

Além disso, uma URL curta dedicada, para o aplicativo é muito mais fácil de lembrar. E a maioria dos registradores de nomes de domínio oferece serviços de encaminhamento na web, de forma que você pode facilmente configurar a URL específica do aplicativo para redirecionar para onde você quiser. Direcionar tráfego para o seu atual website é também uma boa estratégia para a interpromoção de outros aplicativos e serviços que você oferece.

NOTA: Quando for procurar um registrador de nomes de domínio para contratar, certifique-se de verificar quais serviços requerem taxa adicional. Por exemplo, o GoDaddy.com inclui encaminhamento na web gratuito com o registro do nome do domínio, enquanto outros registradores podem cobrar uma taxa anual.

Construindo uma identidade única para o seu aplicativo iOS

Com toda a pesquisa competitiva que já fez, você teve a oportunidade de ver os ícones de aplicativos com os quais vai competir.

É importante ter um ícone para o seu aplicativo que seja único, mas representativo da função principal do aplicativo e desenho da interface. Isso pode soar óbvio, mas sempre me surpreendo com quantos desenvolvedores projetam um ícone de aplicativo de forma isolada, sem levar em consideração os ícones que seus concorrentes já estão usando. Por causa disso, muitos aplicativos similares têm ícones semelhantes. Quando estiver fazendo uma pesquisa na App Store por um determinado tipo de aplicativo, os resultados são frequentemente uma página cheia de ícones de aplicativos parecidos entre si, o que faz o grupo todo parecer muito genérico.

Se você estiver criando um aplicativo para escrita e todos os aplicativos similares usam ícones com temas baseados em caderno, experimente criar um visual inteligente, que seja diferente e ainda assim passe a ideia ligada à escrita. Se a maioria dos seus concorrentes estiver usando ícones azuis, pense em usar uma cor contrastante para o ícone do seu aplicativo (como vermelho ou laranja). Você está tentando empacotar o seu aplicativo como uma marca e, para que isso tenha sucesso, a identidade da marca que você está lançando precisa ser única e visualmente atraente. Como você já tem uma lista de aplicativos concorrentes na sua frente, o projeto do ícone do seu aplicativo é algo para ser pensado entre agora e o Capítulo 4 (que cobre o projeto eficaz de um ícone de aplicativo), especialmente considerando que o próximo capítulo inclui fatos que o ajudam a entrar com um pedido de marca registrada para o nome e o ícone do seu aplicativo. Portanto, pense no assunto.

Progredindo

Você já percorreu um bom caminho neste capítulo, portanto, tire um tempo para respirar. O próximo capítulo é muito importante. Sim, ele aborda todos aqueles preocupantes aspectos legais com os quais os programadores prefeririam não ter de lidar, mas que é um conhecimento vital para salvaguardar seus negócios. Michael Schneider, advogado especialista que se tornou desenvolvedor de aplicativos, o levará através do que é essencial para proteger tanto você como a sua propriedade intelectual.

Capítulo **3**

Protegendo sua propriedade intelectual

Este capítulo é uma contribuição de Michael Schneider, advogado especialista em tecnologia e desenvolvedor para iPhone. Como advogado, Michael trabalha na área de contratos relacionados a propriedade intelectual e tecnologia, ajudando seus clientes a construir, capitalizar e proteger seus produtos. Como desenvolvedor para iPhone, Michael publicou diversos aplicativos de sucesso, incluindo o TouchType, o Private-I e a série Andrew Johnson de aplicativos de autoajuda.

Quando você constrói um aplicativo para iOS, está criando propriedade intelectual. Diferentemente dos negócios tradicionais, as empresas de software não são avaliadas por seus ativos físicos. À medida que o negócio cresce, você provavelmente não construirá fábricas nem comprará frotas de caminhão. O valor da sua empresa não estará em imóveis ou equipamentos, mas será construído sobre os bens intangíveis que você criar. Seus produtos e a sua propriedade sobre eles serão os ativos principais da sua empresa; portanto, é importante entender como identificar e proteger a propriedade intelectual que se tornará a base daquela propriedade e o valor da sua empresa.

Além de ser algo que você pode vender ou licenciar para outras pessoas, os direitos de propriedade intelectual são uma forma pela qual se pode evitar que os concorrentes roubem o seu trabalho. Mesmo que não tenha intenção de capitalizar sua propriedade intelectual de outra forma além da venda dos aplicativos para os usuários finais, entender seus direitos pode ajudá-lo a se proteger de imitadores.

Da mesma forma, como um desenvolvedor de aplicativos, você deve evitar infringir os direitos de propriedade intelectual de terceiros. Compreender os pontos fortes e as limitações de diversos tipos de propriedade intelectual o ajudará a entender o que é ou não permitido de acordo com as leis. Com esse conhecimento, você pode construir aplicativos com mais segurança e se defender daqueles que tentarem incomodá-lo com reclamações fraudulentas. Saber quais são os limites o ajuda a se aproximar deles sem ultrapassá-los nem violar os direitos de terceiros.

Neste capítulo, você aprenderá como obter os diferentes tipos de proteção de propriedade intelectual disponíveis e avaliar quais fazem mais sentido no contexto do desenvolvimento de aplicativos. Você conhecerá também algumas das armadilhas comuns que podem prejudicar seus direitos de propriedade intelectual e o valor da sua empresa.

Para se ter uma ideia de como surgiu este capítulo, antes de me aventurar no desenvolvimento para iPhone trabalhei como advogado para empresas de tecnologia, ajudando-as a construir, proteger e capitalizar seus produtos. É importante deixar claro que, mesmo entre os desenvolvedores iOS, as necessidades legais de cada pessoa são diferentes. Embora tente explicar, em linhas gerais, algumas das questões legais que cercam o desenvolvimento e a venda de aplicativos iOS, este capítulo não deve ser entendido como aconselhamento legal. Minha intenção é que você conheça algumas das questões legais que devem ser observadas e use este conhecimento para facilitar uma conversa com um profissional da área legal.

O que é propriedade intelectual?

Converso com muitos desenvolvedores que já ouviram falar sobre propriedade intelectual e compreendem que se trata de algo com que eles deveriam se preocupar, mas não têm certeza do que é exatamente.

Propriedade intelectual (PI) tem a ver com direitos intangíveis que você e sua empresa possam possuir com seu trabalho criativo. No nosso caso, esse trabalho criativo será provavelmente um aplicativo iOS, mas poderia ser também componentes daquele aplicativo, como música ou imagens.

O principal benefício que a propriedade intelectual oferece é o direito de impedir que outros usem o seu trabalho protegido. Se um concorrente ou outra empresa usar algo que você protegeu adequadamente (por exemplo, um ícone, imagens ou ideias), os direitos de propriedade intelectual lhe darão a possibilidade de propor uma ação judicial para impedi-los de usar seu trabalho e, possivelmente, para ser indenizado por perdas e danos (ou seja, dinheiro).

Cada tipo de propriedade intelectual protege conteúdos de forma diferente.

- **Copyright (direito autoral)**[1] – No caso do copyright, os autores têm o direito de restringir quem pode copiar, distribuir, executar publicamente, modificar ou criar derivados de seu trabalho original.
- **Patente** – No caso de uma patente, o inventor tem o direito de impedir que outras pessoas usem, produzam ou exportem o objeto da invenção.
- **Marca registrada** – O objetivo de registrar a marca é evitar que outras pessoas ou empresas confundam seus clientes, levando-os a pensar que a outra empresa é a sua empresa (ou alguma afiliada da sua empresa).

---

1 No Brasil, há legislação específica para registro de software. A legislação de direito autoral é usada de forma subsidiária. (N. T.)

Definindo sua estratégia de propriedade intelectual

Ao ler este capítulo, pense em quais tipos de propriedade intelectual fazem sentido no contexto do seu negócio e dos aplicativos que você está criando. A decisão sobre que tipos de proteção buscar é a estratégia de propriedade intelectual de sua empresa. Do mesmo modo que criar um plano de negócios, definir e compreender a estratégia de propriedade intelectual da sua empresa o ajudará a tomar melhores decisões e evitar armadilhas que possam prejudicar os ativos de propriedade intelectual que você está tentando criar.

Embora cada empresa tenha seus próprios fatores a considerar quando determina os tipos de proteção de propriedade intelectual que devem ser buscados, alguns destes fatores são específicos para aplicativos iOS. Neste capítulo, vou focar nas questões que são comuns à maioria dos desenvolvedores de aplicativos iOS.

Os aplicativos iOS são diferentes

Embora os aplicativos iOS compartilhem origens comuns com o software para desktop, algumas diferenças influenciam os tipos de propriedade intelectual que valem a pena buscar. Essas diferenças serão a base para determinar quais abordagens são mais apropriadas.

Um fator a considerar é que, no geral, nossos aplicativos chegam ao mercado muito rapidamente, e as barreiras de entrada no mercado são extremamente baixas. Os aplicativos iOS geralmente são mais baratos do que seus equivalentes para desktop, sendo que a maioria dos aplicativos da iTunes App Store custa menos de $ 5.

A plataforma iOS é uma oportunidade sem precedentes para equipes pequenas, ou mesmo para uma única pessoa, criarem aplicativos que possam competir com aplicativos de empresas gigantes e bem financiadas. Uma conta de desenvolvedor na Apple custa apenas $ 99, e as ferramentas necessárias para construir aplicativos estão incluídas em qualquer Mac novo. Do ponto de vista da tecnologia, a Apple construiu uma estrutura de trabalho incrivelmente robusta para criar interfaces irresistíveis, que reduzem muito o trabalho de criar recursos antes complexos como animação.

Em dispositivos móveis, programas simples são frequentemente mais valiosos para os usuários do que muitos aplicativos ricos em recursos. Enquanto o melhor aplicativo para desktop é normalmente determinado com base na extensão dos seus recursos e suas capacidades, os melhores aplicativos iOS normalmente focam na qualidade, limitando deliberadamente os recursos.

A simplicidade e a facilidade de desenvolvimento proporcionadas pelas ferramentas da Apple significam que os aplicativos podem passar do conceito à publicação muito rapidamente. O desenvolvimento de aplicativos iOS é tipicamente medido em semanas ou meses, e não em anos, e muitos aplicativos de sucesso foram criados em tempo realmente curto, como em um fim de semana.

Por esses motivos, desenvolvedores independentes dominam o mercado de aplicativos iOS. Alguns dos maiores sucessos do iPhone são aplicativos bastante simples, desenvolvidos de forma independente. Meu aplicativo original TouchType levou menos de uma semana para ser feito e ficou entre os mais populares da App Store por cerca de um mês. Outros aplicativos simples, como o The Moron Test, estão atualmente no topo dos gráficos. Quando olho a lista de Top Apps na App Store, 15 dos atuais 25 principais aplicativos da App Store são produtos de desenvolvedores independentes, sem uma marca preexistente. Esse novo cenário requer uma abordagem ligeiramente diferente com relação à propriedade intelectual.

Desenvolvendo um plano de jogo específico para aplicativos iOS

Como um desenvolvedor de aplicativos iOS, uma estratégia tradicional de propriedade intelectual pode não servir para o seu negócio. A velocidade com que os aplicativos podem ser desenvolvidos e publicados torna algumas formas de propriedade intelectual menos úteis no contexto de aplicativos iOS. Você pode ter recursos financeiros limitados para buscar proteção.

As estratégias descritas neste capítulo são baseadas em alguns pressupostos que estão ligados à natureza da App Store. Eles não se aplicarão a todos, mas devem servir como base para a sua análise.[2]

- **Velocidade** – Se o seu aplicativo for de natureza simples, os concorrentes aparecerão quase que instantaneamente. Portanto, você deve concentrar seus esforços em tipos de proteção de propriedade intelectual que possam ser estabelecidos de forma razoavelmente rápida. Direitos que levam anos para ser estabelecidos talvez não sejam adequados para a plataforma. Embora você provavelmente espere que o seu aplicativo continue vendendo daqui a alguns anos, de uma forma ou de outra, há boas chances de que os dispositivos móveis e aplicativos sejam muito diferentes em cinco anos. Com exceção dos desenvolvedores de aplicativos que trabalham com planos de negócio de longo prazo, os demais devem concentrar suas energias na obtenção de direitos que possam ser protegidos imediatamente, como os copyrights (direitos de autor).
- **Custo** – A grande maioria dos aplicativos fracassa comercialmente. Quando da publicação deste livro, havia mais de 300 mil aplicativos na App Store. Quando você combina a lista dos Top 100 Paid Apps no geral e dos Top 100 Paid Apps em cada uma das 40 categorias (incluindo as subcategorias de Games), há menos de 4 mil aplicativos representados nas listas de Top App em um dado momento. Estimo que 98% dos aplicativos para iOS publicados hoje não renderam mais do que $ 5.000. Isso significa que, dependendo da sua ambição, você provavelmente deverá se concentrar na proteção de propriedade intelectual de baixo custo. De acordo com seus objetivos, também pode ter mais sentido esperar e ver se você alcança algum grau de sucesso antes de gastar dinheiro na busca de proteção de direitos para o seu trabalho.
- **Geografia**[3] – Você deve considerar também a natureza global da App Store e se irá focar sua estratégia de propriedade intelectual somente nos Estados Unidos ou em

---

2 No Brasil, os programas de computador são protegidos pelo direito autoral (havendo, no entanto, lei específica). O registro é opcional e meramente declaratório, ou seja, o direito do autor surge no momento da criação e o registro serve apenas como uma presunção de que quem registrou o direito é o criador do software. (N. T.)

3 A validade do direito de autor é internacional. Assim, os programas registrados no INPI não precisam ser registrados nos demais países, desde que estes concedam aos estrangeiros direitos equivalentes. Da mesma forma, os programas de estrangeiros não precisam ser registrados no Brasil, salvo nos casos de cessão de direitos, para garantia das partes envolvidas. (N. T.)

outros países também. Este capítulo aborda essencialmente a lei de propriedade intelectual dos Estados Unidos, mas a maioria dos outros países possui alguma forma de proteção de direito de autor, marca ou patente. Cada país adicional representa uma nova despesa, e muito provavelmente será impraticável buscar proteção em todos os 90 países em que a App Store atua hoje. Identifique as jurisdições com as quais você mais se preocupa do ponto de vista comercial e então priorize onde você vai gastar seu dinheiro.

Para a maior parte dos desenvolvedores, a grande maioria de suas vendas é gerada na App Store dos Estados Unidos; portanto, proteger seus interesses nesse país é um bom começo. Se você estiver desenvolvendo seu aplicativo fora dos Estados Unidos, deve fazer uma busca de marcas registradas nos Estados Unidos para verificar se já existe alguém usando a marca. Você mesmo pode fazer uma busca simples por marcas registradas usando o Google. Entretanto, para fazer uma busca mais abrangente, incluindo a busca por registros no US Patent and Trademark Office, você pode pagar para usar um serviço de procura por marcas registradas. Se vale ou não a pena gastar dinheiro com uma busca abrangente vai depender de quanto você está investindo na sua nova marca. Se estiver apenas mudando o nome da sua empresa ou de seu aplicativo, você pode confiar apenas na busca pelo Google para verificar se alguém mais tem marca similar. Por outro lado, se pretende fazer uma campanha cara de propaganda ou relações públicas para estabelecer sua marca, faz sentido fazer uma pesquisa mais completa antes de investir na marca.

O direito de autor para aplicativos

O conceito de obter proteção de copyright para um aplicativo pode ser enganoso, pois dá a ideia de que, para proteger o seu trabalho, você deve fazer alguma coisa. Na verdade, nos Estados Unidos e na maioria dos países que seguem a Convenção de Berna, algum grau de proteção de copyright é estabelecido automaticamente no momento em que você coloca a caneta no papel (ou começa a trabalhar no Photoshop ou Xcode), assumindo que o que está criando é original para você.

O copyright protege a autoria original de trabalhos. Isso inclui trabalhos literários, de dramaturgia, musicais e artísticos, como poesia, romances, filmes, músicas, softwares para computador e arquitetura. No caso de aplicativos iOS, o copyright pode fornecer proteção para itens como o código fonte do seu aplicativo, imagens e efeitos de som, o texto das suas instruções, o texto da descrição do seu aplicativo e conteúdo de vídeo ou áudio criativo que você incorporar ao seu aplicativo. O copyright não protege fatos, ideias, sistemas ou métodos de operação, mas se estes fatos, ideias, sistemas ou métodos de operação são implementados de forma criativa/artística, o copyright pode oferecer alguma proteção para a forma como são expressos.

Como obter o copyright

O copyright passa a existir automaticamente quando você é o autor de um trabalho e o coloca em um meio tangível. Em termos de desenvolvimento de aplicativo, isso significa que o copyright começa quando você digita uma linha de código, desenha alguma figura, grava sons ou escreve a descrição do aplicativo. Assumindo que o trabalho seja criativo e esteja gravado em algum lugar (por exemplo, no seu disco rígido ou impresso em uma página), passa a existir um copyright.

A proteção por copyright é bastante acessível. Um nível básico de proteção passa a existir no momento da criação, sem a necessidade de pagar advogados ou solicitar o registro de copyright. Dito isso, solicitar o registro ao US Copyright Office garante alguns benefícios importantes. Trabalhos registrados, por exemplo, podem ser legalmente qualificados para pedidos de indenização por danos se você decidir processar um infrator. Isso significa que, embora você possa proteger seus direitos de autor não registrados, pode não ganhar tanto no processo quanto ganharia se ele estivesse registrado. Felizmente, as taxas para registro de copyright são relativamente baratas em comparação com solicitações de registro de patentes ou marcas.[4]

A atual taxa de solicitação de registro de copyright nos Estados Unidos é de $ 65 e pode ser reduzida a $ 35 se a solicitação for feita on-line. É razoavelmente comum que autores e desenvolvedores de software paguem um advogado para tratar de seus registros de copyright, mas, se você estiver confortável com os conceitos legais e em fazer perguntas quando necessário, submeter uma solicitação de registro de copyright em seu próprio nome é uma opção que o US Copyright Office apoia. O lugar para começar é o http://www.copyright.gov/eco/. O Copyright Office eletrônico (eCO) fez um belo trabalho em tornar o processo de solicitação rápido e fácil em seu site. Se você estiver interessado em solicitar o registro de copyright em seu próprio nome, o eCO tem um tutorial detalhado postado em http://www.copyright.gov/eco/eco-tutorial.pdf.

Limitações da proteção por copyright

O copyright é um meio forte e acessível de proteger o conteúdo e o código do seu aplicativo, mas o copyright protege a expressão criativa de ideias, e não as ideias em si.

Por exemplo, se você tiver uma ideia para um aplicativo que recomenda novas músicas aos usuários com base no conteúdo da biblioteca de música dos seus iPhones, o copyright pode oferecer proteção às imagens ou ao texto das suas instruções. Entretanto, o copyright não oferece proteção ao conceito do aplicativo. No contexto dos aplicativos iOS, essa é uma limitação enorme.

Solicitando registro de marcas para ícones e logotipos de aplicativos

Acredito que o registro de marca representa o meio mais acessível e eficaz para um desenvolvedor iOS se proteger dos concorrentes. Na seção anterior, discutimos as limitações da proteção por copyright. Uma limitação importante é que o copyright não protege ideias, portanto, a ideia e o conceito do seu aplicativo não estarão protegidos sob a lei de copyright. As patentes podem oferecer proteção para conceitos e ideias,[5] mas conseguir uma patente

---

4 No Brasil, o registro de copyright acaba sendo mais caro do que o pedido de registro de marcas e patentes. (N. T.)

5 Concepções puramente abstratas não são patenteáveis de acordo com a lei brasileira. (N.T.)

é relativamente caro e consome tempo em comparação com os processos de copyright e registro de marca.

A marca registrada não protege conceitos ou ideias, mas ela pode proteger o logotipo ou o nome que você der ao seu aplicativo, se o logotipo ou o nome forem suficientemente distintivos. As marcas registradas são uma forma de evitar que outros desenvolvedores se aproveitem da reputação que você estabelece com seu aplicativo ou conceito.

Digamos que você tenha criado o primeiro aplicativo para processamento de cartão de crédito para iPhone. Uma opção é requerer uma patente da ideia, mas levaria anos até que a patente fosse concedida, mesmo que sua ideia obedecesse aos critérios para proteção por patente.

Sem uma patente, você não tem muita proteção para o conceito, mas tem a vantagem de ser o primeiro no mercado. Seu aplicativo, como o primeiro do seu tipo, provavelmente conseguiria a atenção da mídia, ou poderia até ser apresentado pela Apple. Depois que seu aplicativo tiver alcançado um grau de sucesso, os concorrentes poderão começar a criar aplicativos similares. Sem uma patente, você pode não ser capaz de evitar que isso ocorra, mas pode impedir seus concorrentes de confundir os clientes, fazendo-os pensar que eles são você.

Da mesma forma, o processo de aprovação da Apple não oferece nenhum filtro para aplicativos imitadores; portanto, você não pode assumir que o processo de aprovação ou a Apple farão alguma coisa para impedir que cópias não licenciadas cheguem à loja. Criando seu próprio ícone, nome e interface para que as pessoas os associem especificamente à sua empresa, você pode estabelecer direitos de marca. Os direitos decorrentes do registro de marca lhe dão uma ferramenta que você pode usar para evitar que terceiros usem em seus aplicativos nomes e figuras similares.

Se um concorrente copiar o seu aplicativo de forma que possa confundir os clientes, sem que estes tenham como distinguir o seu aplicativo do dele, os direitos decorrentes do registro de marca lhe darão os meios para deter o concorrente. Mas nomes e logotipos não são todos igualmente passíveis de proteção. Esta seção descreve o básico da proteção por meio do registro de marca e orienta sobre como escolher uma marca que possa ser protegida para identificar sua empresa e seus aplicativos.

Como obter o registro de marca

Como no caso do copyright, você pode obter automaticamente alguns direitos de proteção à marca simplesmente usando um nome ou símbolo, como um identificador da fonte do seu aplicativo. Essas marcas registradas "da lei comum", porém, são bastante limitadas, e há benefícios significativos quando se solicita o registro de uma marca no US Patent and Trademark Office.

Um registro federal torna público o requerimento de titularidade de uma marca.[6] O registro também cria a presunção legal da sua titularidade da marca e de seus direitos exclusivos de usá-la em todo o país, relativamente aos tipos de bens e serviços listados no seu registro. E, mais importante, um registro federal de marca é pré-requisito para iniciar em uma corte federal uma ação relacionada com a marca registrada.

---

6 No Brasil, os registros de marca se dão em âmbito nacional. Não há registros regionais. (N.T.)

A melhor forma de saber mais sobre o processo de solicitação de marca registrada é visitar o site http://uspto.gov. O Patent and Trademark Office tem uma grande quantidade de informações em seu website sobre o processo e traz instruções passo a passo sobre como requerer on-line um registro de marca.

O governo federal dos Estados Unidos tem inclusive um serviço telefônico de atendimento ao usuário, que você pode usar para obter mais informações sobre o processo de registro. O serviço não fornece assistência jurídica, mas é um recurso excelente e extremamente útil. O telefone do Trademark Assistance Center é 1-800-786-9199.

Mas há vantagens em contratar um advogado para preparar seu pedido de registro. Frequentemente, há um vai e vem necessário com o Patent and Trademark Office no processo, e ter um profissional trabalhando para você pode ajudar a obter os direitos mais abrangentes possíveis à sua marca.

Escolhendo uma marca

Algumas marcas registradas são mais fortes do que outras. Nomes inventados (por exemplo, Exxon ou Google) ou aqueles que não têm conexão literal com a empresa (por exemplo, Apple para uma empresa de computadores) são melhores para obtenção de direitos de propriedade intelectual fortes. Nomes que requerem um ligeiro salto de lógica ou meramente sugerem os produtos ou serviços de uma empresa (por exemplo, Titanium para uma empresa de malas de viagem, sugerindo resistência e durabilidade) são passíveis de proteção e frequentemente alcançam o equilíbrio certo entre desenvolver marcas fortes e instruir o público a respeito da empresa. Por outro lado, nomes que descrevem o que uma empresa faz (por exemplo, On-line Advertising, Inc., para uma empresa que vende propaganda na internet) tendem a não ser passíveis de proteção inicialmente. Empresas frequentemente gravitam na direção de nomes descritivos porque elas querem que o público entenda imediatamente qual é o seu negócio. Entretanto, escolher um nome descritivo pode impactar negativamente os resultados financeiros da empresa no longo prazo. Eis algumas razões:

- Pode ser impossível impedir que um concorrente use o mesmo nome.
- Um nome descritivo (que, por sua natureza, pode ser similar aos nomes de outros) pode exigir custos adicionais de marketing para diferenciá-lo em um mercado lotado.
- Pode haver despesas adicionais causadas pelo ônus de "policiar" outros que queiram usar nomes semelhantes.

Como um desenvolvedor, você tem duas importantes oportunidades de designar seu aplicativo: o nome e o ícone. Você também pode especificar o nome da sua empresa.

Primeiro, vamos discutir a marca do seu aplicativo. A App Store coloca algumas restrições comerciais incomuns para os nomes dos aplicativos. Num contexto fora da App Store, normalmente recomendo a escolha de um nome que não descreva ou sugira a função do seu produto. Marcas descritivas ou sugestivas são muito mais difíceis de proteger do que as arbitrárias ou engraçadas.

Com os aplicativos para iOS, entretanto, marcas arbitrárias trazem problemas de busca. A App Store exibe apenas as primeiras 17 letras do nome dos aplicativos quando os lista. Se você der ao seu aplicativo um nome arbitrário, navegadores casuais do catálogo da App Store podem não encontrá-lo ou não perceber que talvez ele seja algo de que precisem. Por esse motivo, há vantagens comerciais na escolha de uma marca menos passível de proteção; contudo, você ainda deve tentar distinguir o nome do seu aplicativo de alguma maneira.

Por exemplo, se você vender uma calculadora de gorjetas e chamá-la de Calculadora de Gorjeta, será quase impossível conseguir o registro de marca para este nome. Por outro lado, se escolher o nome TipStar e acrescentar um ícone distintivo apresentando uma estrela, você terá condições para identificar o aplicativo como sendo da sua empresa, em vez de simplesmente descrever o seu propósito.

No exemplo do TipStar, se outro desenvolvedor publicasse uma calculadora de gorjetas que apresentasse um logotipo com o formato de estrela ou usasse a palavra *star*, Ryan Rowe, o desenvolvedor do TipStar, teria uma alegação legítima de infração. A marca registrada "TipStar" do Ryan vai além de simplesmente descrever o aplicativo e acrescenta algo que o distingue dos outros. O nome Star e o símbolo da estrela não têm relação com a finalidade do aplicativo; portanto, se Ryan liberar um aplicativo chamado WeightStar ou ConvertStar, ele pode se aproveitar da reputação que criou com seu aplicativo inicial.

O seu objetivo deve ser criar um nome distintivo para o seu aplicativo que se identifique com a sua empresa, mas sem obscurecer completamente a finalidade do aplicativo. Essa é uma linha tênue.

Se você escolher um nome que sugira a função do aplicativo, seria adequado fazer um esforço adicional para tornar o seu ícone distintivo. A Figura 3.1 mostra alguns exemplos de ícones que são mais ou menos distintivos.

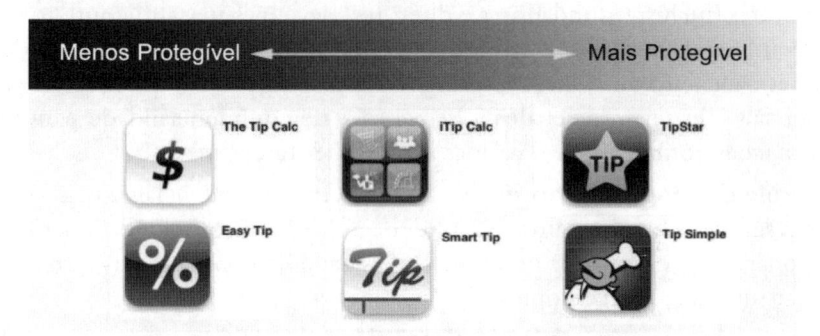

Figura 3.1. *Nomes e ícones de calculadoras de gorjetas, do menos para o mais passível de proteção.*

Segredos comerciais[7] (Trade Secret)

Como desenvolvedor, você provavelmente tem algum segredo que valha a pena proteger. Talvez seja o conceito do seu próximo jogo ou aplicativo, um algoritmo que torna seus aplicativos mais eficientes ou o código fonte por trás de um de seus recursos. A lei de segredo comercial é uma forma que você tem para proteger esses segredos, e qualificar-se para tal proteção é razoavelmente simples.

A lei de segredo comercial varia de estado para estado, mas em geral oferece proteção para as informações, o que dá ao seu proprietário uma vantagem sobre os concorrentes no

---

7 Não há esse tipo específico de proteção na legislação brasileira. (N. T.)

mercado e que pode ser considerada suficiente para evitar que ela seja conhecida por outras pessoas, na ausência de alguma ação imprópria, como uma quebra de contrato ou furto. Em termos simples, se você tem um segredo que lhe dá uma vantagem competitiva e toma cuidados suficientes para mantê-lo confidencial, pode processar os responsáveis se ele lhe for roubado.

Como estabelecer um segredo comercial?

A proteção de segredos comerciais não requer nenhuma solicitação ou registro com o governo. Na verdade, você não precisa fazer nada além de tomar medidas razoáveis para manter o segredo em confidencialidade. Para proteger códigos fonte, basta manter o código em um servidor seguro. Para proteger suas ideias de produtos não publicadas, não fale sobre elas com pessoas que não tenham assinado um acordo de confidencialidade.

A seguir estão algumas medidas mínimas a serem tomadas para manter a confidencialidade das informações que você quer proteger como um segredo comercial:

- **Instrução** – Certifique-se de instruir todos os seus funcionários e contratados sobre a importância de manter a confidencialidade das informações da empresa. Ser capaz de mostrar que você fez todos os esforços para se certificar de que todos estejam cientes de suas responsabilidades o ajudará a demonstrar que sua empresa agiu de forma razoável.
- **Proteção contratual** – Todo empregado em tempo integral ou parcial e todos os consultores (inclusive fundadores e diretores) devem assinar um contrato de trabalho que contenha cláusulas que salvaguardem as informações confidenciais da empresa. Isso deve ser feito antes de começarem a trabalhar e antes que quaisquer segredos comerciais lhes sejam revelados. Use acordos de confidencialidade para proteger as informações confidenciais reveladas a quaisquer terceiros.
- **Controle de materiais tangíveis** – Documentos confidenciais e materiais tangíveis devem ser identificados como "Confidenciais". O acesso a eles deve ser limitado aos funcionários e contratados que têm necessidade de conhecer tais informações para realizar suas funções na empresa.
- **Controle de dados e códigos eletrônicos** – Certifique-se de que código fonte e outros dados confidenciais sejam armazenados em computadores seguros, que requeiram um login com senha para ser acessados.

Acordos de confidencialidade

Acordos de confidencialidade, também conhecidos como *acordos de não divulgação*, são usados para criar um relacionamento de confidencialidade que legalmente obriga as partes a protegerem as informações de segredo comercial de outras partes. Embora um relacionamento de confidencialidade possa ser criado mediante um acordo verbal ou estar implícito na conduta das partes, recomendo que você sempre use um acordo de confidencialidade quando for divulgar informações confidenciais. Acordos orais ou implícitos são muito mais difíceis de comprovar.

Na essência da maioria dos acordos de confidencialidade está a obrigação de não usar ou divulgar as informações confidenciais da outra parte.

Se você estiver em uma situação na qual tanto você quanto a outra parte estão divulgando informações confidenciais uns para os outros, o contrato apropriado seria um *acordo de confidencialidade mútuo*. Esse tipo de acordo mútuo tende a ser escrito de forma imparcial, já que os direitos e obrigações se aplicam igualmente a ambas as partes.

Se estiver em uma situação na qual você espera divulgar mas não receber informações confidenciais, deve considerar usar um acordo de confidencialidade unidirecional, que protege suas informações confidenciais, mas não cria para a sua empresa nenhuma obrigação com relação às informações recebidas da outra parte. Por exemplo, um acordo de confidencialidade unidirecional seria apropriado quando você está lançando uma ideia de produto para outra empresa ou contratando um terceiro para executar trabalhos para você. Nesses casos, você pode não querer ter restrições com relação ao uso das informações recebidas da outra parte, já que provavelmente ela se aplicará ao produto que você está lançando ou ao trabalho para o qual está contratando o terceiro.

Os acordos de confidencialidade são uma parte crítica na manutenção da proteção de seus segredos comerciais. Os segredos comerciais são passíveis de proteção apenas se forem mantidos confidenciais; portanto, deixar de estabelecer acordos de confidencialidade com terceiros antes de contar-lhes um segredo comercial, mesmo que uma única vez, pode causar a perda dos seus direitos de segredo comercial.

Limitações da proteção do segredo comercial

Uma importante limitação a ser considerada é que a proteção do segredo comercial se aplica somente a informações que não sejam de conhecimento público, o que significa que não há proteção para informações que outros possam obter simplesmente inspecionando o seu produto. A fórmula da Coca Cola é um famoso segredo comercial, mas sua proteção não evita que os concorrentes da Coca Cola comprem uma lata e tentem fazer engenharia reversa a partir do produto final. Essa limitação se aplica igualmente aos elementos visíveis do seu aplicativo iOS. As informações que seus usuários podem acessar analisando o seu aplicativo não são protegidas pela lei de segredo comercial, porque elas deixaram de ser segredo depois que você publicou o aplicativo.

Para ajudar a ilustrar essa distinção, vamos imaginar que você criou um novo mecanismo de busca que é executado no iPhone. Imagine que esse mecanismo de busca seja movido por um algoritmo altamente eficaz, supersecreto, que você inventou para determinar quais resultados da busca são mais relevantes para o usuário. Se funcionar, esse algoritmo será provavelmente o mais valioso ativo de propriedade intelectual da sua empresa. A chave então seria lançar o seu aplicativo de forma a dar aos usuários o benefício do algoritmo, sem expor exatamente como ele funciona.

Agora, vamos assumir que o Google tenha descoberto o seu incrível aplicativo e queira incorporar a tecnologia no seu mecanismo de busca. Como desenvolvedor dessa tecnologia, você obviamente vai querer que o Google adquira uma licença de uso ou compre de você a tecnologia, ou, melhor ainda, compre sua empresa para ter acesso ao segredo. Antes que o Google possa fazer isso, você pode assumir que ele provavelmente vá comprar uma cópia do seu aplicativo e tentar descobrir como o algoritmo funciona. Caso você não tenha patenteado o seu algoritmo, se os engenheiros do Google conseguirem descobrir como o algoritmo funciona, testando e observando o seu programa, o Google provavelmente não precisará comprar sua empresa para implementar algo similar.

Se tomar os cuidados necessários para proteger o algoritmo e ele não puder ser descoberto pela simples observação do seu produto, você poderá impedir que os concorrentes o utilizem. Se eles invadirem seus computadores ou subornarem um dos seus funcionários para descobrir o algoritmo, você poderá processá-los por apropriação indébita de segredo comercial.

O fato de a lei de segredos comerciais abranger apenas aquilo que você pode manter em segredo é uma importante limitação a ser considerada. Isso significa que você vai ter de buscar outras formas de proteção da propriedade intelectual (por exemplo, copyright e/ou patente) para proteger os aspectos dos seus produtos que sejam visíveis para os usuários.

Patentes

Se você pensar nas várias formas de proteção da propriedade intelectual como armas, a proteção por patente é a bomba nuclear. As patentes são caras de se obter e também caras para contestar na justiça, mas elas podem oferecer proteção extremamente eficaz para as ideias inventivas e apavorar seus concorrentes. Modelos inteiros de negócios ou tecnologias fundamentais podem ser destruídos por uma patente de tecnologia preexistente que cubra o que a empresa está fazendo. Por esse motivo, muitas empresas de médio e grande portes colecionam um arsenal de patentes puramente com propósitos defensivos, para poderem ter algo com que contra-atacar seus concorrentes se forem processadas.

Apesar de sua força, as patentes tendem a ser uma escolha ruim para a maioria dos desenvolvedores iOS. Os custos variam, mas, no geral, contratar um advogado para entrar com um pedido de registro de patente e levá-lo até a publicação custa mais de $ 10 mil. O processo frequentemente leva de dois a três anos, de modo que seu aplicativo iOS precisaria ser um empreendimento de longo prazo para que a patente se mostre relevante.

Jogos, por exemplo, têm uma curva de vendas bastante distintiva na App Store. Se obtiver sucesso, um jogo terá um pico de vendas no lançamento ou próximo dele e depois normalmente as vendas diminuem com o passar do tempo. Para que uma patente valha a pena, a sua ideia inventiva precisa continuar a ter valor daqui a três anos.

Nesse intervalo, ter um pedido de patente em andamento não lhe dá nenhum direito efetivo até que a patente seja concedida. Informar aos seus concorrentes que você irá buscar seus direitos depois que obtiver a patente pode desestimulá-los a investir em um aplicativo concorrente. No entanto, se for barato criar o aplicativo concorrente (ou se os concorrentes já o criaram), eles provavelmente continuarão vendendo o aplicativo até que sua patente saia. Combine isso com o fato de que há desenvolvedores iOS no mundo todo. Sua patente pode não assustar um garoto de 14 anos na Índia que está criando um aplicativo concorrente e não tem muito a perder com o processo.

Diante disso tudo, há casos em que as patentes fazem muito sentido para os desenvolvedores iOS. A maior desvantagem de buscar a proteção de uma patente é o custo. Se você estiver trabalhando com um orçamento particularmente grande ou em um aplicativo ambicioso e o valor de mais de $ 10 mil que custará a busca pela patente não for uma despesa enorme no custo total do projeto, obter uma patente pode ser uma jogada inteligente para tentar proteger seu investimento no projeto.

Outra situação em que a proteção por patente faz sentido é se o seu aplicativo for uma empreitada de longo prazo. Se três anos for um prazo curto na previsão de ciclo de vida esperada para o seu produto, o demorado processo de obtenção de patente pode não ser um problema. Pense seriamente sobre suas ambições para o seu aplicativo e avalie a possibilidade de haver pessoas ainda interessadas nele daqui a três anos.

Sua invenção é patenteável?

As patentes protegem processos, máquinas, artigos de manufatura e composições, bem como quaisquer melhorias novas e úteis a algo já existente. Em termos gerais, entre outros requisitos para se qualificar a uma patente, sua invenção precisa ser nova e útil, e você precisa conseguir descrevê-la de forma a permitir que uma pessoa razoavelmente hábil na área da invenção consiga fazê-la funcionar.

O requisito de que a invenção seja "nova" significa que você precisa ser o primeiro a criá-la. Nos Estados Unidos da América, se duas pessoas solicitarem uma patente sobre a mesma invenção, a patente vai para o primeiro que a conceber, e não ao primeiro a registrar a solicitação de patente. Na verdade, não importa se o outro inventor nem sequer solicitou a patente. Se ele concebeu a invenção antes, a solicitação de patente posterior será invalidada.[8]

Mesmo se ninguém tenha concebido a invenção antes de você, a invenção em si precisa ser "não óbvia" para uma pessoa que tenha habilidades comuns na área de tecnologia relacionada a ela. Isso pode ser um ônus ardiloso, já que frequentemente as melhores invenções parecem óbvias depois que foram inventadas. Como isso é algo difícil de determinar depois que a invenção é conhecida, normalmente o fato de que ninguém a tenha concebido antes, a despeito de ter acesso às mesmas informações que o inventor, é usado como evidência de que ela não era particularmente óbvia.

Outro requisito para a proteção é que a sua invenção precisa ser descrita na sua solicitação de maneira a demonstrar que você "reduziu a invenção à prática". Isso significa que você fez mais do que conceber a invenção, efetivamente determinando como fazê-la funcionar com detalhes suficientes para que uma pessoa hábil na sua área de tecnologia possa produzi-la. Por exemplo, se eu alegar ter inventado uma máquina do tempo ou um dispositivo de teletransporte, para me qualificar para obter a patente teria de ser capaz de descrever como construir a máquina ou o dispositivo de forma a efetivamente permitir que outra pessoa a construa.

Assumindo que a sua invenção se qualifique a obter proteção, uma patente nos Estados Unidos dá ao seu proprietário o direito de impedir que outros façam, usem ou ofereçam para venda, "vendam" a invenção nos Estados Unidos ou "importem" a invenção para os Estados Unidos por um período de 20 anos a partir da data em que a solicitação da patente foi depositada no país. Esses direitos são particularmente poderosos em comparação com a proteção por copyright ou de segredo comercial, porque seus direitos de impedir que outras pessoas fabriquem ou vendam sua invenção se aplicam quer eles tenham ou não copiado ou roubado a sua invenção. Mesmo que eles tenham inventado a mesma coisa de forma independente, se você a concebeu antes será capaz de impedi-los.

---

8   Não é aplicável no Brasil. De acordo com a legislação, a invenção é considerada "nova" quando não é compreendida no estado da técnica (*state of the art*). O estado da técnica é constituído por tudo aquilo tornado acessível ao público antes da data de depósito do pedido de patente, por descrição escrita ou oral, por uso ou qualquer outro meio, no Brasil ou no exterior. (N.T.)

Evitando a barreira temporal

Uma invenção só se qualifica para a proteção de patente quando sua solicitação for depositada menos de um ano após ela ter sido inicialmente divulgada, usada em público ou colocada à venda nos Estados Unidos. Isso significa que, se você demonstrou sua invenção ou aplicativo a um potencial investidor ou cliente, escreveu uma nota num blog sobre isso ou se seu aplicativo foi submetido à Apple, o tempo está correndo. Se você não registrar sua solicitação de patente dentro de um ano, perderá o direito de fazê-lo. Por isso, se estiver considerando obter a proteção da patente, deve contatar um advogado de patentes o quanto antes no processo, para que ele possa ajudá-lo a determinar quanto tempo você tem para registrar sua solicitação.

Como solicitar uma patente

Embora você mesmo possa registrar uma solicitação de patente, muito provavelmente conseguirá uma patente mais abrangente e mais defensável se trabalhar com um advogado especializado na área. Diferentemente de contratos em que um documento escrito de forma simples é preferível a um mais complexo, as solicitações de patente têm vocabulário próprio que se aplica especificamente a elas. Usar termos errados para descrever uma invenção pode enfraquecer sua solicitação de patente.

Os advogados de patentes e o Patent Office têm seu próprio linguajar e vale a pena contratar alguém que o entenda e traduza sua invenção nos termos certos para valorizar a sua patente. Se você mesmo tentar rascunhar uma solicitação, deverá contratar um advogado de patentes pelos menos para examiná-la antes de registrá-la, para que ele avalie e possa recomendar eventuais correções.

Registrando você mesmo uma solicitação provisória de patente[9]

Embora o processo de patente seja caro e normalmente requeira um advogado, há um passo preliminar que você mesmo pode dar por uma modesta taxa de registro. Ele é chamado de *solicitação provisória de patente*.

Uma solicitação provisória de patente é basicamente uma descrição da sua invenção que você registra no Patent Office para estabelecer uma data efetiva de registro, se decidir requerer uma solicitação total de patente para a sua invenção. A solicitação provisória somente guarda o seu lugar na fila, portanto, se você registrar uma solicitação completa, pode se beneficiar da data anterior de registro.

Falando de forma geral, as solicitações provisórias de patente são bastante fracas. Elas não lhe garantem nenhum direito efetivo e não resultam em uma patente a menos que você solicite uma patente completa antes de terminar o prazo (veja acima a seção "Evitando a barreira temporal").

Então, por que fazer esse tipo de solicitação? Porque você pode passar a usar o termo *pendente de patente* em seu produto. O uso desse termo não significa que você tenha alguma

---

9 Não aplicável no Brasil. (N. T.)

garantia efetiva de direitos, mas deixa seus concorrentes de sobreaviso, pois saberão que há uma solicitação de patente em andamento. Dependendo do quanto poderá ser custoso para os potenciais concorrentes entrarem no seu mercado, fazer com que saibam que você está buscando uma proteção por patente pode ser o suficiente para dissuadi-los. Muitas pessoas simplesmente não sabem o que *pendente de patente* significa nem se darão ao trabalho de descobrir.

Se você não registrar uma solicitação definitiva de patente dentro do prazo determinado pela barreira temporal, não poderá mais usar o status de pendente de patente, mas até então você já deverá saber se o seu aplicativo tem futuro e decidir se vale a pena gastar dinheiro e continuar a buscar pela patente.

Você pode registrar a solicitação provisória de patente on-line, através do website do US Patent and Trademark Office, em https://efs.uspto.gov/efile/portal/efs-unregistered.

O Patent and Trademark Office tem algumas instruções e informações relativas à solicitação provisória de patente no seu website. Adicionalmente, há alguns títulos disponíveis em editoras jurídicas, como a Nolo Press. Por exemplo, *Patent Pending in 24 Hours*, de Richard Stim e David Pressman (Nolo, 2009), pode conduzi-lo através do processo.

Se você acha que vai prosseguir com uma solicitação definitiva de patente, deverá consultar um advogado para registrar sua solicitação completa. Advogados podem registrar sua solicitação provisória por muito menos do que custaria uma solicitação completa. Neste caso, eles terão mais recursos para requerer a solicitação definitiva do que se precisassem trabalhar a partir de uma solicitação provisória que você mesmo tenha redigido.

Tratando da propriedade intelectual em contratos com funcionários e terceiros

Se você pretende contratar terceiros ou empregados para ajudá-lo na criação do seu aplicativo, é imperativo que você formalize um contrato com eles para regular a titularidade da propriedade intelectual em relação à contribuição deles para o desenvolvimento de seu aplicativo. É um erro conceitual comum achar que a pessoa que contrata um terceiro ou um funcionário automaticamente possui os direitos dos trabalhos que ele criar. Na verdade, se você contratar alguém para criar o código ou desenhar a interface do seu aplicativo, a menos que tenha um contrato por escrito indicando que você é o titular do resultado do trabalho, é pouco provável que você detenha todos os direitos que gostaria sobre o trabalho resultante.

Contratando terceiros

Elaborar um contrato com um prestador independente que proteja sua empresa envolve mais do que simplesmente ter as cláusulas usuais de cessão de direitos de propriedade intelectual. Pode ser mais recomendado trabalhar com um advogado para definir um formato de documento que atenda às necessidades de sua empresa com relação a diversos problemas que possam surgir. Você pode querer incluir cláusulas de aceitação dos produtos e serviços, para garantir que receba o que espera. Ou pode querer acrescentar multas por atraso para motivar seus contratados a entregar os produtos no prazo acordado. Se os seus contratados estiverem em outro país, no qual a proteção da propriedade intelectual não seja particularmente forte, pode ser interessante incluir cláusulas adicionais de proteção com relação à confidencialidade. Esta seção, no entanto, visa assegurar que você obtenha os direitos de propriedade intelectual que espera no relacionamento com prestadores independentes.

Nesse contexto, o cliente não tem a titularidade dos direitos de propriedade intelectual sobre o produto criado pelo contratado, a menos que haja um contrato por escrito que atribua esses direitos ao cliente. Isso é o contrário do que imaginam muitas pessoas que contratam terceiros.

Você pode ter ouvido falar sobre "trabalhos por encomenda". A doutrina de trabalhos por encomenda não significa que, se você contratou alguém para fazer um trabalho, a titularidade do resultado do trabalho seja sua. Na verdade, se você contratar um terceiro sem um contrato formal lhe atribuindo os direitos sobre a propriedade intelectual, muito provavelmente terá apenas uma licença limitada para usar o resultado do trabalho. Isso é problemático por diversas razões. Primeiro, como sua licença de uso do resultado do trabalho não está por escrito, pode ser difícil determinar o que é ou não permitido. Por exemplo, sob essa licença não escrita, pode não ficar claro se você tem ou não o direito de contratar outros prestadores para modificar o trabalho ou de sublicenciá-lo para outras empresas.

Se você for afortunado o suficiente para ter alguém querendo comprar a sua empresa ou os direitos do seu aplicativo, a falta de um contrato de licença ou de cessão de direitos de propriedade intelectual poderia prejudicar o negócio. Já vi uma oferta pública inicial de ações (IPO) e mais de uma aquisição quase desandarem por esse motivo. Nestes casos, a empresa que não tinha um contrato assinado com seu contratado precisou localizá-lo e negociar um acerto para comprar os direitos pendentes. Essa negociação não é fácil, porque a empresa, na iminência de um evento de liquidação, tem muito pouco poder de negociação, particularmente se o contratado sabe que há uma aquisição em andamento. A expectativa de assinar um contrato que abranja direitos passados também presume que você será capaz de localizar o contratado. Daqui a alguns anos, a empresa do contratado pode não mais existir, ou ele pode ter se mudado para uma parte remota dos Andes. Se você não conseguir encontrar o contratado, não importa quanto dinheiro você tenha para tentar comprar os direitos. Eles não estarão disponíveis.

Se há uma coisa que deve levar consigo deste capítulo é a importância de ter um contrato assinado com qualquer um que você contrate para criar algo que será incorporado ao seu aplicativo. Isso inclui programadores, artistas, desenhistas de interface, ou seja, todos.

Recomendo que você trabalhe com um advogado para criar um contrato que atenda às necessidades da sua empresa, mas, para sua referência, postei um exemplo desse tipo de contrato em http://www.bitwiselegal.com/iPhone. Ele dá uma ideia do tipo de cláusulas que você, como empresa contratante, deve considerar para o contrato com prestadores.

Contratando funcionários

A contratação de funcionários tem o conjunto próprio de complicações para sua empresa. Da perspectiva da propriedade industrial, no entanto, é mais simples do que prestadores independentes. Diferentemente dos prestadores, quando você contrata funcionários, adquire alguns direitos de propriedade sobre o produto do trabalho que eles criam. Como no caso dos prestadores, no entanto, você não obtém todos os direitos que poderia esperar.

Os direitos de patente em particular não são atribuídos automaticamente como parte de um relacionamento empregador/empregado. Sem um documento assinado, o empregador obtém o que se chama *shop rights*, significando que o empregador pode usar a invenção nos seus negócios, mas não possui a propriedade intelectual subjacente da invenção.

> **CUIDADO:** As cessões de direitos de propriedade intelectual aplicam-se também aos fundadores. Frequentemente, quando amigos se juntam para formar uma empresa, eles desenvolvem conjuntamente os produtos da empresa sem assinar um contrato de trabalho (ou contrato de prestador) com ela. Se houver algum problema e os fundadores se desligarem, a empresa pode ficar sem os direitos totais da sua tecnologia. Os fundadores que não assinarem um contrato de cessão podem, futuramente, processar a empresa por infração ou usar o trabalho que eles fizeram para criar uma empresa concorrente.

Da mesma forma, quando trabalha com prestadores independentes, é preciso ter um contrato de trabalho por escrito atribuindo os direitos de propriedade intelectual a você como empregador. Todos os funcionários devem assinar esse contrato.

Adquirindo licenças de uso de propriedade intelectual

Todo desenvolvedor odeia ter de recriar algo que outro programador tenha feito. Às vezes, é mais eficaz em termos de tempo e custo obter o código de outras pessoas. O código de um terceiro pode ser mais bem testado e mais estável do que algo que você escreva desde o início. Pode ter recursos úteis que você não tem tempo de incluir no seu próprio código. O problema é que ele não é seu. Como você não o criou nem contratou um funcionário ou prestador para criá-lo, terá de obter o direito de usar o código da pessoa ou das pessoas que o criaram. Esta seção orienta como adquirir os direitos de que você precisa para usar o conteúdo e a tecnologia que são propriedades de outros.

Documente suas licenças de uso de propriedade intelectual de terceiros

Sempre que você usa códigos ou outros materiais obtidos de terceiros, é importante certificar-se de ter documentado e entendido o escopo da sua licença. Às vezes, esses contratos de licença de uso podem ser negociados e assinados entre você e o licenciador. Em outros casos, você pode negociar um contrato com o fornecedor como parte de uma compra. No caso de códigos que você encontre na web, o uso pode estar vinculado aos termos de uma licença que os acompanha. Se não houver uma licença postada, você pode não ter nenhum direito de usá-los.

Saiba o que você está obtendo

A principal finalidade de um contrato de licenciamento é garantir ao licenciado o direito de usar o código ou outro conteúdo do licenciador, mas as licenças também podem dar ao licenciado certas garantias no que diz respeito à qualidade do código ou conteúdo.

Se você estiver negociando uma licença de uso, seria interessante estipular algumas garantias de que o licenciador efetivamente detenha o direito de fornecer a licença do código ou conteúdo. Também pode querer que o licenciador defenda você se, por algum motivo, a sua empresa for processada por violação causada pelos materiais recebidos sob licença.

Muitos contratos de usuário final ou contratos de adesão não incluirão esse tipo de garantia ou indenização. O resultado é que você poderá ser responsabilizado individualmente se algo prejudicial estiver incluído no código fornecido por um licenciador.

Itens de código disponíveis gratuitamente, como o framework Three20, de Joe Hewitt, são recursos incríveis. Mas é importante entender que códigos como o Three20, sob a licença BSD (Berkeley Software Distribution – uma licença comum para softwares gratuitos), vêm sem nenhuma garantia. É efetivamente "como está", significando que, embora seja uma excelente forma de economizar tempo no desenvolvimento dos seus aplicativos, você será o único responsável se aquele código falhar, contiver um vírus ou infringir direitos. Surpreendentemente, o mesmo se aplica à maioria dos trabalhos de arte que podem ser licenciados por meio de sites de fotografia, como o iStockphoto.com. Isso não quer dizer que você não deve usar o Three20 ou as fotos armazenadas, mas precisa estar ciente do risco que sua empresa corre ao fazê-lo.

Evite licenças virais

Alguns softwares disponíveis gratuitamente são disponibilizados sob licenças de código aberto que são de natureza viral. Essas licenças de código aberto, como a Licença Pública Geral (GPL, ou General Public License) do GNU e a Lesser GPL (LGPL), contribuíram imensamente para o avanço do software, mas carregam uma obrigação razoavelmente forte para qualquer um que use o código nos seus próprios programas. Essa obrigação é a de licenciar o aplicativo resultante sob uma licença similar de código aberto. Isso significa que, se você acidentalmente (ou intencionalmente) incluir no seu aplicativo algum código fonte aberto que tenha encontrado na internet, poderá estar contratualmente se obrigando a permitir acesso ao seu código fonte e que outras pessoas distribuam seus aplicativos gratuitamente. Para software comercial, isso é realmente um problema.

O importante aqui é que você deve se certificar de revisar os contratos de licença de uso de qualquer parte de código ou conteúdo de terceiros que for incorporado ao seu aplicativo. Tudo no seu aplicativo deve ser rastreável até seu licenciador original e identificado nos seus registros com um contrato de licenciamento, que forneça garantias suficientes e não contenha cláusulas virais que possam infectar seus produtos comerciais.

Não use marcas registradas da Apple

É importante saber que o contrato de desenvolvedor da Apple proíbe o uso das marcas registradas da Apple nos seus aplicativos. Isso significa que você deve evitar o uso de ícones na barra de tarefas que se pareçam com um iPod e que não deve incluir fotos ou imagens de um iPhone no seu aplicativo. Portanto, você não deve usar as palavras *iPod*, *iPhone* ou *iPad* no nome do seu aplicativo ou da sua empresa.

Usar essas marcas registradas é uma violação do seu contrato com a Apple e pode fazer com que o seu aplicativo seja rejeitado ou possivelmente fique preso em um ciclo longo e imprevisível de aprovação.

Criando um contrato personalizado de licença para usuário final

O contrato de licença para usuário final (EULA – End User License Agreement) é o documento que concede aos usuários o direito de usar o seu aplicativo. Em termos de propriedade intelectual, é o instrumento pelo qual você assegura ao usuário uma licença para usar o seu aplicativo, sob os seus direitos de propriedade intelectual.

A finalidade do EULA

O EULA é o documento que rege o relacionamento com os seus usuários. Dentre outras coisas, garante aos usuários o direito de usar o seu aplicativo e define quaisquer limitações que você queira impor sobre como ele pode ser usado. Como qualquer contrato de licenciamento, o EULA pode garantir direitos restritos ou amplos, dependendo dos seus objetivos. A maioria dos desenvolvedores de aplicativos deseja garantir aos seus usuários uma licença bem restrita, limitada ao uso do aplicativo, sem permissão para modificá-lo ou redistribuí-lo. Esse modelo é, até certo ponto, incorporado pela App Store, já que a Apple inclui restrições tecnológicas à capacidade de usuários compartilharem aplicativos.

Uma das mais importantes razões para ter um EULA é que o documento pode ser usado para limitar as garantias que os usuários recebem com o aplicativo e, portanto, limitar suas responsabilidades com o usuário final.

Aviso legal sobre garantia

O que seu cliente deve esperar quando compra uma cópia do seu aplicativo? A forma como essas expectativas são definidas de um ponto de vista legal são as *garantias*.

Quando a descrição do seu aplicativo diz que o jogo tem 20 níveis ou que o seu cliente Twitter permite que os usuários postem tweets a partir do aplicativo, essas são "garantias expressas". Se o aplicativo não fizer tudo o que sua descrição diz, o usuário pode alegar quebra de garantia.

A maioria dos desenvolvedores de aplicativos não faz ressalvas com relação às suas garantias expressas, mas, sem a linguagem apropriada de aviso legal sobre garantia no seu EULA, você pode estar dando ao usuário final garantias que não pretendia dar. São as garantias implícitas que podem passar a existir com base nas circunstâncias da venda. Temos como exemplos as "garantias de comercialização" e as "garantias de adequação a uma determinada finalidade". O problema é que elas são frequentemente baseadas naquilo que os seus clientes esperam do produto, e não no que você disse que ele faria.

Uma descrição detalhada dos diversos tipos de garantias implícitas e de como elas passam a existir não é necessária para entender como se encaixam no seu EULA. O ponto é que, com os avisos legais apropriados no seu EULA, você pode ressalvar essas garantias implícitas para tentar evitar ser processado caso o seu aplicativo não atenda às expectativas dos usuários. Quando você liberar o seu aplicativo na App Store, verá como isso é importante. Há todo tipo de cliente na App Store. Alguns são maduros, outros não. Alguns são sensatos, outros são malucos. Depois que você começa a ler comentários que são postados sobre aplicativos, fica claro que, com frequência, muitas das expectativas dos usuários não são baseadas na realidade.

Limitações de responsabilidade

Outro importante benefício que pode constar em um EULA é a cláusula de limitação de responsabilidade do desenvolvedor na venda do aplicativo. Essa cláusula é um acordo entre as partes que define o valor máximo de responsabilidade decorrente do contrato. Mais frequentemente, essas cláusulas de limitação de responsabilidade preveem que a responsabilidade se limita ao valor pago pelo produto. Às vezes, são definidas em valores ainda inferiores a isso.

Nem todas as jurisdições observam as limitações de responsabilidade. Frequentemente, os juízes avaliam se a cláusula de limitação de responsabilidade é justa para o usuário. No geral, contudo, as cortes nos Estados Unidos respeitam o direito das pessoas de decidir por si próprias com quais contratos querem concordar e, na maioria das vezes, as limitações de responsabilidade são consideradas exequíveis.

A limitação de responsabilidade é particularmente importante se o seu produto, como muitos aplicativos iOS, for vendido por apenas uns poucos dólares. Se seu aplicativo é vendido por apenas um dólar, você não vai querer ficar vulnerável a processos de milhares de dólares caso seus clientes se sentirem prejudicados. A cláusula de limitação de responsabilidade no seu EULA pode ajudar a reduzir esse risco e permitir que você continue vendendo o seu aplicativo por um dólar, em vez de precisar aumentar o preço para compensar o risco de um processo. Os clientes conseguem um preço melhor pelo aplicativo, mas concordam que, se não funcionar, não poderão processá-lo por mais do que um valor previamente fixado (muito provavelmente pelo valor que pagaram pelo aplicativo).

O EULA da Apple

Você definitivamente deve ter um EULA para reger o seu relacionamento com os usuários, mas talvez você não precise criar um contrato personalizado. A Apple tem um EULA comum que aplica como padrão, se você não tiver um próprio.

O EULA padrão da Apple inclui algumas das proteções básicas discutidas, como a garantia limitada de licença, o aviso legal e as ressalvas sobre garantias e limitações de responsabilidade. A Apple publica uma cópia do seu App Store Terms and Licensed Application EULA em http://www.apple.com/legal/itunes/us/terms.html#APPS.

O atual App Store Terms and Licensed Application EULA (datado de 2 de fevereiro de 2011) oferece a maioria das proteções básicas que você pode querer em um contrato desse tipo e não requer nenhum trabalho adicional para ser implementado. No entanto, há alguns motivos pelos quais você possa querer criar o seu próprio contrato.

Motivos para usar o seu próprio EULA

Em minha opinião, a maior fraqueza do EULA padrão da Apple é não ser apresentado aos usuários para aceitação quando estes baixam ou instalam um aplicativo. Eles concordaram com seus termos como parte de outros contratos de usuário final da Apple. No entanto, pode-se argumentar que o contrato provavelmente seria muito mais efetivo se os usuários tivessem que manifestar concordância com os seus termos no momento em que decidissem comprar um aplicativo. Isso não quer dizer que o contrato padrão da Apple não seja vinculante, mas oferece aos usuários um argumento que eles não teriam se o EULA lhes fosse apresentado para concordância no momento do download.

Outra boa razão para criar o seu próprio EULA é se o seu aplicativo ou negócio tiver riscos específicos que não são considerados no contrato padrão da Apple. Por exemplo, se você estiver desenvolvendo um aplicativo médico que ajuda a avaliar as necessidades de pacientes, você pode querer incluir algumas ressalvas específicas, lembrando aos médicos que não devem confiar unicamente no aplicativo quando prestarem assistência. Se você estiver criando um aplicativo que envolva conteúdo gerado pelo usuário, deve incluir uma cláusula de Safe Harbor, de acordo com o Digital Millennium Copyright Act, que possa ajudá-lo a proteger sua empresa se os usuários carregarem conteúdo ilegal.

Por último, as cláusulas de privacidade do EULA padrão da Apple podem não ser compatíveis com a forma como a sua empresa usa e/ou divulga informações do usuário. Na verdade, a linguagem do contrato padrão da Apple é razoavelmente vaga com relação a como essa informação pode ser usada pelos desenvolvedores. Se você planeja coletar dados pessoais dos usuários, tais como nome e endereço de e-mail, ou acessar dados sobre seus dispositivos, como bibliotecas de música ou agendas de endereços, deverá considerar seriamente a implementação de um EULA próprio, com cláusulas de privacidade específicas. Isso é particularmente importante se for usar as informações que receber com alguma outra finalidade além de fornecer os serviços para os quais os usuários estiverem baixando o aplicativo, ou se quiser preservar o direito de compartilhar essas informações com outras empresas.

Como e quando buscar proteção legal

Você seguiu os passos necessários para garantir a si mesmo alguns direitos sobre a propriedade intelectual do seu aplicativo, mas agora os concorrentes apareceram e você acha que eles estão passando por cima de seus direitos. O que fazer? No restante deste capítulo abordarei as opções pré-litígio e as opções de litígio no contexto de um aplicativo que acredito ter infringido os direitos decorrentes da marca registrada de um dos meus aplicativos.

A história envolve um dos meus primeiros aplicativos, chamado Private-I, que ajuda usuários a recuperarem seus iPhones perdidos ou roubados. O aplicativo apresenta um ícone propositalmente intrigante, com a palavra *Private* exibida em letras vermelhas. O ícone tem a intenção de atrair alguém que encontre ou roube o iPhone do usuário a abrir o aplicativo para descobrir o que o usuário considera privado. Quando é aberto, o aplicativo mostra uma tela que parece estar carregando informações particulares, quando, na verdade, está secretamente enviando ao proprietário do iPhone uma mensagem de e-mail com um mapa da localização do aparelho. Eu tinha modestas esperanças com relação ao aplicativo, por ser intrinsecamente limitado ao depender de o ladrão abrir o aplicativo para que o rastreamento da localização fosse ativado. Para minha surpresa, ele atraiu uma multidão. Foi destaque em diversos blogs proeminentes, como o TechCrunch e o Engadget.

Como no caso de todo aplicativo que alcança um sucesso notável, outros similares começaram a aparecer logo depois que o meu foi lançado. O mercado total para o aplicativo não justificava buscar proteção via patente para o conceito, e não estou certo nem mesmo de que o conceito poderia ser patenteado; portanto, conformei-me com que outros estivessem usando a minha ideia. No entanto, um concorrente decidiu usar exatamente o mesmo ícone que o meu para vender seu aplicativo, o que me fez considerar tomar alguma medida legal. O que segue é uma explicação de algumas opções de pré-litígio e litígio e de como eu as avaliei com base na minha própria situação de imitação.

Os primeiros passos na solução de uma demanda

Na minha experiência, a Apple tenta evitar se envolver nas demandas entre desenvolvedores de aplicativos. Não obstante, antes que você comece a considerar um litígio real, vale a pena buscar uma solução através da Apple. Trabalhar com a Apple não custa nada e, se a empresa for simpática aos seus apelos, isso pode dar resultados imediatos. O litígio, por outro lado, pode consumir tempo e ser caro. Questões relacionadas com marcas registradas podem ser submetidas à Apple para consideração através do endereço de e-mail appdisputes@apple.com.

No meu caso, o endereço de e-mail appdisputes@apple.com ainda não existia, mas enviei uma solicitação para o departamento de copyright da Apple, na forma como registrado no US Copyright Office. Minha solicitação não foi respondida, o que me fez concluir que os advogados da Apple preferem não se envolver nas disputas entre desenvolvedores. Honestamente, não posso culpá-los. As demandas de copyright e marca registrada podem ser complicadas, e a Apple precisaria tomar uma decisão com relação aos respectivos direitos dos desenvolvedores em cada caso. É compreensível que a Apple prefira simplesmente aguardar que os desenvolvedores resolvam suas demandas judicialmente, ou mediante negociação, e somente depois agir em resposta a uma decisão judicial ou ao que tenha sido acordado entre os desenvolvedores.

Apesar disso, enviar um e-mail para a Apple deve ser seu primeiro passo em caso de infração. Mas você não deve simplesmente assumir que a Apple resolverá a demanda por você.

Pré-litígio

Se você acha que um concorrente está infringindo seus direitos de propriedade intelectual, o primeiro passo no processo pré-litígio é identificar quais direitos são desrespeitados:

- Se a outra parte usou alguma de suas imagens em seu aplicativo, você deve se concentrar no copyright das imagens.
- Se o concorrente deu ao aplicativo dele um nome que pode ser confundido com o do seu, você deve se concentrar nos direitos de marca registrada.
- Se o concorrente tem um aplicativo extraído do mesmo conceito ou ideia que você criou para o seu, se você solicitou uma patente para o aplicativo (ou se ainda tem tempo de solicitar uma antes de a barreira temporal restringir seu direito de fazê-lo), deve se concentrar nos seus direitos potenciais de patente.

Conversar com um advogado nesse estágio pode ajudá-lo a identificar as formas pelas quais seus direitos estão sendo violados. Um advogado pode dizer se há algum passo adicional que precise dar para respaldar seus direitos antes de iniciar a tentativa de defendê-los contra outros. Ele também pode ajudá-lo a entender as forças ou fraquezas relativas dos seus direitos e a considerar a probabilidade de vencer uma ação judicial contra o concorrente.

Ir à Justiça custa muito caro. Felizmente, a maioria das demandas é resolvida bem antes de se chegar tão longe. Se você e o advogado concluírem que há uma alegação válida de infração, o próximo passo seria provavelmente enviar uma notificação ao concorrente que a cometeu. A finalidade dessa notificação é informar a outra parte que você acredita que ela esteja infringindo os seus direitos e exigir que cesse a violação. Dependendo das circunstâncias, o concorrente pode não perceber que está infringindo direitos de terceiros. A notificação serve ao duplo propósito de informar o concorrente da suposta infração e fazê-lo cessar a violação, bem como documentar que ele está ciente dos seus direitos, caso não cesse a violação.

Então, como abordei o caso do Private-I? Avaliei os direitos que acreditava que o imitador tinha infringido. No meu caso, considerava que o imitador tinha infringido meu direito de copyright no ícone, porque o trabalho artístico tinha sido copiado, e meu direito de marca registrada, porque o uso do mesmo ícone em outro produto iria confundir os clientes. E, mais importante, avaliei o prejuízo que aquela violação estava me causando e o potencial benefício que resultaria de uma ação judicial. Cheguei á conclusão de que processar o imitador não valeria o esforço. Sua duplicação do meu aplicativo nunca vendeu muito bem e não teve um grande efeito nas minhas vendas. Fiquei ofendido com o fato de que alguém tenha sido tão baixo a ponto de copiar todo um aplicativo e postá-lo na App Store, mas eu precisava decidir se queria gastar meu tempo escrevendo cartas e interagindo com alguém que considerava desagradável ou se seria preferível concentrar minhas energias criando aplicativos. Não me arrependo da decisão. O Private-I continuou sendo um forte concorrente na categoria Travel e o aplicativo imitador quase não teve exposição na loja.

Litígio

No meu caso, o aplicativo imitador não causou muito dano, mas, se os seus direitos forem infringidos e isso estiver provocando prejuízo real aos seus negócios, o litígio é a forma de interromper a violação e recuperar eventuais perdas financeiras. O litígio é caro e consome tempo, mas é uma arma extremamente poderosa.

Se o concorrente infrator não parar de violar seus direitos após o envio da notificação, e suas conversas com os representantes dele não tiverem sucesso, seu próximo passo é propor uma ação judicial contra ele. Isso não é algo para se tentar sozinho. Se você acha que tem direitos, deve trabalhar com um advogado especialista em propriedade intelectual para elaborar e propor a ação judicial.

Resumo

A lei de propriedade intelectual e, em geral, as questões legais na condução de uma empresa de software podem ser difíceis de chamar sua atenção. Felizmente, você não precisa entender tudo sobre propriedade intelectual para ser um desenvolvedor consciente dos seus direitos. Mesmo os advogados que trabalham nessa área tendem a se concentrar em partes específicas da lei. Meu trabalho, por exemplo, é voltado essencialmente a ajudar as pessoas na redação de contratos, enquanto outros advogados são voltados especificamente ao litígio. Outros usam seu tempo ajudando as pessoas na requisição de patentes ou registros de marcas. Como nem mesmo os advogados nesta área sabem tudo sobre a propriedade intelectual, seu objetivo deve ser simplesmente ter alguma noção sobre tais questões, de forma que reconheça quando for a hora de se aprofundar mais a respeito de um determinado tópico.

Pense nessas questões legais como um framework incluída no Cocoa. Por exemplo, você não precisa saber como usar um UIImagePickerView, a menos que escreva um aplicativo que requeira o uso de uma câmera ou fotos. Mas, quando chegar a hora, será importante saber que a classe existe e conhecer superficialmente o que ela faz. Da mesma forma que aprender uma linguagem de programação, a chave para o sucesso na expansão do seu conhecimento sobre questões comerciais legais é estar ciente dos recursos disponíveis e de como acessá-los.

Capítulo 4

Seu aplicativo para iOS é sua mais poderosa ferramenta de marketing

O ícone e as imagens das telas frequentemente são os primeiros elementos visuais que os usuários veem na App Store quando avaliam um aplicativo. Uma má primeira impressão pode prejudicar as vendas e provocar comentários negativos, portanto, fazer um ajuste fino no desenho do seu aplicativo é um componente crítico para o sucesso. Neste capítulo, vamos revelar algumas dicas úteis para fazer protótipos, criar ícones com apelo visual, fazer uma interface intuitiva e projetar para diversos dispositivos-alvo que usam o iOS.

O objetivo deste livro é ajudá-lo a melhorar a comercialização do seu aplicativo. Este capítulo discute como o desenho da interface entra em ação. Ressalta diversos fatores importantes a serem considerados para o desenho da interface e aponta algumas armadilhas comuns que devem ser evitadas.

Colocando um pé dentro: as primeiras impressões são as que valem

Depois de efetuar todas aquelas pesquisas na App Store durante a busca por informações da concorrência (vista no Capítulo 2), sem dúvida você percebeu que há *um monte* de aplicativos de baixa qualidade obstruindo o caminho. Você verá muitos aplicativos de qualidade inferior que são rapidamente colocados no mercado por desenvolvedores preocupados apenas em explorar as tendências de curta duração.

Um dos maiores problemas que incomodam os novos desenvolvedores para iOS é a descoberta do aplicativo. Num mar de mais de 300 mil aplicativos, é difícil para os usuários passar pelo cascalho para chegar às verdadeiras pedras preciosas. Mas não importa quanta propaganda você faça para dirigir o movimento e a atenção para o seu aplicativo, a descoberta é apenas parte da equação.

Quando as pessoas finalmente acham ou trombam com a página de produto do seu aplicativo na App Store, você conseguiu capturar seu interesse, mas apenas por um momento. São poucos e preciosos segundos para convencê-las a continuar explorando o seu aplicativo. Isso significa que o ícone do seu aplicativo e as imagens das telas precisam ser atraentes de forma a fazê-las querer se aprofundar.

No geral, a maioria das pessoas é um tanto preguiçosa e também bastante ocupada, dando muito valor ao seu tempo, por isso tem pouca paciência. Se o seu aplicativo não cativá-las nos poucos segundos de visualização da sua página na App Store, elas seguirão adiante, especialmente se houver muitos outros aplicativos similares para conhecer.

O primeiro estímulo visual

O ícone do aplicativo é o primeiro estímulo visual que ele tem para oferecer. Os clientes veem primeiro o ícone do aplicativo nas listas da App Store. O ícone, combinado com o nome do aplicativo, será o primeiro fator-chave que determinará se o cliente está interessado o suficiente para navegar pela página de produto do seu aplicativo. Representa também a marca de identidade do seu aplicativo e precisa ser particularmente notável.

Se o ícone não parecer profissional, deixa a clara impressão de que o seu aplicativo pode não ter sido feito profissionalmente. Portanto, tendo isso em mente, um ícone de aplicativo que chame a atenção e seja de alta qualidade deve ser a sua principal prioridade no projeto. É o seu proverbial "colocar um pezinho lá dentro", garantindo-lhe um pouco mais de tempo do cliente e um breve intervalo de atenção.

O segundo estímulo visual

Quando as pessoas chegam à página de produto de um aplicativo na App Store, suas imagens de telas são o segundo estímulo visual importante. Você não pode confiar que as pessoas lerão todo o texto descritivo do seu aplicativo na App Store. Elas poderão até ler umas poucas linhas da descrição do aplicativo, mas serão imediatamente atraídas pelas imagens das telas apresentadas.

Aquela primeira imagem de tela precisa ser a que melhor representa a funcionalidade central do seu aplicativo. Não desperdice a oportunidade apresentando as telas de inicialização ou de configuração do aplicativo como o primeiro visual. Embora possam tecnicamente vir primeiro na sequência de uso do seu aplicativo, essas telas não dizem nada aos potenciais clientes.

Naqueles poucos segundos vitais, a primeira imagem de tela precisa transmitir a funcionalidade ou o recurso fundamental do seu aplicativo. Depois de uma olhada, os clientes devem ter aquele momento "ah-ha", quando imediatamente entendem como o seu aplicativo funciona no geral e/ou por que eles devem comprá-lo. No mínimo, a imagem deveria incentivá-los a continuar clicando para ver mais telas, ler mais sobre a descrição do aplicativo e explorar os comentários dos clientes e o website oficial. E se você fez direito o trabalho, aquela primeira impressão vencedora os convencerá a baixar e avaliar a sua versão lite gratuita (se você oferecer uma).

Mais incentivo para uma boa primeira impressão

E aproveitando que estou falando de versões lite gratuitas, devo mencionar que, dando aos seus usuários a possibilidade de avaliar seu aplicativo antes da compra, ajudará a promover a versão paga ou os itens in-app Purchase, mas isso torna muito mais importante que a interface do seu aplicativo tenha sido desenhada para impressionar. Se um usuário baixar o seu aplicativo, experimentá-lo rapidamente e depois decidir excluí-lo, você pode nunca ter uma segunda chance de transformar esse usuário em cliente.

Como vimos no Capítulo 2, antes do iOS 4, a Apple automaticamente solicitava ao usuário que classificasse o aplicativo no momento da exclusão. Essa abordagem inadequada convidava a comentários negativos. Felizmente, a Apple retirou aquele recurso de "classificar ao excluir" no iOS 4. Mas se os usuários não gostarem mesmo do seu aplicativo, eles poderão se dar ao trabalho de visitar a App Store e postar manualmente um comentário negativo. Isso certamente oferece um incentivo extra para causar a melhor primeira impressão possível.

Infelizmente, o desenho da interface e a funcionalidade do aplicativo são responsáveis não apenas por tentar ganhar uma venda para a versão paga dele, mas também por evitar comentários negativos (que podem injustamente "julgar o livro pela capa"). Essa tarefa pode inicialmente parecer impossível, mas, depois de ler este capítulo, você estará armado com algumas metodologias práticas de desenho para entrar de cabeça e atacar esse problema.

Discutiremos os méritos das versões lite gratuitas para promover os aplicativos pagos e os itens de in-app Purchase nos Capítulos 6 e 8, mas, primeiro, o que deve vir antes. É hora de definir a base para o desenho do seu aplicativo.

Jogando pelas regras no campo da Apple

Violar as Diretrizes para Interface Humana do iOS da Apple (normalmente conhecida como as Human Interface Guidelines – HIG) é uma das causas mais frequentes de rejeição dos aplicativos submetidos para iPhone e iPad. Embora a App Store apresente exceções – aplicativos aprovados que quebraram algumas dessas regras para desenho da interface –, é melhor aderir às diretrizes o máximo que puder.

Não faz sentido brincar com fogo, a menos que você tenha uma razão muito boa e, mesmo assim, você precisa se perguntar se realmente vale o risco. Inovação no desenho pode dar a um aplicativo aquele visual atraente que ajuda a chamar atenção e ganhar vendas, mas, antes de você tentar quebrar as convenções demais, tenha em mente dois fatores muito importantes:

- Se o seu desenho violar muitas diretrizes críticas, a Apple não pensará duas vezes para rejeitar seu aplicativo, não importando quão interessante seja. E, se seu aplicativo não estiver na App Store, você não vai ganhar dinheiro com ele.
- As diretrizes para interface da Apple servem à finalidade vital de fornecer controles e arquitetura de interface comuns. A familiaridade facilita muito a curva de aprendizado, o que torna a experiência do usuário muito mais intuitiva.

No passado, alguns desenvolvedores familiarizados com as detestáveis cartas de rejeição da Apple perderam a fé em jogar pelas regras, particularmente quando elas muitas vezes se pareciam com alvos móveis. Durante boa parte de 2009, o processo de análise de aplicativos da Apple passou por uma minuciosa avaliação. Os desenvolvedores e a mídia técnica questionaram a aparente inconsistência por trás da rejeição de diversos aplicativos de alto perfil que haviam sido submetidos.

Felizmente, a Apple resolveu o mistério, que estava por trás dos seus vagos critérios de análise de aplicativos, liberando um conjunto oficial de diretrizes para desenvolvedores em setembro de 2010. Escritas em linguagem bastante direta, informal e muitas vezes bem-humorada, as App Store Review Guidelines – Diretrizes para Análise na App Store – são documento bem-vindo e valioso, esclarecendo elementos específicos do aplicativo que os desenvolvedores devem evitar a fim de agilizar o processo de aprovação. A lista completa pode ser vista em http://developer.apple.com/appstore/guidelines.html.

A conveniente página de recursos on-line oferece links para ler as *App Store Review Guidelines* e o *iOS Developer Program License Agreement*, bem como a capacidade de submeter uma apelação ao App Review Board, se você considerar que o seu aplicativo foi injustamente rejeitado. Para acessar esses links, é preciso primeiro se cadastrar no iOS Developer Program.

Embora muitos desenvolvedores tenham expressado preocupação com relação ao rígido controle que a Apple exerce sobre o processo de aprovação de aplicativos, esse exclusivo canal de vendas é o ponto mais forte da App Store. Garantindo certo nível de qualidade, a App Store é um atraente mercado móvel que inspira confiança nos consumidores, o que, por sua vez, ajuda a vender mais aplicativos – uma receita que se mostrou amplamente bem-sucedida.

O resultado é que, se você quiser ter a oportunidade de ganhar dinheiro na plataforma móvel mais moderna, mais lucrativa, precisa se lembrar de que está jogando no campo da Apple. Para continuar no jogo, tem de aderir às regras da empresa. Você pode não gostar das regras, mas esse é o preço da admissão (além da taxa do iOS Developer Program).

Mesmo com as diretrizes publicadas, pode ser impossível antever todos os potenciais motivos de uma rejeição (especialmente se novas surgirem), mas pelo menos você pode evitar os problemas conhecidos que levam a uma carta de rejeição. Ao longo deste livro, salientaremos as causas conhecidas de rejeição à medida que elas se aplicarem aos tópicos de projeto e desenvolvimento em discussão, mas essas poucas informações não são suficientes.

A seguir alguns importantes recursos que devem ser de leitura obrigatória para todos os desenvolvedores de aplicativos para iOS.

iOS Human Interface Guidelines – É a bíblia do projeto de interface dos aplicativos para iPhone, iPod touch e iPad. Obviamente, você é encorajado a ser criativo e inventivo, mas as HIG servirão como sua base. Esse guia on-line oferece um link para baixar uma prática versão em PDF. Você também pode acessar as HIG pelo navegador de documentação embutido no Xcode. Com tantas opções de visualização, realmente não tem desculpas, portanto, leia, adote, viva as diretrizes. Encontre-as em http://developer.apple.com/library/ios/documentation/UserExperience/Conceptual/MobileHIG/Introduction/Introduction.html.

Official App Store Review Guidelines – É preciso se registrar no iOS Developer Program para poder acessar este link direto. Diferentemente das HIG, a Apple não oferece uma versão em PDF das *App Store Review Guidelines*. É importante notar que essas diretrizes são consideradas pela Apple como um "documento vivo", que será atualizado para refletir novas regras e alterações. Isso não quer dizer que a Apple planeje transformar as diretrizes para atender aos seus próprios interesses, mas que novas submissões de aplicativos certamente farão surgir novas questões que precisarão de novas regras e esclarecimentos. À medida que o cenário móvel evoluir, as diretrizes da Apple evoluirão também. Com isso em mente, consulte sempre a versão on-line mais recente desse documento quando for projetar e desenvolver seu aplicativo. Encontre-o em http://developer.apple.com/appstore/resources/approval/guidelines.html.

Application Submission Feedback – Esse blog publica motivos reportados para a rejeição de aplicativos conforme informados por desenvolvedores anônimos. Este site não oficial é uma boa fonte de informações, embora a equipe de análise de aplicativos da Apple possa não ficar muito contente com sua existência. Visite-o em http://appreview.tumblr.com/.

Projetando para múltiplos dispositivos iOS

No Capítulo 2 enfatizamos a importância de abranger múltiplos dispositivos-alvo de iOS no desenvolvimento de aplicativos. Além dos aspectos técnicos de suportar o Retina display do iPhone 4 e a tela mais larga do iPad, é vital que o ícone e os elementos de interface do aplicativo sejam desenhados para se adaptar bem aos diversos dispositivos iOS. Embora o ícone de aplicativo de 57 × 57 pixels possa aparecer muito bem na tela principal de antigos modelos de iPhone e iPod touch, ficará bastante borrado no iPhone 4 e no iPad.

Você não vai querer que seu aplicativo seja apenas compatível com as novas versões do iOS, mas também que pareça absolutamente incrível nos dispositivos iOS mais recentes, incentivando os potenciais clientes a clicar naquele botão Comprar na App Store. Um passo importante para alcançar isso é incluir ícones e imagens de tamanhos adequados para todos os alvos iOS que o seu aplicativo irá suportar. Mas o que isso significa?

Preparando materiais artísticos de interface

A versão grande, de 512 × 512 pixels, do ícone do aplicativo na App Store é um dos únicos tamanhos de imagem que é basicamente o mesmo para todos os alvos iOS. Tudo o mais requer tamanhos diferentes, como descrito na HIG da Apple. Segue um resumo dos requisitos.

Ícone da página inicial do aplicativo:
- iPhones antigos: 57 × 57 pixels.
- Retina display do iPhone 4: 114 × 114 pixels.
- iPad: 72 × 72 pixels.

Ícone de Busca do Spotlight e de Configurações:
- iPhones antigos: 29 × 29 pixels.
- Retina display do iPhone 4: 58 × 58 pixels.
- iPad (Busca do Spotlight): 50 × 50 pixels.
- iPad (Configurações): 29 × 29 pixels.

Ícone de documento (novo no iOS 4):
- iPhones antigos: 22 × 29 pixels.
- Retina display do iPhone 4: 44 × 58 pixels.
- iPad: 64 × 64 pixels e 320 × 320 pixels.

Não desenhe seu ícone para emular um documento com uma página dobrada. O iOS acrescenta automaticamente ao documento borda, sombreamento e uma dobra no canto superior direito. Isso significa que você pode precisar fazer alguns testes para garantir que seu ícone esteja adequadamente posicionado nas dimensões da imagem, de forma que ele caia dentro da "zona de segurança" da borda do ícone dinamicamente gerado.

Ícones da barra de navegação e barra de ferramentas:
- iPhones antigos: 20 × 20 pixels.
- Retina display do iPhone 4: 40 × 40 pixels.
- IPad: 20 × 20 pixels.

Estes são os tamanhos aproximados dos ícones que cabem dentro dos botões com bordas. Se optar por usar botões de estilo simples (sem bordas) na sua barra de ferramentas, você pode tentar usar tamanhos um pouco maiores.

Ícones da barra de guias:
- iPhones antigos: 48 × 32 pixels, no máximo.
- Retina display do iPhone 4: 96 × 64 pixels, no máximo.
- iPad: 48 × 32 pixels, no máximo.

Embora essas dimensões permitam a existência de ícones que sejam muito mais largos do que altos, se a sua barra de guias incluir quatro ou cinco guias, recomendo usar ícones quadrados, ou até mesmo ícones mais estreitos, para que a barra não pareça apertada.

Imagem padrão de abertura:
- iPhones antigos: 320 × 480 pixels.
- Retina display do iPhone 4: 640 × 960 pixels.
- iPad: 768 × 1004 pixels (retrato); 1024 × 748 pixels (paisagem).

Sua imagem padrão de abertura para iPhone deve incluir a área da barra de status, mas, estranhamente, para iPad não.

Considerações sobre orientação no iPad

Com a pequena tela do iPhone, conseguir um desenho de interface eficiente normalmente requer uma orientação dedicada, como um aplicativo apenas no formato retrato. Isso é perfeitamente aceitável no iPhone, mas a tela mais larga do iPad permite que mais elementos da sua interface sejam consolidados em uma única janela, fornecendo na tela espaço suficiente para visualizações tanto em retrato como em paisagem. Na verdade, a Apple recomenda que os aplicativos para iPad suportem todas as orientações.

Se o seu aplicativo para iPhone só for apresentado em uma única orientação, seria bom repensar o projeto se for portá-lo para iPad, de forma que possa acomodar múltiplas orientações na tela maior do tablet. No iPad você deve incluir uma imagem padrão de abertura para cada orientação que seu aplicativo suportar, já que não se sabe como o usuário estará segurando o tablet antes de iniciar seu aplicativo.

Duplique a diversão com as imagens no Retina Display

Olhando as diversas diferenças de tamanho de ícones entre o Retina display do iPhone 4 e a dos antigos modelos de iPhone, você vai perceber que o Retina display dobra a largura e a altura. Isso também é verdade para todos os outros trabalhos de arte, como imagens de segundo plano.

Então, como seu aplicativo para iPhone faz para diferenciar entre os dois tamanhos? A Apple tornou isso muito fácil para os desenvolvedores. Se uma imagem de fundo for chamada de *textura-azul.png*, então simplesmente chame a versão de tamanho duplo para o Retina display de *textura-azul@2x.png*. Aquele identificador @2x deve ser colocado depois do nome idêntico do arquivo, mas antes da extensão de arquivo .png. Quando executado no Retina display, o aplicativo compilado procurará pelo arquivo com o identificador @2x e, consequentemente, carregará aquela imagem. Se a versão para o Retina display não existir no seu aplicativo, a imagem de menor resolução será apresentada no seu lugar.

Como mencionado no Capítulo 2, não faça simplesmente um aumento de escala das imagens gráficas existentes, salvando-as como versões maiores @2x. Isso só fará com que imagens borradas apareçam no Retina display. Se as suas imagens foram criadas originalmente no formato bitmap, usando o Adobe Photoshop ou uma ferramenta gráfica similar, sua melhor alternativa é recriar aquelas imagens especificamente para os tamanhos do Retina display, para garantir elementos de interface claros e de alta resolução. Acredite, aperfeiçoar o apelo visual do seu aplicativo compensa todo o trabalho extra de projeto envolvido no suporte ao Retina display da Apple.

Sempre que possível, você deve criar os ícones e imagens de interface em um formato baseado em vetor, como o do Adobe Illustrator, de forma que tenha a flexibilidade de se adaptar a qualquer novo tamanho que a Apple requeira no futuro. Isso lhe pouparia a trabalheira de recriar pequenas imagens em bitmap. Falaremos mais sobre desenhos em bitmap e baseados em vetor na próxima seção, portanto, continue lendo.

Criando um ícone e um logotipo eficazes para o aplicativo

Como mencionamos anteriormente, quando os consumidores navegam pelas listas da App Store, o ícone é a primeira impressão visual que seu aplicativo tem para oferecer. O ícone e o nome do seu aplicativo serão os primeiros fatores-chave que determinarão se o usuário ficará interessado o suficiente para navegar pela página de produto. Como o ícone representa a identidade da marca do aplicativo, seu desenho precisa ser notável e atraente o suficiente para se destacar dos ícones dos concorrentes.

No final do Capítulo 2, recomendamos analisar os ícones dos aplicativos dos concorrentes e começar a pensar em ideias para o ícone do seu próprio aplicativo. Por exemplo, se estiver criando um aplicativo para anotações e a maioria dos aplicativos similares usa atualmente um ícone relacionado com um caderno de anotação, você não vai querer emular o mesmo visual. Caso contrário, o seu aplicativo pode não parecer original, do tipo "também faz", que está simplesmente navegando no mesmo barco. Mas o aplicativo será diferente – melhor. Portanto, deixe que o seu ícone reflita isso com cores contrastantes e um tema visual original que destaque seu aplicativo dos outros similares quando estiverem todos lado a lado nas listas da App Store.

Embora alguns ícones de aplicativos utilizem imagens fotográficas, você vai perceber que a maioria é baseada em ilustrações. Normalmente, uma foto inclui muitos detalhes e, quando comprimidas em um pequenino ícone de 57 × 57 pixels, a imagem parece congestionada. A maioria dos ícones bem-sucedidos apresenta um desenho simples, claro e limpo, que parece vibrante e chamativo em qualquer tamanho – grande ou pequeno. As ilustrações tendem a funcionar melhor para conseguir esses objetivos de desenho.

Regras e ferramentas para ícones de aplicativos

Muitos aplicativos usam nos seus ícones imagens que parecem ter saído de clip arts isentos de royalties. Usar artes de prateleira, isentos de royalties, pode servir como uma boa base para a modelagem inicial do protótipo do seu ícone, mas é importante criar seu próprio trabalho artístico original para o ícone final, especialmente se planeja registrar a marca do logotipo e do ícone do seu aplicativo. Você não vai conseguir registrar a marca do projeto artístico ou das imagens de outros, a menos que detenha os direitos sobre eles.

ALERTA SOBRE REJEIÇÃO DE APLICATIVO: *Não use no ícone ou na interface do seu aplicativo artes ou nomes que tenham copyright ou marca registrada.* Isso inclui também as marcas registradas da Apple. As imagens do iPhone são absolutamente intocáveis, portanto, não as inclua no seu projeto de ícone ou interface. Embora poucos e seletos aplicativos exibam um iPhone nos seus ícones de aplicativo ou ícones da interface, eles são raras exceções. Quebrar essa regra sem ter autorização prévia da Apple irá rapidamente resultar em uma carta de rejeição para a maioria dos aplicativos. É importante saber também que a Apple igualmente rejeitará o seu aplicativo se ele usar imagens não autorizadas de figuras públicas ou celebridades. E, acredite, a Apple está lhe prestando um favor com isso, não permitindo sua entrada na App Store. A última coisa que você vai querer é que alguma das grandes corporações da Fortune 500 o processe por infringir uma de suas marcas registradas.

Gostaria apenas de deixar registrado que, embora eu saiba me virar com o Adobe Photoshop, definitivamente não sou um artista. Mas é aí que está a beleza de se desenhar um ícone simples. Desde que você conheça alguns truques de layering e filtragem, conseguirá criar um ícone atraente. Não é preciso ser um Michelangelo, mas ter um bom olho para composição – como estruturar o layout de um ícone – é definitivamente um valioso atributo. Mas não se preocupe, mesmo se suas habilidades gráficas só resultaram em desenhos de jardim de infância grudados na geladeira, a seção "Dicas para o artisticamente incapaz", mais adiante, oferece uma boa ajuda e links para recursos on-line.

Se você não for um artista talentoso, definitivamente vale a pena encontrar espaço no seu orçamento para contratar um designer profissional. O ícone do seu aplicativo irá se beneficiar muito do olho talentoso de um experiente guru gráfico. Novamente lembramos que o ícone é um componente visual muito importante na estratégia geral de marketing do seu aplicativo. Se realmente existe intenção de ser bem-sucedido na App Store, contratar um designer profissional para ajudá-lo com o ícone, bem como com seu logotipo e até mesmo com alguns elementos da sua interface, é um bom investimento.

Mas e se você for um desenvolvedor independente batalhador, trabalhando com um pequeno e apertado orçamento? Vamos ver o que você mesmo pode fazer para produzir um ícone valioso e de alta qualidade.

A maioria dos trabalhos profissionais de desenho é feito no Adobe Illustrator ou no Photoshop (http://www.adobe.com/):

- O Adobe Illustrator é um programa de desenhos baseados em vetor, o que significa que ele cria ilustrações que podem ser ajustadas para qualquer tamanho, sem perder a qualidade dos pixels. Ele é perfeito para desenhar ícones e logotipos de software que precisem estar disponíveis em muitos tamanhos diferentes, para qualquer coisa, variando desde um pequeno ícone de desktop até um grande pôster para uma feira.
- O Adobe Photoshop é um programa gráfico baseado em bitmap, que também inclui muitas ferramentas baseadas em vetor.

Tenho tendência a ser parcial com o Photoshop, mas a maioria dos designers provavelmente recomendaria o Illustrator para essa tarefa específica. E como a Apple segue introduzindo novos dispositivos iOS e resoluções de tela, criar um desenho de ícone baseado em vetor oferece a flexibilidade de tratar tamanhos maiores no futuro, sem sacrificar a qualidade da imagem.

Se o Illustrator ou o Photoshop for muito caro para o seu orçamento, ferramentas gráficas mais baratas estão disponíveis. Simplesmente, pesquise nos seus diretórios on-line favoritos de software para encontrar alternativas compatíveis. Mas, se você planeja criar suas próprias imagens para todos os seus produtos de software, website e material de marketing, recomendo o investimento nos aplicativos da Adobe. Se comprar o Creative Suite, você receberá todos os melhores aplicativos de desenho da Adobe juntos por um preço menor pelo pacote.

Quando for submeter o seu aplicativo à App Store, será preciso fornecer à Apple um ícone grande, de 512 × 512 pixels. Portanto, se estiver criando seu ícone no Photoshop, certifique-se de que o desenho principal tenha pelo menos esse tamanho. Como você provavelmente vai querer usar o seu ícone também nos materiais de marketing, deve realmente considerar a criação do ícone principal em um tamanho ainda maior. Lembre-se de que a impressão de propaganda (anúncios em revistas, pôsteres para feiras, etc.) deve ter pelo menos 300 pontos por polegada (dpi), portanto, se o seu maior ícone for de apenas 512 × 512 pixels, ele terá apenas cerca de 4,3 centímetros quando usado em materiais impressos com 300 dpi.

Se você criar o ícone principal com um tamanho grande, de muitos centímetros, terá sempre a certeza de contar com o tamanho certo para qualquer ocasião. Sempre poderá redimensionar o ícone para um tamanho menor com excelente resultado, mas não conseguirá aumentar o tamanho de um ícone criado com base em bitmap sem que fique terrivelmente pixelizado. Se estiver criando um ícone baseado em vetor usando o Illustrator, redimensioná-lo para um tamanho maior ou menor não será problema.

Não cometa o engano de pré-visualizar o ícone apenas em um iPhone 4 ou nos modelos mais atuais de iPod touch. Quase tudo fica bem em uma boa tela de alta resolução. Certifique-se também de que o seu desenho tenha boa aparência nos tamanhos de ícone para as menores telas iniciais de aplicativos, que são de 57 × 57 pixels. O segredo é fazer o ícone parecer profissional e sofisticado e ainda assim simples o suficiente para aparecer bem em quase todos os tamanhos. Isso não é fácil de conseguir, especialmente para quem não é desenhista, mas vamos dar uma olhada nisso usando alguns truques gráficos interessantes.

ALERTA DE REJEIÇÃO DE APLICATIVO: *O ícone do seu aplicativo e o ícone na App Store precisam ser iguais!* Não tente contornar problemas de legibilidade criando um ícone complexo de 512 × 512 e, depois, uma versão bastante simplificada para o tamanho 57 × 57 do ícone do aplicativo. Os ícones não precisam ser absolutamente idênticos, de forma que você pode fazer pequenos ajustes no ícone menor se o redimensionamento empobreceu alguns elementos. Mas, quando colocados lado a lado, ambos os ícones devem parecer ter o mesmo desenho. Se houver uma grande diferença entre os dois, o aplicativo corre o risco de ser rejeitado pela equipe de análise da Apple.

Chega de falar sobre regras e ferramentas. Vamos mergulhar nos trabalhos de desenho!

Desenhando um ícone de aplicativo personalizado

Lembra-se do exemplo fictício de aplicativo do Capítulo 2, o localizador do estacionamento do carro chamado Breadcrumbs? Como exemplo, agora vamos desenhar um ícone de aplicativo original para isso.

Como o caso fictício do aplicativo Breadcrumbs ajudará a localizar onde o carro está estacionado, obviamente seria interessante incluir um carro no ícone. Mas você não quer que ele se pareça com qualquer outro ícone de aplicativo concorrente, portanto, desenhará o carro desde o início, usando formas bastante simples. Também vai incorporar uma trilha de pontos (para simular as migalhas de pão) chegando até o carro, para ajudar a comunicar visualmente a lógica por trás do nome do aplicativo. Neste exemplo, vamos usar uma abordagem baseada em ilustração.

Primeiro, vamos começar com um esboço do ícone, desenhando o contorno dos objetos (veja o ícone da esquerda na Figura 4.1). Recomendo usar um programa gráfico que suporte camadas (como é o caso do Photoshop e do Illustrator), de forma que você possa colocar cada objeto separado na sua própria camada. Por exemplo, o para-brisa do carro é a camada superior, com o para-choque do carro numa camada abaixo. Abaixo dela estão a camada da carcaça do carro e a camada dos pneus. Outra camada separada contém os pontos representando as migalhas de pão. A camada inferior é o segundo plano.

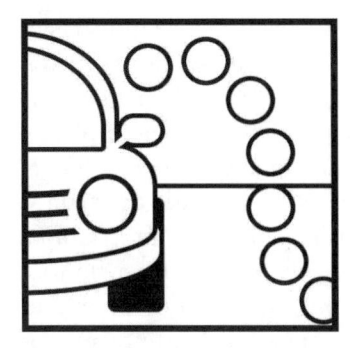

Figura 4.1. *Depois de desenhar um esboço (ícone da esquerda), você pode fazer testes com cores contrastantes (ícone do meio) e depois acrescentar um acabamento profissional, com efeitos e filtros fáceis de usar (ícone da direita).*

Por que ter todo esse trabalho de manter tantas camadas? Mantendo os objetos separados, você pode movimentar facilmente as camadas individuais ou grupos de camadas até conseguir uma composição que pareça balanceada e completa. Camadas separadas também permitem que você modifique o esboço e filtre os efeitos de um determinado objeto sem afetar os demais.

Mantenha o esboço do ícone bem simples, com aparência crua, sem acabamento. Resista à tentação de acrescentar linhas e texturas detalhadas. Excesso de linhas finas não se traduz bem quando a imagem for redimensionada para um pequeno ícone de 57 × 57, portanto, é melhor não refinar o desenho dessa forma.

Depois que tiver um layout que seja do seu agrado, você pode começar a fazer experiências com as cores (veja o ícone do meio na Figura 4.1). Deixando os traços do esboço na cor preta, preenchi o quadro do objeto com vermelho, o para-choque com cinza-claro e o para-brisa com azul-claro. Também apliquei um gradiente de azul para o céu e um gradiente de marrom-claro para o chão. Note que o gradiente fica mais claro na direção do centro do horizonte. Isso ajuda a dar um pouco mais de dimensão ao segundo plano, com a ilusão da luz do sol brilhando a partir da linha do horizonte. Como este livro é impresso em escala de cinza, você não conseguirá ver o bom contraste do carro vermelho contra o azul do céu, mas tente imaginá-lo.

Embora seja uma melhoria sobre o esboço anterior em preto e branco, essa versão colorida continua com aspecto bastante infantil, como se tivesse sido feita por um desenhista amador. Lembre-se de que sou um programador, não um artista.

Agora, vamos à parte divertida! Com apenas alguns truques, usando as ferramentas e os efeitos incorporados existentes tanto no Photoshop como no Illustrator, você pode transformar aquele ícone amadorístico num trabalho de arte bem-acabado (veja o ícone da direita na Figura 4.1).

NOTA: Se você tiver dificuldades para localizar as diversas ferramentas, efeitos e filtros descritos nos passos para a criação do ícone, consulte a documentação do Photoshop ou do Illustrator para saber detalhes.

O esboço atual em preto e branco dá ao ícone um aspecto de caricatura, de história em quadrinhos, portanto, a primeira coisa a fazer é mudar a cor do esboço de todos os objetos. Selecione a camada que contém o objeto com a forma do carro e altere suas linhas de contorno para um vermelho escuro, para complementar elegantemente a cor vermelho brilhante do carro. Pinte as linhas de contorno do farol e do para-choque de cinza-escuro. Depois, diminua a opacidade da linha de contorno dos pontos brancos para 60%, deixando que o traço incorpore as delicadas sombras de azul e marrom do segundo plano atrás dos pontos. Com a simples mudança das cores dos traços de contorno, você já consegue uma grande melhoria.

Em seguida, use o estilo de camada Chanfro e Entalhe (Bevel e Emboss) no objeto do para-choque e nos pontos brancos, para dar um aspecto tridimensional. Ajuste os modos Realce e Sombra (Highlight e Shadow) até conseguir o visual desejado. Como você quer criar a ilusão de que há uma fonte central de luz, certifique-se de que todos os seus objetos modificados por Chanfro e Entalhe usem o mesmo valor de Ângulo da Sombra (Shading Angle) para lhes dar consistência. Você pode então adicionar o estilo de camada de Sombra Projetada (Drop Shadow) na grade do carro e reduzir sua opacidade para 60%.

Usando a ferramenta Dégradé (Gradient), continue sombreando e realçando áreas estratégicas do carro para melhorar o efeito tridimensional. No Photoshop, quando a ferramenta Dégradé é escolhida, você pode modificar sua configuração para personalizar como o gradiente se desenhará. Por exemplo, com o objeto do farol do carro selecionado, mudei o modo da ferramenta Dégradé para Radial, de forma que o gradiente do branco para o amarelo fizesse a superfície do farol parecer arredondada. Alterando o modo da ferramenta Dégradé para Linear e selecionando o objeto com o corpo do carro, adicionei um gradiente vertical de vermelho-claro para vermelho-escuro, o que forneceu um sombreamento próximo da parte inferior do corpo do carro. Um pequeno gradiente mais claro foi acrescentado ao capô para dar um realce.

Com o objeto do para-brisa selecionado, acrescentei um gradiente Linear horizontal de branco para azul-claro. Mas o para-brisa continuava não se parecendo com vidro. Assim, acrescentei um "pingo" de luz perto da parte de cima do para-brisa. Para fazer isso, crie uma nova camada sobre a camada existente do para-brisa. Desenhe um arco branco prateado nessa nova camada e depois mude sua opacidade para 60%. Ah, muito melhor. Agora ele se parece mais com vidro.

Eis a parte mais difícil: criar os raios de sol em ângulo no céu. Esses raios de sol dão ao ícone um "quê" extra, portanto, vale a pena o trabalho adicional. Primeiro, escureça o azul do segundo plano, deixando-o com um gradiente vertical de azul mais escuro (com a cor mais clara terminando no centro da linha do horizonte). Depois, crie uma nova camada sobre o segundo plano (mas abaixo das camadas dos objetos do carro). Desenhe um retângulo branco que preencha toda a área do céu e depois mude sua opacidade para 30%. Isso fará o céu parecer lavado, até que você comece a recortar fatias em ângulo que permitam ao céu mais escuro de baixo brilhar através delas. As fatias em ângulo recortadas são, na verdade, os espaços entre os raios de sol, portanto, deixe os espaços iguais entre elas, com todas apontando na direção do mesmo ponto central do horizonte. Nesse caso, o ponto central de referência que usei está diretamente atrás do farol do carro.

A última tarefa é criar a sombra sob o carro. Isso é fácil de fazer, criando uma nova camada sob as camadas existentes do objeto do carro e, depois, desenhando um oval horizontal que seja razoavelmente plano e ligeiramente mais largo do que o carro. Preencha esse oval com preto e mude sua opacidade para 50%, e depois aplique o filtro de Desfoque (Blur) até que fique parecendo com uma autêntica sombra.

E é isso aí! Usando as formas incorporadas ao Photoshop e/ou ao Illustrator, linhas de contorno, a ferramenta Dégradé, estilos de camadas e o filtro de Desfoque, você foi capaz de transformar uma ideia básica de desenho em um ícone de aplicativo com aspecto profissional. Espero que você seja capaz de fazer bom uso desses pequenos e simples truques quando for desenhar os seus próprios ícones de aplicativo.

O teste real agora é redimensionar o ícone acabado para os tamanhos necessários. Se o desenho continuar com boa aparência nos tamanhos de ícone de 512 × 512 e de 57 × 57 pixels, sua missão foi cumprida. Não se preocupe com os cantos arredondados e o aspecto de reflexo chanfrado que os ícones de aplicativos para iOS normalmente apresentam. O sistema iOS e a App Store automaticamente acrescentam esses elementos ao ícone por você.

Embora nada possa ser feito com respeito às bordas arredondadas acrescentadas dinamicamente, você tem a capacidade de desabilitar o efeito de reflexo chanfrado do seu ícone, se desejar. O ícone do Breadcrumbs provavelmente ficaria melhor sem ele, mas vamos testá-lo visualizando no iOS Simulator do Xcode (veja a Figura 4.2).

Figura 4.2. *Você tem a opção de desabilitar o efeito padrão de reflexo chanfrado se o ícone do seu aplicativo ficar melhor sem isso. Pré-visualize o exemplo do ícone do aplicativo Breadcrumbs com o efeito de reflexo (esquerda) e sem ele (direita).*

Como se pode ver na Figura 4.2, o efeito de reflexo interfere com o desenho subjacente do ícone, portanto, vamos desabilitá-lo. Depois que tiver acrescentado o seu ícone de 57 × 57 pixels e o ícone de 114 × 114 pixels (Retina display) – por exemplo, *Icon.png* e *Icon@2x.png*, respectivamente – à pasta Resources do seu projeto de aplicativo para iPhone no Xcode, você precisará abrir o arquivo plist do seu projeto. O Xcode exibe o conteúdo do seu arquivo plist como uma lista bem formatada (veja a Figura 4.3).

Primeiro você deve adicionar o seu nome de arquivo *Icon.png* à propriedade Icon. Depois, clique no botão cinza com o símbolo de adição (+) no lado inferior direito da lista para adicionar a nova entrada ao arquivo plist. Na nova linha em branco, clique nas pequenas setas na coluna Key, à esquerda, para exibir um menu contextual com propriedades adicionais e selecione "Icon already includes gloss and bevel effects" naquele menu. Pode não parecer a escolha intuitiva, mas configurando esse valor como Verdadeiro irá desabilitar o efeito padrão de chanfrado e reflexo no ícone do aplicativo. Salve o arquivo plist e execute o projeto Xcode no iOS Simulator para ter uma pré-visualização do ícone do aplicativo.

Key	Value
▼ Information Property List	(13 items)
Localization native development region	English
Bundle display name	$(PRODUCT_NAME)
Executable file	$(EXECUTABLE_NAME)
Icon file	Icon.png
Bundle identifier	com.yourcompany.$(PRODUCT_NAME:rfc1034identifier)
InfoDictionary version	6.0
Bundle name	$(PRODUCT_NAME)
Bundle OS Type code	APPL
Bundle creator OS Type code	????
Bundle version	1.0
Application requires iPhone environment	☑
Main nib file base name	MainWindow
Icon already includes gloss and bevel effects	☑

Figura 4.3. *Adicionando uma nova propriedade plist,"Ícone já inclui efeitos reflexo e chanfrado"(*Icon already includes gloss and bevel effects*), e a definindo como Verdadeira, irá desabilitar no Xcode os efeitos padrão de chanfrado e reflexo do ícone do seu aplicativo para iPhone.*

Quando exibe o ícone do seu aplicativo na tela inicial de um dispositivo iOS ou o ícone de 512 × 512 pixels na App Store, a Apple verifica primeiro o arquivo plist, de forma que a sua configuração preferida é respeitada para ambos os tamanhos de ícone.

Se você preferir pré-visualizar os vários tamanhos do ícone do aplicativo com os cantos arredondados durante o processo de desenho, experimente usar um desses arquivos úteis do Photoshop e do Illustrator doados à comunidade por desenvolvedores generosos:

- iPhone/iPhone 4/iPad App Icon PSD Template do Cocoia Blog (http://blog.cocoia.com/2010/iphone-4–icon-psd-file/).
- iOS Icon Template for Perfectionists, de Nick Farina (http://nfarina.com/post/1185879730/ios-icon-template-forperfectionists).
- iOS App Icon PSD Template, de Neven Mrgan (http://mrgan.tumblr.com/post/708404794/ios-app-icon-sizes).
- iOS Icon Template for Illustrator CS5, de Jon Hick (http://hicksdesign.co.uk/journal/ios-icon-template-forillustrator-cs5).

Não se esqueça do logotipo

Depois de tanto suor trabalhando no desenho do seu ícone, aproveite os bons fluidos e trabalhe num logotipo para o aplicativo. Este é outro elemento visual que poderia tirar proveito das mágicas de um designer profissional, portanto, se você contratar um para criar o ícone do seu aplicativo, deveria pedir que ele crie um logotipo que combine com esse ícone. Mas não se preocupe se um orçamento apertado forçá-lo a continuar carregando o ônus de criar as imagens você mesmo. Um logotipo não precisa ser complexo. Na verdade, da mesma forma que o ícone, quanto mais simples for o logotipo, maior flexibilidade você terá para usá-lo em vários tamanhos pequenos e mesmo assim manter a legibilidade.

Da mesma forma que o ícone, é importante criar um logotipo principal que tenha pelo menos vários centímetros de comprimento numa resolução de 300 dpi, para que apareça bem em qualquer formato de material impresso de marketing que você possa criar no futuro. Para conseguir os melhores resultados, poderia escolher o Illustrator, baseado em vetor, para criar o seu logotipo, especialmente se o seu ícone também tenha sido criado nesse programa. Tire proveito do trabalho já feito e incorpore o ícone existente no desenho do logotipo. Isso não apenas economizará muito tempo de desenho como também ajudará a reforçar a marca que você estabeleceu com o ícone do aplicativo.

Como não sou um artista treinado, optei por seguir meu próprio conselho e mantive as coisas simples no exemplo do logotipo do Breadcrumbs. Às vezes, criar um logotipo atraente e simples é apenas uma questão de encontrar uma fonte interessante. Escolhi uma fonte arredondada, condensada e com serifa para o nome *Breadcrumbs*. Depois de experimentar diversas fontes, uma com bordas arredondadas pareceu complementar perfeitamente as linhas também arredondadas do ícone do aplicativo. Para acrescentar um pouco de estilo à fonte, apliquei uma linha de contorno preta grossa com uma cor branca de preenchimento e depois empreguei um estilo de camada de Sombra Projetada (Drop Shadow).

> **CUIDADO:** Se usar uma fonte de terceiros, é importante que você a compre com licença para usar em projetos comerciais. Algumas fontes podem ser bastante caras, portanto, se dinheiro for um problema, recomendo usar fontes livres de royalties sempre que possível. Veja na seção "Dicas para o artisticamente incapaz", mais adiante, algumas sugestões úteis de bibliotecas de fontes.

Com apenas o ícone e o nome do aplicativo associado, o logotipo ainda parecia muito básico. Para realmente chegar ao ponto com a metáfora das migalhas de pão, ampliei o rastro dos pontos brancos para que fluíssem do ícone para uma inscrição "Parked Car Locator" sob o nome do aplicativo (veja a Figura 4.4). Uau, um elemento tão simples assim conseguiu realmente juntar todo o logotipo para formar um desenho coerente e original.

Figura 4.4. *Este logotipo do fictício Breadcrumbs é uma simples extensão do desenho do ícone do aplicativo.*

Criar um ícone de aplicativo para inclusão no seu projeto Xcode parece ser um trabalho fácil neste estágio inicial do jogo, mas por que desenhar um logotipo agora, quando o aplicativo nem sequer foi desenvolvido? Obviamente, você vai querer ter o logotipo pronto para usar no website oficial do aplicativo, bem como que esteja disponível para qualquer trabalho prévio de publicidade que fizer. Mas o principal motivo para desenhar o seu logotipo agora é o de obter o registro da marca (como explica Michael Schneider no Capítulo 3). O processo de solicitação e aprovação da marca pode levar vários meses, portanto, se você planeja obter o registro da marca para o logotipo do seu aplicativo, é melhor que a bola comece a rolar o mais cedo possível. Se tudo sair bem, você terá o registro da marca oficialmente garantido antes que o seu aplicativo esteja disponível na App Store.

Mantendo uma identidade de marca consistente

Para reforçar a identidade da sua marca, você pode querer usar o mesmo ícone e logotipo do aplicativo em todos os trabalhos de marketing. Se usar muitas variações visuais na promoção do mesmo aplicativo iOS, provavelmente você deixará os consumidores confusos.

Usando de forma consistente o mesmo ícone e logotipo, a marca do seu aplicativo começará a se tornar reconhecida pelas pessoas. Essa familiaridade ajudará os consumidores a se lembrar facilmente do nome do seu aplicativo quando pesquisarem na App Store e ao recomendá-lo a amigos e familiares. Ter uma marca reconhecida ajuda também a promover um novo aplicativo iOS entre aqueles usuários que estiverem familiarizados com a marca visual dos seus aplicativos anteriores.

Por exemplo, para reforçar a marca do Touchgrind, um jogo popular de skate, o Illusion Lab incluiu o mesmo logotipo e paleta de cores em várias telas do aplicativo, bem como no trailer do vídeo do aplicativo no YouTube e no website oficial (veja a Figura 4.5). Note que mesmo sendo o logotipo do Touchgrind de um desenho muito simples, seu uso consistente é, sem dúvida, muito eficaz (boa notícia para todos os não artistas que estão aí).

Figura 4.5. O Illusion Labs usa o mesmo logotipo do Touchgrind no próprio aplicativo (em cima à esquerda), no trailer do vídeo do Touchgrind no YouTube e no seu website Touchgrind. com (à direita) para manter uma marca consistente.

Se você estiver portando um aplicativo existente para iPhone ou iPad a partir de outra plataforma, como Mac OS X ou Windows, tire proveito da consistência da marca que você já estabeleceu, usando um ícone e um logotipo similares para a versão iOS. Essa é uma excelente forma de atrair novos clientes que já estejam familiarizados com o seu aplicativo em outra plataforma.

Por exemplo, quando criou uma versão para iPhone do seu premiado aplicativo Things para Mac, a Cultured Code usou a mesma marca, mas modificou ligeiramente o ícone.

O ícone continua sendo imediatamente reconhecível como sendo do Things e solidifica o fato de que o aplicativo para iPhone é diretamente relacionado com seu parente para Mac. Mas o leve ajuste no desenho do ícone na versão para iPhone tem uma função importante. A mudança não apenas ajuda a imagem a ser exibida melhor como um ícone para iOS, com as bordas arredondadas, mas ajuda também a posicionar o aplicativo para iPhone como uma versão independente (veja a Figura 4.6).

Figura 4.6. *O ícone do Things para Mac (esquerda) e o ícone do Things para iPhone (direita).*

O ícone do Things para iPhone é outro bom exemplo de uma imagem que é simples e sofisticada ao mesmo tempo. Embora haja dezenas de aplicativos concorrentes de listas do que fazer e gerenciamento de tarefas na App Store com ícones similares, baseados em marca de verificação, o aplicativo Things para iPhone se sobressai do grupo devido ao seu ícone foto-realista. O ícone consegue seu aspecto de alta qualidade das pequenas nuances do desenho, como cores de alto contraste, a sombra interna projetada no quadrado branco e o sutil efeito de reflexo na caixa azul que o contorna. Em minha opinião, os ícones do Things, tanto para Mac como para iOS, são modelos perfeitos de desenho eficaz de ícone de aplicativo, no qual menos é mais – apresentando total simplicidade com impacto visual.

Como você deve ter percebido ao fazer experimentos com os efeitos e filtros do Photoshop enquanto desenhávamos o exemplo do ícone do Breadcrumbs, algumas vezes as únicas coisas que separam um desenho amador de um com aspecto profissional são pequenos toques gráficos.

Desenho da interface: pense como um usuário, não como um desenvolvedor

Como ressaltei sua importância antes neste capítulo, você tirou um tempo para ler o iOS HIG da Apple, certo? Não? Então, vá lá. Eu espero...

Já voltou? Ótimo! Agora que você compreende os limites sugeridos pela Apple e as práticas de desenho recomendadas para as interfaces no iOS, seu primeiro passo no processo de desenvolvimento é fazer bom uso desse conhecimento. Não, ainda não estou falando de escrever o código. Pense sobre a funcionalidade central e nos recursos-chave que seu aplicativo incluirá. Como você incorpora aquele conjunto de recursos em uma interface compacta, amigável, para um pequeno dispositivo móvel? Responder a esta pergunta deveria ser a sua primeira tarefa de desenvolvimento. Você pode até ser um experiente programador para iOS, bem versado em Objective-C e Cocoa, mas muitos desenvolvedores têm dificuldade em traduzir o conceito de seus aplicativos para uma interface eficiente, que seja intuitiva e fácil de usar.

Quando o aplicativo estiver sendo exibido na App Store, os usuários vão querer ver sua interface. É a capa com a qual eles vão interagir todos os dias quando estiverem usando o seu aplicativo, portanto, verificarão se ela satisfaz suas necessidades específicas e se é fácil de aprender. Como eles podem ter outras opções para escolher, o seu aplicativo precisa ter um visual mais atraente do que o dos concorrentes. Não se trata apenas de ser o aplicativo com mais recursos. Oferecer os recursos que os clientes querem pode atrair sua atenção inicialmente, mas o aplicativo com a melhor experiência para o usuário, no geral, conquistará seu tão suado dinheirinho.

Tire por um momento o "chapéu de desenvolvedor" para pensar sobre seus hábitos de compra. Ao comparar diversos aplicativos similares para avaliar qual deles irá comprar, os seus sentidos visuais são ativados primeiro. Você está olhando nas imagens das telas de um aplicativo na App Store e talvez até assistindo ao trailer do vídeo de demonstração no website do desenvolvedor, ou brincando com uma versão lite gratuita. Obviamente, os comentários e classificações dos clientes têm peso importante na sua decisão, mas digamos que dois aplicativos similares ofereçam os mesmos recursos e receberam aproximadamente os mesmos comentários brilhantes. Quando comparados lado a lado, se um dos aplicativos oferecer uma interface simples, sem graça, e o outro oferecer uma elegante e atraente interface, o consumidor gravitará na direção do aplicativo que for visualmente mais interessante.

Isso não se aplica apenas aos jogos, que exigem interfaces únicas e uma forma original de jogar. Mesmo se você estiver desenvolvendo um aplicativo utilitário ou de produtividade, que execute tarefas cotidianas, isso não quer dizer que não possa ser atraente e divertido de usar. Seus consumidores o agradecerão por isso.

O imenso valor de fazer protótipos

Fazer protótipos pode revelar fluxos de trabalho inadequados e uma arquitetura não intuitiva no seu aplicativo. Um determinado conceito de interface pode parecer bom na teoria, mas quando desenhada no papel e examinada detalhadamente num protótipo semifuncional, você pode mudar de ideia. Na verdade, às vezes um protótipo pode levá-lo a ter novas ideias que acabam por melhorar o desempenho comercial do seu aplicativo. No mínimo, um protótipo irá expor ações que são complicadas demais, levando-o a encontrar novas soluções para simplificar a interação com o usuário – algumas vezes isso é crucial para o sucesso de um aplicativo móvel.

Os protótipos também podem economizar incontáveis horas de desenvolvimento e evitar que você escreva códigos inúteis. "Como isso é possível?", você pergunta. Não seria mais rápido ir diretamente ao Xcode e começar a criar uma demonstração bem simples?

Se você estiver desenvolvendo um aplicativo para um cliente ou para seu chefe, ele pode querer ver suas ideias antes de contratar o projeto. A palavra-chave aqui é *ver*. Muito frequentemente os executivos – especialmente aqueles sem experiência criativa – têm dificuldade para visualizar uma interface. Não importa o quanto você exponha bem suas ideias em uma reunião, eles simplesmente não conseguem visualizá-las. Reunir alguns wireframes ou modelos de telas que mostrem o conceito da sua interface é fácil e rápido para mostrar a proposta ao seu cliente ou chefe. Dessa forma, se ele voltar pedindo uma porção de alterações ou (não!) uma mudança completa de direção, você não terá desperdiçado um tempo precioso no Xcode e no Interface Builder.

Se estiver terceirizando o desenvolvimento do seu aplicativo, fazer protótipos pode ser extremamente valioso para comunicar adequadamente o seu conceito de interface para os programadores terceirizados, especialmente se houver uma substancial barreira de idioma. Quando eles estiverem cobrando por hora, quanto menos tempo você precisar gastar para explicar suas ideias e objetivos menos custará o desenvolvimento terceirizado. "Uma imagem vale mil palavras".

Mesmo se você for um desenvolvedor independente, trabalhando sozinho em um aplicativo, o benefício mais importante é a quantidade de tempo precioso e de dores de cabeça que o protótipo pode poupar posteriormente, durante o estágio de testes. Você não vai querer gastar meses se matando sobre um aplicativo apenas para receber um assustador retorno dos seus testadores, informando que sua interface é impossível de compreender, que é difícil usar o aplicativo ou acessar determinados recursos. Essas questões podem ser mais bem resolvidas antes de chegar muito longe no processo de desenvolvimento.

Colocando suas ideias no papel

Não menospreze o valor de rascunhos em papel! Colocar suas ideias no papel é uma forma rápida de mapear o jeitão do seu aplicativo. Está desenhando um jogo que requer uma interface totalmente personalizada? Desenhar o conceito no papel pode ser sua única opção rápida, já que seria impossível fazê-lo apenas com os controles disponíveis no Interface Builder. Faça primeiro um rascunho à mão para equacionar as imperfeições do projeto e depois crie a arte final personalizada no Illustrator ou no Photoshop.

Cansado de desenhar os mesmos botões e outros elementos-padrão de interface repetidamente? Graças a diversos designers e desenvolvedores proeminentes, rascunhos de modelos pré-desenhados para iPhone e iPad estão disponíveis on-line (veja a Figura 4.7).

- iPhone UX Sketch Templates, de Erik Loehfelm (http://erikloehfelm.blogspot.com/2009/05/iphone-ux-sketchtemplates.html) oferece modelos em vários formatos, como PDF, Photoshop, EPS, PNG e OmiGraffle.
- iPhone App Wireframe Templates, da Full of Design (http://www.fullofdesign.com/posts/iphone-app-wireframetemplate) oferece modelos no formato PDF.
- iPhone and iPad Stencils, da Kapsoft (http://www.mobilestencil.com/), são duráveis estênceis IMA de acrílico. Você também pode baixar páginas em PDF de um livro com rascunhos.
- iPhone and iPad Stencil Kits, da UI Stencils (http://www.uistencils.com/), são estênceis de aço inoxidável.

Embora todos os modelos que podem ser baixados sejam realmente benfeitos, não consegui encontrar uma solução abrangente que combinasse com as minhas necessidades pessoais de desenho, portanto, optei por publicar os meus próprios modelos baseados em grade no *The Developer Sketchbook for iPhone Apps* e no *The Developer Sketchbook for iPad Apps* (Electric Butterfly, http://www.developersketchbook.com/). Esses livros incluem centenas de páginas com modelos de interface em retrato e paisagem, fluxogramas de navegação de aplicativo e modelos de desenho de ícones de aplicativos. Estão disponíveis também o *iPhone Application Sketch Book* (Apress, 2009) e o *iPad Application Sketch Book* (Apress, 2010), de Dean Kaplan. Se estiver procurando por um caderno de apontamentos com desenhos para iOS para levar com você quando não estiver no escritório ou, simplesmente, por algo que mantenha organizadas todas as suas ideias sobre aplicativos, essas soluções impressas são valiosos reforços para o seu arsenal de desenvolvimento.

Figura 4.7. *Modelos e estênceis para desenho relacionados com iPhone são disponibilizados por designers terceirizados.*

Lindos modelos no Illustrator e no Photoshop

Se desenhar em papel não é o seu negócio e você se sente mais confortável trabalhando em Photoshop, Adobe, Illustrator ou mesmo Fireworks, da Adobe, outros desenhistas habilidosos doaram gratuitamente para a comunidade de desenvolvedores iOS conjuntos abrangentes de elementos de interface. Estão convenientemente armazenados em arquivos em camadas, tornando extremamente fácil a criação de modelos perfeitos, em alta resolução (veja a Figura 4.8):

- iPhone UI Vector Elements, para Illustrator, da Mercury Intermedia (http://www.mercuryintermedia.com/blog/index.php/2009/03/iphone-ui-vector-elements).
- iPad Vector GUI Elements, para Illustrator, da Iconshock (http://iconlibrary.iconshock.com/icons/ipad-vector-guielements-tabs-buttons-menus-icons/).
- iPhone GUI e iPad GUI, da Teehan+Lax, para Photoshop (http://www.teehanlax.com/blog/).
- iPhone Interface PSD, da ThreeTwentyFourEighty, para Photoshop (http://www.320480.com/).
- iPhone PSD Vector Kit, da Smashing Magazine, para Photoshop (http://www.smashingmagazine.com/2008/11/26/iphone-psd-vectorkit/).

- iPhone GUI as Adobe Fireworks Rich Symbols
  (http://code.google.com/p/iphone-gui-fireworks-symbols/).
- iPhone Mockup Toolkit for Fireworks, da Metaspark.com
  (http://blog.metaspark.com/2009/02/fireworks-toolkit-forcreating-iphone-ui-mockups/).

Figura 4.8. *Apenas uma pequena amostra dos muitos elementos para iOS colocados à disposição por projetistas autônomos, em arquivos em camadas para Photoshop e arquivos baseados em vetor para Illustrator.*

Outras ferramentas de software para desenhar modelos

Se você tiver uma licença do Photoshop ou do Illustrator, ou se estiver procurando por uma opção para criar protótipos que não afete o orçamento, há algumas outras ferramentas para desenhar modelos.

OmniGraffle (http://www.omnigroup.com/applications/omnigraffle/) – Essa é uma solução econômica para usuários de Mac. Embora originalmente desenvolvida como uma ferramenta para diagramação, o OmniGraffle tornou-se uma escolha popular para a construção de wireframes e modelos de desenhos de interface.

Graffletopia (http://www.graffletopia.com/) – O website da Graffletopia oferece uma ampla biblioteca gratuita de estênceis OmniGraffle doados por usuários contribuintes. Diversos estênceis relacionados com iPhone disponíveis para baixar, para sua conveniência estão listados a seguir.

- Ultimate iPhone Stencil, por Patrick Crowley.
- Mobile iPhone by Yahoo! (parte do Yahoo! Design Stencil Kit).

- iPhone 3G Stencil, por Theresa Neil.
- iPad and iPhone Design, por da5id.

Keynotopia (http://keynotopia.com/) – Se você prefere usar software de apresentação para as reuniões com clientes, sugiro consultar os diversos modelos de Keynote para criar protótipos de aplicativos para iPhone e iPad, disponíveis na Keynotopia.

*Balsamiq Mockups (*http://www.balsamiq.com/products/mockups/) – Um dos meus preferidos, o Balsamiq Mockups é um aplicativo Adobe AIR potente, interplataformas, que apresenta um amplo kit de ferramentas de elementos de interface "desenhados à mão", tanto para aplicativos de desktop como para iOS. Essa abordagem única produz modelos reais que são muito claros e profissionais, embora ainda pareçam ter sido desenhados no papel.

Desenhando aplicativos com aplicativos móveis

E o que dizer daquelas frequentes situações em que a inspiração chega quando você está longe da sua mesa? Uns poucos aplicativos inovadores para iPhone e iPad fornecem poderosos recursos para a criação de wireframes e prototipagem na conveniência e conforto de onde quer que você esteja.

Se você estiver interessado em exportar projetos Xcode dos seus modelos, certamente vai querer dar uma olhada no Dapp e Interface. Se já for um fã do OmniGraffle no Mac, o OmniGraffle para iPad pode ser uma solução óbvia para você (embora valha observar que alguns dos modelos de terceiros disponíveis no Graffletopia.com possam não ser suportados na versão atual para iPad do OmniGraffle). Usuários leais do Balsamiq Mockups vão gostar do recurso de exportação do Balsamiq no excelente iMockups, da Endloop Systems.

A seguir estão algumas das ferramentas móveis disponíveis para criar modelos em tamanho real:

- OmniGraffle for iPad (http://www.omnigroup.com/products/omnigraffle-ipad/).
- iMockups for iPad (http://www.endloop.ca/imockups/).
- Dapp (http://dapp.kerofrog.com.au/).
- Interface for iPhone and iPad (http://lesscode.co.nz/interface).
- App Layout for iPad (http://macspots.com/app-layout/).
- SketchyPad for iPad (http://sketchyapp.com/).
- Stencils App Modeler (http://www.stencilsapp.com/).
- AppMockUp (http://www.redbotsoftware.com/Apps/AppMockup.html).

Prototipagem em papel

Quer você tenha desenhado os seus modelos iniciais usando software gráfico para desktop ou rascunhando manualmente, muitos desenvolvedores acharam benéfico criar protótipos das suas interfaces impressos em papel. Com tesoura, cola e até mesmo um pouco de fita adesiva, você pode emular um jeitão bastante rudimentar do fluxo de navegação do aplicativo. Você pode decidir sofisticar, usando peças móveis de papel que deslizem sobre quadros de iPhone e iPad, ou adotar uma abordagem mais convencional de um storyboard contendo várias páginas (como fazem os diretores antes de filmar cenas dos filmes). De qualquer forma, esse é um método conveniente de executar um teste bem básico de usabilidade, corrigindo eventuais falhas importantes antes de criar um protótipo mais refinado no Xcode e no Interface Builder.

Certamente, se você mesmo estiver sozinho desenhando um aplicativo, então este passo pode parecer um pouco excessivo, especialmente se você for hábil o bastante para criar rapidamente protótipos no Interface Builder. Mas, se estiver trabalhando com um cliente que tenha fama de solicitar incontáveis alterações na interface, criar protótipos funcionais de papel pode permitir que você rapidamente refine o projeto e obtenha a aprovação do cliente sem gastar tempo real de programação.

Testando interações do usuário com o seu protótipo

Depois que você tiver criado e ajustado o seu desenho e finalmente estiver satisfeito com o aspecto da sua interface, é hora de disparar o Xcode e o Interface Builder. Criando um novo projeto em Xcode, você poderia imediatamente ir trabalhar na recriação do desenho da sua interface com componentes reais do UIKit ou com os seus próprios controles personalizados no Interface Builder, mas, antes de colocar muito esforço na escrita de um monte de códigos, você pode querer testar a usabilidade do seu novo desenho de interface.

Você pode criar rapidamente um protótipo semifuncional do seu aplicativo, codificando apenas um mínimo de elementos de interface necessários para emular o fluxo de ações pretendido. Embora isso possa obrigar a escrever pelo menos o código básico para a maioria dos controles do seu aplicativo, há muito que pode ser feito como "falso" para evitar esse trabalho e economizar tempo. Isso é particularmente prático se você só quiser testar rapidamente um conceito de interface no iOS Simulator ou compilar e distribuir rapidamente um protótipo para outras pessoas e receber de volta comentários. Esse passo pode ser de imenso valor para encontrar áreas duvidosas do fluxo de navegação do seu aplicativo, que poderiam se beneficiar de uma melhor fluência ou da simplificação de ações. Ao permitir que um grupo seleto teste um protótipo inicial, você ganha importantes considerações sobre quais elementos da interface não são intuitivos para os outros, permitindo-lhe fazer alterações importantes no seu desenho antes de investir meses caminhando na direção errada.

Por exemplo, se o seu aplicativo for gerenciado por um NavigationController ou TabBarController, adicione aquele controlador à sua janela no Interface Builder. No Xcode, escreva apenas o código de controle necessário para permitir a movimentação de uma tela para a próxima. Não se preocupe em recriar os controles individuais da interface em cada tela. Se você já criou modelos reais das diversas telas do seu aplicativo no Photoshop, Illustrator ou algum outro editor gráfico, então simplesmente recorte e salve essas telas como arquivos PNG. Importe esses arquivos PNG para o seu projeto Xcode. Adicionando novas subviews com o UIImages para exibir cada arquivo PNG, as UIImages temporárias podem servir como um falso marcador de posição para aquelas telas do Interface Builder (veja a Figura 4.9).

Figura 4.9. *Crie rapidamente protótipos adicionando a quantidade mínima de código de navegação necessária para a movimentação de uma tela para a próxima. Cada subview de tela pode ser simulada exibindo arquivos PNG, do Photoshop, dos seus modelos de interface como UIImages.*

Como mostrado na Figura 4.9, um controlador de navegação é preparado com código suficiente para permitir a movimentação entre as várias telas do seu aplicativo. Na subview selecionada no exemplo, uma imagem é adicionada e configurada para exibir um mock-up em PNG do background original com um iTextfield simulado. Para melhorar o protótipo adicionando funcionalidades, você pode acrescentar algumas poucas linhas de código, de forma que um clique do mouse naquela imagem dispare a exibição de uma nova subview que mostre um modelo PNG de uma simulação de um teclado do iOS. Com base nas suas próprias necessidades, você pode decidir quanto mais de interatividade precisa adicionar aos seus protótipos.

Depois de testar o protótipo, receber valiosos comentários e fazer as melhorias no desenho do seu aplicativo, você pode remover a pequena quantidade de código temporário e elementos UIImages relacionados. Agora você está pronto para construir as subviews e controles reais sobre o código controlador existente, para começar a dar vida à interface e ao conjunto de recursos da recém-otimizada arquitetura do seu aplicativo.

Como alternativa, se você já tiver criado modelos PNG ou JPEG das várias telas do seu aplicativo, usando o Photoshop ou uma ferramenta gráfica similar, e estiver interessado em pré-visualizá-las em um dispositivo iOS real, então vale a pena explorar as seguintes soluções.

- Briefs (http://github.com/capttaco/Briefs).
- LiveView for iPhone and iPad (http://www.zambetti.com/projects/liveview/).
- Mockabilly (http://www.mockabilly.com/).
- Review (http://www.getreviewapp.com/).

O LiveView, o Mockabilly e o altamente recomendado (e open source) Briefs também permitem que você atribua interações a regiões específicas de cada tela (como os botões e TableViews) para testar a usabilidade do dispositivo.

Subindo de nível com uma interface personalizada

Criar uma interface personalizada para um aplicativo que não seja um jogo pode ser muito recompensador. Por que os jogos devem ficar com toda a diversão? Não há motivo para que os aplicativos utilitários ou de produtividade não tenham o visual igualmente atraente. Interfaces únicas e estimulantes podem fazer com que as pessoas comentem, o que resultará em propaganda gratuita para o seu aplicativo. Os usuários de Mac OS X viram essa estratégia fazer maravilhas ao Delicious Monster com a interface de ponta do seu bem-sucedido software aplicativo Delicious Library.

Se você estiver realmente decidido a criar uma interface personalizada, eis uma regra importante que deve ser lembrada: não pense demais no desenho. Ser inovador é bom, desde que isso não torne o uso da sua interface menos intuitivo. Numa tela tão pequena para uso móvel, menos é mais. Tenha um cuidado especial para que o seu desenho personalizado não aumente a complexidade da sua interface.

O Convertbot, da Tapbots, rompe as convenções com um projeto de interface totalmente único (veja a Figura 4.10). O aplicativo permite a conversão de unidades de centenas de formatos, como moeda, velocidade, temperatura, comprimento, massa, tempo, etc. – um serviço muito útil que poderia facilmente ter sido apresentado em um layout básico de tela, usando controles padrão do UIKit. Em vez disso, os desenvolvedores optaram por produzir um projeto elegante e inovador, transformando a tarefa banal de conversão de unidades numa experiência divertida para o usuário. A bela interface do Convertbot gerou para a Tapbots muita propaganda gratuita na comunidade do iPhone, com incontáveis comentários e elogios de usuários ao desenho inteligente e criativo que há por trás da sua interface.

Figura 4.10. *A interface do Convertbot realmente combina beleza e simplicidade para oferecer uma experiência prazerosa e intuitiva ao usuário.*

O que faz o desenho do Convertbot ser tão eficaz e fácil de usar é que, por trás da meticulosa interface criada, está um conceito extremamente simples: um único e grande disco. Assim, mesmo que a interface seja diferente de qualquer um dos elementos usuais do UIKit, todo mundo sabe como usar um disco (especialmente os usuários do clássico iPod).

Outro bom exemplo de aplicativo que apresenta uma bela interface personalizada ao mesmo tempo em que é fácil de usar é o Awesome Note, da BRID. Embora haja dezenas de aplicativos para anotação na App Store, a maioria deles usa TableViews padronizadas para organizar e listar os grupos de notas. Em vez de utilizar uma simples linha (raw) na TableView para cada categoria de nota, o Awesome Note diferencia-se dos seus concorrentes colocando a mesma funcionalidade em um tema gráfico com as abas das pastas em cascata (veja a Figura 4.11). Como todos estamos familiarizados com o uso de pastas no mundo físico (e também nos nossos computadores desktop), os elementos desse desenho são reconhecidos instantaneamente. A interface personalizada do Awesome Note é bem-sucedida em oferecer uma experiência única ao usuário, sem nenhuma curva de aprendizado adicional.

Figura 4.11. *A impressionante interface do Awesome Note é fácil de usar, integrando as familiares abas de pastas com elementos de notas autocolantes.*

Desde que você evite os conhecidos problemas que podem fazer seu aplicativo ser rejeitado pela Apple e se lembre de pensar como um usuário para manter uma interface que seja intuitiva e fácil de usar, subir um nível no desenho da interface pode oferecer ao usuário uma experiência interessante, com o potencial de conseguir um aumento na publicidade e nas vendas.

A confortável familiaridade do UIKit

Antes de se decidir por desenhar uma interface personalizada em vez de usar os controles padrão do UIKit oferecidos pela Apple, certifique-se de que você tem motivos válidos para fazê-lo. Como mencionado anteriormente, os controles personalizados do aplicativo Awesome Note, da BRID, ajudam a reforçar o seu exclusivo tema com abas de pastas ao mesmo tempo em que se mantêm fiéis à familiar funcionalidade de componentes similares do UIKit. Nessa situação em particular, as intenções do desenho da BRID parecem bem apresentadas e justificadas, mas não reinvente a roda apenas para parecer engenhoso.

Se estiver construindo um aplicativo complexo, rico em recursos, que tem como objetivo armazenar uma grande quantidade de dados, pense duas vezes antes de introduzir uma interface personalizada com novas metáforas visuais. Se a interface do seu aplicativo parecer muito congestionada e complicada, você corre o risco de cansar os usuários. Os elementos personalizados do seu desenho podem parecer intuitivos para você, porque os criou, mas para os novos usuários seus visuais únicos podem parecer estranhos e confusos. Tudo que cause frustração leva a comentários negativos e classificações baixas dos clientes, o que, obviamente, não ajudará nas vendas do aplicativo.

Com milhares de aplicativos já usando o UIKit framework da Apple, os usuários já sabem como operar com esses componentes padrão. Tomando como base o UIKit, o aplicativo reduz a curva de aprendizado dos novos clientes. Isso permite que as pessoas se concentrem na funcionalidade principal do aplicativo, sem terem de se preocupar em descobrir como usar sua interface.

A Cultured Code tira proveito dos componentes do UIKit na sua versão do Things para iPhone, que se especializa em tornar as tarefas de gerenciamento o mais fácil possível. A tela principal do Things para iPhone consiste em componentes padrão do UIKit, como um NavigationController e TableViews agrupadas (veja a Figura 4.12). Para marcar essa interface básica com seu visual único de identificação, a Cultured Code integrou belos ícones personalizados que combinam com aqueles usados na sua versão do Things para Mac OS X.

Figura 4.12. *O aplicativo Things para iPhone utiliza uma combinação de componentes padrão do UIKit com ícones personalizados para criar um ambiente de trabalho claro e direto.*

Mantendo a interface extremamente simples, o Things oferece um ambiente de trabalho limpo e descongestionado, permitindo que os usuários se concentrem na criação e organização de suas tarefas. Não importa quantas tarefas são acrescentadas, a simplicidade do desenho dá ao conteúdo espaço na tela. Para um aplicativo de produtividade como o Things, a pura simplicidade pode ser a sua maior qualidade. Com uma interface que nunca parece sobrecarregada numa tela móvel tão pequena, mesmo longas listas de tarefas não conseguem cansar os usuários – um feito impressionante que enfatiza o poder do UIKit.

A Apple dedicou um bocado de atenção aos seus elementos nativos de interface para garantir que eles comunicassem visualmente sua função, usando uma abordagem altamente compacta e eficiente. Se você não conseguir criar algo melhor do que já está incluído no UIKit, então não o faça.

No caso do Things, com uma olhada na primeira imagem de tela na App Store, você já entende automaticamente como funciona. Não há curva de aprendizado. Você simplesmente "pega" na primeira olhada. Aquela imagem de tela sozinha já é uma poderosa ferramenta de marketing, tornando o Things extremamente atraente para as pessoas que procuram por um aplicativo de gerenciamento de tarefas fácil de usar.

A capacidade de ampliação é um fator importante a considerar quando você for desenhar a interface. Se houver quatro seções distintas no seu aplicativo, um TabViewController pode parecer a melhor escolha para a interface, facilitando o acesso a cada uma das seções. Mas, antes de se decidir por seguir esse caminho, pense sobre os recursos que você planejou para as futuras atualizações. Se planeja integrar futuramente mais seções, um TabViewController talvez não seja a melhor escolha, pois só consegue exibir confortavelmente apenas quatro ou cinco guias no modo retrato. Para dar ao seu aplicativo espaço para crescer futuramente, você pode considerar o uso de uma TableView para listar aquelas seções. Uma TableView agrupada, como aquela usada no Things para iPhone (Figura 4.12), pode ser rolada, portanto, ela pode acomodar um sem-número de novas adições e continuar sendo fácil de usar.

A capacidade de ampliação deve ser considerada em cada aspecto do seu desenho de interface, já que você não vai querer ser obrigado a mudar radicalmente a interface nas versões 2.0 ou 3.0 porque ficou sem espaço. Pedir que seus clientes aprendam como usar uma nova interface depois que eles se acostumaram com a original só vai criar ansiedade. Pode até custar alguns clientes frustrados que decidam mudar para um aplicativo concorrente.

Se você estiver interessado em usar elementos do UIKit no seu aplicativo, mas teme que a sua interface possa ficar muito parecida com a de aplicativos similares, há muitas coisas que pode fazer para que uma interface baseada no UIKit pareça única. Vamos dar uma olhada em algumas opções.

Ícones e imagens

Como você viu no Things, os ícones e imagens que você usa na interface do seu aplicativo podem fazer uma enorme diferença para garantir uma identidade visual própria. Tente não usar clip arts prontos nos seus ícones, o que só diminuirá o valor do visual da sua interface. Você quer que todos os seus ícones tenham desenho consistente, e não que sejam um amontoado de clip arts prontos e de diferentes estilos. Você também não vai querer que nenhum usuário reconheça algum dos seus ícones como um clip art que já viu em outro lugar, já que isso automaticamente reduz a percepção de qualidade do seu aplicativo.

Se você não tiver habilidades de desenhista, recomendo a contratação de um designer gráfico profissional. Se você já contratou alguém para criar o ícone e o logotipo do seu aplicativo, veja se ele também pode desenhar os ícones e as imagens da sua interface para ter um tema que seja consistente no geral.

Desenhar ícones brancos ou monocromáticos para usar nos botões e tabs da barra de ferramentas e das TabBars é muito mais difícil do que a maioria das pessoas pensa. Sem cores adicionais, você precisa desenhar ícones brancos que comuniquem claramente uma ação ou tópico com seu simbolismo particular. Não quero parecer um disco riscado, mas esta é mais uma situação na qual a simplicidade funciona melhor para garantir que o usuário possa compreender facilmente o significado que está por trás de cada ícone. Mostrar um protótipo simples para um seleto grupo pode ajudar a destacar os ícones que as pessoas tenham dificuldade de identificar, de forma que você possa modificar seus desenhos a tempo, bem antes de começar os testes com um aplicativo pronto.

> **ALERTA DE REJEIÇÃO DE APLICATIVO:** *Use ícones fornecidos pelo sistema apenas da forma que os usuários esperam que eles funcionem.* A Apple generosamente incluiu diversos ícones no SDK do iOS para que os desenvolvedores possam usá-los nos seus próprios aplicativos, como Add, Compose, Reply, Action, Search e muitos mais. Isso pode evitar que você tenha de criar ícones personalizados para tarefas comuns que já estão cobertas pelos ícones de sistema da Apple. Apenas lembre-se de que a Apple fornece esses ícones para representar comportamentos consistentes em todos os aplicativos que os utilizam. Quando for empregar esses ícones de sistema no seu próprio aplicativo, certifique-se de estar usando-os da forma pretendida, caso contrário, quando você o apresentar à App Store, poderá ser rapidamente rejeitado. Por exemplo, não use o ícone Reply como botão de voltar e não use o ícone Bookmarks para abrir um e-book.

Quando estiver desenhando para múltiplos dispositivos-alvo de iOS, você poderá descobrir que redimensionar os ícones da barra de ferramentas e da TabBar no Retina display para os antigos iPhones e iPads dá resultados não tão brilhantes. Encolher um pequeno ícone branco para um tamanho ainda menor pode eventualmente tornar certos elementos do ícone borrados. Frequentemente, para aperfeiçoar um ícone para cada tamanho-alvo, acabo tendo de fazer alguns retoques nele após o redimensionamento ou simplesmente recriá-lo do início naquele tamanho menor. Sim, é um bocado de trabalho extra, mas vale a pena o tempo gasto para embelezar o meu aplicativo para cada dispositivo iOS que ele suporta.

Cores da barra de ferramentas

Você pode modificar a cor de um NavigationController e barras de ferramentas. Não se sinta obrigado a usar o preto ou o padrão das escolhas de cores.

Navegando pela App Store, você verá uma porção de aplicativos usando cores distintas na barra de ferramentas, como azul-escuro, marrom, verde e vermelho (veja a barra de ferramentas vermelha do aplicativo Nike+ GPS na Figura 4.13). Certifique-se apenas de escolher cores de alto contraste para que os rótulos com texto e botões incorporados sejam fáceis de ler.

Defina a cor dos componentes das barras de navegação e de ferramentas, abrindo primeiro o seu arquivo *.xib* no Interface Builder e selecionando a barra de navegação e a barra de ferramentas com seus atributos visíveis na Inspector Palette. Depois, sob Attributes, mantenha o Style configurado como Default e altere o Tint para a cor desejada, usando o botão incluído Color Picker.

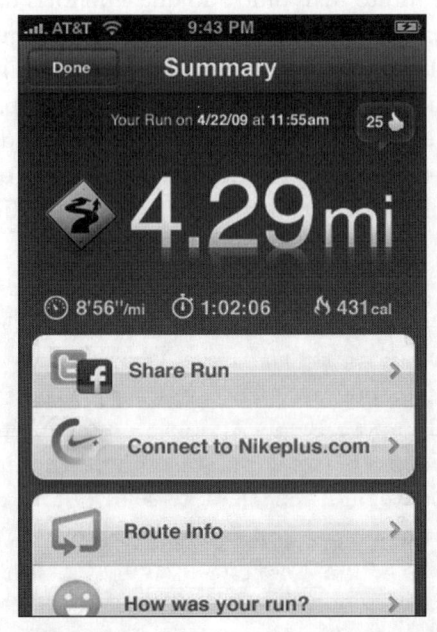

Figura 4.13. *O aplicativo Nike+ GPS utiliza barras de ferramentas vermelhas e texturas vermelhas na imagem de background para reforçar as cores da sua marca e dar à interface um tema visual único e atraente.*

Cores e imagens de background

Se você usar uma cor personalizada para a sua NavigationBar e/ou barra de ferramentas, você também deveria modificar a cor de background das suas views do padrão azul/cinza para uma nova cor ou imagem da sua preferência.

O aplicativo Nike+ GPS (veja a Figura 4.13) é um bom exemplo do uso de background. Emprega uma imagem texturizada sombreada em vermelho-claro como background da view sob a barra de ferramentas pintada de vermelho. Usando um gradiente de vermelho-escuro para vermelho-claro de cima para baixo, o background acrescenta uma sutil profundidade tridimensional à interface à medida que ela flui sob o texto branco grande e nas linhas agrupadas da TableView.

Desenhando para acessibilidade

Outro fator visual importante a ser considerado no desenho é o recurso de acessibilidade da Apple, White on Black. Isso permite que qualquer usuário de iPhone 3GS, iPhone 4, iPod touch (Retina display) e iPad mude a exibição na tela para texto branco sobre um background preto em qualquer aplicativo. Quando habilitado, esse recurso de alto contraste inverte as cores da tela, deixando o texto mais fácil de ler para algumas pessoas com deficiência visual. Como desenvolvedor, você deve testar o desenho da interface no modo White on Black para garantir que seu aplicativo permaneça legível e que sua usabilidade não sofra com a inversão das cores. Não parece que o iPhone Simulator suporte o modo White on Black, portanto, por enquanto você precisa testar o aplicativo em um dispositivo iOS mesmo. No painel Settings, escolha General e depois Accessibility e, finalmente, coloque a chave White on Black em ON.

Outro assunto importante que frequentemente é subestimado pelos desenvolvedores de software é o daltonismo. Embora o daltonismo total seja uma condição rara, uma considerável parte da população mundial sofre de alguma deficiência visual com relação a cores. Isso significa que os olhos conseguem ver todas as cores, mas não conseguem diferenciar entre algumas cores principais, como vermelho e verde. Embora raras pessoas do sexo feminino demonstrem esse tipo de situação, você acredita que impressionantes 8% da população masculina demonstram algum tipo de deficiência para distinguir cores? Para colocar isso em perspectiva, aproximadamente 1 em cada 12 pessoas do sexo masculino de descendência europeia apresenta esse tipo de deficiência visual. Considerando que muitos desenvolvedores iOS criam jogos e outros aplicativos voltados especificamente para essas pessoas, estar ciente dos problemas de deficiência para distinguir cores quando for desenhar a interface é crucial para tornar seu aplicativo acessível para a maior audiência possível.

Eis um par de recursos úteis para verificar a acessibilidade.

Vischeck (http://www.vischeck.com/) — Este website deve ser uma parada obrigatória para todos os desenvolvedores de software. Ele oferece ferramentas úteis para revelar problemas com as cores nos seus aplicativos. Carregue as telas da sua interface no simulador on-line da Vischeck para ver como o desenho da sua interface ficará quando vista por daltônicos. Carregue as imagens das telas na ferramenta on-line Daltonize para corrigir as cores da sua interface para as três deficiências mais comuns na visão das cores. O site também oferece downloads do simulador Vischeck como um plug in gratuito para o Photoshop, para que você teste as imagens das telas da sua interface diretamente no Photoshop.

Sim Daltonism, para Mac OS X (http://michelf.com/projects/sim-daltonism/) — Este aplicativo para uso em desktop, de Michael Fortin, é uma simples paleta flutuante que permite testar a interface do seu aplicativo para iPhone em tempo real. Execute o seu projeto em Xcode no iPhone Simulator e execute o Sim Daltonism com a paleta flutuante ao seu lado. Escolha um tipo de deficiência para cores no menu da paleta e, depois, mova o ponteiro do mouse sobre o iPhone Simulator para ver na janela da paleta como a interface do seu aplicativo fica quando vista por daltônicos. (Se achar que o Sim Daltonismo é útil, você é encorajado a suportar seu contínuo desenvolvimento, fazendo uma doação on-line no website do Michel).

Dicas para o artisticamente incapaz

O caminho do faça você mesmo não é para todos, especialmente quando se vai criar algo tão importante quanto um desenho artístico personalizado para o ícone, o logotipo e a interface do seu aplicativo para iOS. Lembre-se de que o Photoshop, o Illustrator e outros programas gráficos são meras ferramentas. São tão úteis quanto a sua capacidade de usá-las com eficiência. Para fazer bom uso das ferramentas, você precisa ter criatividade e paciência para traduzir suas ideias para os pixels na tela. Precisa de ajuda? Recomendo algumas soluções e recursos que economizam tempo e podem lhe dar exatamente o empurrão necessário.

Encontrando imagens e ícones

Procurando ícones pré-fabricados para as barras de ferramentas e TabBars do seu aplicativo? Sorte sua, pois há diversas coleções de ícones de terceiros desenhados especialmente para uso nos aplicativos iOS. Esses conjuntos de ícones são isentos de royalties e baratos (ou gratuitos), perfeitos para os projetos de aplicativos comerciais e com orçamento apertado. As imagens estão disponíveis em bitmap, baseadas em vetor ou em ambos os formatos, portanto, você certamente encontrará alguns belos ícones para ajudar a melhorar a interface do seu aplicativo. Eis alguns recursos:

- Glyphish Icons (http://glyphish.com/).
- Pictos Interface Icons (http://pictos.drewwilson.com/).
- Default Icon Repository (http://www.defaulticon.com/).
- eddit's iPhone UI Icon Set (http://eddit.com/shop/).
- PixelPressIcon's Whitespace Icon Collection (http://www.pixelpressicons.com/?page_id=118).
- The Working Group's iPhone Toolbar Icons (http://blog.twg.ca/2009/09/free-iphone-toolbar-icons/).
- App-bits Tab Bar Icons (http://www.app-bits.com/free-icons.html).
- Tabs Interface Icons for iOS (http://www.tabsicons.com/).
- Dezinerfolio's Vector Icons (http://www.dezinerfolio.com/freebie/30-free-vector-icons).

No que diz respeito a ícones coloridos (para uso nas suas visualizações de tabelas e outros elementos de interface relacionados), dezenas de websites oferecem tutoriais sobre desenho de ícones, ícones prontos gratuitos, conjuntos comerciais de ícones e serviços personalizados de desenho de ícones.

Se você encontrar algum ícone gratuito já pronto que gostaria de usar no seu aplicativo, não se esqueça de verificar os termos de licenciamento para garantir que seja isento de royalties e que possa ser usado em software comercial. Alguns ícones gratuitos exigem que seja dado crédito ao desenhista na documentação do seu aplicativo.

E também, como mencionado anteriormente, se você decidir usar ícones prontos no seu aplicativo iOS, considere modificá-los de forma a ter um visual único (desde que você não infrinja os termos de licenciamento aplicáveis). Você não vai querer baratear a percepção de qualidade do seu aplicativo, usando os mesmos ícones prontos que as pessoas já viram incontáveis vezes em outros softwares e sites na web. Eis um punhado de recursos on-line selecionados:

- The Iconfactory (http://iconfactory.com/).
- Stockicons (http://stockicons.com/).
- IconDock (http://icondock.com/).
- Icon Archive (http://www.iconarchive.com/).
- FreeIconsWeb (http://www.freeiconsweb.com/).
- IconsPedia (http://www.iconspedia.com/).
- Iconshock (http://www.iconshock.com/).
- Iconfinder (http://www.iconfinder.net/).
- iStockphoto (http://www.istockphoto.com/).

NOTA: Embora a maioria das pessoas conheça o iStockphoto como um site para compra de fotografias por preço baixo, ele também tem uma ampla biblioteca de belos ícones e imagens de background baseadas em vetor.

Escolhendo as fontes

Para a maioria dos aplicativos para iPhone e iPad, será suficiente usar as fontes nativas do sistema iOS, portanto, licenciamento de fontes não será um problema. Se você estiver desenvolvendo um jogo, aplicativo para crianças ou aplicativo de entretenimento, que use fontes especiais nas imagens da interface, é importante que você tenha certeza de que as fontes únicas que escolheu tenham termos aceitáveis de licenciamento. Fontes isentas de royalties são, obviamente, as mais interessantes com relação a custo, desde que permitam seu uso em projetos comerciais.

Fique bem atento aos contratos de licenciamento de cada fonte personalizada que você tenha a intenção de usar. À primeira vista, muitas bibliotecas de fontes parecem ser gratuitas ou isentas de royalties, mas frequentemente as letrinhas miúdas especificam que seu uso é somente pessoal, com licenças separadas (e preços maiores), disponíveis para finalidades comerciais, como em sites da web, software etc. Faça o seu dever de casa antes de comprar fontes especiais para usar nos seus aplicativos para iOS.

Eis alguns diretórios de fontes para explorar:

- dafont.com (http://www.dafont.com/).
- MyFonts (http://www.myfonts.com/).
- Search Free Fonts (http://www.searchfreefonts.com/).
- Discover Fonts (http://www.discoverfonts.com/).
- Fonts.com (http://www.fonts.com/).
- FontSpace (http://www.fontspace.com/).
- UrbanFonts (http://www.urbanfonts.com/).
- 1001 Free Fonts (http://www.1001freefonts.com/).

Acrescentando áudio e música

Se você estiver criando um jogo ou aplicativo de entretenimento, áudio e música são frequentemente fatores importantes para que ele seja bem aproveitado. Se você não for um designer de som ou tem pouca experiência compondo e editando áudio, deveria considerar a contratação de um profissional para criar a música e os efeitos sonoros. Se não puder se dar ao luxo de contratar um músico digital ou um designer de som, você pode considerar licenciar bibliotecas de sons prontos. Como no caso das fontes, certifique-se de que qualquer áudio ou música pronta que você comprar seja isenta de royalties e licenciada para uso comercial.

Eis alguns diretórios com áudio e música:

- Sound Effects Library (http://www.sound-effects-library.com/).
- SoundMATTER (http://soundmatter.thegamecreators.com/).
- StockFuel (http://stockfuel.com/stock_audio.html).
- AudioJungle (http://audiojungle.net/).
- IndieSFX (http://www.indiesfx.co.uk/).
- NEO Sounds (http://www.neosounds.com/.
- The Music Bakery (http://www.musicbakery.com/).
- Sounddogs.com (http://www.sounddogs.com/).
- Soundrangers (http://www.soundrangers.com/).
- iStockphoto Audio Tracks (http://www.istockphoto.com/audio).

Usando serviços profissionais de design

Se criar trabalhos artísticos ou áudio personalizado for difícil para você – como arrancar um dente –, então, em vez de deixar que a experiência seja realmente frustrante e um desprazer, você deveria considerar a contratação de um designer profissional. Não sucumba a algumas noções egoístas de que você deve criar e controlar todos os aspectos dos processos de design e desenvolvimento, se isso puder comprometer seu aplicativo em razão de suas próprias limitações de criação. O sucesso do aplicativo é muito mais importante.

Conhecer as próprias limitações como desenvolvedor lhe dará a liberdade de trazer ajuda de fora para que você possa criar um aplicativo com a melhor qualidade possível. Mesmo delegando o trabalho para designers profissionais, você continua encarregado do projeto.

Se dinheiro for problema, então seja criativo. Você tem algum talento que um designer profissional possa precisar? Talvez o designer precise de alguma ajuda com um website ou programação de software. Se for o caso, há uma oportunidade de trocar um serviço por outro.

Outra opção é oferecer um pequeno percentual das vendas do seu aplicativo em troca do suporte continuado do designer com as imagens. Na verdade, o designer está se tornando um parceiro, compartilhando o risco. Se o aplicativo não conseguir uma boa audiência, nenhum dos envolvidos ganha dinheiro. Alguns designers, dependendo da sua disponibilidade, podem não estar abertos para uma jogada assim. Mesmo se você tiver um ótimo conceito, eles podem preferir receber o pagamento adiantado. Mas, se a opção de compartilhar os lucros for sua melhor opção, não custa oferecer.

A quantidade de serviços profissionais de design e artistas freelance é muito grande para listar nestas páginas. Aqui estão apenas uns poucos recursos notáveis que valem a pena considerar:

- They Make Apps (http://theymakeapps.com/).
- Get Apps Done (http://www.getappsdone.com/).
- 99designs (http://99designs.com/).
- oDesk (http://www.odesk.com/).
- Elance (http://www.elance.com/).
- Guru.com (http://www.guru.com/).

Quando estiver pesquisando o mercado de terceirização, usando mecanismos de busca on-line ou até mesmo as páginas amarelas locais, nunca fique logo com a primeira opção que encontrar. Peça recomendações aos seus pares, seja diretamente ou através de listas de correspondência com desenvolvedores e fóruns on-line. Você deve procurar com outros desenvolvedores informações sobre empresas e consultores confiáveis e respeitados por seu trabalho gráfico com ícones, logotipos, música e efeitos de som e outros elementos de criação. Mesmo quando você encontrar um designer do seu agrado, peça para ver o portfólio para se certificar de que seu estilo e habilidades são capazes de dar vida à sua visão específica.

A comunicação é fundamental quando se trabalha com designers. Embora possam ser extremamente bons na sua arte, eles não conseguem ler pensamentos. Quanto mais informações lhes der sobre suas necessidades de criação, mais bem equipados eles estarão para entregar exatamente o que você quer.

Um impulso criativo

Uau, quanta informação colocada num único capítulo! Você agora está alimentado com novas ideias e inspiração suficientes para dar a partida no trabalho de criação da interface do seu novo aplicativo? Bom! Transformar o aplicativo iOS em uma poderosa ferramenta de marketing não termina aqui. No próximo capítulo você vai explorar os benefícios de integração.

Capítulo 5

Iniciação social: promovendo seus aplicativos dentro dos aplicativos

Continuando com a busca iniciada no Capítulo 4 para transformar seu aplicativo em seu próprio gerador de marketing, este capítulo o levará um passo adiante. Você aprenderá como integrar convenientes elementos de compartilhamento e mídia social, como in-app Email, Twitter e Facebook. Também irá explorar táticas para estimular os usuários a fazer comentários na App Store de dentro do seu aplicativo e melhorar sua divulgação com a promoção entre in-app e plataformas de jogos sociais de terceiros. O código de exemplo deste capítulo demonstra como acrescentar esses vários ingredientes para obter resultados eficazes.

Estimulando usuários a enviar comentários dentro do seu aplicativo

Você trabalhou muito para aperfeiçoar a experiência do usuário com o seu aplicativo na esperança de que os esforços resultassem em vendas e classificações positivas dos clientes.

Como mencionei em capítulos anteriores, antes do iOS 4, quando um usuário excluía um aplicativo da tela inicial, a Apple automaticamente solicitava que primeiro classificasse o aplicativo. Embora fosse uma forma conveniente de solicitar retorno do cliente, com certeza não era a melhor hora para pedir uma opinião. Se o usuário quis excluir o aplicativo, é porque provavelmente não gostou dele ou não o considerou útil. Em qualquer um dos casos, se ele optasse por deixar uma classificação, seriam boas as chances de que ela fosse negativa.

Felizmente, no iOS 4 a Apple retirou esse recurso de classificar ao remover. Mas mesmo com essa feliz correção, usuários insatisfeitos geralmente têm muito mais motivação para visitar a App Store por conta própria e deixar um comentário do que os satisfeitos. Eles têm um motivo para reclamar e querem que todos saibam disso. Vamos agora considerar como encorajar usuários satisfeitos com o seu aplicativo a enviar comentários.

Buscando retorno durante a execução

Nós todos temos dolorosa ciência de que as classificações e os comentários dos clientes na App Store podem afetar significativamente as vendas de um aplicativo. Portanto, como um desenvolvedor pode combater essa desigual ênfase nas opiniões negativas? Obviamente, a primeira coisa é fazer um aplicativo bem pensado e acabado. Mas o que mais você pode fazer?

Por que não pedir aos usuários satisfeitos que deixem sua opinião de dentro do aplicativo? Isso é tão fácil quanto fazer o aplicativo exibir sua própria UIAlertView pedindo aos que gostarem do aplicativo que, por favor, o classifiquem. Você pode fazer isso com apenas poucas linhas de código.

Primeiro, inicie o Xcode e crie um novo projeto para iPhone, usando o modelo View-based Application como base. (Você também pode criá-lo facilmente como um projeto para iPad, se este for seu dispositivo-alvo de preferência.) Vamos chamar o projeto de **AskForRating** (PedirClassificação). Neste exemplo, simplesmente acrescentarei um botão na tela principal do projeto AskForRating. Nos seus próprios aplicativos, você poderia dar ao usuário a opção de classificá-los a qualquer momento, incluindo um botão nas telas de Configuração ou Info.

Em seguida, você precisa adicionar uma referência para o UIAlertViewDelegate na chamada @interface do arquivo de cabeçalho *AskForRatingViewController.h*. Você deve também acrescentar um método IBAction para o botão que você estará criando posteriormente no Interface Builder. O seu arquivo *AskForRatingViewController.h* agora deveria conter o seguinte código:

```
#import <UIKit/UIKit.h>

@interface AskForRatingViewController : UIViewController <UIAlertViewDelegate> {

}

- (IBAction)buttonPressed:(id)sender;

@end
```

Após salvar aquele arquivo, abra o arquivo de implementação *AskForRatingViewController.m* e acrescente o seguinte código:

```
- (IBAction)buttonPressed:(id)sender {
    UIAlertView *buttonAlert = [[UIAlertView alloc] initWithTitle:@"Help Spread the
Word" message:@"If you like this app, please rate it in the App Store. Thanks!"
delegate:self cancelButtonTitle:@"Maybe Later" otherButtonTitles:@"Rate It Now", nil];
    [buttonAlert show];
    [buttonAlert release];
}

- (void)alertView:(UIAlertView *)alertView clickedButtonAtIndex:(NSInteger)buttonIndex {
    if (buttonIndex == 1) {
        NSURL *url = [NSURL URLWithString:@"YOUR APP STORE URL"];
        [[UIApplication sharedApplication] openURL:url];
    }
}
```

O método (IBAction)buttonPressed recebe a ação do botão acionado e prossegue para exibir a UIAlertView, pedindo que o usuário classifique o aplicativo. O código alertView é chamado quando o usuário escolher entre um dos botões Maybe Later (Talvez Depois) ou Rate It Now (Classificar Agora) na caixa de diálogo UIAlertView. Se o botão Rate It

Now for selecionado, a URL da App Store é ativada, levando o usuário diretamente para a página do seu aplicativo na App Store.

Não se esqueça de substituir a sequência provisória "YOUR APP STORE URL" pela sua URL na App Store.

> **DICA:** Para pegar a URL certa para a App Store, simplesmente localize seu aplicativo na versão desktop do iTunes para Mac, selecione **Copy Link** (Copiar Link) no menu pop-up próximo ao botão Buy (Comprar) ou no menu contextual, que aparece quando você clica e mantém pressionada a tecla Ctrl no ícone do seu aplicativo, e, depois, cole-o como parâmetro do método URLWithString.

Salve o arquivo no Xcode e siga para a tarefa final: criar o seu botão. Dê um duplo clique no arquivo *AskForRatingViewController.xib* para abri-lo no Interface Builder. Acrescente um Round Rect Button à sua visualização. Troque o nome do título do botão para **Rate This App**. Se desejar, em vez disso você pode criar o seu próprio botão personalizado. Depois, ligue o conector Touch Up Inside do botão ao conector File Owner's buttonPressed. Salve e feche o arquivo XIB.

Se você executar o seu projeto Xcode em um iOS Simulator verá que, apertando o botão Rate This App, você será solicitado a classificar o aplicativo com uma caixa de diálogo UIAlertView (veja a Figura 5.1). No entanto, se você clicar no botão Rate It Now, a URL da App Store não será carregada no iOS Simulator, portanto, você precisará testar o aplicativo em um aparelho real de iPhone, iPad ou iPod touch para garantir que busque adequadamente a página do seu aplicativo na App Store.

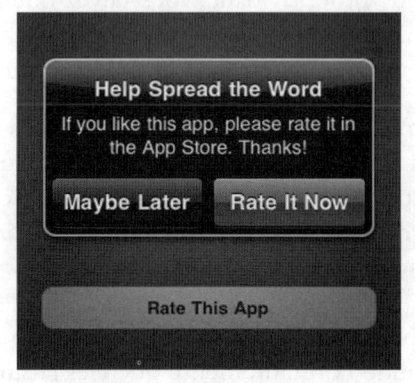

Figura 5.1. *Encoraje os usuários a classificar o seu aplicativo incluindo nele uma solicitação personalizada.*

Note as expressões usadas na UIAlertView do exemplo. Usando o título "Help Spread the Word" (algo como Ajude a Divulgar a Palavra) como o chamado para ação, você está convidando os fãs a ajudá-lo no proselitismo do seu aplicativo. E com a mensagem "If you like this app, please rate it in the App Store" (Se você gostou deste aplicativo, por favor, classifique-o na App Store), você está se dirigindo especificamente aos usuários satisfeitos. Certamente, isso não vai impedir aqueles que não gostaram de usar esse recurso, mas as expressões têm um tom positivo. Até o botão de cancelar é rotulado como Maybe Later (Talvez Depois), fazendo com que os usuários saibam que a opinião deles é sempre bem-vinda.

Quando pedir classificações

Embora o exemplo anterior apresente uma solução interessante, ela é passiva, confiando em que os usuários vão acionar o botão Rate This App para iniciar a ação. Se você colocar o botão nas telas Settings ou Info, os usuários podem topar com ele apenas quando estiverem procurando ajuda com o aplicativo. E se eles estiverem procurando ajuda, podem estar frustrados – não é uma boa hora para lhes pedir uma avaliação.

Você deve pedir que os usuários classifiquem o aplicativo quando eles estiverem no melhor momento possível, como naquele em que o estiverem aproveitando. Você deve considerar tomar uma ação mais proativa, iniciando a exibição da sua UIAlertView em momentos estratégicos, como os seguintes:

- Após vários dias de uso, se os usuários ainda não excluíram seu aplicativo, eles devem ter visto nele algum valor. Inclua código para verificar o NSUserDefaults, determinando há quantos dias o aplicativo está instalado quando ele é executado. Dependendo da frequência prevista para sua utilização (diariamente ou semanalmente), escolha o momento apropriado para fazer surgir a caixa de diálogo com a solicitação de classificação – talvez depois de uns 5 a 15 dias da instalação.
- Se o aplicativo for um jogo, mostre a caixa de diálogo com a solicitação quando eles estiverem se sentindo bem, como após terem terminado um nível difícil ou conseguido uma pontuação alta.
- Se for um aplicativo de produtividade, você talvez queira exibir a caixa de diálogo solicitando a classificação quando os usuários tiverem uma sensação de realização – após escrever um documento, editar uma foto, verificar uma lista de coisas a fazer, etc.

O popular Doodle Jump, da Lima Sky, usa uma divertida figura que surge na tela do menu principal do jogo para pedir classificações positivas na App Store (veja a Figura 5.2). Note a solicitação implícita por uma boa classificação, com cinco estrelas sendo mostradas na faixa. Você pode ver que os dizeres "Love Doodle Jump?" são endereçados especificamente aos usuários satisfeitos do jogo. Essas são estratégias sutis, porém eficazes, para inspirar a ajuda dos usuários.

Qualquer que seja a abordagem, tenha cuidado para não parecer muito agressivo. Se incomodar os usuários pedindo constantemente que eles façam a classificação, a estratégia pode fazer o tiro sair pela culatra. Usuários que se sentirem incomodados serão levados a publicar classificações negativas, reclamando de serem importunados com pedidos de comentários. Para obter os melhores resultados, pergunte apenas uma vez ou em poucas e bem selecionadas ocasiões. Se os clientes escolherem Maybe Later, poderão classificar o aplicativo quando lhes for mais conveniente, usando o botão Rate This App nas telas de Settings ou Info.

Se você estiver interessado em fazer a solicitação aos usuários após um determinado número de dias e/ou inicializações do aplicativo, mas prefere não gastar tempo acrescentando aquele pedacinho extra de código e tornando-o multitarefas, dê uma olhada na classe de código aberto Appirater, de Arash Payan, em http://github.com/arashpayan/appirater/. (E, se você achar que o Appirater foi útil, retribua o favor baixando seu aplicativo para iPhone, o Jabeh.)

Figura 5.2. *A Lima Sky personalizou a solicitação de classificação no Doodle Jump para combinar com o estilo divertido do jogo.*

Conte a um amigo com in-app Email e redes sociais

De forma semelhante ao conceito do botão Rate This App, você também pode incluir um botão Tell A Friend (Conte A Um Amigo) no seu aplicativo, permitindo que os clientes o recomendem a amigos e familiares. Esse é o bom e velho marketing básico. Dando aos usuários as opções convenientes para falar sobre o aplicativo, você dará um passo proativo na esperança de aumentar a exposição e suas vendas por meio da comprovada força da propaganda boca a boca. Nada ajuda de forma mais eficaz a vender um aplicativo do que a recomendação feita por conhecidos confiáveis.

Que opções você gostaria de oferecer? Você pode enviar e-mails diretamente de dentro do seu aplicativo, usando a funcionalidade in-app Email do iOS SDK, pois este é um recurso fácil, mas poderoso, de acrescentar. E com sites de redes sociais tão populares como o Twitter e o Facebook você também pode considerar incluir o suporte a estas plataformas.

Usando serviços web de terceiros

Se você decidir se conectar com um serviço web de terceiros, primeiro deve ler o contrato de licença API para confirmar a permissão de acesso a API em um aplicativo de software comercial para dispositivos móveis. Mesmo se ele permitir o uso comercial, leve em consideração que os termos da empresa podem mudar no futuro, ou ela pode deixar de operar, forçando a remoção daquele recurso. Se o seu aplicativo listar os serviços web suportados como botões em uma UIActionSheet, isso lhe dá a flexibilidade de remover facilmente um dos botões, se necessário, em uma futura atualização.

Mesmo dentro dos termos do licenciamento, um serviço web de terceiros poderia fazer mudanças na API que poderiam travar seu aplicativo, fazendo você se apressar para submeter uma nova atualização de reparo à App Store. Lembra-se do Twitpocalypse – a alteração na API do Twitter que brevemente desabilitou muitos dos aplicativos-cliente de Twitter do iPhone, em junho de 2009? Diferentemente de postar novos downloads de software no seu website, você pode ter de esperar dias até que sua versão atualizada passe pelo processo de análise da App Store antes que os clientes possam acessá-la.

Confiar em um serviço web de terceiros também o deixa vulnerável a qualquer interrupção ou mau funcionamento da API que possa surgir devido a manutenção do servidor, defeitos ou excesso de tráfego. De forma preventiva, você deveria codificar o aplicativo para tratar das situações em que um serviço suportado esteja temporariamente indisponível. Se os recursos de rede social do seu aplicativo não estiverem funcionando adequadamente e ele não informar que o serviço terceirizado é que está fora do ar, os usuários automaticamente culpam o seu aplicativo, não o Twitter ou o Facebook.

Os serviços web oferecem um conteúdo incrível, que é perfeito para consumo em um aplicativo móvel, mas, definitivamente, tenha esses potenciais problemas em mente quando for decidir o tanto da funcionalidade do seu aplicativo que será dependente de um serviço web de terceiros.

Conectando usuários com o in-app Sharing

Sem mais delongas, vamos pôr as mãos em um pouco de código, que tal? Crie um novo projeto no Xcode, mas dessa vez escolha o modelo Window-based Application, com **Universal** selecionado no seu menu pull-down **Device Family**, e lhe dê o nome **TellAFriend**. Dessa forma, você pode usar o mesmo código compartilhado para ambos, iPhone e iPad, e mesmo assim verá como a interface fica ligeiramente diferente nos dois dispositivos.

Antes que você comece a trabalhar na funcionalidade principal do TellAFriend, deve primeiro configurar a cena com alguns elementos básicos de interface. Como muitos aplicativos usam o botão padrão de ação para apresentar esses tipos de recursos compartilhados, vamos construir um NavigationController com um botão de ação. Isso requer alguns passos adicionais, portanto, você pode tanto seguir adiante como pode baixar o projeto completo a partir dos exemplos de código associados ao livro, em http://iPhoneBusinessBook.com/ ou http://www.apress.com/.

Com a pasta *Shared* selecionada no projeto Xcode, escolha **File ➤ New File**... e depois acrescente uma nova subclasse UIViewController com um arquivo XIB e um arquivo .h. Chame a nova classe de **RootViewController** e a deixe de lado por enquanto. Voltaremos a ela em alguns minutos.

Abra o arquivo *AppDelegate_iPhone.h* e acrescente duas novas linhas de código (mostradas em negrito):

```
#import <UIKit/UIKit.h>

@interface AppDelegate_iPhone : NSObject <UIApplicationDelegate> {
    UIWindow *window;
    UINavigationController *navigationController;
}

@property (nonatomic, retain) IBOutlet UIWindow *window;
@property (nonatomic, retain) IBOutlet UINavigationController *navigationController;

@end
```

Você também precisa acrescentar aquelas linhas de código em negrito nos mesmos pontos do seu arquivo *AppDelegate_iPad.h*. Esse código é para o NavigationController que iremos acrescentar em breve à interface.

Em seguida, abra o arquivo *AppDelegate_iPhone.m* e modifique seu conteúdo com algumas novas linhas de código (mostradas em negrito):

```
#import "AppDelegate_iPhone.h"
#import "RootViewController.h"

@implementation AppDelegate_iPhone

@synthesize window;
@synthesize navigationController;

#pragma mark -
#pragma mark Application lifecycle

- (BOOL)application:(UIApplication *)application
didFinishLaunchingWithOptions:(NSDictionary *)launchOptions {

    [self.window addSubview:navigationController.view];

    [self.window makeKeyAndVisible];

    return YES;
}
- (void)dealloc {
    [navigationController release];
    [window release];
    [super dealloc];
}
```

// Há diversos outros métodos padrão de aplicativos também incluídos neste arquivo, que
// omitiremos nesta listagem de código para economizar espaço, mas NÃO os remova do
// arquivo real.

@end

Como ocorre com os arquivos de cabeçalho, você também precisará acrescentar aquelas linhas de código em negrito nos mesmos pontos do seu arquivo *AppDelegate_iPad.m*. Esse novo código essencialmente acrescenta a view do NavigationController à janela e o exibe.

Agora, com toda a base do código já preparada, abra o *MainWindow_iPhone.xib* no Interface Builder e adicione um **UINavigationController**. Conecte o outlet de referência **navigationController** do delegate do aplicativo com o **UINavigationController**. Depois, com a view do **UINavigationController** selecionada no painel attributes inspector, atribua o nome NIB da view como **RootViewController** com a opção Resize View From NIB marcada (veja a Figura 5.3). E no painel identity inspector, configure a classe para **RootViewController**. Salve o arquivo. Depois, execute as mesmas ações com o arquivo *MainWindow_iPad.xib*.

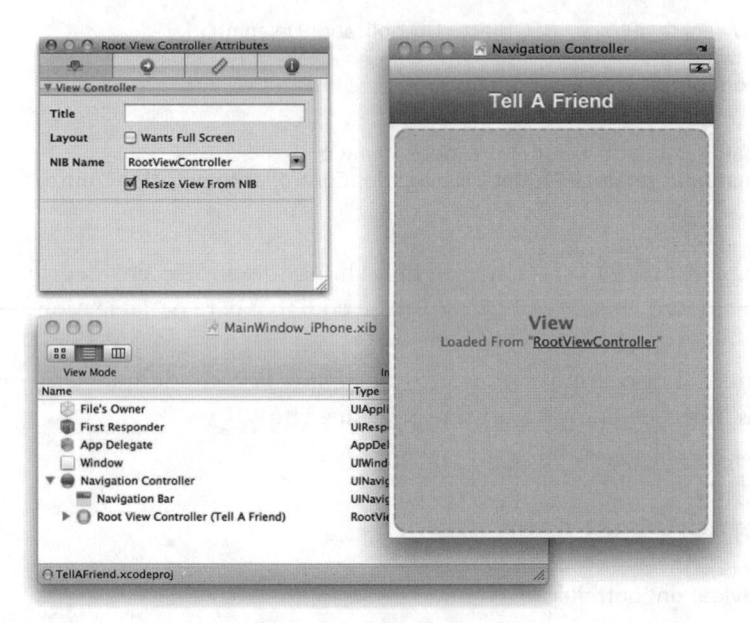

Figura 5.3. *Configurando o NavigationController para a interface do iPhone no Interface Builder. As mesmas ações precisam ser executadas na interface do iPad neste exemplo de aplicativo universal.*

Você vai querer que o aplicativo tenha um botão Tell A Friend, que exibe uma UIActionSheet com vários botões, para e-mail, Twitter e Facebook. Por que usar uma UIActionSheet? Ela permite que você adicione o recurso Tell A Friend usando um único botão, sem interferir com o projeto de interface já criado. Também consolida todos os serviços suportados de redes sociais em uma única lista, facilitando a adição ou remoção das opções quando necessário. Quer adicionar o suporte a outra plataforma de rede social? Simplesmente, acrescente outro botão à sua UIActionSheet, sem desarrumar o desenho da interface principal do seu aplicativo.

Abra o arquivo de cabeçalho *RootViewController.h* e modifique o código para que fique assim:

#import <UIKit/UIKit.h>

@interface RootViewController : UIViewController <UIActionSheetDelegate> {

}

- (IBAction)showShareOptions:(id)sender;

@end

Note a referência ao delegate acrescentada ao UIActionSheetDelegate e o método IBAction para o botão que você irá criar no Interface Builder. Salve o arquivo e agora abra o arquivo de implementação *RootViewController.m*. Mude o código para que fique assim:

```
#import "RootViewController.h"

@implementation RootViewController

- (void)viewDidLoad {
    [super viewDidLoad];

    // Adiciona botão de ação na barra de navegação.
    UIBarButtonItem *actionButton = [[UIBarButtonItem alloc] initWithBarButtonSystemItem:UIBarButtonSystemItemAction target:self action:@selector(showShareOptions:)];
    self.navigationItem.rightBarButtonItem = actionButton;
    [actionButton release];
}
- (IBAction)showShareOptions:(id)sender {
    // Botão de ação foi acionado, portanto, exibir Action Sheet.
    UIActionSheet *actionSheet = [[UIActionSheet alloc] initWithTitle:@"Like This App? Tell A Friend!" delegate:self cancelButtonTitle:@"Maybe Later" destructiveButtonTitle:nil otherButtonTitles:@"Send Email", @"Post on Twitter", @"Share on Facebook", nil];
    [actionSheet showInView:self.view];
    [actionSheet release];
}

- (void)actionSheet:(UIActionSheet *)actionSheet didDismissWithButtonIndex:(NSInteger)buttonIndex {
    if (buttonIndex != [actionSheet cancelButtonIndex]) {
        if (buttonIndex == 0) {
            // Adicionar aqui código para Email.
        }
        if (buttonIndex == 1) {
            // Adicionar aqui código para Twitter.
        }
        if (buttonIndex == 2) {
            // Adicionar aqui código para Facebook.
        }
    }
}

- (void)didReceiveMemoryWarning {
    [super didReceiveMemoryWarning];
}

- (void)viewDidUnload {
    [super viewDidUnload];
}

- (void)dealloc {
    [super dealloc];
}
@end
```

Na viewDidLoad, um botão de ação está sendo dinamicamente adicionado como o botão da direita na barra de navegação. Como a **RootViewController** é a visualização atribuída ao NavigationController nas interfaces tanto do iPhone como do iPad, esse novo botão de ação se autoexibirá em ambas as versões do aplicativo, para iPhone e para iPad.

Se o usuário ativar o botão de ação, o método showShareOptions é chamado. É aí que você exibe a UIActionSheet com o título "Like This App? Tell A Friend!". Botões para e-mail, Twitter e Facebook foram adicionados (veja a Figura 5.4). Sendo um UIActionSheetDelegate, o RootViewController é notificado quando um usuário escolhe uma opção na actionSheet. A escolha do usuário é capturada no evento didDismissWithButtonIndex da actionSheet.

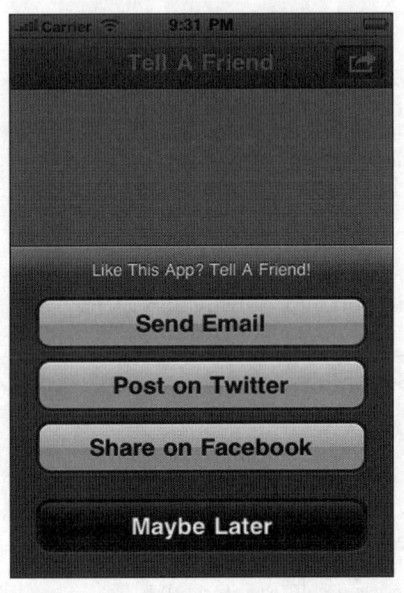

Figura 5.4. *O aplicativo de exemplo Tell A Friend em ação no iPhone.*

Quando executar o aplicativo no iPad, você irá notar que a UIAlertSheet é exibida como um popover iPad-cêntrico (veja a Figura 5.5). O botão Maybe Later (cancelar) é descartado pelo sistema, já que os popovers são descartados clicando em qualquer lugar fora da janela popover.

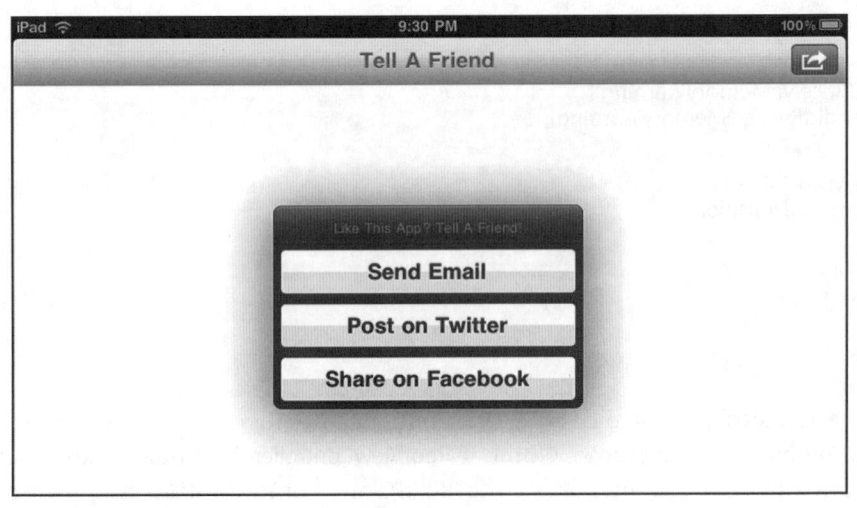

Figura 5.5. *O mesmo aplicativo de exemplo Tell A Friend sendo executado no iPad.*

Acionando um dos botões Send Email, Post on Twitter ou Share on Facebook, não faz nada além de liberar a UIAlertSheet, mas isso ocorre porque você ainda não adicionou a funcionalidade. Vamos em frente...

Adicionando suporte a e-mail

Com a fundação básica do aplicativo Tell A Friend terminada, agora você precisa adicionar funcionalidade ao botão Send Email. O SDK do iOS inclui suporte ao Framework in-app Email, que permite aos usuários compor e enviar uma mensagem de e-mail diretamente do seu próprio aplicativo! A Apple tornou relativamente fácil o uso do in-app Email para os desenvolvedores, portanto, acrescentar essa funcionalidade requer muito menos esforço do que se imagina.

Antes de começar a escrever o código, o Framework MessageUI precisa ser adicionada ao projeto Xcode. Para adicioná-la, clique com Ctrl na pasta *Frameworks* do projeto e, no menu contextual que aparece, selecione **Add ➤ Existing Frameworks**... (veja a Figura 5.6). Selecione MessageUI.framework na lista que aparece.

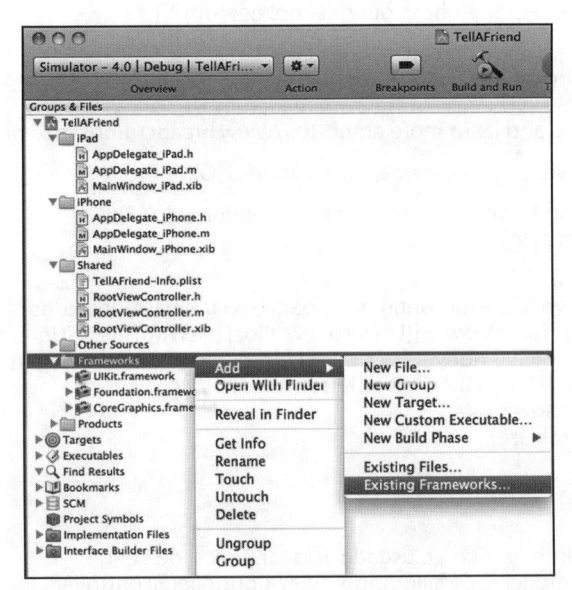

Figura 5.6. *Para adicionar um Framework, escolha Existing Frameworks no submenu Add do menu contextual e depois selecione MessageUI.framework na lista que aparece.*

Quando o MessageUI framework estiver incluída no seu projeto, você pode começar a programar. Abra o arquivo de cabeçalho *RootViewController.h* e modifique o código desta forma:

```
#import <UIKit/UIKit.h>
#import <MessageUI/MessageUI.h>
#import <MessageUI/MFMailComposeViewController.h>
```

@interface RootViewController : UIViewController <UIActionSheetDelegate, **MFMailComposeViewControllerDelegate**> {

}

- (IBAction)showShareOptions:(id)sender;
- **(void)showMailComposer;**

@end

Como você pode ver nos novos elementos do código realçados em negrito, as classes do Framework MessageUI foram importadas, um novo delegate foi adicionado à @interface e uma função showMailComposer é referenciada. Salve o arquivo.

Agora, abra o arquivo de implementação *RootViewController.m* e, sem alterar o código existente, adicione estes dois métodos:

```
// Exibe uma interface para composição de email dentro do aplicativo
// e preenche todos os campos Mail.
- (void)showMailComposer {
    Class mailClass = (NSClassFromString(@"MFMailComposeViewController"));
    if (mailClass != nil) {
        // Teste para garantir que o dispositivo está configurado para enviar emails.
        if ([mailClass canSendMail]) {
            MFMailComposeViewController *picker = [[MFMailComposeViewController alloc]init];
            picker.mailComposeDelegate = self;

            [picker setSubject:@"Check out this cool new app!"];

            // Preenche o texto do corpo do email.
            NSString *emailBody = @"Check out this cool new app for iPhone, iPad, and iPod touch - now available in the App Store!\n\nBreadcrumbs - Parked Car Locator\n\nWatch a video and learn more at:\nhttp://www.breadcrumbsapp.com/";

            [picker setMessageBody:emailBody isHTML:NO];

            [self presentModalViewController:picker animated:YES];
            [picker release];

        } else {
            // Dispositivo não está configurado para enviar emails, então, notificar o usuário.
            UIAlertView *alertView = [[UIAlertView alloc] initWithTitle:@"Unable to Email" message:@"This device is not yet configured for sending emails." delegate:self cancelButtonTitle:@"Okay, I'll Try Later" otherButtonTitles:nil];
            [alertView show];
            [alertView release];
        }
    }
}

// Dispensa o Mail Composer quando o usuário acionar Cancel ou Send.
- (void)mailComposeController:(MFMailComposeViewController*)controller didFinishWithResult:(MFMailComposeResult)result error:(NSError*)error
{
    NSString *resultTitle = nil;
    NSString *resultMsg = nil;

    switch (result)
    {
        case MFMailComposeResultCancelled:
            resultTitle = @"Email Cancelled";
            resultMsg = @"You elected to cancel the email";
            break;
        case MFMailComposeResultSaved:
            resultTitle = @"Email Saved";
            resultMsg = @"You saved the email as a draft";
            break;
```

```
        case MFMailComposeResultSent:
            resultTitle = @"Email Sent";
            resultMsg = @"Your email was successfully delivered";
            break;
        case MFMailComposeResultFailed:
            resultTitle = @"Email Failed";
            resultMsg = @"Sorry, the Mail Composer failed. Please try again.";
            break;
        default:
            resultTitle = @"Email Not Sent";
            resultMsg = @"Sorry, an error occurred. Your email could not be sent.";
            break;
    }
    // Notifica o usuário sobre erros do Mail Composer recebidos com um Alert View.
    UIAlertView *mailAlertView = [[UIAlertView alloc] initWithTitle:resultTitle
message:resultMsg delegate:self cancelButtonTitle:@"Okay" otherButtonTitles:nil];
    [mailAlertView show];
    [mailAlertView release];
    [resultTitle release];
    [resultMsg release];
    [self dismissModalViewControllerAnimated:YES];
}
```

Vamos analisar o novo código para que você possa ver exatamente o que está acontecendo. A função **showMailComposer** faz todo o trabalho pesado de preparar uma mensagem de e-mail e depois exibi-la em um novo **MFMailComposeViewController** embutido. Neste exemplo, a mensagem pede que um amigo dê uma olhada no aplicativo fictício Breadcrumbs na App Store. Até inclui um link para o website oficial. Fornecendo tudo isso ao usuário, faz com que o compartilhamento seja extremamente conveniente e simples. Tudo o que o usuário precisa fazer é digitar o endereço de e-mail de um amigo no campo To e acionar o botão Send (veja a Figura 5.7).

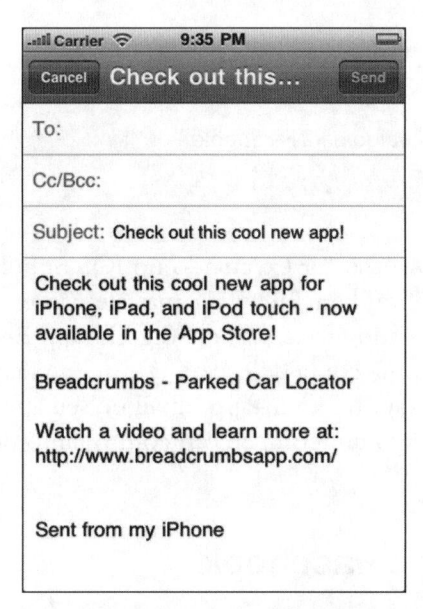

Figura 5.7. *Quando os usuários acionam o botão Send Email, o Mail Composer é apresentado dentro do aplicativo.*

Seguindo na análise, abaixo do método showMailComposer fica o evento mailCompose-Controller, que é chamado quando o usuário aciona o botão Cancel ou o botão Send do MFMailComposeViewController. É esse o ponto para acrescentar o código que notifica os usuários do status das suas ações de e-mail. Como se vê no código listado, você pode testar os resultados recebidos para ver o status do e-mail e, depois, reportar ao usuário que o e-mail foi enviado com sucesso ou que o processo falhou por algum motivo.

> **DICA:** É sempre uma boa ideia fornecer aos usuários constantes atualizações sobre o status, especialmente quando se enviam dados através de uma conexão on-line. Se ao clicar no botão Send o MFMailComposeViewController for liberado sem nenhuma outra comunicação, o usuário ficará aguardando, curioso para saber se o e-mail foi enviado. No evento mailComposerController do exemplo, se o resultado recebido sinalizar um envio bem-sucedido, então o usuário é notificado por uma UIAlertView. O usuário também é notificado se o e-mail não pôde ser enviado. Na sua luta sem fim para evitar classificações negativas dos clientes na App Store, informar o status atual das ações do e-mail ajudará a evitar que os usuários fiquem frustrados.

O último pedaço do quebra-cabeça é fazer com que o botão Send Email chame o método showMailComposer quando tocado. Isso é facilmente conseguido adicionando uma única linha ao evento didDismissWithButtonIndex da actionSheet (veja o código em negrito):

```
- (void)actionSheet:(UIActionSheet *)actionSheet
didDismissWithButtonIndex:(NSInteger)buttonIndex {
    if (buttonIndex != [actionSheet cancelButtonIndex]) {
        if (buttonIndex == 0) {
            // in-app Email, requer iOS 3.0 ou superior
            [self showMailComposer];
        }
        if (buttonIndex == 1) {
            // Adicionar aqui código para Twitter.
        }
        if (buttonIndex == 2) {
            // Adicionar aqui código para Facebook.
        }
    }
}
```

Quando o projeto TellAFriend for executado no iOS Simulator, o aplicativo reportará que a entrega do seu e-mail foi bem-sucedida, mas ele não envia realmente a mensagem. Para obter os melhores resultados, teste o seu código in-app Email em um dispositivo real para iOS com pelo menos uma conta de e-mail já configurada no aplicativo de Mail.

Isso é tudo! Adicionar suporte ao in-app Email no seu aplicativo requer efetivamente muito poucas linhas de código em comparação com o tanto de funcionalidade que você tem de retorno.

Integrando Twitter e Facebook

Além de enviar e-mail, você também pode dar aos usuários a capacidade de postar mensagens nas suas contas de Twitter e Facebook. E, embora seja muito bom que os usuários promovam ostensivamente o seu aplicativo, uma forma mais sutil de aumentar a perceptividade do aplicativo é integrar profundamente as redes sociais aos seus outros recursos fundamentais. Por exemplo, se você estiver criando um jogo, permitir que os usuários compartilhem suas altas pontuações através do Twitter e do Facebook não somente vai criar sinergia entre os jogadores, como pode também atrair novos clientes que queiram entrar em ação. O Doodle Jump, da Lima Sky, inclui uma interessante opção para o usuário compartilhar as altas pontuações através do Twitter e do Facebook (veja a Figura 5.8).

Figura 5.8. *Após terminar o jogo no Doodle Jump, da Lima Sky, os usuários têm a opção de compartilhar suas altas pontuações pelo Twitter e Facebook.*

O que é postado é a seguinte mensagem: "I Just got up to 5,529 in #DoodleJump!!! Beat that! http://bit.ly/DoodleJump-App." (algo como "Acabo de fazer 5.529 no #DoodleJump!!! Bate isso!")

Além de alardear sua alta pontuação, ela coloca um desafio a qualquer um que queira superá-la, com um conveniente link para o Doodle Jump na App Store. Essa é uma ótima maneira de fazer os seus clientes promoverem e venderem mais cópias do seu jogo enquanto estão ocupados compartilhando suas altas pontuações.

Uma extensão mais abrangente de criar uma comunidade é integrar uma das muitas plataformas sociais de jogo atualmente disponíveis para os jogos iOS, como será analisado posteriormente neste capítulo. Por agora, vamos dar uma olhada no Twitter e no Facebook.

Acessando a API do Twitter

Em vez de tentar escrever a sua própria biblioteca de classes para se comunicar com a API do Twitter, economize algum tempo valioso usando as contribuições colocadas à disposição pela comunidade de desenvolvedores. Muitos aplicativos iOS que usam o Twitter se baseiam na popular solução de código aberto MGTwitterEngine, criada pelo proeminente desenvolvedor Matt "Legend" Gemmell. Originalmente desenvolvida para aplicativos de software para Mac OS X, o código Twitter do Matt foi atualizado para uso em projetos de aplicativos iOS. Ele está disponível para ser baixado em http://mattgemmell.com/source.

O MGTwitterEngine é uma biblioteca de classes Objective-C, que abrange a API do Twitter e retorna dados como objetos Cocoa nativos, tornando-os extremamente fáceis de usar. E você ficará feliz de saber que os termos de licenciamento do Matt são bastante generosos, permitindo que os desenvolvedores usem o MGTwitterEngine sem royalties em produtos comerciais. Tudo o que você precisa fazer é lhe dar crédito como o autor do código MGTwitterEngine no seu aplicativo. (Certamente, se você achar que o código ajudou, seria um belo gesto lhe enviar uma doação pelo PayPal. Desenvolvedores de open source colocam um bocado de trabalho nos códigos com os quais contribuem, portanto, eles sempre gostam de saber quando as pessoas consideram úteis os seus trabalhos.)

A API Twitter faz autenticação via OAuth, permitindo que o Twitter saiba a fonte de um tweet postado. Se você quiser que a atribuição da fonte dos tweets diga "from [*My App Name*]" ("do [Nome do Meu Aplicativo]"), precisará registrar o seu aplicativo no Twitter. Aplicativos registrados recebem uma chave de API única e um token secreto para identificar adequadamente a si próprios quando fizerem postagens no Twitter.

Registre o seu aplicativo no Twitter em http://dev.twitter.com/apps/new.

Usando o Facebook SDK para iOS

O Facebook permite que os desenvolvedores iOS acessem sua plataforma usando seu kit para desenvolvimento de software (SDK) de código aberto em Objective-C, disponível em http://github.com/facebook/facebook-ios-sdk. Ter a possibilidade de acessar a sua lista de amigos e suas informações de perfil, bem como se conectar com eles em tempo real, traz todo o poder da plataforma Facebook para dentro do seu aplicativo iOS.

Pode parecer um pouco exagerado integrar um Framework tão extenso ao seu projeto Xcode apenas para que os usuários possam postar atualizações de status na sua página do Facebook. Mas, se você estiver desenvolvendo um jogo para iOS ou qualquer tipo de aplicativo para comunidade peer-to-peer, logo poderá ver a si mesmo usando os recursos adicionais de Facebook em outras partes do seu projeto.

Antes de poder usar o Facebook SDK no seu aplicativo iOS, você precisará de uma chave de API e um token secreto para poder autenticar as solicitações ao Facebook. Isso requer uma conta própria ativa no Facebook. Uma vez logado na sua conta, visite a página Facebook Developer Create Application, em http://www.facebook.com/developers/createapp.php e registre seu aplicativo.

Quando for configurar um novo aplicativo para Facebook, certifique-se de lhe dar o mesmo nome do aplicativo iOS que você está criando, já que esse será o nome listado como sendo a fonte quando os usuários postarem atualizações de status a partir do seu aplicativo iOS. Pelo mesmo motivo que você deve registrar seu aplicativo no Twitter, essa é uma forma sutil, porém eficaz, de tê-lo exibido nas páginas dos usuários no Facebook – bela exposição para o seu aplicativo.

Depois que o novo aplicativo para Facebook estiver criado no site Facebook Developer, seu perfil irá listar sua chave de API exclusiva e seu token secreto. Salve essas duas sequências em local seguro, já que você precisará delas quando for personalizar o código do Facebook no seu próprio aplicativo iOS.

> **ALERTA DE REJEIÇÃO DE APLICATIVO:** O seu aplicativo precisa notificar os usuários quando uma tentativa de conexão on-line falhar. Se o aplicativo depende de conexão através de um serviço web de terceiros, você precisa incluir código apropriado para o tratamento dos erros, de forma que, no caso de uma falha na conexão ou solicitação de dados, ele trate a falha corretamente e notifique os usuários do status atual. Se uma má solicitação de dados congelar o seu aplicativo ou deixar o usuário esperando sem nenhuma indicação do que está acontecendo, a equipe de análise da App Store muito provavelmente rejeitará sua submissão. Se você oferecer uma conta de demonstração para uso durante o processo de análise, certifique-se de que aquela conta de demonstração funciona! Ou ofereça duas contas de demonstração, para o caso de uma falhar durante a análise. É também uma boa ideia sempre notificar os usuários se e quando o seu aplicativo precisar de uma conexão on-line, especialmente porque os dispositivos iPad e iPod touch podem eventualmente não estar logados em uma rede Wi-Fi.

Agora você está pronto para integrar as redes sociais ao seu aplicativo para iOS! Seguindo a documentação e o código de exemplo incluídos no MGTwitterEngine e no Facebook iOS SDK, veja se você consegue acrescentar suporte para postagens no Twitter e no Facebook ao nosso projeto de exemplo Tell A Friend. Aposto que logo estará pronto e rodando rapidinho!

Usando o ShareKit

Se você sentir que mergulhar no MGTwitterEngine e no Facebook iOS SDK é muito assustador, ou que vai consumir muito tempo, então está com sorte. O respeitado desenvolvedor Nate Weiner produziu uma completa biblioteca de classes open source chamada ShareKit, que suporta uma longa lista de serviços, como e-mail, Twitter, Facebook, Delicious, Google Reader, Tumblr, Pinboard, Instapaper e Read It Later. Além de compartilhar URLs, o ShareKit também suporta o compartilhamento de imagens, texto e arquivos. Como ele é open source, a interface pode ser personalizada e qualquer um pode acrescentar serviços ao ShareKit a qualquer momento. Baixe o Sharekit em http://www.getsharekit.com/.

Como você já tem o exemplo do Tell A Friend criado, vamos analisar o processo de adicionar o ShareKit ao seu projeto (ou você pode abrir o projeto já pronto do Tell A Friend com o ShareKit a partir dos exemplos de código associados com o livro). Você precisará configurar a base SDK do projeto para o iOS 4 ou superior. Como este é um aplicativo universal, os iPads rodando iOS 3.2 ainda poderão ser suportados configurando o iOS Deployment target como iOS 3.2.

Depois de baixar o ShareKit, abra o projeto de exemplo do ShareKit no Xcode e arraste sua pasta *ShareKit* (localizada dentro do grupo *Classes*) para dentro do seu projeto Xcode já aberto. Quando solicitado, certifique-se de que "Copy items into destination group's folder (if needed)" está marcado. O ShareKit precisa também de mais alguns

Frameworks da Apple. Você já deve ter incluído o Frameworl MessageUI no exemplo anterior do in-app Email. Usando o mesmo método, acrescente o SystemConfiguration e Security Framework. Quando terminar, a lista Groups & Files do seu projeto deve estar parecida com aquela mostrada na Figura 5.9.

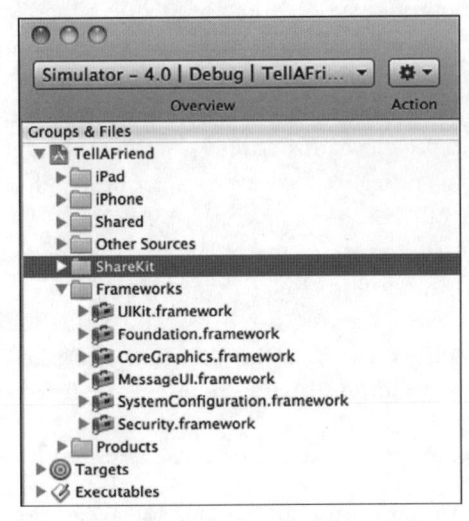

Figura 5.9. *Acrescentando os Frameworks e as classes do ShareKit necessárias ao seu projeto.*

Nas seções anteriores mencionei a necessidade de registrar seu aplicativo em ambos, o Twitter e o Facebook, de forma a conseguir as chaves API e os tokens secretos. Usar o ShareKit não o exime dessa tarefa. Você precisará armazenar aquelas chaves API no arquivo *SHKConfig.h* do ShareKit. O Nate incluiu nesse arquivo instruções abrangentes na forma de comentários sobre o código, tornando este passo o mais fácil possível de ser seguido.

Por último, mas certamente não menos importante, está a chamada do ShareKit pelo botão de ação do projeto. Para fazer isso, abra o arquivo *RootViewController.m* e acrescente a seguinte linha no início para importar o arquivo de cabeçalho do ShareKit.

#import "SHK.h"

Em seguida, retire o código existente no método showShareOptions, substituindo-o com o seguinte novo código (mostrado em negrito). Isso atribui o texto e a URL a serem postadas e lança a actionSheet personalizada do ShareKit.

```
- (IBAction)showShareOptions:(id)sender {
    // Botão de ação foi ativado, portanto, dispare ShareKit.

    // Criar o item para compartilhar (neste exemplo, uma url)
    NSURL *url = [NSURL URLWithString:@"http://breadcrumbsapp.com/"];
    SHKItem *item = [SHKItem URL:url title:@"Check out Breadcrumbs, the new parked car locator app for iPhone and iPad!"];

    // Obter a actionSheet do ShareKit
    SHKActionSheet *actionSheet = [SHKActionSheet actionSheetForItem:item];

    // Exibir a actionSheet
    [actionSheet showFromToolbar:self.navigationController.toolbar];
}
```

Como o ShareKit agora está fazendo todo o trabalho, você já não precisa mais do código acrescentado anteriormente para tratar da UIActionSheet e do in-app Email. Todo aquele código sem uso pode agora ser seguramente removido da classe RootViewController. Quando executar o aplicativo Tell A Friend, em vez da implementação original da UIActionSheet, você deve ver agora a actionSheet personalizada do ShareKit (veja a Figura 5.10).

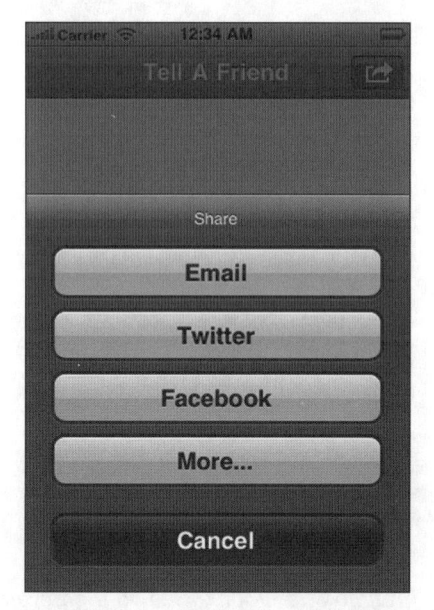

Figura 5.10. *Com o aplicativo Tell A Friend agora configurado para usar o ShareKit, você deve conseguir postar dados no Facebook e em diversos outros serviços de rede social.*

DICA: Quando você estiver lendo este livro, uma nova e atualizada versão do ShareKit deverá estar disponível. Como o ShareKit está continuamente sendo aperfeiçoado com novos recursos e serviços, recomendo fortemente que você baixe a versão mais recente pelo site oficial na web (http://www.getsharekit.com/) e a utilize no aplicativo que estiver planejando submeter à App Store. E quando estiver lá, mande um e-mail para o Nate Weiner com seus agradecimentos pela sua maravilhosa contribuição open source e informe-o sobre quais dos seus aplicativos incluem o ShareKit.

A força em números: criando sinergia com interpromoções in-app

Um dos fatores que mais contribuem para o sucesso dos aplicativos da Optime Software é o intenso uso das interpromoções in-app. Quando se inicia um dos aplicativos gratuitos patrocinados por propaganda da Optime, uma tela de abertura aparece brevemente. Enquanto o usuário aguarda o carregamento do aplicativo, a tela inicial não apenas promove a versão Premium do aplicativo gratuito que eles estão usando, mas também lista diversos outros aplicativos gratuitos da Optime (veja a Figura 5.11). Cada aplicativo listado é um link vivo. Ao tocar em um deles, você será levado para a página correspondente na App Store, para saber mais sobre o aplicativo e baixá-lo.

Figura 5.11. *As telas de abertura dos aplicativos gratuitos da Optime Software efetivamente fazem a interpromoção dos seus outros aplicativos.*

Embora a Optime Software tenha visto suas vendas crescerem de quatro a cinco vezes com o uso da interpromoção dos seus aplicativos nas redes de propaganda in-app (abordadas no Capítulo 7), fazer a sua própria interpromoção in-app também se mostrou um valioso método para atrair a atenção dos usuários para todos os seus aplicativos gratuitos. Quanto mais downloads são feitos, mais a empresa ganha com a renda de propaganda e vendas de aplicativos premium.

"A interpromoção na tela de abertura tem sido uma ferramenta bastante eficaz para nós", diz o fundador e CEO da Optime Software, Jon Schlegel. "Rastreamos as taxas de click-through[1] nas propagandas da nossa tela inicial, mas não as taxas de conversão. Já vimos taxas de click-through tão altas quanto 10% em algumas das propagandas de nossas telas iniciais. Porém, as taxas de click-through nas propagandas da tela de abertura tendem a declinar com o tempo, à medida que os usuários frequentes se acostumam com as propagandas e começam a ignorá-las. Estamos procurando formas de tornar a propaganda na tela inicial mais dinâmica, para aumentar sua eficácia."

Evitando a abordagem da tela de abertura, muitos fornecedores de jogos incluem um botão More Games (Mais Jogos) na tela principal dos seus aplicativos. Em alguns deles, sele-

---

[1] *Click-through* é o termo usado para designar o número de vezes em que um link é clicado pelos usuários.

cionar More Games faz surgir o website do editor no Mobile Safari. Isso afasta os usuários do jogo com o qual se divertiam, o que nunca é muito bom.

> **ALERTA DE REJEIÇÃO DE APLICATIVO:** Mesmo considerando que o iOS HIG da Apple diga que ela olha com restrições as telas de abertura, estas aparecem em incontáveis aplicativos na App Store. Mas, se depois de submeter o aplicativo através do iTunes Connect ele for rejeitado por causa de uma tela inicial, você saberá que levou o conceito longe demais. Se utilizar uma tela inicial no seu aplicativo, então, antes de submetê-lo, certifique-se de que ela não fique na tela por tempo demais e que não se exceda sendo espalhafatosa e agressiva. Como as telas iniciais caem naquela misteriosa zona cinzenta do processo de aprovação, ao desenhar a sua como uma ferramenta interpromocional, tenha muito cuidado para que ela se mantenha visualmente eficaz, mas sem chamar muito a atenção.

Configurando uma loja

Em uma jogada para manter os usuários envolvidos pelo aplicativo, a NimbleBit optou por embutir sua própria "app store" nos seus jogos. Tocando no botão More Games de seus aplicativos, surge a tela NimbleStore, que interpromove todos os seus aplicativos disponíveis (veja a Figura 5.12). Em vez de redirecionar o usuário automaticamente para a respectiva página na App Store, quando se toca em um ícone de aplicativo na tela do NimbleStore, surge uma tela embutida, personalizada, do aplicativo. Isso permite que a NimbleBit adapte o próprio discurso de vendas, junto com a apresentação de um link para a sua página na App Store.

Figura 5.12. *Tocar no botão More Games em um dos jogos da NimbleBit faz surgir sua NimbleStore embutida, que interpromove seu catálogo de aplicativos com trailers de vídeo e outras atrações.*

A beleza da NimbleStore embutida é que ela é um minissite remoto apresentado em uma UIWebView. Isso não só permite que a NimbleBit modifique as páginas da NimbleStore em http://m.nimblebit.com/ sem precisar fazer atualizações nos jogos para iPhone e iPad em si, mas também que a empresa use o Google Analytics para rastrear quais páginas da loja estão sendo acessadas pelos usuários. Segundo as estatísticas da NimbleBit, aproximadamente 85% das pessoas que visitam a NimbleStore de dentro dos seus aplicativos seguem adiante para se aprofundar e explorar algumas das páginas específicas de jogos. Apenas nos nove primeiros meses, a NimbleStore recebeu pouco mais de 1,6 milhões de visualizações de páginas e foi responsável pela venda de 13.170 jogos!

Ter a NimbleStore hospedada remotamente permite que a NimbleBit modifique dinamicamente os preços com base em regiões e em ofertas de venda por tempo limitado. A Apple tende a rejeitar aplicativos que exibem preços, portanto, não sei como a NimbleBit escapou dessa restrição específica (a menos que ter páginas hospedadas remotamente faça a diferença). Sendo assim, por segurança, é melhor não listar preços no seu próprio trabalho de interpromoção in-app.

Quando um usuário decide comprar um aplicativo na NimbleStore, um toque no botão App Store o remete para a iTunes App Store para que ele faça a compra. Como qualquer desenvolvedor inteligente para iOS deveria ser, todos os redirecionamentos para a App Store são links afiliados ao iTunes, portanto, sempre que um usuário compra um dos jogos listados na NimbleStore, a NimbleBit ganha uma comissão de afiliação. O iTunes Affiliate Program também permite que a NimbleBit rastreie as comissões recebidas, que informa a quantidade total de jogos que estão sendo comprados a partir de direcionamentos da NimbleStore.

Os jogos "Apps We Love" listados na NimbleStore (como o Harbor Master) não são jogos da NimbleBit. Embora essas compras específicas não deem à NimbleBit royalties da App Store, eles ganham as comissões de afiliação da empresa. Portanto, se você não tiver aplicativos suficientes para preencher a sua própria miniloja embutida, sempre poderá listar alguns dos seus aplicativos favoritos de outros produtores. Você estará suportando seus colegas desenvolvedores e também ganhando um dinheirinho em função das indicações. Aprenda mais sobre o iTunes Affiliate Program no Capítulo 6.

Se você tem poucos aplicativos e prefere limitar seu trabalho de interpromoção à sua tela Info da versão lite na qual está atualmente promovendo a versão paga, simplesmente tenha o cuidado de não diluir demasiadamente sua mensagem de marketing. Se a prioridade é estimular os usuários a baixar a versão paga, certifique-se de que eventuais menções a outros aplicativos na mesma tela não ofusquem a promoção da sua venda.

Unidos prosperaremos

Se você gosta da ideia de integrar uma miniloja para interpromoção, mas não tem aplicativos suficientes para preenchê-la, considere a associação com um grupo selecionado de colegas desenvolvedores. Com diversos desenvolvedores integrando uma loja "comunitária" compartilhada com todos os seus aplicativos, você se beneficiará de uma vitrine cheia. Haverá também uma sinergia maior ao ter interpromoção não apenas dentro dos seus aplicativos, mas também através dos outros aplicativos da rede comunitária. É uma situação ganha-ganha para todos os desenvolvedores envolvidos.

Essa é exatamente a estratégia que uns poucos desenvolvedores independentes de jogos para iOS buscaram quando se uniram para formar a App Treasures. Os desenvolvedores originalmente envolvidos na App Treasures eram The Blimp Pilots (Koi Pond), Imangi Studios (Harbor Master), Snappy Touch (Flower Garden), Streaming Colour Studios (Land-Former) e Veiled Games (Up There). Eles posicionaram o rótulo App Treasures como um selo de qualidade no qual os consumidores podem confiar. Se os jogadores gostarem de um dos jogos, eles muito provavelmente gostarão dos outros jogos da família App Treasures.

Acessível através do botão More Games dentro de todos os jogos participantes, a App Treasures é uma visualização embutida que ressalta os aplicativos daqueles desenvolvedores. Como pode ser visto no Harbor Master HD para o iPad (veja a Figura 5.13), o botão App Treasures fica colocado ao lado dos aplicativos promovidos da Imangi Studios na tela More Games.

Figura 5.13. *Explore a seção More Games em qualquer um dos aplicativos dos desenvolvedores participantes para acessar a tela interpromocional da App Treasures.*

Com a categoria de jogos na App Store tão frequentemente dominada pelos grandes publicadores de jogos, como a Electronic Arts e a Gameloft, o sentimento era de que seria mais difícil para os pequenos desenvolvedores independentes conseguir o mesmo nível de visibilidade. Keith Shepherd, CEO da Imangi Studios, disse que a App Treasures "é nossa maneira de combinar recursos para se tornar um grande concorrente, ao mesmo tempo em que mantemos nossa independência sem ter os inconvenientes e as limitações que surgem quando se trabalha com um publisher".

O que torna esse tipo de rede interpromocional compartilhada particularmente valiosa é que, quando um dos aplicativos parceiros é bem-sucedido, todos os outros parceiros se beneficiam da sua exposição. Quando o Harbor Master foi às alturas no Top 25 da App Store, a tela embutida da App Treasures estava recebendo mais de 10 mil visualizações por dia, o que resultou em um aumento de vendas dos outros jogos da App Treasures listados nela.

Se você acha atraente a interpromoção dos seus jogos através de uma rede de aplicativos, mas não conhece outros desenvolvedores ou não tem tempo para construir sua própria miniloja in-app, há soluções disponíveis. Uma dessas alternativas é a PlayHaven, um serviço móvel gratuito de promoção que oferece catálogos embutidos prontos de aplicativos, que se parecem e funcionam de maneira similar aos personalizados usados pela NimbleBit e a App Treasures. Você pode se registrar na PlayHaven em http://www.playhaven.com/.

A vantagem de usar a PlayHaven é que, à medida que mais e mais desenvolvedores de aplicativos se juntam ao serviço gratuito e a rede cresce, aumenta ainda mais o potencial de audiência dos jogos listados. Isso se comprova quando alguns dos jogos participantes se tornam best-sellers, como o Zombie Farm, da The Playforge. Esses sucessos aumentam consideravelmente a quantidade de consumidores que acionam o botão More Games, navegando pela rede da PlayHaven e analisando alguns jogos menos conhecidos (veja a Figura 5.14).

Para os desenvolvedores de jogos, outra ótima solução para interpromoção in-app e exposição do aplicativo é a integração no seu jogo de uma das muitas plataformas de jogos terceirizadas, como OpenFeint e Apple's Game Center. Continue lendo...

Faça seus usuários falarem com plataformas sociais de jogos de terceiros

Se você é um desenvolvedor de jogos, muito provavelmente está familiarizado com as plataformas sociais de jogos disponíveis para iOS, como a OpenFeint, Scoreloop, Plus+ e a própria Game Center da Apple. O benefício evidente de usar uma dessas plataformas é que elas oferecem serviços de hospedagem prontos para usar – como placar dos líderes em pontuação, conectividade multijogadores e desafios sociais – que aliviam a necessidade de que você mesmo codifique essa complexa funcionalidade. Integrando uma plataforma social de terceiros nos seus jogos para iPhone e iPad, você está potencialmente economizando centenas de horas de tempo de programação. Isso parece muito óbvio, particularmente considerando que a maioria dessas plataformas é de uso gratuito.

Figura 5.14. *A PlayHaven oferece um serviço gratuito de interpromoção in-app que possibilita a exposição dos seus jogos ao longo de toda a sua rede de aplicativos participantes.*

O entusiasmo é contagiante

O que alguns desenvolvedores não percebem é que muitas das plataformas sociais de jogos também oferecem poderosos ambientes para aumentar a exposição dos aplicativos. Quanto mais jogos usam a mesma plataforma social, mais todos se beneficiam da sinergia interpromocional inerente à plataforma. Além do fato de que a maioria delas inclui suporte a Twitter e Facebook, algumas também oferecem "lobbies virtuais", onde os usuários podem ver o que outras pessoas estão jogando e quais jogos estão conectados àquela plataforma. Atualmente, a simples influência do que é popular nessas arenas ajuda a impulsionar a venda de novos aplicativos, porque os usuários interessados querem entrar em ação.

"Se um amigo lhe diz para assistir a um filme ou ouvir uma música, é muito provável que você compre o filme ou a música por causa da recomendação. É por isso que a App Platform do Facebook teve tanto sucesso e é um dos princípios básicos que serviram para a criação do OpenFeint", diz Jason Citron, fundador e CEO da Aurora Feint. "O OpenFeint oferece serviços de hospedagem de jogos estilo Xbox Live, como multijogadores, placar dos líderes em pontuação, desafios, chat, realizações (achievements), etc., que criam eventos interpromocionais quando os jogadores interagem com eles. Assim, por exemplo, acrescentando realizações (achievements) e placares dos líderes em pontuação ao seu jogo usando o OpenFeint, você venderá mais jogos. É importante mencionar que isso não é conversa de vendedor – vemos isso acontecer hoje com milhões de jogadores usando centenas de jogos. Pode até parecer ridículo, mas você trabalha menos, seus jogadores se divertem mais, você vende mais jogos e a Apple nos paga as taxas de afiliação, assim você não precisa fazer isso."

Na verdade, a exposição de aplicativos é um componente tão forte nesses ambientes sociais que as empresas que operam essas plataformas gratuitas estão capitalizando seus serviços coletando taxas de afiliação no iTunes. A OpenFeint, da Aurora Feint, e a Plus+, da ngmoco, oferecem notáveis catálogos de jogos in-app, promovendo todos os jogos participantes nas suas respectivas redes (veja a Figura 5.15). A OpenFeint está até mesmo fazendo experiências com oportunidades adicionais de promoção para desenvolvedores, como o seu recurso Free Game of the Day (Jogo Gratuito do Dia).

Figura 5.15. *Além dos seus muitos recursos sociais, o OpenFeint, da Aurora Feint (esquerda), e o Plus+, da ngmoco (direita), oferecem atraentes oportunidades de interpromoção para os desenvolvedores de jogos, que permitem aos usuários ver outras pessoas jogando e até mesmo comprar os jogos listados para se divertir também.*

Escolhendo uma plataforma social de jogos

Então, qual plataforma social é melhor para o seu jogo? Quando for escolher uma, há dois fatores principais a considerar:

- A plataforma que está sendo adotada pelos melhores vendedores de alto perfil atrairá maior audiência. Mais jogadores em uma comunidade on-line significa maior exposição para o seu aplicativo.

- Embora a exposição do aplicativo seja definitivamente um componente vital, sua prioridade número um deve ser escolher a plataforma que funciona melhor para o tipo específico do seu jogo. Ela precisa tornar o jogo mais divertido, não mais complicado ou frustrante. Se os seus jogadores estiverem se divertindo, aquele entusiasmo aparecerá na comunidade social on-line, o que, por sua vez, atrairá mais vendas.

Com o surgimento do Game Center, da Apple, embutido no iOS 4.1 (ou acima), muitas dessas plataformas terceirizadas de jogos sociais rapidamente se adaptaram a novas funcionalidades que as coloca acima e além do atual conjunto básico de recursos do Game Center. Na verdade, muitas delas, como a OpenFeint, adotaram o Game Center, oferecendo total compatibilidade.

A estratégia da OpenFeint é que, permitindo que os desenvolvedores combinem os melhores recursos de ambos, dela e do Game Center, o resultado final é uma situação ganha-ganha para as duas partes, a OpenFeint e a sua enorme base de jogadores de jogos.

Como o Game Center está embutido diretamente no iOS e a Apple está promovendo pesadamente na App Store aplicativos que suportam o Game Center, usando tarjas especiais nos logotipos e seleções especiais, incluir suporte ao Game Center no seu jogo deve ser uma decisão óbvia. Mas o Game Center é o mais novo elemento do pedaço. Tem menos recursos do que alguns dos seus rivais e ainda não acumulou uma base tão grande de usuários quanto as atuais redes, como a popular OpenFeint. Muitos desenvolvedores estão integrando o suporte a *ambos*, o Game Center e a OpenFeint, de forma que seus aplicativos possam oferecer um conjunto mais abrangente de recursos de jogos sociais e ser acessíveis à maior audiência possível de jogadores. Se você for um desenvolvedor de jogos para iOS, recomendo a exploração de todos os websites de plataformas de jogos sociais e SDKs fáceis de usar para encontrar aquela que se encaixe melhor nas suas necessidades específicas de desenvolvimento e marketing. Comece com a seguinte lista:

- Apple's Game Center for Developers (https://developer.apple.com/devcenter/ios/gamecenter/).
- OpenFeint (http://openfeint.com/).
- Scoreloop (http://scoreloop.com/).
- AGON On-line (http://developer.agon-online.com/).
- ngmoco's Plus+ (http://plusplus.com/).
- Chillingo's Crystal SDK (http://www.crystalsdk.com/).

Um merecido reconhecimento

Este capítulo e o anterior cobriram uma ampla variedade de tópicos, e você até mesmo brincou um pouco com código (é, achei que você gostaria disso). Eu disse que falaríamos sobre algo mais do que simplesmente conceitos de pesquisa e marketing.

Você certamente se deu felicitações e um bem merecido intervalo por tudo o que realizou até agora. Então, levante e aproveite um pouco o seu jogo para iOS favorito.

Quando estiver pronto para mais, vire a página e mergulhe no próximo capítulo.

Capítulo **6**

Dinheiro, pra que dinheiro? Quando vale a pena ser gratuito

Diferentemente do tradicional mundo do software para desktops, a App Store atualmente não permite versões experimentais por tempo limitado ou com recursos reduzidos. Para contornar essa restrição, muitos desenvolvedores oferecem um modelo *freemium*, suportado pela Compra in-app, ou uma versão *lite* de seus aplicativos, na esperança de que os usuários comprem conteúdo "in-app" ou a edição separada, paga, para ter acesso aos recursos *premium*. Neste capítulo você aprenderá quando e como usar a força do *gratuito* com resultados eficazes e também como explorar as oportunidades de ganhos adicionais com os programas de afiliação.

Gerando receita com aplicativos gratuitos

No Capítulo 4 você explorou a importância de desenhar um ícone de aplicativo e uma interface interessantes para dar ao seu aplicativo um visual mais atraente na App Store. Mas, depois de chamar a atenção, suas imagens de tela serão suficientes para convencer as pessoas a comprar o seu aplicativo? Não pense que todo mundo vai comprar seu aplicativo só porque custa apenas 99 centavos. A maioria dos aplicativos entre os Top 25 sai por 99 centavos, portanto, por que as pessoas escolheriam o seu dentre os milhares de outros com o mesmo preço? Infelizmente, o atual ecossistema da App Store tem uma perspectiva muito voltada para preços, com todos procurando aplicar preços reduzidos para conseguir atenção entre os Top 100.

Então, o que um desenvolvedor deve fazer? Não se esqueça da grande lição dos capítulos anteriores: o seu aplicativo é a sua ferramenta de marketing mais poderosa. Vamos levar esse conceito um nível acima, dando aos consumidores algo de graça.

De graça? Sim, você leu certo. Não se preocupe. O objetivo aqui é continuar ganhando dinheiro. O grátis é um poderoso motivador para fazer com que as pessoas baixem seu produto. Quem não adora ganhar alguma coisa? Sei que eu gosto e, segundo as estatísticas da App Store, não estou sozinho. Embora aplicativos gratuitos representem apenas 25% do catálogo da App Store, eles obtêm impressionantes 95% do total de baixas!

Estratégias gratuitas

Você pode tirar proveito dessa demanda por aplicativos gratuitos empregando uma das seguintes estratégias:

- Oferecer uma versão lite gratuita do seu aplicativo para ajudar a impulsionar as vendas da versão paga, ou usar um modelo freemium com recursos premium disponíveis através da Compra in-app.
- Fornecer o seu aplicativo gratuitamente para conseguir que o maior número de pessoas possível o utilize. Depois de ter cultivado uma grande base de clientes leais que dependam do seu aplicativo, use aquela versão gratuita básica para incrementar a venda de uma versão premium separada ou de itens de Compra in-app que ofereçam recursos adicionais do tipo "preciso ter".
- Faça o seu aplicativo ser gratuito, suportado pela propaganda in-app. A implementação de propaganda móvel no seu aplicativo é analisada no Capítulo 7.

Qual desses cenários funcionará melhor para a sua situação em particular depende muito de que tipo de aplicativo você está desenvolvendo. Por exemplo, a propaganda in-app pode não ser uma solução adequada para um aplicativo educacional para crianças. Os pais podem não aprovar aplicativos que façam propaganda. E também a maioria dos usuários pode estar rodando o aplicativo seguramente off-line em um iPod touch fora do alcance dos servidores da rede de propaganda.

E não se esqueça dos programas de afiliação. Se o seu aplicativo tiver um link para um website externo que ofereça um programa de afiliação, você deve se beneficiar do tráfego entre os afiliados. Você tem um aplicativo que inclui links para a compra de músicas selecionadas na iTunes Store? Seu aplicativo inclui links web para livros na Amazon.com ou para produtos listados no eBay? Se ele tira proveito dos links afiliados, você pode ganhar comissões em todas as vendas que direcionar para esses websites.

Experimente antes de comprar

Como um desenvolvedor iOS, sem dúvida você não desconhece o conceito de aplicativos lite gratuitos. Como eu, você provavelmente tem a tela inicial do seu iPhone ou iPad repleta de "páginas" de aplicativos lite baixados da App Store. E depois de avaliá-los, você provavelmente comprou as versões pagas de pelo menos alguns deles. Sem ter experimentado a versão lite antes, você teria comprado a versão paga? Talvez não. Portanto, é fácil ver o enorme valor que as versões lite gratuitas podem ter para impulsionar as vendas de aplicativos pagos.

Os desenvolvedores para software de desktop sabem disso há décadas. Tornar disponíveis versões de demonstração e teste para downloads gratuitos é uma das principais ferramentas de marketing para vender software comercial. As versões para teste da maioria dos modernos aplicativos para Mac e Windows oferecem mecanismos embutidos de compra. Eles permitem que os usuários comprem facilmente uma licença on-line e recebam um número de série, que destrava o aplicativo de demonstração, transformando instantaneamente a versão de teste no aplicativo completo.

Experimente antes de comprar. Soa óbvio para a App Store, certo? Infelizmente, hoje a Apple não permite que desenvolvedores para aplicativos iOS ofereçam versões de demonstração com recursos reduzidos que possam ser destravados com a compra do aplicativo. Essa limitação forçou os desenvolvedores a contornar esse problema, produzindo duas versões separadas do mesmo aplicativo: uma versão lite gratuita e uma versão paga que oferece recursos adicionais. Pelo primeiro ano da App Store, isso foi o mais perto que alguém chegou do conceito "experimente antes de comprar".

Quando a Apple anunciou a inclusão do novo recurso Compra in-app no SDK 3.0 do iPhone, em 2009, os desenvolvedores tiveram esperança de que ela finalmente resolveria esse problema, mas não foi bem o caso. Mesmo considerando que a Compra in-app não permite que os usuários comprem itens da App Store a partir de um aplicativo iOS, a Apple é muito específica sobre como a Compra in-app é utilizada. Aplicativos gratuitos podem oferecer Compras in-app, mas essa API incorporada de comércio eletrônico não pode ser usada para destravar recursos, porque os aplicativos continuam proibidos de apresentar recursos que estejam desabilitados. Se o aplicativo gratuito inclui um recurso – como um botão na barra de ferramentas –, ele precisa ser funcional. A atual implementação da Compra in-app permite que os desenvolvedores ofereçam recursos *adicionais* que não estejam incluídos no aplicativo gratuito, tais como serviços de assinatura, conteúdos novos e níveis adicionais para os jogos.

Escolhendo um caminho: Lite versus Compra in-app

Com o advento da Compra in-app, muitos desenvolvedores foram rápidos em prever que ela deixaria as versões lite obsoletas. Entretanto, com as complexidades de se implementar a Compra in-app combinada à forma com que os aplicativos estão posicionados nos gráficos da App Store, uma versão lite gratuita continua sendo um modelo de negócio válido e eficaz. Novamente, a melhor abordagem para o seu caso depende do tipo de aplicativo que você está desenvolvendo.

O motivo mais óbvio pelo qual muitos desenvolvedores continuam optando por produzir tanto uma versão lite como uma versão paga separada é que é muito mais fácil de implementar do que a Compra in-app. Se alguma vez você se deu ao trabalho de dar uma olhada na documentação do Store Kit da Apple, deve ter percebido que a Compra in-app requer grande porção de programação adicional e de infraestrutura de retaguarda. Para os novatos na plataforma de desenvolvimento iOS, a API Store Kit pode parecer um pouco complicada. E é bastante fácil compilar duas versões do seu aplicativo no Xcode: uma versão lite e uma versão paga mais incrementada.

Se a funcionalidade do seu aplicativo puder ser claramente dividida em um conjunto de recursos gratuitos e recursos premium adicionais colocados à disposição por uma pequena taxa de atualização, então a Compra in-app pode ser um modelo melhor para atender às suas necessidades. Por exemplo, se o aplicativo gratuito for um jogo de tiro em primeira pessoa (first-person shooter) que inclui cinco níveis de jogo, níveis e armas adicionais poderiam ser oferecidos como itens de Compra in-app.

A ngmoco obteve sucesso com esse modelo no seu popular aplicativo Eliminate Pro. Esse aplicativo é oferecido gratuitamente e mais níveis de jogo, armas e proteções podem ser comprados através da Compra in-app. Na verdade, a incursão da ngmoco na Compra in-app mostrou-se tão eficaz que ela mudou para um modelo freemium de negócios em todos os aplicativos liberados posteriormente, como Touch Pets, We Rule e We Farm.

> **NOTA:** Você não pode substituir o atual binário do aplicativo por um novo binário através da Compra in-app, portanto, para a maioria dos jogos, isso significa incluir os níveis de jogo e conteúdo adicionais dentro do aplicativo gratuito em uma capacidade oculta ou travada. Quando o cliente compra aquele item, o seu aplicativo destrava o novo armamento ou nível de jogo.

Mas a Compra in-app pode não ser adequada para todos os tipos de aplicativo. Alguns aplicativos utilitários de função única são estruturados de tal forma que a tentativa de garantir recursos específicos a serem oferecidos através de Compra in-app pode ser problemática. No caso da maioria dos jogos, a Compra in-app parece ser uma boa opção, mas tenha em mente que destravar conteúdo adicional através da Compra in-app requer que o aplicativo seja um tanto maior (para armazenar o conteúdo oculto). Quando se tem de lidar com limitações de largura de banda para downloads em dispositivos móveis, o tamanho do arquivo do aplicativo gratuito pode fazer uma enorme diferença na sua eficácia como ferramenta promocional de vendas.

Muitos provedores de telefonia, como a AT&T, limitam os downloads de arquivos através das suas redes móveis a apenas 20MB. Portanto, se os usuários quiserem baixar o seu jogo gratuito de 35MB para os iPhones, vão ter de esperar até estarem logados em uma rede local Wi-Fi. Isso acaba com o potencial de compras por impulso e downloads "no calor do momento". Quando estiverem dentro do alcance de uma rede Wi-Fi, eles já podem ter se esquecido do seu aplicativo.

Em uma versão lite, apenas o conteúdo oferecido gratuitamente é incluído, o que, por sua vez, resulta em um arquivo compilado de tamanho muito menor do que o arquivo maior da versão completa paga. Se o binário do aplicativo lite ficar abaixo dos 20MB, ficará acessível para um público muito maior de potenciais clientes, já que eles poderão baixá-lo para seus iPhones através da rede móvel das suas provedoras, se Wi-Fi não estiver disponível.

Isso posto, o principal inconveniente do modelo de aplicativos lite gratuitos é que a compra da versão paga implica um novo download do aplicativo, portanto, transferir os dados existentes do usuário da versão lite para a versão paga é uma bela dor de cabeça logística para os desenvolvedores. A Compra in-app destrava os novos recursos ou conteúdos diretamente de dentro do aplicativo, portanto, não há necessidade de transferir os dados do usuário.

Outra importante consideração é que os aplicativos pagos precisam fornecer atualizações gratuitas para os clientes. A App Store não suporta atualmente um mecanismo para cobrar por atualizações. Portanto, mesmo se a versão lite for bem-sucedida e conseguir convencer um usuário a comprar a versão paga, será a única vez que ele investirá no aplicativo. Isso significa que você precisa atrair continuamente novos clientes para suportar os custos do desenvolvimento de atualizações. Se o aplicativo custar apenas 99 centavos e não vender consistentemente grande quantidade, será difícil sustentar o crescimento dos seus negócios.

Com a Compra in-app, se você estiver sempre dando aos clientes a opção de comprar recursos adicionais e conteúdos complementares, estará oferecendo a eles uma forma de continuar comprando itens à sua conveniência. Eles podem gastar pouco ou muito, o que é ótimo para seu resultado financeiro. A flexibilidade arrebata corações! Uma grande parte da sua renda virá de uma pequena porcentagem de clientes leais, que compram múltiplos itens da Compra in-app. Um modelo de negócios eficaz e de longo prazo é aquele que nunca limita a quantidade de dinheiro que um cliente pode gastar.

Mesmo considerando que os aplicativos freemium incluem itens de Compra in-app, eles são gratuitos, o que significa que o seu aplicativo só é elegível para aparecer no gráfico Top Free Apps da App Store. Por outro lado, liberar uma versão lite gratuita e outra versão paga dá ao seu produto a chance de potencialmente se colocar em ambos, no Top Free Apps e no Top Paid Apps na App Store.

Embora seja certo que a aparição nos gráficos da App Store leva a um aumento na descoberta e nas vendas de um aplicativo, isso já não é tão demasiadamente importante para a sobrevivência do seu negócio como já foi. Noel Llopis, da Snappy Touch, conseguiu um aumento exponencial da sua receita depois que ele integrou a Compra in-app no seu aclamado aplicativo Flower Garden.

"A abordagem de bom-senso para ganhar dinheiro na App Store costumava ser fazer de tudo para entrar nos gráficos Top. A Compra in-app mudou isso", disse Noel em um recente post no blog do seu site GamesFromWithin.com. "Boas Compras in-app podem tornar o seu aplicativo lucrativo sem sequer aparecer nos gráficos e são a maior esperança para o desenvolvedor independente."

Acredito que a Compra in-app é um poderoso caminho para vendas móveis e em breve se tornará o método mais popular de capitalizar o desenvolvimento de aplicativos na plataforma iOS. Se esse modelo casa bem com o conjunto de recursos e a arquitetura do seu aplicativo, então fique ligado! O Capítulo 8 apresenta uma cobertura detalhada de quando e como implementar a Compra in-app.

A abordagem lite: muito gostosa e não engorda

Capítulos posteriores deste livro são dedicados à produção de aplicativos gratuitos lucrativos suportados pelas propagandas in-app e as Compras in-app. Aqui cobriremos o caso no qual suas ideias de produto são mais bem apresentadas como um aplicativo pago e exploraremos o uso da versão lite gratuita para promover o seu aplicativo pago. Mas, antes de mergulhar nas estratégias eficazes de marketing, vamos ver algumas diretrizes para o desenvolvimento de aplicativos lite.

Não se arrisque: as restrições da versão lite

Para evitar uma rejeição na App Store, certifique-se de que sua versão lite atende às seguintes diretrizes. Embora essas regras possam não ser imutáveis, essa lista de verificação parece ter funcionado para incontáveis versões lite atualmente disponíveis na App Store.

- **A versão lite precisa ser a de um aplicativo totalmente funcional** – A sua versão lite gratuita pode conter menos recursos do que a versão paga, desde que esse conjunto limitado de recursos permita que o usuário aprecie a versão lite como uma experiência completa, independente. A funcionalidade central do aplicativo deve ser acessível em ambas as versões. Por exemplo, se a funcionalidade principal do aplicativo for redigir documentos, então ambas as versões, a lite e a paga, devem incluir a capacidade de criar, editar e salvar documentos. Para convencer os usuários a comprar a versão paga, você pode incluir melhorias exclusivas nessa versão, como serviços de sincronização de arquivos, opções adicionais de formatação de estilo, etc. Pode até mesmo limitar o número de documentos para armazenar na versão lite (lite: dez arquivos; paga: ilimitado), desde que a funcionalidade principal permaneça intacta.

- **A versão lite não pode conter recursos mutilados** – Uma versão lite gratuita não pode conter recursos desabilitados que, quando acessados, informam os usuários que a funcionalidade selecionada só está disponível na versão paga. Por exemplo, se o aplicativo for um jogo e a capacidade de salvar as maiores pontuações for limitada à versão paga, não inclua uma referência a maiores pontuações na sua interface. Não inclua um botão High Scores na versão lite que, quando selecionado, informa ao usuário que o recurso de maiores pontuações só está disponível na versão completa, paga, mostrando um espalhafatoso botão Compre Agora. Aos olhos da Apple isso é considerado um *recurso mutilado*. Se a sua versão lite incluir um botão High Scores, ele precisa fornecer esta funcionalidade.

- **A versão lite não pode lembrar os usuários de comprar a versão paga** – Embora você possa certamente incluir um botão Compre a Versão Completa na tela principal de Info da sua versão lite, não pode solicitar ao usuário que faça a atualização através de uma UIAlertView ou visualização pop-up personalizada enquanto eles estiverem usando o aplicativo. Essa inoportuna janela pode ser aceitável em um shareware para desktop, mas ela fará com que você receba rapidamente uma carta de rejeição da equipe de análise de aplicativos da Apple.

- **A versão lite não pode limitar o tempo ou desabilitar recursos** – No mundo do software para desktop, uma abordagem comum para acelerar a compra da versão completa é criar uma versão de demonstração por tempo limitado, que desabilita determinados recursos ou todo o aplicativo depois de ter siso instalado por um determinado número de dias. Esse é um grande não-não na App Store. Os aplicativos iOS não podem expirar nunca nem ter seu tempo limitado de nenhuma forma.

- **A versão lite não pode ser apresentada como uma demonstração** – Como todos os aplicativos iOS têm de ser totalmente funcionais, você terá problemas para conseguir aprovação na App Store se usar palavras como *demo* ou *trial* (experimental) no nome do seu aplicativo ou em qualquer ponto da sua interface. Seu aplicativo pode incluir as palavras *lite* ou *free*.

Uma versão lite pode realmente incentivar a venda de aplicativos pagos?

Se feita corretamente, sua versão lite pode ser uma bem azeitada máquina de vendas, transformando milhares (ou talvez milhões) de usuários em clientes. Então, quantos downloads de versões lite gratuitas são necessários para se atingir um pico de vendas de aplicativos pagos?

Na média, a maioria dos desenvolvedores iOS reportam taxas de conversão entre 0,5% e 3%. Isso significa que de cada 100 downloads de suas versões lite gratuitas eles vendem aproximadamente de uma a três versões pagas. Se a versão paga estiver sendo vendida por 99 centavos, e a lite for baixada 100 vezes por dia, renderá apenas poucos dólares a cada dia. Isso não vai gerar renda suficiente para suportá-lo financeiramente ou cobrir os custos de desenvolvimento.

É aí que o sucesso realmente se torna um jogo de números. O volume é o rei. Você precisará promover pesadamente a sua versão lite para aumentar a quantidade de seus downloads. Quanto mais downloads da lite você tiver, mais as vendas do seu aplicativo pago crescerão.

Ethan Nicholas, o desenvolvedor por trás do aplicativo best-seller iShoot, reportou taxas de conversão de até 8%. A popularidade do iShoot Lite do Ethan ajudou a impelir o iShoot para a posição número um no gráfico Top Paid Apps da App Store. Embora 8% possa não parecer muito, os números crescerão rapidamente se a sua versão lite se tornar popular. O iShoot Lite gratuito recebeu milhões de downloads e, com o iShoot custando $ 2,99 naquela época (janeiro de 2009), aquela pequena taxa de conversão presumivelmente deu ao Ethan mais de $ 700 mil apenas nas primeiras semanas após a liberação. É importante lembrar que isso aconteceu quando a App Store tinha menos de 100 mil aplicativos. Agora o mercado móvel da Apple está abarrotado com mais de 300 mil títulos, portanto, a maioria dos aplicativos e jogos nunca verá taxas de conversão tão altas.

Aplicativos para nichos especializados frequentemente conseguem taxas de conversão maiores do que os aplicativos dominantes, já que os usuários interessados estão procurando por recursos específicos que a poucos aplicativos oferecem. Um aplicativo específico que seja popular pode não se classificar bem o suficiente para ser listado no Top 100, mas ele poderia potencialmente se beneficiar de taxas de conversão de 10% a 20%. Por que há uma diferença tão grande?

Os aplicativos populares dominantes que ficam sempre no Top 100 têm muito mais visibilidade, atraindo a atenção de uma audiência mais ampla e geral, que pode baixar muitas versões lite gratuitas por pura curiosidade. Aplicativos para nichos especiais são normalmente encontrados por consumidores com interesse ou necessidade real por aquela funcionalidade específica, portanto, as chances de que eles comprem a versão completa são muito maiores. É por isso que muitos aplicativos de nicho têm preços mais altos do que os outros. O que lhes falta em volume de vendas eles tentam compensar com maior margem de lucro por unidade vendida.

Independentemente da taxa de conversão real, é importante ter a sua versão lite disponível quando você liberar a sua versão paga. Isso permite que você capitalize sobre a excitação e a visibilidade em torno do lançamento inicial. Uma das maiores histórias de sucesso de 2010 não foi um best-seller logo de início. O Angry Birds, da Rovio, teve vendas mornas quando foi liberado inicialmente como um aplicativo pago em dezembro de 2009. As vendas só dispararam depois que a versão lite gratuita se tornou disponível alguns meses depois (veja a Figura 6.1). À medida que mais e mais pessoas experimentavam a versão lite gratuita, a propaganda boca a boca foi se espalhando rapidamente, e o Angry Birds acabou sendo apresentado como um jogo de destaque na App Store.

Figura 6.1. *As vendas do Angry Birds, da Rovio, não dispararam para o topo dos gráficos de aplicativos pagos até que a versão lite gratuita foi liberada, seguida por sua exibição pela Apple como um jogo de destaque na App Store.*

A ampla atenção, combinada com sua ação de jogo cativante e divertida, levou o Angry Birds a ser o fenômeno que é hoje, com mais de 40 milhões de downloads das versões lite gratuitas e pagas para iPhone e iPad.

Pouquíssimos desenvolvedores conseguirão o mesmo nível de sucesso do Ethan Nicholas ou da Rovio, especialmente com a enorme quantidade de aplicativos que agora brigam por atenção na App Store. Mas, se você desenvolver uma sólida estratégia para a versão lite, ainda há potencial para ganhar um bom dinheiro. Uma porção de fatores entra na criação de uma versão lite eficaz. É aqui que a atenção com os detalhes pode realmente fazer a diferença.

Eles não vão comprar a vaca se o leite for de graça

A maioria dos desenvolvedores compreende imediatamente o valor do marketing de se oferecer uma versão lite gratuita, mas, como a Apple exige que aplicativos lite sejam totalmente funcionais, uma grande preocupação é liberar demais. Se a versão lite incluir funcionalidade suficiente para satisfazer as necessidades das pessoas, por que alguém compraria a versão paga?

A resposta está em toda a análise do mercado e pesquisa competitiva discutida no Capítulo 2. Se você conhecer o público-alvo do seu aplicativo, quem são seus concorrentes que recursos oferecem e que recursos-chave são importantes para os usuários, planejar a estratégia para a sua versão lite deve ficar bem mais fácil.

O segredo é saber quais recursos incluir na versão lite sem prejudicar as vendas do aplicativo pago. Se os seus concorrentes oferecem determinados recursos nas suas versões lite, você deve usar uma abordagem similar, especialmente se os usuários estiverem esperando por aqueles recursos. Mas se o seu aplicativo tem algum novo recurso interessante que ninguém mais oferece – aquele inovador fator X que o diferencia dos concorrentes –, então você deve descobrir uma forma de permitir um test-drive daquele recurso na versão lite e oferecer uma versão paga mais abrangente. Você precisa abrir o apetite dos usuários antes de lhes oferecer a refeição completa.

Versões lite de aplicativos de produtividade e utilitários

Para os aplicativos de produtividade, utilitários e não jogos, escolher os recursos da versão lite pode ser um desafio, e é por isso que muitos deles não a oferecem. Em vez disso, eles dependem de comentários, publicidade externa, trailers e exibição das imagens das telas para ajudar a venda do aplicativo.

Agora, você limita a funcionalidade da versão lite o suficiente para encorajar as vendas do aplicativo pago e ainda consegue ser aprovado na App Store?

Se estiver construindo um aplicativo que cria documentos ou notas, precisará que a sua versão lite seja totalmente funcional, permitindo que os usuários criem, editem e salvem arquivos. Como os usuários vão querer importar/exportar seus documentos por e-mail ou sincronizar os arquivos com um servidor remoto (tais como Google Docs ou Dropbox), obviamente o aplicativo precisará ter esses recursos para permanecer competitivo na App Store, mas eles poderiam ser oferecidos como recursos premium, disponíveis apenas na versão paga.

Se o aplicativo permite a criação de listas de tarefas ou outra qualquer, uma abordagem eficaz é limitar a quantidade de itens que podem ser criados na versão lite. Para criar adequadamente uma expectativa no usuário, sua versão lite deveria informar abertamente as atuais limitações, para estimulá-lo a atualizar para a versão paga, e só assim utilizá-lo de forma completa e ilimitada.

Marco Arment adotou essa estratégia no Instapaper Free, a versão lite do seu aclamado aplicativo Instapaper, que é uma ferramenta útil para salvar páginas da web para leitura posterior. O Instapaper Free limita o armazenamento a artigos com até dez páginas web – o suficiente para convencer as pessoas dos benefícios e conveniências desse serviço. Depois que tiverem sido fisgados e quiserem mais espaço, eles estarão mais do que inclinados a atualizar para a versão paga, que oferece armazenamento ilimitado, compatibilidade com iPad e uma coleção de recursos adicionais (veja a Figura 6.2).

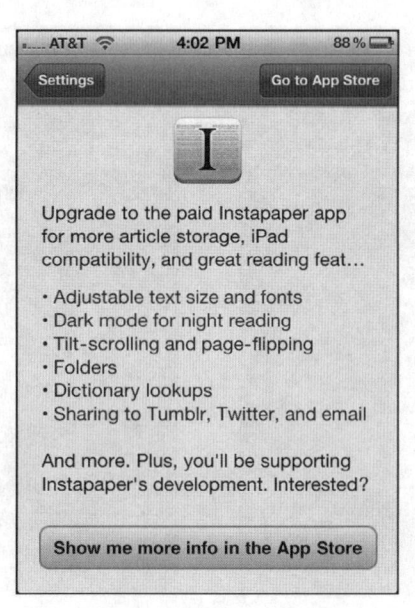

Figura 6.2. *O Instapaper Free, de Marco Arment, é limitado para salvar artigos de até dez páginas web para leitura posterior, encorajando os usuários a atualizar para a versão paga para ter armazenamento ilimitado de artigos, compatibilidade com iPad e outros recursos.*

Versões lite de jogos

Para jogos, descobrir uma abordagem para a versão lite gratuita normalmente é uma tarefa muito mais simples. Tipicamente, os desenvolvedores de jogos incluem apenas os primeiros níveis na versão lite. Quem quiser mais terá de comprar a versão paga, na qual será recompensado com dezenas de níveis adicionais, melhorias e recursos especiais.

Dependendo da forma de jogar do aplicativo, limitar a versão lite a apenas alguns níveis introdutórios pode não ser o suficiente para demonstrar adequadamente o real valor do jogo. Matt Rix encontrou esse problema quando desenvolveu a versão lite do Trainyard, seu jogo best-seller.

"O jogo pago tem cerca de 150 quebra-cabeças e, no início, pensei em incluir apenas poucos deles na versão lite, esperando que os usuários percebessem o potencial e quisessem comprar o jogo completo", diz Matt. "O problema é que, durante os primeiros 10 ou 15 quebra-cabeças, os jogadores estão apenas começando a perceber o mecanismo. Os momentos do 'ah-ha!' não chegam antes dos 40 ou 50 quebra-cabeças do jogo, quando você tem uma percepção de como eles podem ser bacanas. Isso me deixou numa situação complicada. Eu poderia incluir os primeiros 50 quebra-cabeças na versão lite, mas, então, se os usuários decidissem comprar a versão paga, não havia uma passagem direta dentro da atualização. Eles teriam de solucionar todos aqueles 50 quebra-cabeças novamente no jogo completo. Considerei acrescentar um atalho no jogo completo que pulasse aqueles primeiros 50 quebra-cabeças, mas ainda não parecia ser a melhor solução."

Em vez disso, Matt chegou a uma alternativa interessante. Ele criou 60 novos quebra-cabeças para a versão lite. Optando por não usar as palavras *lite* ou *free*, ele chamou essa edição de Trainyard Express, e se refere a ela como um "preâmbulo" da versão completa paga do Trainyard (veja a Figura 6.3).

Figura 6.3. *O gratuito Trainyard Express, de Matt Rix, oferece 60 quebra-cabeças exclusivos, para evitar que eles se sobreponham aos 150 quebra-cabeças do jogo pago, o Trainyard. Essa estratégia aumenta o valor percebido de ambas as versões.*

Matt admite que esse caminho não convencional exigiu bastante trabalho extra de desenvolvimento, mas houve muito pensamento estratégico por trás do esforço. Ele acrescenta: "Realmente queria que as pessoas se apaixonassem pela mecânica e achei que essa seria exatamente a melhor forma de fazê-lo. Também aumentei bastante a curva de dificuldade, de forma que o sexagésimo quebra-cabeça da versão Express gratuita é tão difícil quanto o centésimo do jogo completo."

Ao posicionar o Trainyard Express como um precursor independente do jogo na versão completa, paga, os fãs do Trainyard vão querer baixar ambas as versões para poder resolver todos os 210 quebra-cabeças. Isso também ajuda a impulsionar o jogo em ambos os gráficos, de versões pagas e gratuitas, dando uma visibilidade maior na App Store.

Quando liberar a versão lite

Entregar tanto conteúdo gratuitamente pode parecer arriscado, mas, dependendo da funcionalidade peculiar do aplicativo ou sua forma de jogo, pode ser uma jogada vencedora, que lhe trará um séquito de clientes leais.

A preocupação inicial de que a versão lite poderia potencialmente atrapalhar as vendas do aplicativo pago é uma visão assustadora para qualquer nova empresa de aplicativos. Devido a esse receio, muitos desenvolvedores independentes se afastam das versões lite. Alguns esperam até que as vendas do aplicativo caiam, acreditando que introduzir uma versão lite gratuita na curva descendente da expectativa de vida do aplicativo ajudará a ressuscitar as vendas. Embora possa revigorar um pouco os negócios, isso não está maximizando efetivamente o verdadeiro potencial da versão lite como uma ferramenta promocional. O timing está todo errado.

Os desenvolvedores que adotaram essa abordagem realmente conseguiram um aumento nas vendas do aplicativo pago ao introduzir uma versão lite gratuita nesse estágio tardio, mas, a essa altura, toda a publicidade gratuita gerada pelo lançamento inicial já havia perdido a força, de forma que o novo aumento nas vendas com frequência não é suficiente para colocar a versão paga de volta entre os Top 200 da App Store. Ah, se os desenvolvedores tivessem simplesmente colocado uma versão gratuita disponível quando a liberação do aplicativo estava se beneficiando da onda inicial de publicidade!

Se você planeja liberar uma versão lite gratuita, deve torná-la disponível bem no início, quando a versão paga for lançada. Dessa forma, sua versão lite gratuita pode se aproveitar da publicidade e da propaganda boca a boca geradas durante a liberação inicial do aplicativo. Quanto mais tráfego você direcionar para a versão lite gratuita, mais conversões terá para a versão paga do aplicativo. Muitos desenvolvedores vinculam propagandas on-line dos seus aplicativos com suas versões lite gratuitas para estimular click-throughs. Isso torna suas campanhas de propaganda muito mais eficazes, já que as pessoas adoram coisas gratuitas. Depois, deixe a versão lite fazer a sua mágica, dando aos usuários um gostinho daquilo que terão se comprarem a versão paga.

Se sua preocupação é que os recursos exclusivos da sua versão paga não sejam atraentes o suficiente para fazer os usuários mudarem da versão lite, você precisa repensar a distribuição de recursos entre as duas versões para tornar a atualização mais atraente, ou considere acrescentar propaganda in-app na sua versão lite gratuita. Oferecer uma versão paga sem nenhuma propaganda pode ser um grande atrativo e também garante uma maneira de ganhar dinheiro com a versão lite gratuita, com a renda das propagandas. O Capítulo 7 oferece detalhes sobre como fazer propaganda in-app.

Certamente, nem todos os aplicativos se adaptam bem ao conceito da versão lite gratuita. Mas, se você conseguir encontrar uma forma de fazê-la funcionar a seu favor e gerar vendas de aplicativos, este é um jogo que valerá a pena no longo prazo.

Aperfeiçoando o discurso de vendas in-app

Para criar uma versão lite mais eficaz, você precisa pensar nela como um assistente de vendas virtual. Você não pode estar lá pessoalmente para mostrar aos usuários os benefícios do aplicativo, portanto, precisa que sua versão lite faça isso por você. Isso significa que é necessário preparar cuidadosamente o discurso de vendas dentro da sua versão lite para passar adequadamente sua mensagem. Você já sabe quais são as diretrizes para as versões lite, portanto, por ora, tire o seu chapéu de desenvolvedor. É hora de pensar como os usuários, colocando-se no lugar deles.

Colocando o botão Comprar

Muitas versões lite promovem a versão paga nas suas telas de abertura, que é exibida por alguns segundos quando o aplicativo é iniciado. Embora seja uma ótima maneira de aproveitar que o usuário não está com a atenção dividida enquanto aguarda brevemente que o aplicativo carregue, essa não deve ser a única posição para colocar o botão "Comprar".

Depois de encerrar uma seção do aplicativo, se o usuário estiver interessado em saber mais sobre a versão paga, ele vai procurar na tela principal, na tela Info e/ou na tela Configuração (dependendo de qual destas telas você incluiu). Isso pode parecer simples bom-senso para você, mas sempre me surpreendo ao encontrar versões lite que não deixam aquele botão Comprar facilmente acessível dentro do aplicativo ou, pior ainda, nem sequer o incluem!

Se não conseguem encontrar o botão, as pessoas não podem comprar o aplicativo. Não confie que se lembrarão de visitar a App Store por conta própria. É muito provável que elas se esqueçam, e você terá perdido potenciais clientes.

Quando se trata de vender qualquer coisa, especialmente software, torne o ato de comprar os seus produtos o mais fácil e indolor quanto for humanamente possível. E, diferentemente da maioria dos sistemas on-line de comércio eletrônico, que complicam bastante o processo com muitos passos, a Apple projetou a iTunes App Store para ser a forma mais simples e mais conveniente de comprar software, portanto, você realmente não tem desculpas. Se alguém adorar a sua versão lite gratuita e estiver interessado em atualizar para a versão paga, o próximo passo deve estar a apenas um toque de dedo de distância.

Então, agora que você integrou um botão Comprar na tela principal ou tela Info da sua versão lite, o que deve dizer? Essa pode parecer uma pergunta estúpida, mas a resposta é realmente muito mais sutil e complicada do que você possa imaginar.

Palavras como *comprar* e *adquirir* transmitem uma coisa aos usuários de iPhone, iPad e iPod touch: um toque naquele botão os levará à App Store. Sim, o seu discurso de vendas já está lá na App Store – completo, com uma descrição detalhada e imagens das telas –, tornando isso muito conveniente do ponto de vista de desenvolvimento. Como você aprendeu no Capítulo 5, abrir sua URL para a loja iTunes de dentro do aplicativo pode ser feito com apenas poucas linhas de código. O popular Cut the Rope Lite, da ZeptoLab, usa uma tática similar, com um botão FullVersion colocado sobre o familiar Available no símbolo da App Store. Isso aparece na tela do menu principal do jogo e também é apresentado quando o usuário chega ao fim dos níveis gratuitos (veja a Figura 6.4). Tocando nesses botões, você será levado diretamente à página da versão paga do jogo Cut the Rope na App Store. Você também encontrará os mesmos botões para a App Store no Angry Birds, da Rovio.

Figura 6.4. *No Cut the Rope Lite, da ZeptoLab, o botão Full Version (Versão Completa) e o emblema Available on the App Store (Disponível na App Store) fazem conexão direta com a página da versão paga do jogo Cut the Rope na App Store.*

Embora alguns aplicativos tenham obtido sucesso com essa abordagem simples, ela não é necessariamente a mais eficaz, especialmente para um produto novo, desconhecido. Por mais que todos nós gostaríamos de acreditar que nossos aplicativos são tão cativantes quanto o Cut the Rope e o Angry Birds, estes dois best-sellers fenomenais são exceções à regra. É provável que nós, simples mortais, tenhamos de ser um pouco mais agressivos com nossas estratégias de marketing in-app.

Adicionando informações de atualização na versão lite

Saltando para a App Store com aquele botão Comprar os usuários vão para fora do seu aplicativo, para algum lugar onde eles podem não querer ir naquele exato momento, especialmente se acharem que isso iniciará automaticamente uma compra. Como desenvolvedores, sabemos que isso não é possível sem que o usuário antes digite sua senha no iTunes na App Store, mas alguns consumidores podem não compreender a tecnologia o suficiente para saber isso. Por que eles iriam querer comprar o aplicativo sem antes saber quais recursos adicionais receberiam? Eles não querem, portanto, poderão ignorar o botão. E, se isso acontecer, sua versão lite gratuita acaba de falhar na sua mais importante missão.

Qualquer motivo conhecido que possa levar um usuário a hesitar na hora de tocar naquele botão Comprar deve ser eliminado sempre que possível. Se houver alguma coisa a fazer para eliminar qualquer hesitação ou medo, vale a pena o tempo extra de desenvolvimento para implementá-la.

Então, como você resolve o problema que se apresenta? Em vez de redirecionar instantaneamente os usuários para fora do seu aplicativo e para a App Store, por que não colocar sua propaganda diretamente no aplicativo? Depois de convencer o usuário a atualizar para a versão completa, você pode fechar o negócio com segurança através do botão Comprar conectado com a App Store.

Um dos meus exemplos favoritos é o do 3D Rollercoaster Rush Free, da Digital Chocolate. Na tela principal do aplicativo, o botão What's Full Version? (O que é Versão Completa?) leva a uma tela que informa exatamente o que se obtém ao comprá-la. Você está esperando por informações detalhadas sobre os recursos incluídos na versão paga e isso é exatamente o que recebe (veja a Figura 6.5). A tela promocional que aparece é muito bem desenhada para refletir o tema visual do jogo. As imagens das telas e os pontos principais de venda são preparados para causar máximo impacto. Tudo isso é informado sem forçar o usuário a sair do aplicativo, oferecendo a escolha de comprar a versão completa ou tocar no botão Back para voltar ao jogo. Fui convencido a tocar no botão Get the Full Version (Compre a Versão Completa) e sou um usuário de iPhone muito cansado, que raramente brinca com jogos, portanto, a promoção da venda foi realmente eficaz.

Figura 6.5. *O 3D Rollercoaster Rush Free é um ótimo exemplo de uma promoção de vendas benfeita.*

Na tela maior do iPad você tem mais espaço, portanto, é mais fácil inserir informações sobre a atualização para a versão paga em uma janela popover (UIPopover) ou em uma modalView centrada (UIModalPresentationFormSheet), sem ocupar a tela toda. No Labyrinth 2 HD Lite, da Illusion Labs, o menu de labirintos gratuitos inclui um pequeno banner da versão paga. Toque nele e uma janela popover aparece com uma descrição dos recursos premium, imagens de tela e um botão para comprar da App Store (veja a Figura 6.6).

Figura 6.6. *No iPad, o Labyrinth 2 HD Lite, da Illusion Labs, apresenta a promoção da versão paga em uma janela popover.*

A beleza de uma UIPopover é que a UIView mostrada pode ser facilmente reutilizada e exibida novamente em outra UIPopover em algum outro lugar do aplicativo. Além dos labirintos que a Illusion Labs oferece, a empresa também hospeda uma comunidade gratuita on-line, na qual os clientes podem carregar e compartilhar seus próprios labirintos como contribuição. De dentro da versão gratuita do aplicativo Labyrinth 2 HD Lite, os usuários podem navegar pela lista de labirintos de terceiros, mas rapidamente perceberão que é preciso ter a versão paga para baixar e jogar com aqueles labirintos comunitários. Esse é um grande motivador de atualização para o jogo completo. Na versão lite, o botão de download é convenientemente substituído por um botão Full Version Info (Informações Sobre a Versão Completa). Quando é tocado, esse botão apresenta as mesmas informações sobre a versão paga em uma UIPopover, igual à vista anteriormente em outras seções do aplicativo (veja a Figura 6.7). A janela popover apresenta as informações de atualização quando necessário, sem ser intrusiva com o resto da interface.

Figura 6.7. *Exigir que os usuários do Labyrinth 2 HD Lite comprem a versão paga para poder baixar os milhares de labirintos gratuitos de terceiros, fornecidos como contribuição pela comunidade Labyrinth, é um grande incentivo à atualização.*

ALERTA DE REJEIÇÃO DE APLICATIVO: Você não deve mostrar o preço do aplicativo dentro dele. Quando for promover a versão completa dentro da sua versão lite gratuita, não informe o preço. A Apple instalou a App Store em diversos países pelo mundo, suportando muitas moedas diferentes, portanto, ela verá com reprovação preços fixos exibidos no seu aplicativo. A equipe de análise de aplicativos da Apple nem sempre indica isso como a causa da rejeição, mas acontece bastante, portanto, é melhor você evitar fazê-lo. Além do risco de rejeição, é importante não informar o preço no seu aplicativo para que, assim, você tenha a flexibilidade de mudar o preço na App Store a qualquer momento, para fazer uma oferta especial de vendas, sem precisar submeter uma atualização.

Incluindo análises

É importante incluir análises na sua versão lite, para que você possa rastrear quantas pessoas estão acionando o botão de compra. Esses relatórios analíticos combinados com as estatísticas do iTunes Connect o ajudarão a determinar a eficácia da sua versão lite como ferramenta promocional. Você saberá quantas pessoas estão baixando seu aplicativo lite, com que frequência o usam, quantos usuários acionam o botão de compra e quantas vendas sua versão paga está atraindo. Com todos esses dados à mão, se a taxa de conversão de lite para paga estiver muito abaixo do esperado, você pode fazer experiências com as expressões e a colocação dos botões nas futuras atualizações, num esforço para melhorar os resultados.

Certamente, saber como os clientes usam seu aplicativo pago pode também ser valioso, portanto, se for incluir análises na sua estratégia de desenvolvimento, certifique-se de colocá-las em todos os aplicativos – tanto nos lite como nos pagos – para conseguir a visão mais abrangente possível do seu desempenho. Recentemente, a Apple mudou suas regras a respeito de quais informações podem ser coletadas pelas análises de terceiros. Para conhecer os fatos sobre as análises in-app, veja o Capítulo 7.

> **DICA:** Se você for um desenvolvedor iOS, deverá se afiliar ao iTunes Affiliate Program. Todos os links que você tiver apontando para a App Store devem ser de afiliado. Não há motivo para não ganhar algumas comissões de afiliado por todo o tráfego que você está direcionando para a Apple. Isso significa que todos os botões de compra da sua versão lite, interpromoções, website, etc. devem ser codificados com links de afiliação ao iTunes. Bem, exploraremos o lucrativo mundo dos programas de afiliação mais adiante neste capítulo.

Deixando sua versão lite à prova de falhas

Como desenvolvedores, trabalhamos duro para criar produtos de alta qualidade, portanto, ninguém libera propositalmente um software com problemas. Grandes problemas acontecem até com os melhores de nós, mas se há uma boa hora para aumentar seus esforços de teste e controle da qualidade é com a versão lite gratuita.

Como os usuários estarão avaliando o seu aplicativo lite para saber se a versão paga vale o dinheiro ganho com muito suor, eles irão testá-lo com um olhar muito crítico. Como é gratuito, o aplicativo atrairá um público muito maior, com muitas pessoas simplesmente dando uma olhadinha por curiosidade. Sem qualquer ligação emocional com o aplicativo, as pessoas frequentemente são rápidas em fazer julgamentos instantâneos. Como fica evidente pelas classificações baixas da maioria das versões lite em comparação com suas parceiras pagas, as pessoas não têm problema algum em dar a um aplicativo uma decepcionante classificação de uma estrela pelo menor dos motivos. Mesmo considerando que a versão lite é gratuita, os comentários frequentemente podem ser duros se a experiência deixar os usuários frustrados.

Garanta que a versão lite inclua amplas instruções para ajudar a aliviar qualquer confusão que possa surgir se alguém não conseguir usar o aplicativo. Muitas versões lite perguntam após a iniciação se os usuários gostariam de assistir ou ler um breve tutorial sobre como explorar o aplicativo. Embora isso requeira um pouco mais de trabalho de desenvolvimento, é uma abordagem bastante proativa, que pode ajudar a evitar muitos daqueles indesejados comentários de uma estrela. Se você sente que o seu aplicativo poderia se beneficiar da presença de tutoriais in-app, veja o Capítulo 9 para conhecer mais detalhes sobre este tópico.

Migrando dados da versão lite para a versão paga

Se comprarem o seu aplicativo, os usuários não devem ser penalizados com a perda dos dados que tinham na versão lite gratuita. Se isso acontecer, prepare-se para receber um monte de comentários negativoss na App Store.

Na maioria dos jogos, não há nada a perder, já que os placares dos líderes em pontuação normalmente são armazenados em um servidor remoto. Mas e se ele for um aplicativo de produtividade que salva informações em um arquivo plist ou nos registros de um banco de dados?

Diferentemente dos ambientes mais flexíveis dos sistemas operacionais dos desktops, o iOS restringe cada aplicativo à sua própria "caixa" para armazenar arquivos. O aplicativo A não pode acessar os arquivos salvos pelo aplicativo B e vice-versa. Isso protege cada aplicativo instalado de comportamentos mal-intencionados, mas torna incrivelmente difícil compartilhar dados entre aplicativos.

A partir do iOS 3.2, a Apple introduziu um novo mecanismo embutido de manuseio de arquivos chamado Document Support, que permite aos desenvolvedores registrar seus aplicativos com o sistema iOS para criar e/ou abrir determinados tipos de arquivo. Isso é maravilhoso para aplicativos que requerem tipos específicos de arquivo (como um processador de texto) ou que oferecem suporte a tipos de arquivo populares (como formatos PDF, de imagem e vídeo). Isso permite que um arquivo de um aplicativo seja aberto ou copiado para outro aplicativo, que também esteja registrado para suportar aquele mesmo tipo de arquivo. Se você precisar transferir alguma informação de um arquivo plist, ou alguns registros de banco de dados da sua versão lite para o aplicativo pago, esse recurso de Document Support é exagerado, adicionando uma sobrecarga na programação desnecessária para essa situação em particular.

O iOS 3.2 também acrescentou um recurso de sincronização com o desktop, que permite a um aplicativo exibir seu diretório de arquivos em uma lista especial de compartilhamento de arquivos no iTunes do desktop quando o dispositivo iOS estiver sincronizado com o seu computador. Tecnicamente, se os aplicativos suportarem esse recurso, os usuários poderiam copiar os arquivos de dados armazenados da versão lite para os seus desktops e, depois, arrastá-los de volta para o iTunes dentro do diretório *File Sharing* (Compartilhamento de Arquivo) do seu aplicativo pago. Mas isso seria pedir aos usuários que tenham *um monte* de trabalho adicional para fazer algo que não deveria ser necessário. Se você valoriza os seus clientes e quer que eles tenham uma experiência satisfatória como usuários, você deve evitar essa solução.

Obviamente, é aqui que a Compra in-app tornaria sua vida muito mais fácil, pondo de lado a confusão de passar dados da versão lite para um aplicativo pago separado. Mas não se desespere – há outras maneiras de fazer esse trabalho.

Sincronizando com a nuvem

Alguns desenvolvedores resolveram o problema da migração de dados, implementando um serviço que permite aos usuários sincronizar os dados do seu aplicativo com um servidor remoto. Aplicativos populares, como o Grocery Gadget, da Flixoft, motivam os usuários a abrir uma conta de grupo gratuita de forma que os dados da versão lite possam ser facilmente transferidos para a versão paga.

Se o aplicativo armazena grandes quantidades de dados complexos ou se você simplesmente quer dar aos clientes uma forma de acessar seus dados a partir de localizações e dispositivos alternativos (como iPads ou navegador web de computadores desktop), então manter um serviço de sincronização pode ser a melhor alternativa. Se isso parece ser uma solução atraente para as necessidades do seu aplicativo, eis alguns serviços em nuvem acessíveis que vale a pena checar:

- Dropbox for Developers (http://www.dropbox.com/developers).
- Google App Engine (http://code.google.com/appengine/).
- Amazon S3 (http://aws.amazon.com/s3/).
- Rackspace Cloud (http://www.rackspacecloud.com/).

Se não quiser ter o trabalho de desenvolver e manter um aplicativo web do lado servidor para tratar da sincronização dos dados entre o seu aplicativo nativo e a nuvem, você deve primeiro olhar o SDK para iOS da Dropbox. A Dropbox tornou-se uma escolha muito popular para desenvolvedores móveis que precisam sincronizar dados entre múltiplos dispositivos. Mas, se você precisa transferir apenas uma pequena quantidade de dados de um aplicativo para outro, há ainda outra opção.

Transferindo dados via URL

Alguns desenvolvedores tiveram sucesso transferindo dados através de um comando URL exclusivo. Por exemplo, se um aplicativo iOS fizer uma solicitação de open URL para um endereço http de website, o Mobile Safari é ativado automaticamente e processa a solicitação, já que é o aplicativo padrão registrado para tratar o HTTP. Em resumo, o aplicativo simplesmente envia dados para o Mobile Safari. Você pode colocar esse mesmo conceito para trabalhar nos seus aplicativos, configurando um tratador específico de protocolo URL.

Para o seu protocolo URL funcionar, precisa usar um prefixo que ainda não esteja sendo usado por nenhum outro aplicativo. Como você não tem ideia de quais protocolos únicos outros aplicativos iOS possam estar usando com essa mesma finalidade, você deve criar um prefixo próprio que seja obscuro o suficiente para evitar conflitos com outros aplicativos.

Para o propósito deste exercício, vamos criar um protocolo único para o nosso aplicativo fictício de localização de carros estacionados, o Breadcrumbs. Queremos que os usuários da versão lite possam transferir os dados que salvaram da localização do estacionamento para a versão paga. Como a quantidade de dados é muito pequena (apenas algumas coordenadas de GPS) e não contém nenhuma informação confidencial, transferir os dados através de um comando open URL funcionaria muito bem.

Como prefixo do nosso URL, usaremos bcrumbs. Se o seu aplicativo tiver um nome original (como deveria), então esse nome (ou uma variação dele) poderia se prestar muito bem como um prefixo único. Primeiro, o protocolo URL bcrumbs precisa ser registrado no sistema iOS, estando atribuído à versão completa do Breadcrumbs. Isso é feito adicionando-se um novo tipo de URL ao arquivo *Info.plist* do aplicativo pago no Xcode (veja a Figura 6.8).

Para adicionar uma nova entrada no arquivo *Info.plist*, selecione a última linha no editor de plist e depois clique no símbolo cinza de adição (+), no lado direito. Na nova linha em branco, escolha URL Types na lista do menu contextual que aparece na coluna Key, à esquerda.

Key	Value
▼Information Property List	(13 items)
Localization native development region	English
Bundle display name	${PRODUCT_NAME}
Executable file	${EXECUTABLE_NAME}
Icon file	icon.png
Bundle identifier	com.electricbutterfly.${PRODUCT_NAME:rfc1034identifier}
InfoDictionary version	6.0
Bundle name	${PRODUCT_NAME}
Bundle OS Type code	APPL
Bundle creator OS Type code	????
Bundle version	1.0
Application requires iPhone environment	☑
Main nib file base name	MainWindow
▼URL types	(1 item)
▼Item 1	(2 items)
URL identifier	com.electricbutterfly.${PRODUCT_NAME:rfc1034identifier}
▼URL Schemes	(1 item)
Item 1	bcrumbs

Figura 6.8. *Abra o arquivo Info.plist da sua versão completa dentro do editor de plist do Xcode para adicionar um novo tipo de URL.*

Com o novo tipo de URL agora adicionado ao seu *Info.plist*, abra o triângulo de desmembramento para configurar suas propriedades aninhadas. Sob sua chave Item 0, você precisará acrescentar a propriedade exclusiva com.company.Application deste aplicativo pago ao campo identificador do URL. Para o aplicativo fictício Breadcrumbs, isso muito provavelmente seria com.electricbutterfly.Breadcrumbs.

Em seguida, clique no botão de adição novamente para acrescentar outra chave aninhada diretamente sob o identificador da URL e escolha URL Schemes no novo menu contextual da chave. No URL Scheme é onde você define seu tratador exclusivo (unique handler) de protocolo URL, assim, no caso do exemplo do Breadcrumbs, ele é bcrumbs.

> **NOTA:** Se você tiver um único projeto de Xcode configurado com dois alvos de compilação – um alvo construído para a sua versão lite e outro para a sua versão paga –, precisará criar um arquivo plist separado para cada um deles. Apenas o arquivo plist da versão completa do seu aplicativo pode conter a definição do tratador exclusivo (unique handler) de protocolo URL. Se o arquivo plist da versão lite referenciar o mesmo tipo de URL, esta versão acabará recebendo suas próprias solicitações de URL, o que irá causar um conflito. Quando a versão lite envia a solicitação de URL exclusivo, você deseja que somente a versão paga responda a ela.

Agora que o protocolo URL exclusivo bcrumbs está atribuído à versão completa do Breadcrumbs, o próximo passo é acrescentar à versão lite o código para transferir os dados através da URL. Digamos que você adicionou um novo botão na tela Settings do aplicativo lite. Ele foi chamado de Transfer My Data to FullVersion (Transfira Meus Dados para a Versão Completa) e já foi conectado no Interface Builder. Vamos assumir também que o tratador de eventos (event handler) já inclui o código para obter os dados da versão lite do aplicativo (por exemplo, o conteúdo de um arquivo XML ou de um arquivo de texto simples).

Você não pode enviar dados brutos (raw data) através de uma consulta de URL, portanto, primeiro eles precisam ser codificados com Base64 e/ou URL. O SDK do iOS não inclui codificação e decodificação com Base64, mas diversas bibliotecas Objective-C de terceiros, como a Google Toolbox for Mac (http://code.google.com/p/google-toolbox-for-mac/), oferecem suporte a Base64 para iOS. Se somente a codificação URL for suficiente para suas necessidades, você pode facilmente chamar o método NSString nativo do iOS stringByAddingPercentEscapesUsingEncoding.

Depois que estiverem codificados com Base64 e/ou URL e armazenados em uma NSString – vamos chamá-los encodedData –, os dados podem ser enviados como parte de uma consulta URL única:

```
NSString *urlQuery = [NSString stringWithFormat:@"bcrumbs://localhost/importData?%@", encodedData];
NSURL *url = [NSURL URLWithString:urlQuery];
[[UIApplication sharedApplication] openURL:url];
```

Quando o usuário toca no botão Transfer My Data to Full Version, a versão lite faz a solicitação de URL. O iOS reconhece que o handler protocolo URL bcrumbs está registrado na versão completa do Breadcrumbs, portanto, aquele URL único é passado para o aplicativo pago. A versão completa do Breadcrumbs é iniciada para receber e analisar aquele comando de URL.

Para que essa última parte seja bem-sucedida, o aplicativo pago precisa incluir o handler application:handleOpenURL na implementação do delegate do aplicativo. Por exemplo, o meu arquivo *BreadcrumbsAppDelegate.m* inclui o seguinte código:

```
- (BOOL)application:(UIApplication *)application handleOpenURL:(NSURL *)url {
    if([@"/importData" isEqual:[url path]]) {
        NSString *urlData = [url query];

        // Primeiro, você deve perguntar aos usuários se eles querem que os dados
        // existentes sejam substituídos pelos novos dados importados do Lite.

        // Depois, dependendo de como a sequência foi inicialmente codificada, você
        // precisará decodificar a Base64 através de uma biblioteca de terceiros
        // -OU- decodificar a codificação URL chamando o método
        // NSString stringByReplacingPercentEscapesUsingEncoding.

        // Por último, você precisa analisar e salvar os dados
        // nesta versão completa do aplicativo.

        return YES;
    }
    return NO;
}
```

E isso é tudo o que é preciso! Simplesmente se lembre de que transferir dados via URL só é prático para pequenas quantidades de dados, como arquivos XML ou arquivos de texto que tenham menos do que poucas centenas de kilobytes. Você também vai querer defender o seu aplicativo pago contra os hackers que descobrirem o seu protocolo URL único, codificando o handler application:handleOpenURL para aceitar apenas os dados específicos que você quiser e para ignorar sequências inválidas de URL.

Garantindo uma fatia do mercado: doe agora e receba depois

O sucesso do seu aplicativo iOS depende de ser adotado por tantas pessoas quantas forem possíveis, como um aplicativo de rede social que requer múltiplos participantes para que seja útil? Se esse for o caso, você deve considerar entregar o aplicativo gratuitamente. A única forma de conseguir milhões de pessoas adotando seu serviço numa escala tão grande, global, é torná-lo disponível gratuitamente para todo mundo. Pense no Facebook, Foursquare e Twitter.

O objetivo é fazer com que todos usem o aplicativo com tal frequência que eventualmente se torne uma parte indispensável do seu cotidiano. Quanto menos barreiras houver para entrar, mais fácil será atingir esse objetivo. Além de ser gratuito, para conseguir os melhores resultados, seu aplicativo deve também estar livre de quaisquer obstáculos, como propaganda.

Depois que o aplicativo tiver cultivado um grande séquito leal, você pode introduzir uma versão premium, oferecendo recursos adicionais por um determinado preço. Uma alternativa é oferecer os recursos premium como itens de Compra in-app (como será discutido no Capítulo 8). A versão básica sempre estará disponível gratuitamente, e é isso o que a maioria dos usuários vai preferir.

Então, como você ganha dinheiro se a maioria das pessoas usa apenas a versão básica, gratuita? Esse é mais um exemplo de como o volume, em última instância, ditará o sucesso. Se você criou uma experiência inovadora para o usuário e fez certo o seu trabalho de marqueteiro, então seu aplicativo gratuito entrou no circuito como um do tipo "tem de ter" e é atualmente usado por milhões. Por exemplo, digamos que a versão básica, gratuita, é frequentemente usada por 10 milhões de pessoas. Se apenas 8% daquela base de usuários decidir atualizar para a versão premium, de $ 1,99, depois de tirar os 30% da taxa da App Store da Apple, você teria uma receita líquida de $ 1,1 milhão. Fazendo uma estimativa mais conservadora, se apenas 5% atualizarem para versão premium, isso lhe renderia $ 700 mil.

Novamente, volume é o nome do jogo para que essa estratégia funcione. A maioria dos aplicativos não será apropriada para esse tipo de modelo de negócios. Mas, se o seu aplicativo se baseia na interação peer-to-peer entre usuários, essa abordagem pode ser a sua passagem para capturar a fatia do mercado neste nicho em particular. Se o aplicativo for líder do mercado, você se sairá muito melhor levando mais usuários para a versão premium.

No Capítulo 2 mencionamos o interessante aplicativo Bump, da Bump Technologies, Inc., que permite aos usuários enviar instantaneamente informações de contato entre si com apenas um toque. Mas para que funcione, todos os usuários precisam ter o Bump instalado no seu iPhone ou telefone Android. Quanto mais pessoas tiverem o Bump, mais útil ele se torna. A esperança é que ele eventualmente esteja tão presente entre os telefones móveis que se torne o método padrão para os usuários trocarem cartões de visita virtuais e outros dados. E o plano parece estar funcionando. Da forma como está posicionado agora, o aplicativo se tornou bastante popular entre os usuários do iPhone, e foi até mesmo apresentado em um dos comerciais de iPhone da Apple.

O Bump será sempre gratuito? Para manter o *momentum* de adoção, esse é o objetivo para o futuro previsível. Em vez de seguir o caminho tradicional com uma edição premium, a Bump Technologies, Inc. espera capitalizar seu negócio licenciando o núcleo da sua tecnologia bump para outros desenvolvedores comerciais de larga escala, que se beneficiariam da sua funcionalidade. A API Bump é livre para ser usada dentro do seu aplicativo desde que não sobrecarregue os servidores da Bump ou gere receita adicional a cada toque. Se o seu aplicativo gerar receita com toques ou precisar de uma considerável largura de banda dos servidores da Bump, você pode comprar a camada apropriada de licenciamento.

Oferecendo essa API com SDKs fáceis de usar para iOS e Android, a Bump está não apenas solidificando sua posição no mundo móvel, como a plataforma de fato para o compartilhamento de dados peer-to-peer, mas também está construindo uma infraestrutura de longo prazo para capitalizar com a sua principal tecnologia. E como a API Bump já é adotada por dezenas de aplicativos móveis de desenvolvedores independentes, bem como por clientes de alto perfil, como PayPal e ABC Family, parece que a estratégia da Bump está realmente compensando.

A indústria de jornais é outro bom exemplo de um negócio que está tentando constituir uma audiência móvel fiel com a oferta de serviços gratuitos. Com as vendas de propaganda nos jornais impressos e sua circulação caindo contínua e rapidamente, jornais com dificuldades estão procurando mudar para uma plataforma digital com um modelo sustentável de renda. Competindo com tanto conteúdo gratuito on-line, os aplicativos pagos dos jornais não tiveram sucesso no passado, especialmente porque a recriação do jornal em uma pequena tela de telefone móvel se mostrou difícil. Mas com a imensa popularidade do iPad e o fato de que um tablet estimula o hábito de leitura similar ao do jornal tradicional, finalmente surgiu uma plataforma móvel viável para essa mídia.

Os principais jornais, como o *The New York Times* e o *Washington Post*, começaram a fazer experiências com novos aplicativos dedicados para iPad, que oferecem todo o conteúdo dos jornais diários gratuitamente por um tempo limitado. Com as telas maiores dos iPads, esses aplicativos conseguem oferecer uma experiência satisfatória de leitura digital comparável com a impressa, ao mesmo tempo em que se aproveitam da moderna tecnologia touch screen. Oferecem conteúdo completo gratuito por vários meses e esperam que os clientes passem a depender do "jornal" dessa forma. Aí, então, será uma decisão fácil fazer a compra de uma assinatura in-app quando o serviço gratuito terminar (veja a Figura 6.9)

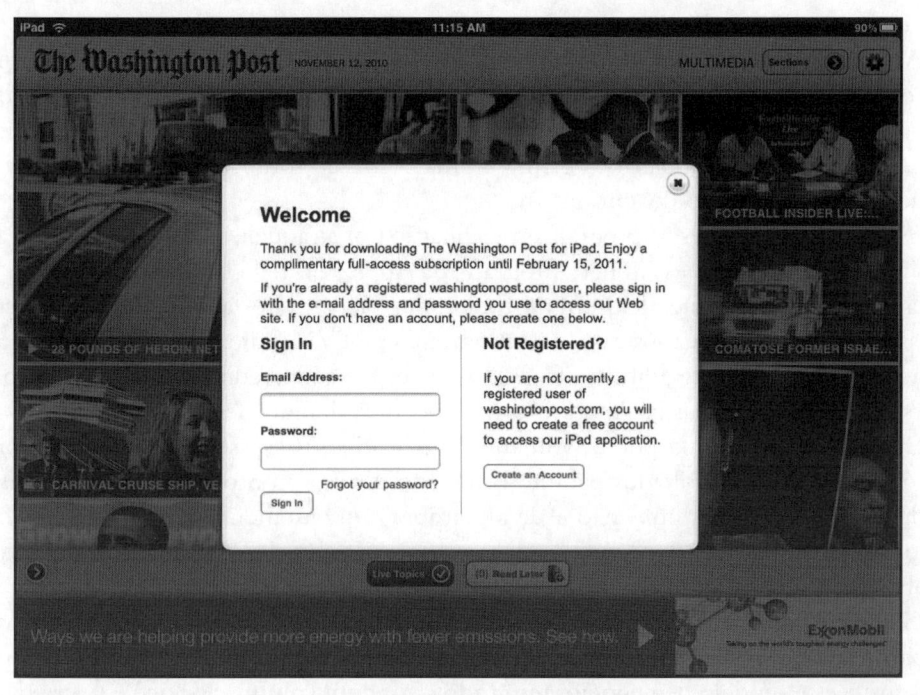

Figura 6.9. *O Washington Post é um dos diversos jornais que têm a esperança de que seu aplicativo gratuito para iPad transforme leitores fiéis em assinantes, oferecendo conteúdo completo por um tempo limitado.*

Se não puder esperar para ganhar dinheiro e financiar seus esforços de desenvolvimento, essas estratégias sem remuneração podem não ser o melhor caminho. Mas, se você já tiver um fluxo de caixa vindo de investidores, patrocinadores ou outras fontes, que sustentem o trabalho de desenvolvimento, e puder esperar vários meses para que o seu aplicativo ganhe força no mercado móvel, o modelo de negócios gratuitos pode ser eficaz se for implementado adequadamente.

Buscando receita adicional com programas de afiliação

Neste mesmo capítulo mencionamos o uso dos links de afiliação do iTunes quando você encaminha usuários para a iTunes Store. Aqui, nós vamos dar uma olhada mais de perto em como os programas de afiliação podem gerar renda para você.

Como funcionam os programas de afiliação

A forma como os programas de afiliação funcionam é bastante simples. As empresas participantes querem encorajar os proprietários de software e websites a enviar tráfego para os sites de varejo. Como incentivo, uma pequena taxa de comissão é ganha por venda conseguida. Isso é rastreado usando URLs especiais, que incluem identificadores únicos do afiliado. As comissões ganhas por um afiliado são baseadas no percentual de vendas geradas por clientes que vieram dos links afiliados.

A maioria dos blogueiros e proprietários de websites estão bastante familiarizados com o Amazon.com Associates, um dos mais antigos e populares programas on-line de afiliação. Se os visitantes do seu site seguirem o seu link de afiliação para o Amazon.com e comprarem um produto lá, você ganhará uma comissão sobre aquela venda (geralmente 4% ou mais, dependendo dos produtos).

Embora haja milhares de programas de afiliação por aí, aquele em que você deveria estar mais interessado é o iTunes Affiliate Program, da Apple. Com a iTunes Store e a App Store instaladas em todo iPhone, iPad e iPod touch, fica fácil para os aplicativos se conectarem com as páginas de lojas de música, filmes, programas de TV e audiolivros e até mesmo outros aplicativos. Aplicativos lite gratuitos fazem isso o tempo todo, redirecionando usuários para as versões completas pagas na App Store, na esperança de que eles as comprem.

Então, não faltam links por aí. Milhares de aplicativos iOS e seus websites relacionados estão repletos de links voltados para a iTunes Store e a App Store. O curioso é que um grande percentual desses links não é de afiliação. Frequentemente me surpreendo com a quantidade de desenvolvedores que ainda não se aproveitam dessas oportunidades gratuitas de geração de receita.

Ganhar uma comissão de 5% sobre itens digitais que podem custar apenas 99 centavos não parece uma cascata de dinheiro, mas, da mesma forma que as vendas de aplicativos de baixo custo, esse modelo de negócios tem tudo a ver com volume. Se você estiver enviando os usuários do seu aplicativo ou visitantes do seu site para a iTunes Store e a Apple, está ganhando dinheiro com os seus envios, por que você não deveria ser compensado pelas vendas que está gerando para a Apple? Já é bastante difícil ganhar dinheiro na App Store se você não estiver nos Top 200, então, por que ignorar uma opção fácil de ganhar algum dinheiro extra? Como proprietário de uma empresa de software, você deveria estar procurando por qualquer fluxo possível de receita que o seu aplicativo iOS e seu website possam lhe dar (de forma legal, naturalmente). E, nesse caso, tudo o que você precisa fazer é se associar a esses programas gratuitos de afiliação e modificar suas atuais URLs.

Ainda não se convenceu de que vale o esforço? Eis um pequeno petisco que pode despertar seu interesse.

O Pandora é um dos mais queridos serviços de rádio pela internet, disponível on-line, e seu aplicativo para iOS Pandora é um eterno favorito, sempre aparecendo entre os Free Music Apps Top 10 da App Store. Os ouvintes que gostarem da música executada podem facilmente comprar aquela trilha, tocando no botão Buy from iTunes (veja a Figura 6.10). O botão usa um link de afiliação para remeter o usuário para a página da música relacionada no iTunes. Se a trilha for comprada por aquele usuário, o Pandora ganha uma taxa de comissão.

Figura 6.10. *O aplicativo de rádio Pandora inclui links de afiliação para a iTunes Store embutida no iPhone, permitindo que os ouvintes comprem facilmente a música que está sendo tocada.*

O diretor de tecnologia do Pandora, Tom Conrad, disse que, somando o website do Pandora e o aplicativo iOS, os ouvintes do Pandora estão comprando aproximadamente 1 milhão de músicas através dos seus links de afiliação! E dessas vendas de música, o aplicativo iOS do Pandora é responsável por impressionantes 20%.

Não é difícil perceber como uma grande base de clientes pode gerar um substancial tráfego para a iTunes Store, transformando esses links de afiliação em importantes fluxos de receita. As comissões ganhas pelos links de afiliação da iTunes são uma das principais fontes de renda de muitas plataformas de jogos sociais, como a OpenFeint (discutida no

Capítulo 5), e é por isso que eles têm condições de oferecer gratuitamente aqueles serviços de jogos ricos em recursos para os desenvolvedores iOS.

O que é muito interessante sobre o iTunes Affiliate Program é que, quando os usuários seguem o seu link de afiliação para a iTunes Store, você ganha 5% de comissão sobre tudo o que eles comprarem dentro de uma sessão de 24 horas ou até que eles cliquem em outro link de afiliação. O Pandora já viu muitos dos seus ouvintes comprarem não apenas a música do link de afiliação que eles seguiram, mas ir adiante e comprar algumas novas músicas também, o que acrescenta mais comissões aos ganhos do Pandora.

Certamente o seu aplicativo para iPhone ou iPad pode não ter tantos usuários quanto o Pandora (muito poucos aplicativos conseguem se igualar a esse nível de popularidade), portanto, vamos examinar um cenário mais realista. Digamos que o seu aplicativo direcione cerca de 50 mil pessoas para a iTunes Store todo mês. Mesmo se apenas a metade deles acabar comprando um ou dois itens digitais de 99 centavos, com uma comissão de afiliado de 5%, você ganhará de $ 1.250 a $ 2.500 por mês. Isso é um montão de dinheiro sem ter de fazer nada além de uma única alteração no URL nos seus links embutidos para a iTunes Store.

Ingressando no iTunes Affiliate Program

Para ingressar no iTunes Affiliate Program, siga para http://www.apple.com/itunes/affiliates/.

Há diferentes redes de afiliados para regiões específicas. Atualmente, suas opções são LinkShare (Estados Unidos), TradeDoubler (Europa), LinkShare Japan (Japão) e dgm (Austrália e Nova Zelândia). Não ingresse na rede de afiliados que representa sua localização, em vez disso escolha a mais adequada ao público-alvo do seu aplicativo.

Aqui vamos analisar o processo usando a rede principal de afiliação, baseada nos Estados Unidos, a LinkShare. Clicando no link da LinkShare, você chegará ao formulário de inscrição. Se você já tem uma conta com a LinkShare, simplesmente se logue em http://www.linkshare.com/.

Depois que você tiver completado o processo de inscrição e se logado na sua conta da LinkShare, há ainda mais um passo. A LinkShare é a rede de afiliação para centenas de varejistas, portanto, dentro da sua conta LinkShare você é solicitado a se inscrever no programa individual de afiliação no qual está interessado. Execute uma busca na rede de anunciantes da LinkShare, com a palavra *iTunes*, e o iTunes Affiliate Program será exibido nos resultados apresentados (veja a Figura 6.11). Clique no botão Apply e aceite os termos e condições da Apple.

Como a Apple aprova manualmente todos os seus afiliados, você precisará esperar até receber a confirmação da aprovação (via e-mail) antes de poder criar algum link de afiliação.

Depois de ser aprovado pela Apple como afiliado oficial no iTunes, entre novamente na sua conta da LinkShare e navegue até a página do iTunes Affiliate Program (listada na seção My Advertisers). Agora você deve ver a faixa azul do iTunes Create Links com uma fileira de botões abaixo dela (veja a Figura 6.12).

Para gerar links de afiliação do iTunes para usar nos seus aplicativos, clique no botão Link Maker Tool. (Não use os recursos para fazer link da LinkShare.) A Link Maker Tool da Apple é muito fácil de usar. Você pode facilmente localizar um produto específico e, depois, copiar o link de afiliação personalizado que a ferramenta on-line oferece.

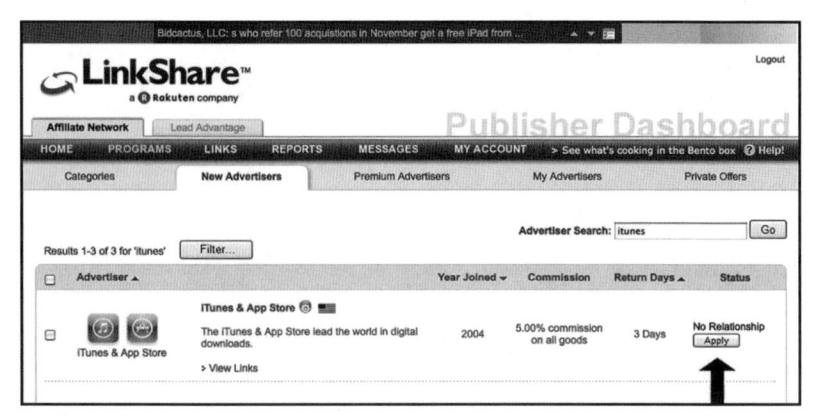

Figura 6.11. *Depois de se inscrever na LinkShare, você precisará se associar ao iTunes Affiliate Program dentro da sua conta LinkShare. Pesquise por iTunes e depois clique no botão Apply.*

Figura 6.12. *Para gerar links de afiliação para itens na iTunes Store, você precisará usar a Link Maker Tool (Ferramenta para Fazer Links) da Apple.*

É realmente simples assim. Use aqueles links especiais (que incluem o seu ID de afiliado) nos seus aplicativos e website para começar a ganhar algum dinheiro extra por todo aquele tráfego que você está enviando para a iTunes Store.

Aumentando a velocidade

Os aplicativos pagos não são o único caminho para ganhar dinheiro no universo móvel. Você realmente quer alavancar o poder do conceito gratuito para gerar mais renda? As versões lite promocionais e outros modelos de negócio analisados neste capítulo são a ponta do iceberg. Os próximos dois capítulos irão explorar a propaganda in-app e a Compra in-app.

Capítulo **7**

Capitalizando aplicativos gratuitos com iAd e outras oportunidades de propaganda in-app

A propaganda móvel é amplamente vista como a próxima grande fronteira do marketing, com anunciantes correndo para atingir aquela crescente audiência. Neste capítulo, o mundo da propaganda in-app é detalhadamente examinado, instruindo-o sobre as redes de propaganda móvel disponíveis para os aplicativos iOS e o valor de rastrear a utilização através das análises in-app. Modelos alternativos de propaganda, como patrocínios e acordos para colocação de produtos, também são explorados.

Quando usar a propaganda in-app

Uma hora ou outra, todos nós já baixamos aplicativos gratuitos que exibem algum tipo de propaganda in-app e muitos de nós até já seguimos algumas propagandas. Com base nas tendências atuais, os especialistas em pesquisas da Gartner preveem que os gastos com propaganda móvel vão superar os $ 13 bilhões em 2013. Até mesmo a Apple embarcou nesse lucrativo mercado com a introdução da sua plataforma iAd para a colocação de propaganda nos aplicativos iOS. Mas a grande questão é: os desenvolvedores de aplicativos conseguem ganhar dinheiro com ela?

A propaganda in-app pode ser uma maneira eficaz de ganhar dinheiro com os seus aplicativos gratuitos, sem depender das vendas de conteúdo pago, mas este pode não ser um modelo de negócio viável para todos os aplicativos. Você precisa analisar detalhadamente que tipo de aplicativo está criando e também avaliar como as pessoas estarão consumindo o seu aplicativo.

Conhecendo o seu público

Se você está desenvolvendo um aplicativo gratuito que poderia atrair um amplo mercado importante e que terá uso frequente, pode ser capaz de ter uma renda muito boa com a propaganda in-app. A chave é o *volume*. Quanto mais pessoas usarem o seu aplicativo, mais inserções da propaganda e click-throughs você contabilizará. E se for "grudento" o suficiente para reter a atenção dos usuários por um longo período, seu aplicativo conseguirá exibir muito mais banners, o que vai lhe proporcionar mais renda vinda do compartilhamento de propagandas.

Se o atrativo do seu aplicativo gratuito estiver limitado a um nicho do mercado, então a renda que ele poderá gerar em função da propaganda pode não ser suficiente para sustentar o negócio. Por outro lado, suprir um nicho de mercado pode resultar em taxas mais altas nas redes premium de propaganda, cujos anunciantes de marca estão ansiosos por atingir esse público específico. Mesmo considerando que esse tipo de aplicativo para nichos em última instância atrairá menos usuários do que um aplicativo para o mercado de massa, ele pode ser capaz de fazer a diferença em renda ganhando mais dinheiro por propaganda.

Eis alguns fatores a considerar.

- **Aplicativos que usam a internet** – Se o seu aplicativo precisa de uma conexão com a internet, como acesso a informações de GPS, serviços da web ou uma rede social on-line, adicionar propaganda in-app não será um problema para os usuários, porque eles já estarão on-line quando forem executar o seu aplicativo. Esse é um ponto importante para lembrar, porque mesmo considerando que um iPhone esteja continuamente conectado (via Wi-Fi ou provedora de celular), os usuários de iPod touch e iPad podem não ter uma conexão Wi-Fi o tempo todo. Se a maioria dos seus clientes tenderem a usar o aplicativo off-line, então a sua propaganda in-app não lhe trará nenhum dinheiro. Se não consegue se comunicar com os servidores da rede de propaganda, seu aplicativo não pode oferecer propagandas.

- **Aplicativos para um público mais jovem** – Se o seu aplicativo for um jogo ou aplicativo educacional que pretende atingir um público mais jovem, a propaganda in-app pode não ser apropriada. Por um lado, os pais podem não gostar de aplicativos que façam propaganda diretamente para os seus filhos. E anunciar para crianças mais novas pode ser ilegal em algumas regiões, portanto, é importante fazer sua lição de casa com o aspecto legal.

- **Aplicativos de entretenimento e jogos casuais** – Muitos aplicativos de entretenimento, especialmente jogos casuais e de tabuleiro, podem se sair bastante bem com a propaganda in-app, particularmente os que requerem uma conexão com a internet para entrar em uma rede on-line de placar dos líderes (leaderboards) em pontuação e de jogo. Se o desenho da interface for benfeito, banners inseridos na parte bem de cima ou de baixo da tela não vão causar obstrução durante o jogo. Um exemplo é o Angry Birds Free, que consegue renda com propaganda in-app. A empresa de desenvolvimento, Rovio, evita que ela interfira no jogo durante a ação, deslizando os banners de forma criativa para deixá-los à vista ou não na parte de cima da tela (veja a Figura 7.1).

- **Jogos de imersão** – Pode ser muito difícil integrar de forma bem-sucedida a propaganda in-app em jogos 3D de tela cheia, de imersão. Frequentemente, a única opção nesses casos é exibir a propaganda entre os níveis do jogo. Isso normalmente não é o ideal, já que reduz drasticamente a quantidade de inserções que o aplicativo pode gerar, especialmente se cada nível do jogo for de longa duração.

Figura 7.1. *O Angry Birds desliza os banners para deixá-los ou não à vista na parte de cima da tela, para evitar interferir no jogo durante a ação.*

Se você decidir ganhar dinheiro com propaganda no seu aplicativo gratuito para iOS, certifique-se de fazê-lo desde o comecinho, com a sua liberação inicial 1.0. Se o aplicativo sempre incluiu propaganda, os usuários irão simplesmente aceitá-las como sendo o preço pela baixa gratuita. Se ele já conseguiu um conjunto fiel de usuários que aproveitou diversas versões sem propaganda, então a súbita introdução de propaganda in-app em uma atualização posterior está fadada a desagradar muitos dos seus fãs. Como sempre, você quer evitar receber comentários negativos dos clientes na App Store, portanto, planeje cuidadosamente a sua estratégia para os aplicativos gratuitos desde o início.

A propaganda in-app como uma ferramenta de vendas

Se você não estiver decidido a confiar inteiramente na renda da propaganda e resolver liberar uma versão lite gratuita para promover o seu aplicativo pago, considere usar a propaganda in-app somente na sua versão lite. Dependendo do tipo de aplicativo que você está desenvolvendo, esse pode ser um meio eficaz não apenas de ganhar dinheiro com aquele aplicativo gratuito, mas também de motivar os usuários a atualizar para o aplicativo pago, se eles quiserem uma versão sem propaganda. Esse é o modelo de negócio que está por trás do Angry Birds Free (veja a Figura 7.1), que oferece uma dúzia de níveis gratuitos de jogo com propaganda in-app. Para conseguir níveis adicionais de jogo e uma experiência sem propaganda, os usuários são incentivados a comprar a versão paga do Angry Birds

Mesmo se você não oferecer um aplicativo pago separado, alguns usuários vão preferir uma versão sem propaganda. Muitos aplicativos gratuitos, como o AroundMe, da Tweakersoft (veja a Figura 7.2), oferecem uma opção paga para retirar as propagandas através das Compras in-app. Dessa forma, o aplicativo continua sendo gratuito, disponível para qualquer um experimentá-lo. Os clientes fiéis podem continuar usando o aplicativo gratuito com as propagandas ou optar por removê-las, pagando uma pequena taxa in-app. Isso permite que o aplicativo gere receita independentemente da opção que os usuários escolherem. Para uma cobertura aprofundada das Compras in-app, veja o Capítulo 8.

Figura 7.2. *O aplicativo gratuito da Tweakersoft, o AroundMe, oferece uma opção sem propaganda com uma Compra in-app para remover as propagandas.*

Escolhendo uma rede móvel de propaganda

A Apple fez um grande estardalhaço com o lançamento da sua iAd em 2010. A notícia sobre aplicativos participantes, conseguindo lucros impressionantes com inserções de propaganda e click-throughs, atraiu hordas de desenvolvedores iOS para a iAd Network. Para as interfaces de aplicativos que são projetadas para aceitar propagandas através de banners, a iAd é uma escolha sedutora. E a Apple está trabalhando duro para aumentar o estoque de propaganda da iAd Network e para levar essa disponibilidade para além dos Estados Unidos, para melhorar seu alcance e o valor para os desenvolvedores. Mas a iAd certamente não é a única opção disponível e pode não ser a solução ideal de propaganda para as necessidades específicas do seu aplicativo.

Investigando as opções

É importante investigar detalhadamente todas as redes de propaganda compatíveis com iOS para encontrar aquelas que ofereçam as melhores soluções para você. Embora dezenas de plataformas móveis para propaganda estejam disponíveis, limitaremos o foco apenas às mais importantes, que oferecem para os desenvolvedores iOS um SDK para propaganda in-app.

Eis alguns dos sites de rede de propaganda que valem a pena explorar.

- iAd (http://developer.apple.com/iad/).
- AdMob by Google (http://www.admob.com/).
- Greystripe (http://www.greystripe.com/).
- Millennial Media (http://developer.millennialmedia.com/).
- InMobi (http://www.inmobi.com/).
- iVdopia (http://www.ivdopia.com/).
- Jumptap (http://www.jumptap.com/).
- Medialets (http://www.medialets.com/).
- MobFox (http://www.mobfox.com/).
- Mojiva (http://www.mojiva.com/).
- Rhythm NewMedia (http://www.rhythmnewmedia.com/).
- Say Media (http://saymedia.com/).
- Smaato (http://www.smaato.com/).
- YuMe (http://www.yume.com/).

No fim das contas, os fatores mais importantes em um aplicativo bem-sucedido suportado por propaganda são garantir uma taxa de preenchimento de 100% (com uma propaganda sempre pronta para ser exibida) e conseguir as melhores taxas pelo espaço de propaganda do seu aplicativo. Atingir esses objetivos pode exigir um suporte a mais do que uma rede de propaganda no seu aplicativo. Muitos desenvolvedores se aproveitam das camadas de mediação de propaganda e das plataformas de troca de propaganda, como aquelas oferecidas pelos seguintes serviços:

- AdWhirl (http://www.adwhirl.com/).
- Burstly (http://www.burstly.com/).
- Mobclix (http://www.mobclix.com/).

Qual rede de propaganda é melhor para você?

Além da sedução dos SDKs fáceis de usar, que podem ser integrados no seu aplicativo em cinco ou dez minutos, todas essas redes de propaganda também são gratuitas e oferecem recursos similares; então, qual você deve escolher? Tudo realmente se resume à atual necessidade do seu aplicativo. Você deve tomar sua decisão com base nos seguintes critérios:

- Tamanhos e formatos de propaganda suportados.
- Relatórios e análises.
- Disponibilidade global e direcionamento.
- Taxas de ganho e de preenchimento.

Vamos dar uma olhada mais de perto em como esses fatores podem influenciar o sucesso dos seus aplicativos com propaganda in-app.

Tamanhos e formatos de propaganda suportados

Primeiro e mais importante, a rede de propaganda móvel que você escolher precisa suportar tamanhos de propaganda que se encaixem perfeitamente na interface e nas dimensões de tela dos seus aplicativos iOS. Por exemplo, algumas das redes de propaganda oferecem apenas banners em tamanho fixo de retrato e paisagem para iPhone e iPod touch, que se mostrarão problemáticos nas telas mais largas de um aplicativo para iPad.

E o que acontece se os banners não forem adequados às necessidades específicas da interface do seu aplicativo? Algumas redes de propaganda se especializam em tela cheia e rich media ou em vídeo, que pode ser uma escolha melhor para jogos e interfaces personalizadas, nos quais seria impraticável usar os banners tradicionais.

Se interpromoção for um recurso valioso para uso no seu aplicativo gratuito suportado por propaganda, preste atenção especial às redes de propaganda que lhe permitam usar alguns itens do seu estoque de propaganda com "propagandas da casa" personalizadas. Você pode usá-las para promover seus outros aplicativos e/ou ofertas de Compra in-app de dentro da sua versão gratuita, bem como possivelmente trocar propagandas com outros aplicativos de terceiros como parte de uma rede de trocas. Embora você não vá conseguir nenhum rendimento com essas propagandas interpromocionais, elas podem ajudá-lo a direcionar um bocado de tráfego e vendas para seus outros aplicativos pagos e de conteúdo, se a sua versão gratuita tiver uma grande base de usuários.

Relatórios e análises

Para conseguir avaliar adequadamente a eficácia do seu modelo de propaganda in-app, você precisa ter a capacidade de medir a frequência e o desempenho das propagandas exibidas no seu aplicativo. Todas as redes de propaganda oferecem relatórios baseados na web para as propagandas apresentadas pelo aplicativo, mas algumas são mais abrangentes do que outras. Procure verificar um exemplo de relatório antes de tomar sua decisão.

Mas os ganhos com propaganda não devem ser o único conjunto de estatísticas que vale a pena rastrear. A maioria das redes móveis de propaganda (se não todas) também oferece um pacote integrado de análises como parte dos seus SDKs.

Isso pode ser significativo no rastreamento da utilização do aplicativo e para descobrir quais seções do seu aplicativo recebem mais tráfego. Esse conhecimento vai ajudá-lo a refinar a colocação das propagandas in-app para melhorar a receita com elas e também o desempenho geral do aplicativo para os usuários. Em 2010 a Apple mudou sua política sobre análises, permitindo apenas análises de terceiros quando usadas para rastrear e melhorar os trabalhos com propaganda in-app. Discutiremos as análises in-app detalhadamente mais adiante neste capítulo.

Disponibilidade global e direcionamento

Uma rede de propaganda apenas pode não atingir todas as App Stores das regiões em que seu aplicativo é vendido, portanto, pense em como oferecer propagandas in-app a todos os usuários, independentemente de sua localização. Isso pode exigir uma combinação de redes de propaganda ou que você se aproveite de um serviço que suporte múltiplas redes de propaganda e camadas de mediação.

Quando foi inicialmente lançada, a iAd Network da Apple estava limitada ao continente norte-americano. Nos meses seguintes, a Apple começou lentamente a levar a iAd para outras regiões, como Europa e Japão. Quando você estiver lendo este livro, a iAd poderá estar bem estabelecida em um número suficiente de regiões para torná-la uma solução viável para propaganda in-app para aplicativos disponíveis globalmente.

Mas se você se preocupa com o fato de algumas regiões ou países não estarem sendo servidos, pode achar melhor suportar mais de uma rede de propaganda no seu aplicativo. Muitos desenvolvedores programam seus aplicativos para usar as iAds para os usuários nos Estados Unidos, a MobFox ou a InMobi para os usuários europeus e a AdMob para o resto do mundo. É aí que a percepção de localização e as análises in-app podem ajudar a determinar quais redes de propaganda devem ser ativadas para cada usuário específico.

Outro componente vital para o sucesso é o direcionamento da propaganda. Certifique-se de que a rede de propaganda que você escolher seja capaz de apresentar as propagandas certas para o público específico do seu aplicativo. Por exemplo, se o aplicativo for usado na sua maioria por pessoas do sexo masculino (como o Maxim HD para iPad), as propagandas sobre moda feminina e maquiagem muito provavelmente seriam uma má escolha para esse público. Propagandas não relacionadas, que não chamem a atenção dos usuários, não serão acionadas. Quanto menos click-throughs, menos renda você consegue.

Taxas de ganhos e de preenchimento

A receita com o compartilhamento de propaganda baseia-se no custo eficaz por milhar (eCPM). A iAd Network da Apple tem atualmente a maior taxa eCPM no ambiente da propaganda móvel devido aos seus anunciantes de grandes marcas.

Por ser um novo serviço, durante os primeiros seis meses de operação a iAd tinha um estoque pequeno de propagandas. Assim, mesmo considerando que as taxas de propaganda eram altas, não havia propagandas suficientes para encher a prateleira com aplicativos participantes na rede. Como resultado, os críticos reclamaram das baixas taxas de preenchimento da iAd. Embora a Apple tenha se esforçado bastante para aumentar o estoque de propagandas desde então, acrescentando mais anunciantes de marca e lançando o programa iAd para Desenvolvedores, não é uma má ideia suportar múltiplas redes de propaganda para garantir uma taxa de preenchimento de 100% no seu aplicativo.

Devido às altas taxas de eCPM da iAd, muitos desenvolvedores escolhem a iAd como primeira rede para enviar uma solicitação por uma propaganda. Se a iAd não estiver disponível, então o aplicativo solicita automaticamente uma propaganda para uma segunda rede de propaganda, como a popular AdMob, do Google.

Uma das principais vantagens de optar por um serviço de camada de mediação de propaganda, como a AdWhirl ou a Burstly, é que ele garante a melhor taxa de preenchimento e uma boa média eCPM. A adWhirl e a Burstly não apenas suportam uma longa lista de importantes redes de propaganda, mas também suportam a iAd. A Mobclix é outra atraente plataforma, que suporta várias das principais redes de propaganda.

Diferencie as redes que pagam apenas pelos atuais click-throughs nas propagandas daquelas que também pagam por inserções (visualizações). Algumas redes de propaganda alegam ter altas taxas de eCPM sem mencionar que essas atraentes taxas são muitas vezes apenas uma pequena fração do seu estoque de propaganda disponível apenas para seletos aplicativos que atingem um público específico.

Novamente, certifique-se de fazer sua lição de casa antes de escolher uma rede de propaganda. Simplesmente se lembre de que, se não tiver uma grande base de usuários ou capturar uma cobiçada população, aplicativo pode não conseguir as altas taxas de eCPM.

Construindo um negócio com aplicativos suportados por propaganda

Podem os desenvolvedores iOS ganhar a vida somente com a renda conseguida com propaganda in-app? Quando for decidir se você deve liberar seu produto como um aplicativo pago ou gratuito suportado por propaganda é importante fazer os cálculos. A venda de um aplicativo pago lhe renderia pelo menos 70 centavos (com base em um preço de 99 centavos). Se fosse um aplicativo gratuito suportado por propaganda, conseguiria gerar suficientes inserções e click-throughs para lhe dar mais do que 70 centavos por usuário? Com um aplicativo usado intensamente, você poderia responder "sim" com confiança a esta questão, mas com muito poucos usuários a resposta pode ser um surpreendente "não".

Se você estiver conseguindo uma média de eCPM que se situe em torno de $ 1, então para conseguir mais de $ 1.000 a sua propaganda in-app precisará receber pelo menos 1 milhão de inserções de propaganda. Com mais de 160 milhões de dispositivos iOS no mercado, não seria muito difícil para o seu aplicativo gratuito conseguir 1 milhão de inserções de propaganda, certo?

O simples fato de o seu aplicativo ser gratuito não é garantia de uma avalanche de downloads. Simplesmente há um excesso de aplicativos na App Store lutando pela atenção das pessoas. Apenas uma pequena porcentagem desses aplicativos consegue uma grande base de clientes com centenas de milhares de usuários, com alguns dos principais aplicativos atingindo milhões. Mas isso não é a regra. Mais da metade dos aplicativos gratuitos na App Store foi baixada por apenas alguns milhares de pessoas. Se o aplicativo cai nesta última categoria, você conseguirá poucos dólares por dia de renda com propaganda – definitivamente, não é o suficiente para lhe garantir um salário integral.

Embora isso possa parecer muito desanimador, lembre-se de que o aplicativo não precisa ser um fenômeno de vendas, daqueles entre os Top 10, para poder ganhar dinheiro com propaganda in-app. Há uma boa quantidade de aplicativos gratuitos suportados por propaganda que consegue uma renda consistente graças a um planejamento estratégico bem elaborado e à criatividade no marketing dos desenvolvedores que os criaram.

Harmonizando a estética da interface com as propagandas

Você terá de considerar como a exibição das propagandas afetará a sua interface. Quer tenha uma única versão com a opção de remover as propagandas, quer ofereça dois aplicativos consistindo em uma versão gratuita com propagandas e uma versão paga sem elas, o desenho da sua interface precisará acomodar a abordagem que você escolher.

Desenhando aplicativos gratuitos com propagandas removíveis

Jesse Grosjean, da Hog Bay Software, fez sua primeira incursão no mundo da propaganda móvel com a liberação do aplicativo gratuito de editoração PlainText, tanto para iPhone como para iPad. Seus produtos anteriores para iOS, os populares TaskPaper e WriteRoom, foram liberados como aplicativos pagos. Mas com a opção Dropbox de sincronização de arquivos baseada em nuvem no PlainText o usuário precisa de uma conexão on-line. Isso apresentou uma oportunidade única para Jesse fazer experimentos com a propaganda in-app.

O objetivo do PlainText é fornecer para os editores uma interface mínima, livre de distrações, portanto, era importante para Jesse não atulhar a tela com banners horríveis. A maioria dos banners iAd é muito bem desenhada, portanto, em vez de jogar com múltiplas redes de propaganda para obter as melhores taxas eCPM e de preenchimento, ele considerou ser mais importante preservar a integridade do desenho da interface do aplicativo e suportar apenas a iAd. Quando uma iAd está disponível, a interface inteira do PlainText se desloca para cima, abrindo espaço para a iAd na parte de baixo. Se não houver iAd para exibir, a interface do PlainText volta ao seu estado normal, ocultando a estrutura do banner (veja a Figura 7.3).

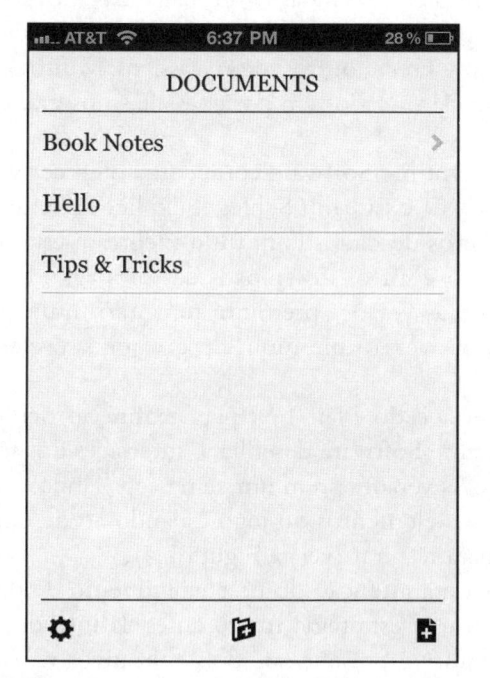

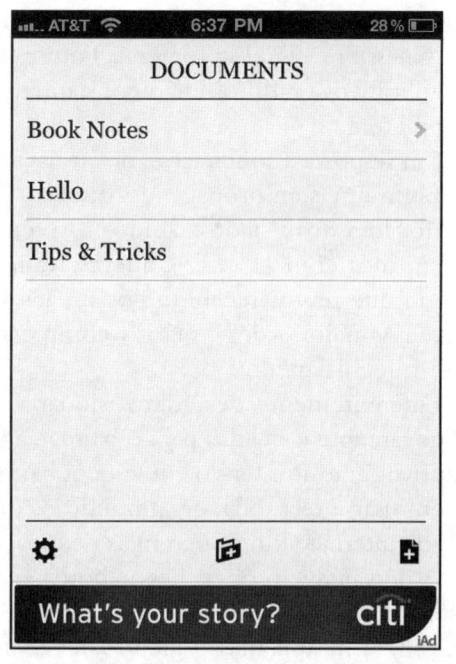

Figura 7.3. *O PlainText, da Hog Bay Software, ajusta dinamicamente a altura da interface do aplicativo com base em haver ou não uma iAd disponível para exibição na parte de baixo da tela.*

Jesse admitiu que sua decisão de usar exclusivamente a iAd não lhe permitiu aperfeiçoar seus esforços de propaganda in-app, especialmente porque a iAd exige o iOS 4, portanto, os usuários que utilizam o PlainText com o iOS 3 não conseguem ver nenhuma propaganda.

Independentemente dessa limitação, ele está satisfeito com os resultados. O aplicativo gratuito também oferece uma opção de Compra in-app para remover as propagandas.

"Em comparação com os meus aplicativos pagos, o PlainText tem tido muito mais downloads, mas com lucro menor", informou Jesse. "Em pouco mais de dois meses o PlainText teve cerca de 225 mil downloads e conseguiu um pouco mais de $ 3 mil através de Compras in-app e cerca de $ 7 mil via iAd."

Mesmo considerando que a quantidade de pessoas, que preferiram comprar o item de Compra in-app "Remove Ads" (Remover Propagandas), representa apenas cerca de 1% do total de usuários do PlainText, isso ainda responde por uma porção significativa da renda que o aplicativo consegue obter. Esse modelo híbrido de um aplicativo gratuito suportado por propaganda com um componente de Compra in-app para a remoção das propagandas e/ou a venda de recursos adicionais pode ser uma combinação bastante poderosa.

Desenhando duas versões: com e sem propagandas

Em vez de oferecer uma opção de Compra in-app para remover as propagandas, alguns desenvolvedores simplesmente liberam duas versões do aplicativo: um gratuito, suportado por propaganda, e outro pago, sem propagandas. Essa é a estratégia empregada pela Optime Software, uma empresa construída do zero com receitas vindas de propagandas móveis. A empresa cresceu apenas com a liberação de aplicativos gratuitos – Checkers Free, Dots Free, Chess Free, Tic Tac Toe Free, Four in a Row Free e outros jogos clássicos. Muitos dos seus aplicativos gratuitos estão constantemente classificados em posições altas nos gráficos da App Store.

Em resposta a solicitações dos usuários, a Optime Software começou a oferecer versões premium, sem propaganda, dos seus jogos. O CEO Jon Schlegel explicou: "Muitos usuários fora dos Estados Unidos não têm planos de dados com tudo incluso e estavam preocupados com os custos que estavam tendo com os downloads das propagandas. A resposta que temos recebido dos usuários para as versões premium tem sido muito favorável. A maioria dos usuários compraria uma versão premium de um jogo se eles o usassem regularmente."

Diferentemente de redimensionar a interface do PlainText para exibir ou ocultar dinamicamente o quadro para o banner, a Optime Software desenha as interfaces dos seus aplicativos gratuitos tendo em vista os banners. As versões premium, sem propaganda, conseguem usar a tela toda, organizando os diversos elementos do jogo e dando ao desenho geral da interface um pouco mais de espaço para respirar (veja a Figura 7.4).

A desvantagem óbvia dessa abordagem é a manutenção do desenvolvimento de duas versões separadas. A Optime Software utilizou essa estratégia muito antes da introdução da Compra in-app, mas o grande benefício aqui é a presença de dois aplicativos na App Store, em vez de apenas um. A maior visibilidade obtida com a presença de aplicativos em ambos os gráficos da App Store, dos gratuitos e dos pagos, pode ajudar a promover as duas versões. Jon admitiu: "Ganhamos significativamente mais com nossos aplicativos gratuitos suportados por propaganda do que com os aplicativos premium, mas os gratuitos também ajudam a aumentar a visibilidade e gerar sustentação para os premium. Muitos dos nossos aplicativos premium têm chegado às listas de Top 100 nas suas categorias totalmente em função das conversões de promoções da versão gratuita."

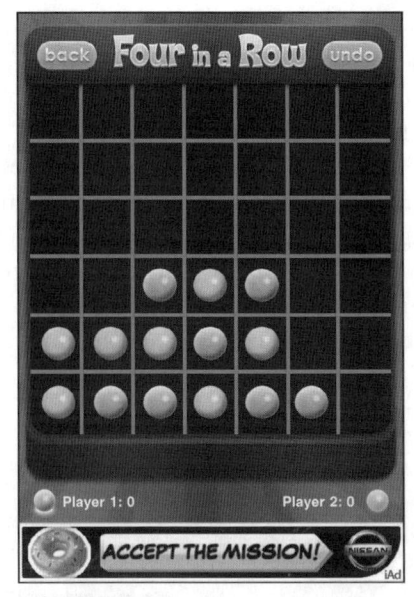

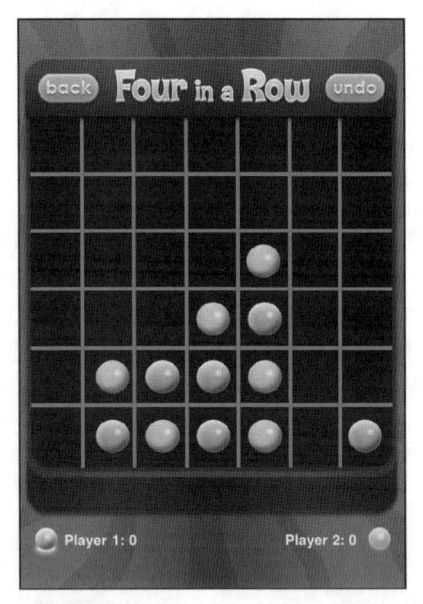

Figura 7.4. *A Optime Software modifica a colocação dos diversos elementos de interface nos seus jogos, dependendo da versão. O aplicativo gratuito necessita de espaço adequado na parte de baixo da tela para um banner (esquerda), enquanto isso não é necessário na versão premium, paga (direita).*

Encontrando a melhor combinação de redes de propaganda

Mark Johnson, da Focused Apps, tem bastante experiência trabalhando com propaganda in-app em muitos dos seus aplicativos gratuitos, que incluem o Focus for Facebook, o Hit Tennis 2 e o Santa's Lil' Zombies. Ele foi muito gentil em compartilhar algumas das lições aprendidas com as experiências que conduziu para encontrar a melhor combinação de eCPM e taxas de preenchimento.

"Ganhar dinheiro com propaganda de terceiros é difícil. Para nós, é uma pequena parte de nossa receita. Para que os gratuitos com propaganda funcionem, você precisa de volume e de um aplicativo que pegue", afirmou Mark. "Em outras palavras, você precisa de uma porção de downloads, de um aplicativo que as pessoas usem frequentemente e que mantenham nos seus telefones e voltem a ele por um longo período (em vez de simplesmente excluí-lo após uma semana de uso)."

O Focus for Facebook exibe propagandas da iAd, AdMob e outras das principais redes de propaganda. O frame do banner aparece na parte de baixo da tela, com a tableView rolando por trás dele (veja a Figura 7.5). A colocação permite que a propaganda permaneça bastante visível o tempo todo, sem interferir na leitura de uma newsfeed do Facebook.

"Em um dos nossos aplicativos, usamos a Burstly como uma rede integradora de propaganda, de forma que, se a iAd não tivesse uma propaganda para nós, a Burstly colocaria uma das outras redes de propaganda", disse Mark. "As diferentes redes de propaganda apresentam variação em preenchimento, eCPM e qualidade das propagandas, e todos estes fatores variam de país para país. Cerca de metade do nosso estoque de propaganda é exibida nos Estados Unidos, e a outra metade em outros países. Temos experimentado redes diferentes de propaganda para ver que taxas de preenchimento e eCPM conseguimos obter nos diferentes países. Nenhuma rede de propaganda apresenta a melhor performance em todos os países. Naturalmente, as eCPMs são maiores nos países mais ricos, mas a presença de vendas da rede de propaganda em cada país afeta o volume e o valor que elas podem vender ali e, certamente, propagandas com texto em inglês não ficarão tão boas quanto aquelas no idioma local. No momento, a iAd compensa bastante nos Estados Unidos e está crescendo. Recomendo que os desenvolvedores usem primeiro a iAd, suplementada pela AdMob e com suas próprias propagandas domésticas (a AdMob tem uma boa solução embutida para propagandas domésticas). E considere também o uso da AdWhirl ou da Burstly."

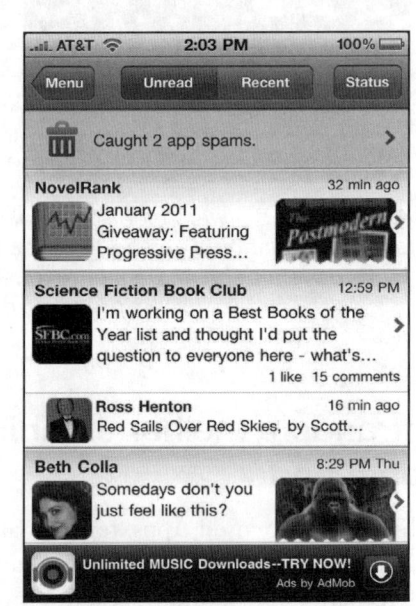

Figura 7.5. *O aplicativo gratuito Focus for Facebook é suportado por propaganda in-app, exibindo propagandas da iAd (esquerda), AdMob (direita) e outras redes de propaganda.*

Aproveitando a força das propagandas domésticas

Como já mencionamos neste capítulo, as propagandas domésticas são anúncios personalizados criados para exibição no frame do banner de um aplicativo. Se você tem a intenção de desprezar algumas das propagandas de terceiros para mostrar suas propagandas domésticas, elas podem ser um excelente meio de promover outros serviços e produtos geradores de receita, como aplicativos pagos.

Mark Johnson tem muito a dizer sobre este assunto. "Naturalmente, os aplicativos gratuitos conseguem muito mais downloads, e isso é um enorme benefício. Usamos o espaço de propaganda no aplicativo gratuito para muito mais do que simplesmente mostrar propagandas de terceiros. Exibimos propagandas domésticas para muitos casos, como promover a venda da versão paga do aplicativo, as compras in-app, nossos outros aplicativos;

pedir retorno dos usuários para nos ajudar a planejar a próxima versão; conseguir que mais pessoas adotem nossa mala direta; fazer com que as pessoas repassem uma propaganda no Twitter. Eu diria que a maior vantagem de criar aplicativos gratuitos não é a renda com a propaganda, mas estar em contato com muitas pessoas e, depois, usar as propagandas domésticas de forma criativa para ajudar as outras linhas de negócio. Isso funciona muito bem. Algo como 95% da adoção das nossas malas diretas vem de uma propaganda doméstica 'adote nossa mala direta para destravar um nível gratuito', em comparação com apenas 5% da nossa tela 'contate-nos'."

Exibir propagandas domésticas em aplicativos gratuitos para interpromover aplicativos pagos e ofertas de Compra in-app é uma estratégia que beneficiou também a Backflip Studios. Muitos dos seus aplicativos, como o superpopular Paper Toss (veja a Figura 7.6), são eternos favoritos, classificando-se muito bem nos gráficos da App Store. Com mais de 47 milhões de downloads de aplicativos para iOS, a Backflip Studios fatura $ 500 mil por mês com propaganda in-app em diversos aplicativos gratuitos. E isso com apenas 60% das inserções de publicidade dedicadas a propagandas de terceiros, como a AdMob. Os demais 40% das inserções são de propagandas domésticas assinadas pela Backflip Studios para promover todos os outros aplicativos, tanto gratuitos como pagos.

Figura 7.6. *O Paper Toss HD Free para iPad utiliza o espaço dedicado à propaganda para exibir não apenas propagandas de terceiros, mas também propagandas domésticas que promovem os outros aplicativos da Backflip Studios.*

A média de utilização dos aplicativos gratuitos diminui rapidamente nas primeiras semanas após o download, com menos de 5% dos usuários voltando para o aplicativo depois de trinta dias. Para que a propaganda in-app seja uma fonte lucrativa de renda, o seu aplicativo precisa apresentar tantas propagandas quantas forem possíveis, o que requer uso contínuo por uma grande quantidade de usuários.

Se o seu aplicativo for totalmente suportado por propaganda in-app, é crucial que você tenha estratégias de marketing e desenvolvimento que não apenas direcionem novos usuários para o aplicativo, mas também ampliem seu período de vida para além da média de trinta dias. Portanto, mesmo quando oferecerem aplicativos gratuitos, os desenvolvedores não podem se deitar sobre os seus louros esperando que a receita com a propaganda vá chegando. Você deve esperar ter tanto trabalho com a promoção e contínua atualização de um aplicativo gratuito suportado por propaganda quanto esperaria ter com um aplicativo pago, para garantir que a sua solução de propaganda in-app compense.

Mas se o seu aplicativo gratuito se tornar um grande sucesso, chegando aos Top 100 da App Store, é possível ganhar muito dinheiro com a propaganda in-app. E se você tiver diversos aplicativos gratuitos no topo da classificação, gerando receita com propaganda ao mesmo tempo, você pode ter um negócio bastante lucrativo em suas mãos.

Implementando a iAd da Apple nos seus aplicativos para iOS

Depois de ler sobre o sucesso que outros desenvolvedores tiveram com a propaganda in-app, você provavelmente está ansioso para experimentar por si mesmo. Devido a restrições de quantidade de páginas, não seria prático incluir neste livro as instruções de implementação de cada rede existente de propaganda móvel de terceiros, portanto, para os nossos exemplos, ficaremos com a iAd. Depois que você tiver uma boa ideia de como usar o iAd Framework da Apple nos seus aplicativos iOS, aprender sozinho sobre SDKs de terceiros, como a AdMob, será bem fácil.

Começaremos com o básico sobre trabalhar com a iAd Network e depois faremos uma ampla análise sobre como projetar e programar o seu aplicativo para suportar a iAd. Portanto, arregace as mangas e vamos começar.

> **NOTA:** Se você estiver interessado em aprender mais sobre a iAd, consulte esses links oficiais do Apple Developer (o seu login do iOS Developer Program será necessário): iAd Development (http://developer.apple.com/iad/) e App Store Resource Center for iAd (http://developer.apple.com/appstore/resources/iad/).

Associando-se à iAd Network

Antes de começar a trabalhar com a iAd, mesmo quando for fazer testes no iOS Simulator do Xcode, você precisa primeiro se associar à iAd Network. Isso é feito no iTunes Connect, portanto, faça o login – http://itunesconnect.apple.com/ – e depois navegue até a seção Contracts, Tax and Banking para se registrar na iAd Network (veja a Figura 7.7).

Depois que a sua solicitação de contrato com a iAd Network tiver sido aprovada pela Apple, você poderá desenvolver e testar seus aplicativos com o iAd Framework.

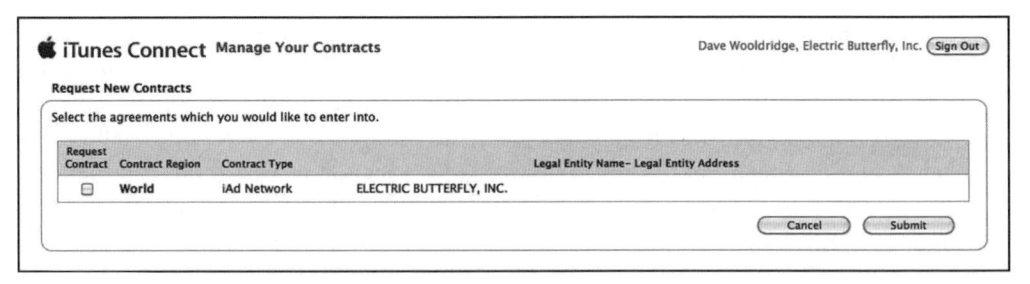

Figura 7.7. *Você precisa primeiro se associar à iAd Network, dentro da iTunes Connect antes de começar a usar o iAd Framework nos seus aplicativos.*

É importante notar que a única publicidade que você verá quando executar o seu aplicativo no iOS Simulator e nos seus dispositivos de teste é a propaganda padrão de teste da iAd. Tocar na faixa de teste da iAd exibirá apenas a visualização de teste da propaganda. O seu aplicativo não exibirá banners reais on-line até que você envie o seu App pela iTunes Connect com a iAd habilitada.

Projetando o seu aplicativo para exibir banners iAd

Há dois tipos de propaganda iAd. Uma é a típica iAd Banner View, que pode ser vista em muitos aplicativos iOS suportados por propaganda (veja exemplos nas Figuras 7.3 e 7.4). A outra é uma propaganda em tela cheia, imersiva, chamada iAd Interstitial View, que foi introduzida no iOS 4.3. Por simplicidade, focaremos aqui apenas a mais popular iAd Banner View. Se você estiver interessado em aprender mais sobre a implementação da iAd Interstitial View, veja a documentação on-line no iOS Dev Center da Apple.

Se você já viu iAds em aplicativos iOS, está familiarizado com o conceito geral de como elas operam. Um banner iAd é colocado estrategicamente na interface e, quando é tocado, o usuário não sai do aplicativo. Em vez disso, uma propaganda em tela cheia é exibida como uma visualização modal dentro do aplicativo. Quando a visualização modal da propaganda é fechada, o usuário é levado de volta ao aplicativo.

Como você poderia esperar, os tamanhos dos banners iAd são muito parecidos com outros tamanhos de propaganda móvel.

- Banner iAd retrato para iPhone: 320 pontos de largura × 50 pontos de altura.
- Banner iAd paisagem para iPhone: 480 pontos de largura × 32 pontos de altura.
- Banner iAd retrato para iPad: 768 pontos de largura × 66 pontos de altura.
- Banner iAd paisagem para iPad: 1024 pontos de largura × 66 pontos de altura.

O objetivo é inserir o banner na interface do seu aplicativo sem atrapalhar a utilização pelo usuário. Mas ao mesmo tempo você quer que a propaganda seja colocada onde possa ser vista facilmente pelo usuário, para ganhar inserções e click-throughs.

Se você planeja colocar o quadro para o banner iAd na parte de cima da tela, a Apple recomenda posicioná-lo acima da sua NavigationBar ou barra de ferramentas. Se quiser exibir o quadro para o banner iAd próximo da parte inferior da tela, a Apple também recomenda colocá-lo acima da barra de ferramentas ou da tabBar, mas isso não funciona necessariamente em todos os casos. Por exemplo, se um aplicativo para iPad usa um SplitViewController, com barras de ferramentas ao longo da parte de baixo, um banner no formato paisagem não pode ser colocado sobre elas, já que há essencialmente duas visualizações diferentes (no modo paisagem, o painel máster e o painel de detalhes ficam lado a lado). Nesse cenário, você precisa colocar o banner sob as barras de ferramentas.

O que pode parecer surpresa para muitos desenvolvedores é que uma iAd Banner View precisa ser adicionada à UIView como uma subview. Se você sabe que o seu aplicativo sempre irá exibir as propagandas em uma posição específica fixa na tela, por que não adicionar simplesmente uma iAd Banner View a uma UIView existente no Interface Builder? Se o aplicativo suportar múltiplas redes de propaganda, você sempre terá uma propaganda disponível para exibir, então, por que não? Há atualmente três motivos muito importantes para garantir que a visualização da sua propaganda possa ser removida dinamicamente da interface enquanto o aplicativo estiver sendo executado, como demonstrado pelo PlainText, da Hog Bay Software (veja a Figura 7.3):

- Se o dispositivo do usuário perder a conectividade celular ou Wi-Fi, você não quer que o seu aplicativo exiba um quadro vazio na faixa de propaganda. Ter um enorme retângulo em branco consome valioso espaço na tela dentro da sua interface, é muito feio e um trabalho de amador.

- A equipe de análise da Apple rejeitará qualquer aplicativo que exibir um espaço de propaganda em branco quando um banner iAd não estiver disponível ou o servidor da iAd Network não puder ser encontrado. O iAd Framework da Apple facilita a detecção no código, enviando ao seu aplicativo uma mensagem através do delegate de banner iAd quando uma propaganda não puder ser encontrada.

- Se você planeja oferecer uma opção de Compra in-app para remover as propagandas daqueles usuários fiéis que preferram uma utilização sem propaganda, não vai querer que uma faixa vazia permaneça na tela depois da compra, congestionando a interface do aplicativo sem motivo.

Para aqueles que planejam ter uma iAd aparecendo sobre a UITableView ou uma tela baseada em jogo em uma UIView específica, tornar a faixa iAd visível na tela usando código é bastante trivial. Mas, para aqueles desenvolvedores que precisarem redimensionar múltiplos controles para abrir espaço para o quadro do banner iAd, isso sem dúvida vai requerer algum retrabalho no desenho dos componentes da sua interface e controladores pai.

Não se renda logo ao caminho mais fácil, comprometendo o desenho do aplicativo para acomodar uma faixa iAd. Gaste algum tempo para descobrir como integrar a faixa iAd sem sacrificar a integridade da interface do aplicativo. Se você ainda não tiver criado o seu aplicativo, então isso é simplesmente uma questão de planejar a sua interface tendo em mente os banners. Para aplicativos já existentes, isso pode requerer a remodelagem de muitas das suas views para incluir novas UIViews pai, como uma view subjacente que contenha as subviews aninhadas do quadro para banner iAd e a views superior contendo os componentes da interface do seu aplicativo (veja a Figura 7.8).

Na Figura 7.8, a UIView superior (atribuída no código como contentView) age como um recipiente da view pai para os controles da interface do aplicativo. Se você precisar que essa view pai seja redimensionada para abrir espaço para um banner iAd na parte de baixo da tela, deverá configurar as máscaras de autodimensionamento dos controles aninhados da interface de forma que eles também se redimensionem ou se movam adequadamente. Como mostrado na Figura 7.8, o UILabel com o texto "BOTTOM of 'contentView' UIView" tem sua máscara de autodimensionamento configurada para se mover para cima em relação ao redimensionamento da altura da sua UIView pai.

Figura 7.8. *Alguns aplicativos podem precisar de retrabalho na hierarquia das views para acomodar um frame para banner iAd, que precisa ser uma subview da UIView.*

A camada mais de baixo na Figura 7.8 representa a janela principal do aplicativo com um ViewController embutido. A camada intermediária branca é a UIView principal chamada pelo ViewController. Como norma, a essa UIView é atribuída a "outlet view". A UIView contentView-named e o frame para o banner iAd são ambas subviews da UIView pai (conhecida como view).

Se tudo isso o confundiu um pouco, não se preocupe. Tudo fará muito sentido quando analisarmos o processo de integração da iAd em um projeto Xcode de exemplo na próxima seção. Você compreenderá os motivos que estão por trás da hierarquia das UIViews quando as vir em ação.

No que diz respeito à aparência, você não vai querer que a iAd surja instantaneamente na tela, com tudo sendo deslocado. Isso pode ser confuso para o usuário. É muito mais elegante fazer com que a iAd apareça na tela graciosamente, deslizando-a para deixá-la à vista ou ocultando-a usando UIView animation. Você verá como usar a UIView animation com um frame para o banner iAd quando construirmos o exemplo da Figura 7.8 como um aplicativo universal tanto para iPhone como para iPad. Continue lendo...

Programando o seu aplicativo para trabalhar com propagandas

Vamos trabalhar com um pouco de código! Primeiro, é importante entender exatamente o que precisamos que este projeto de exemplo faça antes de mergulhar no Xcode. Eis uma visão geral da funcionalidade básica:

- Verifique a conectividade do dispositivo com a internet. Se não houver conexão, então não faça nada, deixando a interface do aplicativo no seu estado normal, de tela cheia.
- Se o dispositivo tiver acesso à internet, solicite um banner iAd para a iAd Network.
- Se a iAd Network enviar uma mensagem informando que a solicitação foi bem-sucedida, prepare o frame para o banner iAd, e a propaganda estará pronta para ser exibida.
- Se a iAd Network responder dizendo que o banner iAd não está disponível, então prepare um banner alternativo para ser exibido. Neste exemplo, mostraremos uma propaganda doméstica, mas, em vez disso, você poderia também simplesmente modificar o código de exemplo para suportar uma segunda rede de propaganda (como a AdMob).
- Quando um banner estiver pronto para ser exibido – seja de uma propaganda iAd ou doméstica – use a UIView animation para deslizá-lo para dentro da view na parte de baixo da tela e ajuste o posicionamento dos elementos da interface afetados para abrir espaço ao frame do banner.
- Se o aplicativo exibia um banner e o dispositivo perder a conexão com a internet ou se não houver um novo banner para ser exibido, use a mesma técnica de UIView animation para deslizar o frame da propaganda para fora da view, revertendo a interface do aplicativo para o seu estado normal, de tela cheia.

Se você quer simplesmente exibir um banner iAd sobre a sua interface existente, talvez ache que este tutorial seja um pouco exagerado para as suas necessidades. Para conhecer exemplos simples de código para iAd, veja o exemplo de projeto da Apple, iAdSuite, disponível on-line no iOS Dev Center: http://developer.apple.com/library/ios/#samplecode/iAdSuite/.

Para aqueles que estiverem interessados nos recursos que delineei, o projeto avançado de exemplo que estamos prestes a criar pode ser exatamente a solução que estão procurando. Este tutorial contém uma grande quantidade de código (em comparação com os outros exemplos do livro), portanto, para evitar todo aquele trabalho manual de digitação, recomendo fortemente baixar os exemplos de código que acompanham o livro (de http://www.iPhoneBusinessBook.com/ ou http://www.apress.com/) e depois abrir no Xcode o projeto InAppAdv incluído. Mesmo se quiser seguir os passos você mesmo, copiar e colar algumas partes do código do projeto InAppAdv de exemplo podem ajudar a economizar algum tempo precioso.

Criando um novo projeto Xcode

A iAd está disponível para iPhone e iPod touch desde o iOS 4.0, mas a iAd não era suportada pelo iPad até o iOS 4.2. Para atender a todos os leitores, vamos criar um exemplo de aplicativo universal, mostrando como programar o código para iAd para ambos os alvos, iPhone e iPad.

Inicie o Xcode e crie um novo projeto para iOS, escolhendo o modelo Windows based Application. Quando selecionar esse modelo de projeto, certifique-se de que seu menu de atalho **Product** esteja configurado como **Universal**, mas deixe desmarcada a caixa Use Core Data for Storage. Dê ao novo projeto o nome InAppAdv.

Acrescentando o iAd Framework ao projeto

O iAd Framework, da Apple, é necessário para que o seu aplicativo possa ser executado e compilado corretamente com o código iAd relacionado. Para acrescentar este framework ao projeto, clique segurando a tecla Ctrl na pasta *Frameworks* do projeto e, no menu contextual que aparece, selecione **Add ➤ Existing Frameworks**... (veja a Figura 7.9). Depois, selecione iAd.framework na lista que aparece.

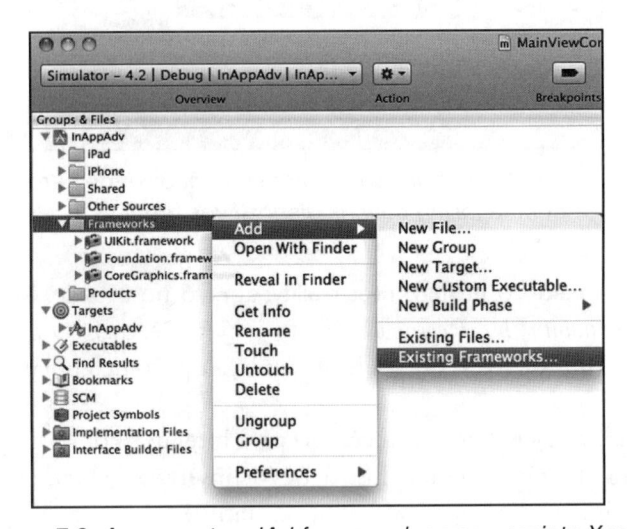

Figura 7.9. *Acrescente o iAd.framework ao seu projeto Xcode.*

Para permanecer focado na tarefa em mãos, o projeto de exemplo requer o iOS 4.2. Se o seu aplicativo precisar suportar versões anteriores do iOS, você pode fazer um weak-link do iAd framework no seu projeto. Para isso, selecione o nome de projeto do aplicativo no grupo Targets, clique no botão Get Info e, na guia General que aparece, escolha Weak como o método de vinculação para a iAd.framework (veja a Figura 7.10).

Provavelmente, você também vai precisar usar a codificação condicional (conditional coding) dentro do seu aplicativo, de forma que, nos dispositivos iOS 4, um banner iAd seja exibido, mas, nas versões anteriores do iOS, uma propaganda doméstica ou outro banner de terceiros será mostrado no seu lugar. Para mais informações sobre como programar a compatibilidade retroativa (backward compatibility), consulte o iOS Dev Center.

Acrescentando ao projeto a classe Reachability, da Apple

Quando o aplicativo estiver sendo executado, você vai querer que o código verifique se há conexão com a internet. Sem acesso à internet, não faz sentido solicitar um banner. Em vez de gastar horas criando um código próprio de detecção de rede, a Apple recomenda o uso da sua classe Reachability, que pode ser baixada do iOS Dev Center como parte do Projeto de exemplo Reachability, em http://developer.apple.com/library/ios/#samplecode/Reachability/.

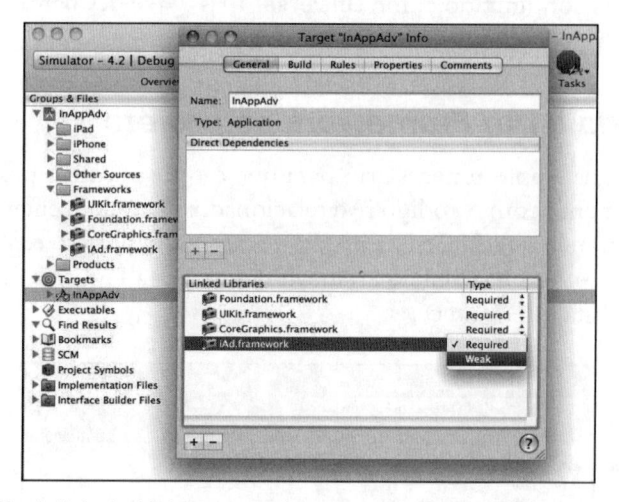

Figura 7.10. *Weak-link do iAd.framework para compatibilidade retroativa (backward compatibility) com os dispositivos pré-iOS **4**.*

Depois de ter baixado o projeto Reachability, abra-o no Xcode. Arraste e solte os arquivos de classe *Reachability.h* e *Reachability.m* do projeto Reachability para a pasta *Shared* da janela InAppAdv do seu projeto Xcode (selecionando a opção de copiar os arquivos em vez de movê-los).

Posteriormente, acrescentaremos o código para interagir com a classe Reachability. Por enquanto, simplesmente siga as mesmas instruções de inserção de Frameworks dos exemplos anteriores para adicionar o SystemConfiguration.framework ao seu projeto. Como é fácil supor, a classe Reachability requer as funções de serviço de rede do SystemConfiguration.framework.

Construindo a fundação do aplicativo

Antes de programar a funcionalidade central do nosso projeto, vamos precisar construir alguns arquivos iniciais e escrever algum código básico.

Com a pasta *iPhone* selecionada na coluna Groups & Files, crie um novo arquivo baseado em uma subclasse UIViewController. Atribua uma interface a essa classe, marcando a caixa "With XIB for user interface" e chame essa nova classe de MainViewController_iPhone.

Em seguida, selecione a pasta *iPad* no projeto e crie outra nova subclasse UIViewController, chamada apropriadamente de MainViewController_iPad. Como fizemos para o iPhone, certifique-se de que a caixa "With XIB for user interface" esteja marcada. Mesmo considerando que estamos usando essa classe para iPad, por favor, deixe a Targeted for iPad desmarcada, de forma que a máscara de autodimensionamento (autosizing mask) da UIView padrão permaneça destravada. Ela será tratada posteriormente quando precisarmos modificar a autosizing mask da UIView.

Agora que já temos criadas as novas classes necessárias, abra o arquivo *AppDelegate_iPhone.h* e acrescente o seguinte código novo, realçado em negrito:

#import <UIKit/UIKit.h>

@class MainViewController_iPhone;

@interface AppDelegate_iPhone : NSObject <UIApplicationDelegate> {
    UIWindow *window;
    MainViewController_iPhone *viewController;
}

@property (nonatomic, retain) IBOutlet UIWindow *window;

@property (nonatomic, retain) IBOutlet MainViewController_iPhone *viewController;

@end

Como você pode ver, as linhas em negrito atribuem uma nova propriedade viewController e IBOutlet à classe MainViewController_iPhone.

Acrescente também o mesmo código ao *AppDelegate_iPad.h*, tomando o cuidado de substituir todas as referências a MainViewController_iPhone por MainViewController_iPad.

Depois de salvar esses arquivos de cabeçalho, abra o arquivo de implementação *AppDelegate_iPhone.m* e acrescente o novo código, mostrado em negrito:

#import "AppDelegate_iPhone.h"
#import "MainViewController_iPhone.h"

@implementation AppDelegate_iPhone

@synthesize window;
@synthesize viewController;

#pragma mark -
#pragma mark Application lifecycle

- (BOOL)application:(UIApplication *)application didFinishLaunchingWithOptions:(NSDictionary *)launchOptions {

    // Override point for customization after application launch.

    [window addSubview:viewController.view];
    [self.window makeKeyAndVisible];

    return YES;
}

- (void)applicationWillResignActive:(UIApplication *)application {
}

- (void)applicationDidEnterBackground:(UIApplication *)application {
}

- (void)applicationWillEnterForeground:(UIApplication *)application {
}

- (void)applicationDidBecomeActive:(UIApplication *)application {
}

- (void)applicationWillTerminate:(UIApplication *)application {
}

#pragma mark -
#pragma mark Memory management

- (void)applicationDidReceiveMemoryWarning:(UIApplication *)application {
}

```
- (void)dealloc {
    [viewController release];
    [window release];
    [super dealloc];
}
@end
```

Este novo código acrescenta a viewController como uma subview na janela principal do aplicativo.

Insira o novo código também no *AppDelegate_iPad.m*, tomando o cuidado de usar #import *MainViewController_iPad.h* em vez de *MainViewController_iPhone.h*.

Com o código apropriado no lugar, é hora de trabalhar um pouco na interface. Siga estes passos:

1. Abra o *MainWindow_iPhone.xib* no Interface Builder.
2. Arraste um UIViewController da paleta Library para a janela do navegador e conecte este outlet viewController de referência ao módulo delegate do aplicativo.
3. Com o UIViewController selecionado na janela do navegador, atribua seu NIB ao *MainViewController_iPhone.xib* na guia Attributes da paleta Inspector, com a caixa Resize View from NIB marcada (Veja a Figura 7.11).
4. Na guia Identity da paleta Inspector mude sua classe para MainViewController_iPhone.

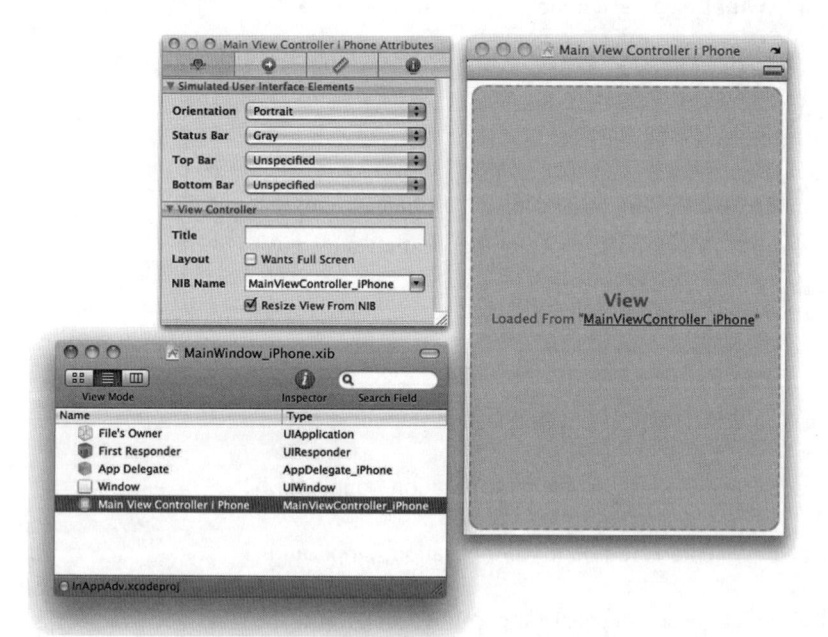

Figura 7.11. *Configurando o MainWindow_iPhone.xib com um novo UIViewController que carrega o MainViewController_iPhone.*

Você precisará executar os mesmos passos no Interface Builder para o *MainWindow_iPad.xib*, exceto o NIB do UIViewController, que deve ser atribuído ao *MainViewController_iPad.xib* e sua classe mudada para MainViewController_iPad.

Verificando a conexão do dispositivo iOS com a rede

Lembra-se de ter adicionado a classe Reachability da Apple ao projeto? Agora você tem de escrever o código que usa o poder daquela prática classe de detecção de rede. Abra o arquivo *MainViewController_iPhone.h* no Xcode e adicione o código abaixo que está em negrito:

#import <UIKit/UIKit.h>

@class Reachability;

@interface MainViewController_iPhone : UIViewController {

    UIView *contentView;
    Reachability* netReachable;
    BOOL isNetAvailable;
}

@property (nonatomic, retain) IBOutlet UIView *contentView;

- (void)reachabilityChanged:(NSNotification*)note;

@end

    Essencialmente, esse código configura algumas das propriedades e um método relacionados com a Reachability, bem como uma nova propriedade UIView e referência IBOutlet chamada contentView. Você também precisará adicionar as mesmas linhas de código ao *MainViewController_iPad.h*.

    Passando para o arquivo de implementação *MainViewController_iPhone.m*, acrescente o seguinte novo código, realçado em negrito:

#import "MainViewController_iPhone.h"
#import "Reachability.h"

@implementation MainViewController_iPhone

@synthesize contentView;

// Tirado comentário da viewDidLoad e adicionado código Reachability.
- (void)viewDidLoad {
    [super viewDidLoad];

    // Verificar a atual conexão do dispositivo com a internet
    // usando as classes Reachability da Apple. Quando o status
    // mudar, uma notificação é postada, chamando o
    // método reachabilityChanged.
    [[NSNotificationCenter defaultCenter] addObserver: self selector:
@selector(reachabilityChanged:) name: kReachabilityChangedNotification object: nil];
    netReachable = [[Reachability reachabilityWithHostName: @"www.apple.com"] retain];
    [netReachable startNotifier];
}

// Retirado comentário e retornar YES.
- (BOOL)shouldAutorotateToInterfaceOrientation:
        (UIInterfaceOrientation)interfaceOrientation {
    // Retornar YES para suportar tanto orientação Retrato como Paisagem.
    return YES;
}

// Chamado pela Reachability sempre que o status mudar.
- (void) reachabilityChanged: (NSNotification*)note {

    NetworkStatus netStatus = [netReachable currentReachabilityStatus];
    switch (netStatus)
    {

```
            case NotReachable:
            {
                isNetAvailable = NO;
                break;
            }
            case ReachableViaWiFi:
            {
                isNetAvailable = YES;
                break;
            }
            case ReachableViaWWAN:
            {
                isNetAvailable = YES;
                break;
            }
    }
}
- (void)didReceiveMemoryWarning {
    [super didReceiveMemoryWarning];
}

- (void)viewDidUnload {
    self.contentView = nil;
    [super viewDidUnload];
}

- (void)dealloc {
    [contentView release];
    [[NSNotificationCenter defaultCenter] removeObserver:self];
    [super dealloc];
}
@end
```

O código recém-adicionado configura o acesso à funcionalidade do Reachability e o NSNotificationCenter, de forma que esta classe possa verificar o status atual da conexão do dispositivo à rede, e seja sempre notificado se o status mudar. Isso determina se o seu aplicativo tem acesso à internet, que é uma informação vital de se ter antes de tentar se comunicar com os servidores da rede. Se uma conexão viável com a rede for detectada, então o booleano isNetAvailable é deixado como YES.

Da mesma forma que nos passos anteriores deste tutorial, você precisará acrescentar essas mesmas linhas em negrito ao *MainViewController_iPad.m*.

Criando a interface do aplicativo e a hierarquia da UIView

Você provavelmente notou uma nova propriedade UIView chamada contentView nas classes MainViewController_iPhone e MainViewController_iPad. Agora que o código IBOutlet está pronto, vamos completar a configuração daquela UIView no Interface Builder, junto com alguns outros elementos da interface para este exemplo.

1. Abra o *MainViewController_iPhone.xib* no Interface Builder.
2. Na janela do navegador, você já deve ver uma UIView listada, conectada ao outlet de referência da view padrão. Arraste a nova UIView da paleta Library para a janela do navegador, posicionando-a cuidadosamente como uma UIView aninhada dentro

da UIView existente. Conecte o outlet da contentView do módulo File's Owner com aquela nova UIView aninhada. A UIView aninhada (chamada contentView) e o frame do banner iAd serão ambos subviews da mesma UIView pai (chamada view).

3. Com aquela UIView aninhada selecionada, navegue para a guia View Size da paleta inspector e modifique a máscara de autodimensionamento (autosizing mask) para expandir automaticamente para tela cheia (veja a Figura 7.12). A UIView pai deve ter também a mesma configuração da autosizing mask (se já não a tiver como padrão).

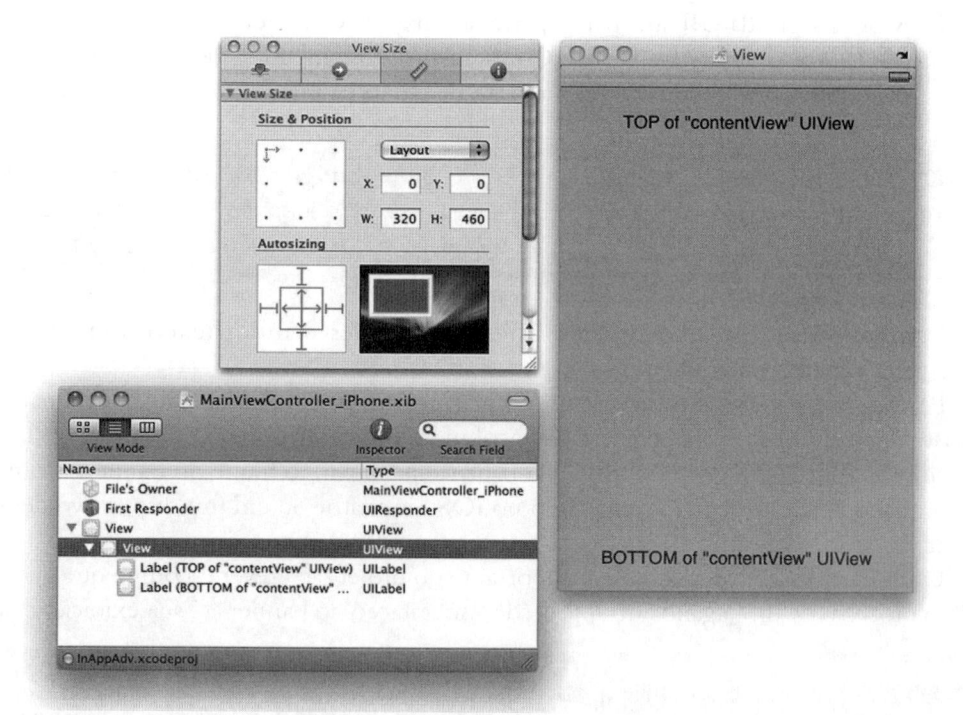

Figura 7.12. *Dentro do MainViewController_iPhone.xib construa a hierarquia da UIView aninhada, elementos da interface e máscaras de autodimensionamento (autosizing mask).*

NOTA: Mesmo considerando que a paleta Library oferece um componente iAd BannerView, *não* o acrescente à visualização dentro do Interface Builder. Para este exemplo, é crucial que o frame do banner iAd seja acrescentado apenas por programação, de forma que o iAd possa deslizar dinamicamente para dentro e para fora da tela com base na disponibilidade e em outros fatores na hora da execução. Em breve você verá como escrever esse código iAd.

4. Com a UIView aninhada (chamada contentView) selecionada, mude sua Color Tint, na guia Attributes da paleta Inspector, para escala de cinza 75%, de forma que possamos facilmente diferenciar esta UIView da sua UIView pai quando mostradas na tela. Essa UIView cinza é onde você colocará todos os elementos de interface para esta tela. Pense nela como um contêiner para a interface do seu aplicativo, com sua altura

sendo redimensionada quando for necessário abrir espaço para o frame banner na parte de baixo da tela.

5. Para deixar as coisas simples para efeito de demonstração, acrescente duas **UILabels** da paleta Library nesta **UIView** aninhada.

6. Mova uma **UILabel** para a parte de cima da view com rótulo do texto dizendo **TOP of "contentView" UIView**. Configure a autosizing mask daquela UILabel para que fique sempre fixada na parte de cima da tela.

7. Mova a segunda UILabel para a parte de baixo da view e dê a ela um rótulo dizendo **BOTTOM of "contentView" UIView**. Configure a autosizing mask desta segunda UILabel para que fique sempre fixada na parte de baixo da tela.

> **NOTA:** Se você não tiver muita certeza de como configurar as alças da máscara de autodimensionamento (autosizing mask), veja o projeto **InAppAdv** do livro, que pode ser baixado, para ver um exemplo de como elas são configuradas.

Lembre-se de fazer todas essas mesmas adições e modificações também no *MainViewController_iPad.xib*.

Por que as **UILabels**? Elas servem como marcadores visíveis, indicando onde a parte de cima e a parte de baixo da **UIView** cinza atribuída à **contentView** estão localizadas quando for redimensionada através do código para abrir espaço para o frame do banner. Isso ficará óbvio quando você executar o aplicativo no iOS Simulator ou em um dispositivo de teste e a vir em ação. Mas ainda não estamos prontos para fazer isso.

O último passo é o pedaço mais importante do projeto: escrever o código que gerencia todo o processo de propaganda in-app, desde a solicitação do banner até sua exibição na tela.

> **NOTA:** Você pode descobrir que diversos componentes da interface, como um UI-NavigationController, não podem ser adicionados a uma UIView no Interface Builder. Para esses casos, a solução é criar aqueles componentes de interface por programação no Xcode, adicionando-os à **UIView** como uma subview através do código.

Copiando para o projeto seus arquivos domésticos com imagens de propaganda

Nos casos em que não houver uma iAd disponível para apresentação, você vai querer mostrar uma faixa alternativa de propaganda no seu lugar. Para este exemplo, vamos mostrar uma propaganda doméstica. Antes que você comece a escrever o código para tratar o banner iAd e a sua alternativa, você precisará criar os arquivos com as imagens da sua propaganda doméstica e acrescentá-los como recursos (resources) ao projeto Xcode.

Para suportar todas as orientações e resoluções de tela dos dispositivos, tanto para iPhone como iPad, você precisa criar a sua propaganda doméstica em seis tamanhos diferentes, exatamente com os nomes de arquivo e formato PNG listados aqui, para que funcionem com o código de exemplo:

- *adbannerportrait-iphone.png* (320 pixels × 50 pixels).
- *adbannerportrait-iphone@2x.png* (Retina: 640 pixels × 100 pixels).
- *adbannerlandscape-iphone.png* (480 pixels × 32 pixels).
- *adbannerlandscape-iphone@2x.png* (Retina: 960 pixels × 64 pixels).
- *adbannerportrait-ipad.png* (768 pixels × 66 pixels).
- *adbannerlandscape-ipad.png* (1024 pixels × 66 pixels).

Por consistência, a propaganda doméstica usa os mesmos tamanhos de faixa suportados pela iAd. A iAd Network serve dinamicamente banners iAd de alta resolução para os dispositivos com Retina display, portanto, para manter a mesma qualidade de resolução, você deve criar também banners nos tamanhos para o Retina display para a sua propaganda doméstica.

Se você não quiser gastar tempo desenhando a própria propaganda doméstica somente para completar este tutorial, então, como um marcador de lugar, copie os seis arquivos PNG de propaganda doméstica do projeto InAppAdv do livro, que pode ser baixado para a pasta *Shared* do seu projeto Xcode.

Criando o código da propaganda in-app

Para este último passo, você finalmente acrescentará o código para gerenciar o frame do banner iAd e a propaganda doméstica alternativa, junto com o redimensionamento dinâmico da interface do aplicativo para acomodar o banner. Essa parte requer a adição de *um monte* de códigos novos. Para evitar todo aquele trabalho manual de digitação, mais uma vez recomendo que você baixe os exemplos de código que acompanham o livro, de forma que possa copiar e colar o código relevante do projeto **InAppAdv** incluído para o seu projeto Xcode.

Abra o *MainViewController_iPhone.h* e acrescente as seguintes novas linhas de código (mostradas em negrito):

```
#import <UIKit/UIKit.h>
#import <iAd/iAd.h>

@class Reachability;

@interface MainViewController_iPhone : UIViewController <ADBannerViewDelegate> {

    UIView *contentView;
    ADBannerView *adBannerView;
    UIButton *altAdBannerButton;
    Reachability* netReachable;
    BOOL isNetAvailable;
}

@property (nonatomic, retain) IBOutlet UIView *contentView;
@property (nonatomic, retain) IBOutlet ADBannerView *adBannerView;
@property (nonatomic, retain) IBOutlet UIButton *altAdBannerButton;

- (void)reachabilityChanged:(NSNotification*)note;
- (void)prepareAdBannerView;
- (void)prepareAltAdBanner;
- (void)adjustAdBannerPosition:(BOOL)animated;
- (void)tappedAltAdBanner;

@end
```

Em resumo, esse novo código importa o arquivo de cabeçalho *iAd.h* e inicializa diversos novos métodos e propriedades relacionados com a propaganda para tratar com a iAd e a propaganda doméstica alternativa.

Note que o tipo de banner iAd usado é o ADBannerView. Para poder receber mensagens da iAd Network, essa classe é atribuída como um ADBannerViewDelegate. Para garantir que a propaganda doméstica seja acionável, como um banner real, ela será criada como um UIButton baseado em imagem através da codificação. Explicarei como a preparação e exibição da iAd e da propaganda doméstica alternativa são programadas quando acrescentarmos aqueles respectivos métodos ao arquivo *MainViewController.m*.

Certamente, você também precisará adicionar o mesmo código em negrito ao *MainViewController_iPad.h*:

```
#import <UIKit/UIKit.h>
#import <iAd/iAd.h>

@class Reachability;

@interface MainViewController_iPad : UIViewController <ADBannerViewDelegate> {
    UIView *contentView;
    ADBannerView *adBannerView;
    UIButton *altAdBannerButton;
    Reachability* netReachable;
    BOOL isNetAvailable;
}
@property (nonatomic, retain) IBOutlet UIView *contentView;
@property (nonatomic, retain) IBOutlet ADBannerView *adBannerView;
@property (nonatomic, retain) IBOutlet UIButton *altAdBannerButton;

- (void)reachabilityChanged:(NSNotification*)note;
- (void)prepareAdBannerView;
- (void)prepareAltAdBanner;
- (void)adjustAdBannerPosition:(BOOL)animated;
- (void)tappedAltAdBanner;

@end
```

Agora atacaremos o maior pedaço de código visto até agora, que acrescenta o grosso da funcionalidade in-app de propaganda do aplicativo. Abra o arquivo de implementação *MainViewController_iPhone.m* e insira o seguinte código novo, realçado em negrito:

```
#import "MainViewController_iPhone.h"
#import "Reachability.h"

@implementation MainViewController_iPhone

@synthesize contentView;
@synthesize adBannerView;
@synthesize altAdBannerButton;

- (void)viewDidLoad {
    [super viewDidLoad];

    // Verificar a atual conexão do dispositivo com a Internet
    // usando as classes Reachability da Apple. Quando o status
    // mudar, uma notificação é postada, chamando o
    // método reachabilityChanged.
    [[NSNotificationCenter defaultCenter] addObserver: self selector:
    @selector(reachabilityChanged:) name: kReachabilityChangedNotification object: nil];
    netReachable = [[Reachability reachabilityWithHostName: @"www.apple.com"] retain];
    [netReachable startNotifier];
```

```objectivec
    // Configurar e solicitar um banner iAd.
    [self prepareAdBannerView];

    // Configurar um banner alternativo no caso
    // de um banner iAd não estar disponível.
    [self prepareAltAdBanner];

    // Ajustar a interface do aplicativo para exibir a view do
    // banner na parte de baixo da tela.
    [self adjustAdBannerPosition:NO];
}
-(void)viewWillAppear:(BOOL)animated
{
    [super viewWillAppear:animated];
    [self adjustAdBannerPosition:NO];
}
- (void)willRotateToInterfaceOrientation:(UIInterfaceOrientation)toInterfaceOrientation
duration:(NSTimeInterval)duration {
    [self adjustAdBannerPosition:YES];
}
- (BOOL)shouldAutorotateToInterfaceOrientation:
                (UIInterfaceOrientation)interfaceOrientation {
    // Retornar YES para suportar tanto orientação Retrato como Paisagem.
    return YES;
}
// Chamada pela Reachability sempre que o status mudar.
- (void) reachabilityChanged: (NSNotification* )note {
    NetworkStatus netStatus = [netReachable currentReachabilityStatus];
    switch (netStatus)
    {
        case NotReachable:
        {
            isNetAvailable = NO;
            break;
        }
        case ReachableViaWiFi:
        {
            isNetAvailable = YES;
            break;
        }
        case ReachableViaWWAN:
        {
            isNetAvailable = YES;
            break;
        }
    }
}
- (void)prepareAdBannerView {
    // Este método cria e configura a view do banner iAd fora da tela.

    // Calcula o tamanho da view do banner com base na atual orientação do dispositivo.
    NSString *adBannerSize = UIInterfaceOrientationIsPortrait([UIDevice
currentDevice].orientation) ? ADBannerContentSizeIdentifierPortrait :
ADBannerContentSizeIdentifierLandscape;

    // Inicialmente, esta view do banner iAd será colocada fora da tela.
    // Assim que uma propaganda estiver pronta para ser exibida, então view do
    // banner iAd será exibida.
```

```objectivec
    CGRect adFrame;
    adFrame.size = [ADBannerView sizeFromBannerContentSizeIdentifier:adBannerSize];
    adFrame.origin = CGPointMake(0.0, CGRectGetMaxY(self.view.bounds));

    // Cria o banner iAd.
    ADBannerView *adBanner = [[ADBannerView alloc] initWithFrame:adFrame];

    // Define o delegate do banner iAd como self, de forma que as notificações iAd possam
    // ser recebidas.
    adBanner.delegate = self;

    // Informa a rede iAd dos tamanhos de propaganda que o aplicativo suporta
    // (neste caso, tanto retrato como paisagem).
    adBanner.requiredContentSizeIdentifiers = [NSSet
setWithObjects:ADBannerContentSizeIdentifierPortrait,
ADBannerContentSizeIdentifierLandscape, nil];

    // Adiciona a view do banner iAd na view pai.
    // Agora está solicitando uma propaganda para a iAd Network.
    [self.view addSubview:adBanner];
    self.adBannerView = adBanner;
    [adBanner release];
    [adBannerSize release];
}
- (void)prepareAltAdBanner {
    // Este método cria e configura um banner propaganda doméstica personalizada fora da tela
    // para quando um banner iAd não estiver disponível. Mas o código abaixo poderia ser
    // facilmente substituído para mostrar uma propaganda de outra rede, como a AdMob.

    // Cria a faixa alternativa de propaganda com base na atual orientação do dispositivo.
    UIImage *altAdImg = [[[UIImage alloc] init] autorelease];
    NSString *adBannerImage = [[NSString alloc] init];
    if (UIInterfaceOrientationIsLandscape([UIDevice currentDevice].orientation)) {
        adBannerImage = @"adbannerlandscape-iphone.png";
    } else {
        adBannerImage = @"adbannerportrait-iphone.png";
    }
    altAdImg = [UIImage imageNamed:adBannerImage];

    UIButton *altButton = [[UIButton buttonWithType:UIButtonTypeCustom] autorelease];
    [altButton setBackgroundImage:altAdImg forState:UIControlStateNormal];
    [altButton addTarget:self action:@selector(tappedAltAdBanner)
forControlEvents:UIControlEventTouchUpInside];
    self.altAdBannerButton = altButton;

    // Inicialmente, este banner será colocado fora da tela.
    // Assim que a propaganda estiver pronta para ser apresentada, o banner será exibido.
    CGRect adFrame = CGRectMake(0.0, CGRectGetMaxY(self.view.bounds),
altAdImg.size.width, altAdImg.size.height);
    self.altAdBannerButton.frame = adFrame;

    // Acrescenta o banner de propaganda alternativa à view pai.
    [self.view addSubview:self.altAdBannerButton];
    [adBannerImage release];
}
- (void)tappedAltAdBanner {
    // O usuário tocou no banner de propaganda alternativa, então, execute uma ação.
    // Para este exemplo, o banner de propaganda alternativa faz conexão com uma URL.
    NSURL *url = [NSURL URLWithString:@"http://www.iPhoneBusinessBook.com/"];
    [[UIApplication sharedApplication] openURL:url];
}

- (void)adjustAdBannerPosition:(BOOL)animated {
    // Define algumas propriedades iniciais para calcular posições e animações.
```

```objc
CGFloat animationDuration = animated ? 0.3 : 0.0;
CGRect viewFrame = self.view.bounds;
CGFloat iAdPosition = self.view.frame.size.height;
CGFloat iAdHeight = 0.0;
CGFloat altAdPosition = self.view.frame.size.height;
CGFloat altAdWidth = 0.0;
CGFloat altAdHeight = 0.0;
UIImage *altAdImage = [[[UIImage alloc] init] autorelease];

if (UIInterfaceOrientationIsLandscape([UIDevice currentDevice].orientation)) {
    // Altura para iPhone Paisagem: 320 - 20 pixels barra de status = 300.
    adBannerView.currentContentSizeIdentifier = ADBannerContentSizeIdentifierLandscape;
    iAdPosition = 300.0;
    // Tamanho da faixa iAd Paisagem: largura 480, altura 32.
    iAdHeight = adBannerView.frame.size.height;
    altAdImage = [UIImage imageNamed:@"adbannerlandscape-iphone.png"];
    altAdPosition = 300.0;
} else {
    // Altura para iPhone Retrato: 480 - 20 pixels barra de status = 460.
    adBannerView.currentContentSizeIdentifier = ADBannerContentSizeIdentifierPortrait;
    iAdPosition = 460.0;
    // Tamanho da faixa iAd Retrato: largura 320, altura 50.
    iAdHeight = adBannerView.frame.size.height;
    altAdImage = [UIImage imageNamed:@"adbannerportrait-iphone.png"];
    altAdPosition = 460.0;
}
[altAdBannerButton setBackgroundImage:altAdImage forState:UIControlStateNormal];
altAdWidth = altAdImage.size.width;
altAdHeight = altAdImage.size.height;

// Verifica status da conexão com a internet para decidir se deve ou não mostrar uma propaganda.
if (isNetAvailable) {

// YES, conexão com a internet está disponível, portanto, apresentar o banner.

if (adBannerView.bannerLoaded) {
    // Uma iAd foi carregada com sucesso no banner,
    // portanto, deslize-o para a tela. Também redimensione a altura da contentView
    // para abrir espaço para o banner na parte de baixo.

    // Ajuste a altura da contentView sobre o banner iAd.
    viewFrame.size.height -= iAdHeight;

    // Como o banner de propaganda alternativa não está sendo usado,
    // ajuste sua posição fora da tela.
    altAdPosition += altAdHeight;

    // Agora ajuste a posição na tela para o banner iAd.
    iAdPosition -= iAdHeight;

} else {
    // iAd não disponível ou ocorreu um erro,
    // portanto, mostre o banner de propaganda alternativa no seu lugar.
    // Para este exemplo, uma propaganda doméstica personalizada é apresentada,
    // mas o código abaixo poderia ser facilmente substituído para
    // apresentar uma propaganda de outra rede, como a AdMob.

    // Ajuste a altura da contentView sobre o banner da propaganda alternativa.
    viewFrame.size.height -= altAdHeight;

    // Como a iAd não está sendo usada, ajuste posição da iAd fora da tela.
    iAdPosition += iAdHeight;
```

```objc
            // Agora ajuste a posição na tela para o banner da propaganda alternativa.
            altAdPosition -= altAdHeight;
        }
    } else {
        // NO, conexão com a internet NÃO está disponível, portanto, ocultar o banner.

        // Mover a view de ambos os banners para fora da tela.
        iAdPosition += iAdHeight;
        altAdPosition += altAdHeight;
    }
    // Deslize o banner solicitado para dentro da tela,
    // e mova a view do outro banner para fora da tela.
    [UIView animateWithDuration:animationDuration animations:^{
        contentView.frame = viewFrame;
        [contentView layoutIfNeeded];
        adBannerView.frame = CGRectMake(0.0, iAdPosition, adBannerView.frame.size.width, adBannerView.frame.size.height);
        altAdBannerButton.frame = CGRectMake(0.0, altAdPosition, altAdWidth, altAdHeight);
    }];
}
// Como é uma ADBannerViewDelegate, esta classe receberá mensagens iAd framework
// , notificando o seu aplicativo se um banner iAd foi ou não carregado.
#pragma mark ADBannerViewDelegate methods

- (void)bannerViewDidLoadAd:(ADBannerView *)banner {

    [self adjustAdBannerPosition:YES];
}

- (void)bannerView:(ADBannerView *)banner didFailToReceiveAdWithError:(NSError *)error {

    [self adjustAdBannerPosition:YES];
}

- (BOOL)bannerViewActionShouldBegin:(ADBannerView *)banner
willLeaveApplication:(BOOL)willLeave {
    return YES;
}

- (void)bannerViewActionDidFinish:(ADBannerView *)banner {
}
// Fim dos métodos ADBannerViewDelegate.

- (void)didReceiveMemoryWarning {
    [super didReceiveMemoryWarning];
}

- (void)viewDidUnload {
    self.contentView = nil;
    adBannerView.delegate = nil;
    self.adBannerView = nil;
    [super viewDidUnload];
}

- (void)dealloc {
    [contentView release];
    adBannerView.delegate = nil;
    [adBannerView release];
    [altAdBannerButton release];
    [[NSNotificationCenter defaultCenter] removeObserver:self];
    [super dealloc];
}

@end
```

Inseri comentários úteis ao longo do código, portanto, depois de fazer uma rápida leitura do *MainViewController_iPhone.m*, você já deve ter um bom entendimento dos conceitos incluídos aqui. Mas para sermos abrangentes, vamos analisá-lo e ver como cada uma das suas partes opera.

Além de sintetizar (synthetize) e liberar (release) as propriedades relacionadas com propaganda nas seções apropriadas, você perceberá que o evento viewDidLoad chama o prepareAdBannerView, o prepareAltAdBanner e o adjustAdBannerPosition, portanto, vamos começar com estes métodos.

O método prepareAdBannerView cria uma nova instância do ADBannerView, configura o tamanho do seu frame para propaganda com base na atual orientação do dispositivo e depois envia uma solicitação de iAd para a iAd Network. Inicialmente, este frame para banner iAd é colocado fora da tela. Quando um banner iAd tiver sido recebido corretamente da iAd Network, o seu frame será exibido na tela. A apresentação da iAd na tela é feita pelo método adjustAdBannerPosition.

Então, como o seu aplicativo fica sabendo quando um banner iAd está disponível para apresentação? Sendo uma ADBannerViewDelegate, essa classe recebe mensagens da iAd Network depois que o método prepareAdBannerView envia a solicitação. Quando uma resposta da iAd Network é recebida, o evento bannerView:didFailToReceiveAdWithError: é disparado. Se um banner iAd não puder ser carregado, então o booleano ADBannerView.bannerLoaded é colocado em NO. Se a carga de uma iAd for bem-sucedida, então aquele booleano é colocado em YES. Quando a iAd recebida terminar de ser carregada no frame ADBannerView, o evento bannerViewDidLoadAd é disparado. Quando um dos eventos bannerView:didFailToReceiveAdWithError: ou bannerViewDidLoadAd é disparado, o método adjustAdBannerPosition deve ser chamado, independentemente de haver ou não uma iAd para ser exibida.

Apenas para o caso em que a iAd Network não esteja disponível para fornecer um banner, o projeto deste exemplo inclui um plano de reserva para mostrar uma propaganda doméstica no seu lugar. O método prepareAltAdBanner cria uma nova instância de um UIButton baseado em imagem para mostrar a propaganda doméstica alternativa no caso de a iAd não estar disponível. Esse UIButton é configurado e colocado fora da tela até que ele seja necessário. Naturalmente, se você preferir usar como opção um banner de terceiros em vez da propaganda doméstica, você pode facilmente personalizar este método com o seu próprio código que solicite e configure uma propaganda de outra rede de anúncios, como a AdMob ou a InMobi.

O método adjustAdBannerPosition faz todo o trabalho pesado de movimentar banner apropriado de propaganda para dentro da tela e o redimensionamento dos elementos de interface existentes para acomodar o seu frame. Ele também é responsável por retirar o banner e reverter a interface do aplicativo para o seu estado normal de tela cheia, se a conexão com a rede for perdida. Essa transição de deslizar o banner para dentro e para fora da tela é conseguida com o uso do UIView animation (veja a Figura 7.13).

O método adjustAdBannerPosition configura e arranja a colocação do frame para banner iAd e o UIButton da propaganda doméstica. Se uma iAd estiver disponível, então uma coordenada em pixel na tela é atribuída ao frame para o seu banner e a propaganda doméstica recebe uma posição fora da tela. E se não houver uma iAd para exibir, o contrário acontece, com a propaganda doméstica recebendo a colocação na tela e o frame para iAd sendo relegado a coordenadas fora da tela (veja a Figura 7.14). Se o dispositivo perder a conexão com a rede, então ambos, o frame para banner iAd e o UIButton da propaganda doméstica, recebem coordenadas em pixel fora da tela.

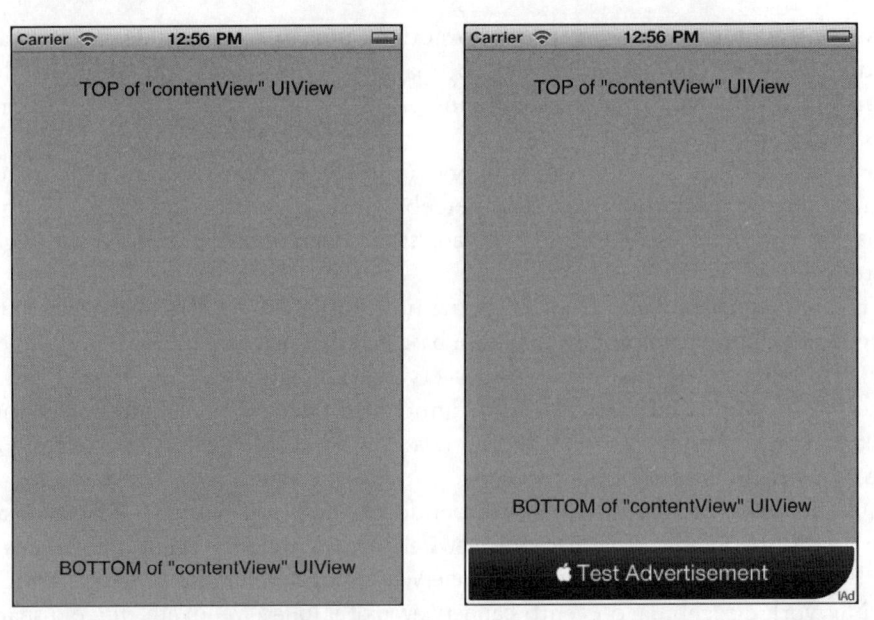

Figura 7.13. *Usando a UIView animation, o método adjustAdBannerPosition é responsável por deslizar o banner para dentro e para fora da tela e por ajustar o resto da interface do aplicativo conforme o necessário.*

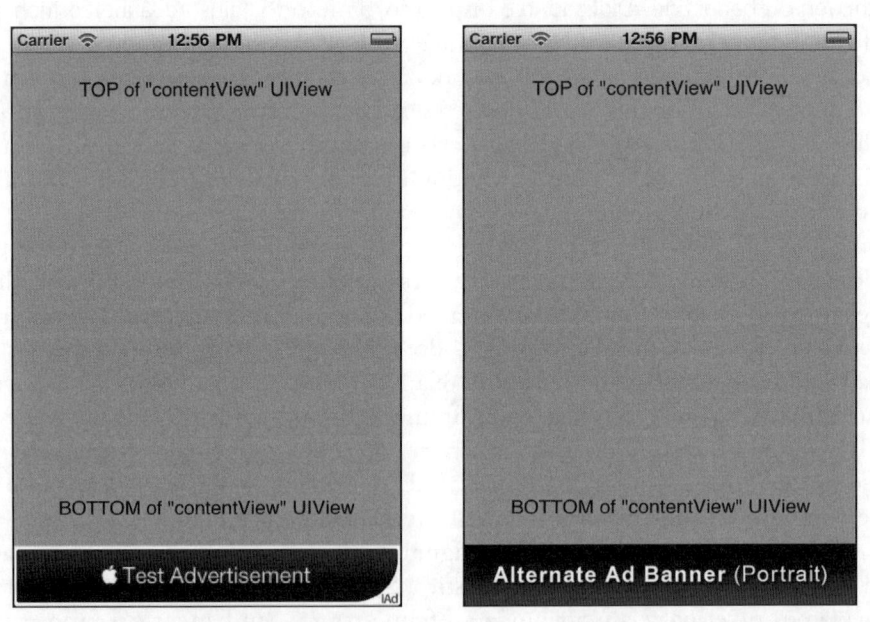

Figura 7.14. *Se uma iAd estiver disponível, então ela é exibida na tela. Na ausência de um banner iAd, a propaganda doméstica alternativa é apresentada no seu lugar.*

Para garantir que o banner exibido e os elementos da interface afetados sejam posicionados adequadamente (com o tamanho correto da propaganda) quando a orientação do dispositivo é alterada, você precisa acrescentar também os eventos Cocoa Touch nativos **viewWillAppear** e **willRotateToInterfaceOrientation** ao código do *MainViewController_iPhone.m*. Quando qualquer um desses elementos é disparado, o método **adjustAdBannerPosition** deve ser sempre chamado.

Se um banner iAd for tocado, a modalView da propaganda iAd é exibida, ocupando a tela toda (com o aplicativo hospedeiro parado em background até que a iAd seja dispensada). Mas quando a propaganda doméstica alternativa é exibida, o que acontece quando um usuário toca naquela faixa? Como ela é um UIButton, seu seletor de ação é configurado para chamar o método **tappedAltAdBanner**. No nosso caso, o código de exemplo dentro desse método dispara o http://www.iPhoneBusinessBook.com/ no Mobile Safari, mas você poderia facilmente substituir esse código por uma ação personalizada da sua escolha.

Para completar este projeto, não se esqueça de adicionar o novo código do *MainViewController_iPhone.m* para o seu parceiro para iPad, o *MainViewController_iPad.m*. Todo o novo código deve ser idêntico, com exceção dos métodos **prepareAltAdBanner** e **adjustAdBannerPosition**, que devem ambos conter código específico para iPad, como segue:

```
- (void)prepareAltAdBanner {
    // Este método cria e configura um banner de propaganda doméstica personalizada fora da
    // tela para quando um banner iAd não estiver disponível. Mas o código abaixo poderia
    // ser facilmente substituído para mostrar uma propaganda de outra rede, como a AdMob.

    // Cria o banner de propaganda alternativa com base na atual orientação do dispositivo.
    UIImage *altAdImg = [[[UIImage alloc] init] autorelease];
    NSString *adBannerImage = [[NSString alloc] init];
    if (UIInterfaceOrientationIsLandscape([UIDevice currentDevice].orientation)) {
        adBannerImage = @"adbannerlandscape-ipad.png";
    } else {
        adBannerImage = @"adbannerportrait-ipad.png";
    }
    altAdImg = [UIImage imageNamed:adBannerImage];

    UIButton *altButton = [[UIButton buttonWithType:UIButtonTypeCustom] autorelease];
    [altButton setBackgroundImage:altAdImg forState:UIControlStateNormal];
    [altButton addTarget:self action:@selector(tappedAltAdBanner)
        forControlEvents:UIControlEventTouchUpInside];
    self.altAdBannerButton = altButton;

    // Inicialmente, este banner será colocado fora da tela.
    // Assim que a propaganda estiver pronta para ser apresentada, o banner será exibido.
    CGRect adFrame = CGRectMake(0.0, CGRectGetMaxY(self.view.bounds),
        altAdImg.size.width, altAdImg.size.height);
    self.altAdBannerButton.frame = adFrame;

    // Acrescenta o banner de propaganda alternativa à view pai.
    [self.view addSubview:self.altAdBannerButton];
    [adBannerImage release];
}

- (void)adjustAdBannerPosition:(BOOL)animated {
    // Define algumas propriedades iniciais para calcular posições e animações.
    CGFloat animationDuration = animated ? 0.3 : 0.0;
    CGRect viewFrame = self.view.bounds;
    CGFloat iAdPosition = self.view.frame.size.height;
    CGFloat iAdHeight = 0.0;
    CGFloat altAdPosition = self.view.frame.size.height;
    CGFloat altAdWidth = 0.0;
    CGFloat altAdHeight = 0.0;
    UIImage *altAdImage = [[[UIImage alloc] init] autorelease];
```

```
if (UIInterfaceOrientationIsLandscape([UIDevice currentDevice].orientation)) {
    // Altura para iPad Paisagem: 768 - 20 pixels barra de status = 748.
    adBannerView.currentContentSizeIdentifier = ADBannerContentSizeIdentifierLandscape;
    iAdPosition = 748.0;
    // Tamanho do banner iAd Paisagem: largura 1024, altura 66.
    iAdHeight = adBannerView.frame.size.height;
    altAdImage = [UIImage imageNamed:@"adbannerlandscape-ipad.png"];
    altAdPosition = 748.0;
} else {
    // Altura para iPad Retrato: 1024 - 20 pixels barra de status = 1004.
    adBannerView.currentContentSizeIdentifier = ADBannerContentSizeIdentifierPortrait;
    iAdPosition = 1004.0;
    // Tamanho do banner iAd Retrato: largura 768, altura 66.
    iAdHeight = adBannerView.frame.size.height;
    altAdImage = [UIImage imageNamed:@"adbannerportrait-ipad.png"];
    altAdPosition = 1004.0;
}
[altAdBannerButton setBackgroundImage:altAdImage forState:UIControlStateNormal];
altAdWidth = altAdImage.size.width;
altAdHeight = altAdImage.size.height;

// Verifica status da conexão com a internet para decidir se deve ou não mostrar uma propaganda.
if (isNetAvailable) {
    // YES, conexão com a Internet está disponível, portanto, apresentar a faixa da propaganda.

    if (adBannerView.bannerLoaded) {
        // Uma iAd foi carregada com sucesso no banner,
        // portanto, deslize-o para a tela. Também redimensione a altura da contentView
        // para abrir espaço para o banner na parte de baixo.

        // Ajuste a altura da contentView sobre a faixa da iAd.
        viewFrame.size.height -= iAdHeight;

        // Como o banner de propaganda alternativa não está sendo usado,
        // ajuste sua posição fora da tela.
        altAdPosition += altAdHeight;

        // Agora ajuste a posição na tela para o banner iAd.
        iAdPosition -= iAdHeight;

    } else {
        // iAd não disponível ou ocorreu um erro,
        // portanto, mostre o banner de propaganda alternativa no seu lugar.
        // Para este exemplo, uma propaganda doméstica personalizada é apresentada,
        // mas o código abaixo poderia ser facilmente substituído para
        // apresentar uma propaganda de outra rede, como a AdMob.

        // Ajuste a altura da contentView sobre o banner da propaganda alternativa.
        viewFrame.size.height -= altAdHeight;

        // Como a iAd não está sendo usada, ajuste posição da iAd fora da tela
        iAdPosition += iAdHeight;

        // Agora ajuste a posição na tela para o banner da propaganda alternativa.
        altAdPosition -= altAdHeight;
    }
} else {
    // NO, conexão com a internet NÂO está disponível, portanto, ocultar o banner.

    // Mover a view de ambos os banners para fora da tela.
    iAdPosition += iAdHeight;
    altAdPosition += altAdHeight;
}
```

```
// Deslize o banner solicitado para dentro da tela,
// e mova a view do outro banner para fora da tela.
[UIView animateWithDuration:animationDuration animations:^{
    contentView.frame = viewFrame;
    [contentView layoutIfNeeded];
    adBannerView.frame = CGRectMake(0.0, iAdPosition, adBannerView.frame.size.width, adBannerView.frame.size.height);
    altAdBannerButton.frame = CGRectMake(0.0, altAdPosition, altAdWidth, altAdHeight);
}];
}
```

Aqui a diferença é que esses dois métodos foram personalizados com tamanhos de banner específicos para iPad e coordenadas de tela para se adequar às dimensões maiores da tela do tablet (veja a Figura 7.15).

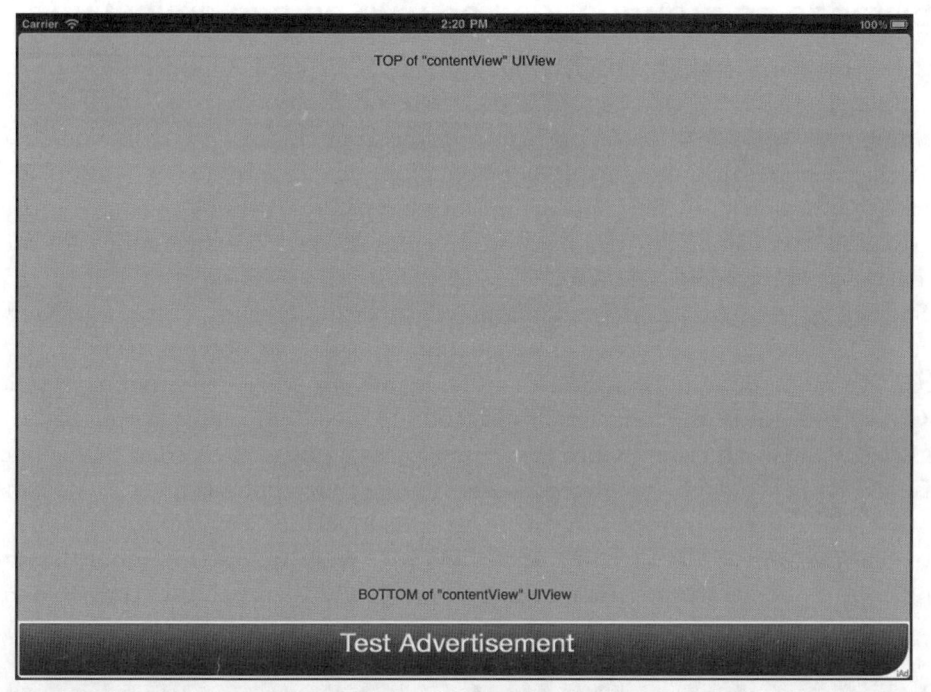

Figura 7.15. *O iPad requer métodos prepareAltAdBanner e adjustAdBannerPosition modificados para acomodar os tamanhos e posicionamentos específicos deste dispositivo.*

NOTA: Desenvolvedores experientes para iOS podem achar muito repetitivas as semelhanças entre o código para iPhone e para iPad. Sou o primeiro a admitir que boa parte do código poderia ser reescrita para que fosse compartilhada entre os dois dispositivos, diminuindo a redundância. Mas realmente há um método plausível na minha insanidade. Os leitores do livro são muito diversificados, variando desde principiantes a programadores avançados. Deixando todo o código relacionado em um lugar para cada dispositivo, esta abordagem faz com que os leitores consigam acompanhar o código com muito mais facilidade e rapidamente aprender como o projeto funciona, independentemente do seu nível de conhecimento.

Se você encontrar algum empecilho para incorporar esse código de exemplo aos seus próprios projetos de aplicativo, ou se precisar criar uma solução mais avançada, consulte a extensa documentação da Apple para a iAd, disponível on-line no iOS Dev Center:

- *iAd Programming Guide*
  (http://developer.apple.com/library/ios/#documentation/UserExperience/Conceptual/iAd_Guide/)
- *iAd Framework Reference*
  (http://developer.apple.com/library/ios/#documentation/UserExperience/Reference/iAd_ReferenceCollection/)

Habilitando as propagandas ao vivo no seu aplicativo

Antes de submeter o aplicativo para a App Store, Jon Schlegel, da Optime Software oferece alguns bons conselhos: "Não se esqueça de desabilitar o modo 'test ad' antes de ir à App Store. Conheço vários desenvolvedores que se esqueceram de fazer isso e, em consequência, perderam um bocado de dinheiro [por exibir propagandas de teste e por isso não receber nada]. Disparamos um alerta do compilador em todos os nossos aplicativos quando o modo 'test ad' está habilitado, para nos certificarmos de que não cheguemos aos usuários apresentando as propagandas de teste."

Se você estiver usando uma rede de propagandas de terceiros, como a AdMob, certifique-se de verificar as suas respectivas documentações para obter instruções de como desabilitar o modo de teste (se aplicável) antes de publicar o seu aplicativo na App Store.

Com a iAd, ativar os banners de propaganda ao vivo dentro do seu aplicativo requer alguns passos a mais no iTunes Connect. Primeiro, você precisará carregar o seu aplicativo no iTunes Connect e depois, dentro da seção Manage Your Applications (Gerencie os Seus Aplicativos) do portal on-line, habilitar a iAd para aquela listagem do aplicativo. Depois que o aplicativo estiver disponível na App Store, você será capaz de monitorar e rastrear o desempenho e a renda da sua iAd através do módulo iAd Network no iTunes Connect.

Saber é poder: rastreando a utilização do aplicativo através de análises

Qualquer desenvolvedor para web bem-sucedido entende o imenso valor de acompanhar as estatísticas de tráfego na web com ferramentas como o Google Analytics. Os aplicativos móveis não são diferentes. Saber o máximo possível sobre a demografia dos seus usuários e seus padrões de uso vai ajudá-lo a tomar melhores decisões de desenvolvimento e marketing. Quanto tempo eles gastam usando o seu aplicativo? Quais recursos são populares e quais são acessados raramente? Ter as resposta a essas perguntas na ponta da língua lhe dará a capacidade de melhorar a experiência dos usuários com o seu aplicativo e o potencial de vendas.

Em 2010 a Apple revisou sua política sobre a análise in-app, proibindo que os aplicativos coletassem e enviassem dados relacionados com o dispositivo para um terceiro (como um serviço de análises). A Apple continua permitindo análises in-app, mas apenas se os dados transferidos forem diretamente relacionados com a propaganda in-app ou com o uso do aplicativo. Devido a essa importante alteração na política, parece que os únicos serviços de análise que permanecem em concordância são aqueles integrados a alguns tipos de solução de propaganda in-app.

Eis alguns serviços de análise a considerar:

- Flurry (http://www.flurry.com/).
- Mobclix (http://www.mobclix.com/).
- Medialets Analytics (http://www.medialets.com/).

Tanto o Mobclix como o Medialets oferecem soluções móveis de propaganda, portanto, se atualmente você usa uma dessas empresas para fazer propaganda in-app, também se beneficia com os abrangentes recursos de análise do aplicativo que são integrados aos seus respectivos SDKs. O Flurry oferece uma inovadora opção de propaganda, a AppCircle, para recomendações do aplicativo e interpromoções como parte do seu popular SDK de análises para ser compatível com os termos da Apple.

Mesmo considerando que os serviços de análise coletem dados anônimos, agregados, os clientes estão protegendo sua privacidade cada vez mais. Se você planeja integrar análises no seu aplicativo, recomendo que avise os usuários desde o início sobre que tipo de informação está coletando e lhes dê um método in-app mais conveniente de rejeitá-las. O popular aplicativo gratuito suportado por propaganda, AroundMe, oferece essa cortesia (veja a Figura 7.16).

Figura 7.16. *O AroundMe informa os usuários sobre os dados para análise que o aplicativo gratuito, suportado por propaganda, coleta, incluindo um conveniente método in-app de rejeição.*

Mesmo com as restrições da Apple, análises in-app aceitáveis continuam sendo aprovadas na App Store, portanto, não deixe que essa mudança na política o impeça de explorar como as análises podem melhorar seus próprios esforços de desenvolvimento. Milhares de aplicativos da App Store continuam empregando ativamente as análises in-app.

Gaste o tempo que for necessário para planejar uma estratégia eficaz de análise, que não apenas lhe forneça dados valiosos sobre a utilização do aplicativo, mas também lhe dê a paz de espírito de saber que é compatível com os termos da Apple e satisfaz as necessidades de privacidade dos consumidores.

Considerando patrocínios e acordos de colocação do produto

Semelhante à propaganda in-app, os patrocínios e colocações de produto oferecem uma inovadora maneira de ganhar dinheiro com uma versão lite gratuita, mas tipicamente são integrados mais fortemente no aplicativo do que a propaganda tradicional. Isso oferece uma solução mais elegante para os usuários, ao mesmo tempo em que permite que o patrocinador se conecte diretamente com uma audiência muito específica. Como o patrocinador estará ansioso por promover a sua afiliação com o aplicativo, o suporte adicional ao marketing pode ajudar a revigorar o interesse por um aplicativo já existente, trazendo um fluxo de novos usuários para os quais você pode posteriormente oferecer conteúdo adicional pago e outros aplicativos.

O Real Racing, da Firemint, é um dos jogos de corrida mais populares da App Store. Possivelmente por medo de canibalização das vendas da versão paga, os desenvolvedores optaram inicialmente por não liberar uma versão lite gratuita. Mas isso logo mudou. Em parceria com a Volkswagen, a Firemint foi capaz de oferecer uma versão gratuita, a Real Racing GTI, na App Store. O Real Racing GTI oferece o mesmo mecanismo de jogo que o aplicativo original Real Racing, mas todos os carros de corrida são do novo modelo 2010 do Volkswagen GTI. Até mesmo os adesivos dos patrocinadores e cartazes da pista são propagandas da Volkswagen (veja a Figura 7.17). O jogo inclui também um showroom virtual que permite dar uma olhada mais de perto no GTI.

Figura 7.17. *O jogo gratuito Real Racing GTI, da Firemint, apresenta carros de corrida Volkswagen GTI 2010 e cartazes de patrocínio na pista.*

Com esse acordo de patrocínio para colocação de produto, a Volkswagen pode promover o seu GTI 2010 para essa audiência altamente específica e a Firemint agora tem uma forma de ganhar dinheiro com sua versão lite gratuita. Com o jogo gratuito Real Racing GTI disponível para um número maior de usuários, ele também oferece à Firemint uma audiência muito maior para promover os recursos adicionais da versão paga do Real Racing e da sua continuação, o Real Racing 2.

Até mesmo o ícone do aplicativo Real Racing foi personalizado para melhor promover a versão patrocinada. O ícone alterado do aplicativo não apenas ajuda a diferenciar a versão gratuita da original paga, como também é um elemento visual importante dentro da App Store que ajuda a reforçar a marca do patrocinador (veja a Figura 7.18).

Figura 7.18. *O ícone personalizado do aplicativo (direita) ajuda a diferenciar a versão gratuita da versão original, paga, do jogo (esquerda) e serve como um importante elemento visual dentro da App Store, que reforça a marca do patrocinador.*

Como fica evidente no caso de sucesso do Real Racing GTI, fazer parceria com um patrocinador pode trazer vida nova a um aplicativo existente, ampliando seu alcance para uma audiência muito maior com uma versão gratuita. Na verdade, essa abordagem se mostrou tão popular que a Firemint expandiu o conceito na continuação da versão paga. O Real Racing 2 apresenta 30 carros oficialmente licenciados, que você pode pilotar no jogo, inclusive BMW, Chevrolet, Ford, Jaguar, Lotus e várias outras marcas.

Obviamente, esses tipos de acordos de patrocínio não são apropriados para todos os aplicativos. Por exemplo, se o seu aplicativo iOS for um guia móvel para os filmes mais recentes e salas de cinema locais, recrutar a Warner Bros como patrocinador exclusivo apresentaria um conflito de interesses quando fossem listados novos filmes de outros estúdios, como Universal e Paramount. E se o assunto do seu aplicativo for muito abrangente ou se ele não alcança atualmente um público suficiente, você pode ter problemas para encontrar um patrocinador interessado. As empresas estão no negócio para vender mais produtos, portanto, uma proposta de patrocínio seria atraente apenas se o aplicativo puder oferecer uma grande audiência em um mercado muito específico.

O ponto de desequilíbrio

Uau! Este foi um longo capítulo, com um *monte* de informação para ser digerida. Mas, com a insaciável demanda dos consumidores por aplicativos gratuitos, aprender como ganhar dinheiro com os seus esforços de desenvolvimento usando propaganda móvel é um tempo bem empregado. Pronto para mais?

Onde antes as vendas tradicionais de aplicativos e a propaganda in-app eram os modelos de negócio dominantes para os desenvolvedores iOS, as Compras in-app estão rapidamente se tornando um dos principais fluxos de renda na App Store, especialmente para aplicativos gratuitos e jogos. O Capítulo 8 mostra por que e explica como explorar a força das Compras in-app.

Capítulo 8

Explorando o modelo freemium com compras in-app

A Compra in-app foi um dos mais estimulantes e altamente esperados recursos introduzidos no SKD 3.0 do iPhone. A opção de integrar comércio eletrônico dentro dos aplicativos iOS, tanto gratuitos como pagos, abriu uma nova fronteira para os desenvolvedores criarem oportunidades adicionais de renda além das vendas tradicionais de aplicativos. A Compra in-app permite que você venda serviços de assinatura, bens virtuais e conteúdo adicional, como recursos premium ou níveis adicionais de jogos – tudo dentro do seu aplicativo.

Com o preço médio dos aplicativos tão baixo e as atualizações gratuitas, é importante que você adote novos modelos de negócios para capitalizar melhor seus continuados custos de desenvolvimento. É hora de ser criativo! Neste capítulo, vamos explorar como tirar proveito do poder da Compra in-app para ajudar a sustentar seus negócios no longo prazo.

A fidelidade compensa: os atuais usuários são os melhores clientes

No mundo do software para desktop, os clientes que estão satisfeitos usando o seu aplicativo têm maior probabilidade de comprar futuras atualizações, especialmente se eles usarem o seu produto com frequência. A motivação para ficarem atualizados com a versão mais recente normalmente é devida à satisfação em usá-lo ou pela dependência dos recursos únicos que o seu software oferece (ou ambos, se você tiver sorte). É por isso que os desenvolvedores de software para Mac e Windows gastam tanto tempo fortalecendo o relacionamento com seus clientes. Certo, conseguir novos clientes é crucial, mas vender atualizações para os clientes já conquistados é o que suporta o desenvolvimento contínuo de um determinado aplicativo. Os desenvolvedores podem se dar ao luxo de oferecer produtos por taxas de introdução baixas (ou até mesmo gratuitos) para atrair novos clientes, sabendo que poderão futuramente vender para eles atualizações adicionais. E, além disso, clientes fiéis que já se apegaram à qualidade do seu produto geralmente são mais inclinados a comprar outros do que novos usuários que não estejam familiarizados com seus aplicativos.

Oferecer novos produtos e atualizações é a força vital da indústria de software para desktop. Os desenvolvedores já estão transferindo esse modelo para as plataformas móveis, em uma escala menor. As microtransações são a chave na economia móvel. Mas a App Store tem sua própria cultura de compras combinada com diretrizes estritas para aplicativos, com ambas introduzindo um novo conjunto de desafios que os desenvolvedores iOS precisam superar para sustentar um negócio de longo prazo.

Suportando a cauda longa: ganhando dinheiro com o desenvolvimento contínuo

A App Store não é imune à "cauda longa", um conceito descrito pelo aclamado autor Chris Anderson. Novos produtos têm um pico inicial de vendas e depois, após terem se nivelado ou atingido a saturação, caem gradualmente. Quando esse eventual declínio nas vendas, ou a *cauda longa* (como ela aparece no gráfico), acontece é que os desenvolvedores de aplicativos começam a lutar para descobrir formas de aumentar as vendas ou encontrar métodos alternativos para ganhar dinheiro com o desenvolvimento de aplicativos.

Devido à forma como a App Store foi inicialmente configurada, se o usuário comprasse um aplicativo, qualquer atualização teria de ser gratuita. Diferentemente do software tradicional para desktop, não havia como cobrar dos usuários dos aplicativos iOS por uma versão atualizada. Isso era ótimo para os usuários, especialmente se o aplicativo tivesse custado somente 99 centavos. Mas era financeiramente difícil para os desenvolvedores, dos quais se esperavam frequentes atualizações dos seus aplicativos, sem terem como financiar esse trabalho de desenvolvimento.

Alguns desenvolvedores de jogos contornaram essa limitação liberando novas versões na forma de aplicativos totalmente separados. Como uma continuação do seu bem-sucedido jogo Real Racing, a Firemint gastou um bocado de tempo e dinheiro desenvolvendo a versão 2. Em vez de liberar uma atualização gratuita, a Firemint tomou a inteligente decisão de lançar o Real Racing 2 como um aplicativo independente, permitindo que a empresa cobrasse uma taxa por essa notável continuação.

Para jogos, a estratégia de ter um aplicativo separado é muito mais fácil de ser aceita pelos consumidores, pois tem sido a prática comum por anos em outras plataformas de jogos, como o Xbox e o PlayStation. Para outros tipos de aplicativos, como os de produtividade, os atuais clientes estão acostumados a receber atualizações gratuitas ou ter preços reduzidos para a atualização nos softwares para Mac e Windows, de forma que esperam que um caminho semelhante seja oferecido para os aplicativos móveis também. Sem uma opção na App Store para atualizações pagas, os desenvolvedores iOS ficam limitados a dois mecanismos de compra para pagar por novos recursos ou conteúdo adicional: as vendas tradicionais de aplicativos e a Compra in-app.

No caso do incrivelmente popular jogo Pocket God, da Bolt Creative, um fator importante para o seu sucesso imediato foram as atualizações gratuitas quase semanais do jogo que a empresa liberava para os clientes. Cada novo episódio incluía uma enorme quantidade de conteúdo novo, o que ajudava não somente a atrair novos clientes, mas também a sustentar o interesse do usuário com cada atualização da aventura. Por apenas 99 centavos (que inclui todos os episódios liberados), permanece como uma das melhores compras na App Store.

Mas atualizações frequentes, repletas de conteúdo novo e horas de ação, podem se tornar muito caras para produzir. Com tantos novos jogos inundando a App Store, a menos que o seu jogo seja um eterno best-seller, como o Angry Birds ou o Pocket God, será difícil conseguir um pico de vendas igual com cada atualização que seja suficiente para suportar financeiramente o mesmo nível consistente de desenvolvimento acelerado por tempo indeterminado.

Mesmo considerando que o Pocket God continua vendendo muito bem, para suportar melhor os custos do desenvolvimento continuado do produto, a Bolt Creative começou a oferecer Compras in-app de skin packs e outros itens adicionais. Como os clientes do Pocket God estão acostumados a receber tanto conteúdo novo gratuitamente, Dave Castlenuovo, da Bolt Creative, admitiu que o principal desafio na introdução dos itens de Compra in-app foi a comunicação adequada de que a adição de microtransações não era um ato de ganância, mas meramente um meio de ajudar a subsidiar as contínuas atualizações gratuitas de novos episódios.

O desafio de mudar a percepção do cliente

Como a infraestrutura da App Store criou uma cultura de compras em que os usuários de iOS esperam receber atualizações gratuitas eternamente para os aplicativos que compraram, mudar essa expectativa para que aceitem as microtransações in-app está demorando um pouco mais do que a maioria dos desenvolvedores esperava. A Streaming Colour Studios descobriu rapidamente isso com o lançamento do seu primeiro jogo freemium, o LandFormer.

Liberado em junho de 2010, o LandFormer recebe comentários brilhantes da mídia, enaltecendo-o por ser um quebra-cabeças inovador e cativante. Eu mesmo não sou um grande apreciador de jogos, mas ele realmente é um dos meus aplicativos iOS favoritos. É um ótimo exemplo de uma estratégia freemium bem executada.

O fundador da Streaming Colour Studios, Owen Goss, disse: "Meus outros jogos [Dapple e Monkeys in Space] são ambos pagos, e o Dapple tem uma versão lite separada para as pessoas 'experimentarem antes de comprar'. O que eu não gosto no modelo lite é que ele requer que os jogadores baixem dois aplicativos separados se quiserem comprar o jogo. Isso sempre pareceu um quebra-galho para mim".

Por fim, Owen decidiu liberar o LandFormer como um aplicativo gratuito que inclui 12 níveis. Mais de 70 níveis adicionais estão disponíveis através da Compra in-app (veja a Figura 8.1). Para ajudar a criar uma comunidade em torno do jogo, o LandFormer também permite que os usuários criem e compartilhem seus próprios níveis.

"Esse é realmente um caminho empolgante de capitalização, por diversos motivos", disse Owen. "A loja dentro do jogo permite que eu continue liberando novos pacotes de níveis e temas sem ter de atualizar o binário do aplicativo em si. Por ser gratuito, o jogo consegue o máximo de visibilidade na App Store, com muito mais downloads. Mas com os banners de propaganda e a Compra in-app, continuo tendo uma forma de ganhar algum dinheiro. E as propagandas são desabilitadas se o jogador comprar qualquer conteúdo na loja de dentro do jogo.

Figura 8.1. *O LandFormer, da Streaming Colour Studios, é um ótimo exemplo de um aplicativo freemium que permite que os usuários joguem os primeiros 12 níveis do jogo gratuitamente e depois comprem os níveis adicionais e temas na loja virtual do jogo através de Compra in-app.*

"No entanto, nem tudo são flores", acrescentou Owen. "Uma coisa para a qual eu não estava nem um pouco preparado era a reação dos usuários com relação ao modelo de preços. Eu achava que os jogadores ficariam felizes com a oportunidade de experimentar o jogo antes de gastar algum dinheiro com ele. Em vez disso, a reação de alguns jogadores foi 'ei, é um jogo gratuito!', mas depois eles ficavam zangados quando descobriam que não poderiam jogar todos os níveis sem pagar. A descrição do aplicativo indica claramente que você só recebe de graça os níveis de principiante e que tem de comprar os demais. A página do aplicativo na App Store também lista os principais itens de Compra in-app. Mas o que aprendi é que ninguém lê aquele material."

A Compra in-app foi lançada em meados de 2009, mas os consumidores foram lentos em se acostumar com o conceito de pagar por conteúdo novo dentro dos aplicativos que já haviam comprado ou baixado gratuitamente. Mesmo um ano depois, novos jogos como o LandFormer e outros títulos freemium continuam enfrentando resistência de uma parcela dos usuários. Mas com a proliferação de tantos aplicativos freemium cativantes na segunda metade de 2010, a maré está gradualmente virando, com a maioria dos usuários de iPhone, iPad e iPod touch finalmente aceitando as microtransações de braços abertos.

Onde antes as vendas tradicionais de aplicativos e propaganda in-app eram os modelos de negócio dominantes para os desenvolvedores iOS, a Compra in-app tornou-se um dos maiores fluxos de receita na App Store. Em janeiro de 2011, a empresa Distimo de monitoramento da App Store informou que quase 50% da renda dos aplicativos para iPhone de maior arrecadação estava vindo de itens de Compra in-app!

Muito dessa evolução pode ser atribuído a jogos populares, como o FarmVille, We Rule Quests, Zombie Farm e Pocket Frogs. Esses aplicativos freemium baseiam-se no uso de moeda virtual para aprofundar seu progresso no jogo. Os usuários rapidamente aprendem que, para aumentar suas fazendas, construir seus impérios ou cuidar de seus animais de estimação, precisam usar pontos do jogo para comprar colheitas, ferramentas, alimentos e outros itens necessários no mercado virtual (veja a Figura 8.2). Essas repetidas viagens ao mercado de dentro do jogo condicionam os usuários a comprar de dentro do aplicativo. Assim, fazer a transição para comprar outros itens do mercado, como Mojo ou poções mágicas, com dinheiro de verdade passa a ser apenas um pequeno passo a mais (veja a Figura 8.3).

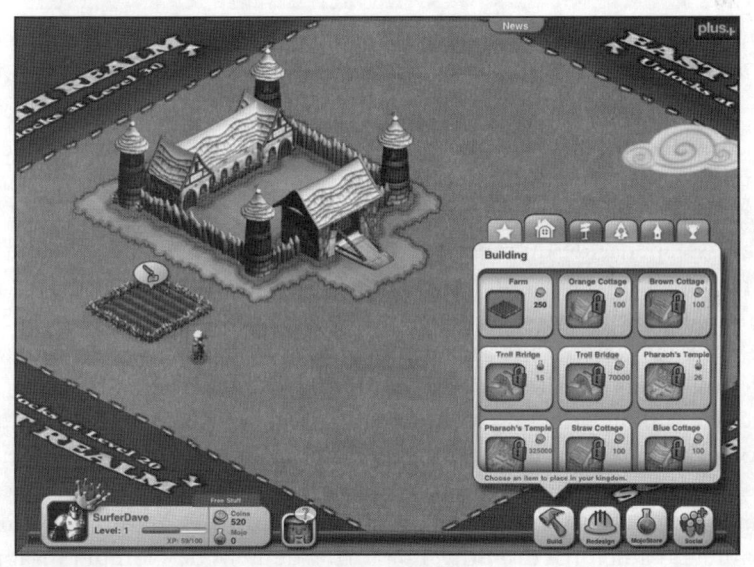

Figura 8.2. *O We Rule Quests para iPad, da ngmoco, é um jogo de construção de um reino que usa os pontos ganhos para comprar diversos itens no mercado virtual.*

É importante que os consumidores nunca se sintam enganados com relação àquilo que estão escolhendo. Por exemplo, o We Rule Quests toma o cuidado de exibir claramente o tipo de moeda para cada item do seu mercado virtual, assim os usuários conseguem ver se um item pode ser comprado com pontos digitais ou com dinheiro real através da Compra in-app. Como mostrado na Figura 8.3, para poder comprar Mojo, um preço real é exibido, exigindo uma transação de Compra in-app. E também os itens de Compra in-app são categorizados como produtos "We Rule Store" para diferenciá-los dos outros itens do mercado virtual.

Figura 8.3. *O We Rule Quests informa os usuários quando os itens virtuais, como Mojo, custam dinheiro real, exigindo uma transação de Compra in-app (aqui exibida a versão para iPad).*

Mesmo considerando que as microtransações agora são amplamente aceitas pela comunidade de usuários da App Store, os desenvolvedores podem periodicamente enfrentar a reação de alguns clientes que se ressentem da estrutura de preços *à la carte* da Compra in-app. Lembre-se apenas de que eles representam só uma pequena porcentagem da sua base total de clientes. Em geral, representam a mesma minoria de usuários que reclamam de ter de pagar mais de 99 centavos por um jogo cheio de recursos, que custaria 50 vezes mais em um Xbox ou PlayStation. Embora seja importante manter o maior número possível de clientes satisfeitos, alguns deles normalmente só ficam contentes com o que for gratuito. E a menos que você seja muito rico, a sua empresa não pode se dar ao luxo de dar *tudo* de graça.

Um fator-chave para ter sucesso com a Compra in-app é oferecer itens adicionais atraentes que façam os usuários ficarem ansiosos por comprar. Se o seu aplicativo conseguir efetivamente comunicar a diferença entre as atualizações gratuitas da funcionalidade central e o conteúdo adicional disponível na forma de itens de Compra in-app, você pode ter um modelo lucrativo de negócios que poderá sustentar o desenvolvimento continuado.

Com isso em mente, nunca é cedo demais para procurar as maneiras para beneficiar o seu aplicativo com as Compras in-app. A fidelidade compensa! No longo prazo, mesmo se o seu aplicativo eventualmente atrair menos e menos novos clientes, os usuários satisfeitos poderiam continuar a suportá-lo através das Compras in-app.

Quando e como usar a Compra in-app

Então, você está pronto para abraçar a Compra in-app no seu aplicativo? Mas para o que ela pode ser usada? Destravar conteúdo adicional nos jogos ou novos níveis são escolhas óbvias, mas e se você não estiver desenvolvendo um jogo? A melhor maneira de abordar isso é dar uma boa olhada na atual funcionalidade do seu aplicativo e no futuro mapa da estrada dos recursos para ver se a Compra in-app pode ajudar a estender a sua vida útil e o potencial de vendas.

A Compra in-app é uma excelente maneira de gerar fluxos adicionais de renda e suportar o contínuo desenvolvimento, mas não é adequada para todos os aplicativos. Não tente forçar a funcionalidade para dentro do seu aplicativo se você não tiver um bom motivo para fazê-lo. Ela não deve ser tratada como uma solução em busca de uma necessidade. Você certamente não vai querer desgastar o bom relacionamento com clientes fiéis cobrando por recursos básicos que eles esperavam receber como parte do preço original de compra.

Entendendo os fundamentos

As Compras in-app são categorizadas em quatro tipos distintos de produtos: Não consumíveis, Consumíveis, Assinaturas autorrenováveis e Assinaturas. É essencial que você entenda as diferenças entre esses tipos de produtos, porque a sua escolha afeta como os itens comprados são tratados dentro do seu aplicativo. Adicionalmente, há algumas regras que você precisa seguir.

Tipos de compras in-app

Eis um breve resumo dos quatro tipos de produtos de Compra in-app.

- **Não consumíveis** – Itens que são comprados apenas uma vez e devem sempre permanecer disponíveis dentro do aplicativo em todos os dispositivos associados com a conta iTunes do cliente. Geralmente os Não consumíveis são funcionalidades ou conteúdos adicionais. Portanto, se for um novo nível do jogo que foi comprado dentro de um jogo no iPhone do Johnny, não apenas aquele nível deve ser persistente toda vez que o Johnny executar o jogo no seu iPhone, mas ele deverá estar disponível também dentro do mesmo jogo instalado no iPod touch do Johnny. A estrutura de trabalho Store Kit oferece suporte para consultar na App Store os itens adquiridos, de forma que o seu aplicativo possa ser programado para restaurar aqueles itens em um determinado dispositivo, mesmo que tenham sido inicialmente adquiridos e instalados em outro dispositivo do mesmo proprietário. Voltaremos a esse assunto quando analisarmos um exemplo de projeto Xcode mais adiante neste capítulo.
- **Consumíveis** – Itens que podem ser totalmente consumidos ou exauridos e depois comprados novamente várias vezes. Um bom exemplo de um item Consumível é a munição da arma em um jogo. Depois que o consumidor esgota o estoque de munição que havia sido comprado, ele não pode ser restaurado novamente. Para continuar usando aquela arma, o cliente precisa comprar outro lote de munição. Devido à natureza descartável desse tipo, os itens Consumíveis não precisam estar disponíveis em todos os dispositivos relacionados com aquele cliente. Se você planeja oferecer este tipo de item de Compra in-app, então deve sempre informar em linguagem muito clara dentro do seu aplicativo que, uma vez consumido, acabou, mas outro novo pode ser comprado.

- **Assinaturas autorrenováveis** – São itens muito parecidos com os Não consumíveis, exceto que eles recebem uma duração limitada. Se o cliente comprou uma assinatura de um serviço por 30 dias dentro do seu aplicativo, quando aquele período termina, a App Store renova automaticamente a assinatura, debitando na conta iTunes do cliente. Como os Não Consumíveis, as Assinaturas autorrenováveis precisam estar sempre disponíveis dentro do mesmo aplicativo em todos os dispositivos associados à conta iTunes do cliente. Assim, se o Johnny tem o seu aplicativo instalado tanto no iPhone como no iPod touch, a assinatura que ele compra deve estar presente dentro do aplicativo em ambos os dispositivos. O cliente tem a opção de cancelar futuras renovações, o que desativa a assinatura depois que o período expirar.
- **Assinaturas** – Um mecanismo mais antigo que precede o tipo de produto Assinatura autorrenovável. Uma limitação deste tipo mais antigo de assinaturas é que ele atualmente não suporta um período de duração – não há cobrança automática de renovação (embora as Assinaturas possam ser compradas várias vezes, como os Consumíveis). É o seu aplicativo que precisa automonitorar as datas de término da assinatura do cliente e enviar notificações de renovação. Devido a essa limitação, a Apple recomenda o uso das Assinaturas autorrenováveis no seu lugar.

Legal, não? Isso lhe deu algumas ideias de como usá-las no seu próprio aplicativo?

As funcionalidades adicionais geralmente são categorizadas como Não Consumíveis. O conteúdo adicional – dependendo de ser um item descartável (munição, sementes, poções mágicas, etc.) ou uma adição permanente (como novos níveis de jogo) – pode ser Consumível ou Não consumível, respectivamente.

Se você planeja destravar serviços dentro do aplicativo – como acesso premium a um serviço da web, conteúdo de jornais e revistas ou um serviço de notificação –, eles normalmente são categorizados como Assinaturas autorrenováveis. Alternativamente, um serviço poderia ser oferecido como uma Compra in-app única de Não consumível. Mas antes de seguir por esse caminho, certifique-se de que tal modelo possa fornecer renda suficiente para suportar financeiramente a manutenção futura do serviço.

Diretrizes da Compra in-app

Antes que você comece a planejar a sua próxima grande obra de arte com a Compra in-app, precisa conhecer algumas regras estritas que devem ser seguidas:

- Os itens de Compra in-app precisam ser elementos digitais que possam ser entregues dentro do seu aplicativo. Você não pode usar a Compra in-app para vender produtos físicos e serviços fora do aplicativo. Por exemplo, não pode usá-la para vender um livro impresso, mas certamente pode vender um livro digital, desde que ele possa ser entregue dentro do seu aplicativo imediatamente após a confirmação da compra.
- Os itens de Compra in-app não podem conter conteúdo proibido, como pornografia ou *hate speech* (discurso de ódio).
- Os itens da Compra in-app não podem representar moeda virtual, a menos que ela seja diretamente relacionada com a ação do jogo, como visto nos aplicativos Zombie Farm e We Rule Quests. Se a Apple achar que os seus itens de Compra in-app não

estão tipificados adequadamente, confundindo os usuários com relação a quais bens ou serviços estão sendo comprados, o aplicativo poderá ser rejeitado.
- O Store Kit Framework não pode ser usado para criar itens de experimentação. Como mencionamos no capítulo 6, a Compra in-app não tem como finalidade destravar recursos previamente desabilitados, já que a Apple continua proibindo que os aplicativos iOS apresentem recursos que possam ser habilitados somente por meio de pagamento. A atual implementação da Compra in-app permite que os desenvolvedores forneçam recursos *adicionais*, que não estejam incluídos no aplicativo.
- E, mais importante, você não pode facilitar uma transação completa de pagamento dentro do seu aplicativo sem usar a Compra in-app. Implementar a sua própria versão caseira da Compra in-app dentro do seu aplicativo certamente lhe garantirá uma nota de rejeição da equipe de análise da Apple.

O poder da simplicidade

A melhor parte sobre a Compra in-app é que, além de um punhado de diretrizes, ela não impõe nenhum tipo de modelo de negócio predefinido. A estrutura de trabalho Store Kit que faz a Compra in-app funcionar é nada mais do que um portal seguro para coleta de pagamentos. Não inclui uma vitrine pré-fabricada, como a App Store, o que lhe dá toda a flexibilidade criativa para integrar a Compra in-app da maneira que melhor servir à atual UI do seu aplicativo.

A flexibilidade é particularmente útil se o seu aplicativo oferece apenas um item de Compra in-app. Exibir uma janela de loja inteira para listar apenas um único item não é uma forma eficaz de usar o espaço da tela. Com apenas um ou dois itens de Compra in-app, você pode implementar com facilidade aqueles botões de compra harmoniosamente na sua interface. Isso pode dar a impressão de que ela deixa muita coisa para você mesmo programar, mas, de fato, a Compra in-app requer muito menos codificação do que se possa pensar. Analisaremos os passos para colocar a Compra in-app em um projeto de Xcode mais adiante neste capítulo.

Como as transações de Compra in-app são feitas através da App Store, elas carregam os mesmos termos comerciais aplicáveis às compras de aplicativos padrão dentro da loja. Você, como desenvolvedor, recebe 70% do preço da Compra in-app e a Apple fica com 30%, como taxa de serviço. Embora alguns desenvolvedores possam não gostar de dispor de 30% das Compras in-app, você precisa se lembrar de que isso cobre não apenas taxas de cartão de crédito, proteção contra fraudes e taxas de devolução com reembolso, mas oferece também um elegante modelo de microtransações no ambiente seguro e confiável da App Store.

Não há necessidade de manter o seu próprio sistema de gerenciamento de conta de cliente e de comércio eletrônico. A estrutura de trabalho Store Kit torna o processo de transação bastante harmonioso para seus clientes, permitindo que eles usem o login da conta iTunes, tornando a compra rápida e fácil.

Todo item que você quiser vender através de Compra in-app precisa ser configurado no iTunes Connect como seu próprio produto de Compra in-app, de forma semelhante à usada para submeter os aplicativos padrão para iOS. Cada item de Compra in-app é atribuído ao seu aplicativo pai correspondente, de forma que a iTunes App Store sabe qual é o relacionamento entre os produtos. Exatamente como acontece com os aplicativos, todo item de Compra in-app precisa ser aprovado pela equipe de análise da Apple antes que ele possa estar disponível dentro do seu aplicativo. Todo esse processo de preparação é descrito em detalhe mais adiante neste capítulo.

Vendendo mais conteúdo

Então, como uma típica Compra in-app aparece para o consumidor? Um dos meus aplicativos favoritos, o Comics, da ComiXology, é um ótimo exemplo. O Comics é um leitor digital gratuito de histórias em quadrinhos com um inovador mecanismo de visualização para facilitar a leitura na tela de um iPhone ou iPad. O aplicativo inclui acesso a dezenas de histórias em quadrinhos digitais gratuitas de editoras populares, como DC, Marvel e Image Comics.

A maioria das histórias em quadrinhos gratuitas são os primeiros capítulos de séries populares, oferecendo uma excelente porta de entrada para novos leitores. O Comics dá aos consumidores não apenas um grande valor imediato, mas suas histórias prendem a atenção das pessoas em diversas séries. Quando elas querem mais, a Compra in-app entra em ação.

Dentro do Comics há um catálogo de loja fácil de usar, com as histórias em quadrinhos disponíveis, variando desde gratuitos até $ 1,99 cada. Todas as histórias em quadrinhos pagas são configuradas no iTunes Connect como itens individuais de Compra in-app. Se você decidir comprar uma revista específica, a App Store exibe um caixa de diálogo padrão perguntando se você confirma a solicitação de compra para aquele item (veja a Figura 8.4).

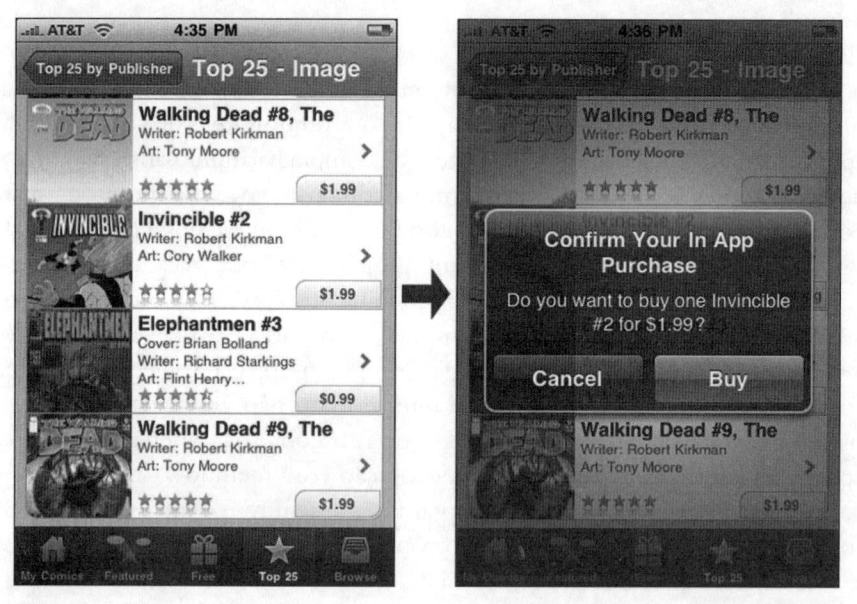

Figura 8.4. *No processo de compra de uma revista digital de história em quadrinhos dentro do aplicativo Comics (esquerda), a App Store exibe uma caixa de diálogo padrão pedindo a confirmação da solicitação de Compra in-app (direita).*

Se tocar no botão de compra da caixa de diálogo, você é solicitado a entrar com seu login no iTunes, exatamente como qualquer outra compra através da iTunes Store. Depois que o login é confirmado, a transação segura é completada, usando as informações de pagamento da sua conta atual, e o item comprado começa imediatamente a ser baixado no aplicativo Comics (veja a Figura 8.5). E isso é tudo! Nenhum formulário chato para preencher. É um processo de compras sensacional, que requer apenas poucos toques de dedo.

Figura 8.5. *Depois de confirmar a compra e o login na iTunes (esquerda), a transação é completada e a história em quadrinhos digital começa a ser baixada imediatamente para o aplicativo Comics (direita).*

Você provavelmente percebeu que a lista de catálogo do Comics é semelhante à da App Store. Mas você pode desenhar a sua própria vitrine in-app para emular o desenho personalizado da sua própria interface. Como você já viu em exemplos anteriores, como o do LandFormer e do We Rule Quests, a estrutura de trabalho Store Kit lhe dá total flexibilidade para personalizar a apresentação dos itens dentro do seu aplicativo.

A maioria das pessoas acredita que jogos e títulos de entretenimento serão os maiores campeões da Compra in-app, já que histórias em quadrinhos digitais, livros digitais, novos níveis de jogos e outros componentes do mundo virtual parecem ser naturalmente feitos para as microtransações. Mas a verdade é que, com um pouco de criatividade, a Compra in-app pode ser um eficaz veículo para obter renda com quase qualquer tipo de categoria – viagem, estilo de vida, produtividade e outras. Um desses casos é o da *Men's Health Magazine*.

O aplicativo de fitness Men's Health Workouts, da *Men's Health Magazine*, inclui uma abrangente coleção de práticas e exercícios físicos por um preço inicial de $ 1,99. Mas oferece também pacotes adicionais de exercícios que podem ser comprados in-app (veja a Figura 8.6). Há uma jogada inteligente aqui, pela qual um exercício adicional gratuito é carregado por mês (acessível de dentro do aplicativo), o que não apenas estimula o contínuo interesse do usuário, mas também ajuda a promover os outros incrementos disponíveis para venda. Além disso, os itens de Compra in-app oferecidos no Men's Health Workouts são apresentados com o mesmo tema de desenho do resto da interface personalizada do aplicativo, oferecendo uma experiência harmoniosa para o usuário.

Figura 8.6. *Não serve só para jogos! Aplicativos como o Men's Health Workouts provam que a Compra in-app pode ser poderosa também em outros tipos de categoria. E a estrutura de trabalho Store Kit permite total flexibilidade para personalizar a forma como os itens serão exibidos.*

Oferecendo serviços e assinaturas

Demos uma olhada em diversos exemplos de conteúdo que pode ser baixado, mas e os serviços e assinaturas? O Simplenote é um ótimo exemplo de ambos, que usa um modelo de assinatura in-app para o seu serviço Premium anual. Além da sincronização básica de notas que é incluída gratuitamente no Simplenote, o serviço Premium oferece recursos adicionais de sincronização e suporte otimizado, e oculta as propagandas in-app (veja a Figura 8.7).

Uma pequena objeção que faço ao excelente Simplenote é que a tela Upgrades (veja a Figura 8.7) não inclui detalhes sobre os benefícios específicos oferecidos pelo serviço Premium. Para conseguir mais informações, é preciso tocar no botão What's in Premium? (O que há no Premium?), que sai do aplicativo para o navegador Mobile Safari, carregando a página do website do Simplenote. Concordo, o serviço de sincronização de notas do Simplenote está disponível também como um aplicativo baseado na web, bem como através de diversos aplicativos de terceiros, portanto, direcionando todas as solicitações a uma página web Premium central permite que os desenvolvedores gerenciem apenas uma fonte de informações para todos os aplicativos relacionados. Mas quantos usuários do Simplenote realmente se interessariam em tocar aquele botão?

Conveniência é um grande fator nas compras por impulso. O Simplenote vai bem com o serviço Premium, mas pense em quantos planos de assinatura a mais poderiam ser vendidos se os detalhes dos recursos Premium fossem mostrados bem ali, na tela Upgrades dentro do aplicativo.

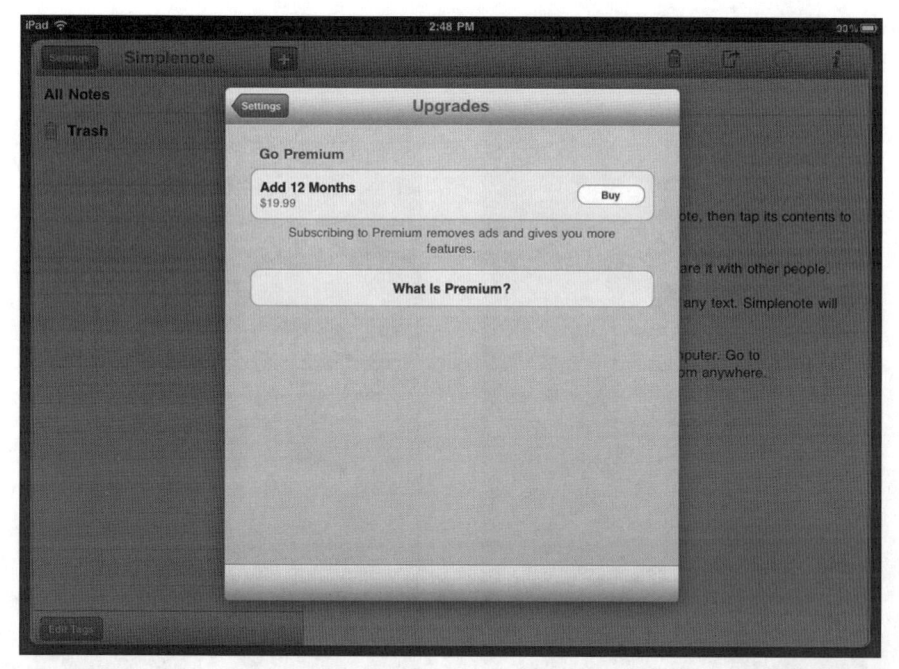

Figura 8.7. *O aplicativo gratuito de sincronização de notas, o Simplenote (aqui exibido na versão para iPad), usa a Compra in-app para vender uma assinatura, incentivando os usuários a atualizarem para o seu serviço Premium anual.*

A apresentação é a chave do sucesso

Como você consegue que usuários comprem os seus produtos de Compra in-app? Da mesma forma que você conseguiu que eles comprassem o seu aplicativo pela primeira vez: oferecendo um pacote atraente e irresistível. Além de criar um excelente conteúdo adicional, você precisa comunicar aos potenciais clientes por que eles precisam comprá-lo.

Lembra-se das telas promocionais da versão completa do exemplo de aplicativo lite gratuito do Capítulo 6? Como os itens de Compra in-app são essencialmente seus próprios produtos, você deve preparar um discurso de vendas in-app similar também para eles. A apresentação visual desses itens é tão importante quanto a criada para promover o próprio aplicativo pai. Não se baseie apenas em uma única sentença ou no texto do botão de compra. Os usuários querem saber exatamente o que receberão comprando aquele item de Compra in-app. Mas isso não significa que você deve escrever longas e verborrágicas descrições. Os usuários móveis querem respostas rápidas, portanto, a brevidade pode ser muito eficaz, desde que os detalhes apresentados sejam instigantes.

O Ramp Champ, da The Iconfactory and DS Media Labs, realiza essa tarefa de forma muito interessante usando uma abordagem direta, que consome muito pouco espaço na tela. O Ramp Champ é um jogo estilo skee-ball, com diversas rampas temáticas incorporadas. São oferecidos pacotes com rampas adicionais na seção de Add-ons do aplicativo. Cada pacote adicional é listado de forma bastante compacta, permitindo que os usuários percorram rapidamente a lista de itens disponíveis. As concisas descrições dizem exatamente o que o comprador recebe com cada pacote, junto com imagens atraentes das rampas incluídas (veja a Figura 8.8).

Figura 8.8. *O Ramp Champ notifica os usuários quando novos pacotes adicionais de rampa estão disponíveis (esquerda). As concisas descrições e imagens de tela descrevem eficazmente e com precisão o que o comprador receberá em cada pacote adicional de rampas (direita).*

Quando for criar as descrições dos itens de Compra in-app, você precisa ser bastante claro sobre o que o consumidor receberá. Descrições ambíguas frequentemente deixam os usuários frustrados. Eles podem postar comentários negativos sobre o seu aplicativo, reclamando de que os itens adicionais comprados não eram o que esperavam. A comunicação é vital para evitar confusão.

Os clientes gostam de saber quanto custa um item antes de tocar no botão de compra, portanto, convém incluir o preço na vitrine do seu in-app sempre que possível. Você pode listar os preços dos itens disponíveis para Compra in-app de maneira dinâmica dentro do seu aplicativo, o que é particularmente útil quando estiver atuando em diversas regiões. Na verdade, como a App Store localiza os preços para as moedas dos diferentes países, a Apple desencoraja fortemente a inclusão de preços estáticos.

Se você libera frequentemente novos itens de Compra in-app para um jogo (como níveis adicionais), não confie que seus clientes irão visitar regularmente a loja virtual. Quando novos conteúdos adicionais estiverem disponíveis para compra, informe-os, exibindo uma UIAlertView ou uma notificação personalizada no início do jogo, como aquela exibida pelo Ramp Champ na Figura 8.8.

Encontrando o ponto ideal

A funcionalidade central do seu aplicativo será a principal atração para novos clientes, mas sua estratégia de Compra in-app só terá sucesso se você oferecer conteúdos adicionais atraentes por um preço razoável, que faça sentido para os consumidores. Mesmo considerando que os compradores da App Store estão acostumados a obter jogos e aplicativos cheios de recursos por apenas 99 centavos (ou até mesmo de graça), é perfeitamente aceitável que os seus itens de Compra in-app tenham preços mais altos do que o aplicativo pai correspondente, desde que o valor inerente fique claro para os clientes.

Colocando a dose certa de ingredientes

Para um aplicativo pago, é importante saber quais recursos os clientes consideram como sendo a principal atração. São esses que devem ser incluídos no preço. Aplicativos com recursos adicionais que melhoram a funcionalidade central são os mais indicados para Compra in-app. Não seria nada bom cobrar uma taxa in-app por um recurso que, para os usuários, deveria ser parte integrante do preço original do aplicativo – alguma funcionalidade central que eles considerem essencial para ser recebida junto com o produto.

A Networks In Motion deparou com esse problema quando liberou inicialmente seu aplicativo de navegação por GPS, o Gokivo, em 2009. Por apenas 99 centavos ele incluía muitos recursos, como Yahoo! Local Search, mapas, tráfego e favoritos. Mas para destravar o serviço completo de navegação turn-by-turn por GPS, era necessária uma assinatura mensal adicional de $ 9,99 através de Compra in-app. Os clientes consideravam o recurso de GPS turn-by-turn como sendo uma funcionalidade central, que deveria ser incluída no aplicativo. Embora os outros recursos fossem bons, o serviço de navegação turn-by-turn era o principal motivo da compra do aplicativo. Após descobrir que precisariam gastar outros $ 9,99 todo mês para manter o recurso que eles achavam já ter comprado (independentemente do fato de o aplicativo custar apenas 99 centavos), muitos usuários se sentiram enganados.

A Networks in Motion não poupou esforços para deixar explícita sua estrutura de preços na descrição da App Store, mas por algum motivo a mensagem não estava chegando a alguns clientes. Muitas pessoas não estavam se dando ao trabalho de ler cuidadosamente a descrição antes de comprar o aplicativo.

A solução da empresa para o problema foi aumentar o preço do aplicativo para $ 9,99 e incluir uma assinatura de 30 dias do seu serviço de navegação turn-by-turn. Dessa forma, os clientes podiam acessar a funcionalidade central desejada imediatamente após a compra. Depois de 30 dias, eles poderiam renovar sua assinatura por mais um mês através de Compra in-app.

Embora estejamos falando do mesmo valor em dinheiro em ambos os cenários, a percepção é totalmente diferente. Tudo se resume ao motivo inicial da compra e de satisfazer as expectativas dos usuários.

Para 2011, a Networks in Motion reestruturou ainda mais seu modelo de negócio. Para continuar competitivo em um mercado de navegação saturado, o Gokivo GPS Navigator foi disponibilizado como um aplicativo gratuito para iPhone e continua incluindo uma assinatura por 30 dias para o serviço de navegação turn-by-turn. O fato de ser um download gratuito o coloca nas mãos de muitos mais usuários e lhes dá a chance de experimentar o aplicativo e passar a depender do serviço. As opções são de renovação da assinatura pela Compra in-app por apenas $ 4,99 por mês ou $ 39,99 por ano.

Permitindo que os usuários gastem tanto dinheiro quanto quiserem

Noel Llopis, da Snappy Touch, tem experiência com as Compras in-app. Seu popular aplicativo universal, o Flower Garden, permite que os usuários plantem e façam crescer flores digitais e enviem buquês virtuais para os amigos. Esse aplicativo era um exemplo perfeito para oferecer consumíveis adicionais, como mais fertilizantes e pacotes de sementes (veja a Figura 8.9). Com a Flower Shop in-app incluída em ambas as versões, paga e gratuita, não é surpresa que a maior parte da renda do Flower Garden venha das Compras in-app. Na verdade, as vendas do aplicativo pago representam apenas 17% da renda do Flower Garden, sendo o restante conseguido com as Compras in-app.

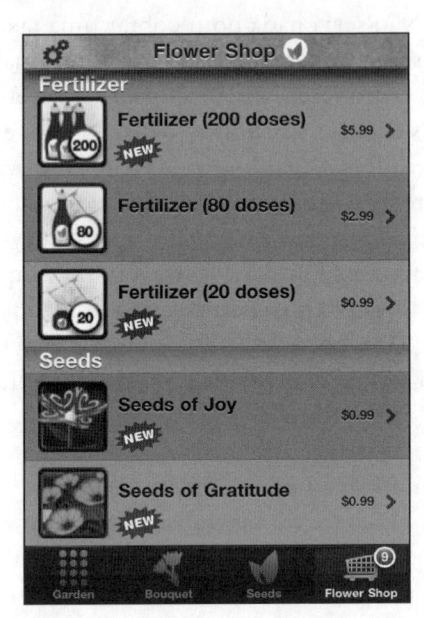

Figura 8.9. *O Flower Garden, da Snappy Touch, oferece múltiplos pacotes de fertilizantes na sua Flower Shop in-app, deixando os usuários escolherem quanto dinheiro eles querem gastar.*

Depois de ver jogos como FarmVille e We Rule Quests obtendo sucesso com a venda de pacotes escalonados de itens consumíveis, Noel começou a pensar se não estava subestimando o poder de compra dos clientes oferecendo apenas uma opção de fertilizante por 99 centavos no Flower Garden. Ele ficou surpreso ao descobrir que os itens mais vendidos na App Store através das Compras in-app por muitos desses jogos populares nunca eram os de 99 centavos. As pessoas estavam gastando $ 4,99 ou mais em armas, munições, garrafas de Mojo, poções mágicas, moedas da fazenda e outras moedas virtuais. Alguns dos itens mais vendidos na Compra in-app tinham preços tão altos quanto $ 29,99, $ 49,99 e até $ 99,99.

"Decidi fazer uma pequena experiência, acrescentando mais duas opções de fertilizante ao Flower Garden: 80 doses de fertilizante por $ 2,99 e 200 doses de fertilizante por $ 5,99", disse Noel. "Cada pacote representa uma oferta ligeiramente melhor de compra do fertilizante. Isso ainda não era nada em comparação com os preços que eu via em outros jogos, mas não queria afastar os usuários afixando descuidadamente alguns preços por pacote muito altos."

O resultado? Com base no número de vendas, o item mais popular de Compra in-app continuava sendo a opção de fertilizante por 99 centavos, mas muitos clientes acabaram comprando os outros dois pacotes também.

Mesmo se você não vender muitos itens de preços mais altos, eles ainda podem representar um percentual relevante do total da sua receita. A experiência do Noel com os pacotes foi um sucesso. As Compras in-app do fertilizante sozinhas representam agora impressionantes 45% do total da receita do Flower Garden.

Depois de acrescentar vários pacotes de fertilizante à crescente coleção de ofertas de pacotes de sementes, o Noel descobriu que os principais usuários do Flower Garden estavam gastando mais de $ 100 no jogo.

Se os itens de Compra in-app podem ser mais bem valorizados sem afastar os usuários do jogo, não há limite para a quantidade de dinheiro que o cliente pode gastar.

O Noel aponta duas razões para os pacotes serem boas opções de consumíveis nas Compras in-app: escolha e comprometimento. Ele explica: "Ter diferentes níveis de pacotes dá aos jogadores mais escolha de como querem comprar algo. E sempre que compra um pacote maior, o usuário se torna mais comprometido com o seu jogo. Ele continuará a jogar para fazer valer o dinheiro gasto com a compra. Mesmo se ele tivesse a intenção de continuar voltando para o seu jogo sem comprar mais nada, ter gasto aquele dinheiro inicial é um bom lembrete para que ele o faça. E fazer com que as pessoas voltem para o seu jogo é o principal objetivo. Eles explorarão mais o jogo, ficarão mais presos, farão mais Compras in-app e o vão divulgá-lo ainda mais aos amigos".

Entregando e gerenciando as Compras in-app

O conteúdo comprado in-app pode ser colocado no seu aplicativo e depois destravado após a compra, ou pode ser baixado de um servidor remoto. A escolha do método depende de qual tipo de conteúdo você está entregando e da capacidade de expansão que o seu aplicativo requer.

Destravando o conteúdo embutido

Destravar o conteúdo embutido é de longe o caminho mais fácil, exigindo muito menos passos, que podem ser todos completados de dentro do aplicativo. Não há necessidade de manter um servidor, e você não precisa se preocupar com questões de segurança quando há comunicação entre o seu aplicativo e o servidor. Com apenas algumas interações com a App Store, o conteúdo comprado é destravado dentro do seu aplicativo (veja a Figura 8.10).

Se você é novato no desenvolvimento iOS, o processo ilustrado na Figura 8.10 pode parecer um tanto assustador, mas não é realmente tão complicado. É verdade que há vários passos envolvidos na configuração do seu aplicativo para usar a Compra in-app, mas não se preocupe. Mais adiante neste capítulo você será orientado através de todo o processo de configuração e criação de um projeto Xcode básico para ver exatamente como todas essas peças se encaixam.

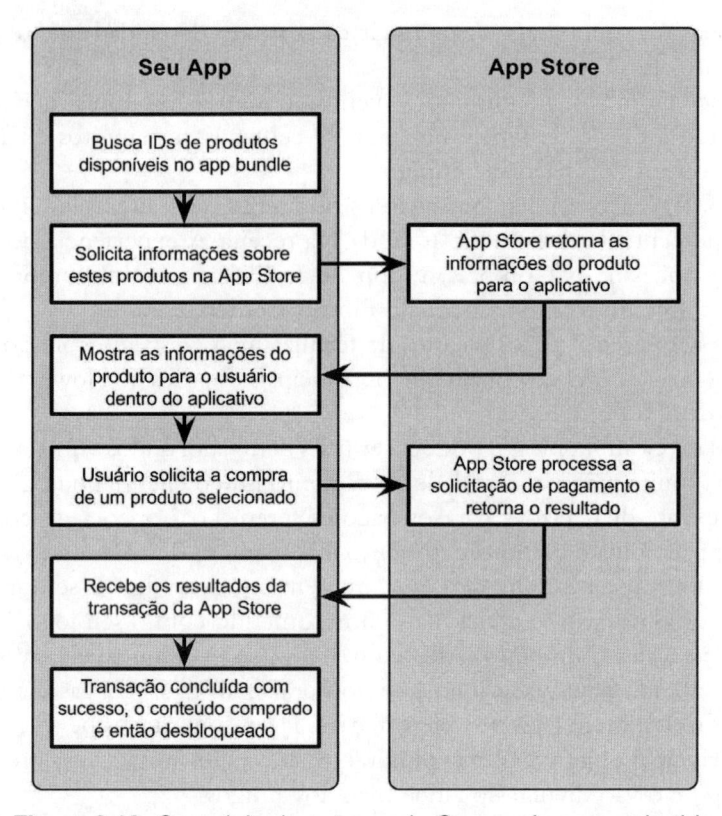

Figura 8.10. *O modelo de entrega de Compra in-app embutida.*

Usar esse modelo embutido requer que todo o seu conteúdo relacionado com a Compra in-app já esteja inserido no aplicativo, escondido dos usuários. Quando um cliente compra um determinado item, o aplicativo simplesmente desbloqueia o acesso. Isso funciona muito bem para fornecer conteúdo integrado, como novos níveis de um jogo ou recursos adicionais em um aplicativo de produtividade, ou para ativar funcionalidade baseada em assinatura.

O Store Kit não suporta nenhuma forma de "patch" para o binário do seu aplicativo com uma atualização baixada de um servidor remoto. Se o aplicativo precisar que o conteúdo comprado seja integrado dentro do seu pacote, você deve incluí-lo antes de submetê-lo à App Store. Depois, quando um cliente faz a compra, o aplicativo simplesmente destrava o conteúdo.

A maneira mais fácil para o aplicativo gravar e lembrar-se do conteúdo destravado é armazenar a informação nas preferências, que é salva quando os usuários sincronizam dispositivos com computadores através do iTunes. Ter as preferências do aplicativo salvas ajudará a evitar que compras sejam perdidas, mesmo se o aplicativo for excluído de um dispositivo do usuário. O seu aplicativo precisa lembrar quais itens já foram comprados, de forma que a próxima vez que o usuário executá-lo, o conteúdo comprado continuará prontamente acessível.

Uma das maiores desvantagens de usar o modelo de destravamento incorporado é que, se decidir tornar disponíveis outros itens de Compra in-app no futuro, você precisará submeter à App Store um novo binário atualizado do aplicativo que inclua o novo conteúdo.

Baixando conteúdo do seu servidor

Se você estiver constantemente acrescentando novos itens de Compra in-app ao seu aplicativo, usar o acesso ao servidor para download é o caminho recomendado. Isso requer mais vários passos e lhe impõe diversas responsabilidades de gerenciamento do servidor, mas oferece maior flexibilidade e possibilidade de crescimento futuro para o seu aplicativo (veja a Figura 8.11).

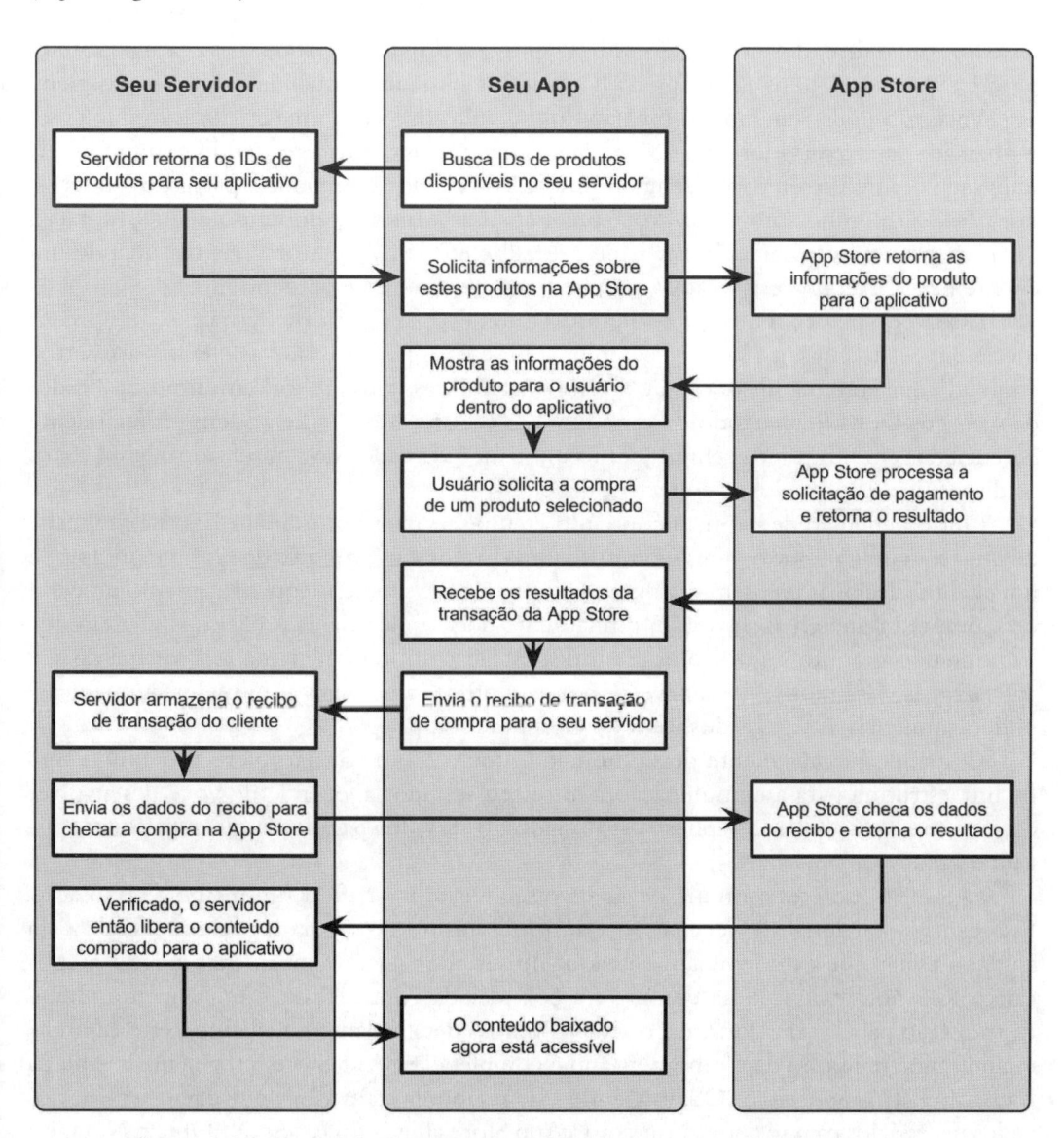

Figura 8.11. *O modelo de entrega da Compra in-app baseado em servidor.*

O aplicativo Comics, da ComiXology (apresentado antes neste capítulo), é um exemplo perfeito desse modelo. Ele busca no servidor a lista mais atual de IDs de produto das histórias em quadrinho digitais disponíveis. Quando um usuário compra uma determinada revista digital, o aplicativo baixa o arquivo do servidor. O aplicativo pode abrir e ver qualquer arquivo digital de história em quadrinhos da coleção de números comprados e baixados pelo usuário.

Esse acesso permite que novos quadrinhos digitais sejam colocados à disposição toda semana como itens de Compra in-app sem exigir nenhuma atualização no aplicativo Comics. Novos itens de Compra in-app são submetidos para análise através do iTunes Connect. Quando são aprovados, a ComiXology simplesmente adiciona seus IDs de produto ao banco de dados no seu servidor. Depois, na próxima vez que o aplicativo Comics procurar por novos itens, ele recupera do servidor a lista mais atual de quadrinhos digitais.

Você não pode remendar o binário do seu aplicativo com uma atualização que possa ser baixada de um servidor remoto. Se o aplicativo precisar que o conteúdo comprado seja integrado dentro do seu pacote, então, entregar o conteúdo comprado a partir do seu servidor não é o caminho apropriado. Você precisará usar o modelo embutido de incorporação de novo conteúdo ao seu aplicativo antes de submetê-lo à App Store. Depois, quando um cliente fizer a compra, o aplicativo simplesmente destrava esse conteúdo.

E se você planeja entregar o mesmo conteúdo para além dos usuários de iOS? O modelo baseado em servidor é o recomendado se você permitir que os clientes acessem o conteúdo que compraram através de diversas plataformas, como iPhone, Android, navegador da web, etc. Dessa forma, todo o conteúdo e os registros do cliente podem ser facilmente gerenciados em um ponto central (como um banco de dados no seu servidor), com todos os dispositivos suportados se conectando a ele.

Outro benefício de baixar o conteúdo de um servidor é que ele lhe dá a flexibilidade de oferecer também outros itens gratuitos junto com os seus produtos de Compra in-app. Se um cliente selecionar um item gratuito, o aplicativo pode simplesmente contornar o processo de Compra in-app e baixar o item diretamente do servidor. Se os usuários souberem que há conteúdo gratuito sendo colocado à disposição com frequência na loja virtual do seu aplicativo, isso irá motivá-los a navegar por suas ofertas adicionais com maior frequência e poderá aumentar as vendas dos itens de Compra in-app.

O grande inconveniente desse modelo é que o Store Kit não oferece nenhum tipo de infraestrutura para a comunicação com o seu servidor. Depende de você desenvolver e acrescentar seus próprios aplicativos do lado do servidor para interagir com o seu aplicativo iOS.

O Store Kit oferece um método para o seu servidor verificar um recibo de transação. Essa camada adicional de verificação é um mecanismo de segurança recomendado para ajudar a evitar que os downloads baseados no servidor sejam pirateados. Quando o aplicativo iOS notifica que uma compra foi completada com sucesso, é enviado um recibo da transação para o servidor. Como será visto mais detalhadamente adiante neste capítulo, quando uma transação de Compra in-app é completada, a App Store retorna um recibo da transação para o aplicativo iOS. Enviando esse recibo da transação, você dá ao servidor os dados necessários para se comunicar com a App Store através do JavaScript Object Notation (JSON) para verificar a compra. Isso evita que hackers manipulem o servidor para acesso gratuito a conteúdos pagos.

Se você não tiver experiência no desenvolvimento para web, a perspectiva de criar aplicativos personalizados e infraestrutura do lado do servidor para comunicação com o seu aplicativo iOS pode parecer assustadora, para dizer o mínimo. Esse modelo baseado em servidor também coloca o ônus da capacidade de escalonamento e da segurança sobre os seus ombros. Se o seu aplicativo tem uma grande base de clientes, testar o servidor para suportar uma grande quantidade de tráfego e potenciais ameaças à segurança é essencial. Problemas relacionados com o servidor afetam não apenas a qualidade da percepção de desempenho do seu aplicativo iOS, mas também a reputação do seu negócio (e a responsabilidade legal).

> **NOTA:** Se você estiver interessado no modelo baseado em servidor, a Apple oferece um abrangente tutorial sobre a verificação das transações de Compra in-app através do JSON. Leia a seção "Verifying Store Receipts" (Verificando os Recibos da Loja) no guia oficial *in-app Purchase Programming Guide*, encontrado on-line no seguinte URL: http://developer.apple.com/library/ios/#documentation/NetworkingInternet/Conceptual/StoreKitGuide/.

Encontrando ajuda na nuvem

Muitos de nós somos programadores de software e nos sentimos mais à vontade quando estamos codificando Objective C no Xcode. Se você já começa a suar só de pensar em gastar incontáveis horas aprendendo, desenvolvendo e mantendo aplicativos baseados na web, e em custosos sistemas de servidor, então fique tranquilo. Diversos serviços de terceiros oferecem um abrangente suporte à Compra in-app para quem precisa empregar um modelo de download pelo servidor:

- Urban Airship (http://urbanairship.com/).
- Push.IO (http://push.io/).
- Burstly (http://www.burstly.com/).
- iLime:Purchase (http://www.ilime.com/in-app-purchase/).
- dodaii (http://dodaii.com/en/).

Esses serviços de terceiros cuidam das tarefas relacionadas com o gerenciamento do servidor, como capacidade de escalonamento, segurança, monitoramento da performance, verificação dos recibos da App Store, entrega de conteúdo e integração do aplicativo. O Urban Airship fornece até mesmo uma conveniente interface de vitrine pronta para usar e a capacidade de entregar downloads gratuitos dentro do seu aplicativo (ambas não suportadas pela estrutura de trabalho Store Kit da Apple).

A menos que haja algum forte motivo para você mesmo hospedar, diagnosticar e gerenciar aplicativos para web personalizados e o servidor, deixar que os especialistas cuidem dessa arquitetura de retaguarda economizará tempo e dinheiro (e evitará aquelas dores de cabeça causadas pelo estresse). Isso permite que você fique focado naquilo que mais gosta de fazer: criar aplicativos.

Configurando a Compra in-app no iTunes Connect

Mais adiante neste capítulo, iremos programar um exemplo de Compra in-app no Xcode. Para isso, você precisará criar uma conta de iTunes Test User (Usuário de Teste do iTunes) e os seus itens de Compra in-app. Você cria ambos on-line no iTunes Connect. Como foi mencionado anteriormente, os itens de Compra in-app são acrescentados ao iTunes Connect como produtos independentes, portanto, precisam ser criados antes que você possa testar sua compra.

Estabelecendo uma conta de iTunes Test User

Por que você precisa de uma conta de Test User? Você vai querer testar exaustivamente a funcionalidade de Compra in-app do seu aplicativo antes de submetê-lo à App Store. Usando uma conta de Test User, você poderá realizar compras de teste sem efetivamente ser cobrado por elas. Uau! Isso é realmente uma boa notícia. Agora você pode fazer todo o teste da Compra in-app que quiser sem se preocupar em esvaziar o bolso no processo.

Entre no iTunes Connect por https://itunesconnect.apple.com/. Na página principal do iTunes Connect, clique no link Manage Users e depois selecione o tipo de usuário Test User (veja a Figura 8.12). Na página Manage Test Users clique no botão Add New User.

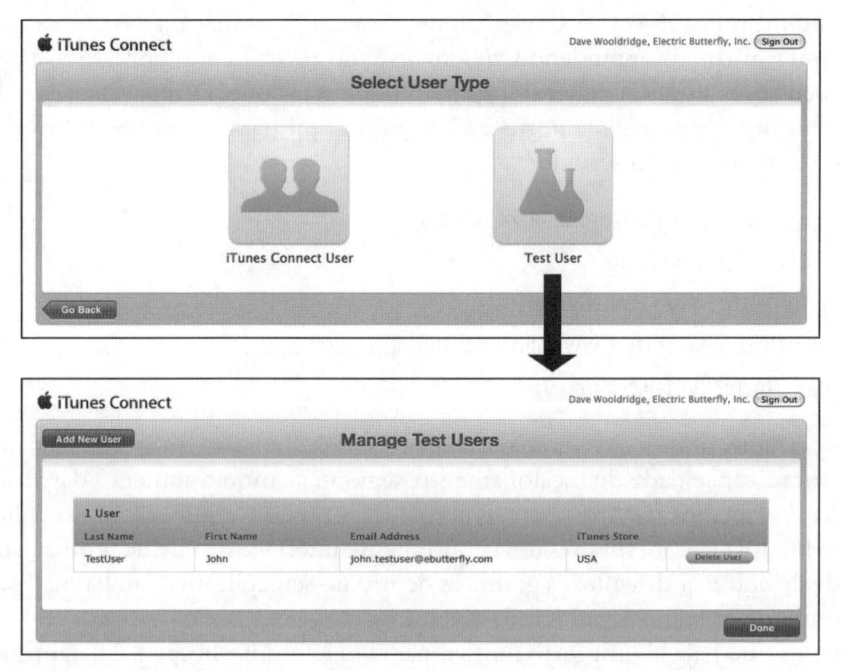

Figura 8.12. *Adicionando uma nova conta de Test User dentro da seção Manage Users do iTunes Connect.*

Quando estiver preenchendo os campos necessários do formulário, certifique-se de usar um endereço de e-mail que seja válido, mas que *não* esteja associado a nenhuma conta existente no iTunes. Isso é muito importante. Usar um endereço de e-mail, que já esteja atribuído a uma conta no iTunes Connect ou iTunes Store, irá invalidar a sua conta de Test User. E mais, você não vai querer que as suas compras de teste sejam acidentalmente cobradas em um cartão de crédito associado a uma conta do iTunes existente.

Depois de criar uma nova conta de Test User, você pode vê-la ou excluí-la da seção Manage Users no iTunes Connect. Aparentemente não há uma forma de editar uma conta de usuário existente, portanto, se você quiser modificar o endereço de e-mail e a senha, terá de excluir aquela conta de Test User e depois criar outra nova para substituí-la.

Criando os itens de compra in-app

Agora que você já tem uma conta de Test User, o próximo passo é adicionar os itens de Compra in-app no iTunes Connect como produtos independentes.

Você pode criar um item de Compra in-app dentro da listagem do seu aplicativo na seção Manage Your Aplications (Gerenciar Seus Aplicativos) ou na seção Manage Your in-app Purchases (Gerenciar suas Compras in-app) do iTunes Connect. Se Manage Your in-app Purchases não estiver listado no seu iTunes Connect, provavelmente você ainda não submeteu o seu Paid Applications Contract para o iTunes Connect, o que é um requisito básico.

Somente será permitido acrescentar um novo item de Compra in-app se você já tiver um aplicativo listado no iTunes Connect. Dessa forma, quando estiver criando o item, você pode atribuir adequadamente o aplicativo listado como sendo o seu aplicativo pai. Mas e se este for o seu primeiro aplicativo? Não se preocupe. Testar a Compra in-app não requer que o aplicativo já esteja na App Store. Mas para poder criar e testar itens de Compra in-app, primeiro você precisa acrescentar as informações do seu aplicativo no iTunes Connect e atribuir a ele um bundle ID único.

> **NOTA:** Um bundle ID é baseado em um App ID que você já criou no iOS Provisioning Portal. Para que a Compra in-app funcione dentro do seu aplicativo (mesmo durante os testes), você precisa usar um App ID específico, que é habilitado para Compra in-app. Não use App IDs genéricos do tipo curinga (que inclua asteriscos) como aquele encontrado no Team Provisioning Profile padrão. Você também precisará gerar um provisioning profile com base naquele App ID e no dispositivo iOS que estará usando para testar as Compras in-app do seu projeto Xcode. Se você não estiver familiarizado com o processo de criar App IDs e provisioning profiles no iOS Provisioning Portal on-line, leia o abrangente tutorial que se encontra no Capítulo 9.

Quando for acrescentar um novo aplicativo à seção Manage Your Applications do iTunes Connect, *não* carregue ainda um binário de aplicativo. Sem o binário o aplicativo iOS não será submetido prematuramente para análise, mas você continuará podendo configurar os itens relacionados de Compra in-app e testar as compras. A listagem do seu aplicativo no Manage Your Applications deverá exibir um status de Prepare for Upload (Preparar para Carregar) (veja a Figura 8.13). Para ver detalhes de como adicionar uma nova listagem de aplicativo no iTunes Connect, veja as abrangentes instruções fornecidas no Capítulo 11.

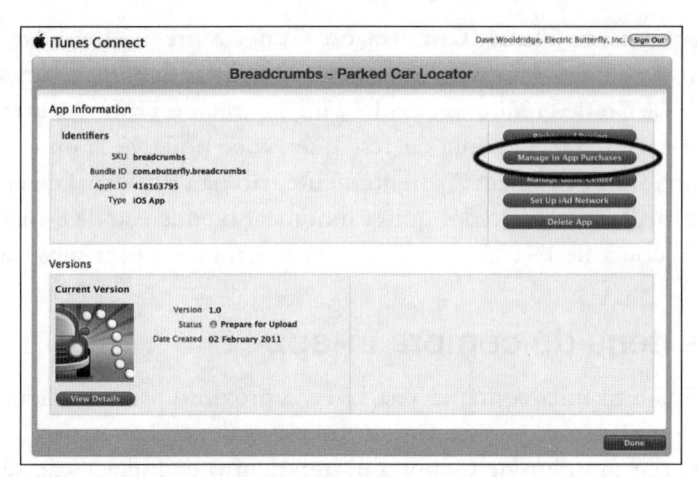

Figura 8.13. *Selecione o seu aplicativo dentro da seção Manage Your Aplications do iTunes Connect e depois clique no botão Manage in-app Purchases para criar um novo item de Compra in-app.*

Dentro da página principal do seu aplicativo, clique no botão Manage in-app Purchases (veja a Figura 8.13) e depois clique no botão Create New para adicionar um novo item de Compra in-app para aquele aplicativo. Preencha o formulário web que aparece (veja a Figura 8.14). Você precisa preencher todos os campos, com exceção da imagem de tela For Review (Para Análise) da compra em ação. Aquela imagem de tela é para uso somente da equipe de análise de aplicativos, portanto, você pode esperar para carregá-la quando estiver pronto para submetê-la (depois de terminar os testes).

Figura 8.14. *Crie um novo item de Compra in-app para o seu aplicativo no iTunes Connect.*

Vamos analisar o formulário da Figura 8.14:

- **Reference Name (Nome de Referência)** – Este campo indica o nome do seu item de Compra in-app no iTunes Connect, mas não precisa ser necessariamente o mesmo nome que é exibido na App Store (se o dispositivo do cliente tiver uma configuração de idioma diferente daquela do seu idioma padrão no iTunes Connect). Veja a descrição do campo Language para ver o nome efetivamente usado na exibição do seu item.

- **Product ID (ID do Produto)** – Todo produto no iTunes Connect precisa de um ID único, e os itens de Compra in-app não são exceção. Qualquer sequência UTF-8 pode ser usada para identificar este produto, mas é recomendado usar um sistema de ID comum para todos eles. Muitos desenvolvedores iOS usam *com.empresa.nomeaplicativo* como o esquema de nomes para todos os números SKU de aplicativos, e os IDs dos produtos relacionados com Compra in-app poderiam usar uma extensão disso, como *com.empresa.nomeaplicativo.idproduto*. Como o nosso aplicativo fictício Breadcrumbs das imagens de tela de exemplo usa breadcrumbs como o seu SKU, o ID do produto de Compra in-app para o Premium Pack poderia ser breadcrumbs. premiumpack, para identificar o relacionamento com o aplicativo pai. Esse sistema simples oferece um esquema de nomes fácil e consistente para você usar em todos os seus produtos, bem como IDs únicos que ninguém mais deverá estar usando. Esse é um fator importante, já que o iTunes Connect não permite que dois produtos tenham o mesmo ID.

- **Type (Tipo)** – É o campo mais importante para se entender antes de submeter este formulário, especialmente porque ele não pode ser editado depois que você tiver salvado o seu novo item de Compra in-app no iTunes Connect. O Tipo define o modelo de item de Compra in-app que você está criando. Como visto anteriormente neste capítulo, atualmente há quatro tipos: Não consumíveis, Consumíveis, Assinaturas autorrenováveis e Assinaturas. Se Assinaturas autorrenováveis for selecionado, você também precisará definir a duração da assinatura (por exemplo, mensal ou anual), de forma que a App Store saiba quando cobrar as renovações dos clientes.

- **Cleared for Sale (Liberado para Venda)** – Se esta caixa de verificação for deixada desmarcada, o item de Compra in-app não estará disponível para ser listado dentro do seu aplicativo. Mas mesmo que essa caixa seja marcada, isso não significa que ele possa ser comprado pelo público. Como são produtos independentes, todos os itens de Compra in-app precisam ser revisados e aprovados pela Apple antes que estejam disponíveis na App Store. Mas para fins de teste (bem como para quando você estiver pronto para vendê-los), você definitivamente vai querer que esta caixa esteja marcada.

- **Price Tier (Faixa de Preço)** – Este menu de atalho oferece uma lista das faixas de preço disponíveis para que um valor específico seja atribuído ao seu item de Compra in-app. Você pode modificar o preço dos itens de Compra in-app para fazer uma venda especial promocional, mas eles nunca podem ser oferecidos gratuitamente – nem mesmo por um tempo limitado. Os itens de Compra in-app precisam ter um preço, de no mínimo 99 centavos. Para oferecer conteúdo que possa ser baixado gratuitamente dentro do seu aplicativo, você precisará implementar um sistema próprio de recuperar esses itens no seu servidor, fora da App Store.

- **Language to Add (Idiomas a Acrescentar)** – Aqui é onde você escolhe os idiomas que quer suportar. Para cada idioma selecionado, você preenche o campo localized Displayed Name (Nome Exibido) e o campo Description (Descrição) para o seu item de Compra in-app. Digite cuidadosamente, já que o nome e a descrição que você submeter serão aqueles que a Apple vai apresentar para os clientes dentro da App Store e no seu aplicativo. O item de Compra in-app precisa suportar pelo menos um idioma. Se você tiver apenas um idioma listado, certifique-se de que seja o mesmo já definido para o aplicativo pai correspondente.
- **Screenshot (Imagem de Tela)** – Isso serve apenas para a revisão e nunca será exibido na App Store. Ao criar inicialmente um novo item de Compra in-app, você deixará este campo vazio. Depois que tiver testado exaustivamente a Compra in-app dentro do seu aplicativo, você precisará fazer uma imagem de tela do processo de compra em ação. Faça o upload dessa imagem nesta seção Screenshot. Essa imagem ajudará a Apple durante o processo de análise do seu item de Compra in-app, portanto, faça o upload somente *depois* que o item tenha passado nos seus testes e estiver pronto para ser submetido.

Gerenciando seus itens de Compra in-app

Depois de salvar o novo item de Compra in-app no iTunes Connect, você pode fazer alterações nele posteriormente, acessando-o através da seção Manage Your in-app Purchases (Gerencie Suas Compras in-app) na listagem do seu aplicativo (veja a Figura 8.15). Até que você submeta o item para a análise da Apple, seu status será Pending Developer Approval (Aprovação do Desenvolvedor Pendente) e você pode editá-lo ou excluí-lo livremente.

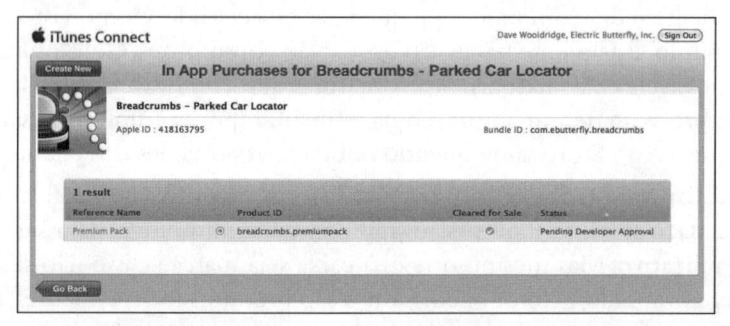

Figura 8.15. *Depois que o seu item de Compra in-app estiver criado, ele é listado na seção Manage Your in-app Purchases do iTunes Connect.*

Depois de completar os testes e fazer o upload de um screenshot de sua Compra in-app em ação, clique no botão Approve (Aprovar) para submeter seu item para análise. Você será solicitado a escolher uma de duas opções:

- **Submit Now (Submeter Agora)** – Se o seu aplicativo iOS existente já estiver suportando Compras in-app e você estiver meramente adicionando mais um item a uma lista já existente, poderá selecionar Submit Now para enviá-lo diretamente para a fila de análise.

- **Submit with Binary (Submeter com Binário)** – Se o seu item de Compra in-app precisar de uma nova versão ou uma versão atualizada do seu aplicativo, você deve selecionar Submit with Binary para garantir que ambos os produtos sejam analisados conjuntamente e sejam ativados na App Store ao mesmo tempo.

Quando o status do item de Compra in-app for Waiting for Review (Aguardando Análise) ou In Review (Em Análise), você não conseguirá fazer nenhuma alteração, ou seja, enquanto ele estiver sendo analisado.

Depois que o seu item de Compra in-app tiver sido rejeitado ou aprovado pela Apple, se você quiser fazer quaisquer modificações, terá de submetê-lo à análise novamente. Se ele for rejeitado, então a Apple exigirá que você o recrie como um novo item de Compra in-app antes de submetê-o outra vez para análise.

Você pode criar até 3 mil itens de Compra in-app por aplicativo pai. Se você excluir um item de Compra in-app do iTunes Connect, aquele ID de produto único nunca mais poderá ser usado para outro item. Mesmo se você estiver substituindo o item excluído por outro similar de Compra in-app, precisará usar um ID de produto diferente para ele.

Preparando o seu dispositivo de teste

Infelizmente, o iOS Simulator não suporta a Compra in-app. Para testar adequadamente uma transação de Compra in-app, você precisa passar por ele com um dispositivo iOS usando a sua nova conta de Test User.

Para evitar problemas com a conta, você terá de sair de quaisquer contas iTunes existentes no seu dispositivo de teste. Para fazer isso, simplesmente inicie o aplicativo Settings do dispositivo e toque em Store. Na tela Store, toque no botão Sign Out para sair da iTunes Store (Veja a Figura 8.16). Devo enfatizar que este passo é extremamente importante. Sair das contas existentes na configuração Store do dispositivo evitará que uma conta que não seja de teste seja usada acidentalmente durante as transações do seu teste de Compra in-app. Simplesmente deixe a configuração da Store vazia. *Não* logue ali com a sua conta de Test User. Fazendo isso você a invalida como uma conta de teste.

Figura 8.16. *Você precisa sair da conta iTunes no seu dispositivo de teste antes de testar a Compra in-app (esquerda). Você precisará também que o in-app Purchases esteja ligado na configuração Allowed Content do seu dispositivo de teste (direita).*

Na seção Restrictions da General Settings de seu dispositivo de teste, certifique-se de que o recurso de in-app Purchases esteja ligado, sob Allowed Content (veja a Figura 8.16).

Agora que o seu dispositivo está pronto, simplesmente o conecte ao seu computador de desenvolvimento. Para compilar e testar o projeto no seu dispositivo, selecione Device como o Active SDK no menu de atalho do Xcode. Como dito antes, você também deve se certificar de que instalou adequadamente o provisioning profile no Xcode Organizer – aquele que é atribuído a este dispositivo e o App ID correspondente.

Quando um código de depuração do seu aplicativo estiver sendo executado no seu dispositivo de teste, o Store Kit Framework se comunica com um ambiente especial de teste tipo "sandbox", em vez da App Store real. Se uma solicitação de Compra in-app for feita, o Store Kit solicitará que você confirme a compra. Depois, o Store Kit irá exibir uma tela de registro no iTunes. Selecione Existing Account e logue com a sua conta de Test User. Neste ambiente especial de teste, a conclusão bem-sucedida de uma transação irá retornar um recibo de compra, mas nenhum dinheiro é transferido e nenhuma fatura é gerada.

Nunca use a conta de Test User em um ambiente real de produção. A sua conta de teste deve ser usada apenas quando você estiver depurando o seu aplicativo no Xcode. Qualquer coisa diferente que for feita invalidará as credenciais da sua conta. A *única* forma de garantir que você esteja executando o seu aplicativo no ambiente "sandbox" de teste da Apple é iniciá-lo pelo Xcode de dentro do seu dispositivo de teste. Se você lançar o aplicativo a partir da tela inicial do seu dispositivo, o Store Kit irá se conectar com a App Store real e invalidará a sua conta de Test User.

Explorando o Store Kit Framework

Hora de começar a programar! Inicie o Xcode e crie um novo projeto de iOS, selecionando o modelo View-based Application for iPhone. Você poderia também aplicar o código de exemplo a um iPad ou aplicativo universal muito facilmente, mas para continuar focado na tarefa que temos em mãos, vamos simplificar as coisas. Dê ao projeto de exemplo o nome InAppPurchase. Se preferir economizar tempo e simplesmente acompanhar, você pode baixar e abrir o projeto InAppPurchase terminado dos exemplos de código que acompanham o livro, em http://iPhoneBusinessBook.com/ ou http://www.apress.com/.

> **NOTA:** O projeto de exemplo que estamos prestes a criar não deve ser visto como um aplicativo funcional em si mesmo. Para que funcione, você precisará conectar os seus próprios IDs de produto dos itens de Compra in-app e outros dados associados em vários pontos do código. Ao delinear os passos necessários para completar um exemplo de compra, explicarei onde inserir as informações personalizadas da sua Compra in-app.

Configurando o projeto para Compra in-app

Antes de escrevermos algum código, o Store Kit Framework precisa ser adicionado ao projeto Xcode. Isso é feito da mesma forma que você já viu em exemplos anteriores neste livro.

Clique com Ctrl na pasta *Frameworks* do projeto, selecione **Add ▶ Existing Frameworks**... e escolha StoreKit.framework na lista que aparece.

Como a Compra in-app não é suportada no iOS Simulator, selecione Device no menu de atalho superior esquerdo Overview, na janela principal do projeto Xcode, para indicar o seu dispositivo de teste conectado.

Em seguida, abra o arquivo *InAppPurchase-Info.plist* e altere o bundle identifier para aquele que agora está atribuído a este aplicativo no iTunes Connect. Como exemplo, o bundle ID do nosso aplicativo fictício Breadcrumbs é com.ebutterfly.breadcrumbs (como mostrado na Figure 8–13).

A última tarefa de configuração é especificar o provisioning profile do projeto Xcode de forma que o provisioning profile apropriado seja usado quando o Xcode executar o aplicativo no dispositivo de teste conectado. Para conseguir isso, selecione o nome do projeto na parte de cima do painel Groups & Files e depois clique no botão Info da barra de ferramentas. Na janela que aparece, selecione a guia Build e role para baixo até a seção Code Signing. Sob Code Signing Identity's Any iOS escolha o provisioning profile que foi atribuído ao bundle ID do seu aplicativo (como discutido anteriormente na seção "Criando itens de Compra in-app").

Se você não vir aquele provisioning profile listado, precisará gerá-lo on-line no iOS Provisioning Portal da Apple, baixá-lo para o seu computador e instalá-lo no Xcode Organizer enquanto o seu dispositivo de teste estiver conectado. Se você nunca criou provisioning profile antes, leia o tutorial no Capítulo 9, para que você possa completar esse passo antes de prosseguir.

Configurando o básico

Primeiro, você precisará adicionar uma nova classe ao projeto, portanto, selecione a pasta *Classes* na coluna Groups & Files e depois escolha **File ▶ New File**... Next na caixa de diálogo New File que aparece, selecione o modelo Objective-C Class na categoria Cocoa Touch Class e configure o menu de atalho Subclass para torná-lo uma subclasse do NSObject. Clique no botão Next e faça o Xcode criar ambos os arquivos .h e .m, chamando os dois de *InAppPurchaseObserver*. Acrescentaremos algum código a essa classe um pouco mais adiante no processo, e então explicarei sua finalidade.

Por ora, vamos prosseguir com a classe InAppPurchaseViewController. Você deve desenhar a sua própria interface de vitrine, especialmente se estiver oferecendo diversos produtos de Compra in-app dentro do seu aplicativo. Entretanto, para este exemplo básico, você usará um único UIButton para um único item de Compra in-app.

Abra o arquivo de cabeçalho *InAppPurchaseViewController.h* e modifique o código, desta forma:

```
#import <UIKit/UIKit.h>
#import <StoreKit/StoreKit.h>
#import "InAppPurchaseObserver.h"

@interface InAppPurchaseViewController : UIViewController <SKProductsRequestDelegate> {
    InAppPurchaseObserver *inappObserver;
    UIButton *inappButton;
}
```

```
@property (nonatomic, retain) InAppPurchaseObserver *inappObserver;
@property (nonatomic, retain) IBOutlet UIButton *inappButton;
-(IBAction)buyInApp:(id)sender;
@end
```

O código realçado em negrito representa as novas adições. O Store Kit Framework foi importado; um novo UIButton e método buyInApp estão referenciados. Isso permite que você modifique as propriedades do botão por código, e ele chamará a função buyInApp quando o botão for acionado.

Você também vai perceber a atribuição do SKProductsRequestDelegate. Ela permite que o InAppPurchaseViewController receba respostas do Store Kit Framework, que entrará em ação posteriormente, quando você começar a adicionar o código Store Kit ao projeto.

A nova classe InAppPurchaseObserver também foi importada e pode ser referenciada através da propriedade inappObserver, o que permitirá que o InAppPurchaseViewController envie respostas de transação Store Kit para a classe InAppPurchaseObserver. Falaremos mais sobre isso adiante neste capítulo. Por ora, salve as suas alterações.

Em seguida, abra o arquivo de implementação *InAppPurchaseViewController.m* e acrescente o seguinte código em negrito para completar a sua configuração da propriedade inappObserver, UIButton e método buyInApp.

```
#import "InAppPurchaseViewController.h"
@implementation InAppPurchaseViewController
@synthesize inappObserver;
@synthesize inappButton;

- (void)viewDidLoad {
    inappObserver = [[InAppPurchaseObserver alloc] init];
    [super viewDidLoad];
}
// Quando o botão comprar é clicado, inicia o processo de Compra in-app.
-(IBAction)buyInApp:(id)sender {
    // Interage com o StoreKit aqui.
}
- (void)didReceiveMemoryWarning {
    [super didReceiveMemoryWarning];
}
- (void)viewDidUnload {
    // Release any retained subviews of the main view.
    // p. ex., self.myOutlet = nil;
}
- (void)dealloc {
    [inappButton release];
    [inappObserver release];
    [super dealloc];
}
@end
```

Depois de salvar essas alterações, inicie o *InAppPurchaseViewController.xib* no Interface Builder. Acrescente um Rounded Rect Button à View e ligue seu conector Touch Up Inside com o conector buyInApp do Owner. Depois, conecte o outlet inappButton do File

Owner com o Rounded Rect Button. Acrescente também um label com o texto **Purchase Additional Features** e mude o title padrão do botão para que fique **None Available** (veja a Figura 8.17). Certifique-se de desabilitar o botão, desmarcando a propriedade Enabled. Isso vai fazer muito sentido quando começarmos a interagir com o Store Kit.

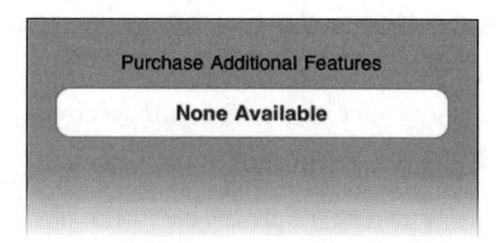

Figura 8.17. *Configurando o nosso exemplo simples no Interface Builder. Desmarque a propriedade Enabled do botão.*

Colocando a Compra in-app para funcionar

Agora que você terminou de construir e conectar sua interface básica, é hora de se divertir um pouco com o Store Kit. Em apenas cinco passos você terá a Compra in-app pronta e funcionando no seu aplicativo.

Passo 1: O cliente permite Compras in-app?

Como os usuários podem desabilitar o recurso de Compra in-app na configuração dos seus dispositivos, você deve verificar se uma Compra in-app pode ser feita antes de realizar qualquer outra coisa. Depois de ter salvado as suas alterações no Interface Builder, volte ao Xcode e abra novamente o arquivo de implementação *InAppPurchaseViewController.m*. Acrescente o seguinte código em negrito ao viewDidLoad:

```
- (void)viewDidLoad {
    inappObserver = [[InAppPurchaseObserver alloc] init];

    if ([SKPaymentQueue canMakePayments]) {
        // Sim, a Compra in-app está habilitada neste dispositivo!
        // Prossiga para buscar itens de Compra in-app disponíveis.
    } else {
        // Notifique o usuário de que a Compra in-app está desabilitada, através do texto do botão.
        [inappButton setTitle:@"in-app Purchase is Disabled" forState:UIControlStateNormal];
        inappButton.enabled = NO;
    }
    [super viewDidLoad];
}
```

Aqui uma breve chamada está sendo feita para o método canMakePayments na classe SKPaymentQueue do Store Kit. Se um valor Yes for retornado, então o recurso de Compra in-app está habilitado naquele dispositivo e a App Store está acessível. Se um No for retornado, você pode notificar os usuários de que eles estão com a Compra in-app desabilitada, através do title label do botão. Lembre-se de que o estado inicial do botão foi configurado como desabilitado no Interface Builder, portanto, deixe-o desabilitado por enquanto, usando-o simplesmente para comunicar essa informação ao usuário.

Passo 2: Busque os itens de Compra in-app disponíveis

Com o recurso de Compra in-app acessível, você pode agora verificar na App Store a disponibilidade do seu item. O seu aplicativo já deve conhecer o ID de produto da Compra in-app correspondente antes de fazer esta verificação.

Se você está oferecendo apenas um ou dois itens de Compra in-app e não planeja adicionar outros, a abordagem mais fácil é armazenar os IDs dos seus produtos de Compra in-app dentro do seu aplicativo. Naturalmente, toda vez que você adicionar um novo ID de produto de Compra in-app ao seu aplicativo, precisará torná-lo disponível para os seus clientes como uma atualização, o que irá requerer a submissão do aplicativo novamente para análise/aprovação.

Como o iTunes Connect requer que os IDs dos produtos de Compra in-app sejam únicos, não atribua previamente IDs não existentes ao seu aplicativo pai com planos de criar esses IDs no iTunes Connect futuramente. Essa estratégia pode se voltar contra você se algum outro desenvolvedor se apropriar daquele ID de produto, antes que você tenha a chance de criá-lo no iTunes Connect.

Certamente, você pode planejar adiante, criando todos os seus itens conhecidos de Compra in-app no iTunes Connect e simplesmente marcá-los como Pending Developer Approval (Aprovação do Desenvolvedor Pendente). Dessa forma, você saberá quais IDs de produtos devem ser incluídos no binário do seu aplicativo e, quando estiver pronto para tornar esses itens de Compra in-app disponíveis no futuro para os consumidores, poderá submetê-los para aprovação.

Se você quiser ter a flexibilidade de acrescentar novos itens de Compra in-app sem precisar reconstruir o aplicativo, precisará usar o modelo de Compra in-app baseado em servidor (analisado anteriormente neste capítulo), no qual o seu aplicativo pode buscar todos os IDs de produto correspondentes no seu servidor. Como você aprendeu, o Store Kit não oferece nenhuma infraestrutura para isso, portanto, é sua responsabilidade configurar o aplicativo para conversar com o seu servidor. Embora isso exija algum trabalho extra de sua parte, esse é o método recomendado para recuperar uma grande quantidade de IDs de produto, especialmente se você estiver acrescentando novos itens de Compra in-app com frequência. O processo de aprovação da Apple é muito demorado para que você fique continuamente submetendo uma nova atualização do aplicativo sempre que liberar novos conteúdos adicionais para serem comprados.

Os itens correspondentes de Compra in-app precisarão ser aprovados e estar prontos para venda na App Store antes que seus clientes possam comprá-los dentro do seu aplicativo. Enquanto não estiverem aprovados, os itens ficam disponíveis apenas para a sua conta de Test User dentro do build de desenvolvimento do aplicativo pai.

Depois que o seu aplicativo tiver recuperado o ID de produto de Compra in-app – neste exemplo você está usando apenas um –, prossiga para a solicitação daquele produto na App Store para garantir que ele esteja atualmente disponível para compra.

```
- (void)viewDidLoad {
    inappObserver = [[InAppPurchaseObserver alloc] init];
    if ([SKPaymentQueue canMakePayments]) {
        // Sim, a Compra in-app está habilitada neste dispositivo!
        // Prossiga para buscar os itens de Compra in-app disponíveis.
        // Substitua "Your IAP Product ID" pelo seu ID de Produto real de Compra in-app,
        // retirado de um servidor remoto ou armazenado localmente dentro do seu aplicativo.
        SKProductsRequest *prodRequest= [[SKProductsRequest alloc]
initWithProductIdentifiers: [NSSet setWithObject: @"Your IAP Product ID"]];
        prodRequest.delegate = self;
        [prodRequest start];
    } else {
        // Notifique o usuário de que a Compra in-app está disponível, usando o title do botão.
        [inappButton setTitle:@"in-app Purchase is Disabled"
forState:UIControlStateNormal];
        inappButton.enabled = NO;
    }
    [super viewDidLoad];
}
```

Do novo código acrescentado (em negrito) ao viewDidLoad do *InAppPurchaseViewController.m*, você precisará substituir a sequência marcadora de lugar "Your IAP Product ID" pelo seu próprio ID de produto real de Compra in-app. Por exemplo, o ID de produto de Compra in-app do Premium Pack, de $ 1,99, do nosso aplicativo fictício Breadcrumbs, é breadcrumbs. premiumpack (como mostrado na Figura 8.15).

E você se lembra daquele código SKProductsRequestDelegate que foi acrescentado ao arquivo de cabeçalho agora há pouco? Atribuindo InAppPurchaseViewController como o delegate SKProductsRequest, você pode simplesmente definir "self" como a propriedade Delegate. O Store Kit irá, então, devolver uma resposta para esse delegate. Para receber essa resposta, acrescente o seguinte código ao arquivo *InAppPurchaseViewController.m*:

```
// StoreKit devolve uma resposta de uma SKProductsRequest.
- (void)productsRequest:(SKProductsRequest *)request
didReceiveResponse:(SKProductsResponse *)response {
    // Preencha o botão inappBuy com a informação do produto recebida.
    SKProduct *validProduct = nil;
    int count = [response.products count];
    if (count>0) {
        validProduct = [response.products objectAtIndex:0];
    }
    if (!validProduct) {
        [inappButton setTitle:@"No Products Available" forState:UIControlStateNormal];
        inappButton.enabled = NO;
        return;
    }
    NSString *buttonText = [[NSString alloc] initWithFormat:@"%@ - Buy %@",
validProduct.localizedTitle, validProduct.price];
    [inappButton setTitle:buttonText forState:UIControlStateNormal];
    inappButton.enabled = YES;
    [buttonText release];
}
```

O Store Kit responde com um array de produtos de Compra in-app disponíveis. Como aqui você tem apenas um, preencha o botão inappBuy com o título localizado do produto e o preço (veja a Figura 8.18). Se estiver interessado em exibir também a descrição localizada, ela pode ser acessada através da propriedade localizedDescription. Não se esqueça de habilitar o botão através do código, agora que ele está exibindo um item válido de Compra in-app.

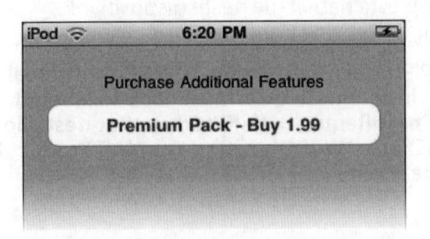

Figura 8.18. *O Store Kit responde à solicitação de produto com informações sobre o item de Compra in-app disponível. O código de exemplo então preenche o botão com o título localizado e o preço do item.*

Por que se preocupar em verificar o item de Compra in-app através do Store Kit se você já sabe o ID de produto? Esse passo vital garante que o seu aplicativo não tente vender um item que não esteja disponível na App Store. E se você submeteu ambos, o aplicativo e um item de Compra in-app para análise ao mesmo tempo, mas apenas o aplicativo iOS foi aprovado? Forçando o seu aplicativo a verificar primeiro a disponibilidade do item de Compra in-app antes de listá-lo, evitará potenciais problemas com compras dos clientes. Nunca assuma o risco. Efetue sempre essa verificação antes de apresentar qualquer item para venda dentro do seu aplicativo.

Se você configurar corretamente um item de Compra in-app no iTunes Connect e ainda assim o seu aplicativo encontrar problemas em recuperar os dados desse item como um produto válido, certifique-se de que o bundle identifier no arquivo plist do seu aplicativo coincida com o bundle ID do aplicativo pai atribuído ao seu item de Compra in-app no iTunes Connect.

Não descarte aquele ID de produto de Compra in-app após usá-lo para a solicitação do produto. Ele será útil novamente em breve. Se o usuário tocar no botão de compra, você precisará daquele ID de produto para submeter uma solicitação de compra para o Store Kit.

Passo 3: Solicitar uma compra

Tocar no botão de compra no exemplo dispara o método buyInApp no arquivo *InAppPurchaseViewController.mI*. Então, o próximo passo é tratar aquela ação, enviando uma solicitação de pagamento para o Store Kit.

```
// Quando o botão de compra é clicado, inicie o processo de Compra in-app.
-(IBAction)buyInApp:(id)sender {

    // Substitua "Your IAP Product ID" pelo seu ID de Produto real de Compra in-app.
    SKPayment *paymentRequest = [SKPayment paymentWithProductIdentifier: @"Your IAP Product ID"];

    // Atribua uma classe Observer ao SKPaymentTransactionObserver,
    // de forma que ele possa monitorar o status da transação.
    [[SKPaymentQueue defaultQueue] addTransactionObserver:inappObserver];

    // Solicita uma compra do item selecionado.
    [[SKPaymentQueue defaultQueue] addPayment:paymentRequest];
}
```

Depois de criar uma instância SKPayment com o ID de produto de Compra in-app do item que o usuário quer comprar, você precisará atribuir uma classe observer ao observer de transação SKPaymentQueue. É aqui que a sua classe InAppPurchaseObserver entra em ação. Lembra-se de como a propriedade inappObserver foi criada para referenciar aquela classe? Atribuindo a inappObserver como a SKPaymentTransactionObserver, a classe InAppPurchaseObserver do seu projeto pode monitorar o status da transação do SKPaymentQueue após uma solicitação de pagamento ter sido enviada para ele.

Como as transações de pagamento não são perdidas quando o aplicativo é encerrado, convém atribuir o seu observer à fila de pagamento quando o seu aplicativo é iniciado, de forma que quaisquer transações existentes possam voltar a ser monitoradas e processadas na próxima vez que o seu aplicativo for executado. Por que isso é importante? Um cenário possível seria o usuário receber uma ligação telefônica enquanto está fazendo uma compra. Depois do telefonema, quando o usuário retornar ao aplicativo, a transação pode ser reiniciada.

Quando a solicitação de pagamento é apresentada, a App Store solicita ao usuário que confirme a compra e depois entre com um login do iTunes. Quando estiver testando o próprio aplicativo nesse ambiente de teste "sandbox", é neste ponto que você seleciona Use Existing Account, digita o endereço de e-mail e a senha da sua conta de Test User (veja a Figura 8.19).

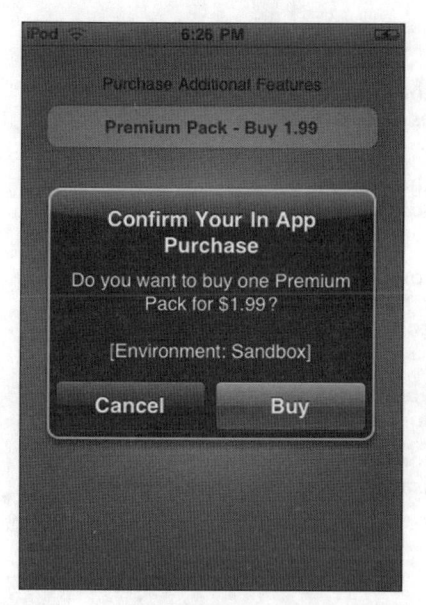

Figura 8.19. *Você precisa confirmar sua solicitação de compra (esquerda). Depois de acionar o botão Buy, você é solicitado a se logar como um Test User através do botão Use Existing Account (direita).*

Passo 4: Status do recebimento do pagamento

Depois que o usuário cancelar ou confirmar a compra, o status da transação é enviado de volta para a sua classe InAppPurchaseObserver. Agora é hora de acrescentar mais código àquela classe para tratar dessa tarefa. Abra o arquivo de cabeçalho *InAppPurchaseObserver.h* e atualize o código com o seguinte:

```
#import <Foundation/Foundation.h>
#import <StoreKit/StoreKit.h>
@interface InAppPurchaseObserver : NSObject <SKPaymentTransactionObserver> {

}
- (void)paymentQueue:(SKPaymentQueue *)queue updatedTransactions:(NSArray *)transactions;
@end
```

Como você perceberá, o código em negrito importa o Store Kit Framework e atribui essa subclasse NSObject para que seja um SKPaymentTransactionObserver. Com isso no lugar, junto com uma referência à paymentQueue, salve e feche o arquivo de cabeçalho.

Para receber atualizações sobre o status da transação de pagamento, o seu arquivo de implementação *InAppPurchaseObserver.m* deve incluir o seguinte código:

```
#import "InAppPurchaseObserver.h"
#import "InAppPurchaseViewController.h"

@implementation InAppPurchaseObserver

// O status da transação da SKPaymentQueue é enviado aqui.
- (void)paymentQueue:(SKPaymentQueue *)queue updatedTransactions:(NSArray *)transactions
{
    for(SKPaymentTransaction *transaction in transactions) {
        switch (transaction.transactionState) {
            case SKPaymentTransactionStatePurchasing:
                // O item ainda continua no processo de compra.
                break;
            case SKPaymentTransactionStatePurchased:
                // A compra do item foi bem-sucedida!
                break;
            case SKPaymentTransactionStateRestored:
                // Verificado que o usuário já fez o pagamento deste item.
                // Ideal para restaurar o item em todos os dispositivos deste cliente.
                break;
            case SKPaymentTransactionStateFailed:
                // A compra foi cancelada pelo usuário ou um erro aconteceu.

                if (transaction.error.code != SKErrorPaymentCancelled) {
                    // Aconteceu um erro na transação, então, notifique o usuário.
                }
                break;
        }
    }
}
@end
```

Dentro do recebedor de status paymentQueue, você pode verificar o status atual da transação. Como mencionado no código anterior, SKPaymentTransactionStatePurchasing significa que a compra ainda está em andamento, portanto, não há nada para ser feito ainda. É importante prestar bastante atenção ao retorno do SKPaymentTransactionStatePurchased ou do SKPaymentTransactionStateRestored, já que isso sinaliza ao seu aplicativo a necessidade de destravar ou baixar o conteúdo comprado (veja a Figura 8.20).

Figura 8.20. *Se a transação de Compra in-app foi bem-sucedida, a App Store apresenta uma mensagem de agradecimento e retorna o SKPaymentTransactionStatePurchased para o paymentQueue.*

O SKPaymentTransactionStateFailed é devolvido se a compra for cancelada pelo usuário ou se ocorrer um erro na transação. Se o usuário tocou no botão Cancel (como indicado pelo SKErrorPaymentCancelled), a compra abortada pode ser ignorada com segurança. Mas se a transação falhou por algum outro motivo, você deve informar o usuário de que a compra não foi completada.

Passo 5: Fornecer acesso ao conteúdo adquirido

Se o status recebido da transação for o SKPaymentTransactionStatePurchased, isso confirma que a compra do usuário foi bem-sucedida. É neste ponto que você deve recompensar o cliente, permitindo imediatamente o acesso ao conteúdo adquirido. Como já aprendeu, você tem a opção de destravar o item dentro do seu aplicativo ou de baixar o conteúdo a partir de um servidor remoto. Depois que o item adquirido tiver sido entregue com sucesso ao usuário, a última coisa que você precisa fazer é remover a transação da fila de pagamento, chamando o finishTransaction:

```
- (void)paymentQueue:(SKPaymentQueue *)queue updatedTransactions:(NSArray *)transactions
{
    for(SKPaymentTransaction *transaction in transactions) {
        switch (transaction.transactionState) {
            case SKPaymentTransactionStatePurchasing:
                // Item ainda continua no processo de compra.
                break;

            case SKPaymentTransactionStatePurchased:
                // Compra do item foi bem-sucedida!

                // --- DESTRAVE OU BAIXE O RECURSO AQUI ----
                // O ID do item adquirido está acessível via
                // transaction.payment.productIdentifier
```

```
            // Depois que o cliente tiver recebido com sucesso o conteúdo adquirido,
            // retire a transação completada da fila de pagamento.
            [[SKPaymentQueue defaultQueue] finishTransaction: transaction];
            break;
        case SKPaymentTransactionStateRestored:
            // Verificado que o usuário já pagou por este item.
            // Ideal para restaurar o item em todos os dispositivos deste cliente.

            // --- DESTRAVE OU BAIXE O RECURSO AQUI ----
            // O ID do item adquirido está acessível via
            // transaction.payment.productIdentifier

            // Depois que o cliente tiver restaurado o conteúdo adquirido neste
            // dispositivo, retire a transação completada da fila de pagamento.
            [[SKPaymentQueue defaultQueue] finishTransaction: transaction];
            break;
        case SKPaymentTransactionStateFailed:
            // A compra foi cancelada pelo usuário ou um erro aconteceu.

            if (transaction.error.code != SKErrorPaymentCancelled) {
                // Aconteceu um erro na transação, então, notifique o usuário.
            }
            // As transações completadas devem ser removidas da fila de pagamento.
            [[SKPaymentQueue defaultQueue] finishTransaction: transaction];
            break;
        }
    }
}
```

Como as transações não são persistentes, é muito importante que elas sejam removidas da fila de pagamento depois de completadas. Você perceberá pelo código em negrito que isso é feito não apenas após uma transação bem-sucedida, mas também depois de uma transação que falhou. Mas faça isso somente após ter terminado de recuperar as informações que você precisa sobre a transação.

No caso de uma transação bem-sucedida, você deve capturar o ID do item adquirido através do transaction.payment.productIdentifier antes de removê-la. Isso lhe dirá qual é o produto específico de Compra in-app que deve ser fornecido ao usuário, o que é particularmente útil se o seu aplicativo oferecer vários itens in-app para venda. Você deve armazenar esse ID em algum lugar no seu aplicativo (como em um arquivo plist), de forma que possa manter controle sobre quais itens já foram adquiridos e garantir que aquele conteúdo continue prontamente acessível na próxima vez que o usuário executar o seu aplicativo.

O arquivo de preferências do aplicativo é um bom lugar para armazenar os IDs dos produtos adquiridos, já que um back-up das preferências do aplicativo é feito quando os usuários sincronizam os seus dispositivos com os seus computadores através do iTunes. Para itens não consumíveis e itens válidos de assinatura, os clientes devem ter acesso aos itens que compraram toda vez que executarem o seu aplicativo.

Se o conteúdo comprado for baixado do seu servidor, você também deve pegar o transaction.transactionReceipt antes de remover a transação da fila de pagamento. O seu servidor precisará receber os dados desse recibo para poder verificar sua autenticidade com a App Store antes de autorizar o download solicitado pelo seu aplicativo.

Por último, mas não menos importante, é o status de transação para SKPaymentTransactionStateRestored. Isso normalmente é retornado quando uma solicitação de devolução tiver sido enviada para a fila de pagamento.

Restaurando o conteúdo pago

Num primeiro momento, garantir que as compras estejam acessíveis em todos os dispositivos compatíveis que um cliente possua pode parecer uma tarefa assustadora, mas o Store Kit oferece suporte para automatizar a maior parte para você. Para os itens de Compra in-app de Assinaturas autorrenováveis e Não consumíveis, você pode enviar uma solicitação de devolução para a fila de pagamentos, chamando o seguinte:

[[SKPaymentQueue defaultQueue] restoreCompletedTransactions];

O resultado é retornado como SKPaymentTransactionStateRestored para o recebedor paymentQueue na sua classe de transação observer. No projeto de exemplo, o paymentQueue localiza-se no arquivo *InAppPurchaseObserver.m*. Da mesma forma que em uma compra normal de um item in-app, você pode verificar os IDs de produtos no registro devolvido da transação e então dar aos clientes acesso a esses itens pagos. A principal diferença com as transações restauradas é que o usuário não é cobrado novamente. Os itens já foram pagos, portanto, esse método está simplesmente identificando quais itens in-app o seu aplicativo deve deixar disponíveis para o usuário.

Da mesma forma, se os clientes acidentalmente tentarem comprar um item Não consumível que já tenham adquirido, o resultado é retornado como SKPaymentTransactionStatePurchased, mas não há cobrança pela transação. Depois que você tiver permitido o acesso aos itens comprados pelo usuário, deverá remover a transação da fila de pagamento.

Infelizmente, as transações do tipo mais antigo de Assinatura e de itens Consumíveis não são restauradas pelo Store Kit. Para restaurar esses tipos, você precisa empregar o modelo de Compra in-app baseado em servidor e manter os registros das transações originais de compra no seu próprio servidor. Então, os aplicativos web do seu servidor podem orquestrar a restauração desses itens nos dispositivos do seu cliente.

Não importa o que você tenha de fazer na retaguarda para suportar isso, deverá tornar o processo de restauração da forma mais conveniente e simples possível para os seus usuários. Muitos desenvolvedores fazem isso incluindo um botão Restore Purchased Content (Restaurar Conteúdo Adquirido) em uma localização lógica dentro dos seus aplicativos. Um exemplo atraente é o do jogo Astronut, da The Iconfactory, que oferece esse recurso em uma tela de seleção de nível com um ótimo resultado (veja a Figura 8.21).

Procurando ouro

Entre as oportunidades de propaganda in-app analisadas no Capítulo 7 e os novos modelos de negócio explorados neste capítulo com as Compras in-app, há muitas maneiras de se ganhar dinheiro com a plataforma iOS além das tradicionais vendas de aplicativos.

Este capítulo lhe ofereceu um bom ponto de partida para compreender e usar a Compra in-app dentro dos seus aplicativos. Para dar uma olhada mais a fundo em toda a API Store Kit, recomendo a leitura da documentação associada do SDK do iOS. Faça logon no iOS Dev Center e então veja esses recursos:

Figura 8.21. *O jogo Astronut, da The Iconfactory, oferece um conveniente botão Restore Previous Purchase para restaurar o conteúdo adquirido pelo cliente.*

- *in-app Purchase Programming Guide*
  (http://developer.apple.com/library/ios/#documentation/NetworkingInternet/Conceptual/StoreKitGuide/).
- *Store Kit Framework Reference*
  (http://developer.apple.com/library/ios/#documentation/StoreKit/Reference/StoreKit_Collection/).

Capítulo 9

Testes e usabilidade: causando uma boa impressão

Durante a leitura sobre as várias técnicas para melhorar a comercialização do seu aplicativo de dentro do próprio aplicativo, você provavelmente percebeu um tema recorrente ao longo deste livro: o seu aplicativo precisa impressionar! Ter uma ótima ideia para um aplicativo não é o suficiente. Então, o que vende? Interfaces maravilhosas, intuitivas, que são fáceis de usar e oferecem uma funcionalidade que opera como deveria.

Nenhuma quantidade de marketing ou publicidade vai ajudar um aplicativo mal concebido. Problemas de desempenho e bordas mal aparadas na usabilidade podem rapidamente arruinar a reputação do seu aplicativo, causando propaganda boca a boca negativa, comentários ruins e classificações desastrosas dos clientes na App Store.

Antes de qualquer liberação, especialmente da sua edição inicial 1.0, estabelecer um abrangente processo de teste deve ser um passo fundamental no ciclo de desenvolvimento. Este capítulo irá falar dos méritos de se oferecer ajuda incorporada, preparar os aplicativos para testes no dispositivo e receber valiosos comentários dos beta testers.

Evitando a maioria dos comentários de uma estrela

Na superfície, muitos dos comentários negativos dos clientes na App Store parecem ser devido a reclamações sobre nada além de preço. Há incontáveis comentários dizendo que, depois de comprar, o usuário achou que o aplicativo não valia o seu preço. Esses comentários parecem muito mesquinhos se o custo do aplicativo for de apenas poucos dólares ou menos, mas é importante entender por que esses clientes se sentem enganados.

Certo, sempre haverá aqueles indivíduos únicos que reclamam muito dos preços, não importando o quanto seu aplicativo seja bom. Mas, para uma grande parte dos clientes descontentes, há um princípio subjacente em ação. Para eles, não se trata realmente do dinheiro – o cafezinho deles no Starbucks custa mais do que um aplicativo. Na verdade, tem tudo a ver com a satisfação com o que compraram.

Depois de ler a descrição na App Store e navegar pelas imagens das telas, um cliente irá baixar um aplicativo com determinadas expectativas em mente. Sejam elas equivocadas ou não, se não forem atendidas, vem a frustração – mesmo se o aplicativo for gratuito! Obviamente, algumas expectativas têm tudo para ser exageradas, e você não conseguirá deixar todo mundo feliz, mas há coisas que podem ser feitas para minimizar a quantidade de clientes insatisfeitos, como você verá neste capítulo.

Evitando as armadilhas comuns

Eis aqui os dois fatores que mais contribuem para a frustração do usuário:

- Performance ruim.
- Falta de usabilidade.

A boa notícia é que você pode consertar esses dois problemas antes de soltar o seu aplicativo no mundo.

Naturalmente, ninguém *quer* liberar um software problemático, que seja difícil de usar. Embora evitar problemas de performance e usabilidade possa parecer muito óbvio para você, é impressionante a quantidade de aplicativos da App Store que são vítimas exatamente desses dois problemas. Então, por que isso acontece? É mais fácil do que imagina se estiver trabalhando em uma bolha isolada, onde você é o único desenvolvedor e o único testador.

Mesmo se você usar ativamente o Instruments (incluído no download das ferramentas de desenvolvimento da Apple) e os recursos Build e Analyze do Xcode para eliminar os defeitos e vazamentos de memória (memory leaks), não será suficiente.

Infelizmente, uma grande quantidade de desenvolvedores não faz testes extensivos nos aplicativos usando múltiplos dispositivos e usuários antes de submeter o aplicativo à App Store. Um aplicativo pode funcionar muito bem no seu iOS Simulator, mas como será em um iPhone, iPad e iPod touch real? Uma série de problemas de desempenho, memória e usabilidade pode ser descoberto apenas realizando testes no próprio dispositivo. No Simulator, o aplicativo pode rodar rápido no seu poderoso Mac com conectividade de alta velocidade em banda larga com a internet, mas o teste real de desempenho é rodar nos mais lentos processadores e redes sem fio de um dispositivo iOS real.

E não se esqueça de que o iOS Simulator tem uma tela de tamanho muito maior do que a dos dispositivos. Em um grande monitor de Mac, o desenho da interface pode parecer enganadoramente grande, mas pode se encolher drasticamente em uma minúscula tela de alta resolução do iPhone. Os elementos da interface podem parecer bastante funcionais no iOS Simulator, mas quando forem testados na pequena tela do iPhone, você pode descobrir que os botões personalizados são muito pequenos e muito próximos uns dos outros, tornando extremamente difícil conseguir toques precisos com os dedos.

A Apple rejeita quase 60% das submissões pelo menos uma vez. Um punhado de rejeições de alto perfil que viraram notícia em diversos blogs técnicos ocorreu por motivos vagos ou ridículos. Entretanto, a maioria das rejeições que ocorrem todos os dias – aquelas que não dão manchete – é simplesmente de aplicativos que não funcionam ou que são vítimas de defeitos e param de funcionar enquanto estão sendo analisados. Então, é importante que você gaste tempo testando o aplicativo não apenas no iOS Simulator, mas também no maior número possível de dispositivos.

Se você for um desenvolvedor independente, talvez não tenha acesso a todos os modelos de hardware que rodam o iOS, como iPhone original, iPhone 3G e 3GS, iPhone 4, iPad e iPod touch, mas ter mais do que um dispositivo de teste à sua disposição é um investimento que compensa. Eu testo aplicativos em iPod touch, iPhone original, iPad e iPhone 4. Isso me permite verificar a compatibilidade do aplicativo com hardwares mais antigos e no iOS 3, bem como nos processadores mais recentes, o Retina display e o iOS 4.

Para abranger a audiência mais ampla possível, você deve considerar ter como alvo o menor denominador comum. Se a funcionalidade de um aplicativo relacionada com a internet funcionar bem em uma rede EDGE, mais lenta, de um iPhone original, então ela só pode ser bem mais rápida no mais recente 3GS ou no iPhone 4. Para aplicativos que usam muita memória, é recomendado que você os teste em um modelo mais antigo de iPhone, que é limitado por uma menor quantidade disponível de RAM. E se você planeja tornar o seu aplicativo compatível com as versões mais antigas do iOS, recomendo usar dispositivos de teste com essas versões instaladas, como alguns modelos diferentes de iPod touch.

Você deixou alguma outra pessoa fazer um test-drive do seu aplicativo? Se não, é imperativo que o faça! Recrutar pessoas para fazer testes beta para avaliar o seu aplicativo é uma das formas mais eficazes de descobrir problemas difíceis de encontrar e outras situações críticas. Como um desenvolvedor, você passa meses trabalhando no desenho e no desenvolvimento do seu aplicativo. Tê-lo pronto é a sua alegria e o seu orgulho. Você está próximo demais dele, o que significa que talvez não consiga perceber problemas evidentes que outros possam ver. No seu subconsciente, você pode não querer encontrar mais nenhuma falha, já que isso implica atraso na liberação. Mas, quando se trata da intensa loucura da App Store, a ignorância não é felicidade.

Os testes beta não são bons apenas para eliminar defeitos. Cada pessoa aborda um aplicativo de uma maneira única e com expectativas diferentes. Você conhece o seu aplicativo de dentro para fora, então, naturalmente, o desenho lhe parece intuitivo. Entretanto, para os outros, que não estão familiarizados, descobrir como usá-lo pode se mostrar mais complicado.

E a forma como outras pessoas usam o seu aplicativo também pode ser totalmente diferente daquela que você imaginava. Esse conhecimento é importante e vai ajudá-lo a tapar buracos na usabilidade e também revelará novos mercados-alvo para o seu aplicativo, que você não tinha considerado. Por exemplo, um aplicativo originalmente genérico de anotações pode evoluir para uma ferramenta mais claramente definida para escrever jornal depois da descoberta de necessidades específicas expressadas pelos beta testers.

Se você não tem experiência com testes no dispositivo ou testes beta, então continue lendo, porque ambos os tópicos serão analisados em detalhes mais adiante neste capítulo.

Pedindo retorno direto

Incluir um mecanismo in-app para que os clientes possam facilmente lhe dar retorno direto pode ajudar a diminuir a probabilidade de comentários negativos na App Store. Lembra-se de como integramos in-app Email em um exemplo do Capítulo 5? Mesmo considerando que aquilo era para dar aos usuários um recurso de Conte a Um Amigo, aquela mesma funcionalidade in-app Email pode ser usada para solicitar retorno direto aos clientes.

Dar aos usuários um canal dedicado ao envio de e-mail de dentro do seu aplicativo oferece um enorme nível de conveniência a eles. Não pense que os usuários se darão ao trabalho de procurar a página de suporte no seu website, especialmente se estiverem usando iPhone, iPad ou iPod touch (longe de seus computadores). O caminho mais conveniente para expressar suas opiniões é simplesmente postando um comentário na App Store – a menos que você lhes dê um método mais fácil e rápido dentro do seu próprio aplicativo!

O FitnessBuilder, da PumpOne, inclui um belo exemplo de formulário de retorno in-app. Tornando esse formulário acessível com um botão Ask na tela principal do aplicativo, os desenvolvedores estabeleceram uma maneira incrivelmente fácil para os clientes enviarem retorno direto de dentro do próprio aplicativo (veja a Figura 9.1).

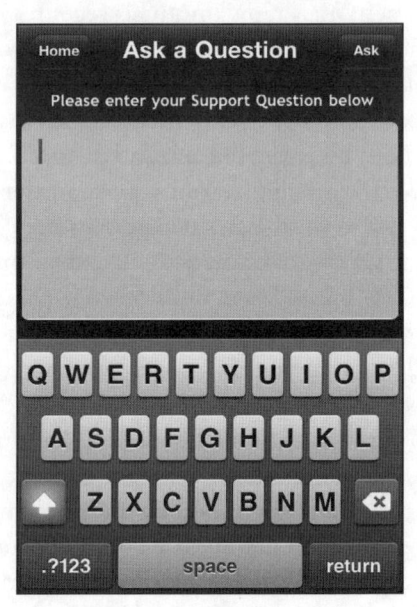

Figura 9.1. O FitnessBuilder, da PumpOne, oferece um conveniente formulário in-app para dar retorno, facilmente acessível pelo botão Ask na tela principal do aplicativo.

Então, se você estiver interessado em colocar a funcionalidade de retorno direto no seu aplicativo, por onde deve começar? Veja um exemplo no projeto Tell A Friend do Capítulo 5. Deve ser bastante fácil modificar aquele código de in-app Email para usar no formulário de retorno. Se você preferir não criar uma solução própria, há alternativas de terceiro disponíveis, como a Crittercism (http://www.crittercism.com/).

Se você oferecer também um aplicativo gratuito ou uma versão lite do seu aplicativo pago, é tão importante (se não ainda mais importante) acrescentar um formulário in-app de retorno de informações como na versão paga. Sem barreiras para entrar nos aplicativos gratuitos e lite, sua disponibilidade atrai uma audiência muito maior de usuários, na sua maioria, simples curiosos querendo dar uma experimentada. Sem o real interesse no aplicativo que os clientes que pagam têm, esses usuários tendem a ser os críticos mais ácidos. Os aplicativos gratuitos e os lite geralmente recebem na App Store classificações mais baixas do que suas equivalentes versões pagas. Sabendo disso, seu objetivo é fazer com que os usuários enviem retornos diretamente para você, de dentro do aplicativo, em vez de postar publicamente suas reclamações on-line na App Store.

Oferecer um formulário de retorno in-app faz os usuários saberem que a opinião deles é importante para você. Se puderem escolher entre se comunicar diretamente com o desenvolvedor do aplicativo ou simplesmente sentar e esperar que o desenvolvedor veja seus comentários sobre o aplicativo, as chances maiores são de que eles escolham o formulário in-app de retorno, especialmente se estiverem seriamente interessados em ver o aplicativo melhorar e evoluir. Isso não impedirá aquela minoria de usuários que simplesmente gosta de reclamar de tudo do seu palanque na App Store, mas o ajudará a reduzir a quantidade de comentários negativos na App Store que não sejam nada além de solicitações de mais recursos e perguntas de suporte.

Mas um formulário de e-mail in-app não seria também um canal de retornos positivos diretamente para você, em vez de tê-los postados publicamente na App Store, onde poderiam ajudar a promover as vendas? Certamente você verá um pouco disso acontecendo, mas sempre poderá responder àqueles clientes por e-mail agradecendo-lhes e educadamente perguntando se não gostariam de postar seus comentários positivos na App Store. Se eles adorarem o seu aplicativo, muito provavelmente ficarão lisonjeados com a solicitação.

Estabelecer uma conexão direta com os clientes sempre é uma situação ganha-ganha para todos os envolvidos. Se os clientes estiverem torcendo pelo seu sucesso pessoal como desenvolvedor independente, há uma possibilidade muito forte de divulgarem o aplicativo nas suas próprias interações on-line via Twitter, Facebook etc.

Evitando a frustração do usuário com a ajuda in-app

Um motivo importante de frustração dos usuários é a incapacidade de descobrir como o seu aplicativo funciona. No mundo dos computadores desktop, as pessoas acostumaram-se a usar aplicativos de software enormes, complexos, que requerem manuais do tamanho de uma bíblia.

Em um ambiente móvel, onde os aplicativos são frequentemente operados com apenas uma das mãos (e às vezes apenas com um dedão), os usuários esperam que os aplicativos tenham interfaces intuitivas, que possam ser aprendidas rapidamente num piscar de olhos. O SDK do iOS ajuda nesse aspecto, oferecendo um conjunto universal de controles nativos de interface para as funções comuns. Se você já usou um navigation controller em um aplicativo, então saberá como usá-lo em todos os outros aplicativos para iPhone.

Para a maioria dos aplicativos móveis, se um manual for necessário para explicar como usar até mesmo as funções mais básicas, é preciso pensar seriamente em refazer o desenho da atual interface. Os usuários devem conseguir baixar o aplicativo e começar a brincar imediatamente com sua funcionalidade central sem precisar ser ensinado. Mas, isto posto, descobrir como operar até a mais simples e mais intuitiva interface pode não ser óbvio para todos. Por segurança, nunca é má ideia oferecer uma demonstração incorporada ou um tutorial para ajudar a guiar aqueles usuários que precisem de assistência.

Os jogos normalmente exigem instruções sobre como ativar os diversos controles e comandos. Os aplicativos de produtividade mais sofisticados frequentemente precisam revelar dicas e truques para os usuários avançados. Nessas situações, é importante deixar essas informações facilmente acessíveis dentro do aplicativo. Não as coloque simplesmente no seu website ou site de suporte, assumindo que os usuários encontrarão o caminho até lá. Se chegarem a esse ponto, os clientes já estarão frustrados por terem de procurar acima e abaixo as instruções que você parece estar escondendo deles. E lembre-se também de que o seu aplicativo poderá ser usado em um avião, distante de uma conexão sem fio, portanto, incluir a documentação dentro dele se mostrará muito mais conveniente para os usuários.

Incluir guias in-app também ajudará a reduzir a quantidade de tempo que você gasta com suporte aos clientes, o que, por sua vez, economiza dinheiro (e incontáveis dores de cabeça). Se os usuários conseguirem encontrar facilmente as respostas às suas perguntas dentro do aplicativo, haverá menos solicitações de suporte para você atender. E se for um desenvolvedor independente, você sabe que quanto menos tempo precisar gastar respondendo às dúvidas dos clientes, mais tempo terá para trabalhar na sua programação.

Há quatro tipos comuns de ajuda in-app que você pode usar no seu aplicativo iOS:

- Dicas na tela.
- Vídeos instrucionais.
- Demonstrações visuais.
- Ajuda baseada em texto.

Daremos uma olhada nos prós e contras de cada abordagem, para que você possa decidir qual tipo é mais adequado ao seu aplicativo. Qualquer que seja o método escolhido, incluir alguma forma de ajuda in-app só vai melhorar a experiência geral do usuário com o aplicativo.

Plantando sementes de conhecimento com dicas na tela

Digamos que o aplicativo seja fácil de usar e não requeira uma tela dedicada a ajuda ou tutorial, mas inclua alguns poderosos recursos avançados. Exibir dicas na tela em uma UIAlertView é uma ótima maneira de instruir os usuários rapidamente.

Após ser iniciado, o popular leitor de livros digitais Stanza exibe uma dica útil (veja a Figura 9.2). O aplicativo escolhe automática e aleatoriamente uma dica toda vez que é iniciado. O usuário pode optar por ver mais dicas, tocando no botão Show Next Tip, ou escolher Dismiss para começar a aproveitar o aplicativo.

Note que há também um botão Disable Tips. Essa é uma opção importante, que permite aos usuários avançados, que já estejam familiarizados com todas as dicas, desativar o alerta inicial antes que se torne aborrecido. O recurso das dicas pode ser habilitado e desabilitado no painel Settings do aplicativo, mas por que deixar o usuário procurar por ele? Permitindo que os usuários desabilitem rapidamente as dicas com um simples toque, você evitará que eles fiquem frustrados com algo que supostamente deveria servir para ajudar.

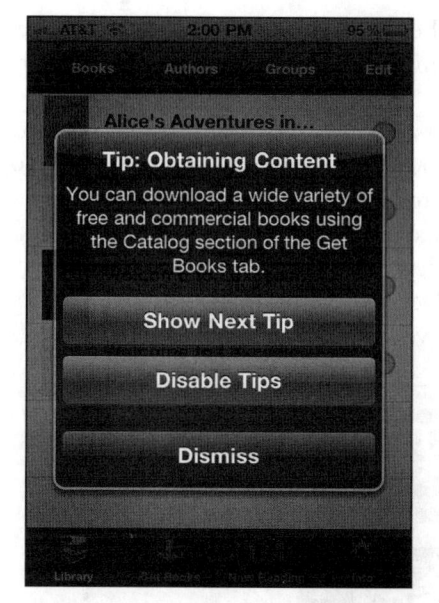

Figura 9.2. *Após ser iniciado, o leitor de livros digitais Stanza exibe na tela dicas úteis sobre o uso do aplicativo. Há convenientes opções tanto para desabilitar as dicas como para mostrar mais.*

Vídeos instrucionais: a faca de dois gumes

Para muitos jogos (e até mesmo aplicativos), um vídeo mostrando o jogo real em ação é muitas vezes a melhor maneira de explicar suas regras. Embora isso seja altamente eficaz, há alguns inconvenientes.

Devido ao tamanho típico de um arquivo de videoclipe, não é aconselhável incluí-lo para download para não inchar o seu aplicativo móvel e deixá-lo com um tamanho excessivo. Há duas alternativas principais:

- Carregar o vídeo para um site de compartilhamento de vídeos, como o YouTube.
- Hospedar o vídeo no seu próprio servidor web.

Como muitos desenvolvedores carregam trailers e clipes instrucionais em sites de compartilhamento de vídeo para ajudar a promover seus aplicativos, uma solução fácil é simplesmente conectar-se com um desses vídeos de "como jogar" a partir de um botão de dentro do aplicativo. Entretanto, há um par de problemas com essa abordagem.

A maioria dos sites de compartilhamento de vídeo usa Flash video, atualmente não suportado pela plataforma iOS. Você pode usar o YouTube, porque seus vídeos são dinamicamente convertidos de Flash video para o formato H.264, compatível com iOS. Mas então você precisa se certificar de que o seu aplicativo não esteja se conectando com a página de vídeos do YouTube, forçando o vídeo a carregar no aplicativo do YouTube ou no navegador Mobile Safari, o que leva os usuários para fora do seu aplicativo. Para começar, como os usuários podem não perceber que saíram do aplicativo, provavelmente não entenderão por que não retornam ao mesmo depois de assistir ao vídeo. Sim, eu sei que direcionar todo o tráfego para aquela página de vídeo do YouTube aumentará a quantidade de visualizações e a sua classificação lá, mas, neste caso, a experiência do usuário deveria se sobrepor aos seus esforços de marketing social on-line.

Sempre que possível você deve carregar esses arquivos de mídia diretamente, de forma que sejam rodados no controlador de execução de vídeo nativo do iOS. Quando o clipe termina ou o botão Done do controlador é tocado, o usuário retorna automaticamente para o aplicativo. Isso oferece uma transição harmoniosa, permitindo que os usuários comecem instantaneamente a usar o aplicativo depois de ver o vídeo com as instruções. Um aplicativo popular de compartilhamento de dados por contato, o Bump, faz isso bem com o breve vídeo instrucional da sua tela About (veja a Figura 9.3).

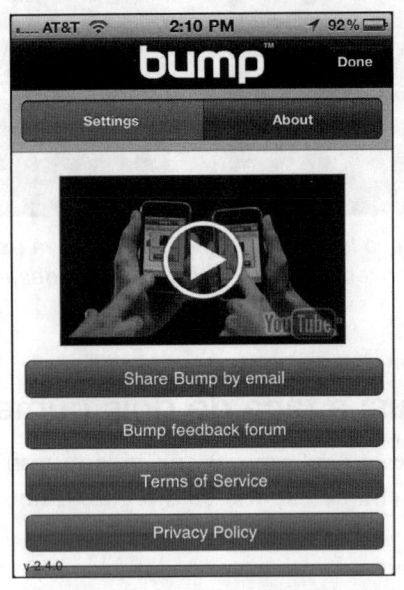

Figura 9.3. *Tocar no ícone do vídeo na tela About do Bump executará o vídeo com instruções no controlador de execução de vídeos do iOS. Quando o clipe termina, os usuários são automaticamente devolvidos para o aplicativo.*

Certamente, produzir um vídeo instrucional requer algum conhecimento de filmagem digital, mas se você for um desenvolvedor de jogos, então isso é praticamente um requisito do mercado hoje em dia. Parece que todo jogo para iPhone e iPad tem um engenhoso trailer com finalidade promocional. Criar outro vídeo para explicar como jogá-lo pode ser igualmente importante.

Não fale, mostre com demonstrações visuais

Você conhece o velho ditado "uma imagem vale por mil palavras". Isso é muito verdadeiro quando se trata de ensinar as pessoas como usar um aplicativo. Embora um vídeo seja ótimo, uma demonstração visual feita com imagens estáticas ou animações curtas pode ser tão eficaz quanto. Como esses tipos de demonstração são normalmente criados como uma breve apresentação de slides, usando as imagens das telas ou ilustrações, o tamanho é muito menor do que um arquivo de vídeo, o que significa que podem ser carregados mais rapidamente e usam menos memória – fatores importantes a considerar quando se cria aplicativos móveis.

O popular aplicativo Convertbot ostenta uma bela e única interface, mas, como ela não usa os controles familiares do UIKit, o modo de usá-la pode não ficar claro de imediato. Os desenvolvedores da Tapbots resolveram esse problema perguntando na primeira inicialização se os usuários gostariam de ver uma breve demonstração. Se a sugestão for desconsiderada, a demonstração sempre poderá ser acessada através do painel Info.

O Convertbot tem uma das melhores demonstrações que já vi em um aplicativo para iOS. Em vez de carregar as informações de demonstração em uma tela diferente, a interface principal real do aplicativo é mostrada na tela inteira, executando as ações automaticamente, com balões pop-up descrevendo como os vários elementos da interface funcionam e que passos devem ser dados para executar diversas conversões de unidade (veja a Figura 9.4).

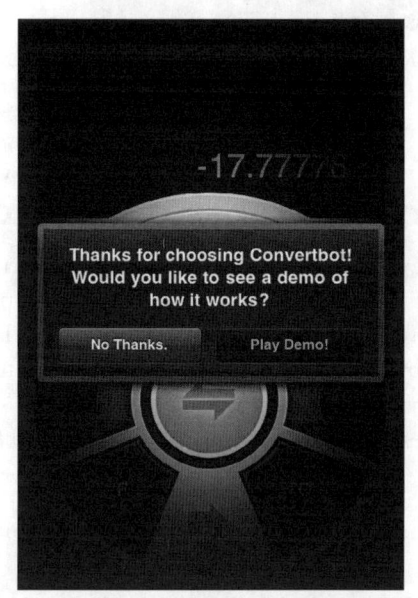

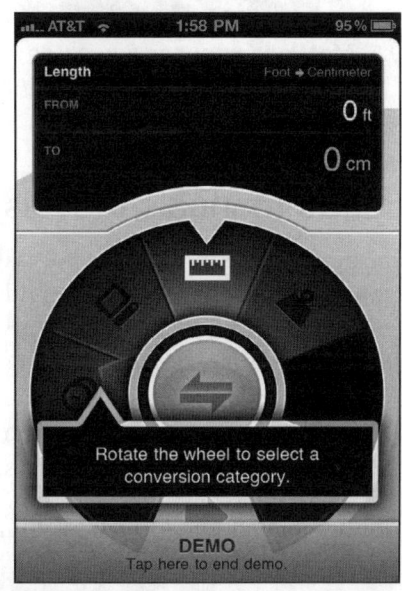

Figura 9.4. *O Convertbot inclui uma demonstração muito eficaz. Colocando a interface principal em piloto automático, ele mostra como usar os elementos únicos de sua interface, com as descrições aparecendo em balões pop-up.*

Outro excelente exemplo é a demonstração do Angry Birds, da Rovio. Quando o jogo é iniciado pela primeira vez, os usuários têm a opção de ver um rápido guia de como usá-lo (veja a Figura 9.5). Mostrando apenas imagens detalhadas, sem palavras, essas instruções visuais podem ser entendidas sem esforço em qualquer idioma e por qualquer grupo etário.

O único inconveniente de se construir uma eficaz demonstração in-app é o tempo gasto com o trabalho de desenvolvimento necessário. Criar uma demonstração em forma de tutorial, usando uma série de ilustrações ou imagens de tela modificadas com anotações instrucionais, pode muitas vezes ser muito mais fácil do que criar um vídeo, especialmente se as suas habilidades com edição de vídeo forem limitadas. Você poderia escrever um controlador bem simples de visualização de slides para exibir as imagens de tela PNG. Se você tiver um aplicativo que possa se beneficiar de uma demonstração embutida, então é um esforço que vale muito a pena.

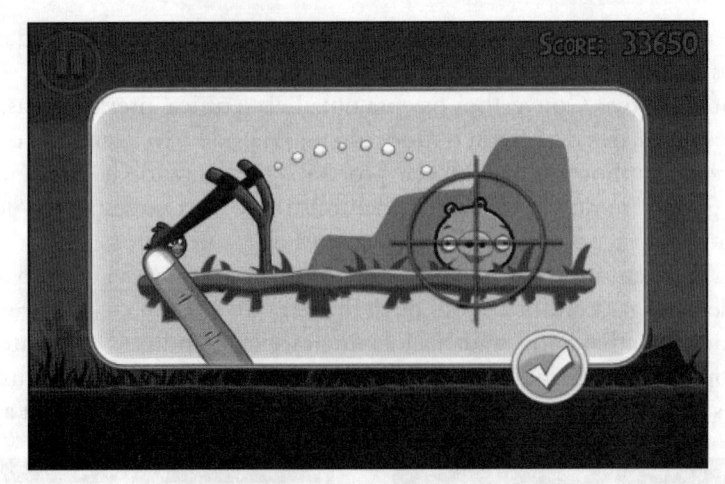

Figura 9.5. *Mostrando apenas figuras, as instruções de jogo do Angry Birds são facilmente compreendidas em qualquer idioma e por qualquer grupo etário.*

Oferecendo manuais móveis com ajuda baseada em texto

Embora imagens simples possam ser normalmente suficientes para explicar as instruções de um jogo, muitos aplicativos de produtividade e estilo de vida podem exigir explicações mais extensas sobre o uso de recursos e serviços avançados. Se outros tipos de ajuda in-app não se aplicarem e você realmente precisar oferecer uma documentação abrangente, então a velha e boa ajuda baseada em texto pode ser a sua única solução.

Mas não se contente com um texto simples. Apresente as informações em um formato atraente, seguindo essas orientações básicas:

- Explique rapidamente os passos em poucas palavras, organizando o texto em seções com marcadores.
- Use fontes maiores com estilo em negrito para indicar os títulos dos tópicos.
- Insira imagens das telas ou ilustrações como auxílio visual para o texto.

O popular aplicativo de fitness RunKeeper Pro consegue isso com o guia de ajuda apresentado na sua tela About. Como o conteúdo é organizado em seções com texto estilizado, listas numeradas e recortes de imagens das telas, as instruções são fáceis de entender e rápidas de ler (veja a Figura 9.6).

Não se preocupe! Você não precisa enfrentar as complexidades do Core Text apenas para exibir o tipo de ajuda estilizado mostrado na Figura 9.6. Com uma UIWebView, você pode usar HTML para apresentar texto e imagens com estilo!

Um pouco de HTML vai longe

A beleza do HTML é que é fácil de criar e manter. Simplesmente, acrescente uma UIWebView ao seu controlador de visualização de ajuda e faça com que ele carregue a página HTML ou sequência HTML que quer ver exibida. Você pode até mesmo incluir a página HTML de ajuda dentro do seu aplicativo compilado, de forma que não haja nada para buscar remotamente – perfeito para dispositivos que não estejam conectados à internet, como um iPad sem Wi-Fi ou um iPhone em modo avião. E, durante o desenvolvimento, modificar a documentação requer apenas algumas mudanças simples no texto para o HTML – sem necessidade de mexer com código em Objective-C.

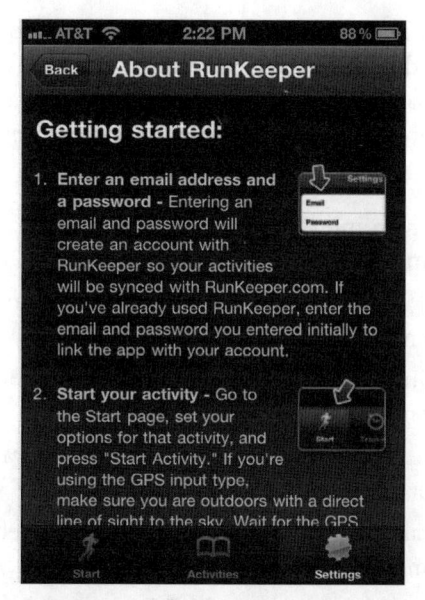

Figura 9.6. *A ajuda do RunKeeper Pro, baseada em texto, é apresentada de forma estilizada e organizada, sendo atraente e fácil de ler.*

Para os aplicativos que requerem uma conexão constante com a internet para uso da sua funcionalidade central, o painel de ajuda UIWebView poderia também muito facilmente carregar uma URL para um website externo. Isso lhe dá a flexibilidade de atualizar o conteúdo da ajuda sem a necessidade de modificar ou recompilar o seu aplicativo iOS.

Hospedar remotamente o conteúdo de ajuda é particularmente útil se você recebe grande quantidade de retorno dos usuários. Você pode continuamente atualizar a sua página de ajuda com as respostas das perguntas frequentes, melhorando o suporte dentro do aplicativo iOS existente. Isso também permite que você mantenha uma única fonte para o conteúdo de ajuda no seu servidor web, que pode ser acessado por várias plataformas. Um conjunto diferente de estilos CSS pode ser empregado se aquela mesma ajuda estiver sendo apresentada em um navegador web de desktop, um iPhone, um iPad ou algum outro dispositivo móvel.

Como muitos usuários acessam a ajuda in-app só com toques do dedão em telas pequenas, tome muito cuidado para manter o conteúdo da ajuda bem organizado e fácil de navegar. Se você estiver criando um sofisticado aplicativo de produtividade que exija extensa documentação, uma longa tela rolável de texto pode ser um pouco difícil de usar. Divida-a em tópicos menores. Uma lista de tópicos de ajuda pode ser apresentada como UITableView. Quando um tópico é selecionado, uma nova tela é carregada, exibindo a página HTML com texto e imagens daquele tópico em uma UIWebView.

Se você preferir não criar uma infraestrutura própria de navigation controller com múltiplas UITableViews e telas UIWebView, uma alternativa é usar um framework web móvel de terceiros dentro de uma única UIWebView.

Criando ajuda in-app com frameworks web móveis

A maioria dos desenvolvedores sofre só de pensar em escrever qualquer tipo de documento e, se você não tem habilidade de desenho na web, a necessidade de criar um conjunto de páginas HTML torna as coisas ainda piores. Felizmente, há alguns incríveis frameworks de terceiros para iOS na web que você pode usar para agilizar esse processo. Eis aqui apenas alguns:

- iUI, um framework para interface web para iPhone (http://code.google.com/p/iui/).
- Sencha Touch, um framework móvel JavaScript rico em recursos (http://www.sencha.com/products/touch/).
- jQTouch, um plug-in jQuery para desenvolvimento de web para iPhone (http://www.jqtouch.com/).
- iWebKit, um conjunto de ferramentas para website para iPhone (http://snippetspace.com/projects/iwebkit/).
- WebApp.Net, um framework para desenvolvimento web para iPhone (http://webapp-net.com/).
- Magic Framework, um framework HTML5 para iPhone (http://www.jeffmcfadden.com/projects/Magic%20Framework/).
- SaFire, um framework para webApps para iPhone (http://code.rememberthisguy.com/safire/).
- UiUIKit, um kit universal de interface para iPhone (http://code.google.com/p/iphone-universal/).

Esses conjuntos de ferramenta são otimizados não apenas para os tamanhos de tela do iOS, mas também oferecem modelos que ajudam a economizar tempo e imitam os controles e comportamentos nativos da interface. Isso é benéfico por dois motivos principais:

- O desenho da web se parece com uma interface iOS, portanto, combina bem com o resto do seu aplicativo.
- A interface é familiar, portanto, não há nenhuma curva de aprendizado para o usuário.

Um sistema de ajuda instantâneo que funciona como um aplicativo para iOS! Tudo o que você precisa fazer é escrever o texto.

Então, qual framework você deve usar? Cada um deles tem os próprios benefícios e pontos fortes, portanto, verifique os websites para saber qual se adapta melhor às suas necessidades específicas.

Todos os frameworks incluem código fonte completo e podem ser baixados gratuitamente. Como os direitos de uso podem variar, não deixe de ler os termos de licenciamento antes de adicionar um framework web de terceiros no seu aplicativo.

Provisionamento: configurando um dispositivo de desenvolvimento

Quando você precisar testar recursos que não são suportados pelo iOS Simulator, tais como o acelerômetro, movimentos multitoques e Compra in-app, deverá executar o seu aplicativo em iPhone, iPad ou iPod touch real.

Para os testes preliminares durante o desenvolvimento, o engenhoso aplicativo SDK para iPhone iSimulate, da Vimov, pode enviar por conexão sem fio a localização de GPS e eventos multitoques, de acelerômetro e de bússola para o iOS Simulator de um iPhone ou iPod touch na mesma rede Wi-Fi. Isso pode reduzir muito o tempo gasto nos testes, porque executar no iOS Simulator é muito mais rápido do que instalar os aplicativos em um dispositivo de teste. Saiba mais sobre o iSimulate em http://www.vimov.com/isimulate/.

Mesmo se você não usar os recursos específicos que exigem a execução em um dispositivo móvel real, é altamente recomendável testar e "debugar" o seu aplicativo em diversos dispositivos iOS para garantir que tudo funcione como pretendido *antes* da submissão à App Store. Para fazer isso, você precisa obter um certificado de desenvolvedor e um provisioning profile para autorizar o seu dispositivo.

Testar completamente o projeto em um hardware móvel real é crucial para o sucesso do aplicativo. No entanto, muitos desenvolvedores evitam essa tarefa porque o processo de provisionamento da Apple pode parecer complicado. Faça uma rápida busca nos fóruns populares de desenvolvedores e você encontrará dezenas (se não centenas) de postagens de programadores frustrados, que não conseguiram fazer isso funcionar corretamente.

Se nunca fez isso antes, configurar um dispositivo de teste pode ser bastante assustador. Eis uma instrução passo a passo para ajudá-lo a desmistificar o processo.

Passo 1: Definir o seu dispositivo de teste no Xcode Organizer

Primeiro, você precisa atribuir um iPhone, iPad ou iPod touch como sendo o dispositivo de teste dentro do Xcode Organizer. Usando o cabo USB de 30 pinos que vem com o dispositivo, conecte-o ao seu Mac. Essa ação normalmente dispara o iTunes. Se as preferências do iTunes estiverem configuradas para sincronizar o dispositivo automaticamente tão logo seja conectado, simplesmente espere que a sincronização termine. Uma vez terminada, abra o Xcode e selecione **Window ➤ Organizer**.

Quando a janela do Xcode Organizer aparecer, você deve ver o dispositivo conectado listado no painel da esquerda. Selecione o dispositivo e, na guia Summary do painel principal, você verá as informações relacionadas a ele. Para designar o dispositivo selecionado para teste no Xcode, clique no botão Use for Development (veja a Figura 9.7). Para autenticar a solicitação, você pode ser solicitado a fornecer seu login e sua senha do iOS Dev Center, se já não tiver feito isso anteriormente.

É perfeitamente possível usar o seu iPhone principal como dispositivo de teste. Mesmo depois de clicar no botão Use for Development, o dispositivo continuará operando como um iPhone normal. Simplesmente se lembre de sempre fazer cópia de segurança dos dados do dispositivo ao sincronizá-lo no iTunes. Dessa forma, se alguma coisa sair errada durante os testes, você sempre poderá restaurar o sistema operacional do dispositivo, os aplicativos e as configurações no iTunes com a última cópia salva.

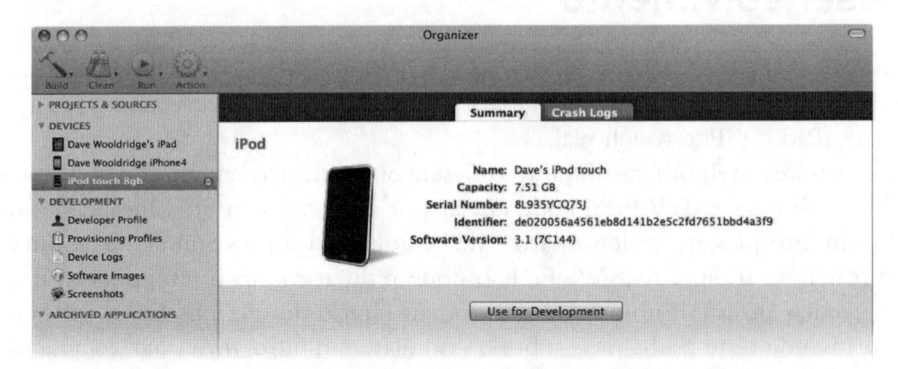

Figura 9.7. *Designe o dispositivo selecionado para teste no Xcode Organizer, clicando no botão Use for Development.*

Depois de completar este passo, não saia do Xcode Organizer, pois vamos nos referir a ele novamente mais adiante no processo de provisionamento. Uma pequena informação essencial que será necessária são os 40 caracteres do identificador do dispositivo que é apresentado aqui na guia Summary. Ele é conhecido como *unique device identifier* (UDID), ou *identificador único do dispositivo*.

Passo 2: Obtenha seu certificado de desenvolvimento

Em seguida, você precisará solicitar um certificado. Inicie o aplicativo Keychain Access, localizado no seu Mac em */Applications/Utilities/Keychain Access*.

No utilitário Keychain Access, abra a janela Preferences, clicando em **Keychain Access ➤ Preferences**... e selecionando a guia Certificates. Verifique se o On-line Certificate Status Protocol (OSCP) e o Certificate Revocation List (CRL) estão colocados em Off antes de fechar a janela Preferences.

Agora, selecione **Keychain Access ➤ Certificate Assistant ➤ Request a Certificate from a Certificate Authority** no menu. Na janela Certificate Assistant que aparece, entre com o seu endereço de e-mail do iOS Developer Program e um nome para o seu certificado (veja a Figura 9.8). Neste exemplo, usei meu nome completo, mas poderia também ter adotado simplesmente um rótulo mais descritivo, como Dave Dev Key. A opção Request is deve ser marcada como Saved to disk. Clique no botão Continue, e o Keychain Access irá gerar e salvar a solicitação de certificado no seu disco rígido. Se você escolheu o desktop como a localização, você verá lá um novo arquivo chamado *CertificateSigningRequest.certSigningRequest*.

Abra o navegador web e faça login no iOS Dev Center, em http://developer.apple.com/devcenter/ios/. Depois, navegue até o iOS Provisioning Portal, clicando no respectivo link na coluna da direita.

Na página principal do Provisioning Portal, selecione Certificates na coluna da esquerda. Na guia Development, clique no botão Request Certificate e carregue o arquivo *CertificateSigningRequest.certSigningRequest* para o sistema on-line. Depois que sua equipe de administração (você mesmo, na maioria dos casos) aprovar a solicitação do certificado, o novo certificado de desenvolvimento estará disponível para download nessa seção Certificates (veja a Figura 9.9).

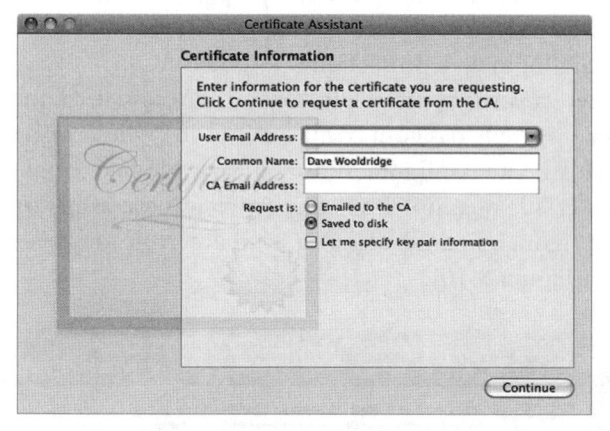

Figura 9.8. *Gere um arquivo de assinatura de certificado através do aplicativo Keychain Access no seu Mac.*

Figura 9.9. *Baixe o certificado de desenvolvimento para o seu desktop Mac.*

VERIFIQUE SE O CERTIFICADO WWDR DA APPLE ESTÁ INSTALADO

Quando você se registrou inicialmente on-line no iOS Developer Program, uma das primeiras coisas que deveria ter feito era baixar e instalar o certificado Worldwide Developer Relations (WWDR) da Apple. Se você ainda não tem o certificado WWDR da Apple no keychain do seu Mac, precisará fazer isso *antes* de instalar o seu certificado de desenvolvimento.

Imediatamente abaixo do link para baixar o certificado de desenvolvimento no iOS Provisioning Portal, procure pelo texto "If you do not have the WWDR intermediate certificate installed, click here to download now" (veja a Figura 9.9). Clique nesse link. Quando solicitado, escolha salvar o arquivo *AppleWWDRCA.cer* no seu desktop. Em seguida dê um duplo clique no arquivo baixado. Uma caixa de diálogo aparecerá, perguntando se você gostaria de adicionar o certificado ao keychain do seu Mac. Certifique-se de que o keychain de login esteja selecionado e clique no botão Add.

Baixe o arquivo *developer_identity.cer* para o seu desktop Mac. Dê um duplo clique no arquivo *.cer* baixado, o que iniciará o aplicativo Keychain Access (se já não estiver aberto). O Keychain Access irá exibir uma caixa de diálogo perguntando se você gostaria de adicionar o certificado a um keychain. Certifique-se de que o menu keychain da caixa de diálogo esteja configurado para login e, depois, clique no botão Add.

Na categoria Keys da janela principal do Keychain Access, verifique se as chaves privada e pública estão agora emparelhadas com o seu certificado de desenvolvimento para garantir que ele esteja adequadamente configurado no seu Mac. Neste exemplo, minha chave Dave Wooldridge (que foi criada quando gerei uma solicitação de assinatura de certificado sob o mesmo nome) está agora emparelhada com o meu certificado de desenvolvimento que foi importado (veja a Figura 9.10).

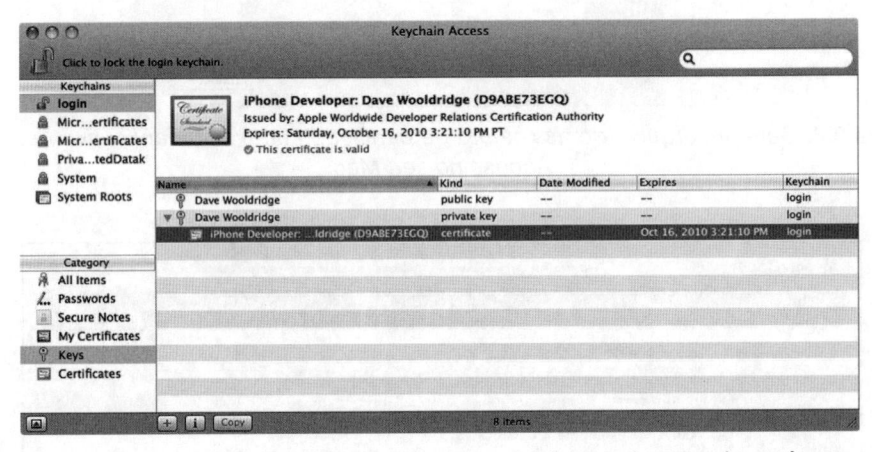

Figura 9.10. *Verifique se o seu certificado de desenvolvimento importado está emparelhado com a sua chave de desenvolvedor no Keychain Access.*

Com o certificado de desenvolvedor instalado, você agora pode sair do aplicativo Keychain Access e retornar para o iOS Provisioning Portal no seu navegador web.

Passo 3: Registre o ID do seu dispositivo

No iOS Provisioning Portal selecione Devices na coluna da esquerda e depois, dentro da guia Manage, clique no botão Add Devices. É nesse formulário web que você digita o nome e o ID do seu dispositivo de teste. O nome do dispositivo pode ser qualquer um que você quiser, mas faça-o descritivo o suficiente para diferenciá-lo de outros nomes que você planeja acrescentar. Consultando o dispositivo selecionado no Xcode Organizer, copie o identificador de dispositivo de 40 caracteres e cole-o no campo Device ID (veja a Figura 9.11).

Para os membros comuns do iOS Developer Program, a Apple permite que eles registrem até 100 dispositivos com a finalidade de desenvolvimento e testes. Uma centena pode parecer um exagero num primeiro momento, mas, à medida que você recruta beta testers para múltiplos aplicativos, esse número pode até parecer bastante limitado, portanto, use essas alocações criteriosamente.

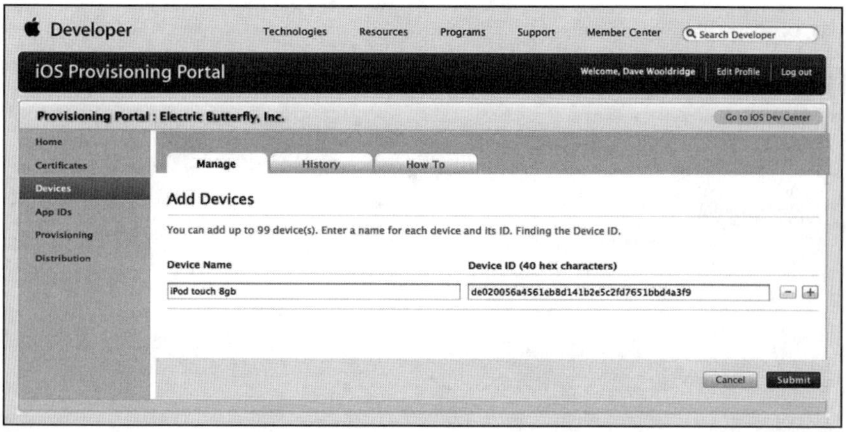

Figura 9.11. *O ID do dispositivo deve ser o identificador de 40 caracteres do seu dispositivo de teste listado no Xcode Organizer.*

Passo 4: Crie um App ID

Com o ID do seu dispositivo de teste registrado, navegue até a seção App IDs do iOS Provisioning Portal. Dentro da guia Manage, clique no botão New App ID. No formulário web que aparece, digite um nome no campo Description (veja a Figura 9.12). Você pode usar qualquer nome que quiser. Este será o nome da listagem do ID do aplicativo no iOS Provisioning Portal, portanto, use uma descrição única que o torne distinto dos outros que você for criar.

O valor Bundle Seed ID (App ID Prefix) é gerado de forma dinâmica pela Apple, mas você deve configurar o valor Bundle Identifier (App ID Suffix) para que seja igual ao listado no arquivo Info *.plist* do seu projeto Xcode. Por exemplo, no nosso aplicativo fictício Breadcrumbs, o bundle identifier é o nome de domínio reverso com.ebutterfly. breadcrumbs (veja a Figura 9.12).

Depois de submeter o seu novo App ID, você o verá na sua lista de App IDs na guia Manage (veja a Figura 9.13). Note que o seu App ID pode ser configurado para testar Push Notifications, Compra in-app e Game Center. Isso é possível porque ele contém um bundle identifier específico do aplicativo, o que é um requisito para que se comunique adequadamente com os serviços da Apple.

Os provisioning profile, gerados pelo prático Development Provisioning Assistant da Apple e o Automatic Device Provisioning do Xcode, são convenientes para testar os aplicativos em um dispositivo, porque eles usam um App ID como curinga. Em vez de atribuir um bundle identifier específico do aplicativo, é usado um asterisco (*). Dessa forma, o provisioning profile correspondente pode ser usado para testar qualquer aplicativo em um dispositivo, independentemente do seu bundle identifier.

Como você vai perceber pelas opções desabilitadas do TestApp na Figura 9.13, a principal limitação dos App IDs usando curinga é que eles não podem ser usados para testar push notifications, Compra in-app e Game Center específicas do aplicativo.

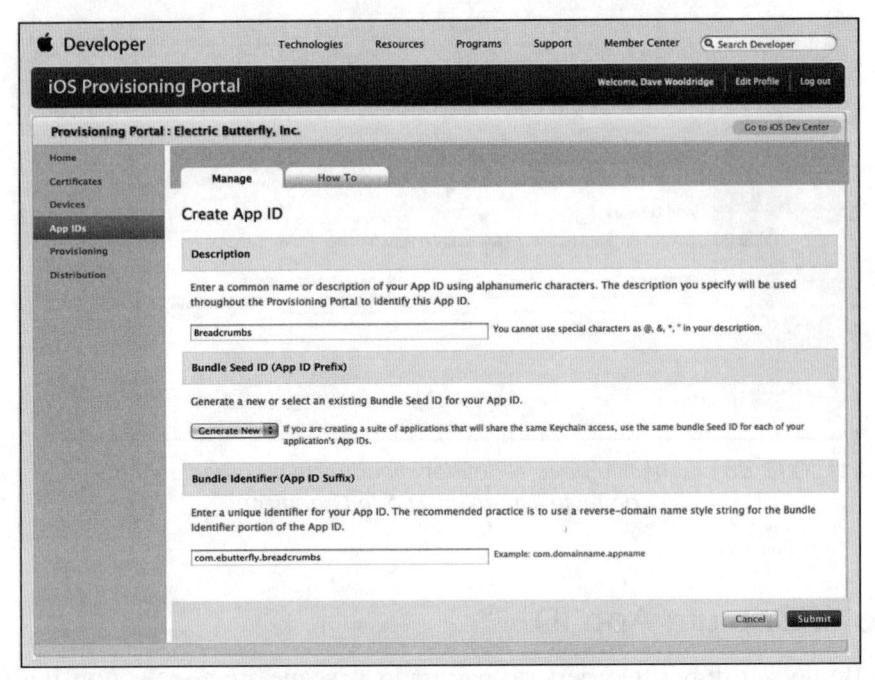

Figura 9.12. *Crie um App ID com um bundle identifier específico.*

Figura 9.13. *Um App ID pode ser configurado para testar Push Notifications, Compra in-app e Game Center.*

Esse é o motivo pelo qual estamos mostrando os passos adicionais para criar um App ID e um provisioning profile que possam ser usados para testar quaisquer recursos de iOS no seu dispositivo.

Passo 5: Gere e instale o seu provisioning profile

Agora estamos finalmente prontos para gerar um provisioning profile. É aqui que tudo se junta.

Selecione Provisioning na coluna da esquerda do iOS Provisioning Portal. Dentro da guia Development, clique no botão New Profile. No formulário web que é carregado, dê um nome único ao provisioning profile, como Breadcrumbs Dev Profile (veja a Figura 9.14).

Se você fez tudo corretamente até este ponto, verá o seu certificado de desenvolvedor, o App ID e os IDs de dispositivo listados também naquele formulário. Selecione as opções apropriadas para cada campo e, depois, clique no botão Submit (veja a Figura 9.14).

Depois que o seu provisioning profile tiver sido gerado, você será instruído a baixá-lo da sua lista (veja a Figura 9.15). Baixe o arquivo *.mobileprovision* para o seu desktop Mac.

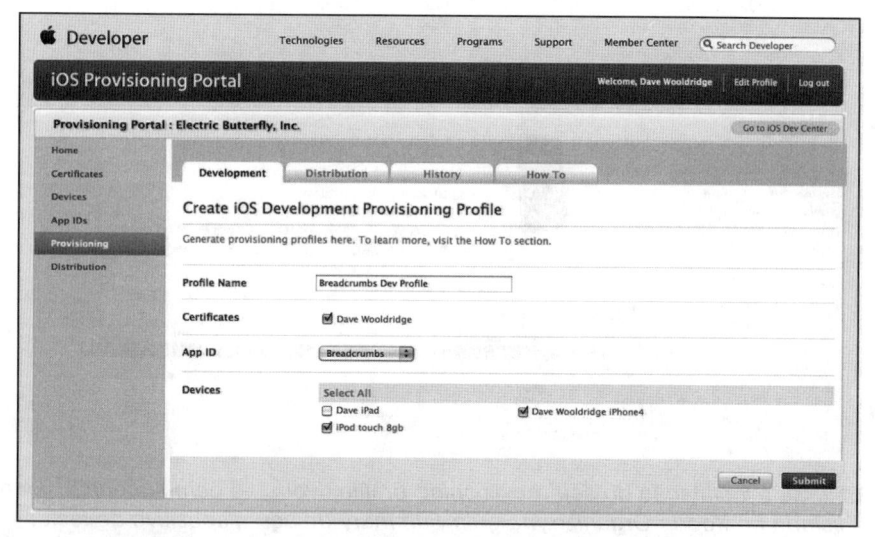

Figura 9.14. *Usando o Development Provisioning Assistant on-line para gerar o seu provisioning profile.*

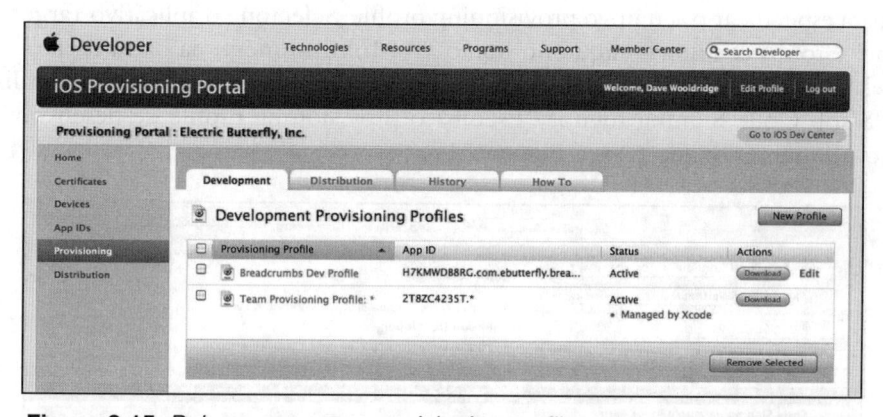

Figura 9.15. *Baixe o seu novo provisioning profile para o seu desktop Mac.*

Com o seu dispositivo de teste ainda conectado ao Mac, arraste o arquivo *.mobileprovision* do desktop para o ícone Xcode no seu Dock. O Xcode irá instalar automaticamente o provisioning profile no local adequado. Se tiver sido importado corretamente, agora você verá o provisioning profile listado no Xcode Organizer, na Guia Summary do seu dispositivo de teste (veja a Figura 9.16).

Passo 6: Execute o projeto Xcode no seu dispositivo de teste

Agora que já tem o provisioning profile e os certificados adequados instalados, você pode finalmente começar a testar o seu aplicativo no dispositivo conectado. Abra o seu projeto Xcode e, no canto superior esquerdo da janela principal, escolha Device no menu de atalho Overview.

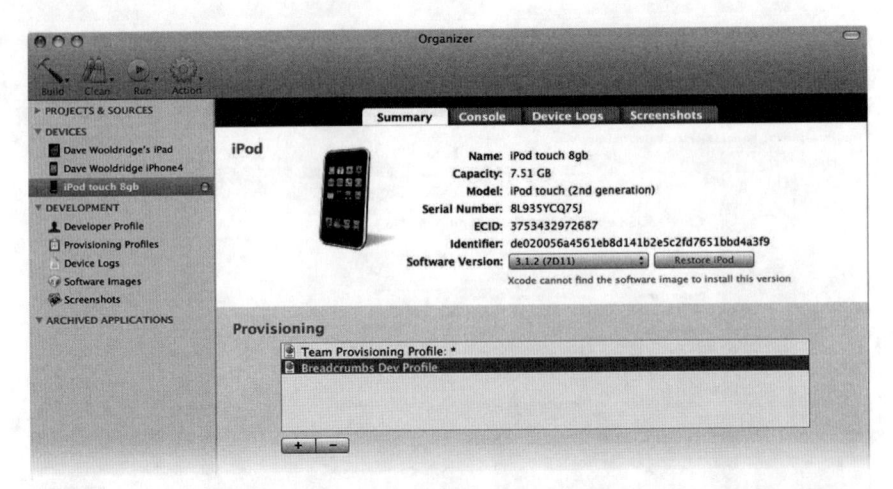

Figura 9.16. *Se a instalação do seu provisioning profile tiver sido bem-sucedida, você o verá listado no Xcode Organizer, na guia Summary do seu dispositivo de teste.*

Antes que possa executar o projeto, você precisará modificar as configurações de montagem para especificar o seu novo provisioning profile. Selecione o aplicativo Target, dentro do painel Groups & Files, e clique no botão azul Info no menu da barra de ferramentas. Na janela Target Info que aparece, escolha a guia Build e role para baixo para a listagem Any iOS sob Code Signing Identity. Escolha o provisioning profile de desenvolvimento desejado no menu pop-up (veja a Figura 9.17).

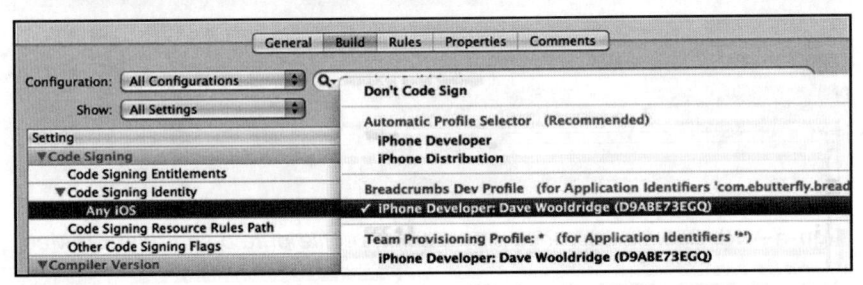

Figura 9.17. *Atribua um provisioning profile específico ao seu projeto Xcode para os testes no dispositivo.*

Como sua última tarefa, mude para a guia Properties na janela Target Info e digite o bundle identifier do seu App ID no campo Identifier. Por exemplo, na Figura 9.18 o bundle identifier do App ID para o nosso aplicativo fictício Breadcrumbs é com.ebutterfly.breadcrumbs, e ele é listado também como tal no arquivo .plist Info do projeto Xcode.

Quando você clicar no botão Build and Run, o Xcode irá compilar o aplicativo e enviá-lo via USB para o dispositivo de teste, onde será instalado e executado. Na primeira vez que fizer isso, você verá uma caixa de diálogo de assinatura do código, solicitando que use a sua chave de desenvolvedor (veja a Figura 9.19). Clique no botão Always Allow para continuar.

E levantamos voo! O seu projeto Xcode deve agora estar sendo executado como um aplicativo compilado no dispositivo de teste.

Figura 9.18. *Digite o bundleID do seu App ID no campo Identifier da guia Target Properties.*

Figura 9.19. *Na primeira vez que você tentar executar um aplicativo no seu dispositivo de teste, será apresentado a uma solicitação de assinatura do código; clique então no botão Always Allow para prosseguir.*

Testes beta: navegando pelas complexidades da distribuição ad hoc

Ainda mais importante do que o próprio teste em um iOS Simulator e no dispositivo real é fazer com que várias pessoas testem o seu aplicativo. Depois de você mesmo executar testes abrangentes, é altamente recomendável reunir um grupo de voluntários que queira fazer teste beta do seu aplicativo antes de liberá-lo na App Store.

Percorremos os passos para configurar certificados e provisioning profiles para fazer testes usando o próprio dispositivo iOS. Muitos dos passos necessários para configurar a distribuição ad hoc para os vários beta testers parecerão ser muito semelhantes, com poucas exceções. Mas não se engane, configurar o seu aplicativo para distribuição ad hoc inclui algumas tarefas adicionais muito sutis, porém importantes, que precisam ser seguidas na sequência para que o processo funcione tranquilamente. Essa é mais uma pedra no caminho para muitos novos desenvolvedores, portanto, vamos analisar todos os passos com calma.

Passo 1: Obtenha o seu certificado de distribuição

Inicie o aplicativo Keychain Access, localizado no seu Mac em /Applications/Utilities/Keychain Access.

Primeiro, confirme se o On-line Certificate Status Protocol (OSCP) e o Certificate Revocation List (CRL) estão ambos configurados como Off na guia Certificates da janela Keychain Access Preferences.

Depois, selecione **Keychain Access ➤ Certificate Assistant ➤ Request a Certificate from a Certificate Authority** no menu. Na janela Certificate Assistant que aparece, digite o endereço de e-mail e seu nome exatamente como está listado na sua conta do iOS Developer Program (veja a Figura 9.20).

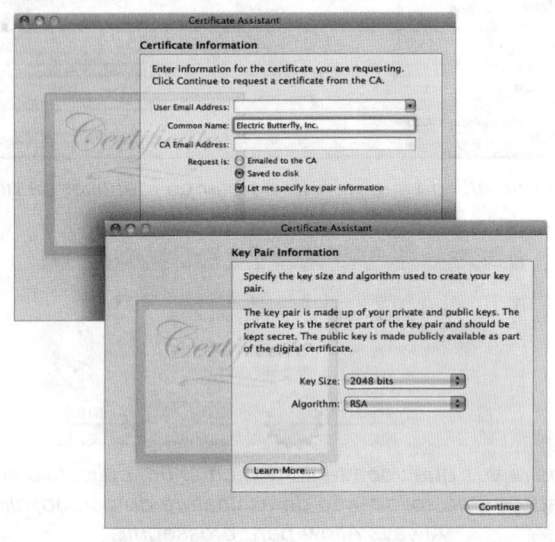

Figura 9.20. *A sua solicitação do certificado de distribuição precisa incluir o mesmo nome e endereço de e-mail que foram atribuídos à sua conta do iOS Developer Program. Você precisa especificar as configurações de Key Size e Algorithm como 2048 bits e RSA, respectivamente.*

Como essa solicitação é para o seu certificado de distribuição oficial, que será usado para ambas, a distribuição ad hoc e para a App Store, o e-mail e o nome precisam ser idênticos aos das suas credenciais no iOS Developer Program. Por exemplo, o nome da minha empresa, Electric Butterfly, Inc., é o nome oficial na minha conta, portanto, é o que eu usei neste formulário. A opção Request deve ser definida como Saved to disk.

Há mais uma coisa que torna esta solicitação diferente daquela feita anteriormente durante o processo do certificado de desenvolvimento. Assegure-se de marcar a caixa "Let me specify key pair information". Como ela está marcada, quando você clica no botão Continue, o Certificate Assistant lhe pedirá que atribua o tamanho da chave e o algoritmo, que devem ser estabelecidos como 2048 bits e RSA, respectivamente (veja a Figura 9.20).

Clique no botão Continue mais uma vez, e o Keychain Access irá gerar e salvar no disco rígido o novo arquivo *CertificateSigningRequest.certSigningRequest*.

Voltando para o seu navegador web, vá até a seção Certificates do iOS Provisioning Portal. Selecione a guia Distribution e depois clique no botão Request Certificate. Carregue o seu novo arquivo *CertificateSigningRequest.certSigningRequest*.

Depois de submetida, a solicitação de certificado precisa ser aprovada pela equipe de administração. Se você for o único a gerenciar a sua conta do iOS Developer Program, então não há equipe de administração, portanto, clique no botão Approve. Agora um botão Download será apresentado, no qual você pode clicar para salvar no seu desktop o certificado de distribuição que foi gerado (veja a Figura 9.21).

Figura 9.21. *Carregue e aprove a sua solicitação de certificado. Depois de aprovado, você poderá baixar o certificado de distribuição que foi gerado.*

Depois que o *distribution_identity.cer* for baixado para o seu Mac, dê um duplo clique no arquivo, o que iniciará o aplicativo Keychain Access (se já não estiver aberto). O Keychain Access irá exibir uma caixa de diálogo perguntando se você gostaria de acrescentar o certificado a um keychain. Certifique-se de que o menu keychain do diálogo esteja configurado para login e depois clique no botão Add. Na categoria Keys da janela principal do Keychain Access, verifique se as chaves privada (private key) e pública (public key) estão agora listadas junto com o seu certificado de distribuição, para assegurar que ele esteja configurado adequadamente no seu Mac. Neste exemplo, minha chave Electric Butterfly, Inc. (que foi criada quando gerei uma solicitação de assinatura de certificado sob o mesmo nome) está agora listada junto com o meu certificado de distribuição que foi importado (veja a Figura 9.22).

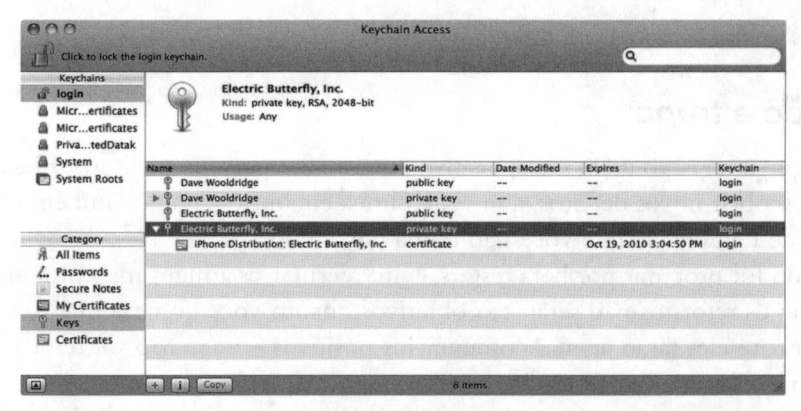

Figura 9.22. *Verifique se o seu certificado de distribuição, que foi importado, aparece junto com a chave privada (private key) apropriada no Keychain Access.*

Não instale os certificados de distribuição para múltiplas contas do iOS Developer Program no mesmo keychain. Fazer isso causará problemas no Xcode. Se você estiver compilando e submetendo aplicativos iOS para os clientes, crie uma conta de usuário Mac OS X separada para cada certificado de distribuição que precisar instalar. Você pode fazer todo o desenvolvimento dentro da sua conta principal de usuário no Mac, mas, para compilar para distribuição, você deve mudar para a conta de usuário que tenha instalado o certificado de distribuição daquele cliente.

POR SEGURANÇA, EXPORTE A SUA CHAVE PRIVADA DE DISTRIBUIÇÃO

A sua private key de distribuição é usada pelo Xcode para assinar os binários dos aplicativos compilados. Sem a assinatura apropriada no código, o aplicativo não poderá ser carregado para a App Store nem funcionará nos testes ad hoc. Essa private key não pode ser reproduzida, portanto, é imperativo que você a exporte e salve o arquivo em um local especial, para o caso de precisar restaurá-la posteriormente, quando for trocar seu Mac por um novo ou precisar reinstalar o sistema operacional.

Para exportar a sua private key de distribuição, selecione-a na seção Keys do Keychain Access. No exemplo da Figura 9.22 a minha private key de distribuição está selecionada. Depois, escolha **File ➤ Export Items**. Salve o arquivo no formato Personal Information Exchange (.*p12*), que exige que você atribua uma senha. Se você alguma vez precisar reinstalar essa private key, simplesmente dê um duplo clique no arquivo .*p12* exportado e digite a sua senha. O Keychain Access cuidará do resto.

Passo 2: Registre os device IDs dos seus beta testers

Você se lembra de ter registrado o UDID de 40 caracteres do próprio dispositivo de teste como um novo device ID no iOS Provisioning Portal para poder criar o seu provisioning profile de desenvolvimento? O mesmo vale durante a distribuição, portanto, antes de poder fazer isso, você precisará adicionar o UDID de cada beta tester como um novo device ID da mesma forma.

Reunindo a tropa

Faça com que um grupo use o seu aplicativo durante um período dedicado. Eles não apenas poderão descobrir novos defeitos, que você nunca encontrou, como também tropeçar em problemas de usabilidade que você não tenha percebido.

Quando for procurar por beta testers, evite recrutar os amigos mais próximos e familiares, já que os retornos não serão tão objetivos quanto você gostaria que fossem. Muito frequentemente eles farão apenas comentários positivos – você não vai ter a verdade nua e crua tão necessária nessa altura dos acontecimentos.

E não peça apenas a colegas desenvolvedores que testem o seu aplicativo. Recrute também um conjunto novo de olhos não técnicos para usar o aplicativo, cada qual com seu ritmo. As pessoas que não estão familiarizadas com programação oferecem pontos de vista muito valiosos e objetivos, e elas muito provavelmente constituirão uma amostra mais representativa do seu público-alvo. Simplesmente, esteja preparado para fazer muitas perguntas para extrair as informações pertinentes.

Frequentemente, os usuários não técnicos saberão quando não gostam de alguma coisa, mas eles talvez não percebam logo de início o que os incomoda. Pode ser preciso muita paciência de sua parte para conseguir que eles comuniquem adequadamente os motivos que estão por trás de um problema reportado.

Por outro lado, os desenvolvedores falam a sua língua, portanto, podem descrever os problemas facilmente em um nível bastante técnico e até mesmo sugerir formas de corrigi-los. Mas, como os desenvolvedores estão acostumados a navegar até pelas interfaces menos intuitivas, podem não reconhecer problemas de usabilidade que incomodariam um leigo.

A melhor coisa a fazer é reunir um grupo diversificado de beta testers, que seja composto por desenvolvedores, usuários experientes e usuários eventuais, não técnicos.

Como um teste beta de qualidade exige que os participantes dediquem uma boa quantidade de tempo para isso, você deve oferecer alguma forma de pagamento como incentivo pelo fornecimento de uma quantidade satisfatória de informação. Não precisa ser em dinheiro. Para desenvolvedores com o orçamento apertado, a recompensa pode ser uma cópia gratuita do aplicativo que você está testando ou uma licença gratuita de outro produto relacionado que você venda. Apenas se certifique de descrever cuidadosa e exatamente o que um beta tester precisa realizar para ganhar os bens gratuitos. Um bom sistema de permuta será uma situação ganha-ganha para todos os envolvidos. Você consegue dados valiosos e os testadores recebem brindes e software.

Então, além do seu próprio grupo de amigos desenvolvedores, onde mais você pode encontrar outros beta testers? A Imangi Studios (criadores do Harbor Master) e desenvolvedores de outros jogos populares recrutam muitos dos beta testers nos sites populares de jogos, como nos fóruns Touch Arcade.

Não é incomum ver consultas on-line de empresas, procurando por beta testers voluntários, postadas em blogs, no Facebook e no Twitter.

Coletando um UDID de cada beta tester

A maioria dos usuários não sabe onde encontrar o UDID nos seus iPhones, iPads ou iPod touches. Você pode pedir ao usuário que siga estes passos:

1. Sincronize o seu dispositivo com o iTunes.
2. Selecione a guia Summary do dispositivo para exibir suas propriedades.
3. Se o número de série estiver aparecendo, clique nele para mudar a lista e apresentar o identificador (UDID).
4. Escolha Edit Copy no menu Edit para copiar aquele UDID de 40 caracteres para a área de transferência. (Apesar de o usuário não conseguir selecionar o texto do UDID no iTunes, o comando Copy irá copiá-lo para a área de transferência.)
5. Cole-o em uma mensagem de e-mail e envie para o desenvolvedor (você).

Se isso for muito complicado, simplesmente peça que o usuário baixe o aplicativo gratuito Ad Hoc Helper, de Erica Sadun, da App Store. Depois de instalado no dispositivo de teste, a execução do aplicativo gera um e-mail contendo o UDID do dispositivo, que o usuário pode enviar para você.

Depois de receber todos os UDIDs dos beta testers, registre-os on-line na seção Devices do iOS Provisioning Portal, usando o mesmo formulário que você submeteu anteriormente quando registrou seus próprios dispositivos de teste.

Muitos desenvolvedores empregam um esquema de nomes para ajudá-los a manter suas listas Devices organizadas. Em vez de usar apenas o primeiro e último nomes do beta tester, recomendo incluir também o modelo do dispositivo do testador, como "Joe Smith iPhone 4" ou "Jane Walker iPad".

Infelizmente, você precisa saber quem são todos os seus beta testers antes de gerar o seu provisioning profile de distribuição, já que o device ID de cada beta tester precisa estar vinculado a esse perfil. Se posteriormente precisar inserir outros device IDs, você terá de gerar um novo provisioning profile de distribuição e, depois, redistribuir o perfil atualizado e o aplicativo. É um processo muito trabalhoso e demorado, portanto, é melhor não ter de passar por isso mais do que uma vez.

> **NOTA:** Um grande inconveniente do atual sistema da Apple é que uma conta padrão do iOS Developer Program está limitada a apenas 100 dispositivos por ano para associação. Isso pode parecer muito, mas, na verdade, se você estiver desenvolvendo diversos aplicativos e cada um deles tiver seu próprio grupo de beta testers, fica muito fácil estourar essa cota. Você tem a opção de excluir do portal os IDs dos dispositivos antigos que não são mais usados, mas eles continuarão contando para o seu total anual de dispositivos associados. Portanto, sabendo disso, procure usar de forma criteriosa a sua cota de device IDs. Sempre que possível, registre apenas os dos beta testers que você sabe que trarão informações de qualidade.

Passo 3: Gere e instale um perfil ad hoc de provisionamento de distribuição

Pulando de volta para o iOS Provisioning Portal no seu navegador web, selecione a guia Distribution dentro da seção Provisioning. Depois, clique no botão New Profile.

No formulário que é apresentado, certifique-se de escolher Ad Hoc como o método de distribuição. Selecione o App ID apropriado e verifique se o certificado de distribuição está atribuído corretamente. Digite um nome para o perfil que reflita a sua natureza. Quando estiver testando vários aplicativos, incluir o nome do aplicativo junto com uma referência ao estágio da distribuição (Ad Hoc ou App Store) no campo Profile Name ajuda a manter organizada a coleção de perfis.

Por último, mas não menos importante, você precisa selecionar todos os device IDs dos beta testers que deverão ser incluídos neste provisioning profile (veja a Figura 9.23). Se um device ID de um determinado beta tester não estiver incluído no provisioning profile, o testador não conseguirá instalar e executar o aplicativo. Quaisquer omissões acidentais o forçarão a criar e instalar um novo provisioning profile atualizado, portanto, revise cuidadosamente os dispositivos selecionados antes de clicar no botão Submit.

Quando o provisioning profile de distribuição tiver sido gerado e puder ser encontrado na lista da guia Distribution, clique no botão Download para salvar o arquivo *.mobileprovision* no seu disco rígido. Com o dispositivo de teste ainda conectado ao Mac, arraste o arquivo *.mobileprovision* para o ícone do Xcode no Dock. O Xcode irá instalar automaticamente o arquivo no local apropriado.

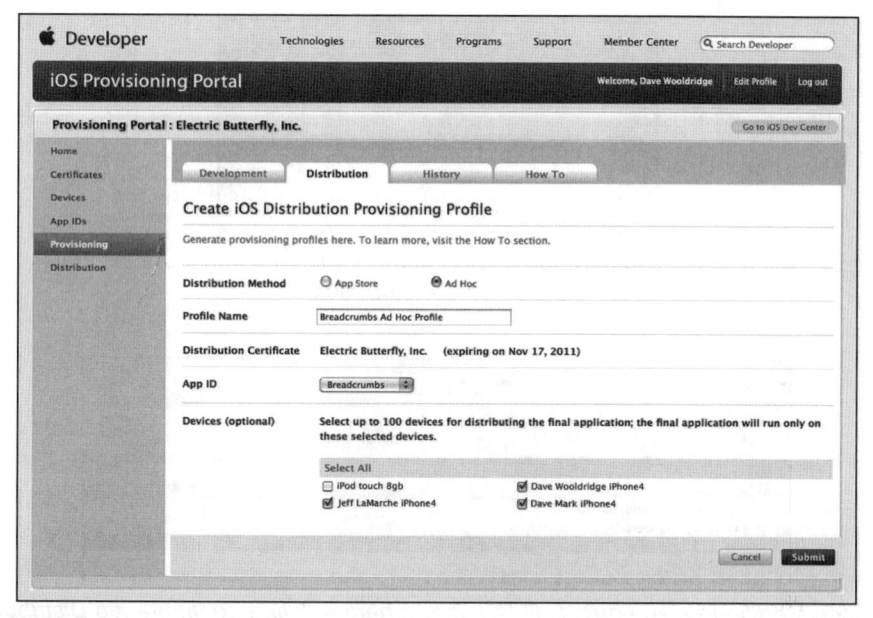

Figura 9.23. *Selecione cuidadosamente todos os device IDs dos seus beta testers antes de gerar o provisioning profile de distribuição.*

Salve uma cópia do provisioning profile de distribuição, que você armazenou no disco rígido. Você precisará incluir o arquivo *.mobileprovision* no aplicativo compilado que vai entregar aos beta testers.

Passo 4: Configure o seu aplicativo para distribuição Ad Hoc

Agora que você tem o certificado de distribuição e o provisioning profile instalados, o próximo passo é configurar o seu projeto Xcode para distribuição ad hoc. Inicie o projeto no Xcode, mas antes de fazer qualquer coisa, assegure-se de ter incluído no projeto um arquivo *icon.png* de 57 × 57 pixels e um arquivo *icon@2x.png* de 114 × 114 pixels (para Retina display). Mesmo que não seja preciso ter um ícone para encontrar erros de construção de distribuição, a impressão visual conta até mesmo no estágio de testes beta, portanto, incluir um belo ícone é importante.

Na janela principal do projeto Xcode, selecione o nome do projeto na parte superior do painel Groups & Files e, depois, clique no botão Info na barra de ferramentas. Dentro da guia Configurations da janela Info, duplique a atual configuração Release, dando à cópia o nome **Distribution** (veja a Figura 9.24).

Feche a janela Info do projeto. Agora, selecione o aplicativo Target dentro do painel Groups & Files e clique novamente no botão Info da barra de ferramentas. Na nova janela Target Info que aparece, navegue para a guia Build e escolha Distribution no menu suspenso Configuration. Role para baixo até o campo Any iOS abaixo da linha Code Signing Identity, atribuindo-o ao seu novo provisioning profile de distribuição (veja a Figura 9.25). Mesmo que ele possa estar listado também no menu pop-up, é importante que esteja selecionado, já que é o único que funcionará com a distribuição ad hoc.

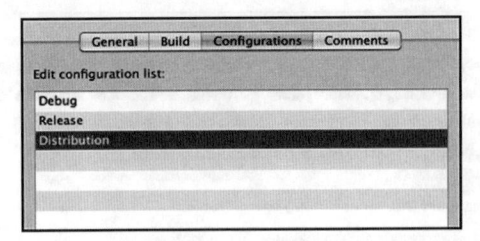

Figura 9.24. *Dentro da janela Info do projeto Xcode duplique a configuração Release e dê a ela o nome Distribution.*

Figura 9.25. *Modifique a sua guia Build do Target para refletir a configuração Distribution e o seu provisioning profile de distribuição.*

Pule para a guia Properties e digite o bundle identifier do seu App ID no campo Identifier, que deve ser o mesmo que aparece listado no arquivo *.plist* Info do seu projeto Xcode. Novamente, como exemplo, o identificador de pacote do Breadcrumbs é com. ebutterfly.breadcrumbs.

Com tudo isso feito, volte para a janela principal do projeto Xcode. No menu suspenso do canto superior esquerdo, selecione Distribution como a Active Configuration e Device como o Active SDK.

Passo 5: Crie o arquivo Entitlements

Antes de compilar o aplicativo para distribuição ad hoc, você precisa adicionar um arquivo especial Entitlements de assinatura do código. No Xcode, selecione **File ➤ New File** e depois escolha **Entitlements** na categoria **iOS ➤ Code Signing** na janela que aparece (veja a Figura 9.26).

Dê ao novo arquivo o nome *Entitlements.plist* e salve-o no nível superior do seu projeto. Com ele selecionado no Xcode, certifique-se de que a propriedade booleana **get-task-allow** esteja configurada como False (desmarcada) e depois salve novamente o arquivo, se necessário.

Finalmente, reabra a janela Target Info e digite o nome do arquivo *Entitlements.plist* no campo Code Signing Entitlements da guia Build.

Passo 6: Compile o seu aplicativo iOS

Após fazer todas as alterações descritas no seu projeto, salve-o. Depois, selecione **Build ➤ Build and Archive**. Se você configurou tudo corretamente, a compilação do seu aplicativo deve ser bem-sucedida.

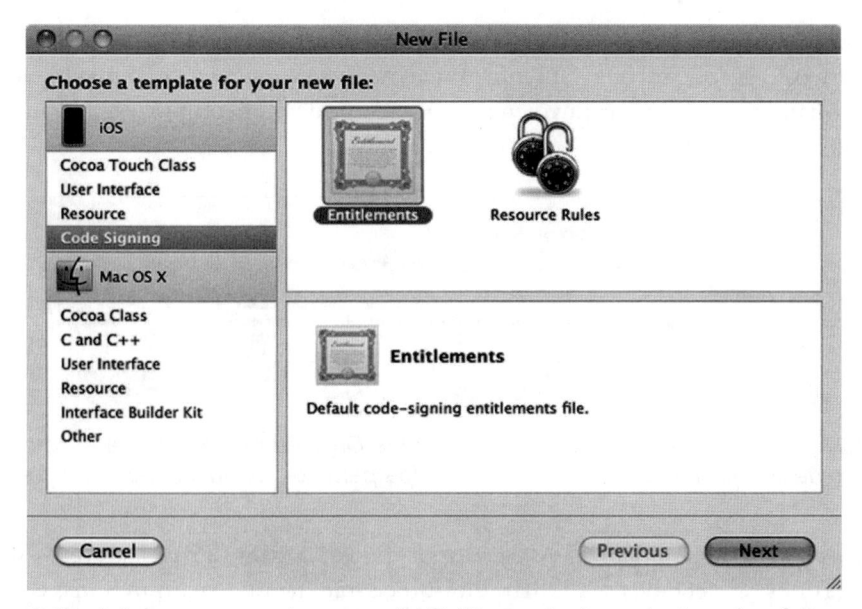

Figura 9.26. *Adicione um arquivo especial Entitlements de assinatura de código ao seu projeto Xcode.*

Na primeira vez que montar o aplicativo com o seu provisioning profile de distribuição, uma caixa de diálogo aparecerá pedindo que você garanta permissão de assinatura do código. Simplesmente clique no botão Always Allow.

O Build and Archive verifica o aplicativo durante o processo de compilação para garantir que o seu código seja assinado adequadamente e que ele referencie o arquivo provisionamento correto.

Se surgirem erros de montagem relacionados com as configurações do projeto, reveja os passos para garantir que você executou todas as tarefas descritas nestas instruções, não importando o quanto possam parecer insignificantes. Erros de montagem podem ser muitas vezes causados por pequenos enganos, como um bundle identifier digitado errado ou um erro na marcação de uma caixa de verificação. Se o problema persistir e você eliminou a possibilidade de problemas no código e de configurações erradas, então limpe o diretório de build do seu projeto, reabra o projeto no Xcode e tente fazer outro build.

Depois que você tiver compilado o aplicativo com sucesso, tire um tempo para se deleitar com a sua realização. Preparar um aplicativo para distribuição ad hoc é um processo muito entediante, portanto, ter chegado tão longe merece uma comemoração.

Passo 7: Distribuir seu aplicativo para os beta testers

Agora você está pronto para enviar o aplicativo para os seus beta testers! Como Build and Archive foi usado para compilar o aplicativo, você encontrará a versão arquivada na janela Organizer do Xcode. No painel da esquerda do Xcode Organizer, selecione Archived Applications.

Na lista de aplicativos que é apresentada, escolha o build ad hoc que você acabou de compilar. Depois, na parte de baixo da tela, clique no botão Share Application. A caixa de diálogo que aparece pedirá que você atribua o provisioning profile de distribuição para este aplicativo. O Xcode irá efetivamente empacotar o seu aplicativo compilado e o arquivo de provisionamento em um arquivo .*ipa*, que você poderá enviar por e-mail ou salvar no disco (veja a Figura 9.27).

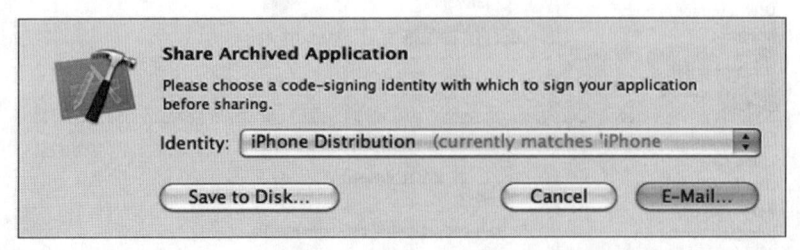

Figura 9.27. *Selecionar Share Application no Xcode Organizer irá empacotar o seu aplicativo e o arquivo de provisionamento em um arquivo .ipa para ser distribuído aos seus beta testers.*

Para os beta testers poderem instalar o aplicativo, seus dispositivos já devem estar montados no iTunes (conectados via USB). Eles precisarão arrastar o arquivo *.ipa* e o arquivo *.mobileprovision* para o iTunes. Os usuários de Mac podem simplesmente arrastar os arquivos para o ícone iTunes no Dock. Os usuários do Windows devem arrastar os arquivos para Library ou Apps na janela principal do iTunes. Se eles efetuarem uma sincronização, o aplicativo e o arquivo de provisionamento correspondentes devem aparecer nos seus dispositivos, prontos para rodar. Que comecem os testes beta!

Distribuição sem fio para os beta testers

Obrigar os beta testers a ficarem preocupados com a importação de um pacote de aplicativo para o iTunes do desktop apenas para sincronizar a versão ad hoc com seus dispositivos móveis sempre foi um incômodo para os desenvolvedores e frequentemente um problema para os beta testers novatos. Felizmente, o iOS 4 introduziu um novo método pouco conhecido para a distribuição sem fio das suas montagens ad hoc. Sim, é isso mesmo – acabaram as sincronização com o iTunes só para instalar uma versão beta.

No iOS 4 e acima, a Apple suporta instalações over-the-air de aplicativos iOS, o que significa que você pode baixar e instalar uma montagem de aplicativo ad hoc e seu correspondente arquivo de provisionamento tocando no link HTTP em uma página web ou em um e-mail. Esse recurso foi originalmente promovido como um benefício para os membros do Enterprise iOS Developer Program, mas ele parece funcionar muito bem também para os membros comuns do programa.

Infelizmente, esse novo recurso over-the-air não elimina a necessidade de todos os passos de distribuição ad hoc que vimos antes. Você continua precisando coletar os device IDs dos beta testers, criar um provisioning profile de distribuição ad hoc e configurar o seu projeto Xcode adequadamente. Na verdade, preparar o seu aplicativo para distribuição over-the-air requer alguns passos a mais, que são explicados em detalhe no excelente blog para desenvolvedores Parade of Rain, de Alex Okafor, em http://www.paradeofrain.com/2010/11/taking-the-pain-outof- ad-hoc-testing/.

Mas antes de tentar refazer toda a configuração, há uma maneira mais fácil e gratuita! Entre no TestFlight, um incrível novo serviço que oferece distribuição beta over-the-air sem nenhuma complicação adicional. O TestFlight também vai ajudá-lo a organizar seus trabalhos com os testes beta através de um painel de controle on-line que lhe permite convidar e gerenciar os beta testers, bem como rastrear os testes beta de vários aplicativos. Com um desenho de website e serviço brilhantes, o TestFlight tornou o processo incrivelmente indolor tanto para os desenvolvedores como para os beta testers. É digno de nota que o TestFlight seja gratuito, portanto, recomendo dar uma olhada nele, em http://www.testflightapp.com/.

Embora esse novo método de distribuição sem fio seja conveniente, ele só é suportado pelo iOS 4 ou acima, portanto, se você precisar distribuir o seu aplicativo para beta testers que estejam usando iOS 3, eles precisarão usar o velho método de arrastar o binário do aplicativo e o provisioning profile para o iTunes no desktop para sincronizar com seus dispositivos iOS conectados.

De bem com a vida

Este foi, de longe, um dos capítulos com maior quantidade de instruções deste livro. Como tanto o provisionamento como a distribuição ad hoc mostraram ser tópicos tão complexos para muitos dos novos desenvolvedores iOS, espero que as abrangentes explicações tenham ajudado a esclarecer o processo para todos aqueles que estavam "apanhando" dessas duas tarefas.

De nada vai adiantar a ideia do seu aplicativo ser brilhante se ela não for bem executada. Não me canso de enfatizar a importância da experiência geral do usuário com seu aplicativo como um dos principais fatores de sucesso. Testes no dispositivo e testes beta em grupo devem ser passos obrigatórios no ciclo de desenvolvimento de todos os aplicativos.

Capítulo **10**

Deixe a festa começar! Criando expectativa antes do lançamento

Desenvolvimento terminado? Sim. Testes terminados? Sim. Pronto para a App Store? Quase.

Depois de meses de trabalho duro para completar o seu aplicativo, sei que você está ansioso para liberá-lo para o mundo, mas não queime a largada. Você ainda precisa executar algumas tarefas muito importantes.

Antes de submeter o aplicativo iOS para a App Store, é conveniente começar a criar alguma expectativa antes da sua liberação, através de uma exposição on-line cuidadosamente preparada. Este capítulo irá explorar as melhores maneiras de gerar alguma empolgação e expectativa em torno do seu aplicativo, promovendo-o no seu website, em blogs e sites de redes sociais, como Twitter e Facebook.

A contagem final: preparando para a decolagem

Sei o que você está pensando: "Por que não posso simplesmente tratar de construir o website do meu aplicativo e criar aquela expectativa antes da liberação enquanto ele está sendo analisado pela Apple? Como a App Store pode levar semanas para aprovar ou rejeitar, isso me daria tempo suficiente, certo?". Não conte com isso. Mesmo se a análise do aplicativo levar mais do que o tempo médio de 7 a 14 dias, isso ainda não seria tempo suficiente para criar uma grande expectativa on-line e conseguir uma presença efetiva na web.

Para seu azar, quando você achar que a equipe de análise da Apple vai levar bastante tempo, o seu aplicativo passará voando pela aprovação em apenas alguns dias. Isso o deixaria despreparado, sem ter o website e o plano de marketing social terminados.

Investindo tempo para encontrar o seu público

Mesmo considerando que desenvolver um atraente website sempre leva mais tempo do que você imagina, se estivesse realmente pressionado pelo tempo, provavelmente conseguiria construir um site decente em apenas alguns dias (tendo um pouco de experiência com web design). Mas o que realmente requer um período de gestação muito maior é o trabalho de cultivar o seu público on-line. O marketing requer um público, portanto, você precisa investir algum tempo para encontrar o seu.

Esse público normalmente se compõe não apenas de influentes blogueiros e jornalistas, mas também dos seus próprios seguidores no Twitter, amigos do Facebook, conexões no Linkedin, leitores de blog e assinantes de boletins de notícia por e-mail. Para um novato na mídia social, isso tudo pode parecer um tanto assustador, mas não se preocupe. Mais adiante neste capítulo explicarei em detalhes como tirar proveito dessas poderosas ferramentas e relacionamentos.

Se você ainda não tem uma conta no Twitter, uma página no Facebook ou um bom relacionamento com blogueiros e jornalistas de alto perfil, nunca é tarde para entrar no jogo. Quando deveria começar? Normalmente vai precisar de alguns meses para conseguir um bom número de seguidores no Twitter e no Facebook, portanto, você deveria mergulhar no mar da mídia social pelo menos três meses antes da data planejada para submeter o seu aplicativo à App Store. Alguns desenvolvedores começam a twittar sobre seus futuros aplicativos para iPhone e iPad ainda durante o desenvolvimento. O objetivo aqui é montar a própria rede de informações sociais para facilitar a distribuição de notícias sobre os seus aplicativos iOS. Portanto, quanto mais cedo você começar, melhor.

Só tome cuidado para não liberar muita informação durante a campanha de pré-lançamento. Não seria aconselhável expor prematuramente para os seus concorrentes as cartas que você tem na mão (sim, eles estão observando). E também, se você inundar o seu público on-line com uma sobrecarga de mensagens de marketing muito antes de liberar o aplicativo, se arrisca a perder uma grande parte dos seus seguidores antes do dia do lançamento. Ninguém gosta de um vendedor agressivo superzeloso que entope Twitter e caixa de entrada com muito barulho de marketing. Trata-se de alimentar o fogo lentamente, criando expectativa e interesse. Simplesmente, abra o apetite, fazendo com que eles queiram mais – seja provocante!

Afine o seu discurso de elevador

Para explicar eficazmente os recursos e benefícios do seu futuro aplicativo de uma maneira rápida e concisa, você deve escrever diversas versões da sua descrição. Cada variação deve ser limitada a um tamanho específico para diferentes usos. Não confunda este exercício com escrever um press-release completo. Você terá muito tempo para fazer isso depois na liberação final do seu aplicativo. Por agora, pense mais curto.

Normalmente escrevo três versões neste estágio: uma descrição de uma sentença, uma descrição de um parágrafo e, depois, uma com alguns parágrafos. Isso não só me dá uma descrição do aplicativo que seja de tamanho apropriado para quase toda necessidade como também me ajuda a refinar minha mensagem de marketing. Quando você se vir obrigado a explicar o seu aplicativo com apenas poucas sentenças, precisará cortar a gordura, deixando só os pontos principais de venda, que devem atrair os potenciais clientes.

A velha expressão *discurso de elevador* se refere à habilidade de vender uma ideia a alguém no curto espaço de tempo que dura uma viagem de elevador. Esse conceito se aplica a quase todos os ramos. Quando apresenta o resumo de um filme, um roteirista de cinema pode não ter mais do que um breve momento para convencer o executivo de um estúdio sobre os seus méritos. Um editor pode rejeitar um livro se este não conseguir cativá-lo nas primeiras páginas. Em um comercial de rádio, o anunciante pode ter apenas 15 segundos para atrair a atenção do ouvinte. Promover um aplicativo iOS neste mundo veloz da tecnologia não é diferente.

Com frequência você tem apenas um minuto ou dois para descrever o seu aplicativo para um jornalista influente. Os blogs de alta tecnologia são inundados com press-releases e consultas sobre novos aplicativos móveis todos os dias, então, o que o tornaria tão especial? Quer seja através de um e-mail ou explicado rapidamente em uma conferência, após poucas sentenças você vai querer que aquele jornalista "o pegue" instantaneamente e queira escrever sobre o seu aplicativo.

Para começar, pense em um título eficaz que descreva o seu aplicativo em poucas palavras. Para o exemplo do nosso fictício Breadcrumbs, estabelecemos o título "Parked Car Locator". Certo, é básico, mas em apenas três palavras dissemos o que o aplicativo faz. E com o limite de 140 caracteres imposto pelo Twitter, quanto menor melhor. Agora com a funcionalidade geral explicada no título, a descrição do Breadcrumbs pode se concentrar nos principais recursos e benefícios, bem como no diferenciador-chave que o destaca entre seus concorrentes.

Lembra-se da nossa discussão sobre determinar os diferenciadores do seu aplicativo no Capítulo 2? É aqui que isso começa a lhe pagar dividendos. Eles ajudarão não apenas a atrair clientes, mas também a prender a atenção da mídia nesse estágio anterior à liberação. Quando for descrever o seu aplicativo aos jornalistas e blogueiros, você nunca vai querer que eles perguntem "por quê?". Com tantos aplicativos para localização de carros estacionados existentes na App Store, por que alguém se interessaria pelo seu? Se você preparou bem o discurso, já respondeu a esta pergunta descrevendo como o seu aplicativo é o primeiro localizador de carros estacionados a implementar uma realidade aumentada, usando a câmera embutida no iPhone. Realidade aumentada nos aplicativos móveis tem sido recentemente um tópico quente nos noticiários, de forma que aí está o gancho. E a mídia adora um bom gancho.

Certifique-se apenas de que qualquer afirmação que você fizer seja verdadeira antes de incluí-la no seu discurso. Você deve evitar anunciar o aplicativo como o primeiro localizador de carros estacionados baseado em realidade aumentada se já existir outro que tenha feito essa afirmação. Como sempre, faça primeiro a lição de casa, não deixando de realizar muita pesquisa on-line, inclusive na própria App Store.

Os blogs patrocinados por anunciantes e os sites de notícias precisam atrair leitores continuamente para satisfazer seus patrocinadores e, para conseguir isso, há uma demanda insaciável por publicar fascinantes histórias atuais. Se o seu discurso não conseguir atrair o interesse da imprensa, você deve repensar a estratégia. Posteriormente, neste capítulo falaremos sobre quando e como se comunicar com a imprensa para estabelecer importantes relacionamentos e revigorar alguma publicidade pré-lançamento.

Outra vantagem de preparar o discurso de elevador é que ele o ajudará a escrever uma descrição melhor na App Store quando você estiver pronto para submeter o seu aplicativo à Apple. Tenho visto muitas descrições na App Store que se alongam para conseguir explicar um simples conceito de jogo. Essas extensas descrições na verdade prestam um desserviço aos aplicativos, já que ninguém gasta tempo lendo-as.

Como o seu discurso de elevador, a descrição na App Store deve ser breve e concisa, com os recursos principais listados com marcadores e algumas citações testemunhais realçadas (e até mesmo menções a prêmios). Ela deve dizer rapidamente aos leitores o que o seu aplicativo faz e por que eles deveriam comprá-lo. Tudo o mais é ruído que interfere no seu discurso de vendas.

Colete materiais adicionais de marketing pré-lançamento

Além de descrições curtas e longas do seu aplicativo, você deve ter também os seguintes itens preparados para uso nas suas campanhas de marketing (tanto pré-lançamento como pós-lançamento):

- Logotipo da empresa (alta resolução).
- Ícone do aplicativo (alta resolução).
- Logotipo do aplicativo (alta resolução).
- Imagens das telas.
- Trailer de vídeo.
- Presença dedicada na web.

Esses itens serão úteis não apenas para o seu próprio website e trabalhos na mídia social, mas também para a imprensa, se solicitados por jornalistas e blogueiros.

Logotipo da empresa

Não importa os tipos de produtos que desenvolve, você terá sempre de ter uma versão em alta resolução do seu logotipo disponível, para o caso de ser pedido pela empresa. Na verdade, muitas empresas incluem uma página "sala de imprensa" nos seus websites ou um link para baixar um kit de imprensa, de forma que as informações da empresa estejam disponíveis 24/7.

A tecnologia é uma indústria global, portanto, repórteres e blogueiros de diversos fusos horários podem estar interessados em escrever sobre sua empresa ou produto. Eles podem estar com prazo apertado e não podem esperar até você ler os e-mails dele pela manhã. Oferecendo um kit de imprensa ou um logotipo da empresa para serem baixados no seu website facilitará o trabalho deles.

Embora a maioria da cobertura da mídia possa ser on-line, não despreze a necessidade das revistas e jornais impressos. Certifique-se de que o logotipo da sua empresa seja uma imagem escalonável, baseada em vetor e salva em um arquivo EPS. Ou, no mínimo, que seja uma imagem em bitmap de 300 dpi salva num formato de compressão sem perda de dados, como TIFF ou PNG. Isso irá assegurar máxima flexibilidade para qualquer uso.

Se você for um editor que fez parceria com uma empresa de desenvolvimento terceirizada para criar o aplicativo, seria aconselhável ter disponível também o logotipo da outra empresa. Esta seria uma boa hora para falar com seus contatos para saber se a contratada também quer que os seus logotipos e/ou nomes estejam incluídos em toda a cobertura da imprensa relacionada ao seu aplicativo iOS.

Ícone e logotipo do aplicativo

Você deve ter um ícone e um logotipo de alta resolução do seu aplicativo iOS. O ideal é que você tenha aceitado meu conselho no Capítulo 4 para desenhar o ícone do aplicativo em alta resolução para as diversas necessidades de imprensa e marketing.

Arquivos EPS escalonáveis, baseados em vetor, são sempre bons, mas arquivos grandes em bitmap de 300 dpi (como PNG ou TIFF) também podem funcionar bem. Se você estiver salvando o ícone ou o logotipo como um arquivo PNG, garanta que o background seja transparente. Se você salvá-lo como TIFF ou JPEG de alta qualidade, use o background branco padrão.

Como a maioria da cobertura da mídia e dos trabalhos de marketing se concentrarão essencialmente no seu novo aplicativo e não na sua empresa, as versões em 300 dpi prontas para impressão do ícone do aplicativo e do logotipo serão muito mais importantes do que qualquer outro dos seus logotipos. Você também descobrirá que imagens gráficas de alta resolução com a marca do aplicativo são úteis para desenhar outros elementos relacionados, como o website do aplicativo e as imagens de segundo plano para o seu perfil no Twitter. E, na remota possibilidade de que a Apple solicite um ícone ultragrande do aplicativo para incluir nas suas propagandas impressas, banner de parede para o Worldwide Developers Conference ou (suspiro!) um comercial para TV, você já terá um pronto na ponta dos dedos (e você pode me agradecer depois).

Imagens das telas

Ter algumas boas imagens das telas do seu aplicativo em ação pode parecer bastante óbvio, mas é impressionante a quantidade de imagens de tela ruins que encontro na App Store e em diversos sites de desenvolvedores e blogs de análise de aplicativos. Não faça apenas algumas imagens de telas aleatoriamente das principais visualizações enquanto roda o seu aplicativo. As telas que você revelar para o mundo devem ser exemplos brilhantes do seu aplicativo, mostrando o quanto seu uso é divertido ou produtivo.

Se o aplicativo for uma ferramenta de escrita estilo notebook, não me venha com uma lista vazia, sem uso. E não me venha com umas poucas notas de teste com títulos genéricos, como "Nota 1" ou "Exemplo 1". Se eu fosse um escritor procurando por uma ferramenta desse tipo, gostaria de vê-la sendo usada no seu potencial máximo. Crie dentro da lista de notas do aplicativo alguns documentos que pareçam autênticos, como "Resumo do Meu Romance", "Pesquisa por Artigo Técnico" e "Notas da Reunião de Terça". O aplicativo precisa parecer valioso e merecedor da compra.

No mercado imobiliário, *encenação* ajuda a vender casas. Alguns potenciais compradores têm dificuldade em visualizar como ficará uma casa vazia depois de sua mobília ser instalada, portanto, eles vão embora, acreditando que ela não seja adequada para suas necessidades. Fazer uma encenação é o ato de preencher aquela casa com um mobiliário atraente e nuances de desenho interior para ajudar uma pessoa a visualizar melhor as possibilidades. "Veja, é assim que a sua casa poderia ficar! Bacana, não?"

Você precisa usar a mesma abordagem de encenação com as imagens das telas do seu aplicativo para iPhone e iPad. Isso não significa falsificar telas de nenhuma forma. Simplesmente, gaste algum tempo usando você mesmo o aplicativo, preparando um cenário dentro dele que propicie algumas imagens de tela atraentes. Essa tela "em ação" pode ajudar os potenciais compradores a imediatamente ver o valor da compra do seu aplicativo. Embora essa abordagem se aplique bem aos aplicativos de produtividade e utilitários, também serve como regra geral para todos os outros tipos de aplicativos, como jogos. Não mostre simplesmente qualquer exemplo de ação do jogo. Se for um jogo de tiro em primeira pessoa, mostre o jogador no meio de um combate pesado, exibindo uma pontuação alta. Encenar é divertido!

Trailer de vídeo

Produzir um atraente trailer de vídeo para o aplicativo é algo que todo desenvolvedor iOS deveria considerar seriamente. Alguns aplicativos são difíceis de se descrever usando apenas imagens estáticas. Oferecer um vídeo real de apresentação com um trailer elegante, estilo filme – completo, com títulos, efeitos visuais e música –, é uma ferramenta de marketing bastante poderosa. Trailers cativantes no YouTube têm ajudado centenas de jogos para iPhone a se tornarem best-sellers.

Dependendo do tipo de aplicativo que você desenvolveu, produzir um trailer agora pode ser um pouquinho prematuro para os seus trabalhos preliminares de marketing. Como você ainda não submeteu o seu aplicativo à equipe de análise da Apple, não tem ideia se será preciso alterar partes importantes para poder receber a aprovação. Um trailer solto no YouTube e em outros sites de compartilhamento de vídeo deve ser representativo da versão real final do aplicativo que estará na App Store.

Se você planeja mesmo criar um trailer para o seu aplicativo, realmente recomendo tê-lo pronto antes da liberação do aplicativo, de forma que ele possa ajudar a reforçar a perceptividade desde o princípio. Dois motivos fortes para produzir o seu próprio trailer de vídeo são controle e conveniência. Sem um trailer, alguns sites de análise de aplicativos podem preferir rodar os próprios vídeos de demonstração, o que pode não mostrar o seu aplicativo nos melhores momentos. Fornecendo-lhes o seu vídeo, você mantém o controle sobre como o aplicativo será apresentado visualmente. E tirando dos analistas a necessidade de ter de rodar um vídeo, você está tornando muito mais conveniente sua tarefa de escrever uma análise sobre seu aplicativo.

Usar uma câmera de vídeo para filmar o aplicativo sendo executado no iPhone ou iPad é uma enorme empreitada que frequentemente produz resultados pobres se não for executada da forma apropriada. Há muitos requisitos nessa abordagem – tais como capturar a luz adequada, garantir que a tela do dispositivo esteja sempre em foco e não tremer as mãos – que são muito mais difíceis de conseguir do que você possa imaginar. A menos que você seja um cinegrafista profissional ou tenha acesso a um, esse não é o caminho ideal.

A maioria dos desenvolvedores usa algum software de captura de tela para gravar o vídeo dos seus aplicativos enquanto eles são executados no iOS Simulator. Isso oferece uma solução de alta qualidade e fácil de implementar.

Se você quiser melhorar o visual e a capacidade do iOS Simulator, alguns produtos de software de terceiros valem a pena ser explorados:

- Para emular suporte à localização por GPS, movimentos multitouch, o acelerômetro e a bússola, dê uma olhada no inteligente aplicativo e SDK iSimulate para iPhone, da Vimov (http://www.vimov.com/isimulate/). Ele envia aqueles eventos por conexão sem fio para o iOS Simulator a partir de um dispositivo iPhone ou iPod touch na mesma rede Wi-Fi.

- Para personalizar o visual da tela inicial do iOS Simulator e melhorar a visibilidade do cursor com um ponto branco translúcido, experimente o SimFinger (http://blog.atebits.com/2009/03/not-your-average-iphone-screencast/). A atebits oferece este utilitário como um donationware.
- Se você preferir usar uma imagem real de um dedo como substituto para o seu cursor no iOS Simulator, você vai gostar do PhoneFinger, da Wonder Warp Software (http://www.wonderwarp.com/phonefinger/), que também está disponível como donationware.

Depois que o seu iOS Simulator estiver otimizado, você precisará encontrar um utilitário para captura de telas para gravar o vídeo. Eis algumas opções que devem ser consideradas:

- ScreenFlow (http://www.telestream.net/screen-flow/).
- iShowU HD (http://www.shinywhitebox.com/ishowuhd/main.html).
- Sound Stage (http://soundstageapp.com/).
- Screenium (http://www.syniumsoftware.com/screenium/).
- Snapz Pro X (http://www.ambrosiasw.com/utilities/snapzprox/).
- Camtasia for Mac (http://www.techsmith.com/camtasia/).
- Voila (http://www.globaldelight.com/voila/).

Algumas escolhas populares entre os desenvolvedores iOS são o ScreenFlow, da Telestream, o iShowU HD, da shinywhitebox, e o Sound Stage, da New Leaders. Alguns dos produtos disponíveis para gravação de telas oferecem uma solução abrangente "tudo em um" de gravação e editoração. Se preferir uma ferramenta que possibilite apenas a gravação das telas, você precisará também de um editor de terceiros, como o iMovie ou o Final CUT Pro, da Apple, para transformar a gravação em um trailer de vídeo bem-acabado.

Só depende de você a criação de um vídeo atraente, portanto, gaste o tempo necessário não apenas para planejar a gravação das instruções do seu aplicativo no iOS Simulator, mas também para redigir as trilhas de áudio para sobrepor ao vídeo. Não se esqueça de acrescentar um pouco de música para dar o tom – lembre-se de sempre usar música licenciada ou livre de royalties. Como o trailer pode ser reproduzido em diversos sites de compartilhamento de vídeo e sites de análise de aplicativos, sempre incorpore o ícone e o logotipo do seu aplicativo no vídeo, para ajudar a reforçar a identidade da sua marca.

Se produzir um trailer cai fora da sua zona de conforto, não pense duas vezes em contratar um editor profissional. Um vídeo amadorístico pode definitivamente comprometer a percepção que os usuários terão da qualidade do seu aplicativo. Sempre que possível, não corte custos desnecessariamente no valor da produção.

Uma imagem vale mais que mil palavras, mas o impacto de um vídeo pode ser ainda mais eficaz na criação de expectativa com relação ao seu futuro aplicativo ou jogo iOS. Apenas tome cuidado para não divulgar o trailer de vídeo muito antes da liberação do aplicativo. Como o processo de análise de aplicativos pela Apple pode muitas vezes ser mais longo do que o esperado, você deve evitar promover exageradamente o seu aplicativo de forma prematura e perder aquele *momentum* muito antes de ele estar disponível na App Store.

Presença dedicada na web

E por último, mas não menos importante, você precisa ter um website ou uma página web dedicada ao seu aplicativo. Oferecer um destino central on-line tanto para os clientes como para a imprensa acessarem informações adicionais é uma poderosa ferramenta que todo desenvolvedor de software deveria adotar. Em seguida, daremos uma olhada no que compõe um bom website para promover um aplicativo para iPhone ou iPad.

O seu aplicativo iOS merece um website bem desenhado

Você precisará ter um website e o suporte on-line funcionando antes de seu aplicativo estar disponível na App Store, portanto, por que não se aproveitar da sua força promocional enquanto estiver criando expectativa durante a fase anterior à liberação? Como o aplicativo ainda não está na App Store, o seu site deveria ser a URL principal para o qual as partes interessadas serão direcionadas. E mesmo após a liberação do aplicativo, um website personalizado (desde que benfeito) pode ser uma ferramenta de vendas muito mais eficaz do que o conteúdo limitado encontrado nas páginas de produto da App Store.

Ter uma forte presença na web deveria ser primordial para todo desenvolvedor iOS, independentemente de a App Store ser um sistema fechado. A App Store inclui links externos diretos para um website e site de suporte do desenvolvedor na página de produto do aplicativo. Os clientes interessados no seu aplicativo podem visitar o seu website antes de tomar a decisão de compra, em busca de informações adicionais, um trailer de vídeo ou um tutorial com animação. Eles também podem querer verificar se a sua empresa é legítima, que ofereça suporte aos clientes. Quando as pessoas compram o seu aplicativo, de certa forma estão investindo na sua empresa, portanto, querem saber se você estará por aí mais algum tempo.

Você não vai querer que algum problema técnico ou oportunidades perdidas estraguem a elevada exposição que envolve o efetivo lançamento do seu aplicativo na App Store. Estando totalmente preparado, agora você terá condições de resolver quaisquer problemas que possam surgir na web muito antes de seu aplicativo debutar.

Hospedagem web

Se você ainda não tem um website, o primeiro passo é abrir uma conta com uma das muitas empresas de hospedagem de sites disponíveis. Faça uma breve busca no Google procurando por hospedagem web e você verá que não faltam empresas. A maioria delas oferece pacotes de hospedagem bastante acessíveis, mas o segredo é encontrar uma que atenda às suas necessidades específicas.

Pergunte aos seus colegas desenvolvedores sobre quem eles recomendam para hospedagem web. É importante perguntar sobre suas experiências com o tempo de disponibilidade do servidor e os serviços ao cliente. O site costuma sair do ar por longos períodos de tempo? Oferece suporte 24/7 e resolve rapidamente os problemas com o servidor?

A guerra dos formatos: blogs contra sites personalizados

Depois que você tiver definido a hospedagem web, a próxima pergunta que surge é: "Devo criar um website tradicional ou um blog?". Embora um blog seja certamente mais fácil de atualizar e manter, há claras desvantagens no uso desse formato como seu site principal nessa situação em particular. Todo desenvolvedor deve ter um blog para anunciar facilmente atualizações e novidades, mas ele deve estar conectado a páginas web estáticas cujo design você possa personalizar para promover o seu aplicativo sem ficar limitado por uma estrutura de postagem de blog.

Se você se sente à vontade criando websites, recomendo a criação de um que seja personalizado para o seu aplicativo. Se desenvolvimento na web não for o seu negócio e você preferir usar uma plataforma de blog, como o WordPress, certifique-se de que ela suporte a adição de páginas estáticas. Você precisa disso para que o aplicativo possa ter seu próprio conjunto de páginas permanentes para as imagens das telas, dos vídeos, suporte e outros elementos típicos de marketing. E para todos vocês, fãs do WordPress, Cory Shaw criou um excelente WordPress Theme chamado AppifyWP, que oferece modelos otimizados de páginas para promover aplicativos para iPhone e iPad e que ajudam a economizar tempo. Dê uma olhada nele em http://appifywp.com/.

A maioria dos desenvolvedores iOS bem-sucedidos tem websites dedicados aos seus aplicativos e, se têm blogs também, os respectivos sites têm links para eles. Uma das raras exceções é o site do Pocket God, da Bolt Creative, que consiste inteiramente em um blog, hospedado gratuitamente no Blogger, em http://pocketgod.blogspot.com/. No caso único do Pocket God, os desenvolvedores ficam atualizando o aplicativo com novos episódios tão frequentemente que o formato de blog funciona bem para eles, permitindo-lhes postar facilmente novas informações para os fãs de poucos em poucos dias. Para a maioria dos aplicativos e jogos, as atualizações são muito menos frequentes, portanto, um blog deveria ser secundário a um website primário do aplicativo.

Os benefícios do nome de domínio (domain name)

No Capítulo 2 mencionei a importância de registrar um domínio para o website do seu aplicativo iOS, portanto, você já fez isso, certo? Não vou repetir aquela discussão, mas apresentarei mais um motivo pelo qual um domínio para o seu aplicativo pode ser muito valioso.

O comprimento do URL do seu website pode não parecer relevante na versão para desktop do iTunes ou na versão para iPad da App Store, já que a URL verdadeira fica oculta por trás de um link na forma de texto ou de um botão, respectivamente. Por exemplo, a URL do popular jogo Plants vs. Zombies, da PopCap Games, Inc., é http://www.popcap.com/games/pvz, mas na página da App Store do Plants vs. Zombies no iPad tudo o que você vê é um botão chamado Developer Web Site que ativa um link (veja a Figura 10.1).

O problema está na forma como a Apple lista o mesmo link de website na versão para iPhone da App Store, na qual a URL real é exibida. Numa tela móvel tão estreita, uma URL longa fica truncada (veja a Figura 10.1). E como a URL é meramente listada e não fornecida como um link ativo, o usuário pode ter dificuldade em adivinhar qual deve ser a URL completa. Isso pode parecer uma preocupação excessiva, mas, segundo a AdMob, mais de 90% dos usuários de iPhone navegam e compram na App Store, usando seus dispositivos móveis. Portanto, a capacidade de acessar facilmente o seu website pelo Mobile Safari é muito mais importante do que qualquer desenvolvedor imagina (falarei sobre isso com mais detalhes adiante neste capítulo).

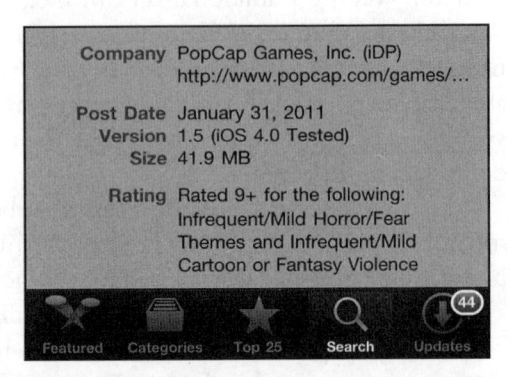

Figura 10.1. *URLs longas não preocupam na versão do iTunes para desktop ou na App Store do iPad (esquerda), mas problemas de textos truncados surgem quando eles são exibidos na versão para iPhone da App Store (direita).*

Se a sua empresa já tem um website ou você atualmente mantém um site central para todos os seus produtos de software, muito provavelmente deve ter organizado o seu site para atribuir a cada aplicativo o seu próprio diretório. Por exemplo, a Streaming Colour Studios tem os seus jogos iOS categorizados dessa maneira. A página web do jogo Dapple está localizada em http://www.streamingcolour.com/games/dapple/. Embora pareça ser bem simples, essa URL certamente seria truncada na versão para iPhone da App Store. Para evitar esse problema, o desenvolvedor Owen Gross registrou um domínio dapplegame.com. Esse domínio mais curto não apenas se encaixa muito bem quando exibido na App Store de um iPhone (veja a Figura 10.2), como também é uma URL muito mais fácil de ser lembrada pelos usuários quando a virem listada nos materiais de marketing e propagandas.

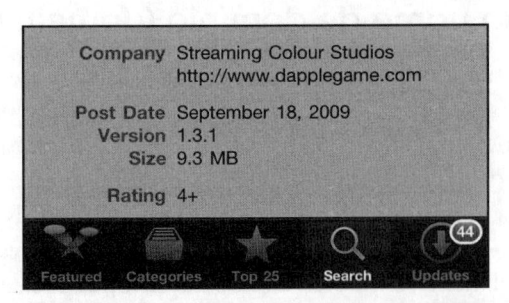

Figura 10.2. *Em vez de usar a longa URL da empresa da sua página web oficial do Dapple, a Streaming Colour Studios optou por usar um domínio muito mais curto e específico do aplicativo.*

Não se preocupe, isso não requer que você mantenha dois sites e contas de hospedagem separados: uma para a sua empresa e uma para o seu aplicativo. A maioria dos registradores de domínio normalmente oferece serviços de encaminhamento na web para que você possa configurar facilmente a URL do seu aplicativo, de modo que ela seja redirecionada para qualquer diretório ou página dentro do site já existente da sua empresa. É isso o que a Streaming Colour Studios faz. A URL http://www.dapplegame.com/ simplesmente redireciona para a verdadeira página web do Dapple, em http://www.streamingcolour.com/games/dapple/.

Outra opção é usar *subdomínios*. Em vez de usar diretórios aninhados dentro do seu site, em http://www.smule.com/, a Smule usa um subdomínio específico para cada um dos seus produtos. Por exemplo, a página web do aplicativo Ocarina fica localizada em http://ocarina.smule.com/, e a página web do I Am T-Pain é http://iamtpain.smule.com/. Isso permite que a Smule apresente URLs de aplicativo curtas e fáceis de lembrar e mantenha apenas um website central da empresa. E ela faz tudo isso sem as despesas de registro de nomes de domínio adicionais e taxas de encaminhamento na web.

Táticas de SEO

O Search Engine Optimization (SEO) é um tópico amplo, que fez nascer uma indústria caseira de consultores, seminários e livros de SEO. Aqui vamos abordar o básico que você deve saber para o seu próprio website.

> **DICA:** Se você quiser aprender mais sobre o SEO, dê uma olhada neste *SEO Starter Guide (Guia de Iniciação ao SEO)* no Google:
> http://static.googleusercontent.com/external_content/untrusted_dlcp/www.google.com/en//webmasters/docs/search-engine-optimization-starter-guide.pdf

Tag <title>

A tag <title>, que fica localizada dentro da tag <head> no seu código HTML, exibe o título da página na barra superior de título do navegador web. Embora para muitos ela possa parecer bastante inútil, a <title> é na verdade uma tag muito importante quando se trata de mecanismos de busca e mídia social.

A tag <title> é o cabeçalho principal do link exibido nos resultados de um mecanismo de busca. Vamos usar o aplicativo fictício Breadcrumbs como exemplo:

<title>Breadcrumbs – Parked Car Locator App for the iPhone</title>

Perceba como incorporei não apenas o nome do aplicativo e o título, mas também que ele é um aplicativo para iPhone. É importante usar palavras-chave estratégicas no título, para ajudar a melhorar a sua classificação nos resultados de busca. Quando aquela página é listada nos resultados do mecanismo de busca do Google, os usuários saberão imediatamente do que se trata apenas pelo cabeçalho do link.

Se você tirar proveito de um dos muitos serviços gratuitos de compartilhamento disponíveis (como o AddThis e ShareThis) para permitir que os visitantes do site compartilhem aquela página web, os códigos JavaScript que você colou no seu HTML simplesmente pegam a tag <title> daquela página de forma dinâmica como parte da mensagem que está sendo enviada junto com a URL da página. Sabendo disso, é sempre uma boa ideia manter a contagem de caracteres bem abaixo de 140, para permitir que ele seja reenviado facilmente pelo Twitter.

Metatags de description e keywords

Embora não sejam exigidas, as metatags de description e keywords nunca devem ser vistas como opcionais. Também localizadas dentro da tag HTML <head>, elas são elementos importantes, que a maioria dos mecanismos de busca analisam quando visitam o seu site.

- A tag <meta> de keywords ajuda a fornecer um contexto com relação ao assunto da sua página web.
- A tag <meta> de description é usada frequentemente como o texto descritivo que é exibido diretamente sob o cabeçalho do link de título nos resultados do mecanismo de busca.

Eis alguns exemplos da sintaxe:

```
<meta name="description" content="Encontre facilmente seu carro em estacionamentos lotados com o Breadcrumbs, já disponível na App Store do iPhone">
<meta name="keywords" content="iPhone, App Store, encontrar carro, localizar carro, móvel realidade aumentada, mapa, caminhos, carro perdido, estacionamento, aplicativo">
```

Para evitar que a sua descrição apareça truncada nos resultados do mecanismo de busca, tente limitar seu comprimento a não mais do que 25 a 30 palavras.

Você pode incluir muito mais palavras na sua tag <meta> de keywords, mas tenha muito cuidado e inclua apenas palavras-chave que sejam relevantes para aquela página web. Não tente "enganar" o sistema incluindo termos populares de busca que não sejam relevantes, na esperança de conseguir maior exposição. Isso é tão prosaico. Hoje em dia, os modernos mecanismos de busca empregam algoritmos extremamente sofisticados que comparam suas meta keywords com as palavras-chave do seu texto principal. Qualquer discrepância encontrada irá penalizar a classificação atual da sua página no mecanismo de busca.

Não tem certeza de quais palavras-chave usar para otimizar os resultados? Experimente usar a ferramenta de palavras-chave AdWords (https://adwords.google.com/select/KeywordToolExternal), do Google. Embora tenha sido projetada para ajudar os anunciantes a refinar as palavras-chave de suas campanhas publicitárias, ela também poderá ajudá-lo a determinar o valor das palavras-chave de busca, de forma que a sua tag <meta> de keywords seja carregada com as palavras mais otimizadas.

Texto rico em palavras-chave

Da mesma forma que na tag <meta> de keywords, certifique-se de que o texto visível dentro do corpo principal da sua página web contenha palavras-chave otimizadas para ajudar a melhorar a classificação do seu mecanismo de busca. Se o seu aplicativo tiver atualmente muitos concorrentes, verifique seus websites para ver quais palavras-chave eles estão usando e qual é sua classificação nos mecanismos de busca. O objetivo é se classificar tão alto, se não melhor, do que eles, nos resultados do mecanismo de busca, usando palavras-chave similares.

Certifique-se de que todas as suas imagens na web incluam o parâmetro de texto alt, de forma que os mecanismos de busca ainda consigam ler a descrição pretendida. Também é uma boa ideia dar nomes apropriados aos seus arquivos de imagens. Por exemplo, um botão de compra otimizado para mecanismos de busca pode ficar assim:

```
<img src="images/buy.jpg" alt="Compre Agora na App Store" width="200" height="60" border="0">
```

Tente evitar o uso do Adobe Flash no seu website sempre que possível. Embora possua uma excelente tecnologia para a web, ele apresenta sérios problemas para os desenvolvedores de aplicativos iOS:

- O navegador nativo do iOS, o Mobile Safari, atualmente não suporta o Flash. Por isso, deixa os objetos Flash quebrados quando visualizados em iPhone, iPad ou iPod touch.
- Alguns mecanismos de busca têm dificuldades em encontrar arquivos SWF baseados em Flash, de forma que as palavras-chave incluídas no texto podem não ser indexadas.

Se quiser usar o popular formato de Flash video no seu site, é aconselhável que você leia mais sobre como fazer isso na seção "Por que a compatibilidade do site com o Mobile Safari é tão importante", mais adiante neste capítulo.

URLs com palavras-chave favoráveis

Seguindo no tema dos arquivos de imagens com nomes estratégicos, se o domínio específico do seu aplicativo se refletir no website existente da sua empresa, você deve tentar usar também diretórios e arquivos estrategicamente nomeados nas suas URLs. Por exemplo, usar uma estrutura de nome de um website como esta:

http://www.mywebsite.com/iphone/breadcrumbs/

Isso ajudará o seu website a ter uma classificação muito mais alta nos resultados de busca do que uma URL não descritiva como esta:

http://www.mywebsite.com/sw/0901/page01.html

Mantendo links válidos

Certifique-se de colocar páginas padrão index dentro de todos os subdiretórios para evitar tanto que os usuários como os spiders do mecanismo de busca se deparem com erros 404 ou alertas de "Diretório Proibido". URLs defeituosas podem afetar drasticamente a forma como o seu site é indexado na maioria dos mecanismos de busca.

XML Sitemap

O XML Sitemap é um padrão introduzido pelo Google há muitos anos. Permite que você submeta um arquivo XML Sitemap ao Google, Yahoo! e Microsoft Bing. A listagem do XML inclui entradas para todas as URLs das páginas web do seu site que você quer ver indexadas por esses mecanismos de busca. Dentro do XML você pode especificar a prioridade (importância) de cada página, a última data em que ela foi modificada e a taxa de frequência de alterações.

Esse mapa do site ajuda o Google, o Yahoo! e o Bing a descobrir páginas no seu website que seus robôs de busca podem não encontrar durante os processos de pesquisa. Se você adicionar ou excluir páginas do seu site, simplesmente atualize o arquivo XML Sitemap e depois o reenvie para o Google e outros para indexação.

Para começar, visite o site gratuito Webmaster Tools, do Google (http://www.google.com/webmasters/tools/), para aprender como criar e submeter o seu próprio arquivo XML Sitemap.

O Google fornece até mesmo relatórios úteis sobre problemas de crawling encontrados e também de identificação de quaisquer problemas com as tags meta.

Nunca viu antes um arquivo XML Sitemap? Eis um pequeno exemplo:

```
<?xml version="1.0" encoding="UTF-8"?><urlset
xmlns="http://www.sitemaps.org/schemas/sitemap/0.9">
    <url><loc>http://www.ebutterfly.com/</loc><lastmod>2010-9-30</lastmod><changefreq>weekly</changefreq><priority>1.0</priority></url>
    <url><loc>http://www.ebutterfly.com/books/devsketchbook/</loc><lastmod>2010-9-30</lastmod><changefreq>monthly</changefreq><priority>0.9</priority></url>
    <url><loc>http://www.ebutterfly.com/books/iphonebusiness/</loc><lastmod>2010-9-30</lastmod><changefreq>monthly</changefreq><priority>0.9</priority></url>
    <url><loc>http://www.ebutterfly.com/company/</loc><lastmod>2010-9-30</lastmod><changefreq>monthly</changefreq><priority>0.6</priority></url>
</urlset>
```

Viu como é simples a sintaxe? Dentro da tag pai urlset, cada tag <url> filho contém as informações de uma URL diferente, única, do meu website. (Saiba, entretanto, que meu arquivo XML Sitemat real é na verdade muito maior.)

Se você não se sentir confortável criando o seu próprio código XML em um editor de texto, talvez você possa usar uma ferramenta de automatização de mapa de sites. Eis algumas:

- XML Sitemap (http://xmlsitemap.com/)
- XML-Sitemaps.com (http://www.xml-sitemaps.com/)
- RAGE Sitemap Automator for Mac OS X (http://www.ragesw.com/products/googlesitemap.html)

Depois de criar o seu arquivo XML Sitemap, submeta-o aos principais mecanismos de busca que suportem este padrão:

- Google (http://www.google.com/webmasters/tools/)
- Yahoo! (http://siteexplorer.search.yahoo.com/submit)
- Bing (http://www.bing.com/toolbox/webmasters/)

Rastreando o tráfego de websites

No Capítulo 7 ressaltei a importância de rastrear a utilização dos aplicativos iOS, usando aplicativos analíticos de terceiros, como o Flurry. É igualmente benéfico fazer o mesmo com o seu website. Rastrear o tráfego pode lançar luz sobre de onde os visitantes vêm originalmente, a versão dos navegadores que eles estão usando, quando e quantas pessoas estão visitando o seu site, quais páginas web e links são mais populares e muito mais.

Monitorando quando acontecem os picos de tráfego no seu site em combinação com quais dias da semana ocorrem a maioria dos downloads do seu aplicativo na App Store, você pode determinar quais são os melhores momentos para anunciar ofertas de venda limitadas e notícias relacionadas com o aplicativo. Por outro lado, as estatísticas de tráfego no site também podem ajudar a identificar pontos fracos do projeto, listando quais páginas são responsáveis pela maioria das saídas dos visitantes (saindo do seu site).

O seu aplicativo escrito em português pode obter sucesso nas App Stores de países de língua portuguesa. Mas, se você estiver interessado em produzir versões do seu aplicativo para vendas em diversos outros países, em quais idiomas você devia se concentrar primeiro? Boas estatísticas de tráfego no website podem lhe dizer de que países são os visitantes. Além do Brasil, há um grande percentual de visitantes do seu site vindos dos Estados Unidos, da Itália, da França ou da Alemanha? Ou talvez do Japão e da China? A combinação dos relatórios de downloads/vendas nas App Stores internacionais com as estatísticas de tráfego no site pode ajudar a determinar em que países você deve concentrar seus trabalhos de tradução.

A maioria das empresas de hospedagem de sites oferece o rastreamento do tráfego como parte do pacote. Se a sua hospedagem na web não inclui estatísticas de tráfego (ou se o pacote da solução não possui recursos fortes), verifique os serviços analíticos de terceiros disponíveis. Muitos deles são gratuitos ou têm custo muito baixo. Eis algumas ofertas populares:

- Google Analytics (http://www.google.com/analytics/)
- Site Meter (http://www.sitemeter.com/)
- Mint (http://haveamint.com/)

Se você já estiver usando o Google Analytics for Mobile Apps dentro do seu aplicativo iOS, então configurar um Google Analytics gratuito para o seu website deve ser muito fácil! Poder monitorar as estatísticas de utilização, tanto do seu site como do aplicativo iOS dentro do mesmo painel de controle baseado na web, é uma solução altamente conveniente e poderosa.

A anatomia de um website de aplicativo iOS

Agora você está pronto para desenhar a página web do seu aplicativo, mas que elementos deve incluir? Eis uma lista dos ingredientes comuns a considerar:

- Identidade de marca consistente, exibindo o ícone e o nome/logotipo do seu aplicativo.
- Título e/ou breve discurso descritivo.
- Emblema de identidade na App Store da Apple.
- Botão de Compra.
- Preços.
- Imagens das telas e vídeo.
- Detalhes adicionais, como recursos, benefícios, requisitos, testemunhos e análises.
- Um mecanismo para compartilhar facilmente a URL da sua página com outros através de mídia social, como Twitter e Facebook.
- Uma comunidade construída com blog, RSS e boletins de notícias por e-mail.
- Informações de contato e suporte ao cliente.
- Identificação da empresa.
- Links para interpromover seus outros produtos.
- Downloads extras (opcional).

Embora isso possa parecer uma longa lista de elementos, os sites realmente eficazes apresentam as informações em layout bastante limpo e simples, que seja de fácil leitura para os visitantes. Se você avaliou os websites dos seus aplicativos e jogos iOS favoritos, já viu muitos desses itens (se não todos).

A Figura 10.3 oferece um modelo conceitual de como todos esses componentes podem ser integrados em uma única página web. Depois de ter avaliado diversos websites dos principais aplicativos iOS, esse exemplo vai parecer muito familiar.

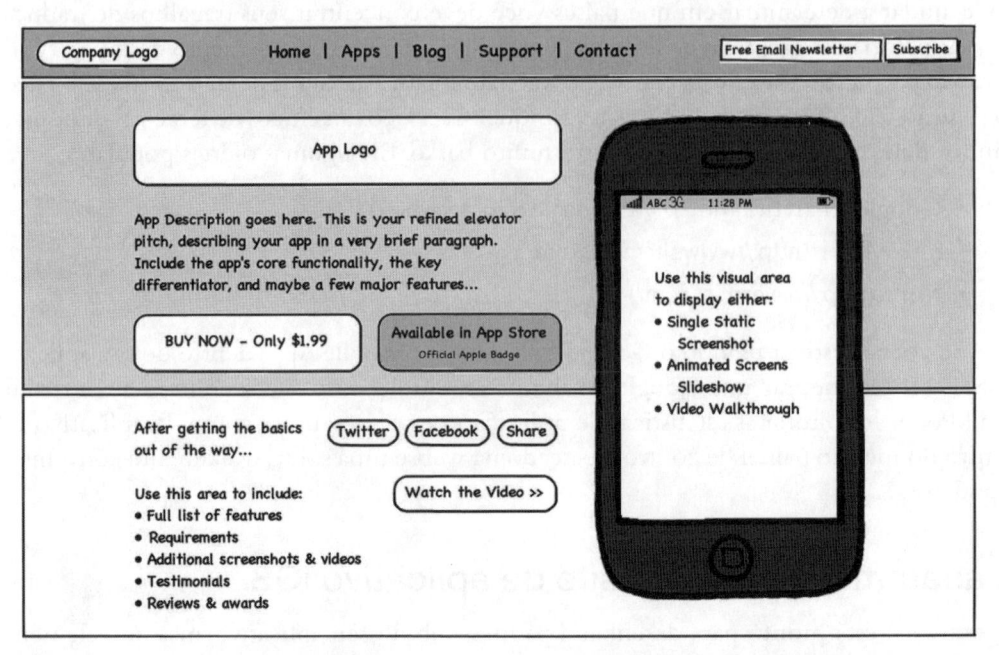

Figura 10.3. Este modelo de página web demonstra como integrar o conteúdo essencial em um layout limpo e fácil de ler (desenhado com o Balsamiq Mockups, http://balsamiq.com/products/mockups/)

Diferentemente de uma página impressa, uma página da web pode ser rolada verticalmente, de forma que pode abrigar mais conteúdo. O segredo é evitar sobrecarregar o usuário com muitas informações, tudo de uma vez. Isso se consegue colocando apenas os dados mais importantes na frente e no centro, na parte de cima da tela. Aqueles usuários interessados em ler mais irão rolar a página para baixo para ver mais detalhes. Isso permite que você possa espaçar o conteúdo para que o design possa "respirar" na página.

Se a porção superior da sua página estiver muito cheia, ela parecerá atulhada, tornando a leitura difícil. Mantendo um design simples, você deixa a página muito mais fácil para o olho humano escanear e processar rapidamente. Um website baseado em produto é um pouco mais do que uma brochura de marketing on-line, portanto, ele precisa passar sua mensagem de forma rápida e eficiente. A web é um meio muito visual, por isso, não sobrecarregue a página com muito texto. Certamente, o ideal seria incluir muitas palavras-chave relacionadas e importantes para descrever bem o aplicativo tanto para os clientes como para os mecanismos de busca, mas é importante prender a atenção dos visitantes com imagens atraentes.

Agora que você já tem uma visão geral, vamos dar uma olhada mais de perto em cada um dos elementos que o seu website deve conter.

Identidade de marca do aplicativo

O modelo despojado mostrado na Figura 10.3 poderia servir como layout para quase todas as páginas web de aplicativos e jogos para iPhone. O que o tornará único para o seu aplicativo serão os visuais que você irá incorporar. As imagens na web devem refletir diretamente o ícone do seu aplicativo e o tema da interface. A consistência da marca é fundamental.

Sempre, sempre, sempre exiba o ícone do seu aplicativo! Ele representa a imagem do seu produto na App Store, portanto, você precisa reforçar a mesma imagem no seu website. O objetivo é condicionar os clientes a associar o ícone ao nome e à funcionalidade do seu aplicativo. Toda vez que virem seu ícone na App Store, você quer que eles o reconheçam imediatamente. É por isso que recomendei incorporar o ícone do aplicativo no desenho geral do logotipo, no Capítulo 4. E, da mesma forma, o ícone do aplicativo deveria ser também uma parte proeminente do desenho da sua página na web.

Como exemplo, desenhei uma página web falsa para o aplicativo fictício Breadcrumbs, com base no layout geral da Figura 10.3. Como você pode ver na Figura 10.4, a estrutura da página é idêntica à do modelo geral, mas a marca única no tema subjacente do desenho se destaca.

Figura 10.4. Com base no modelo apresentado na **Figura 10.3**, esta página web do Breadcrumbs reforça a identidade de marca do aplicativo.

Note como o ícone do aplicativo é parte integrante do logo do Breadcrumbs na Figura 10.4. A marca recebe um suporte adicional com o uso do horizonte azul do céu do ícone como imagem de background da página.

O bacana da internet é que sua acessibilidade realmente equaliza o campo de jogo para os desenvolvedores. Você pode não ter o enorme orçamento de marketing dos grandes editores, mas se for habilidoso no uso do Adobe Photoshop e de um editor de páginas web, também pode deixar o visual do seu site bem impressionante.

Não se preocupe se sua experiência gráfica for limitada. Você pode desenhar um site surpreendente com apenas alguns visuais-chave. Dê simplesmente uma olhada na página web do aplicativo Balloons!, da Shiny Development, em http://balloonsapp.com/ (veja a Figura 10.5). Embora o desenho da página seja razoavelmente mínimo, com texto em preto sobre um background todo branco, a arte principal do aplicativo, com balões flutuando, é muito sólido e atraente. São as únicas imagens da página e, mesmo assim, a sua simplicidade reforça muito a identidade estabelecida de marca e comunica a facilidade do uso sem usar palavras, sendo ambos vitais para o sucesso de um aplicativo de mídia social.

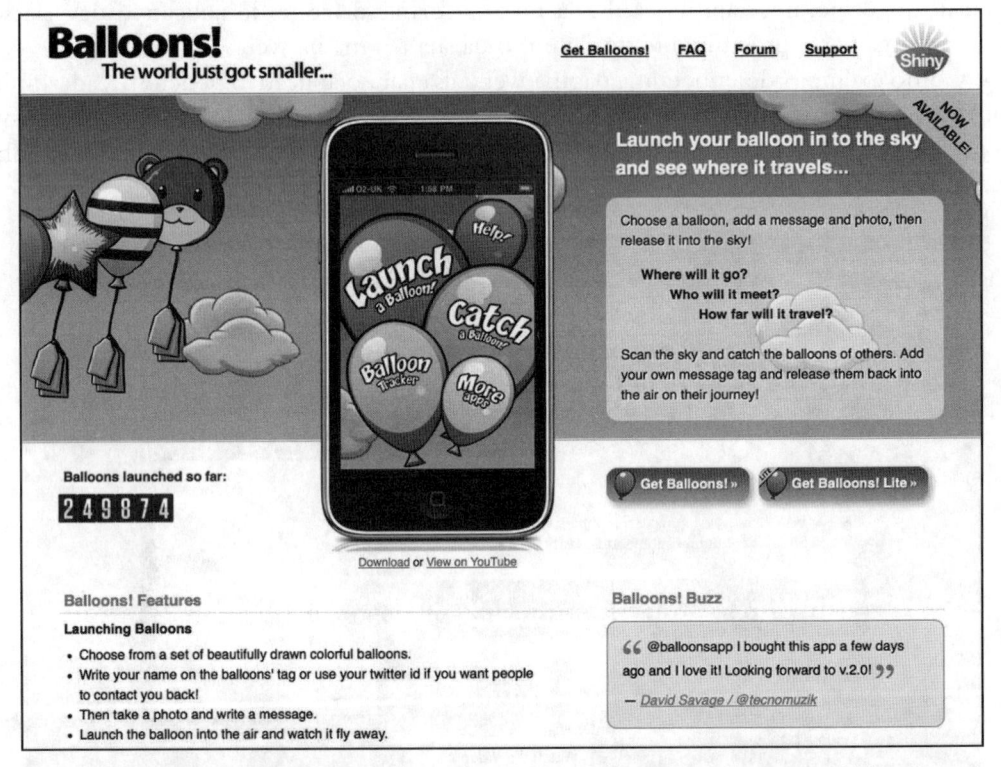

Figura 10.5. *Você não precisa ser um guru do Photoshop para criar um website atraente. Com apenas uma imagem central no background, a simplicidade do website da Shiny Development para o seu aplicativo Balloons! é cativante e eficaz.*

Mesmo considerando que o ícone do aplicativo Balloons! não seja exibido ao lado do logotipo, ele está integrado no botão de compra Get Balloons!. Se você clicar no botão, aquele balão vermelho é o mesmo que você verá no ícone listado na App Store.

Da mesma forma que o desenho da interface do seu aplicativo, o visual e o aspecto do correspondente website deve ser atraente. Se você contratou um designer profissional para criar o ícone e o logotipo do seu aplicativo, deve considerar contratar a mesma pessoa para gerar também os visuais do seu website e todas as outras peças promocionais, de forma que a sua marca permaneça consistente em todos os materiais de marketing.

O breve discurso: o que é e por que eu deveria me preocupar?

Lembra-se de quando falei sobre criar o seu discurso de elevador, na parte anterior deste capítulo? É desejável que você o coloque no topo da sua página web, normalmente abaixo do nome do aplicativo. Isso informará rapidamente os visitantes sobre o que o aplicativo faz e como ele pode ajudá-los. O aplicativo pode estar carregado com uma quantidade enorme de ótimos recursos, mas não sobrecarregue o leitor listando-os todos de uma vez. Isso só fará a página parecer congestionada e muito pesada.

Na Figura 10.5, apenas um texto curto e algumas sentenças são exibidas junto com o visual principal do Balloons!. Em poucos segundos você terá uma boa ideia do que esse aplicativo faz e da diversão que proporciona. Essa é a isca que o atrai, motivando-o a continuar lendo. Para saber mais, simplesmente role para baixo na página e veja a lista completa dos recursos.

Emblema de identidade da App Store

O elemento mais comum que você verá na maioria dos websites de aplicativos relacionados com iPhone e iPad é o emblema oficial da App Store, que está rotulado "Disponível na App Store". Para conseguir essa imagem, você precisará visitar o App Store Resource Center da Apple em http://developer.apple.com/appstore/resources/marketing/. Você verá o emblema de identidade exibido dentro da seção App Store Badging and Artwork.

Você precisará baixar e assinar o formulário App Marketing Artwork License Agreement e enviá-lo de volta para a Apple por correio. Embora os links para baixar o emblema de identidade e as imagens do dispositivo iOS já estejam disponíveis lá, antes de usar qualquer uma dessas imagens, certifique-se de baixar e ler o PDF do *App Marketing and Identity Guidelines for Developers*. Esse documento explica as regras de como usar adequadamente os emblemas de identidade e as imagens autorizadas de iPhone e iPad da App Store. Como a Apple se reserva o direito de revogar a permissão de uso das imagens fornecidas se você não seguir as diretrizes, é do seu maior interesse ler o documento e ter certeza de que você entende como continuar em conformidade.

Os downloads das imagens incluem tanto as versões para web como para impressão do emblema, bem como as várias versões das imagens de iPhone, iPad e iPod touch em arquivos PSD em camadas do Photoshop. Isso lhe dá a flexibilidade de usar essas imagens nos seus materiais de marketing.

Botão de compra

Embora o emblema de identidade da App Store normalmente faça a conexão do seu website com a página do seu aplicativo na App Store, não confie nele como o único botão de compra. Algumas pessoas podem vê-lo apenas como um emblema oficial, não entendendo que na verdade ele se conecta com a App Store. Como o objetivo principal do seu website é vender mais unidades do seu aplicativo, você deve incluir também um botão de compra dedicado para ajudar a dirigir o tráfego para a App Store.

Na nossa página web do exemplo fictício do Breadcrumbs (veja a Figura 10.4), o grande botão Buy Now usa a mesma cor vermelha de alto contraste do carro vermelho do ícone, portanto, ele realmente "salta aos olhos" como um elemento que se sobressai e atrai visualmente.

Todas as vezes que você se conectar com a App Store, não se esqueça de usar o link de afiliação do iTunes para obter renda extra com todas as vendas que conseguir para a Apple. (Você se afiliou ao gratuito iTunes Affiliate Program depois de ler o Capítulo 6, certo?)

Preço

Incluir o preço do aplicativo no seu website parece ser um tópico altamente controverso entre os desenvolvedores iOS. Alguns acreditam que informar o preço pode fazer com que algumas pessoas não cliquem para seguir para a App Store, enquanto outros acreditam que o preço pode efetivamente incentivar as vendas. Embora ambos os argumentos tenham seus pontos válidos, acredito que informar o preço em todos os seus materiais de marketing, inclusive no seu site, vai mais ajudar do que atrapalhar as vendas.

Se você estiver constantemente fazendo experiências com diferentes preços para melhorar a posição do seu aplicativo nos gráficos dos mais vendidos na App Store, então posso entender a sua relutância em exibir o preço flutuante no website. Mas como essa é uma empreitada que você está tentando transformar em um negócio bem-sucedido, vale a pena cada minuto extra de tempo que for necessário para atualizar frequentemente o preço no website. E se o seu aplicativo estiver em liquidação, certamente é aconselhável que o mundo saiba disso.

Se você estiver vendendo o aplicativo em mais do que uma App Store regional, tente se informar sobre as moedas dos respectivos países. Muitos websites relacionados com aplicativos exibem o preço tanto em dólares americanos como em euros, para acomodar a maioria do público-alvo. A Future Tap levou essa ideia um passo adiante com o aplicativo Where To?, que está disponível em vários idiomas e tem um website localizado com preços e descrições textuais traduzidas para todas as principais regiões que o aplicativo suporta. Se visitar o http://www.futuretap.com/home/whereto-en/, você verá guias dispostas no lado esquerdo da tela com cada uma representando a bandeira de um país diferente. Clique no ícone de uma bandeira para exibir a página traduzida do produto e o preço para aquele país. Na Figura 10.6, a página em inglês do produto exibe o preço em dólares americanos e a página em francês mostra o preço equivalente em euros.

Para conseguir os melhores resultados, exiba o preço do seu aplicativo ou dentro do botão de compra (como mostrado no exemplo do Breadcrumbs na Figura 10.4) ou próximo da imagem do iPhone ou iPad na sua página web (como faz a Future Tap na Figura 10.6). Você pode incluir o preço acima ou dentro do emblema de identidade na App Store, porque as diretrizes da Apple proíbem taxativamente a modificação desse logotipo.

Imagens das telas e vídeo

Além de desenhar a página web para emular a identidade de marca do seu aplicativo, os outros elementos visuais cruciais são as imagens das telas e o vídeo do aplicativo em ação. Para tomar uma decisão de compra, as pessoas precisam ver como é o seu aplicativo e como funciona. Com exceção de uma versão gratuita de experimentação do software, a melhor maneira de fazer isso é através das imagens das telas e das simulações em vídeo.

Figura 10.6. *O website da Future Tap para o aplicativo Where To? exibe o preço na moeda apropriada para cada página regional do produto, como dólares americanos na descrição em inglês e euros para a descrição em francês.*

Blogueiros e jornalistas interessados poderão extrair conteúdo do seu site para escrever uma crítica, portanto, é uma boa ideia incluir tanto um vídeo como as imagens das telas sempre que possível. Se você ainda não terminou de produzir o trailer de vídeo do seu aplicativo, então no mínimo inclua algumas imagens de telas de alta qualidade.

Embora a maioria dos desenvolvedores exiba nas suas páginas web a principal imagem de tela dos aplicativos dentro de uma imagem grande de iPhone ou iPad, os sites mais eficazes embutem um vídeo ou uma apresentação animada de slides das telas dentro de uma imagem do dispositivo iOS. Isso fica muito atraente, dando ao usuário uma representação muito mais profunda da funcionalidade do aplicativo ou da ação do jogo. A Future Tap faz isso no website do seu Where To? (veja a Figura 10.6). A cada poucos segundos, uma imagem de tela diferente é exibida dentro do iPhone mostrado. Se você quiser voltar para uma determinada tela, ele inclui até uns "pontos" marcadores de página centrados em iOS para passar manualmente para uma página específica.

Para conseguir um efeito similar, você pode usar código em JavaScript para passar um slide show com as imagens estáticas de tela dentro do frame da imagem do iPhone ou iPad. Você não é um guru do JavaScript? Não tem problema. Há muitos scripts ótimos para slide show disponíveis on-line, muitos dos quais são gratuitos. Simplesmente procure na web por *JavaScript image slide show*, ou verifique a boa coleção de soluções JavaScript destes sites:

- Dynamic Drive (http://www.dynamicdrive.com/)
- Hot Scripts (http://www.hotscripts.com/)

Alguns dos scripts para slide show oferecem efeitos de transição tão suaves entre as imagens que a apresentação passa quase como um filme, sem a sobrecarga do download de um vídeo grande.

O iPhone exibido no website do Put Things Off, em http://putthingsoff.com/, apresenta um vídeo embutido em QuickTime. Clique no símbolo de executar para o vídeo ser carregado e executado ali mesmo, dentro do frame do iPhone, simulando o aplicativo Put Things Off em ação (veja a Figura 10.7). A combinação do vídeo com um texto simples de instruções em quatro passos enfatiza a facilidade de uso do aplicativo.

Figura 10.7. *O vídeo embutido e a breve instrução em quatro passos no website do Put Things Off ressaltam a facilidade de uso do aplicativo.*

Essa técnica visualmente atraente cria a ilusão de que a imagem do iPhone está executando o aplicativo ao vivo dentro do navegador web. Para manter essa ilusão, configure o parâmetro **controller** do código HTML do QuickTime como **false**, para garantir que a barra do controlador de reprodução fique invisível. Você deve configurar o parâmetro **bgcolor** para #000000 (preto) para evitar algumas bordas desagradáveis em torno da estrutura do vídeo. É aconselhável também atribuir os parâmetros **autoplay** e **loop** para **true**, para que o vídeo comece a passar imediatamente após a página web ser carregada e continue passando indefinidamente. Para saber mais sobre as dezenas de outros parâmetros do QuickTime para personalizar a execução do vídeo, bem como o melhor método de embutir um vídeo QuickTime em uma página web, veja o *HTML Scripting Guide for QuickTime* da Apple, em http://developer.apple.com/library/safari/#documentation/QuickTime/Conceptual/QTScripting_HTML/QTScripting_HTML_AIntroduction/Introduction.html.

Se você produziu um trailer de vídeo para o seu aplicativo, deveria carregá-lo também nos principais sites de compartilhamento de vídeo, como o YouTube, para se aproveitar da exposição adicional de seu enorme público e recursos de compartilhamento pela mídia social. Mas não seja um web designer preguiçoso, fazendo apenas uma conexão direta com a sua página de vídeo no YouTube ou Vimeo. Você pode ficar tentado a fazer isso na esperança de aumentar a contagem de visualizações do seu vídeo (e a sua classificação de popularidade), mas isso afastaria os visitantes do seu site. Seu objetivo deve ser manter os usuários entretidos no seu site, de forma que o botão de compra esteja sempre a um clique de distância. Você pode conseguir isso simplesmente embutindo o vídeo na sua página web. Mesmo que o trailer passe mais como um comercial do que pura simulação, não faria sentido enquadrá-lo em uma imagem grande de iPhone ou iPad, por isso, ele deve continuar podendo ser visto no site.

Por exemplo, na página do seu vídeo no YouTube, há um botão Embed que lhe permite copiar e colar um curto fragmento de código HTML nas suas próprias páginas web.

Certifique-se de personalizar o código de Embed que o YouTube gera, com as opções "Include related videos" e "Use old embed code" desligadas. O código antigo de Embed que o YouTube costumava empregar só executaria o vídeo Flash normal, que não é suportado pelos dispositivos iOS. O novo código de Embed dá suporte a ambos, Flash e HTML5, dependendo do navegador que carregar o vídeo. Isso permite que os usuários de iPhone, iPad e iPod touch vejam o seu vídeo, já que o código de Embed do YouTube irá comutar automaticamente para o formato HTML5 dentro do Mobile Safari.

Detalhes adicionais

A parte de baixo da página web do aplicativo é uma área ideal para incluir textos adicionais, como uma lista completa dos recursos, benefícios, requisitos e até mesmo citações testemunhais e de análises.

A maioria das pessoas tem a vida muito corrida e pouco tempo disponível. Não espere que alguém vá ler longos e densos parágrafos de informação. Organize os dados em pontos fáceis de ler, com marcadores.

Mídia social

Mais adiante neste capítulo falarei extensamente sobre como aumentar a sua presença na mídia social, mas uma forma importante de conseguir novos seguidores para as suas entidades de rede social é promovê-las intensamente no seu website.

Olhando nos blogs e websites da maioria dos desenvolvedores iOS, você perceberá que a grande maioria deles exibe botões que se conectam com suas páginas no Twitter e Facebook, na esperança de que você os seguirá lá. Os ícones de ambos os titãs da mídia social são muito bem conhecidos, portanto, você poderia optar por exibir apenas seus ícones conectados, se você preferir que ocupem menos espaço, como mostrado na página web do fictício Breadcrumbs (veja a Figura 10.4).

Outro botão de ícone que você pode ter notado na Figura 10.4 é o pequeno emblema verde de compartilhamento. Você não pretende que as pessoas simplesmente o sigam, mas vai querer que elas compartilhem a URL do seu website com amigos e familiares. Como disse anteriormente, a propaganda boca a boca é uma das forças de marketing mais potentes que a mídia social oferece. As pessoas confiam nos amigos, portanto, as recomendações que vêm deles são uma ferramenta de vendas muito mais poderosa do que qualquer propaganda ou autopromoção.

Nos capítulos anteriores, mostrei como incluir no aplicativo o suporte às funcionalidades do Twitter, do Facebook e do Tell A Friend. O seu website também deve oferecer aqueles mesmos recursos, mas, graças a alguns maravilhosos serviços de terceiros, você não precisa escrever uma única linha de código! Esses serviços "compartilham" widgets personalizados que podem ser facilmente instalados nas páginas do seu website, copiando e colando os pequenos pedaços de código, que normalmente consistem em apenas poucas linhas de JavaScript. Eis alguns desses serviços, que você talvez reconheça pelo seu uso em milhões de websites.

- AddThis (http://www.addthis.com/).
- ShareThis (http://sharethis.com/).
- AddToAny (http://www.addtoany.com/).

A beleza desses botões de compartilhamento é que eles dão aos visitantes do seu site a capacidade de fazer bookmark ou compartilhar uma URL específica com dezenas de sites populares de mídia social, como Twitter, Facebook, Digg, Delicious, StumbleUpon, LinkedIn, MySpace, Slashdot, Reddit, Technorati e muitos outros. Você pode até mesmo "contar a um amigo" por e-mail. Seus botões de compartilhamento são pequenos e compactos para que possam ser facilmente colocados em qualquer lugar das suas páginas web. Passe o mouse sobre o botão e vai aparecer um menu suspenso com as opções de compartilhamento (veja a Figura 10.8).

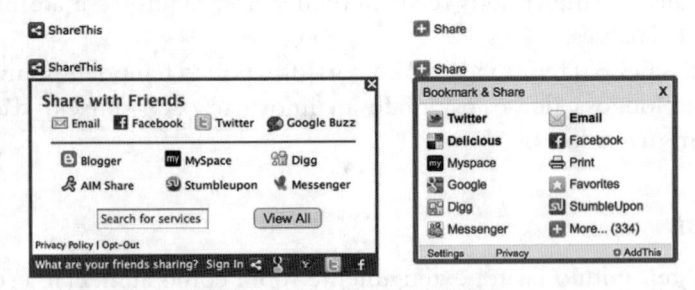

Figura 10.8. *As ofertas padrão do botão da ShareThis (esquerda) e AddThis (direita) apresentam abrangentes menus suspensos para compartilhar URLs de forma conveniente.*

Não gostou das escolhas padrão do botão? Alguns desses serviços de compartilhamento permitem que você use sua própria imagem personalizada para o botão. Isso lhe permite integrar melhor seus serviços no desenho atual do seu site, como no exemplo do

Breadcrumbs (Figura 10.4), em que modifiquei o ícone de compartilhamento para que ficasse com as mesmas dimensões dos ícones do Twitter e do Facebook, visando dar uma consistência visual.

Você pode pegar facilmente o código necessário desses serviços de compartilhamento e sair trabalhando. Entretanto, se quiser rastrear a performance dos seus botões de compartilhamento, recomendo abrir uma conta gratuita com esses serviços. Como ocorre com as análises do website, você poderá se logar na sua conta AddThis ou ShareThis para monitorar quais das suas páginas web estão sendo mais marcadas e compartilhadas, bem como com quais sites de mídia social elas estão sendo compartilhadas. Essa é uma informação muito valiosa. Saber quais sites de redes sociais seus visitantes usam regularmente pode ajudá-lo a determinar onde concentrar os próprios esforços de marketing on-line.

Se a maioria do seu público na web estiver usando um determinado site de mídia social, como o Facebook, pode ser interessante apontar o seu botão de compartilhamento para aquele site, em vez de uma abordagem do tipo "tudo que você possa imaginar" dos serviços de compartilhamento de terceiros, como o da AddThis. Se você lê muitos blogs, sem dúvida já viu os populares botões do Twitter, do Facebook Like e do Digg (veja a Figura 10.9).

Figura 10.9. *Os botões de compartilhamento focados fornecidos pelo Twitter, Facebook e Digg aumentam drasticamente o compartilhamento de URLs, mas os contadores visíveis também podem revelar páginas web impopulares.*

Esses botões de alto perfil reduzem a tarefa de compartilhamento a um único clique, que resulta em um número maior de URLs compartilhados. Quanto mais fácil você deixar o compartilhamento para os visitantes do seu site, maior a probabilidade de que eles façam isso.

Se a sua página web for popular e conseguir mostrar um número bem grande no contador de compartilhamento, como mostrado no botão Tweet da Figura 10.9 (na extremidade esquerda), o seu conteúdo vai parecer muito mais atraente para os novos visitantes, deixando-os ansiosos para também compartilhar as páginas.

Mas, por outro lado, há a inevitável desvantagem que aquele contador visível trará para os sites novos ou raramente visitados. Ficar marcando passo em um aflitivo baixo número de retweets já é frustrante o suficiente, mas tê-lo exibido para todos os que visitarem a sua página web é simplesmente constrangedor. E ninguém gosta de sair com os garotos impopulares.

Se o seu site ainda continua lutando para aumentar o tráfego, é aconselhável usar os agregadores compartilhamentos "tudo em um", como o ShareThis, até que você consiga atingir números maiores.

Portanto, se o seu website já apresenta um saudável fluxo de tráfego, os botões de compartilhamento focalizados, de alto impacto, são adições que valem a pena. Eis aqui alguns exemplos, todos eles fáceis de instalar na sua página web ou blog, copiando e colando um pequeno pedaço de código JavaScript:

- Tweet Button (http://twitter.com/about/resources/tweetbutton).
- Facebook Like Button (http://developers.facebook.com/docs/reference/plugins/like/).
- Smart Digg Button (http://about.digg.com/downloads/button/smart).

Quaisquer que sejam as opções de botão de compartilhamento que você decidir usar, certifique-se de que as suas páginas web tenham tags HTML <title> que sejam curtas o suficiente para permitir fazer o retweet facilmente. Se os visitantes do seu site forem forçados a editar o texto do seu título para poder compartilhá-lo pelo Twitter, é muito provável que eles abandonem a tentativa de compartilhar a URL, não querendo se preocupar com o trabalho extra que será necessário.

Então, qual é o comprimento adequado? O Twitter limita os tweets a não mais de 140 caracteres, mas até mesmo isso é muito para o seu título, já que o seu retweet precisará incluir também o URL da sua página web. Deixando espaço para a URL, vejamos quantos caracteres sobram para o título do texto.

Para este exemplo, faremos a construção de um título viável de página web para o aplicativo fictício Breadcrumbs – um que seja retwittável. A URL do site na web, http://www.breadcrumbsapp.com/, é curta, mas o Twitter pode convertê-la automaticamente para uma URL mais curta, usando o recurso embutido de encurtamento de URL. Você vai querer rastrear a quantidade de click-throughs vindos daquele tweet, portanto, em vez de confiar no encurtador de URL nativo do Twitter, configure sua própria conta com um serviço de encurtamento de URL, como o Bit.ly (http://bit.ly/) e forneça suas próprias URLs encurtadas. Dessa forma, você reduzirá a quantidade de caracteres necessários para a URL e será capaz de monitorar a popularidade do link através das análises do Bit.Iy.

Como uma URL Bit.ly encurtada tem aproximadamente 20 caracteres (http://bit.ly/3EmvfN), isso nos deixa com 120 caracteres para evitar exceder o limite de 140 do Twitter. Para deixar espaço seguro para comentários adicionais que os usuários queiram acrescentar ao tweet (como "App legal!"), vamos criar um título que tenha 100 caracteres ou menos.

"Breadcrumbs for iPhone – Never misplace your car again with this new parked car locator app!" (Breadcrumbs para iPhone – Nunca mais perca seu carro no estacionamento com este novo app localizador!) tem apenas 92 caracteres, portanto, vai funcionar! A tag HTML <title> da página na web agora fica assim:

<title>Breadcrumbs for iPhone - Never misplace your car again with this new parked car locator app!</title>

Isso gera a seguinte mensagem de compartilhamento de 113 caracteres.

Breadcrumbs for iPhone - Never misplace your car again with this new parked car locator app! http://bit.ly/3EmvfN

Perfeito! A tag <title> da nossa página na web inclui frases com palavras-chave importantes, como *iPhone, app* e *car locator* para um posicionamento adequado no mecanismo de busca e ainda assim é curto o suficiente para promover o compartilhamento da URL através dos sites mais populares de redes sociais. Isso pode parecer muita atenção gasta com minúcias, mas é esse nível de detalhe que pode transformar um website comum em uma poderosa ferramenta de marketing.

Seu blog e feed RSS

A maioria de vocês já mantém um blog para postar novidades sobre liberações de software e atualizações sobre desenvolvimentos. E se você ainda não tem um, realmente deveria ter! É uma excelente maneira de aumentar o público leitor, atraindo usuários para o seu site. Não tem muito para dizer? Sem problema, porque você não precisa fazer dele um jornal diário.

Um blog estabelece uma conexão direta entre você e seus clientes, onde os leitores podem ficar a par das suas últimas novidades e postar comentários. Para aqueles que são novatos nos blogs, discutirei o poder de criação de comunidades dos blogs mais adiante neste capítulo.

Por enquanto, se você já tem um blog para discutir o desenvolvimento de software ou novidades do iOS, certifique-se de que o seu website relacionado com o aplicativo inclua um link direto para ele. Além do Twitter e do Facebook, é importante que seus visitantes saibam que o seu blog é mais uma fonte disponível para que se mantenham informados sobre o seu aplicativo.

Como a maioria dos softwares para criação de blogs, como o WordPress, gera automaticamente feeds RSS para as entradas mais recentes, muitos blogueiros não estão colocando muita ênfase nos seus feeds, além de oferecer o link obrigatório para os assinantes interessados. Embora as estimulantes novas plataformas, como o Twitter, tenham aparentemente esfriado a popularidade desse padrão baseado em XML, o RSS continua sendo um mecanismo bastante poderoso na distribuição de informações. Para realmente alavancar o uso do RSS para suas próprias necessidades de marketing, recomendo fortemente a associação com o serviço gratuito FeedBurner, do Google, em http://www.feedburner.com/.

Num primeiro momento, o FeedBurner pode parecer apenas um serviço de análises glorificado, rastreando quem está se associando ao seu feed RSS e quais navegadores ou aplicativos clientes estão sendo usados para lê-lo. Embora o monitoramento das estatísticas de RSS sejam úteis, o FeedBurner é realmente muito mais do que isso.

Um dos recursos do FeedBurner é o FeedFlare, que insere links de mídia social dentro do seu feed. Assim, com um único clique, os assinantes do RSS podem realmente compartilhar postagens individuais no Digg, no Delicious, no Facebook e em outros sites de rede social. Além disso, o FeedBurner enviará automaticamente notificações ping para todos os principais agregadores de feeds e mecanismos de busca quando você postar algo novo no blog.

O serviço também oferece widgets JavaScript para facilitar a publicação de conteúdo no formato HTML em qualquer website, o que é perfeito para sites de terceiros interessados em distribuir para publicação o conteúdo do seu blog sem a trabalheira de analisar o XML. Embora alguns blogueiros possam querer ser prudentes com relação a quem republica seus conteúdos, você está usando seu blog e feed RSS para comercializar o seu aplicativo iOS, portanto, quando mais localizações recebidas o seu feed, maior a exposição que o aplicativo terá. É uma situação ganha-ganha, já que seu principal objetivo é direcionar tanto tráfego quanto for possível para a página do seu produto na App Store.

Mas o recurso de longe mais valioso é o serviço gratuito Email Subscriptions do FeedBurner. Ele permite que os visitantes do seu site recebam as postagens do seu blog por e-mail. Pense nisso por um momento. Em vez de instalar e manter complexos softwares de mala direta no seu próprio servidor para gerenciar os assinantes e enviar mensagens de e-mail para toda a lista, o FeedBurner faz tudo isso por você. E nem é preciso gastar tempo configurando um banco de dados SQL e criar modelos de e-mail. Simplesmente poste algo no blog. Ele será adicionado ao seu feed RSS que, por sua vez, é enviado por e-mail para os seus assinantes. E já mencionei que é gratuito? Você pode até mesmo personalizar as mensagens de e-mail com o seu próprio logotipo e estilos de fonte. E com o simples código de formulário de copiar e colar Email Subscription HTML que o FeedBurner oferece, as pessoas podem facilmente fazer a assinatura de dentro do seu próprio website.

Mas e se você não quiser que tudo o que for postado no blog seja enviado pela mala direta? E se você precisar de maior controle sobre o desenho das mensagens de e-mail? E como importar malas diretas de campanhas de marketing anteriores? Para atender a essas necessidades, você precisará de uma solução de e-mail marketing mais poderosa.

Mala direta de notícias por e-mail

Você gostaria de enviar notícias, anúncios e ofertas especiais diretamente para os seus clientes através de e-mail? Se você for como eu, não vai querer perder tempo com seu próprio software de mala direta nem ter dor de cabeça com a manutenção de agressivos filtros de spam e segurança do banco de dados SQL para manter os hackers afastados, além de outros transtornos. Felizmente, alguns serviços de e-mail marketing de terceiros, fáceis de usar porém acessíveis, podem cuidar de todo o trabalho pesado.

Os serviços de e-mail marketing cuidam de tarefas como as seguintes:

- Manter seus bancos de dados de mala direta e campanhas por e-mail nos seus servidores seguros.
- Suportar mensagens HTML personalizadas de e-mail.
- Importar e exportar listas.
- Fornecer sites de administração baseados na web com relatórios abrangentes de análise para cada campanha.
- Produzir código personalizado para formulários HTML para você copiar e colar no seu próprio website para que os visitantes facilmente façam uma assinatura.

Esses serviços têm acordos de "listas pré-aprovadas" com os principais provedores de serviços na internet (ISPs) e fornecedores de e-mail para evitar que as suas campanhas sejam engolidas pelos filtros de spam dos servidores. Só isso já torna os serviços de terceiros uma opção melhor do que instalar a sua própria solução PHP/MySQL.

Existem centenas de campanhas de e-mail marketing, mas eis um grupo seleto de serviços que se mostraram populares entre os desenvolvedores de software:

- Campaign Monitor (http://www.campaignmonitor.com/).
- MailChimp (http://www.mailchimp.com/).
- Constant Contact (http://www.constantcontact.com/).
- iContact (http://www.icontact.com/).
- StreamSend (http://www.streamsend.com/).
- Vertical Response (http://www.verticalresponse.com/).

Minha maior experiência é com o Campaign Monitor, que oferece total controle sobre o aspecto e a funcionalidade das suas remessas de e-mail. O que mais gosto nele é que você só paga por campanha enviada; não há tarifa mensal. Portanto, se não enviar uma campanha por e-mail este mês, não pago nada. Quando envio uma campanha, as tarifas são acessíveis. Isso é uma ótima solução para os desenvolvedores com grandes malas diretas e também para quem envia poucas mensagens de e-mail.

O MailChimp oferece serviços gratuitamente para contas com baixo volume, com menos de 2 mil assinantes, mas há a opção de atualização para planos com capacidade maior à medida que sua base de assinantes cresce. Ele também oferece o ChimpKit, um wrapper Objective-C para a API MailChimp que lhe permite disponibilizar diretamente dentro do seu aplicativo iOS um formulário de assinatura do boletim de notícias por e-mail!

Quer você escolha o gratuito FeedBurner Email Subscriptions ou uma solução de e-mail marketing mais abrangente, informe aos seus visitantes que há links para cancelamento da assinatura localizados na parte de baixo de cada boletim de notícias por e-mail, para sua conveniência.

É importante também incluir um link para a política de privacidade em algum lugar do seu website. As pessoas estão cansadas de lidar com spam, portanto, se tornaram arredias quanto a fornecer seus endereços de e-mail. Uma simples declaração de política de privacidade pode garantir aos visitantes do site que você não venderá ou compartilhará seus endereços de e-mail com ninguém. Se você não tiver certeza sobre como redigi-la, faça uma pesquisa on-line com as palavras *política privacidade*. Você encontrará centenas de exemplos. Lembre-se de sempre aderir a quaisquer políticas de privacidade que você definir, para evitar problemas legais. Além do fato de que a maioria dos países tem agora em vigor leis específicas sobre antispam, a fúria dos comentários negativos de assinantes irados pode ser ainda mais devastadora para os seus negócios.

Por que se preocupar em enviar e-mails com boletins de notícias se eles são tão complicados? Com os atuais filtros de spam superagressivos, ainda continua sendo um mecanismo eficaz de entrega? Verdade, uma boa parcela dos seus destinatários pode nunca ver o seu e-mail por causa dos famintos filtros de e-mails com lixo. Mas o e-mail ainda é um canal poderoso de comunicação de boletins de notícias.

Você pode ficar tentado a postar anúncios apenas no Twitter, no Facebook ou no seu blog, mas, neste caso, ficará na dependência de os usuários o seguirem e monitorarem religiosamente suas últimas notícias. Isso coloca a responsabilidade no seu público e, embora você possa ser metódico e ler todos os tweets e atualizações no Facebook, a maioria das pessoas não o faz. Por que correr o risco de ter suas postagens importantes negligenciadas?

Ainda há uma grande quantidade de clientes que prefere uma abordagem mais passiva. Eles acham melhor que as informações solicitadas sejam entregues diretamente do que terem de ir buscá-las. Trata-se de fornecer o maior número possível de opções no seu website, para que todos os interessados possam receber as notícias relacionadas ao seu aplicativo no formato ou plataforma de sua preferência.

Suporte ao cliente e informações de contato

Ainda falarei mais sobre as opções de suporte ao cliente no Capítulo 11, mas ressalto aqui que você deve sempre ter na página do website principal do seu aplicativo um link para a sua página de suporte. No mínimo, dê aos visitantes do site alguma forma de contatá-lo – quer seja por e-mail ou por um formulário HTML.

Mesmo considerando que a versão para desktop do iTunes e a versão para iPad da App Store forneçam um link ativo dedicado para o seu site de suporte na página do seu produto na App Store, isso não acontece com a versão para iPhone. Para o iPhone, a App Store apresenta apenas a URL do website para um determinado aplicativo (veja a Figura

10.1). E com mais de 90% de todos os usuários de iPhone e iPod touch navegando e baixando aplicativos diretamente nos seus dispositivos, se eles encontrarem um problema que precise de suporte, procurarão pelo seu website no Mobile Safari, na esperança de conseguir ajuda on-line. Assim, facilite tanto a sua vida como a dos seus clientes tendo uma página de suporte facilmente acessível a partir do website do seu aplicativo.

Identidade da empresa

Isso pode parecer óbvio se a página web do seu aplicativo for parte do site da sua empresa, mas, se você for um desenvolvedor independente, que decida construir um website apenas para o seu aplicativo iOS, não se esqueça de incluir o nome da sua empresa e uma página que ofereça informações a respeito dela.

Se você estiver criando apenas um aplicativo de novidades, de 99 centavos, que daqui a três meses será esquecido, então estabelecer a identidade da empresa pode não fazer sentido (e, se este fosse o caso, provavelmente não estaria lendo este livro). Mas se você desenvolveu um aplicativo forte, para um nicho, e que é vendido por um preço acima da média dos aplicativos (por exemplo, 3,99 dólares ou mais), os clientes vão querer saber se você é um desenvolvedor sério, com planos de suportar o aplicativo por longo tempo, antes de tomar a decisão de comprá-lo.

Quando os consumidores compram um aplicativo com preço maior, especialmente um do qual eles talvez passem a depender diariamente, estão efetivamente investindo no futuro do produto. É importante fazer com que o seu site transmita um profissionalismo próspero e confiante. Ver o logotipo da sua empresa, ler sobre ela e conhecer a sua biografia como desenvolvedor pode dar tranquilidade aos clientes.

Interpromoção dos seus outros produtos

Você está tentando vender vários aplicativos de software? Se estiver dirigindo o tráfego do seu website com intenção de promover um novo aplicativo iOS, aproveite esta oportunidade para evidenciar também alguns outros produtos, especialmente se forem do tipo que interessa ao mesmo público. É isso que o Tap Tap Tap faz, em http://www.taptaptap.com/.

O website da Tap Tap Tap foi desenhado tendo a interpromoção como um fator central. Usando um interessante menu com tema de sushi, os ícones dos aplicativos de todos os produtos ficam em uma mesa de madeira virtual. Selecione um aplicativo, e o seu ícone desliza para a frente, revelando uma descrição completa, imagens das telas, vídeos de demonstração e outras informações relacionadas. Mas os demais ícones permanecem visíveis à esquerda. Clique em outro, e o atual ícone de aplicativo volta para o lugar, enquanto a nova escolha se move para a frente (veja a Figura 10.10). Tudo isso é feito na mesma tela. É um desenho elegante, animado, que foi conseguido com uma sofisticada mistura de Cascading Style Sheets (CSS) e JavaScript – sem Flash.

Você também pode interpromover produtos e serviços. Mesmo considerando que as pessoas vieram para o seu site interessadas em um aplicativo para iPhone ou iPad, elas certamente têm outros interesses que podem envolver livros, software para desktop, serviços relacionados de consultoria, etc. Mas tenha muito cuidado para não promover demais esses outros itens, ou você corre o risco de parecer muito centrado em propaganda, usando o seu aplicativo iOS como isca. E lembre-se também de que você não quer desviar a atenção dos visitantes do objetivo principal: convencê-los a comprar o seu aplicativo iOS na App Store!

Figura 10.10. *A Tap Tap Tap utiliza um interessante desenho de website que interpromove todos os seus aplicativos para iPhone em uma única tela.*

Extras para baixar

As pessoas adoram freebies! E oferecer downloads divertidos no seu website é uma maneira fácil de promover o seu aplicativo. Por exemplo, você poderia incluir imagens de avatares para Twitter, planos de fundo para desktop e papel de parede para iPhone e iPad.

Mas só porque você criou um freebie não quer dizer necessariamente que os visitantes do seu site vão querer tê-lo. Como são essencialmente propagandas digitais do seu produto, é preciso deixá-los visualmente atraentes o suficiente para que as pessoas olhem para isso toda vez que ligarem o computador ou dispositivo móvel. As pessoas não querem ficar olhando para componentes de interface ou logotipos de empresas, portanto, se você estiver promovendo aplicativos de produtividade, esses tipos de freebies baseados em imagem podem não ser adequados. Mas, se for um jogo com cenários e personagens interessantes, então suas imagens podem se prestar muito bem para downloads promocionais, como ícones de avatares e papéis de parede digitais.

Antes de vender, comece a receber

O seu aplicativo iOS ainda não está na App Store, portanto, incluir um botão de compra e seu emblema de identidade na App Store no seu site (como no exemplo do Breadcrumbs mostrado na Figura 10.4) é um pouquinho prematuro. Embora seja bom ter aquelas duas imagens desenhadas e prontas para usar, é conveniente deixá-las fora da sua página web por enquanto.

Durante esse estágio de pré-liberação, use o seu website para aumentar seu público on-line. Você poderia tornar a coisa simples e apenas pedir para as pessoas segui-lo no Twitter ou visitar sua página no Facebook para se manterem informadas sobre as novidades do seu futuro aplicativo iOS. Mas, se você ainda não for um desenvolvedor conhecido, pode não haver um bom motivo para que as pessoas o sigam. Elas podem simplesmente preferir checar seu site depois. Certamente, com o tempo, a lembrança se dissipa e elas podem se esquecer de voltar. Colocando a bola no campo delas, você está se arriscando a perder algumas potenciais vendas de aplicativos.

Por isso, oferecer aquele boletim de notícias gratuito por e-mail pode beneficiar seus esforços antecipados de marketing. Os visitantes do site que tiverem interesse vão se cadastrar e depois, um mês mais tarde, quando eles já tiverem se esquecido do seu aplicativo, você pode lhes enviar um e-mail anunciando sua disponibilidade na App Store.

Não confie apenas em um pequeno link de assinatura, localizado no seu menu de navegação ou em outra seção do site. Substituindo o botão de compra e o emblema de identidade na App Store, posicione o formulário de assinatura na parte frontal e central da página web do aplicativo. Convide os visitantes a submeter seus endereços de e-mail para que sejam notificados em primeira mão quando o aplicativo estiver disponível na App Store (veja a Figura 10.11).

Figura 10.11. *Durante o período anterior à liberação, substitua o botão de compra e o emblema de identidade na App Store pelo formulário para receber o e-mail Notify Me When It's Available.*

O conveniente nessa estratégia é que nada mais na página web precisa ser movimentado ou modificado. Depois que o seu aplicativo estiver liberado na App Store, você pode facilmente substituir aquele proeminente formulário de e-mail Notify Me... (Avise-me...), retornando o botão de compra e o emblema de identidade na App Store (como na Figura 10.4).

Por que a compatibilidade do site com o Mobile Safari é tão importante?

O AdMob reportou que impressionantes 93% dos usuários de iPhone navegam e compram aplicativos diretamente na App Store, usando seus dispositivos móveis, enquanto meros

7% o fazem a partir da versão do iTunes para desktop. Como é altamente provável que os consumidores possam conferir o site oficial do seu aplicativo antes de tomar a decisão de comprá-lo, é do seu maior interesse ter certeza de que o seu website seja compatível com o navegador Mobile Safari no iOS.

O Mobile Safari usa o potente mecanismo WebKit para funcionar, portanto, oferece amplo suporte a JavaScript, CSS e outros modernos web standards. Na prática, a maioria dos sites funciona muito bem com o Mobile Safari. Mas você pode usar alguns segredos de otimização para tornar o seu site ainda mais agradável para os usuários de iOS:

- Escalonar página de controle com a tag meta viewport.
- Detectar a plataforma do agente do usuário do navegador.
- Contornar a falta de suporte do Mobile Safari ao Flash.
- Melhorar a capacidade de bookmark da página principal.

"Estou pronto para meu close-up, Mr. Viewport"

A maioria dos desenvolvedores web desenha layout de páginas com base no tamanho médio das telas dos desktops. Para acomodar a largura típica da maioria dos websites, o zoom padrão do Mobile Safari é configurado para uma largura de tela de 980 pixels. Isso permite que todos os websites se encaixem bem dentro da janela do navegador Mobile Safari quando carregados pela primeira vez.

Websites visualizados em modo paisagem na tela larga de um iPad ficam muito parecidos com a visão que se tem em um navegador web para desktop, mas o mesmo não pode ser dito de uma tela menor de iPhone ou iPod touch. No modo retrato, a janela do navegador é bastante estreita, então as páginas são bem reduzidas, deixando o texto praticamente ilegível. Para ler o conteúdo e acionar os textos com links, os usuários são forçados a fazer um pinch na tela para aumentar o zoom.

Mas e se você quiser desenhar o seu website para acomodar as dimensões únicas do navegador Mobile Safari no iPhone e no iPod touch, reduzindo a necessidade de fazer um pinch para dar zoom?

Considere o layout da página web da Tap Tap Tap, que é um pouco mais larga do que 600 pixels (veja a Figura 10.10). Ela é desenhada para ser bem apresentada tanto no formato da larga tela do navegador em um computador desktop como no estreito modo retrato do Mobile Safari em um iPhone. Ainda assim, a escala padrão de 980 pixels da tela do Mobile Safari continuaria apresentando o conteúdo principal da página como um pequeno objeto centralizado na tela, com uma larga faixa inútil do segundo plano de cor preta em ambos os lados. A solução é uma tag HTML chamada viewport. Dentro da tag <head> da página web da Tap Tap Tap, em http://www.taptaptap.com/, fica a seguinte tag meta:

```
<meta name="viewport" content="width=device-width" />
```

A tag viewport é reconhecida pelo Mobile Safari, mas é ignorada por todos os outros navegadores, portanto, ela afetará a apresentação do seu site apenas nos dispositivos iOS com telas pequenas. Atribuir ao parâmetro de conteúdo o valor width=device-width informará ao Mobile Safari para escalonar adequadamente a largura do conteúdo da página para coincidir com a largura do navegador. Isso faz o website da Tap Tap Tap parecer otimizado para iPhone e ser fácil de ler (veja a Figura 10.12). Afeta apenas a quantidade de zoom e posicionamento da página em que é aplicado. A proporção original do aspecto da página web permanece inalterada.

Figura 10.12. *A Tap Tap Tap configura a largura da tag viewport para coincidir com a largura do dispositivo, o que melhora o aspecto e a legibilidade do seu website dentro do Mobile Safari no iPhone e iPod touch.*

Diversas outras propriedades viewport podem ser atribuídas para afetar as capacidades de escalonamento e de zoom do usuário, todas elas documentadas on-line pela Apple em http://developer.apple.com/library/safari/#documentation/appleapplications/reference/safarihtmlref/Articles/MetaTags.html. Se quiser ter um controle sobre a largura da viewport maior do que aquela oferecida pela configuração do valor device-width, você pode configurar a propriedade de largura para o número específico de pixels. Como isso pode ser útil?

Digamos que a imagem de background da sua página seja parte integrante do desenho geral. Com a tag viewport configurada como width=device-width, o conteúdo web de primeiro plano preencherá a tela, com pouca ou nenhuma margem restando para mostrar a imagem de background. Se a largura do seu conteúdo principal for de 400 pixels (e centralizado na página) e você gostaria de ver pelo menos 50 pixels da imagem do background em cada um dos lados, direito e esquerdo, da tela, configure sua tag viewport da seguinte forma:

<meta name="viewport" content="width=500">

Se você precisar de ajuda para "debugar" sua página web dentro do Mobile Safari, ligue o Debug Console, localizado no painel Developer do Safari, dentro do aplicativo iOS Settings. O Debug Console do Mobile Safari é um grande economizador de tempo, já que aponta os erros e dá dicas de otimização.

> **NOTA:** Percebi que as interessantes animações dos ícones do aplicativo da Tap Tap Tap em JavaScript não se movimentam tão bem no Mobile Safari; elas são totalmente suaves na versão do Safari para Mac OS X. Não estou criticando a beleza do desenho da página, mas apontando um problema comum que infesta vários websites relacionados com iOS. Mesmo considerando que ambos os navegadores usam o WebKit, há sutis diferenças no suporte a JavaScript e CSS. Quando usar scripts complexos ou framework web de terceiros no seu site, certifique-se de testar o seu código no Mobile Safari para garantir que a experiência de visualização seja semelhante tanto nos computadores desktop como nos dispositivos móveis.

Usando a detecção de navegador para entregar conteúdo direcionado

Para os criadores de software que desenvolvem aplicativos e jogos para diversas plataformas diferentes, pode não ser adequado modificar seus websites principais para acomodar apenas uma delas. Um exemplo perfeito disso é a PopCap Games, que produz jogos para Mac, PC, Web, Nintendo, Xbox, Playstation e até mesmo para vários dispositivos móveis, como iPhone e iPad.

Para promover todos os seus mais recentes jogos e plataformas suportadas com um único site, a PopCap Games precisa tirar proveito do espaço das telas largas dos navegadores web dos desktops, que provavelmente representam a maioria do tráfego do seu site. A home page principal da PopCaps ficaria muito difícil de navegar e de ler quando fosse reduzida para se encaixar na janela do navegador Mobile Safari do iPhone (veja a Figura 10.13). Em vez de tentar alterar dinamicamente o desenho existente do site durante a operação com base no navegador que a está acessando, a PopCap usa um simples redirecionador para enviar os usuários de iPhone para um website especial, otimizado para dispositivos móveis, que exibe apenas jogos para iPhone. Quando visitar o http://www.popcap.com/ de dentro do Mobile Safari, você será automaticamente redirecionado para http://www.popcap.com/iphone/ (veja a Figura 10.13).

Esse simples artifício de redirecionamento é conseguido primeiro com a detecção do user agent do navegador. Eis como é o user agent do Mobile Safari em um iPhone 4 rodando iOS 4.2.1:

Mozilla/5.0 (iPhone; U; CPU iPhone OS 4_2_1 like Mac OS X; en-us) AppleWebKit/533.17.9 (KHTML, like Gecko) Version/5.0.2 Mobile/8C148 Safari/6533.18.5

Aqui o user agent do Mobile Safari em um iPod touch rodando iOS 3.1:

Mozilla/5.0 (iPod; U; CPU iPhone OS 3_1 like Mac OS X; en-us) AppleWebKit/528.18 (KHTML, like Gecko) Version/4.0 Mobile/7C144 Safari/528.16

E aqui o user agent do Mobile Safari em um iPad rodando iOS 4.2.1:

Mozilla/5.0 (iPad; U; CPU OS 4_2_1 like Mac OS X; en-us) AppleWebKit/533.17.9 (KHTML, like Gecko) Version/5.0.2 Mobile/8C148 Safari/6533.18.5

O user agent do navegador pode ser acessado a partir de qualquer linguagem moderna de criação de script para web. Se a descrição do user agent revelar que o navegador é um iPhone ou iPod touch, o seu código web pode enviar o usuário para um URL diferente. Se o user agent for de qualquer outra plataforma ou dispositivo (como um Mac ou iPad), então não faça nada, continuando na atual página da web. Vamos dar uma olhada em como programar isso em JavaScript e PHP com apenas poucas linhas de código.

Figura 10.13. *A home page principal da PopCap Games serve a diversas plataformas e ficaria difícil de ler em uma pequena tela móvel (esquerda), portanto, os usuários de iPhone são automaticamente redirecionados para um site voltado para iPhone (direita).*

JavaScript para detecção de navegador

Coloque o seguinte código dentro da tag <head> da sua página HTML. Isso fará o redirecionamento acontecer para os usuários do Mobile Safari antes que o restante da página termine de carregar, o que fará a transição parecer rápida e harmoniosa.

```
<script type="text/javascript">
<!--
var os = navigator.userAgent.toLowerCase();
if (os.indexOf('iphone')!=-1) {
    window.location.href = "http://www.mywebsite.com/iphone/";
}
// -->
</script>
```

No JavaScript o user agent é acessado através do navigator.userAgent. Embora o atual user agent do Mobile Safari tanto no iPhone como no iPod touch referencie o iPhone, é melhor converter toda a string para só conter letras minúsculas, usando a função toLowerCase() do JavaScript. Isso garante que o código funcionará sempre, mesmo se a Apple comutar o tipo de letra no futuro.

Depois que você tiver a string do user agent em letra minúscula, use a função indexOf() para procurar por *iphone*, já que o *iPhone OS* é listado por ambos, o iPhone e o iPod touch (mas não pelo iPad). Uma posição completa da primeira ocorrência daquela palavra é retornada. Se aquele termo de pesquisa não for encontrado, então -1 é retornado. Se qualquer outro número for retornado, isso informa que houve uma coincidência com iPhone ou iPod touch, portanto, o código JavaScript redireciona o navegador para o URL da sua página web otimizada para iPhone.

PHP para detecção de navegador

Para este exemplo, você precisa colocar o seguinte código PHP na parte de cima da página HTML, antes até da tag <html>. Este código PHP precisa ser executado antes de qualquer código HTML.

```
<?
$os = $_SERVER['HTTP_USER_AGENT'];
if (stristr($os, 'iphone')) {
    header("Location: http://www.mywebsite.com/iphone/");
    exit;
}
?>
```

Na PHP o user agent é recuperado da propriedade HTTP_USER_AGENT no array $_SERVER. De forma semelhante ao funcionamento da versão JavaScript, este código PHP usa a função não sensível a maiúscula/minúscula stristr() para pesquisar na string do user agent a ocorrência de *iphone*. Se o termo de pesquisa não for encontrado, então a stristr() retorna False e o resto da página web continua a ser carregada. Mas, se a palavra *iphone* for encontrada, a PHP redireciona o navegador Mobile Safari identificado de iPhone ou iPod touch para a URL do seu site dedicado a iPhone.

Após chamar o redirecionamento através da função header(), você deve incluir a função exit(), que evitará que o resto daquela página HTML seja carregada enquanto o redirecionamento está sendo processado.

Substituindo dinamicamente Flash com conteúdo compatível com iOS

E se você não precisar redirecionar para um site separado, voltado para iPhone, mas simplesmente substituir um único elemento web – como um vídeo Flash – para que sua página web seja compatível com iOS? Você pode aplicar aqui também a técnica de detecção do user agent do navegador.

Como o Flash não é suportado no Mobile Safari, se o seu website incluir um vídeo ou uma uma animação Flash, é aconselhável que você forneça uma alternativa de substituição (como um vídeo compatível com QuickTime ou uma animação dirigida por HTML5) para permitir a visualização nos dispositivos iOS.

A troca de conteúdo pode ser feita dinamicamente na sua página web com apenas pequenos ajustes nos exemplos de detecção de navegador para JavaScript e PHP.

JavaScript para substituição de Flash

Coloque o seguinte código JavaScript em qualquer ponto da sua página web onde você precisar comutar entre dois formatos, com base no modelo do navegador. Como no exemplo anterior com JavaScript, recupere o agente do usuário e verifique-o com relação à presença de *iphone* e *ipad* (já que você quer identificar iPads também). Se qualquer uma das palavras for encontrada, a página está sendo vista com o Mobile Safari, portanto, exiba um formato compatível com iOS. Se algum outro navegador da web estiver sendo usado em um computador, então é seguro carregar o arquivo Flash.

```
<script type="text/javascript">
<!--
var os = navigator.userAgent.toLowerCase();
if (os.indexOf('iphone')!=-1 || os.indexOf('ipad')!=-1) {
    // Sim, está sendo visto pelo Mobile Safari, então, apresente conteúdo web compatível
    // com iOS.
    document.write("Coloque aqui código QuickTime ou HTML5");
}
else {
    // Não, algum outro navegador, portanto, carregue Flash.
    document.write("Coloque aqui código Flash HTML Object/Embed");
}
// -->
</script>
```

PHP para substituição de Flash

Você pode colocar o seguinte código PHP em qualquer ponto da sua página web onde precisar comutar o conteúdo com base no navegador que está sendo usado. Se o PHP determinar que o user agent vem do Mobile Safari, apresentará conteúdo web compatível com iOS. Se o user agent revelar algum outro navegador da web, então você pode carregar um arquivo Flash.

```
<?
$os = $_SERVER['HTTP_USER_AGENT'];
if (stristr($os, 'iphone') || stristr($os, 'ipad')) {
?>
    <!-- Sim, vista pelo Mobile Safari, então, apresente conteúdo web compatível com iOS. -->
<?
}
else {
?>
    <!-- Não, algum outro navegador, portanto, coloque aqui código Flash HTML Object/Embed. -->
<?
}
?>
```

Naturalmente, se você não tiver uma necessidade específica de usar Flash no seu website, a solução mais fácil é simplesmente usar um formato compatível com QuickTime para todos os seus vídeos web. Qualquer um que tiver um dispositivo iOS precisa ter a versão para desktop do iTunes nos seus computadores para fazer a sincronização do dispositivo. Como o QuickTime é instalado com o iTunes, mesmo os usuários do Windows conseguirão assistir os vídeos em QuickTime do seu website.

Deixando lindo o Bookmarking da sua tela principal

Você pode torna muito fácil para os fãs fieis, que visitam o seu site com frequência, adicionarem um bookmark do seu website nas suas telas principais do iOS.

Quando se faz um bookmark de uma URL no Mobile Safari, uma das opções é Add to Home Screen, o que salva o bookmark como um ícone de aplicativo na tela principal do dispositivo iOS. Toque no ícone e aquele website será exibido no Mobile Safari. Como padrão, uma imagem reduzida da sua página web é usada como ícone do aplicativo, mas aquele ícone encolhido é tão pequeno que o site provavelmente ficará irreconhecível.

Felizmente, você não precisa aceitar isso.

Você pode desenhar a sua própria imagem personalizada para ser exibida como o ícone do bookmark da sua página principal. Como acontece com o ícone de aplicativo de iPhone ou iPad, não acrescente cantos arredondados ou reflexo chanfrado, já que o iOS irá acrescentar automaticamente esses efeitos ao ícone. Simplesmente crie e salve o ícone no formato PNG para cada resolução de tamanho de tela do iOS:

- iPhones antigos e iPod touch: 57 × 57 pixels.
- iPad: 72 × 72 pixels.
- Retina display iPhone e iPod touch: 114 × 114 pixels.

O ícone padrão de 57 × 57 pixels deve ser chamado de *apple-touch-icon.png*, mas os outros dois arquivos podem ter qualquer nome que você quiser (por exemplo, *apple-touch-icon-72px.png* e *appletouch-icon-114px.png*). Depois, carregue essas imagens PNG para o diretório raiz do seu website e acrescente as seguintes linhas de código HTML dentro da tag <head> da sua página web:

<link rel="apple-touch-icon" media="screen and (resolution: 163dpi)" href="apple-touchicon.png" />
<link rel="apple-touch-icon" media="screen and (resolution: 132dpi)" href="apple-touchicon-72px.png" />
<link rel="apple-touch-icon" media="screen and (resolution: 326dpi)" href="apple-touchicon-114px.png" />

A resolução do dispositivo do usuário irá determinar qual tamanho de ícone será usado para o bookmark da tela principal do website. Isso é importante para evitar salvar um ícone pequeno e borrado em um dispositivo com resolução maior.

Se a URL apontar para um website dedicado do seu aplicativo iOS, não use o ícone existente do aplicativo, já que isso pode confundir os clientes que tenham ambos os ícones na sua tela principal. Em vez disso, use uma imagem alternativa, para que os usuários possam diferenciar facilmente entre o ícone do aplicativo e o ícone de bookmark do website. Se a URL apontar para o site da sua empresa onde são apresentados diversos aplicativos, atribuir o logotipo da empresa como o ícone de bookmark é uma boa escolha para a marca.

Vamos fazer um pouco de barulho: a força dos blogs, Twitter e Redes Sociais

Agora que o seu website está pronto, você finalmente tem um local on-line para promover a futura liberação do seu aplicativo iOS. Mas a única forma de alguém saber sobre seu novo website é se você sair por aí e começar a criar o seu público on-line.

Cultivando uma comunidade on-line

Embora seja importante submeter a URL do seu website e o arquivo XML Sitemap para os principais mecanismos de busca, isso não é o suficiente. Não espere que as massas de consumidores o encontrem. Vá atrás delas. É conveniente iniciar conversações e fazer com que as pessoas falem do seu novo aplicativo.

Concentrando seus esforços iniciais de marketing no Twitter, no Facebook e em outras redes sociais populares, você pode alavancar a força das propagandas boca a boca para direcionar clientes interessados para o seu website. Como seu aplicativo ainda não está disponível na App Store, esse estágio pré-liberação é todo dedicado a criar perceptividade e expectativa para o produto.

Alerto de antemão que mergulhar no mundo das mídias sociais pode consumir muito tempo. Se você já usa ativamente o Twitter ou o Facebook, sabe do que estou falando. Esteja preparado para dedicar pelo menos uma hora por dia para o marketing on-line. Se feitas corretamente, suas interações devem parecer menos com negócios e mais com a criação de uma comunidade, estabelecendo conexões representativas com uma audiência global.

Conseguir uma hora ou mais todos os dias para o marketing on-line pode parecer um conceito opressivo, mas, para ter sucesso na App Store, vale cada segundo. E o mais interessante é que tudo isso é propaganda gratuita, básica. Não é preciso pagar para se juntar a nenhuma dessas redes sociais, portanto, o único investimento é o seu tempo.

É importante lembrar que a única forma disso tudo funcionar é tratar o seu público com respeito. Se você twittar e blogar apenas sobre press-releases e seus argumentos de vendas, ninguém vai querer segui-lo. Para aumentar sua audiência, você precisa postar sobre coisas que as pessoas gostam de ler.

Os principais sites de mídia social são o Facebook e o Twitter. Com a disponibilidade de frameworks para iOS de terceiros para o Twitter e o Facebook, não é nenhuma surpresa que essas sejam as duas redes sociais mais amplamente utilizadas dentro da comunidade do iOS.

Blogando

Como já mencionei, manter um blog é um elemento essencial para direcionar tráfego para o seu website. A página web principal do seu aplicativo iOS provavelmente não vai mudar com frequência, já que serve basicamente para informar as pessoas sobre o que o aplicativo oferece e por que elas deveriam comprá-lo. Seu blog, por outro lado, é o mecanismo on-line central para postar todos os anúncios, ofertas especiais e notícias.

Você acaba de postar um novo trailer de vídeo ou algumas imagens de telas? Blogue sobre isso. Seu aplicativo foi submetido para análise da equipe da App Store? Blogue sobre isso. Seu aplicativo ganhou um prêmio ou foi analisado por outro site? Blogue sobre isso. Tem uma história interessante para compartilhar sobre sua experiência com desenvolvimento? Sim, você adivinhou: blogue sobre isso.

Redistribuindo o conteúdo do seu blog para publicação

Toda vez que você publica um novo comentário no blog, o feed RSS correspondente é atualizado, junto com os assinantes de Feedreader e quaisquer sites que republiquem o conteúdo do seu blog. Você também deve postar um link para a nova entrada no blog no Twitter, no Facebook, no Digg, no Delicious e em qualquer outro dos principais sites de mídia social, que possam levar tráfego na sua direção e aumentar a perceptividade do seu aplicativo.

Não pense que todos que visitarem o seu site irão assinar o feed RSS ou alertas de e-mail do seu blog (veja na seção "A anatomia de um website de aplicativo para iOS" detalhes sobre assinaturas de e-mail FeedBurner). Algumas pessoas preferem receber notícias através de outros serviços, como o Twitter.

Se a ideia de precisar postar manualmente as atualizações do seu blog em cada uma das suas contas de redes sociais parecer entediante, você pode usar um dos serviços gratuitos para blog que automatizam essa tarefa.

Você pode configurar o Posterous, o Tumblr e o TypePad para distribuir automaticamente as entradas do seu blog para as contas do Twitter e do Facebook, bem como para vários outros sites. E você pode até mesmo configurar o Tumblr para postar automaticamente seus tweets no blog, recuperados do feed RSS no Twitter.

Se atualmente você tem um blog com um serviço diferente, como WordPress, Blogger, LiveJournal ou MovableType, também pode automatizar a postagem das suas entradas no blog no Facebook. Mais adiante neste capítulo, explicarei como distribuir facilmente para publicação o feed RSS do seu blog na sua conta do Facebook.

Solicitando comentários

O recurso que realmente faz seu blog ter vida é a inclusão de comentários. Dar voz aos seus leitores transforma o blog que de um produto apenas para leitura a uma vibrante conversação bidirecional. Estimulando a interação, os leitores do seu blog se tornarão muito mais leais e incentivadores. Mesmo que discordem de um dos seus posts, continuarão falando sobre isso e se conectando com ele. Quando se cria uma comunidade, nem todos têm a mesma opinião, o que é bom – é isso que mantém a conversa interessante.

Infelizmente, a quantidade de spam que acaba abarrotando a seção de comentários de muitos blogs pode ser um grande incômodo. Para ajudar a eliminar o spam que vem dos bots automatizados, você deveria usar um serviço de blog com formulários web CAPTCHA e filtros de spam, para garantir que os comentários postados venham realmente de humanos. É aconselhável também que você monitore com frequência os comentários postados e remova aqueles que forem duvidosos, através do painel de controle de administração do blog. Sim, isso requer tempo, mas no fim vale a pena o esforço para oferecer um ambiente real de blog.

Embora algumas pessoas optem por conduzir suas conversações numa página do Facebook para evitar spam anônimo, a conveniência dos comentários no blog é que não é necessário ter uma conta. Não há barreiras de entrada. Os leitores não precisam se juntar a uma rede social ou se logar em algum sistema. Eles simplesmente preenchem o formulário de comentário e clicam no botão de enviar.

Hospedar seu próprio blog ou usar um serviço de blog de terceiros?

Se você se sentir confortável em instalar e modificar o software de blog, como baixar o código aberto do WordPress, no seu próprio servidor web, você terá o poder de customizar cada aspecto do blog para adequá-lo às suas necessidades específicas.

Se em vez disso preferir não se preocupar com a configuração de bancos de dados MySQL, instalar atualizações de segurança e editar arquivos PHP, você deve considerar usar um dos muitos serviços gratuitos de blog anteriormente mencionados. Eles atualizam automaticamente o software do blog nos seus servidores e oferecem ferramentas anti-spam de última geração para gerenciar os comentários. Você também pode personalizar o aspecto e a funcionalidade do blog para casar com o atual desenho do seu website, se desejar. Por exemplo, uso o Blogger para hospedar remotamente o blog da minha empresa, mas o modelo foi personalizado para se assemelhar ao desenho do meu website Electric Butterfly, para que haja uma transição suave entre os dois.

Twitter

Como uma grande parcela dos usuários de iPhone, iPad e iPod touch está no Twitter, essa é a rede social que realmente não se consegue evitar. Se você ainda não tiver uma presença no Twitter, antes de irmos mais longe, faça um favor a si mesmo e abra uma conta gratuita agora (indo até o http://twitter.com/).

Embora você possa acessar o Twitter facilmente a partir de um navegador web tanto no seu computador como no dispositivo móvel, é aconselhável usar um aplicativo cliente dedicado para ter controle do seu mundo no Twitter. Os favoritos mais populares são Twitterrific, Echofon, TweetDeck e o aplicativo oficial do Twitter. Para explorar todas as opções disponíveis para Mac, Windows, Linux e iOS, dê uma olhada no abrangente diretório de aplicativos para Twitter da oneforty, em http://oneforty.com/.

O serviço de microblog/mensagem do Twitter não é apenas uma excelente maneira de se comunicar com seus clientes em tempo real sobre tudo, desde questões de suporte a solicitações de recursos, mas é também uma plataforma muito aceita para promover aplicativos e jogos iOS. E além disso, muitos dos principais sites de análise de aplicativos e blogueiros de notícias ficam atentos às tendências e tópicos relacionados dentro da Twittersfera, portanto, seus tweets podem atrair cobertura adicional na imprensa para os seus aplicativos!

Segundo o relatório "Winning iPhone Strategies", escrito por Jonathan Deamer e Katie Lips no Kisky Netmedia e suportado pela Northwest Vision and Media (http://www.scribd.com/winningiphonestrategies), o quarto método mais influente de descoberta de aplicativos para os usuários de iPhone são as recomendações pelo Twitter, logo abaixo dos três primeiros:

boca a boca, análises on-line e navegação na App Store. Isso reforça a importância do Twitter como uma poderosa ferramenta de marketing para os desenvolvedores iOS.

Gerenciando as contas do Twitter

Quando for estabelecer sua existência no Twitter, você deve decidir como quer usar o serviço.

Alguns desenvolvedores criam uma conta no Twitter para si próprios e uma conta separada para seus aplicativos iOS. Isso lhes permite usar a conta do aplicativo para postar notícias relacionadas e tratar questões de suporte, enquanto suas contas pessoais são usadas para twittar sobre outros produtos e assuntos variados não relacionados aos negócios. Algumas organizações criam uma conta dedicada às notícias sobre a empresa e depois atribuem contas separadas para cada funcionário da organização. Essas duas abordagens funcionam bem se o seu empreendimento for composto por mais de um desenvolvedor ou se você quiser reservar uma conta no Twitter apenas para uso pessoal.

Se for um desenvolvedor solo, você talvez considere muito mais fácil consolidar seus esforços em uma única conta no Twitter. E se tiver apenas uns poucos aplicativos iOS, fazer sua interpromoção com um único feed no Twitter pode ser vantajoso. Isso é particularmente útil se um dos seus aplicativos se tornar popular e lhe trouxer uma porção de seguidores no Twitter, porque você terá uma grande audiência que estará ansiosa para ouvir sobre quaisquer outros produtos que você liberar.

Ganhando seguidores

"Seguidores" são aqueles usuários que escolhem seguir seu fluxo no Twitter, o que significa que os seus tweets aparecerão na sua timeline (um fluxo de posts das pessoas que eles seguem). Quanto mais seguidores você consegue, maior fica sua audiência.

E como aumentar sua audiência é o principal objetivo de marketing aqui, como alguém consegue mais seguidores?

Ah, essa é provavelmente a pergunta feita com maior frequência em relação ao Twitter.

Certo, uma porção de serviços de terceiros promete aumentar seu número de seguidores se você concordar em seguir as pessoas que eles lhe pedem para seguir, mas esse não é o caminho certo a tomar. Não se trata de conseguir que todo mundo o siga em troca de segui-los também. Verdade, sua audiência irá crescer exponencialmente com esse tipo de tática, mas quantidade não necessariamente significa qualidade. Normalmente essas pessoas se preocupam com uma coisa apenas: aumentar sua própria contagem de seguidores. Você é apenas um número para eles. A maioria (se não todos) realmente não se importa com o que você tem a dizer – talvez até nem tenha um dispositivo iOS.

Não se preocupe com quantas pessoas o seguem. Concentre-se em acumular um público de boa qualidade, que esteja genuinamente interessado em aplicativos iOS. Vamos dar uma olhada em algumas maneiras de fazer isso acontecer.

- **Quem você segue faz diferença** – Conseguir um bom público começa com você. Procure no Twitter pelas pessoas que mais o influenciam – desenvolvedores de aplicativos prediletos, editores, blogueiros, jornalistas, amigos e parceiros. Sempre que eles postarem alguma coisa de valor relacionada com seus interesses, então retweet. Talvez percebam seus retweets ocasionais e responderão para você. Não há absolutamente nada de errado em estar no radar de pessoas influentes! Quem sabe eles possam até segui-lo também. E mesmo se não o seguirem, quem você segue diz muito a seu respeito. As pessoas que depararem com seu perfil no Twitter podem querer saber quem você segue antes de decidir se devem segui-lo.

- **Siga seus fãs** – Crie uma conexão com os seguidores leais, mostrando-lhes um pouco de dedicação em retorno. Nada é mais agradável do que reciprocidade no seguimento. Agora, isso não significa que você precisa seguir todo mundo que o segue, mas, se seus tweets interessam a você, esse é o maior gesto de agradecimento.

- **Envolva-se com sua comunidade** – Se as pessoas procurarem você no Twitter com comentários ou perguntas, responda sempre. O Twitter não é para falar *para* as pessoas. É para falar *com* as pessoas. Ter conversações públicas pelo Twitter pode não apenas atrair outros para a conversa, mas também mostrar um toque pessoal, mostrando que você não é um daqueles autômatos de spams que só cospem mensagens de marketing. Se você sentir que o seu fluxo no Twitter está ficando dominado por um único diálogo, é conveniente seguir a pessoa e continuar a discussão através de mensagens diretas, para evitar alienar seus outros seguidores. Se alguém estiver sendo mal-educado, você tem a opção de bloqueá-lo, mas isso deve ser sempre o último recurso. Na maioria dos casos, as pessoas só querem ser ouvidas. Ao segui-lo, elas concordaram em ouvir a sua voz, portanto, é mais do que justo que você as ouça também.

- **A qualidade do conteúdo é fundamental!** – Não fique só twittando sem parar sobre seu aplicativo, com uma chuva sem-fim de links para análises e anúncios. Ninguém o seguirá se você só ficar postando spams de marketing 24/7. E, se o fizer, esse é um caminho quase certo para perder todos os seus seguidores. Dê às pessoas um motivo para segui-lo. Seus tweets devem retratar uma voz genuína que entretenha e informe. Como em um blog, seus posts no Twitter devem refletir sua personalidade e até mesmo suas opiniões (desde que não sejam ofensivas ou contraproducentes para a sua missão de marketing). E se você publicar um post no blog, twitte sobre ele enviando um link! Os seguidores seguem e retwittam pessoas, não entidades corporativas, portanto, deixe que vejam a pessoa que está por trás do produto.

- **Mantenha-se no assunto** – Para reter seus seguidores é importante se manter no assunto. Se você é conhecido por twittar sobre o desenvolvimento de jogos para iOS, então gastar um mês inteiro falando sobre nada além da reforma da casa irá rapidamente dizimar sua contagem de seguidores. Eles o seguem para aprender com o seu valioso conhecimento sobre programação de jogos, não para ficar perdendo tempo com centenas de tweets sobre como escolher o azulejo do banheiro. É bom compartilhar eventos da sua vida pessoal, especialmente se seu público tiver interesses parecidos, mas essas postagens devem ser salpicadas entre seus tweets sobre o assunto principal. Manter-se focado em apenas um ou dois temas também ajudará a atrair novos seguidores. Se alguém estiver procurando no Twitter por *iPhone desenvolver* para aprender e se conectar com colegas programadores e deparar com um dos seus tweets, ele muito provavelmente o seguirá apenas se a maioria das suas postagens também forem relacionadas com o desenvolvimento para iOS.

- **Retweet!** – Se alguém postar algo que você achar que sua audiência vai gostar, então, retwitte. O Twitter se baseia no espírito do karma. O que vai... volta. Gaste algum tempo promovendo tweets de outras pessoas mais do que você se promove, e assim cultivará laços mais profundos com seus seguidores. Eles podem até mesmo retwittar suas postagens com mais frequência para devolver o favor. Lembre-se de que não se trata de encontrar pessoas com as quais você possa meramente conversar, mas sim de criar sinergia dentro da comunidade. E quando as pessoas o retwittarem ou promoverem um dos seus links, tire um tempo para agradecê-las. É um pequeno gesto, mas faz grande diferença. Se os seus seguidores souberem que o seu suporte é reconhecido, muito provavelmente irão retwittar suas postagens novamente no futuro.

- **Programe seus tweets** – Muito poucas pessoas monitoram o Twitter o dia inteiro. E aí surge aquela coisa chata no meio do caminho toda noite. A menos que os seus seguidores estejam usando um aplicativo cliente que mantenha controle das suas posições de leitura em uma linha do tempo, eles poderão perder alguns dos seus posts. Com certeza, sempre será aquele tweet perfeito que você gastou dez minutos para criar ou aquele importantíssimo anúncio de produto que você vem planejando há semanas. Todos vivemos em fusos horários diferentes, com agendas diferentes, portanto, o seu timing é essencial. Enviar um tweet às 8 horas da manhã de Los Angeles cobriria um bom pedaço de território ainda durante o dia de trabalho. Por exemplo, seriam 10 horas da manhã em Chicago, 11 da manhã em Nova York, 4 da tarde em Londres e 5 da tarde em Paris, Berlim e Roma. O Twitter permite que você repita um tweet a cada oito horas, portanto, se a mesma mensagem for enviada novamente às 5 da tarde de Los Angeles, serão 8 da manhã em Hong Kong, 9 da manhã em Tóquio e 11 da manhã em Sidney, na Austrália. Como alguns dos seus seguidores verão *todos* os seus tweets, não torne um hábito repetir posts várias vezes. Se eles começarem a se parecer com spam, você corre o risco de perder seguidores. Mas um tweet repetido raramente, só de vez em quando, para anúncios especiais, é tolerável e pode ser muito eficaz para atingir mais pessoas.

Personalizando seu perfil

O Twitter oferece uma boa seleção de imagens de background e cores para embelezar as páginas da sua conta. Embora seja muito fácil modificar as cores, não se acomode com os temas padrão vistos em incontáveis perfis. Seja único e diferencie sua página com uma imagem personalizada de background e figura de avatar. Tire proveito dessa oportunidade de marketing gratuito para exibir visualmente seu aplicativo iOS e a identidade da sua marca.

Com relação à figura de avatar, se você mantiver duas contas no Twitter – uma para sua empresa e uma para uso pessoal –, certamente vai querer diferenciar as duas usando um logotipo corporativo para o perfil da empresa e uma foto sua para o perfil pessoal. Para um desenvolvedor independente que usa uma única conta no Twitter, recomendo fortemente usar uma foto como imagem do perfil. Mesmo que esteja twittando sobre seus produtos de software e as novidades do iOS, uma foto confere um toque pessoal. As pessoas gostam de ver quem elas estão seguindo.

Quando entrei no Twitter pela primeira vez, listei Electric Butterfly como o nome do perfil e carreguei o logo da minha empresa como imagem de avatar. Não costumo twittar muito, e por isso poucas pessoas me seguiam. Depois de alguns meses vendo como outras pessoas operavam no Twitter, decidi seguir suas condutas. Troquei o nome do perfil para Dave Wooldridge e substitui o avatar pela minha foto. Depois que dei um rosto e um nome pessoal para a minha presença no Twitter e fiz um esforço consciente de twittar com mais frequência, minha contagem de seguidores aumentou rapidamente.

Embora todos os clientes do Twitter suportem a exibição de imagens de avatar, a imagem de background de uma pessoa só é vista quando se visita a página de perfil no Twitter.com. Mesmo assim, quando se acessa o site do Twitter de um iPad, o conteúdo principal é redimensionado para preencher a largura da tela do Mobile Safari, obscurecendo a imagem de background. E no iPhone, o Mobile Safari carrega uma versão do Twitter otimizada para dispositivos móveis, que exclui os background personalizados. Mas nada disso reduz a importância de personalizar a imagem de background do seu perfil. Muitas pessoas visitarão a sua página de perfil, usando um navegador de desktop antes de tomar a decisão de segui-lo.

Na seção Design da página Settings do Twitter, você pode carregar sua própria imagem personalizada de background. Como essa é uma área valiosa na tela, o background deve ser desenhado para promover eficazmente a sua empresa ou seu aplicativo iOS, sem ficar escondida pelo conteúdo principal do Twitter centralizado dentro do navegador. Para acomodar as dimensões de tela mais comuns, é preciso desenhar um tema que seja colocado no canto superior esquerdo e se estenda para a direita e para baixo. Dê uma olhada em diversos backgrounds personalizados. Veja a ótima coleção de contas reais no Twitter no divertido site http://twitterbackgroundsgallery.com/ e você entenderá o que quero dizer.

Com os monitores grandes tendo resoluções de 1.280 × 800, 1.900 × 1.200 e até maiores, é recomendado que sua imagem de background tenha pelo menos 1.600 pixels de largura. Como os navegadores web normalmente não são maximizados para ocupar todo o espaço de telas tão grandes, esse tamanho deve servir bem. Mas as páginas web rolam para baixo, portanto, são maiores as chances de que a altura de um navegador web possa se estender de cima para baixo da tela. Para conseguir os melhores resultados, configure a altura da sua imagem para um mínimo de 1.300 pixels.

Se a sua imagem esmaecer para a mesma cor sólida que a do background, então ela pode ser muito mais curta. Quando a configuração Tile Background do Twitter for deixada desmarcada, a cor de background será mantida onde a imagem terminar, mas, tendo a mesma cor, ela aparecerá suavemente para o observador. Essa é a forma usada na imagem de exemplo de background desenhada para promover o aplicativo fictício Breadcrumbs (veja a Figura 10.14).

A imagem de background tem apenas 700 pixels de altura, porém, como sua cor é a mesma do marrom do chão sob o carro, ela cria uma ilusão de que o chão continua muito abaixo dele.

Olhando na Figura 10.14, note que a imagem do aplicativo para iPhone fica posicionada bem no canto superior esquerdo, deixando o resto da imagem razoavelmente vazia, com nada além da linha simples do horizonte e os pontos brancos levando para fora da tela. Isso foi feito propositalmente, para que sobre bastante espaço para o conteúdo da página principal do Twitter, que será exibida no centro da tela do navegador. O segredo é criar algo único e atraente, sem dominar o visual.

Figura 10.14. *Uma imagem de background do Twitter desenhada para o aplicativo fictício Breadcrumbs, deixando bastante espaço vazio para o conteúdo da página principal do Twitter, que ficará centralizada na tela.*

Com base no tamanho médio das telas, recomendo limitar seus principais elementos de desenho a 180 pixels de largura por 660 pixels de altura no canto superior esquerdo da imagem de background. Confinando sua imagem principal àquela área segura, você evita que o visual do seu segundo plano seja obscurecido pelo conteúdo da página do Twitter (veja a Figura 10.15). Como a área do conteúdo do Twitter é razoavelmente larga, é aconselhável tentar limitar a largura da sua área de desenho a menos de 180 pixels, para acomodar as telas menores, como as dos laptops.

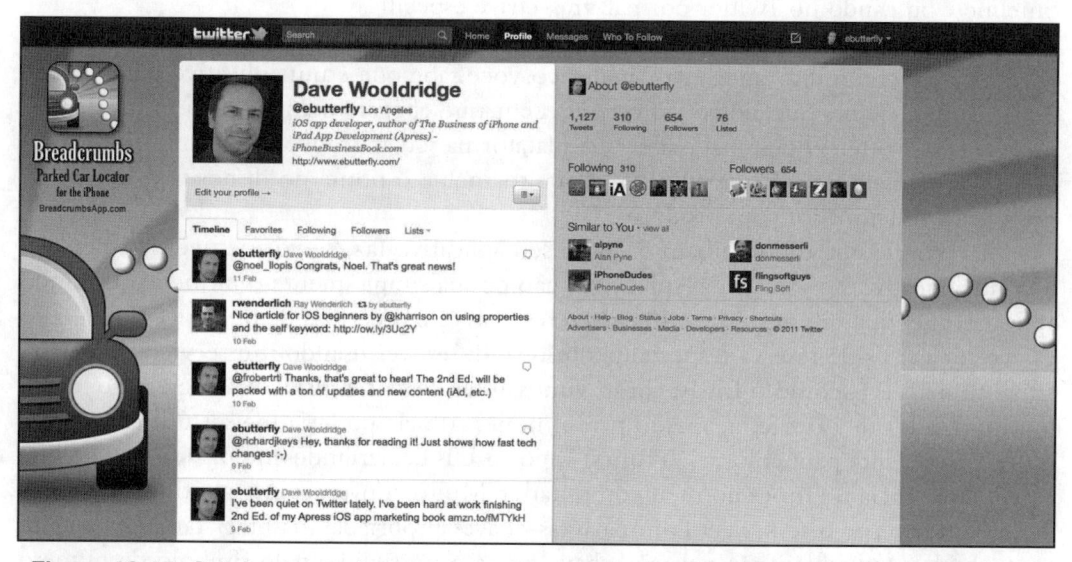

Figura 10.15. *O linite de sua imagem principal a 180 pixels de largura (ou menos) no canto superior esquerdo garante que as imagens não serão obscurecidas pelo conteúdo principal do Twitter quando vistas na maioria das telas dos computadores desktop.*

Para aqueles que acham um pouco exagerada a inclusão da URL do site do aplicativo para iPhone no background da Figura 10.15, serei o primeiro a dizer que, na verdade, isso é muito eficaz. Não é porque todos parecem estar fazendo a mesma coisa (eles estão), mas porque realmente funciona!

Depois de trocar minha própria imagem de background no Twitter para promover alguns dos meus produtos da Electric Butterfly por listas de nomes de domínio de websites, comecei a receber muito mais tweets perguntando sobre aqueles produtos. Também notei um significativo aumento no tráfego daquelas URLs. Fiquei surpreso com isso, já que não se pode acrescentar hyperlinks ativos em uma imagem de background do Twitter, o que significa que as pessoas são forçadas a digitar a URL nos seus navegadores para visitar aquele site. Mas, se os seguidores estiverem suficientemente curiosos, eles farão isso, especialmente se a URL for curta e fácil de lembrar (mais um motivo para registrar um domínio dedicado para o website do seu aplicativo).

E por último, mas não menos importante, quando for personalizar seu perfil no Twitter, não se esqueça de acrescentar uma breve informação sobre você e o seu aplicativo no campo Bio e a URL do seu site no campo Web. As pessoas querem saber quem você é e o que você faz. Pessoalmente, não sigo ninguém que deixa aqueles campos em branco. E o bom do texto bio do perfil e da URL é que eles são acessíveis em todos os aplicativos clientes do Twitter e navegadores web – mesmo aqueles que não suportam imagens personalizadas de background do Twitter.

Palavras-chave e hashtags

Antes de você mandar seu próximo tweet, é importante saber que as palavras usadas na sua mensagem podem ter forte impacto no sucesso em atingir o público certo. É recomendável que você use palavras que sejam rapidamente identificadas pelos leitores, varrendo sua timeline e buscando no Twitter por palavras-chave específicas.

Por exemplo, se você estiver falando sobre seu aplicativo para iPhone em um tweet, não se refira a ele como um "aplicativo" genérico. Você sabe que é um aplicativo para iPhone ou iPad, mas aqueles que ainda não o conhecem, que chegaram através de um retweet ou pesquisa no Twitter, podem não saber que plataforma seu aplicativo suporta. A maioria das pessoas pesquisará por *iPhone* ou *iPad*, portanto, inclua o nome do dispositivo suportado nos tweets relacionados com produtos.

Não confie que todos saibam o que o seu aplicativo faz. Se você estiver twittando o link do aplicativo no iTunes da App Store, não ponha simplesmente o nome e a URL do aplicativo. Sei que o limite é de 140 caracteres, mas tenho certeza de que você tem alguns caracteres a mais de reserva (especialmente quando estiver usando um serviço de encurtamento de URL, como o Bit.Iy, como vimos antes neste capítulo). Não seja vago. Oh, é um localizador de carro estacionado para iPhone? Ah, ele poderia me ser útil. E você foi gentil o suficiente para colocar "(iTunes)" após o URL, alertando-me para o fato de que aquele link inicia o iTunes no meu computador. Muito conveniente e gentil.

Além de criar o seu tweet com palavras-chave apropriadas, hashtags também podem ser incluídas. As hashtags são palavras-chave que são precedidas pelo símbolo de número (#). O que as torna especiais é que o Twitter e a maioria dos clientes de terceiros exibem as hashtags como links de texto ativos.

Clique em uma hashtag e será listado um grupo de tweets recentes que incluem aquela mesma hashtag. Incluir seus tweets em grupos populares de hashtags é uma ótima maneira de aumentar a possibilidade de eles serem encontrados. As pessoas que não o seguem ou nem mesmo conhecem o seu ID no Twitter podem topar com seus tweets em uma lista de hashtags.

Só tome cuidado para não exagerar no seu uso. Não coloque uma hashtag em todos os seus tweets e, certamente, não #polua um #único #tweet# com #múltiplas #hashtags ou então os seus posts serão difíceis de ler e parecerão spams.

Para aqueles poucos e selecionados tweets que são importantes o suficiente para garantir um pouco mais de exposição, converta uma das palavras-chave em uma hashtag. Se nenhuma das suas palavras for uma tag popular, então adicione a hashtag desejada no final do seu tweet. Por exemplo, quando posto links importantes, que poderiam beneficiar colegas desenvolvedores para iPhone, normalmente acrescento a conhecida hashtag #iphonedev.

Para ajudar a identificar as hashtags existentes e as palavras-chave populares, dê uma olhada nesses práticos recursos:

- Twitter Search (http://search.twitter.com/).
- Hashtags .org (http://hashtags.org/).
- What the Trend (http://www.whatthetrend.com/).

Listas do Twitter

As listas são uma razão a mais para que a quantidade de seus seguidores não seja mais tão importante quanto já foi. Dentro da sua conta no Twitter, você pode criar uma nova lista e dar-lhe um nome exclusivo. Como o Twitter atribui a ela um nome de domínio – como http://twitter.com/ebutterfly/iphonedev –, é melhor usar um nome sem espaços.

As listas oferecem uma maneira de organizar as pessoas em grupos, facilitando o seguimento de tópicos específicos. O motivo pelo qual elas diminuem a importância da quantidade de seguidores é que você pode seguir uma lista sem seguir todas as pessoas que constam dela. E você pode criar uma lista de pessoas que você não segue.

Alguns desenvolvedores de aplicativos criaram listas dos seus twitteiros favoritos relacionados com iOS, incluindo colegas desenvolvedores, sites de análises e blogueiros. É uma excelente maneira de ver um resumo diário da comunidade desenvolvedora para iOS. Muitos desenvolvedores seguem as listas uns dos outros como uma forma de se conectar com os principais formadores de opinião da área.

Criar as próprias listas pode trazer novos seguidores para elas, portanto, certifique-se de incluir a si mesmo nas suas listas. É algo que muitas pessoas se esquecem de fazer.

Se você compilou uma ótima lista e a submeteu para os principais diretórios de listas do Twitter, como a Listorious, os novatos possivelmente seguirão a sua lista e talvez até a sua conta no Twitter. É mais uma maneira de ser descoberto no Twitter e conseguir uma audiência maior para seus tweets.

Não crie simplesmente listas relacionadas com iOS. Se o seu aplicativo for relacionado com um assunto específico, como música ou literatura, crie uma lista para aquele tópico. Dessa forma, você pode atrair novos seguidores que estejam interessados nesses assuntos. Se eles possuírem um dispositivo iOS, então os seus tweets dentro daquelas listas deixarão seu aplicativo exposto a potenciais clientes, que poderiam não saber que ele existe.

Se alguém o adicionar à sua lista, isso significa que ele acha que seus tweets oferecem valor suficiente para garantir-lhe um lugar em um grupo seleto. Não deixe de agradecer por esse gesto simpático. E, do mesmo modo, se uma pessoa seguir a sua lista, agradeça. Num mundo on-line tão impessoal, você pode se surpreender com quanta benevolência pode ser trocada com um simples "obrigado".

Gerenciando o tráfego

Tudo o que você posta no Twitter (sem contar retweets) deve direcionar tráfego de volta para o seu website. Isso inclui todas as fotos ou vídeos que você twittar.

É verdade que muitos aplicativos clientes do Twitter tornam extremamente fácil carregar fotos da câmera do seu iPhone para os sites de compartilhamento de mídia, como Flickr, TwitPic e yfrog, mas essa não é a melhor forma de usar seus tweets. Se as pessoas estiverem interessadas o suficiente para checar as interessantes imagens de tela ou vídeos do seu aplicativo, você deve hospedar essas mídias no seu próprio website, dentro das páginas que fornecem informações adicionais sobre o produto.

Mesmo se você estiver mostrando imagens de tela bem preliminares, que não queira publicar no seu website principal, faça o link para uma página independente no seu servidor que sirva como antevisão para os seus tweets. Dessa forma, você consegue ter controle da mensagem e do conteúdo da página. E mais: ela pode ser usada para refletir a marca visual do aplicativo, em vez das páginas genéricas dos sites de terceiros para compartilhamento de mídia.

Lembra-se de quando mencionei que você deveria estabelecer uma conta gratuita com um dos serviços de encurtamento de URLs, como o Bit.ly, para que pudesse rastrear os clicks-throughs e retweets dos links que você posta? Se você fizer experiência com duas formas diferentes de escrever um tweet sobre o seu aplicativo iOS, use duas URLs Bit.ly diferentes, para poder rastrear quais palavras usadas nas frases têm maior sucesso em conseguir clicks-throughs. Isso o ajuda a refinar sua mensagem de marketing em tweets eficazes e atraentes.

Aqueles que estiverem prontos para mergulhar mais a fundo no Twitterverse, com ferramentas avançadas de gerenciamento, deem uma olhada no vasto diretório da oneforty de aplicativos e serviços de terceiros para unfollows, campanhas de marketing no Twitter, localização dos seguidores, filtros de spam e muito mais. Há realmente uma incrível indústria caseira de negócios por aí sobre o Twitter – muitas mesmo para conseguir listá-las todas aqui. Algumas são menos úteis do que outras, portanto, procure com cuidado.

Facebook

O SDK do Facebook para iOS é amplamente usado no mundo do desenvolvimento de aplicativos. Os logins no Facebook são tão comuns como no Twitter nos jogos e aplicativos móveis de hoje. Se você ainda não tiver uma conta no Facebook, é conveniente abrir uma no http://www.facebook.com/ e usá-la para interações pessoais com amigos e colegas.

Embora o Facebook tenha tornado extremamente fácil interfacear com sua API de dentro de um projeto para iOS, seus esforços de marketing dentro do próprio site de rede social precisam ser formulados de forma um pouco diferente do que no Twitter.

Como tudo tem a ver com fazer crescer o seu público, todas as mesmas regras de etiqueta discutidas para o Twitter também se aplicam ao Facebook. A diferença aqui é que, embora você possa misturar tweets pessoais e de negócios usando uma única conta do Twitter, é recomendado separar os dois no Facebook.

No Twitter você pode não querer seguir todos os que o seguem, mas não no Facebook. Se alguém o acrescenta como um amigo no Facebook e você aceita a solicitação, ele é automaticamente adicionado à sua lista de amigos também. Por isso, é aconselhável que você crie uma Página do Facebook para a sua empresa. No caso daquelas pessoas interessadas em seguir as notícias sobre o seu aplicativo iOS e atualizações, elas podem apenas "curtir" na sua Página do Facebook. Isso oferece uma forma de aumentar seu público sem ser forçado a acrescentar todos à sua lista de amigos pessoais, já que esses seguidores podem ser, em vez disso, adicionados à lista de fãs na sua Página do Facebook.

Criando uma Página do Facebook

Configurar uma Página do Facebook para o seu produto ou empresa é uma excelente maneira de se conectar com as pessoas pelo site mais popular de rede social do mundo. O único requisito é que você precisa ser o proprietário ou representante oficial da empresa ou produto refletido na página que está criando.

Diferentemente do Twitter, os membros não são autorizados a pesquisar por palavras-chave nos posts. O mecanismo de pesquisa do Facebook é limitado à pesquisa pelos nomes dos membros. Com apenas uma conta no Facebook sob seu próprio nome, você não será listado nas pesquisas do Facebook feitas pelo nome do aplicativo ou da empresa. Mas, com uma Página para o seu aplicativo ou empresa, as pesquisas relacionadas no Facebook os encontrarão.

Para criar uma Página do Facebook você precisa ter uma conta pessoal no Facebook, já que ela é a que será atribuída à página do administrador. Se você planeja criar mais de um aplicativo, recomendo criar uma base de fãs na Página do Facebook da empresa, em vez de diversas contas separadas para cada um. Uma página centralizada será não apenas mais fácil de gerenciar, mas também permitirá a interpromoção dos seus produtos para o mesmo público.

Abra a sua conta pessoal no Facebook e, depois, visite a URL oficial de Crie uma Página, em http://www.facebook.com/pages/create.php.

Dentre as opções apresentadas, escolha "Empresa, organização ou instituição" para criar uma página para a sua empresa, ou "Marca ou produto" para criar uma página para um aplicativo específico. Você é então solicitado a atribuir a categoria apropriada para a sua nova página. Se estiver configurando uma página sobre o desenvolvimento do seu aplicativo, provavelmente escolherá Computadores/Tecnologia. Se estiver construindo uma página de aplicativo sob Marca ou Produto, sua categoria deve ser Software.

Quando sua nova Página do Facebook estiver pronta, coloque a descrição da sua empresa na guia Info e adicione o seu logotipo ou ícone de aplicativo como imagem principal da página. Depois, coloque as informações sobre o seu aplicativo, inclusive notícias sobre seu desenvolvimento e ofertas especiais. Você pode até mesmo postar pré-visualizações de imagens das telas de futuros recursos, para deixar os fãs ansiosos sobre as futuras liberações.

Conectando-se com os fãs

Agora que sua Página do Facebook está pronta e funcionando, é hora de divulgá-la, atraindo pessoas para clicarem no botão Curtir e se tornarem fãs da sua página! Para conseguir ter um daqueles domínios bacanas do Facebook, como http://www.facebook.com/iTunes – pelo menos 25 pessoas precisam gostar da sua página.

Não há absolutamente nada de errado em apelar para seu atual público de blog e do Twitter. Deixe-os saber que você tem uma nova Página do Facebook dedicada e convide-os a dar seu apoio, clicando no botão Curtir. Como esperado, o Facebook oferece até mesmo formas acessíveis de fazer propaganda da sua página através da sua rede para conseguir novos fãs.

Quando quiser se comunicar com seus fãs, poste atualizações de status, notas, fotos, links e outros no Mural da sua Página do Facebook. As pessoas que tiverem gostado da sua página verão seus posts e seus próprios newsfeeds no Facebook. Ocasionalmente, você pode precisar enviar um importante anúncio para a caixa de entrada de todos os fãs. Para fazer isso, clique no link Editar Info da sua página. Depois, dentro da guia Marketing do Editar Info, clique em Enviar uma Atualização. Lembre-se de que ninguém gosta de receber uma enxurrada de press-releases e mensagens de marketing, portanto, para manter seus fãs, tente não abusar dessa linha direta de comunicação.

Para quebrar a sequência de postagens relacionadas com o marketing do aplicativo no seu Mural, tente salpicar uma variedade de notícias, fotos e vídeos relacionados que também possam interessar aos seus fãs. Se as pessoas postarem comentários no seu Mural, responda, para criar um senso de comunidade dentro da sua página.

RASTREANDO O DESEMPENHO DOS SEUS ESFORÇOS DE MARKETING COM O FACEBOOK

O Facebook oferece seu próprio serviço de análise, o Facebook Insights, para Páginas do Facebook e desenvolvedores para Facebook. Quando logado na sua Página do Facebook como Administrador, clique no link View Insights na coluna mais à direita para ver as métricas sobre sua página.

Rastrear o tráfego de visitantes pode ser especialmente útil se você estiver mostrando uma propaganda ou direcionando as pessoas para a sua Página do Facebook a partir de outros materiais de marketing.

Importando seu blog, enviando para o Twitter

Quando você estende o alcance do seu marketing para mais e mais redes sociais, a primeira preocupação é o tempo. Postar o mesmo conteúdo em diversos sites, como blog, Twitter e Facebook, pode consumir muito tempo. Felizmente, uma recente tendência na mídia social tem sido a capacidade de distribuir o conteúdo por várias redes, de modo a tornar a publicação mais conveniente. Poste suas notícias em um lugar e elas serão publicadas em vários outros.

Como já mencionei antes, diversos sites de blog, como o Tumblr e o Posterous, permitem que os usuários atualizem o Twitter e o Facebook com links para novas postagens no blog. O Facebook oferece também uma forma de fazer isso com seu próprio recurso Import a Blog.

Você quer que suas postagens no blog sejam automaticamente publicadas na sua Página do Facebook? Simplesmente siga estes passos:

1. No seu perfil na Página do Facebook, digite **Notes** no campo de pesquisa.
2. No menu suspenso dinâmico com os resultados, selecione o aplicativo Facebook Notes.
3. Na página Notes, escolha Edit Import Settings, na coluna da esquerda. Você será solicitado a fornecer a URL do feed RSS do seu blog (veja a Figura 10.16). Digite uma URL e clique em Start Importing.

Depois de ter seguido estes passos, o Facebook irá postar automaticamente suas novas entradas no blog nas notas da sua Página do Facebook.

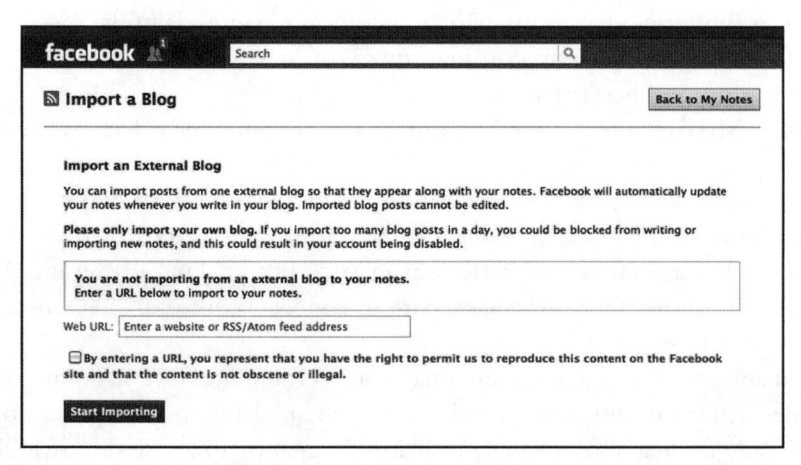

Figura 10.16. *Submeta a URL do feed RSS do seu blog para importar postagens para as notas do Facebook automaticamente.*

Se você quiser que as postagens no seu Facebook sejam automaticamente twittadas no Twitter, o Facebook permite que se faça isto, em http://www.facebook.com/twitter (veja a Figura 10.17). Ao conectar a conta no Twitter à Página do Facebook, você pode optar por compartilhar tudo o que postar no Facebook ou escolher compartilhar somente tipos específicos de postagens, como atualizações de status e notas.

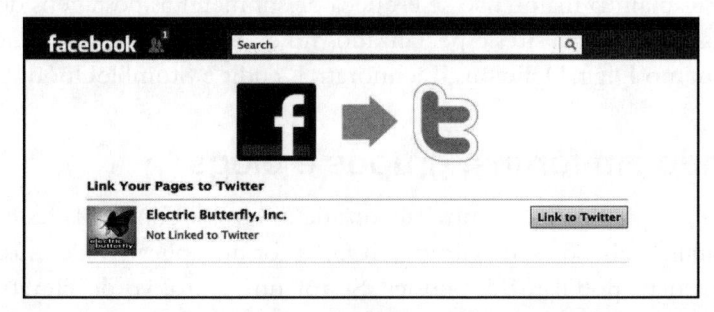

Figura 10.17. *O Facebook oferece suporte ao compartilhamento dos posts da sua página na sua conta do Twitter.*

No sentido contrário, você também pode publicar seus tweets como atualizações de status na Página do Facebook, instalando o prático aplicativo para Facebook Selective Tweets, de Andy Young (http://www.facebook.com/selectivetwitter). Esse aplicativo é muito mais poderoso do que importar seus feeds RSS do Twitter como um blog, porque permite que você escolha quais tweets específicos serão postados na Página do Facebook, marcando-os com a hashtag especial #fb.

Isso evita que tweets pessoais sejam indevidamente passados para a Página do Facebook da sua empresa. Para que o aplicativo Selective Tweets funcione, os tweets da conta no Twitter não podem estar protegidos.

Outras redes sociais e fazendo bookmark de sites

Obviamente, o Twitter e o Facebook não são as únicas gigantes da mídia social disponíveis. Dependendo do tipo de aplicativo ou jogo que você desenvolveu, alguns dos outros sites podem oferecer um público mais específico.

Embora o Myspace possa ter sido destronado pelo atual rei, o Facebook, ainda é um site popular de mídia social na comunidade da música. Inúmeros novos artistas foram descobertos através do Myspace, conseguindo acordos de gravação lucrativos e carreiras musicais de alto perfil. Se o seu aplicativo for relacionado com música, o público musical do Myspace pode ser a audiência perfeita para você buscar. Tire um tempo para revelar sua própria página de perfil no Myspace, para se conectar com outros amantes da música e promover seu aplicativo iOS!

Se o seu aplicativo tiver apelo comercial, você certamente deve se conectar ao LinkedIn. Além de incluir um link com o website do seu aplicativo no seu perfil do LinkedIn, esta popular rede de negócios hospeda milhares de grupos ativos de discussão. Escolha os grupos mais adequados ao público-alvo do seu aplicativo e promova-o, postando informações sobre ele e links para artigos do seu blog. Essa é uma excelente maneira de alcançar executivos de negócios que possam não ter encontrado de outra forma o seu aplicativo iOS na congestionada App Store.

O LinkedIn também facilita a publicação das suas postagens no Twitter na sua página. Ative sua conta do Twitter no seu perfil do LinkedIn e, depois, anexe uma hashtag #in ou #li aos seus tweets para aquelas mensagens selecionadas, que devam ser publicadas também como atualizações de status no LinkedIn.

Para exposição ainda maior, não se esqueça de submeter as postagens do blog e os artigos publicados na web para sites especializados no compartilhamento de notícias e social bookmarking, como Digg, Delicious, Technorati, Reddit e StumbleUpon.

Comentando em fóruns, grupos e blogs

Faça uma breve pesquisa para encontrar fóruns de discussão, comunidades e blogs relacionados com o público-alvo do seu aplicativo iOS. Se for um aplicativo de música, explore os fóruns e grupos mais populares de música. Se for um aplicativo de literatura, investigue quais sites são mais populares entre os autores. Como você desenvolveu um aplicativo para um determinado nicho do mercado, é certo que você conhece um pouco sobre o assunto.

Faça bom uso do seu conhecimento, oferecendo ajuda nos fóruns de interesse específico ou poste comentários nos blogs.

Sim, estou lhe dando mais trabalho, mas é por um bom motivo. Nunca poste anonimamente nesses sites. A maioria dos fóruns, grupos e até mesmo blogs pedem que os membros se registrem para tornar as postagens mais convenientes e seguras. Quando solicitado, entre como um membro não pagante e forneça todas as informações de perfil. É importante ter sua presença nesses sites visivelmente identificável com um nome, link para URL e foto.

Alguns blogs usam sistemas de avatares de terceiros, como o Gravatar. Vale a pena ter um perfil no Gravatar já registrado e pronto para usar. Se assinaturas forem suportadas, então use aquele pequeno espaço de HTML para promover seu aplicativo e website.

Você vê o que está conseguindo com isso? Toda vez que postar um comentário em um fórum ou artigo de blog, sua foto, seu nome, o link do seu website e uma sutil referência ao aplicativo serão sempre reproduzidos. Desde que você não abuse da sua presença fazendo ruidosos discursos de vendas sobre seu aplicativo, é uma situação ganha-ganha para todos. Ao ajudar os outros, você também está aumentando a perceptividade do seu futuro aplicativo iOS, simplesmente fazendo referência a ele na sua URL de membro e assinatura.

Sem muito barulho: mantendo uma reputação profissional

Devido ao alto volume de conversas informais que há nos sites de mídia social como o Twitter e o Facebook, muitas vezes é fácil esquecer que as coisas que diz não ficam somente entre você e os participantes – elas podem ser literalmente lidas por todo mundo que está na rede. E no caso do Twitter, qualquer um pode visitar sua página de perfil e ler seus tweets, sejam eles seus seguidores ou não. Suas ações on-line são representadas em um palco global, demasiadamente público.

Embora ser agradável é recomendado, você continua representando seu produto e/ou empresa. Seu comportamento on-line deve ser respeitoso, sabendo que o que você diz e conecta deixa impressões duradouras em potenciais clientes no mundo todo. Se você acha que esse conselho é óbvio demais e não deveria nem ser mencionado, então está um passo à frente no jogo. Você pode ter experiência suficiente nos negócios para reconhecer isso, mas ficaria surpreso com a quantidade de desenvolvedores profissionais que se esquece da imagem global que eles projetam.

Ao longo dos anos, já vi websites de desenvolvedores que promovem seus produtos de software lado a lado com sua adoração por astros da luta livre e pelas garotas Cylons do seriado *Battlestar Galactica*! É, você sabe quem são elas. Tudo bem que você ainda esteja na faculdade e opera seus negócios de software da garagem, mas o mundo não precisa saber disso. Na verdade, é recomendado que o seu website e suas contas na mídia social projetem uma imagem profissional, que inspire confiança. Os clientes querem ter certeza de que, ao comprar seu aplicativo, estão investindo em um desenvolvedor que irá atualizar e suportar continuamente o produto. Se suspeitarem que o seu produto não é nada mais do que um hobby, você corre o risco de perder vendas em potencial. Sem confiança em você, como eles poderiam confiar no seu produto?

Eis algumas diretrizes a considerar:

- **Apresente-se como um profissional** – Sempre mostre uma imagem profissional de como você quer ser visto. Não importa se você tem 18 ou 68 anos, se acaba de sair da escola ou acabou de se aposentar. A internet equaliza o campo de jogo. O visual do desenho do seu website, o tipo de conteúdo que oferece e a forma como você se apresenta aos outros através de e-mail, tweets e postagens no blog pintam um quadro vívido de como você é e de como faz negócios. Não se trata de projetar uma falsa ilusão, mas sim de exibir seu verdadeiro eu de uma forma profissional.

- **NSFW? Não apropriado para postar!** – Se você estiver usando seu blog e as contas na mídia social para promover seu aplicativo iOS e sua empresa, não diga insultos nem publique piadas, fotos engraçadas ou vídeos que outros possam achar ofensivos. Não é porque você afixa um alerta NSFW (not suitable for work – algo como não apropriado para o ambiente de trabalho) que os torna aceitáveis. O que você acha engraçado, outros podem achar muito ofensivo. E são vendas potenciais que você pode perder. Odeio ser desmancha-prazeres. Todos queremos nos divertir, mas o objetivo é vender mais aplicativos, certo?

- **Não misture negócios com política ou religião** – Os dois tópicos que causam as reações mais fortes das pessoas são política e religião. Qualquer que seja o seu ponto de vista, sempre há alguém tão apaixonado quanto você, mas do lado contrário. É uma conversa que você não pode ganhar. Se estiver usando as redes sociais como o Twitter e o Facebook para promover seu futuro aplicativo iOS, tirar proveito do seu público para pregar sua visão política ou religiosa é a forma mais rápida de perder potenciais clientes.

- **Controle suas emoções** – Nunca twitte, comente ou poste no blog quando estiver furioso. Muito embora normalmente você possa remover a maioria dos itens depois do fato, cópias deles podem permanecer na web assombrando-o por anos a fio. Você pode ter excluído do blog aquela mensagem desagradável, mas todos os assinantes dos e-mails do seu blog continuam com ela nas suas caixas de entrada. E não se esqueça da memória de elefante do cache do Google. Aquele seu destempero on-line pode viver indefinidamente nos bancos de dados do Google.

- **Dois errados não fazem um certo** – Se alguém diz algo negativo sobre seu aplicativo ou suas postagens no blog, não retruque com violência. Destratar os outros – especialmente on-line, onde tudo fica registrado, guardado no cache e arquivado – pode resultar em um processo por difamação. Você ri, mas isso já aconteceu. Proteja sua reputação e seus recursos pessoais, trilhando o caminho certo.

- **Os clientes vêm primeiro** – Os clientes podem nem sempre estar certos, mas eles devem sempre receber seu maior respeito e atenção. Responda a todos os e-mails sua e tweets que receber de forma rápida e cortês. Não tem essa de pergunta estúpida, apenas respostas estúpidas. OK, talvez haja perguntas estúpidas e alguns clientes podem lhe dar nos nervos. Mas, se você desconcertar uma pessoa de alguma maneira com respostas públicas sarcásticas no Twitter, pode perder mais do que um cliente – ela pode alertar amigos e familiares para que evitem seus produtos. Esteja disposto a sair um pouco do seu jeito para deixar seus clientes felizes. Se eles se sentirem valorizados, irão recompensá-lo com sua lealdade.

Todos admiram um vencedor: coletando notícias pré-liberação e testemunhos

Embora aumentar a propaganda pré-liberação através da mídia social seja importante, você deve também começar a contatar jornalistas e blogueiros influentes, esperando que cubram o lançamento futuro do seu aplicativo e publiquem um artigo.

Como dissemos antes, se você não tiver paciência ou tempo para dedicar à publicidade pré-liberação, então pode valer a pena contratar uma empresa terceirizada especializada no marketing de aplicativos móveis. Depois de pesquisar no Google por *iPhone app marketing*, você verá que há muitas escolhas. Se seguir por esse caminho, faça sua lição de casa e fale com várias dessas empresas para encontrar aquela que possa atender às suas necessidades dentro do seu orçamento.

Preparando uma lista de distribuição

Quer você contrate um publicitário terceirizado ou faça você mesmo a divulgação, será preciso ter algum material de marketing pronto na ponta dos dedos. Por sorte, esses são os elementos que discuti anteriormente neste livro, portanto, você já deve tê-los preparado:

- Logotipo da empresa.
- O ícone e o logotipo do seu aplicativo iOS.
- A descrição do aplicativo – aquele breve discurso de elevador e uma lista completa dos recursos.
- Algumas belas imagens de telas que melhor representem seu aplicativo.
- Uma página web dedicada para o aplicativo.
- Um trailer de vídeo apresentando o aplicativo.

A maioria dos jornalistas técnicos estará fazendo a cobertura on-line, mas no caso de seu aplicativo atrair o interesse de uma revista impressa ou jornal, certifique-se de ter prontas imagens de alta resolução do logotipo da sua empresa e do ícone/logotipo do seu aplicativo iOS.

Ter o website do aplicativo terminado antes de ir para a imprensa é vital, já que os jornalistas pedirão a URL do seu website.

Adicionalmente, se você produzir um trailer, não se esqueça de carregá-lo em um site de compartilhamento de vídeo, como o YouTube, de forma que as publicações on-line possam facilmente incluí-lo nas suas matérias.

É hora de fazer alguma pesquisa on-line. Para conseguir cobertura de mídia das fontes de imprensa mais influentes, você precisa saber quais sites e jornalistas técnicos poderiam estar interessados em escrever sobre seu aplicativo. Prepare uma lista das pessoas que você deve contatar. Anote o público ao qual eles se dirigem e no que eles são especializados. Não faz sentido gastar tempo valioso pregando sobre seu aplicativo para um site de jogos móveis se ele não for um jogo. Se o site nunca cobriu aplicativos de produtividade antes, provavelmente não vai querer começar agora. Racionalize seus esforços e concentre-se somente naquelas pessoas selecionadas que possam estar interessadas na categoria do seu aplicativo.

Estabelecendo relacionamentos

Quando você esteve fazendo pesquisa competitiva no Capítulo 2, explorou dezenas de sites de análise de aplicativos. Esses sites se mostrarão importantes novamente para analisarem seu aplicativo depois que ele estiver disponível na App Store.

E não se esqueça dos diversos sites e revistas técnicas que cobrem notícias sobre iPhone e iPad. Mesmo aqueles que não publicam press-releases podem estar interessados em escrever sobre o seu aplicativo se ele oferecer um recurso ou serviço único que possa interessar diretamente aos leitores.

Discutirei com profundidade como conseguir cobertura e análises da mídia para seu aplicativo iOS no Capítulo 12. Entretanto, a esta altura, se você já não tiver um relacionamento com algum jornalista importante ou blogueiros técnicos, agora é a hora de se apresentar. Não é aconselhável que você simplesmente ligue de repente para eles quando o seu aplicativo estiver liberado. Aí será muito tarde, gastando tempo precioso com introduções quando seu mecanismo de marketing já deveria estar se movimentando a toda velocidade.

Durante esse estágio pré-liberação, estabeleça uma conexão com as pessoas da sua lista de distribuição na imprensa. Procure primeiro os mais importantes, passando gradativamente pela lista toda.

Embora os números de contato possam estar listados nos seus respectivos sites na web, não telefone primeiro. Antes, apresente-se por e-mail, de forma que eles possam ler sobre sua empresa e seu futuro aplicativo quando lhes for conveniente.

Lembre-se de que a maioria dos jornalistas tem prazos a cumprir para escrever vários artigos por dia e, portanto, seu tempo é muito limitado. Não espere uma resposta imediata. Podem se passar vários dias ou até mesmo uma semana até que eles respondam ao seu e-mail, portanto, é importante ter paciência. Essa é mais uma razão para começar o processo pelo menos um mês antes de o aplicativo estar disponível na App Store.

Mesmo se algum jornalista ignorar suas mensagens, não bombardeie – em hipótese alguma – seu correio de voz ou sua caixa de entrada de e-mail com uma saraivada de mensagens repetidas. Com mais de 300 mil aplicativos na App Store, você não é o único desenvolvedor iOS que está procurando cobertura da imprensa. Não há nada de errado em ser persistente, mas também ninguém gosta de ser incomodado.

Outra boa maneira de fazer com que os jornalistas e blogueiros influentes tomem conhecimento do seu aplicativo é segui-los no Twitter. Como o Twitter se tornou uma importante fonte de notícias para a imprensa, seus tweets não só aumentarão a perceptividade dos potenciais clientes para seu aplicativo, como também atrairão a atenção da imprensa, gerando solicitações de entrevistas e análises do aplicativo. Siga seus jornalistas técnicos favoritos e eles talvez o sigam também.

Um dos motivos pelos quais é crucial que o seu website e imagens de telas tenham um visual que impressione é fazer com que você se destaque na imensa pilha de consultas de outros desenvolvedores. Um website atraente conectado por um tweet e uma imagem de tela incrível postada em um fórum popular para iPhone sabidamente são precursores de uma boa dose de cobertura da imprensa e de propaganda boca a boca.

A imprensa técnica lida com milhares de desenvolvedores e editores de aplicativos e jogos para todas as diversas plataformas. Não presuma que os jornalistas que já falaram sobre seus produtos no passado irão se lembrar de você ao receberem seu novo press-release.

Apresente-se novamente, enviando aquele release, agradecendo-lhes por sua cobertura anterior, como um lembrete antes de mencionar seu iminente novo aplicativo.

Procure saber de suas agendas e prazos apertados para escrever, perguntando-lhes sobre suas programações editoriais e para saber com que antecedência eles precisam da informação para poder escrever um artigo ou uma análise. Isso é particularmente importante quando você estiver lidando com o mundo impresso. Os blogueiros on-line normalmente podem produzir e publicar artigos em questão de dias, mas as revistas impressas normalmente trabalham com um período de três meses.

Oferecendo montagens Ad Hoc exclusivas e avançadas para garantir cobertura

Se você tiver algo novo e empolgante a oferecer, os jornalistas vão querer ser os primeiros a dar a notícia. Eles terão mais interesse em cobrir sua história se for exclusiva. Obviamente, você não pode oferecer exclusividade a todos, portanto, se conseguir submeter uma pré-visualização do seu aplicativo na forma de um videoclipe, uma imagem de tela ou até mesmo uma versão beta, certifique-se de que seja para uma publicação com grande audiência.

Conseguir que alguns blogueiros importantes usem o aplicativo antes da sua liberação pode trabalhar a seu favor. Se gostarem do aplicativo, muito provavelmente falarão sobre ele. Se adorarem o seu aplicativo, poderão até mesmo se tornar divulgadores extraoficiais dele, fazendo excelentes menções que você pode incluir no seu press-release e no seu website.

A maioria dos analistas e blogueiros está acostumada a analisar aplicativos através de distribuição ad hoc, portanto, quando estiver preparando testes beta, não se esqueça de reservar alguns dos device IDs para uso na cobertura preliminar da imprensa. Muitos jornalistas acostumados com o iPhone até mesmo incluem os UDIDs dos seus dispositivos nos seus cartões de visita ou biografia on-line. Isso é muito prático, já que você precisará configurar um device ID para eles no seu iOS Provisioning Portal. Sim, configurar e fornecer montagens ad hoc do aplicativo para um seleto grupo de membros influentes da imprensa pode ser uma complicação, mas o potencial de publicidade compensa. Se você estiver enviando uma versão beta, não se esqueça de informá-los sobre isso, para que eles não a avaliem como se fosse um aplicativo final liberado.

Mesmo considerando que o aplicativo possa mudar ou enfrentar atrasos inesperados durante o processo de análise da Apple, alguns sites técnicos não aceitam restrições. Portanto, mesmo que você enfatize a importância de segurar a publicação das suas análises do aplicativo até que ele esteja liberado na App Store, seu desejo nem sempre será atendido.

Como nem sempre é possível controlar quando as análises serão publicadas, é vital que você não envie montagens ad hoc aos sites técnicos com muita antecedência. Você certamente não vai querer saturar o mercado com montes de coberturas da imprensa muito antes da efetiva liberação – o que é simplesmente um desperdício da publicidade, que seria mais bem aproveitada após a liberação. As pessoas geralmente têm memória curta quando se trata de produtos de software. A maioria da sua publicidade deve acontecer no tempo que melhor lhe convenha – quando os clientes puderem comprar imediatamente o aplicativo sobre o qual acabaram de ler.

Isto posto, é sempre bom ter disponíveis alguns testemunhos importantes de sites técnicos respeitados antes que o seu aplicativo seja liberado. Dessa forma, quando ele estiver vivo na App Store, não será visto como algo desconhecido. Com base na agitação pré-liberação e nos endossos postados no seu website, o novo aplicativo ficará parecendo muito mais interessante para os consumidores. Todos admiram um vencedor.

Passando o bastão

Este foi um dos capítulos mais longos do livro, mas certamente um dos mais importantes quando se trata do seu marketing pessoal e do seu aplicativo on-line.

Com seus esforços preliminares de marketing já a todo vapor, agora é hora de colocar o seu aplicativo nas boas mãos da equipe de análise da Apple. A seguir, o levarei através do temido processo de submissão de aplicativos. Você já deve ter lido histórias de horror postadas on-line sobre longos tempos de análise e rejeições desencorajadoras, mas não deixe que nada disso o desanime. Quanto antes você passar pelo processo de análise de aplicativos da Apple e ser aprovado, mais cedo poderá começar a vendê-lo na App Store. Portanto, respire fundo e vire a página.

Capítulo **11**

As chaves do reino: o processo de submissão à App Store

Após meses de extenso planejamento, desenvolvimento e testes, você está pronto para submeter seu aplicativo iOS à App Store! Parabéns por todo esse trabalho duro! Seus beta testers adoraram seu aplicativo, mas a equipe de análise da Apple dará sua aprovação?

Este capítulo o conduzirá pelo processo de submissão de aplicativos ao iTunes Connect. Se seguir as diretrizes da Apple, são boas as chances de que a submissão do seu aplicativo ocorra suavemente. Lembre-se de que mais de 300 mil aplicativos já foram aprovados, superando em muito a quantidade de aplicativos rejeitados.

Sua página de produto na App Store é o portal do seu aplicativo para o mundo, portanto, a apresentação é essencial para comunicar adequadamente o valor do seu aplicativo. Antes de submetê-lo ao iTunes Connect, você precisa ter alguns itens prontos para o formulário on-line de submissão. Vale a pena gastar algum tempo antecipadamente para criar:

- O título do seu aplicativo.
- Uma descrição atraente.
- Imagens de tela visualmente atraentes.
- Uma lista otimizada de palavras-chave.
- Uma estratégia de preço.

Esses elementos influenciarão não apenas a equipe de análise de aplicativos da Apple, mas também a capacidade de comercialização do seu produto na App Store.

A política de preços

Uma das coisas mais importantes que é preciso definir antes da submissão é o preço de venda. Como a maioria dos aplicativos Top 25 da App Store custa apenas 99 centavos, não assuma que este seja o ponto mágico de valor para o seu aplicativo. Na verdade, há uma série de fatores a considerar antes desta definição.

Analisando aplicativos similares

Como você já pesquisou seus concorrentes (como vimos no Capítulo 2), deve estar ciente dos preços e conjuntos de recursos dos aplicativos similares. Embora manter seu preço abaixo daquele de aplicativos concorrentes possa parecer uma jogada óbvia, não se rebaixe ainda.

Se seu aplicativo não oferecer um diferencial importante, como uma interface melhorada ou um recurso matador, então talvez seja forçado a lhe impor um preço menor que os dos similares, especialmente se eles já tiveram uma boa venda e análises positivas dos clientes. Mas, se você fez sua lição de casa focado em competitividade, este não deve ser um problema, certo?

Se tiver um recurso muito desejado que diferencie seu aplicativo da concorrência, você pode conseguir se sair muito bem na App Store com o mesmo preço, ou até mesmo maior. Se sentir que aplicativos similares, vendidos a $ 1,99, possam rapidamente copiar seus recursos matadores, então manter este mesmo preço talvez seja a resposta. Mas, se acha que o recurso poderá continuar sendo exclusivo do seu aplicativo – por qualquer razão que seja, como dificuldade técnica ou acordos de licenciamento –, você pode conseguir vendê-lo por $ 2,99 ou até um pouco mais.

No caso de se deparar com um mercado inexplorado em que seu aplicativo atualmente não tenha nenhum concorrente, então tudo se resumirá a determinar quanto seu produto vale para os potenciais clientes. Normalmente, quanto mais concentrado for o mercado a que ele serve, mais alto é o limite de preço. Por exemplo, aplicativos que servem a cientistas, doutores ou representantes de vendas com frequência têm preços na parte superior do espectro, variando entre $ 6,99 e $ 99. É aconselhável pesquisar o campo específico no qual seu produto se especializa para ajudar no cálculo, com base nos benefícios que oferece, do quanto os potenciais clientes estão dispostos a gastar com um aplicativo móvel deste tipo. Certamente você não vai querer extorquir seus clientes, mas, ao mesmo tempo, tampouco perder dinheiro.

Espaço de manobra

Os aplicativos de produtividade têm um período de vida útil maior do que o de transitórios, de momento; portanto, o preço pode ser um pouco mais fácil de definir. Mas, para jogos e aplicativos de novidades, que não têm a mesma longevidade, o objetivo normalmente é conseguir uma boa classificação nos gráficos da App Store logo após o lançamento. Embora a maioria desses aplicativos de momento sejam lançados pelo baixíssimo preço de 99 centavos, na esperança de serem impulsionados para os Top 100, você deve pensar duas vezes antes de empregar esta mesma estratégia.

Definir este valor no lançamento é um bom incentivo à compra por impulso. Mas, então, o que acontece quando as vendas iniciais impulsionadas pelos esforços de publicidade no lançamento diminuem? Quando a perceptividade e as vendas caírem (e em algum momento cairão), é a hora em que você vai querer rejuvenescer sua presença na App Store fazendo uma promoção por tempo limitado. Mas, com seu aplicativo já cotado no mínimo de 99 centavos, não há espaço de manobra. Mas, se o preço do aplicativo for de $ 1,99 ou mais, haverá espaço para oferecer um desconto especial quando for necessário para manter o *momentum* na App Store.

Os jogos, muitas vezes, recebem reclamações dos consumidores quando liberados com um preço maior do que 99 centavos, mas não deixe que uns poucos reclamantes o intimidem. Se você criou um jogo de alta qualidade, então, reclamações à parte, seus lucros advirão do preço mais alto. Embora a maioria dos jogos com preços mais altos seja de empresas grandes, como a Electronic Arts e a Gameloft, muitos desenvolvedores pequenos, independentes, também têm conseguido sucesso; por exemplo, o Canabalt, da Semi Secret Software, por $ 2,99.

Com o preço do seu aplicativo em apenas 99 centavos, você precisará vender muitas cópias para ganhar um valor razoável, especialmente depois que a Apple tirar seus 30%. Isto, em geral, requer que seu modelo de negócios, baseado em grandes volumes de vendas, esteja classificado nos Top 25. E, se você conseguir chegar lá, esta visível exposição pode aumentar as vendas exponencialmente, fazendo valer a pena o baixo preço de 99 centavos.

Mas isso só se você conseguir uma classificação alta – este é um jogo de probabilidade. Como não há garantias de que seu aplicativo chegue aos Top 25, ou até mesmo aos Top 100, é muito arriscado colocar o preço em 99 centavos, se, no final, você acabar vendendo menos cópias do que esperava. Colocando $ 1,99 ou mais, você não precisará vender tantas unidades para ganhar o mesmo dinheiro, o que, por sua vez, faz a classificação na App Store ser menos vital para sua lucratividade.

Digamos que seu aplicativo consiga vender apenas 10 mil unidades no decorrer de vários meses:

- 10.000 × $ 0,99 = $ 9.900 – $ 2.970 (os 30% da Apple) = $ 6.930
- 10.000 × $ 1,99 = $ 19.900 – $ 5.970 (os 30% da Apple) = $ 13.930

Com vendas, no geral, decepcionantes, o preço de $ 1,99 ou maior ainda pode oferecer números respeitáveis de ganhos, e até mesmo recuperar os custos iniciais de desenvolvimento do produto. Já 99 centavos corta drasticamente sua margem de lucro pela metade!

Sustentando um negócio de longo prazo

Como você comprou este livro, é quase certo que está procurando ganhar dinheiro com o desenvolvimento do seu aplicativo móvel. E, ainda, não está pensando em ficar só com um, mas, idealmente, construir um negócio lucrativo, produzindo diversos aplicativos iOS. Para conseguir este intento, você precisa colocar nos seus aplicativos um preço que não apenas seja competitivo com outros similares, mas também gere renda suficiente para pagar os custos atuais de desenvolvimento de outros aplicativos e tocar sua empresa. Para ajudar a definir seu preço, primeiro é necessário descobrir quanto sua empresa precisa ganhar por ano para sobreviver.

Por ser uma empresa iniciante, seus custos operacionais podem parecer muito baixos. Como muitos desenvolvedores independentes, você pode estar trabalhando em casa e fazendo todo o seu projeto, programação, marketing, contabilidade e outras tarefas gerenciais por si mesmo. Esta é uma fórmula usual, que tem funcionado para muitos desenvolvedores de aplicativos. Mas, quando for calcular suas necessidades financeiras, não se concentre apenas nas despesas imediatas, como propaganda, hospedagem na web, acesso à internet, linhas telefônicas, seguro-saúde, alimentação e suas prestações/aluguel. É importante colocar um valor para o seu tempo também. Você não quer meramente "sobreviver". Seu plano deve ser de lucrar com todo o seu trabalho duro, ganhando dinheiro suficiente não apenas para financiar seu próximo projeto de aplicativo, mas também para recompensar seus esforços com um pouco de luxo.

Como exemplo, digamos que seu aplicativo iOS custará $ 5 mil para seu desenvolvimento. Isto engloba fazer todo o desenho da interface e a programação você mesmo, com um pequeno orçamento para licenciamento de imagens, música e outros serviços. Para incluir também alimentação e o pagamento de todas as suas contas, vamos assumir que seu custo fixo seja de $ 4 mil. Se você planeja produzir três aplicativos em um ano, seu orçamento total de desenvolvimento mais as despesas de custo de vida totalizarão aproximadamente $ 63 mil. Para lhe dar um pouco de folga para o caso de surgirem despesas adicionais e emergências inesperadas, vamos arredondar para $ 70 mil.

- $ 70.000 / $ 0,69 ($ 0,99 – 30% da Apple) = 101.449 aplicativos vendidos.
- $ 70.000 / $ 1,39 ($ 1,99 – 30% da Apple) = 50.360 aplicativos vendidos.
- $ 70.000 / $ 2,09 ($ 2,99 – 30% da Apple) = 33.493 aplicativos vendidos.

Para conseguir uma renda anual de $ 70 mil, seus três aplicativos de 99 centavos precisarão vender 101.449 cópias antes do final do ano! Muito fácil, se você tiver três *best-sellers* classificados confortavelmente entre os Top 100 da App Store. Mas, se eles assim não se classificarem, então, cobrar apenas 99 centavos por aplicativo não o levará nem perto do objetivo anual de renda de $ 70 mil. E, se você estiver vindo do mundo do desenvolvimento e consultoria de software para desktop, provavelmente está acostumado a ganhar bem mais do que isso por ano.

Simplesmente faça os cálculos. Você verá rapidamente como vender aplicativos por apenas 99 centavos exige que eles sejam *best-sellers* sem margem de erro.

E se você gerencia uma pequena equipe doméstica de desenhistas e programadores, ou utiliza uma empresa terceirizada para o desenvolvimento? Então, o custo projetado de desenvolvimento do seu aplicativo muito provavelmente ultrapassará os $ 10 mil ou $ 20 mil. E estou sendo conservador aqui, já que muitos aplicativos e jogos custam mais de $ 100 mil para seu desenvolvimento. Tudo depende da complexidade do projeto e das despesas fixas do seu pessoal e outras relacionadas.

Procurando dar suporte aos seus negócios com um fluxo de renda anual de pelo menos $ 300 mil?

- $ 300.000 / $ 0,69 ($ 0,99 – 30% da Apple) = 434.783 aplicativos vendidos.
- $ 300.000 / $ 1,39 ($ 1,99 – 30% da Apple) = 215.827 aplicativos vendidos.
- $ 300.000 / $ 2,09 ($ 2,99 – 30% da Apple) = 143.541 aplicativos vendidos.

Este é o total de aplicativos que terá de vender por ano por apenas 99 centavos cada! Você precisará, ou de um sucesso estrondoso, ou trabalhar muito mais duro para liberar uma coleção maior de aplicativos que possa gerar renda. Lembre-se apenas de que quanto mais aplicativos produz, mais dinheiro é gasto com desenvolvimento, o que, por sua vez, aumenta suas despesas fixas.

Só porque você leu sobre jogos de sucesso, como Angry Birds e Cut the Rope, que vendem milhões de cópias, não assuma que vender 500 mil aplicativos seja um objetivo fácil de alcançar. Concordo, seria ótimo, e todos nós esperamos alcançar o pote de ouro com um aplicativo *best-seller*. Mas, quando calcular seu orçamento de desenvolvimento e os preços dos aplicativos, tenha em mente que a maioria dos aplicativos vende apenas poucos milhares de cópias durante sua vida na App Store. Você precisará trabalhar muito duro da forma como está para garantir que seu aplicativo tenha mais sucesso do que o resto do grupo; portanto, não torne seu trabalho mais difícil, colocando um preço muito baixo no seu produto.

O valor percebido e a resistência do consumidor

Você está começando a entender o grande risco envolvido no preço estabelecido em 99 centavos? Sua renda não é a única vítima em potencial se seu aplicativo não vender bem. Parece haver também uma relação direta entre o preço e as classificações, mas não na direção que você espera. Quanto mais baixo o preço, mais as classificações dos seus consumidores parecem cair.

É verdade que, se o preço do seu aplicativo for fixado muito alto, os consumidores o censurarão com classificações negativas na App Store. Sendo assim, quanto mais barato for seu aplicativo, melhores serão as análises, certo? Não necessariamente. Um preço menor atrai uma multidão de consumidores, muitos dos quais compram por impulso. Depois de terem pagado apenas 99 centavos, você não acreditaria que alguém fosse reclamar. Mas eles reclamam sim. Um bom número de usuários tem expectativas desproporcionalmente altas com relação àquilo que compram por 99 centavos; muitos deles foram mimados por um monte de ótimos aplicativos neste valor. A popular estratégia de baixar os preços para apenas 99 centavos numa tentativa de impulsionar o volume de vendas e aumentar a classificação nos gráficos da App Store parece ter criado uma percepção distorcida do valor dos aplicativos entre os consumidores.

Em 2009, Jesse Grosjean, da Hog Bay Software, decidiu fazer uma experiência com o preço do seu aclamado aplicativo WriteRoom, baixando o preço normal de $ 4,99 para gratuito (por um fim de semana; e depois para 99 centavos). O teste tinha o objetivo de checar se a oferta limitada gratuita e, depois, um discreto aumento para 99 centavos criariam um aumento no volume de vendas que compensasse a diminuição do lucro por unidade vendida. Embora as vendas realmente tenham aumentado, eventualmente minguaram novamente – prova de que, pela longevidade desse aplicativo de nicho de produtividade, em última instância o preço mais alto gerou mais renda no longo prazo.

Jesse Grosjean tinha planejado chegar a um preço estabelecido de $ 1,99 ou $ 2,99, mas durante a experiência com as vendas ele viu a pontuação do WriteRoom na App Store "ir de majoritariamente quatro a cinco para uma classificação igualmente distribuída entre cinco e uma estrelas". Mesmo considerando que realmente aumentou a quantidade de novos usuários, o preço menor também gerou uma percepção de que, no geral, os usuários ficaram menos satisfeitos. A experiência revelou muita coisa sobre o comportamento da App Store. Depois que a oferta terminou, Jesse optou por voltar para o preço original de $ 4,99.

Com um preço mais alto você pode atrair menos clientes, mas estes comprarão seu aplicativo porque realmente o querem. E eles também têm um interesse genuíno na sobrevivência e no sucesso do aplicativo; portanto, as classificações que postam na App Store tendem a refletir um tom mais positivo. Um preço maior também pode dar ao seu aplicativo maior percepção de valor. Psicologicamente, muitas pessoas relacionam preço com qualidade, acreditando que você recebe pelo que paga.

Então, se 99 centavos é muito baixo para grande parte dos aplicativos, que preço é muito alto? De forma geral, acredita-se que aqueles que custam entre $ 0,99 e $ 1,99 são comprados por impulso. O valor de $ 2,99 parece ser o limite que faz as pessoas pensarem e avaliarem o aplicativo mais minuciosamente antes de tomar a decisão de compra. A resistência aparece a partir dos $ 4,99, o que exige um jogo de muito boa qualidade ou um aplicativo com recursos importantes. Há vários aplicativos que são os melhores nas suas categorias e prosperaram na faixa superior do espectro de preços, como o OmniFocus, da Omni Group, de $ 19,99, e o Things, da Cultured Code, de $ 9,99.

Um dos meus jogos favoritos, o Real Racing, da Firemint, foi lançado originalmente por $ 9,99 com grande estardalhaço. Para sustentar o movimento das vendas, depois de vários meses da liberação, a Firemint resolveu baixar o preço para $ 6,99 e, depois, novamente para $ 4,99. Isto lhe permitiu entender a vida do produto e permanecer competitiva entre as novas liberações na App Store sem sacrificar muito a receita.

Quando sua muito esperada continuação, o Real Racing 2, foi liberada, a Firemint tentou mais uma vez com o preço de $ 9,99. Inicialmente, ele se saiu muito bem, aproveitando-se daqueles usuários mais ansiosos e fãs leais, que mal podiam esperar para jogá-lo. Mas, algum tempo depois, as vendas começaram a cair lentamente, e a empresa reduziu o preço para $ 6,99, a fim de ajudar a manter sua posição nos gráficos da App Store.

O Real Racing *não é* um desses jogos que se pode desenvolver com apenas uns poucos milhares de dólares. Porque é um jogo de corrida do estado da arte que precisou de um grande orçamento de desenvolvimento e muitos meses de programação. Seu preço precisa ser definido em conformidade com as suas exigências, a fim de reforçar a percepção de valor. O preço reduzido de $ 4,99 para o Real Racing, e de $ 6,99 para o Real Racing 2, parece uma barganha para aqueles que estavam hesitantes em comprá-los por $ 9,99. Mesmo assim, eles continuam com um preço de venda lucrativo para ajudar no contínuo desenvolvimento de atualizações e novos jogos.

Os aplicativos para iPad parecem merecer preços médios muito mais altos do que os para iPhone. Com sua tela de tablet maior, os consumidores percebem o iPad como mais um substituto de computação móvel para os notebooks e laptops e, portanto, há uma crença de que os aplicativos para este aparelho são mais potentes e têm mais recursos. Isso aumenta a barreira de preços, levando essas versões a conseguir pelo menos um ou dois dólares a mais (se não mais) do que seus equivalentes para iPhone. Por exemplo, o jogo *best-seller* Angry Birds custa apenas 99 centavos para iPhone, enquanto o Angry Birds HD para iPad se sai muito bem por $ 4,99.

Embora você certamente consiga ganhar mais dinheiro por aplicativo vendido para iPad, o público ainda é menor do que o do iPhone e do iPod touch. Mesmo com um preço menor, um aplicativo para iPhone ainda pode conseguir mais renda do que seu equivalente para iPad devido ao maior volume de vendas. Mas isso só é relevante se você oferecer duas versões separadas, para iPhone e para iPad, do seu aplicativo.

Um aplicativo universal é projetado tanto para iPhone quanto para iPad, e terá um único preço. É preciso muito trabalho para aperfeiçoar a interface de um aplicativo para ambos os dispositivos. Portanto, a menos que você tenha um bom motivo para colocar no seu aplicativo universal um preço de 99 centavos, é do seu maior interesse optar por uma quantia mais alta, tendo como base o valor percebido, seus concorrentes e o que o mercado tem para oferecer naquela categoria.

Simplesmente lembre-se de que, depois que seu aplicativo estiver liberado na App Store, é muito mais fácil reduzir seu preço do que aumentá-lo. Depois de algumas semanas de vendas, se estiver recebendo muitas reclamações dos consumidores por causa do preço, você sempre pode fazer experiências com valores promocionais ou até mesmo reduções permanentes. Mas, se já estabeleceu um preço baixo, aumentá-lo depois pode causar atrito com os clientes que ficarem irritados com esta atitude.

Melhorando a descoberta do aplicativo: a arte das palavras-chave e dos nomes

No passado, era possível fazer pesquisa pelas descrições dos aplicativos na App Store, o que permitia que os desenvolvedores as preenchessem com uma profusão de palavras-chave otimizadas e frases textuais. Isto era também uma fonte de abuso, porque muitos desenvolvedores tentavam "manipular" o sistema incluindo nomes de aplicativos concorrentes e palavras-chave populares, porém irrelevantes nas suas descrições, com esperança de ter melhor classificação nos resultados das buscas. No verão de 2009, a Apple mudou o algoritmo de pesquisa do iTunes para evitar esse tipo de uso indevido. E, em substituição, introduziu palavras-chave que os desenvolvedores podem atribuir aos aplicativos.

Agora, os únicos elementos que podem ser pesquisados na App Store são: nome do seu aplicativo, palavras-chave e nome da empresa. Em razão desta mudança, é mais importante que nunca que o nome do aplicativo que você submete e as palavras-chave sejam otimizados para o mecanismo de busca, a fim de melhorar sua visibilidade nas buscas relacionadas da App Store.

Atribuindo palavras-chave

O iTunes Connect limita o campo Keywords a apenas 100 caracteres; portanto, faça valer cada palavra-chave.

As palavras-chave podem ser individuais ou frases com várias palavras. Para conseguir os melhores resultados, a Apple recomenda separar as palavras-chave por vírgulas.

Como o nome da sua empresa listado com seu aplicativo já pode ser pesquisado na App Store, não há necessidade de incluí-lo no campo Keywords. Fazer isso é desperdiçar seus preciosos 100 caracteres.

Embora este recurso possa ser visto como muito mais limitador do que os longos blocos de texto das descrições dos aplicativos, a Apple lhe fez um pequeno favor, deixando as palavras-chave escondidas da vista do público. Isto evita que seus concorrentes copiem facilmente todas as suas palavras-chave! Mas, certamente, é uma faca de dois gumes, pois você também não tem acesso às palavras-chave deles.

Como as palavras-chave escolhidas têm função crucial na descoberta do seu aplicativo na App Store, é importante que você mesmo faça muitas experiências de busca para descobrir quais aplicativos são incluídos nos resultados das pesquisas com base em determinadas consultas. Mencionei isso no Capítulo 2, quando discutimos os benefícios de pesquisar os concorrentes antes de desenvolver seu aplicativo.

Seu objetivo é criar uma lista de palavras-chave que acredite possa melhorar a visibilidade do seu aplicativo nas buscas feitas pelos clientes. É certo que você queira incluir palavras-chave que funcionam para os concorrentes, mas também use um dicionário de sinônimos para descobrir *todas* as possíveis palavras-chave relacionadas com o conjunto de recursos do seu aplicativo. É importante cobrir todas aquelas que os usuários possam eventualmente usar nas pesquisas. Se você encontrar alguns termos que pareçam ser consultas intuitivas, e não estejam sendo usados pelos seus concorrentes, estes podem resultar em palavras-chave valiosas. Quanto menos aplicativos similares aparecerem nos resultados das buscas dos usuários, menor concorrência você terá quando um usuário decidir quais itens listados deve explorar.

Eis algumas diretrizes sobre como escolher palavras-chave:

- **Use palavras-chave relevantes** – Prenda-se a palavras-chave relevantes para conseguir os melhores resultados. Se você estiver vendendo um aplicativo de nicho, como uma ferramenta de editoração ou um localizador de carro estacionado, pode parecer uma boa ideia incluir termos populares, como *peido* ou *biquíni*, numa tentativa de empurrar seu aplicativo para uma ampla audiência, mas essa estratégia não ajudará na App Store. Não apenas as palavras-chave não relacionadas prejudicam a relevância da busca – rebaixando a classificação nas pesquisas no seu gênero atual –, mas incluí-las é também uma boa maneira de ter seu aplicativo barrado pela Apple durante o processo de análise.

> **ALERTA DE REJEIÇÃO DE APLICATIVO:** As palavras-chave não podem conter palavras ou frases que sejam irrelevantes, ou ofensivas, ou que façam referência a outros produtos, marcas e marcas registradas. Não tente ser esperto incluindo nomes de aplicativos concorrentes na sua lista de palavras-chave. E tenha muito cuidado para não inserir nomes de marcas registradas ou de celebridades para os quais você não tenha autorização para usar. Fazer isso só vai conseguir que seu aplicativo seja rejeitado! Por exemplo, se seu aplicativo for um guia independente de filmes, incluir palavras-chave como *Moviefone, Netflix, Fandango*, ou até mesmo nomes de atores, pode fazer que seu aplicativo seja chutado para fora da App Store, que já declarou que "o uso impróprio de palavras-chave é o quarto motivo mais frequente de rejeições na App Store".

- **Evite palavras-chave comuns demais** – Palavras-chave comuns, genéricas, produzirão uma enorme lista de resultados durante a busca, tornando muito mais difícil a descoberta do seu aplicativo. Usar as mais específicas, que resultem em menos resultados, não só melhorará a relevância da sua pesquisa, como também será mais provável que seu aplicativo fique mais próximo do topo da lista dos resultados. Por exemplo, se seu produto for um jogo de voo no qual os usuários devem pilotar uma nave espacial por um labirinto tridimensional de estrelas e planetas, não use palavras-chave genéricas, como *jogo* ou *diversão*, que basicamente descrevem todos os jogos da App Store. Refine suas opções, usando termos mais específicos, que os amantes dos jogos poderiam usar na pesquisa, como *nave espacial* ou *missão*.

- **Evite repetições** – Porque há a limitação de 100 caracteres, não repita palavras no nome do seu aplicativo e nas palavras-chave, já que ambos são incluídos nas buscas na App Store. Por exemplo, se o nome do seu aplicativo incluir *nave espacial*, não há necessidade de desperdiçar valiosos caracteres incluindo estes termos nas palavras-chave.

- **Cubra todas as suas regiões** – Se você situou seu aplicativo em mais de um idioma, é importante incluir palavras-chave afins na seção Localization, do iTunes Connect, para cada região que ele suporte. Se você decidir torná-lo disponível nas App Stores em inglês e em alemão, é aconselhável submeter palavras-chave nesses dois idiomas para que seu aplicativo possa ser pesquisado nas regionais correspondentes.

Tome cuidado especial ao criar sua lista de palavras-chave antes de enviá-las para o iTunes Connect, porque, depois, você poderá editá-las somente se carregar uma nova versão do binário do aplicativo ou se o seu aplicativo tiver sido rejeitado e precisar ser reanalisado. Esse cuidado foi estabelecido para que a Apple possa aprovar suas palavras-chave durante o processo de análise do aplicativo; ele evita que o sistema de palavras-chave seja manipulado ou abusado pelos desenvolvedores; e, ainda, torna vital que a lista de palavras-chave submetida seja perfeitamente otimizada e livre de erros de digitação, já que você não poderá voltar e revisá-las até a próxima vez que seu aplicativo seja oficialmente analisado pela Apple outra vez.

> **DICA:** Ainda não tem certeza de quais palavras-chave usar para conseguir resultados ótimos? Como mencionei no Capítulo 10, a ferramenta de palavras-chave AdWords, do Google (https://adwords.google.com/select/KeywordToolExternal), pode ser um recurso útil. Embora o Google tenha desenhado aquela ferramenta da web para ajudar as pessoas a refinar seus planos SEO e campanhas publicitárias, ela também pode ajudá-lo a identificar e comparar a popularidade de palavras-chave específicas. Os dados não são relacionados à App Store, mas dão uma boa ideia do que as pessoas estão pesquisando on-line a fim de descobrir as que possam se relacionar com o assunto do seu aplicativo. Para quem está tendo dificuldades em identificar palavras-chave estratégicas pela busca na App Store, a ferramenta de palavras-chave do Google oferece respostas muito melhores do que tentar adivinhar sozinho.

O jogo do nome

No Capítulo 2, enfatizei a importância de dar ao seu aplicativo um nome curto o suficiente para que seja exibido por inteiro na tela principal do iOS sem precisar ser truncado, ou seja, sem recortes. Este cuidado também dá bom resultado quando o produto é exibido nas buscas na App Store. Os nomes de aplicativo Voices e Convert, da Tap Tap Tap, são muito fáceis de ler e deixam espaço para acrescentar um texto descritivo ao o título (veja a Figura 11.1).

Figura 11.1. *Com o Voices e o Convert, a Tap Tap Tap manteve os nomes dos aplicativos curtos para facilitar a legibilidade e poder adicionar textos descritivos ricos em palavras-chave aos nomes na App Store.*

Está certo, o nome do seu aplicativo na App Store não se limita apenas ao nome propriamente dito. É perfeitamente aceitável acrescentar um texto descritivo no campo App Name. Certifique-se apenas de que o verdadeiro nome do seu aplicativo venha primeiro, seguido pelo texto descritivo, de forma que o primeiro seja sempre visível quando listado nos resultados de busca. Não há problema que o texto anexado mostrado na Figura 11.1 seja truncado, já que ele será exibido por completo na página de produto do aplicativo (depois que o item é tocado na lista). Os nomes simples dos aplicativos Convert e Voices são assim listados na App Store:

- Convert – the unit calculator.
- Voices – fun voice changing!

O texto acrescentado – normalmente separado do nome do aplicativo que o antecede por um simples hífen ou por dois-pontos – ajuda a descrever a funcionalidade principal do aplicativo. Essa sutileza interessante não apenas atrai a atenção do leitor, como também permite que ele saiba o que seu aplicativo faz sem a necessidade de ler antes toda a descrição. Já que hoje em dia não são muitas as pessoas que realmente gastam tempo para ler as longas descrições dos aplicativos, este título estendido pode realmente ajudar nos seus esforços de marketing.

Outro benefício importante desta técnica de nome estendido é a oportunidade de preencher o campo App Name, que pode ser pesquisado, com palavras-chave relacionadas! Por exemplo, considere "Convert – the unit calculator" e um dos seus concorrentes da Tapbots, "Convertbot – The Amazing Unit Converter":

- Se um usuário pesquisar na App Store por *convert*, ambos serão listados nos resultados da busca, porque incluem este termo nos seus nomes de aplicativo.
- Se um usuário pesquisar por *calculator* ou *unit calculator*, somente o Convert aparecerá nos resultados, já que o título do aplicativo inclui estes termos como parte do seu nome estendido. (Parece que as palavras-chave do Convertbot não são otimizadas para *unit calculator* ou *calculator*.)

- Se um usuário pesquisar por *converter*, o Convertbot será incluído nos resultados, enquanto o Convert não.

Lembre-se de que o nome do aplicativo que escolher para exibição dentro da App Store só poderá ser editado quando um novo binário for submetido para análise ou se o seu aplicativo for rejeitado e precisar ser ressubmetido. Da mesma forma que as palavras-chave, o nome é revisado pela equipe de análise da Apple, para garantir que ninguém tente abusar da oportunidade usando palavras não licenciadas de marcas registradas ou irrelevantes e inapropriadas. Portanto, todas as mesmas regras aplicadas para as palavras-chave submetidas se aplicam aqui. Tentativas de enganar o sistema farão com que seu aplicativo não seja aprovado.

Trate o nome do aplicativo como uma extensão do marketing das suas palavras-chave relacionadas. Quando a lista de palavras-chave e o nome do aplicativo estão funcionando juntos, em uníssono, com palavras e frases altamente otimizadas, você está aumentando as chances de o seu produto ser descoberto na superpovoada App Store.

Aperfeiçoando o discurso de vendas da descrição do seu aplicativo

Embora a descrição de um produto na App Store não possa ser pesquisada, ela continua sendo uma ferramenta de marketing importante para os usuários que estiverem interessados em saber mais sobre seu aplicativo. Alguém chegou ao ponto de ver sua página de produto na App Store, e esta é a sua oportunidade de convencê-lo por que sua vida não estará completa até que tenha comprado seu aplicativo! Os três elementos que têm influência na sua página de produto são: a descrição, as imagens de tela e as análises dos clientes. Exploraremos esses itens neste capítulo, começando com a anatomia de uma boa descrição de aplicativo.

O que ela é?

Se não estiver usando uma extensão do nome do aplicativo (e você deveria estar), ou se ainda não fica óbvio qual é sua principal função, então, antes de qualquer coisa, inclua na sua descrição uma breve explicação do que seu aplicativo faz e por que as pessoas deveriam comprá-lo. Lembra-se da discussão, no Capítulo 10, sobre o "discurso rápido" no website do seu aplicativo? Aqui não é diferente.

Da mesma forma que com seu website, os visitantes da sua página de produto na App Store gastarão apenas alguns segundos para varrer a descrição e as imagens de tela para decidir se o aplicativo atrai seus interesses. Seu trabalho é ter certeza de fornecer um gancho de vendas bom o suficiente para que eles fiquem motivados e continuem lendo.

Embora a versão para iPhone na App Store exiba a descrição completa do aplicativo nas páginas de produto, as para iPad e desktop do iTunes da App Store mostram apenas as primeiras três ou quatro linhas do texto, com um link More para mostrar o resto. A menos que os usuários tenham sido atraídos pelas suas imagens de tela, serão boas as chances de eles não clicarem no link More. Com isto em mente, é mais importante do que nunca otimizar o resumo do seu aplicativo em um par de breves sentenças, colocadas bem no começo do texto descritivo, para que fiquem evidentes na página de produto. Se este breve texto resumir os interesses dos usuários, eles muito provavelmente clicarão no link More para ver a lista completa de recursos e benefícios.

Prêmios e testemunhos

Idealmente, quando estava gerando um pouco de agitação pré-liberação (vista no Capítulo 10), você conseguiu que alguns importantes analistas da mídia checassem seu aplicativo e fornecessem algumas boas citações. Quando seu aplicativo é recente na App Store, você terá muito poucas (se é que terá alguma) postagens de análises de clientes. Então, é melhor incluir alguns testemunhos de peso na descrição do seu aplicativo para ajudar a convencer os clientes da sua qualidade. E, mesmo quando seu aplicativo já tiver recebido muitas classificações dos clientes, não há nada mais influente do que a recomendação de respeitados blogueiros e de revistas. Este também é o lugar ideal para mencionar prêmios que seu aplicativo tenha ganhado.

Pode ser tentador colocar vistosos prêmios e testemunhos bem no início da descrição do seu aplicativo, mas não à custa do seu breve resumo. Se uma citação brilhante ou a referência a um prêmio puderem ser incluídas no resumo do seu aplicativo, dentro daquelas poucas linhas iniciais do texto que ficam visíveis nas versões para iPad e desktop do iTunes da App Store, ótimo! Mas, se ocupar muito espaço no topo e o resumo do seu aplicativo ficar truncado (pelo link More), isto pode ser um problema. Os clientes podem não se importar se seu aplicativo ganhou um prêmio se não souberem o que ele faz ou como pode lhes ser útil.

Recursos e benefícios do aplicativo

A maioria das pessoas não se dá ao trabalho de ler densos blocos de texto, portanto, não descreva os recursos do seu aplicativo em longos parágrafos. Quebre o texto em breves seções para facilitar a visualização. Melhor ainda, se você tiver muitos recursos para esta descrição, crie uma estrutura com marcadores.

Não se alongue, descrevendo cada pequeno detalhe sobre o aplicativo. Menos é mais. O espaço e o tempo de atenção são limitados; e, assim sendo, consolide sua lista com apenas os principais recursos e benefícios, ou seja, inclua os recursos centrais que os clientes estão procurando, bem como os fatores diferenciais que destacam seu aplicativo em relação aos concorrentes. Se você entender que um determinado recurso representa um ponto-chave nas vendas, então ele deve entrar nesta lista.

É vital entender a diferença entre *recursos* e *benefícios*, para que você possa criar uma descrição mais eficaz do aplicativo:

- Recursos representam a funcionalidade do aplicativo ou jogo.
- Benefícios ilustram como aquela funcionalidade pode melhorar sua felicidade, estilo de vida, produtividade, etc.

Por exemplo, a capacidade de um aplicativo de redação de sincronizar documentos através do Dropbox é um recurso. O benefício é que ele permite que você continue trabalhando no seu romance de qualquer dispositivo ou lugar em que possa se logar no serviço on-line Dropbox.

Juntando tudo

Para conseguir os melhores resultados em todas as diversas versões da App Store, organize os elementos da sua descrição na seguinte sequência, de cima para baixo:

- Resumo do aplicativo.
- Prêmios e testemunhos.
- Recursos e benefícios.

Depois de ler as seções anteriores, não deve ser uma surpresa que o resumo do aplicativo deva ser colocado bem no começo da sua descrição na App Store. Este é o seu breve discurso, que explica o que é o aplicativo. Como já enfatizei, este texto curto deve ficar sempre visível, sem requerer que o cliente tenha de clicar no link More para ler o resumo.

Se a descrição do seu aplicativo precisar de muita rolagem para ser lido na sua totalidade, então é muito comprido. Não é aconselhável que a atenção de um potencial cliente seja desviada. Se você incluiu uma porção de elogios, tente limitá-los a uns poucos prêmios e testemunhos mais influentes. E se seus recursos e benefícios ainda não estiverem listados na forma de curtos pontos com marcadores, fazer isso também pode reduzir a quantidade de espaço que sua descrição consome.

> **ALERTA DE REJEIÇÃO DE APLICATIVO:** Não inclua na descrição preço, nome ou ícone do seu aplicativo. A App Store serve a muitos idiomas e moedas, portanto, exibir um preço estático com base em texto é proibido. Se a descrição em inglês mencionar um preço em dólares americanos, isso pode confundir os usuários da App Store no Reino Unido, já que o botão dinâmico Comprar lista o preço do aplicativo em libras esterlinas. Para evitar rejeição na App Store, você pode promover ofertas a preços reduzidos por tempo limitado na descrição do seu aplicativo, mas sem mencionar especificamente uma moeda. Por exemplo, se o valor de $ 1,99 estiver atualmente em oferta por 99 centavos, você pode se referir à oferta como "Pela metade do preço" ou "Desconto de 50%".

Antes de submeter a descrição do seu aplicativo, certifique-se de revisá-la usando um bom verificador de ortografia! Não posso ser mais enfático. Nada é menos profissional do que erros de digitação e palavras escritas com erros de ortografia! Você quer competir com os grandões como a Electronic Arts e a Gameloft? Então precisa rechecar tudo que escreve *antes* de enviar para o iTunes Connect. Preocupado que possa ter se esquecido de alguma coisa? Então peça a alguns amigos que também revisem a descrição.

Verifique se sua descrição é fácil de entender e que, de forma alguma, transmita uma falsa impressão do que seja a real funcionalidade do aplicativo. Não se esqueça de que ela não é lida somente pelos clientes na App Store. Primeiro, ela passa pelo revisor da Apple. Se algo na descrição for ambíguo ou enganoso, ou se o revisor não conseguir localizar um dos recursos listados no curto período em que o aplicativo está sendo revisado, isto pode retardar o processo de aprovação ou até mesmo resultar em rejeição, com solicitação para maiores esclarecimentos. Lembre-se de que você só pode modificar sua descrição com informações adicionais depois que seu aplicativo for aprovado.

Uma imagem vale por mil palavras: a importância das imagens de tela

Como a App Store atualmente não suporta a inclusão de vídeos de demonstração, a única forma que um cliente interessado tem de ver imediatamente como é o seu aplicativo é pelas imagens de tela na página do seu produto.

Não assuma que as pessoas se darão ao trabalho de baixar seu aplicativo só porque você oferece uma versão gratuita ou *lite*, ou que irão correndo para o YouTube ou para o seu website para ver um trailer do vídeo. Os usuários já estão navegando na App Store, e não vão se preocupar em visitar outros sites, especialmente se estiverem ocupados (e a maioria está). Sua página de produto na App Store precisa convencer as pessoas a baixar o aplicativo. E provavelmente, nela, os elementos mais influentes serão as imagens de tela.

Com tanta ênfase no visual, é imperativo que você carregue imagens de tela que melhor promovam a funcionalidade central e a qualidade do seu aplicativo. Se for um jogo, as imagens de tela devem transmitir diversão e entusiasmo! Se aplicativo de produtividade, precisam enfatizar como a vida de uma pessoa pode ficar melhor ao usá-lo. Suas imagens de tela precisam causar impacto!

Escolhendo a imagem de tela principal

A primeira imagem de tela apresentada é a mais importante, porque pode ser a única que os clientes verão se optarem por não continuar rolando o restante das imagens. Portanto, certifique-se de que essa principal imagem de tela seja a que melhor descreva visualmente seu aplicativo. Todos que a virem devem entender imediatamente o conceito geral, sem precisar ler a descrição ou carregar outras imagens. Esta *é* a imagem que valerá por mil palavras.

Gaste algum tempo explorando na App Store as páginas de produto de aplicativos populares e de jogos. Analise a principal imagem de tela de cada um deles, especialmente a de aplicativos similares que concorrerão com os seus. Quando vir uma imagem de tela que chame sua atenção, tente determinar o que faz dela uma imagem tão interessante.

Superficialmente, pode parecer que os atributos vencedores são simplesmente um formidável desenho de interface, mas olhe melhor. Muitas das principais imagens de tela são as que foram preparadas para aparecer bem! Não, não estou falando de melhorias com o Photoshop, mas de mostrar o aplicativo em ação! Se for um aplicativo de lista do que fazer, não mostre uma lista nova, vazia. Preencha-a com tarefas com as quais seu público-alvo possa se identificar, demonstrando como ele pode ser produtivo e economizar tempo para o usuário. Se for um jogo de batalha espacial, mostre fatores-chave divertidos, como disparos de canhões de laser e naves alienígenas explodindo. Você quer que a reação seja "uau, isso parece emocionante... tenho de comprá-lo já!".

O objetivo não é necessariamente incluir o máximo de ação possível. Uma irresistível imagem de tela principal é aquela que atraia instantaneamente seu olhar e descreva com sucesso a funcionalidade central em uma única visão.

A página de produto do jogo Sneezies, da Retro Dreamer, na App Store apresenta um ótimo exemplo de uma imagem de tela principal eficaz (veja a Figura 11.2). Sem ler a descrição do aplicativo, esse visual me dá uma boa ideia de que tipo de ação o jogo oferece.

À primeira vista, parece que o objetivo é libertar os Sneezies de duas bolhas flutuantes. Sem dúvida, o resumo do aplicativo na sua descrição diz: "Toque na tela para espalhar uma rajada de rapé no campo dos Sneezies flutuantes e veja como eles espirram para se libertar de suas bolhas. Tente iniciar uma reação em cadeia para resgatar tantos Sneezies quantos puder nesse divertido jogo familiar". As imagens de tela até mostram o rapé em ação, com um par de Sneezies libertados de suas bolhas e caindo de paraquedas em segurança.

Esta imagem apresenta o objetivo central do jogo sem atulhar a tela com um excesso de atividade. Ele parece ser pura diversão sem suscitar muita dificuldade para que os jogadores de todas as idades entendam seu funcionamento básico.

Figura 11.2. *Sneezies, da Retro Dreamer (publicado pela Chillingo). Sem ler a descrição do aplicativo, sua principal imagem de tela me diz muito a respeito da ação do jogo, e parece ser pura diversão!*

Pode parecer óbvio mostrar um jogo em ação, mas a mesma estratégia deve ser empregada também para outros tipos de aplicativos. A principal imagem de tela do Postage, da Rogue Sheep, na Figura 11.3 (esquerda), oferece um belo exemplo dos cartões postais digitais que você pode criar e enviar. A do iFiles, da Imagam (à direita na Figura 11.3), apresenta muitos dos seus recursos de gerenciamento e exportação de arquivo simplesmente exibindo um menu pop-up personalizado sobre uma lista com nomes de arquivos. As imagens de tela que mostram a atividade real dos aplicativos demonstram visualmente para os usuários como esses aplicativos podem melhorar suas vidas ou ajudá-los a ser mais produtivos.

A Apple recomenda remover a barra de status das imagens de tela, mas, olhando a App Store, fica aparente que esta recomendação nem sempre é seguida.

A Apple também recomenda capturar as imagens de tela diretamente em iPhone, iPad ou iPod touch, em vez de no iOS Simulator. Para fazer isso, quando estiver pronto para capturar a imagem, mantenha apertados os botões Home e Power do dispositivo ao mesmo tempo. A imagem da tela é salva na Photo Library do dispositivo. Embora você pudesse facilmente enviá-la por e-mail a partir da Photo Library do dispositivo para o seu computador desktop, também pode sincronizar o dispositivo com o iTunes do desktop e iniciar o aplicativo iPhoto do Mac para importá-la salvada como PNG.

Figura 11.3. *A principal imagem de tela do Postage, da Rogue Sheep (esquerda), e do iFiles, da Imagam (direita), apresenta visualmente muitos de seus recursos e benefícios em uma única imagem.*

Uma alternativa é capturar as imagens de tela em um dispositivo conectado dentro da guia Screenshots da janela Xcode Organizer. A partir daí, elas podem ser arrastadas para o desktop do Mac como arquivos PNG.

Quando uma imagem de tela é mais do que isso

Mesmo considerando que a Apple se refere a elas como imagens de tela, esse recurso não se limita à definição literal. Se a funcionalidade central do seu aplicativo se aproveitar do acelerômetro ou de movimentos especiais multitoques, então é perfeitamente aceitável mostrar uma foto de uma pessoa real usando o aplicativo em um dispositivo iOS.

O aplicativo Ocarina, da Smule, que transforma seu iPhone em um instrumento musical, usa a imagem de tela principal para exibir uma foto de como "tocar" o aplicativo, usando o microfone e a tela multitouch do dispositivo (veja a Figura 11.4). Essa foto faz um trabalho muito melhor de descrição do aplicativo do que uma imagem de tela real. Como os dedos do usuário encobrem partes da interface do aplicativo, a Smule inteligentemente incluiu o logotipo do Ocarina na foto, para reforçar o nome e a marca do aplicativo.

E se você criou um aplicativo de produtividade que é tão repleto de recursos que uma simples captura de tela não lhe faça justiça? Não se preocupe. Não há regra que proíba a inclusão de texto nas suas imagens de tela, se isto ajudar a explicar como seu aplicativo funciona.

Um exemplo de uso de texto é a imagem de tela principal do Groups, da GuidedWays Technologies Ltd. (à esquerda na Figura 11.5). Complementa a visão da interface embutida com texto adicional e ícones que promovem visualmente uma vasta gama de recursos-chave. Também ostenta uma bela recomendação da O'Reilly.

Figura 11.4. *Como o aplicativo Ocarina, da Smule, usa o microfone e a funcionalidade multitouch do iPhone, exibir uma foto de um usuário em ação faz dela uma imagem principal muito mais eficaz do que uma imagem de tela real.*

Outro exemplo é a imagem de tela principal do Words with Friends, da Newtoy (à direita na Figura 11.5). Ela exibe alguns dos recursos centrais, um impressionante elogio da *Wired Magazine* e, ainda, alguns diferentes dispositivos iOS executando o aplicativo, para evidenciar visualmente o fato de que esta ação social de jogo é compatível com uma variedade de modelos de hardware e, portanto, todos os seus amigos podem se divertir junto.

Figura 11.5. *A imagem de tela principal do Groups, da Guided Ways Technologies Ltd. (esquerda), usa texto e ícones para promover visualmente uma ampla variedade de recursos-chave. A do Words with Friends, da Newtoy (direita), apresenta os recursos centrais, um impressionante elogio da Wired Magazine e sua compatibilidade com diversos modelos de dispositivos iOS.*

Se você incluir texto nas suas imagens de tela e oferecer versões localizadas do seu aplicativo em várias App Stores regionais, não se esqueça de também situar adequadamente suas imagens de tela. Antes de capturá-las, configure o idioma preferido no dispositivo, que pode ser encontrado no aplicativo Settings, em **General ➤ International ➤ Language**. Se estiver criando uma imagem personalizada (como as mostradas na Figura 11.5), certifique-se de traduzir o texto corretamente. Tradutores on-line na web, como o Google Translate, podem, às vezes, gerar frases ou sintaxe incorretas. Para evitar confusão ou até mesmo ofender alguém com palavras erradas, é aconselhável consultar um tradutor profissional. Quando suas imagens de tela localizadas estiverem prontas, simplesmente carregue-as na versão correspondente do idioma do aplicativo no iTunes Connect.

> **AVISO DE REJEIÇÃO DE APLICATIVO:** A equipe de análise da Apple rejeitará a submissão do seu aplicativo se qualquer das imagens de tela fornecidas incluir propaganda iAd de teste ou exibir conteúdo inadequado, que não respeite a política de classificação etária de 4+. Se seu aplicativo exibir faixas iAd, esconda esta visualização quando for capturar a imagem da tela. E, se ele incluir conteúdo para audiências de mais idade, certifique-se de que não fique visível nas suas imagens de tela. Em outras palavras, não mostre conteúdo adulto ou ação violenta de jogo.

Preparando o binário do seu aplicativo para a App Store

Depois de ter aprendido o processo de configuração para distribuição ad hoc (detalhado no Capítulo 9), ficará feliz em saber que compilar seu aplicativo iOS para distribuição na App Store tem um processo semelhante. A única diferença é o provisioning profile que você atribui ao seu aplicativo no Xcode.

Você já terminou seus testes beta e os ajustes do seu aplicativo? Está pronto para compilar a versão master para a App Store? Eis aqui uma explicação dos passos a seguir para preparar o binário do aplicativo que você carregará no iTunes Connect.

Passo 1: Verifique se seu certificado de distribuição continua instalado

Para compilar seu aplicativo para distribuição ad hoc, você precisou gerar seu certificado de distribuição no iOS Provisioning Portal e instalá-lo no sistema Keychain do Mac. Este certificado de distribuição também é usado quando na etapa de compilação para distribuição na App Store; portanto, dedique um tempo para garantir que ele continue instalado adequadamente. Inicie o aplicativo Keychain Access, localizado em */Applications/Utilities/Keychain Access do seu Mac.*

Na caixa de diálogo, selecione login na lista Keychains, e Keys na lista Category. Na lista de chaves, simplesmente verifique se sua chave privada (private key) continua emparelhada com seu certificado de distribuição. No exemplo da Figura 11.6, minha chave

Electric Butterfly, Inc. (que foi criada para a distribuição ad hoc) está emparelhada com o meu certificado de distribuição importado. Se o seu não estiver emparelhado com a chave apropriada de forma parecida, então reveja o passo 1 do processo de distribuição ad hoc, descrito no Capítulo 9, antes de continuar.

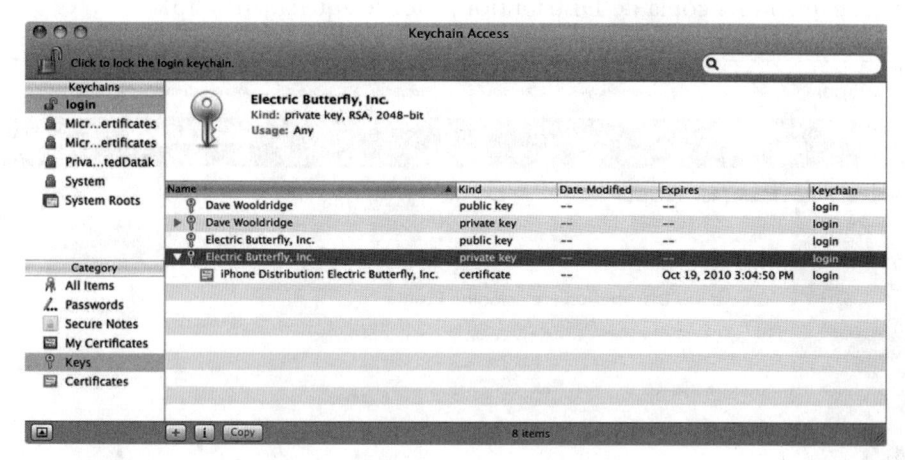

Figura 11.6. *Verifique se seu certificado de distribuição continua emparelhado com a private key correta no Keychain Access.*

Passo 2: Gere e instale um provisioning profile de distribuição na App Store

Faça login no iOS Dev Center on-line, clique no link iOS Provisioning Portal, no canto superior direito da página, e depois, dentro da página do Provisioning Portal, navegue até a seção Provisioning. Selecione a guia Distribution e clique no botão New Profile.

No formulário apresentado, selecione App Store como o método de distribuição. Selecione o App ID apropriado para o seu e verifique se o certificado de distribuição está atribuído corretamente. Como referência, digite um nome de perfil que inclua o nome do aplicativo e espelhe a finalidade específica deste provisioning profile, como Breadcrumbs App Store Profile (veja a Figura 11.7). É importante que seu provisioning profile na App Store tenha um nome diferente do atribuído para distribuição ad hoc, a fim de que eles possam ser facilmente identificados quando listados no Xcode. Escolha Submit para gerar seu provisioning profile de distribuição na App Store.

Dentro da lista de perfis de provisionamento da guia Distribution, clique no botão download para salvar esse novo arquivo *.mobileprovision*. Arraste-o para dentro do ícone do Xcode no seu Dock. O Xcode instalará automaticamente o provisioning profile no local apropriado.

Passo 3: Configure seu projeto Xcode para distribuição na App Store

Agora, com o provisioning profile apropriado instalado, o próximo passo é abrir seu projeto no Xcode e configurá-lo para distribuição na App Store. Na janela principal do projeto Xcode, selecione o nome do projeto na parte de cima do painel Groups & Files, depois, clique no botão Info, na barra de ferramentas. Dentro da guia Configurations da janela Info, veja se ainda tem uma configuração Distribution listada (que você já deve ter criado durante o estágio de distribuição ad hoc no Capítulo 9). Caso não, duplique a configuração Release existente, chamando a cópia de Distribution, e feche aquela janela Info.

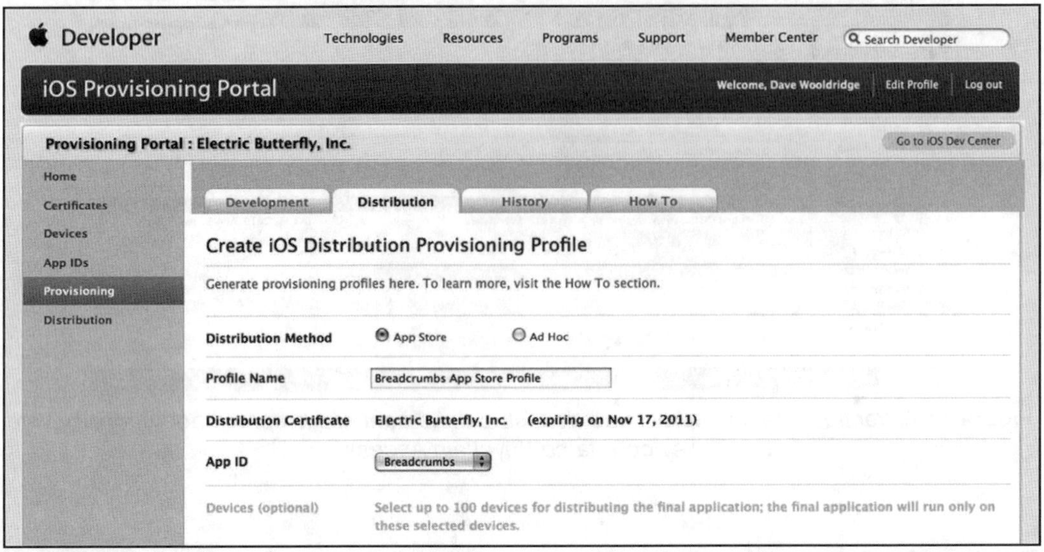

Figura 11.7. *Como você já terminou de fazer os testes beta, é hora de gerar um provisioning profile de distribuição na App Store no site on-line iOS Provisioning Portal.*

Em seguida, selecione o aplicativo Target dentro do painel Groups & Files e clique novamente no botão Info na barra de ferramentas. Na nova janela Target Info, vá para a guia Build e certifique-se de que o menu suspenso Configuration esteja selecionando Distribution. Role para baixo até o campo Any iOS, sob a linha Code Signing Identity, e relacione-o ao seu novo provisioning profile de distribuição na App Store. Mesmo considerando que seu provisioning profile de distribuição ad hoc também possa estar listado no menu pop-up, é fundamental que o de distribuição na App Store seja selecionado (veja a Figura 11.8).

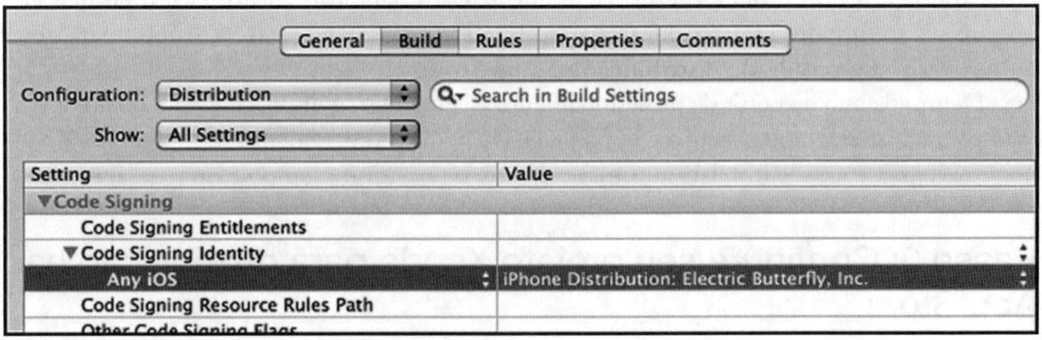

Figura 11.8. *Modifique a guia Build do Target atribuindo seu novo provisioning profile de distribuição na App Store à Code Signing Identity Any iOS.*

Mude para a guia Properties e verifique se o bundle identifier correto do App ID está no campo Identifier. Ele deve ser o mesmo listado no seu arquivo *.plist* Info no projeto Xcode (como no ID de exemplo com.ebutterfly.breadcrumbs).

Tudo isso terminado, o último passo é seguir para a janela principal do projeto Xcode e garantir que o menu suspenso do canto superior esquerdo tenha Device e Distribution selecionados para as configurações Active SDK e Active Configuration, respectivamente.

Passo 4: Compile seu aplicativo iOS

Agora você está pronto para compilar seu projeto Xcode! A distribuição na App Store não requer que seu projeto inclua um arquivo *Entitlements, como* acontece com a distribuição ad hoc, portanto, salve seu projeto. Em seguida, selecione **Build ➤ Build and Archive**. Se você configurou tudo certo, a compilação do seu aplicativo deve ser bem-sucedida.

Se ocorrerem erros de compilação que sejam relacionados com as configurações do projeto, refaça seus passos para se assegurar de que seguiu cada uma das tarefas aqui delineadas, não importando quão insignificantes elas possam parecer. Erros de compilação podem muitas vezes ser causados pelos menores enganos, como um bundle identifier escrito errado ou uma caixa de verificação não marcada. Se os problemas persistirem depois de você excluir a possibilidade de falhas no código e erros na definição das configurações, limpe o diretório da montagem do seu projeto, reabra o projeto no Xcode e tente montar outra vez.

> **ALERTA DE REJEIÇÃO DE APLICATIVO:** Não utilize APIs privadas não documentadas da Apple no seu aplicativo. A empresa já rejeitou dezenas de aplicativos por usarem APIs privadas de iOS que não foram sancionadas oficialmente para uso público. A equipe de análise é conhecida por usar uma ferramenta analisadora estática para desentocar chamadas a APIs restritas, privadas. Portanto, mesmo que seu aplicativo inclua o código mas não o execute, ele ainda pode ser marcado somente por esta presença. Para evitar rejeição na App Store, use somente as APIs autorizadas.

A Apple somente aceitará aplicativos iOS que tiverem sido compilados com um provisioning profile de distribuição na App Store. Infelizmente, este perfil e um aplicativo compilado com ele não funcionarão nos seus dispositivos de teste; portanto, não há como testar essa versão do aplicativo antes de submetê-lo à Apple. Com isso em mente, é importante fazer o maior número possível de testes – analisando de perto os logs de build e mensagens de erro – antes de configurar e compilar para distribuição na App Store.

Depois que o tiver compilado usando a opção **Build and Archive**, você encontrará o aplicativo na janela Organizer do Xcode. No painel da esquerda da Xcode Organizer, selecione Archived Applications, e deverá ver seu aplicativo recém-compilado na lista que é apresentada. Com o aplicativo selecionado, você perceberá um botão Submit to iTunes Connect na parte de baixo da tela Xcode Organizer. Mas, espere! Não clique nele ainda.

Antes de submeter o binário do seu aplicativo, primeiro é preciso criar sua listagem com os necessários metadados no iTunes Connect, que lhe mostrarei em breve como fazer. O último passo no processo de submissão será carregar o binário do seu aplicativo. Portanto, vamos revisitar a Xcode Organizer muito em breve.

Garantindo que a Apple tenha processado seus contratos e configurações de pagamento

Antes de submeter seu aplicativo certifique-se de que todos os contratos exigidos pela Apple, formulários de impostos e informações bancárias tenham sido adequadamente submetidos e processados. Como mencionei no Capítulo 1, este processo pode muitas vezes levar um bom tempo; portanto, é melhor cuidar de tudo enquanto está nos estágios iniciais do desenvolvimento. Dessa forma, quando você estiver pronto para submeter seu aplicativo à App Store, não haverá papelada pendente atrasando o processo.

Para verificar seu status atual, entre no iTunes Connect, em http://itunesconnect.apple.com/, e na página principal do iTunes Connect visite a seção chamada Contracts, Tax and Banking para ver os contratos atualmente em vigor. Como vimos no Capítulo 1, você deve ter o contrato Free Applications já ativado por definição, o que lhe permite submeter aplicativos gratuitos para iOS à App Store. Para submeter os pagos, você deve já ter solicitado um contrato Paid Applications e preenchido os correspondentes formulários de impostos e informações bancárias. Sem ter apresentado essas informações, a Apple não consegue fazer os pagamentos do que você conseguir ganhar com as vendas do aplicativo. Neste caso, ela reterá seus ganhos em custódia até que os formulários necessários tenham sido processados.

Não chegamos ainda? Submetendo seu aplicativo ao iTunes Connect

Depois de meses de desenvolvimento e testes, você provavelmente nem pode acreditar que finalmente chegou a este ponto: pronto para submeter seu aplicativo à App Store. É um momento cheio de excitação e temor, e de incerteza em relação ao destino do seu produto nas mãos da equipe de análise da Apple. Mas não tema, você planejou seu aplicativo muito cuidadosamente, seguiu metodicamente todas as diretrizes da Apple, portanto, tudo deve estar certo. Agora, você está pronto para dar o mergulho.

Planeje adicionar seu novo aplicativo no iTunes Connect num dia em que tenha bastante tempo para se dedicar a este processo. Há diversas telas de formulários on-line para ser preenchidas, portanto, é conveniente trabalhar cada seção pacientemente, num ritmo tranquilo, para evitar cometer qualquer engano ou erros de digitação.

> **NOTA:** Você pode adicionar uma nova listagem de aplicativo no iTunes Connect sem submetê-lo à App Store. Na verdade, precisará fazer isso antecipadamente para testar determinados recursos, como a Compra in-app. Seu aplicativo não será submetido à equipe de análise da Apple enquanto você não tiver completado o último e derradeiro passo: carregar o binário do aplicativo. Se já tiver criado uma listagem do seu aplicativo no iTunes Connect (com base nestas instruções) para os testes de Compra in-app no Capítulo 8, e estiver pronto para a submissão à App Store, pule à frente, para a seção chamada "Passo 5: carregar o ícone e as imagens de tela do seu aplicativo".

Passo 1: Criar uma entrada de novo aplicativo

Pronto? Ótimo, vamos fazer! Dirija-se à seção Manage Your Applications do iTunes Connect. Clique no botão azul Add New App no canto superior esquerdo da página Manage Your Applications (veja a Figura 11.9).

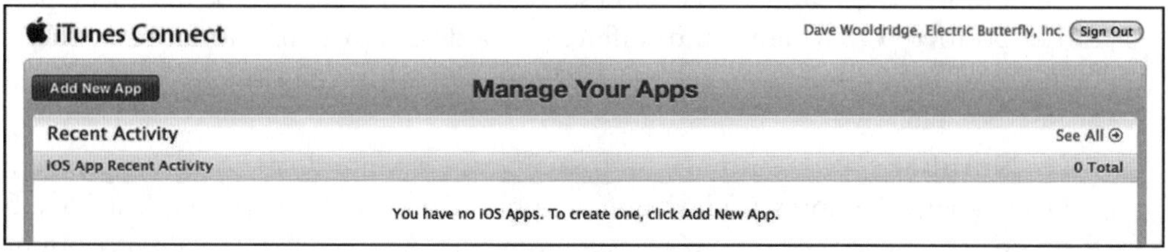

Figura 11.9. *Na seção Manage Your Applications do iTunes Connect, clique no botão Add New App para começar.*

Nome da empresa e idioma principal

Se esta for a primeira vez que você submete um aplicativo iOS, a primeira tela pedirá que você forneça o nome oficial da sua empresa e o idioma principal do seu aplicativo. Por favor, note que esta informação não pode ser alterada depois; portanto, não cometa erros nesta página!

O nome da empresa que submeter deve ser o mesmo que você quer ver listado na App Store como sendo o desenvolvedor oficial do seu aplicativo. Em razão da minha própria paranoia sobre assinar adequadamente o código e as configurações na App Store, *recomendo usar o mesmo nome de empresa/desenvolvedor em todos os itens a seguir, para evitar problemas.*

- Sua conta no iOS Developer Program.
- Seu certificado de distribuição iOS.
- Nome da sua empresa no iTunes Connect/App Store.

Eu uso o nome da minha empresa, Electric Butterfly, Inc., para todos esses três itens, certificando-me de que a ortografia e a pontuação sejam sempre consistentes.

Com relação à informação de idioma principal, este é o que você usará para entrar com todos os dados do seu aplicativo durante o processo de submissão. Por exemplo, se escolher English no menu suspenso, os demais formulários on-line pedirão que suas informações estejam em inglês. Depois de ter criado a listagem do seu aplicativo no iTunes Connect, você terá uma oportunidade de adicionar suporte a mais idiomas, como francês, alemão, japonês, etc.

Clique no botão Continue, e será encaminhado à próxima tela, na qual você entrará com algumas informações iniciais sobre o aplicativo.

Informações sobre o aplicativo

Vamos examinar cada um dos três elementos do formulário da tela App Information (veja a Figura 11.10) para melhor compreender o que é solicitado.

- **App Name** – O nome submetido pode ter até 255 caracteres. Como vimos antes neste capítulo, este campo não se limita apenas ao nome do binário do aplicativo ou ao de exibição. Recomenda-se usar para o aplicativo um nome ampliado por um texto (como o "Convert – the unit calculator", da Tap Tap Tap). Mas o nome real do seu aplicativo deve ser incluído nesse texto (preferencialmente vindo primeiro). Se seu nome na App Store e o de apresentação do seu aplicativo na tela principal de um dispositivo iOS forem muito diferentes, pode causar confusão entre os clientes, bem como possivelmente fazer acender uma luz vermelha durante o processo de análise do aplicativo.
- **SKU Number** – Este campo, com frequência, é a fonte da maioria dos problemas para os desenvolvedores iOS, já que a Apple não oferece muita explicação sobre formato ou sintaxe corretos para esta sequência. Ao contrário da crença popular, não há modelo definido ou sistema de numeração para o atributo SKU. Até mesmo chamá-lo de *número* SKU é enganoso, porque não precisa ser composto por caracteres numéricos. O SKU do seu aplicativo nunca é mostrado aos clientes, nem listado publicamente na App Store. Basicamente, ele é um ID interno, exclusivo, para o seu aplicativo no iTunes Connect. Em geral, é conveniente usar um nome de fácil reconhecimento, em vez de uma sequência só de números, especialmente se você tiver itens de Compra in-app relacionados com ele. Por exemplo, o SKU do nosso aplicativo fictício Breadcrumbs é breadcrumbs, o do seu Premium Pack para Compra in-app é breadcrumbs.premiumpack. O SKU independe do número de versão, portanto, ele não muda com cada atualização de versão. Na verdade, uma vez submetido, o número de SKU nunca mais pode ser modificado. Portanto, escolha um bom nome identificador, que lhe seja confortável. E, note bem, se você optar por excluir uma listagem de aplicativo existente, aquele SKU nunca mais poderá ser reusado.
- **Bundle ID** – O ID do seu aplicativo já deverá estar listado no iTunes Connect depois da configuração dos provisioning profile para o aplicativo; portanto, simplesmente selecione-o no menu suspenso.

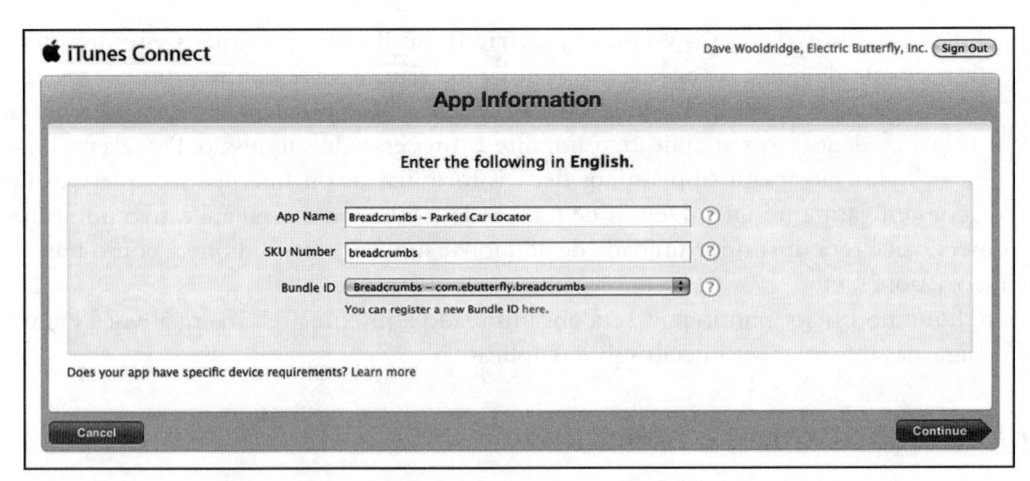

Figura 11.10. O formulário App Information requer nome e SKU únicos para o aplicativo, junto com o bundle ID do seu aplicativo.

Para evitar confusão entre os clientes e no mercado, dois aplicativos na App Store não podem ter o mesmo nome ou SKU. Se o sistema reportar que você escolheu algo já existente (mesmo que o outro aplicativo não tenha sido aprovado para venda na App Store), será forçado a fornecer um nome de aplicativo ou SKU diferente.

Você pode não ter como capturar um nome de aplicativo "já tomado" para usar como seu na App Store, mas pode anexar um texto rico em palavras-chave ao seu nome para contornar este problema. Mas só siga por este caminho se não houver outro aplicativo disponível (ou em vias de ficar) na App Store com o mesmo nome. Nomes idênticos de aplicativos podem causar confusão no mercado, com os consumidores indecisos sobre qual é o seu – especialmente se ambos oferecerem a mesma funcionalidade.

Mesmo considerando que o texto adicionado torna o nome submetido tecnicamente único no sistema, o nome real do aplicativo continua essencialmente o mesmo que o dos outros aos olhos dos consumidores. Isso também pode levar a processos, se o nome do seu aplicativo estiver violando a marca registrada de algum aplicativo já existente na App Store. Se você já conseguiu registrar a marca do nome do seu aplicativo, então a lei está do seu lado (pelo menos no seu país). Por isso que é preciso realizar uma análise competitiva adequada e criar um nome exclusivo (veja o Capítulo 2). Evitar palavras comuns no nome do seu aplicativo pode evitar que aconteçam esses tipos de problemas.

> **CUIDADO:** Como todo nome e SKU de aplicativo devem ser únicos, a Apple tomou medidas para evitar a usurpação – o ato de criar uma listagem de aplicativo no iTunes Connect simplesmente para evitar que outros desenvolvedores obtenham aquele nome. Depois de adicionar um aplicativo ao iTunes Connect, você terá apenas 120 dias para carregar um binário de aplicativo (o que submete o aplicativo à análise na App Store). Se esse prazo se esgotar sem que um binário de aplicativo seja carregado, o nome do aplicativo será removido da sua conta, deixando-o disponível para outro desenvolvedor. Portanto, se você criou uma listagem de aplicativo para poder testar recursos específicos, como a Compra in-app, faz-se necessário completar seu desenvolvimento e submeter o binário do aplicativo antes que se esgotem os 120 dias.

Na parte bem de baixo da tela App Information você notará um breve lembrete da Apple sobre especificar os requisitos do dispositivo. Estes requisitos são aqueles que exigem recursos de hardware relacionados com o uso do aplicativo, como GPS, acesso à rede, câmera embutida ou acelerômetro. Sem dúvida você já aprendeu como definir esses requisitos de dispositivo através da chave UIRequiredDeviceCapabilities no arquivo *Info.plist* do seu aplicativo quando leu o *iOS Application Programming Guide* da Apple. Se ainda não fez isto, então é aconselhável que faça as modificações necessárias quando estiver compilando seu aplicativo para submissão à App Store.

Como na tela anterior, uma vez que esses campos são submetidos, não podem ser alterados; portanto, é vital que não escreva nada errado.

Quando tiver terminado de entrar com as informações do seu aplicativo, clique no botão Continue para ir para a próxima tela.

Passo 2: Definir a data de disponibilidade e o preço

A tela Rights and Pricing apresenta opções para escolher a data de disponibilidade, a faixa de preço e outras opções de venda do seu aplicativo (veja a Figura 11.11).

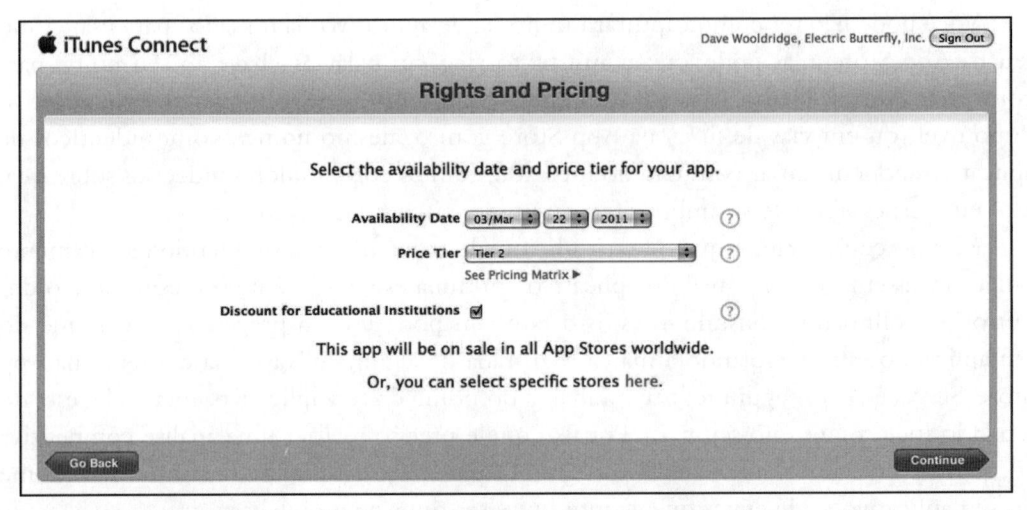

Figura 11.11. *Defina a data de disponibilidade e a faixa de preço do seu aplicativo na página Rights and Pricing.*

Data de disponibilidade

A definição de Availability Date tornou-se ser um dos elementos mais frustrantes do processo de submissão de aplicativos. Dentro das páginas das principais categorias da App Store os clientes têm a possibilidade de classificar a lista por data de liberação, o que é uma ótima fonte de exposição para aplicativos recém-liberados.

Houve um tempo em que os desenvolvedores podiam fazer rápidas alterações na data de disponibilidade depois de serem notificados de que seu aplicativo estava aprovado, o que lhes permitia controlar quando ele apareceria naquela valiosa lista. E possibilitava, ainda, que definissem o momento do envio de press-releases com a visibilidade do produto na lista de novas liberações na App Store. Infelizmente, a Apple desde então fez mudanças na data de liberação refletida na App Store, obsoletando aquele truque. Agora, a data efetiva de liberação do seu aplicativo é a mesma da aprovação pela Apple.

Então, por que a Apple dá aos desenvolvedores a opção de definir a data de disponibilidade? Porque isto ainda lhe dá o controle sobre quando seu aplicativo é colocado na App Store. Por exemplo, se a Apple aprovar seu aplicativo em 1º de março, mas você preferir fazer a introdução na App Store em 22 de março, para coincidir com seu press-release e outros esforços de marketing, então defina a data de disponibilidade como 22 de março. Mas tenha em mente que a data de liberação do aplicativo na App Store continuará sendo 1º de março, e, assim decidindo, você terá perdido aquela exposição inicial na lista de novas liberações, já que outras mais novas terão empurrado seu aplicativo muito mais para baixo na lista.

Se aparecer próximo do topo da lista de novas liberações lhe for mais importante do que uma data de lançamento pré-planejada, então faça esta definição optando por um dia distante no futuro (como alguns meses à frente), bem depois daquela estimada para a aprovação. A menos que o processo de análise do seu aplicativo leve muito mais tempo do que o normal, a data de aprovação da Apple tipicamente será antes da sua escolhida. Então, depois de ter completado a submissão, defina suas preferências de perfil do usuário no iTunes Connect, para que este o notifique através de e-mail quando o status do aplicativo mudar para Ready for Sale. Desta forma, se você checar regularmente seu e-mail, no instante em que for notificado da aprovação do aplicativo, pode rapidamente entrar no iTunes Connect e alterar sua data de disponibilidade para a de aprovação da Apple. Ele então aparecerá instantaneamente na App Store e aproveitará a rápida exposição na lista de novas liberações. Esta notificação por e-mail serve também como um bom lembrete, para que você possa enviar o press-release logo após seu produto estar disponível na App Store.

Faixa de preço

Para os aplicativos pagos, você também precisará escolher uma faixa de peço. Como as App Stores regionais suportam várias moedas, o menu suspenso Price Tier vai forçá-lo a escolher uma faixa em vez de um preço fixo.

Ao escolher uma faixa, o preço correspondente é automaticamente apresentado. E, se você clicar no link See Pricing Matrix (Ver Matriz de Preços), uma tabela aparece, mostrando não apenas as conversões de moedas para as diversas regiões, mas também qual será seu lucro líquido após a Apple ter retirado sua taxa de 30%.

Descontos educacionais e disponibilidade regional

Por definição, seu aplicativo estará disponível mundialmente, a menos que você prefira selecionar apenas determinados países. Você também pode querer participar do programa de descontos educacionais da Apple, que possibilita a instituições de ensino adquirir grandes quantidades do seu aplicativo por um preço 50% menor do que o da App Store.

Clicando no botão Continue da página Rights and Pricing você será direcionado para a Version Information.

Passo 3: Submetendo os metadados do seu aplicativo

De todos os formulários do processo de submissão, provavelmente a maior parte do tempo será gasto na página Version Information, especificando todos os metadados do seu aplicativo (veja a Figura 11.12). Felizmente, você já deve ter preparado a maioria dos elementos solicitados, como a descrição, as palavras-chave e a URL do website do aplicativo.

Como você pode ver na Figura 11.12, é um formulário bastante longo. Então, vamos dar uma olhada mais de perto em cada item.

Version Number (Número de versão)

Este é um campo bastante autoexplicativo, que lista o número da versão do seu aplicativo, como 1.0 ou 1.3.1. Você deve usar o mesmo número de versão que o valor listado na propriedade CFBundleVersion no arquivo *Info.plist* do seu aplicativo; portanto, evite incluir caracteres alfabéticos, como "Beta 1".

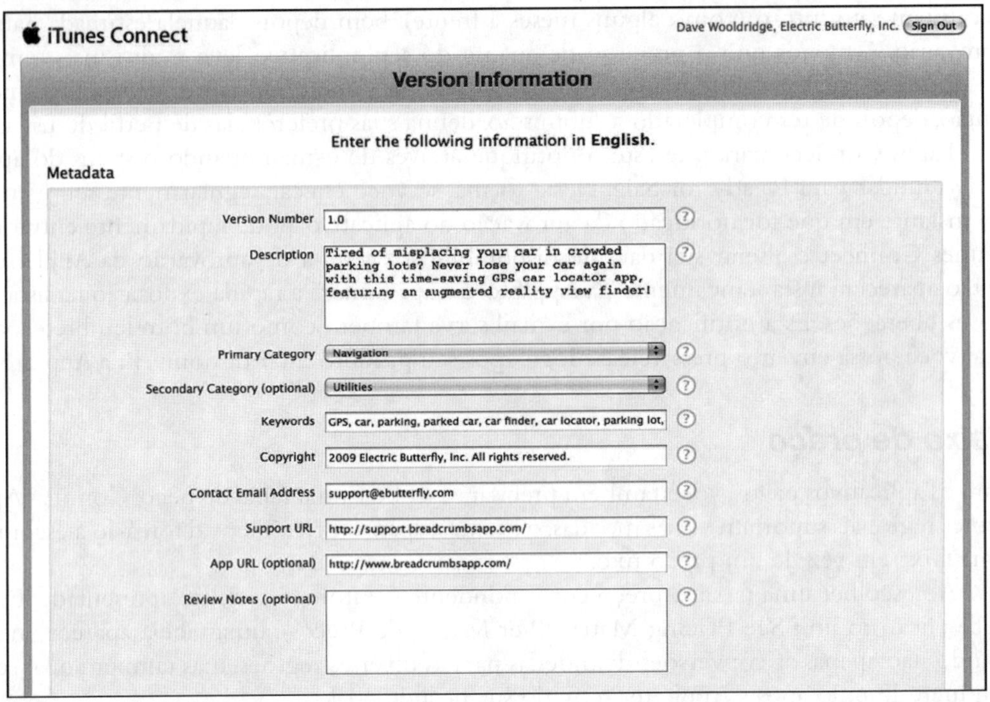

Figura 11.12. *De todas as telas do processo de submissão, a página Version Information é de longe a mais demorada, mas, felizmente, você já deve ter muitos desses itens preparados, como a descrição, as palavras-chave e a URL do website do seu aplicativo.*

Discrepâncias entre a versão real do binário do aplicativo e o número de versão que você informar neste campo podem causar atrasos ou problemas durante o processo de análise do aplicativo.

Description (Descrição)

A descrição, que você redigiu meticulosamente antes, neste capítulo, deve ser colada neste campo. Lembre-se apenas de que as versões do iTunes para desktop e iPad da App Store exibem inicialmente apenas as primeiras linhas do texto, com um link More para a leitura do restante, o que torna muito importantes aquelas primeiras linhas do texto. Portanto, não deixe de usar este limitado espaço de forma inteligente, explicando o que seu aplicativo faz. Como é possível usar um máximo de generosos 4 mil caracteres, utilize o restante disponível para listar recursos e benefícios, prêmios, testemunhos e outros pontos-chave de vendas.

Tags HTML não são suportadas, mas quebras de linha e caracteres Unicode especiais podem ser usados.

Primary Category e Secondary Category (Categoria principal e categoria secundária)

É preciso escolher uma categoria principal na qual você quer que seu aplicativo fique localizado na App Store. Já a categoria secundária é opcional, mas pode ser benéfica como uma alternativa se a Apple achar que sua escolha de categoria principal não é adequada com base na funcionalidade do seu aplicativo. Se sua escolha for Games como categoria, então mais dois menus aparecem, permitindo que você selecione duas subcategorias do grupo Games principal, como Action, Arcade, Board, Puzzle, Strategy e outros gêneros de jogos.

Keywords (Palavras-chave)

As palavras-chave que você criou antes neste capítulo devem ser coladas neste campo. Como mencionei, quer você esteja ou não usando frases com várias palavras para algumas das suas palavras-chave, é sempre recomendado separá-las por vírgulas para conseguir os melhores resultados.

Copyright

Digite sua linha de copyright da forma como quer que ela seja exibida na App Store. Não há necessidade de incluir o símbolo ©, já que a App Store o coloca automaticamente antes da sua linha de copyright. Por exemplo, submeter a linha "2009 Electric Butterfly, Inc. All rights reserved." fará com que ela apareça na App Store como: "© 2009 Electric Butterfly, Inc. All rights reserved".

Contact Email Address (Endereço do e-mail de contato)

A Apple pede que você forneça um endereço de e-mail para contato, mas ele não será mostrado na App Store. Destina-se somente para uso interno da equipe da Apple, para o caso de ser necessário contatá-lo durante o processo de análise ou enquanto seu aplicativo ficar na App Store.

Support URL (URL de Suporte)

A Apple pede que todos os desenvolvedores forneçam uma URL para suporte on-line para cada aplicativo listado na App Store. Mesmo considerando que as versões do iTunes para desktop e iPad da App Store incluem sua URL de suporte como um link ativo na página do seu produto na App Store, a versão para iPhone da App Store inclui apenas a URL do seu aplicativo. Sabendo disso, é aconselhável que você se certifique de que sua página de suporte esteja facilmente acessível também a partir do website do seu aplicativo.

É importante que sua URL de suporte aponte para uma fonte válida de contato com você, já que a Apple checará sua existência durante o processo de análise do aplicativo. No mínimo, dê aos visitantes do site uma forma de contatá-lo diretamente, seja com um link de e-mail ou por um formulário HTML de retorno (se preferir proteger seu endereço de e-mail contra o envio automático de spam).

Para ajudar a diminuir a inundação de consultas de suporte e oferecer assistência 24/7 mesmo quando estiver off-line, é sempre uma boa ideia postar uma lista de perguntas frequentes (FAQs), especialmente se estiver tendo de responder repetidamente as mesmas questões. Para os aplicativos iOS que têm uma comunidade de usuários ativa e vibrante, auto-hospedar um fórum on-line, como o popular pphpBB (http://www.phpbb.com/), open source, pode ser um acréscimo benéfico ao seu suporte on-line.

Se você não tiver nem tempo nem habilidade para montar seu próprio suporte personalizado, há alguns incríveis serviços prontos de terceiros disponíveis por tarifas mensais bastante acessíveis. Eis algumas opções:

- Get Satisfaction (http://getsatisfaction.com/).
- Tender Support (http://tenderapp.com/).
- UserVoice (http://uservoice.com/).
- Zendesk (http://www.zendesk.com/).

UMA NOTA ADICIONAL SOBRE SUPORTE

Mesmo após oferecer um abrangente site de suporte, se você descobrir que ainda há muitos clientes usando inadequadamente a seção Customer Reviews da App Store para postar solicitações de recursos e informações sobre problemas, pode ser útil acrescentar algumas informações de suporte no texto descritivo do seu aplicativo. Tudo o que puder fazer para redirecionar os usuários para o seu site de suporte pode ajudar a reduzir a quantidade de análises desnecessárias de uma estrela, que nada mais são do que uma lista de desejo de recursos! Mas nunca repreenda os clientes que fizerem isso. Escreva a frase de forma positiva, que os leve a acreditar que seu site de suporte é o melhor e mais rápido meio de receber ajuda de qualidade.

Por exemplo, você pode inserir frases adicionais na parte de baixo do texto descritivo do seu aplicativo que digam: "Para conseguir ajuda rapidamente, por favor, contate-nos diretamente em http://support.breadcrumbsapp.com/ -OU- envie um e-mail para support@breadcrumbsapp.com". E, se preferir se conectar com os usuários através do Twitter, acrescente também a URL dele àquela frase.

Basicamente, quanto mais opções para atendimento ao cliente você oferecer, maiores são as chances de conseguir reduzir a quantidade de postagens relacionadas com suporte nas análises de clientes na App Store (o que, por sua vez, pode ajudar a melhorar a classificação geral do seu aplicativo dada pelos clientes na forma de estrelas).

App URL

Já analisei a importância de se manter um website dedicado ao seu aplicativo iOS no Capítulo 10, portanto, mesmo considerando que o campo App URL seja opcional, você *deve* incluir nele a URL do seu site. Não fazê-lo só prejudicará a comercialização do seu aplicativo no futuro, especialmente agora que o link da URL do aplicativo está exibido de forma tão visível na App Store.

Review Notes (Notas adicionais)

A maioria dos desenvolvedores não precisará preencher este campo opcional, mas, se houver recursos únicos no seu aplicativo com os quais você se preocupa, achando que os analistas possam não interpretá-los corretamente ou tenham dificuldades em acessá-lo, incluir aqui algumas notas adicionais pode ajudar a acelerar o processo de análise.

Se seu aplicativo precisar que seja criada uma conta de usuário ou de acesso a um serviço na web protegido por senha, forneça uma conta de teste ou as credenciais para login que a Apple possa usar durante o processo de avaliação. Esses recursos com login serão certamente testados pela equipe de análise de aplicativos; portanto, se você se esquecer de fornecer essa informação no campo Review Notes, os avaliadores terão de lhe pedir que forneça os dados de login, retardando o processo de aprovação. Alguns aplicativos foram até rejeitados diretamente com base na impossibilidade de os avaliadores conseguirem logar de dentro de um aplicativo em uma conta de teste ou serviço web exclusivo para membros. Portanto, mesmo que você forneça a informação necessária neste campo, certifique-se de primeiro testar que ele seja um login válido e que esteja funcionando.

Tenha o cuidado de ser claro e conciso em qualquer texto que inclua aqui. A última coisa que você quer é que seu aplicativo seja rejeitado porque as notas extras que acrescentou mais atrapalharam do que ajudaram.

Passo 4: Atribuir uma classificação para seu aplicativo

Rolando a página Version Information, a segunda seção refere-se à pretendida classificação etária do seu aplicativo. Aqui lhe é apresentada uma lista com perguntas na forma de pesquisa que você precisa responder (veja a Figura 11.13). A Apple exige que todos os aplicativos iOS tenham uma classificação etária com base no seu conteúdo, de forma que os pais possam controlar o iOS e filtrar os aplicativos por faixa etária quando crianças acessam a App Store.

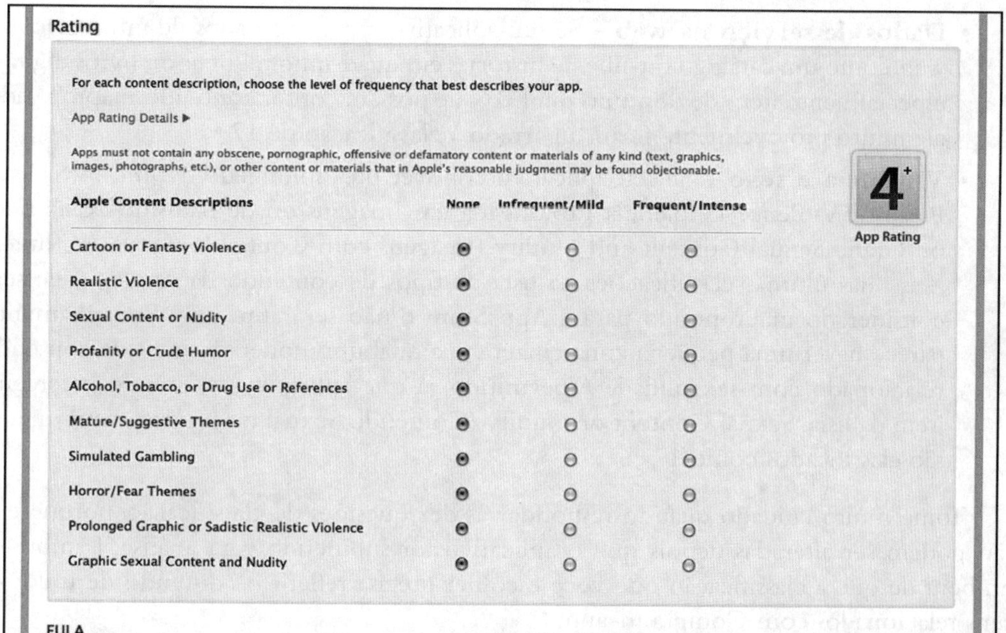

Figura 11.13. *Responder None a todas as perguntas sobre o conteúdo faz aparecer dinamicamente uma classificação etária de 4+, rotulando o aplicativo como apropriado tanto para crianças quanto para adultos.*

As possíveis classificações por faixa etária são 4+, 9+, 12+ e 17+. Como ilustrado na Figura 11.13, responder None a todas as questões sobre o conteúdo faz aparecer dinamicamente uma classificação etária de 4+. Faça experiências com as diversas respostas Infrequent/Mild (Infrequente/Moderado) e Frequent/Intense (Frequente/Intenso) para alguns dos tipos de conteúdo e você verá a classificação exibida mudar para 9+, 12+ ou até mesmo 17+.

Deve ser do seu maior interesse responder honestamente, selecionando uma classificação que seja apropriada ao seu aplicativo. Mesmo se a classificação de 12+ que você submeter consistir em apenas umas poucas respostas Infrequent/Mild, se a equipe de análise da Apple considerar que seu aplicativo requer uma classificação mais restritiva, de 17+, ela pode e reclassificará sua avaliação antes de aprová-lo para venda na App Store.

As classificações podem parecer subjetivas, especialmente com tipos de conteúdo vagos, generalizados, como Mature/Suggestive Themes (Temas Maduros/Sugestivos), que podem significar coisas diferentes para pessoas diferentes. Entretanto, a Apple leva seu sistema de classificações muito a sério, portanto, não há muito espaço para reclamações se você não gostar da classificação aprovada para o seu aplicativo.

Há três fatores principais relacionados com as classificações para os quais você deve estar atento quando projetar seu aplicativo iOS:

- **Acesso à navegação na web** – Se seu aplicativo der aos usuários a capacidade de acessar qualquer conteúdo na web (alguns dos quais possam ser considerados inadequados para crianças) através de uma UIWebView embutida, ele provavelmente receberá a classificação de 17+.
- **Dados de serviço na web** – Se seu aplicativo recuperar dados de um serviço na web, como um catálogo on-line de histórias em quadrinhos digitais ou livros digitais, especialmente itens de domínio público que possam conter conteúdo inapropriado, ele muito provavelmente ficará amarrado à classificação de 17+.
- **Violência e sexo** – Se seu aplicativo contiver ou Prolonged Graphic or Sadistic Realistic Violence (Violência Prolongada nas Imagens ou de Sadismo Realístico) ou Grafic Sexual Content and Nudity (Imagens com Conteúdo Sexual e Nudez) – as duas últimas classificações na lista de tipos de conteúdo da Apple –, ele será considerado inapropriado para a App Store e não será aprovado. Estranhamente, parece haver uma pequena zona cinzenta na qual um moderado grau de conteúdo relacionado com sexualidade é permitido, já que aplicativos contendo o terceiro item da lista, Sexual Content or Nudity (Conteúdo Sexual ou Nudez), tipicamente são classificados como 17+.

Tome muito cuidado quando responder às dez questões de classificação, porque elas não podem ser alteradas depois que o aplicativo for submetido para análise. Lembre-se também de que a classificação que você escolher precisa refletir o conteúdo de todos os itens relacionados com Compra in-app.

Diretamente abaixo da seção Rating há uma pequena referência ao EULA. Por definição, se você não fornecer seu próprio EULA, então o da App Store padrão da Apple será aplicado ao seu aplicativo, que parece ser o que a maioria dos desenvolvedores iOS prefere adotar. No entanto, se ao ler sobre contratos com usuários finais no Capítulo 3, de Michael Schneider, você foi levado a acreditar que recursos específicos do seu aplicativo requerem um EULA personalizado, então a Apple lhe permite carregar seu próprio contrato, desde que atenda aos requisitos mínimos da Apple. Como ela precisa revisar os EULAs personalizados após a submissão, esta opção poderia potencialmente tornar menos ágil o processo de aprovação.

Passo 5: Carregar o ícone e as imagens de tela do seu aplicativo

Continuando a rolar na longa página Version Information, a próxima seção encontrada é chamada Images. É aqui que você carrega o ícone grande do seu aplicativo, de 512 × 512 pixels, e suas imagens de tela. Para carregar um determinado elemento, clique no botão Choose File correspondente, abaixo do item, para selecionar o arquivo no seu disco rígido (veja a Figura 11.14).

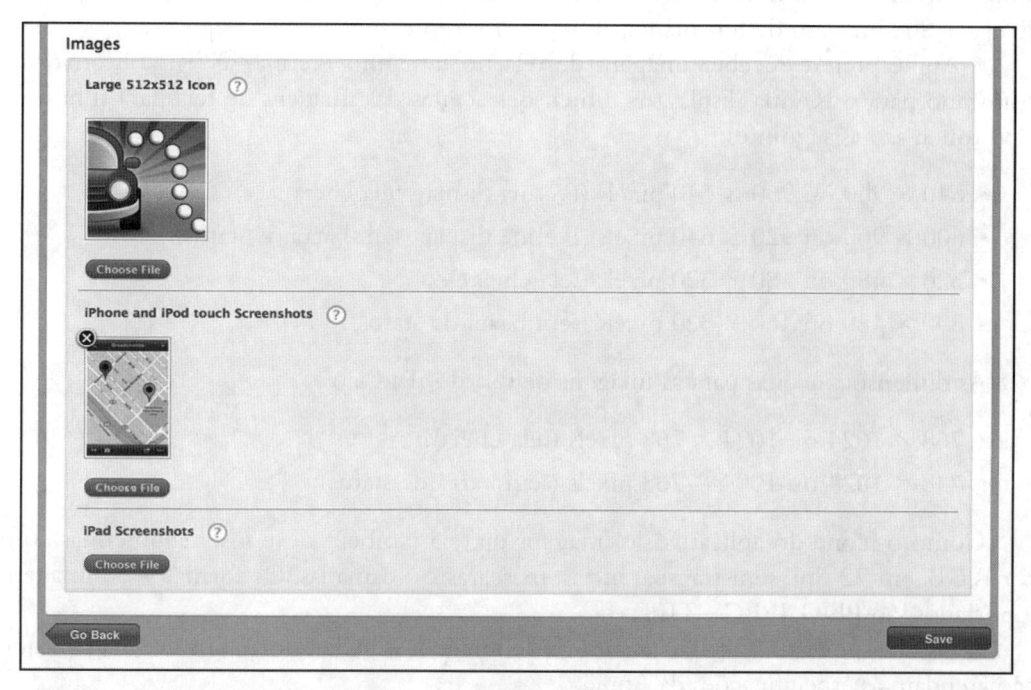

Figura 11.14. *A seção Images da página Version Information permite que você escolha e carregue seu ícone grande do aplicativo, de 512 × 512 pixels, e as imagens de tela do aplicativo para exibição na App Store.*

Ícone da App Store

Como discuti a necessidade de criar para o aplicativo um ícone grande, de alta qualidade, com 512 × 512 pixels, bem lá atrás, no Capítulo 4, você já o tem preparado e pronto para carregar. Note que este ícone grande precisa ter o mesmo desenho do compilado no seu aplicativo iOS. Submeter ícones de aplicativo que não sejam de desenhos idênticos fará você receber rapidamente uma carta de rejeição.

O ícone de 512 × 512 pixels deve ser entregue como uma imagem PNG plana, quadrada, com resolução de 72 dpi e cor no modo RGB. Não inclua camadas, máscaras ou transparências de nenhum tipo.

Eis a regra mais importante: não acrescente você mesmo cantos arredondados ou o reflexo chanfrado. A App Store acrescenta automaticamente esses efeitos aos ícones dinamicamente, mas apreciará a configuração personalizada da chave UIPrerenderedIcon no arquivo *Info.plist* do seu aplicativo.

Imagens de tela do aplicativo

Quando estiver submetendo suas imagens de tela, elas não precisam ser carregadas em nenhuma sequência em particular. Depois de carregadas, você deve vê-las exibidas como miniaturas na seção Images. Para colocá-las numa sequência específica para a App Store, simplesmente use seu mouse para arrastar e soltar as miniaturas das imagens na sequência desejada. Sua imagem de tela principal deve ser sempre a primeira à esquerda.

A Apple prefere receber imagens de tela no tamanho Retina, se seu aplicativo for otimizado para o Retina display. As dimensões aceitas das imagens de tela para iPhone e iPod touch são as seguintes:

- 640 × 960 ou 960 × 640 pixels (Retina display, tela cheia).
- 600 × 960 ou 920 × 640 pixels (Retina display sem barra de status).
- 320 × 480 ou 480 × 320 pixels (tela cheia).
- 300 × 480 ou 460 × 320 pixels (sem barra de status).

As dimensões aceitas para as imagens de tela do iPad são:

- 768 × 1024 ou 1024 × 768 pixels (tela cheia).
- 748 × 1024 ou 1004 × 768 pixels (sem barra de status).

Como o ícone do aplicativo, as imagens de tela também devem ser submetidas com cor RGB, em 72 dpi, sem transparências, máscaras ou camadas. Os formatos de imagem suportados são PNG, JPEG e TIFF.

O sistema pode não aceitar tamanhos de imagens de tela e formatos de imagem que não atendam às especificações da Apple.

> **NOTA:** Se você estiver criando uma listagem de aplicativo no iTunes Connect para poder testar determinados recursos, como a Compra in-app, as imagens de tela não são necessárias para encerrar o processo. Depois que tiver carregado o ícone do aplicativo de 512 × 512, clique no botão Save. Depois, você pode voltar e carregar as imagens de tela para a listagem do aplicativo no iTunes Connect quando já estiver pronto para submeter seu aplicativo à análise na App Store.

Depois que tiver completado a página Version Information, clique no botão Save para encerrar a criação da listagem do seu aplicativo.

A listagem do seu novo aplicativo no iTunes Connect

Agora, ao visitar a seção Manage Your Applications no iTunes Connect, deve ver a listagem do seu novo aplicativo exibida. Clicando no ícone do aplicativo, você será levado para sua página principal de resumo (veja a Figura 11.15).

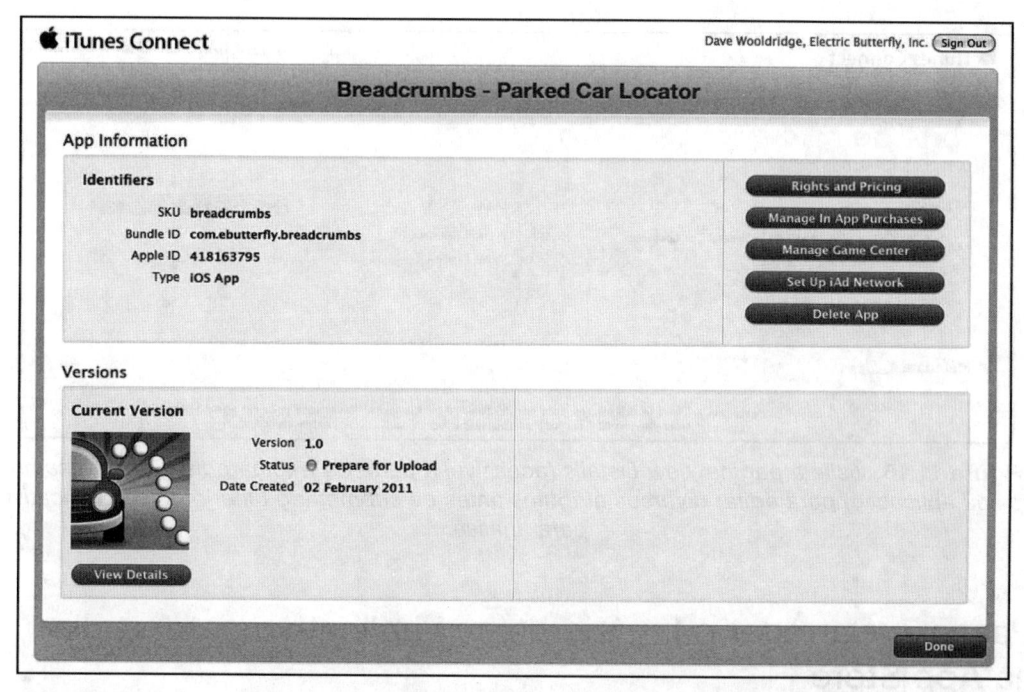

Figura 11.15. *A página principal de resumo do seu novo aplicativo no iTunes Connect.*

Nesta página você pode gerenciar quaisquer itens relacionados com Compra in-app e outros atributos. Clique no botão View Details se precisar acessar e editar metadados ou imagens de tela antes de submeter o binário do seu aplicativo para análise (veja a Figura 11.16).

Passo 6: Suporte a vários idiomas

Se seu aplicativo atualmente suporta apenas seu idioma principal, então pule este passo. Não selecione idiomas adicionais no iTunes Connect até que seu aplicativo efetivamente ofereça suporte a eles. Aqueles desenvolvedores que ofereceram suporte a vários idiomas no binário do aplicativo deles ainda não devem ir a lugar nenhum.

Dentro da página View Details do resumo do seu aplicativo há um botão Manage Localizations (veja a Figura 11.16). Clicando nele, você será levado para a página de localizações, que lhe permite designar idiomas adicionais para exibição nas App Stores regionais que os suportam. Por exemplo, se seu aplicativo já suporta tanto inglês como japonês, você deve acrescentar aqui Japanese como um idioma adicional. Como English foi o idioma principal selecionado lá no passo 1, não há necessidade de acrescentá-lo.

Depois de selecionar um idioma adicional, você verá um novo formulário web que é praticamente idêntico ao de metadados do aplicativo, já visto. A única diferença é que, em vez de English, você estará submetendo conteúdo localizado para os elementos de metadados da App Store, como nome, descrição, palavras-chave, URL de suporte do aplicativo e até mesmo uma opção para carregar imagens de tela localizadas. Se você optar por não submeter novas imagens de tela para o novo idioma, as do idioma principal serão usadas por definição.

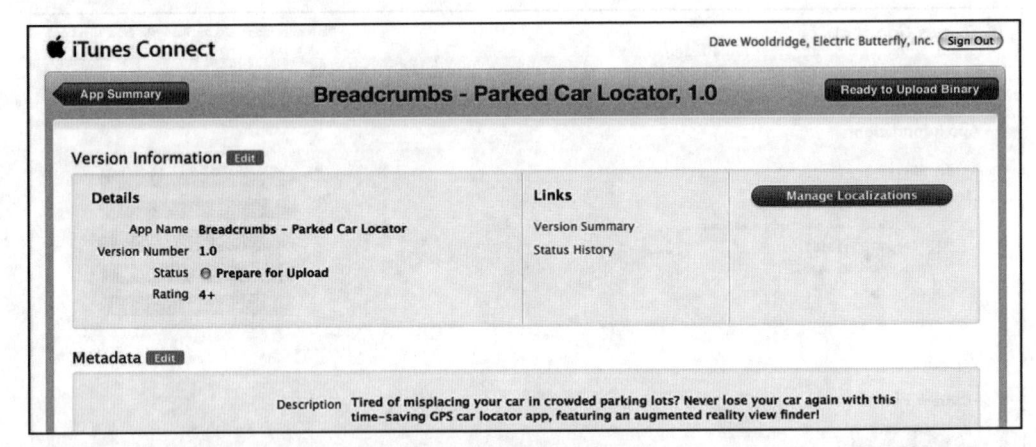

Figura 11.16. *Visite a página View Details (acessível a partir da página principal de resumo do seu aplicativo) para editar diversos atributos antes de submeter o binário do seu aplicativo para análise.*

Passo 7: Carregar o binário do seu aplicativo para análise na App Store

Antes, neste capítulo, você compilou seu aplicativo para distribuição na App Store. Agora que acabou de completar a adição da listagem do seu aplicativo no iTunes Connect, o último passo no processo de submissão à App Store é carregar o binário do seu aplicativo.

Antes de continuar, gaste algum tempo revisando meticulosamente os detalhes listados no resumo do seu aplicativo no iTunes Connect, verificando muito cuidadosamente se não há erros ou falhas na digitação. Depois que o binário do seu aplicativo for carregado, ele será colocado na fila da Apple para análise, e somente um pequeno número de elementos selecionados do aplicativo poderá ser posteriormente editados no iTunes Connect (sem precisar de uma submissão atualizada). Em outras palavras, agora é a hora de garantir que tudo esteja correto!

Se tudo parecer bem, então prossiga para a página View Details do seu aplicativo no iTunes Connect (veja a Figura 11.16) e clique no botão azul Ready to Upload Binary no canto superior direito da tela. Você verá uma página Export Compliance (Observância às leis de exportação dos EUA)

Export Compliance (Autorização para exportação)

Devido às atuais leis de exportação, todos os produtos que contiverem criptografia precisam ter autorização para exportação. A página de Export Compliance pergunta se seu aplicativo contém ou acessa criptografia (veja a Figura 11.17).

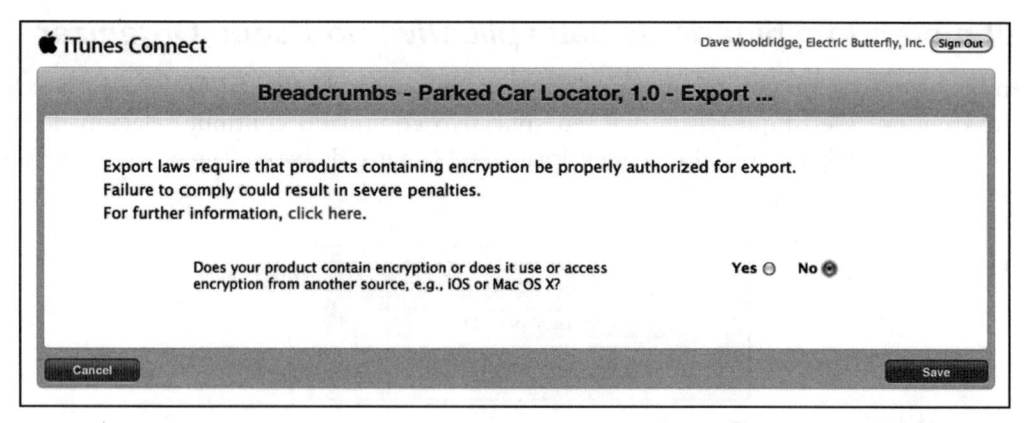

Figura 11.17. *Antes que você possa carregar o binário do seu aplicativo, o iTunes Connect precisa que você responda a uma pergunta na página Export Compliance.*

Se a resposta for No, você pode prosseguir; simplesmente clique no botão Save.

Se a resposta for Yes, então outras perguntas sobre criptografia aparecerão, que precisarão ser respondidas antes que possa prosseguir. Com base em como você responde a essas perguntas adicionais, pode haver solicitação de carregar uma cópia do seu documento Commodity Classification Automated Tracking System – CCATS (em português, Sistema Automatizado para Monitoração por Classificação de Commodity).

Como a Export Compliance precisa analisar e aprovar seu arquivo CCATS antes que seu aplicativo possa ser liberado na App Store, esteja preparado para um período de análise maior do que o normal se este documento for necessário. Se você nunca ouviu falar do CCATS antes, há boas chances de que seu aplicativo não caia nesta categoria.

Status de Waiting for Upload App (Status de espera pelo upload do aplicativo)

Agora que você iniciou uma solicitação de carga do binário do seu aplicativo, seu status no iTunes Connect deve ser alterado de Prepare for Upload para Waiting for Upload (veja a Figura 11.18).

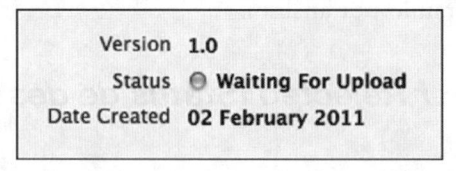

Figura 11.18. *O status do seu aplicativo mudando para Waiting for Upload indica que o iTunes Connect agora está pronto para receber o binário do seu aplicativo a fim de carregá-lo.*

Você não conseguirá fazer uma carga bem-sucedida do binário enquanto o status do aplicativo não for Waiting for Upload. Depois que este aparecer na página principal de resumo do seu aplicativo no iTunes Connect, você pode finalmente voltar para o Xcode Organizer.

Submetendo o binário do seu aplicativo no Xcode Organizer

Lembra-se de quando compilou seu aplicativo com a opção Build and Archive do Xcode neste capítulo? Certifique-se de que seu aplicativo compilado continue selecionado na seção Archived Applications do Xcode Organizer. Na parte de baixo da tela você deve ver três botões (veja a Figura 11.19).

Figura 11.19. *Quando o iTunes Connect estiver esperando pela carga do seu binário, você pode validar e submeter seu aplicativo para análise na App Store dentro do Xcode Organizer.*

> **NOTA:** Um método alternativo para carregar o binário do seu aplicativo é através do utilitário Application Loader, incluído no download das ferramentas do desenvolvedor no Xcode. Em vários pontos na documentação da Apple você é instruído a usá-lo para carregar o binário do seu aplicativo para o iTunes Connect. Embora esta seja certamente uma opção válida, a maioria dos desenvolvedores iOS recomenda compilar seu aplicativo com a opção Build and Archive do Xcode e carregar o binário do aplicativo através da versão mais recente do Xcode Organizer.

Primeiro, clique no botão Validate Application, que executará os mesmos testes de validação que a Apple realizará durante o processo de análise. Se ele notificar algum problema com o binário do seu aplicativo, aproveite esta oportunidade para reparar os defeitos e recompilar antes de submeter seu aplicativo à Apple.

Depois de passar pela checagem de validação, agora pode clicar no botão Submit Application to iTunes Connect. Você será solicitado a fornecer seu login no iTunes Connect e a senha para completar a solicitação de submissão.

E é isso aí! Depois que a carga terminar, o status do seu aplicativo deve mudar para Waiting for Review (esperando por análise).

Status de Developer Rejected (Status de desenvolvedor rejeitado)

Se encontrar um problema ou precisar editar determinados itens que sejam intocáveis enquanto o aplicativo estiver na fila de submissão, você pode retirar o aplicativo da análise clicando no botão Reject Binary no iTunes Connect. Isto mudará o status do seu aplicativo para Developer Rejected.

Quando estiver pronto novamente, você precisará ressubmeter um novo binário de aplicativo, o que reiniciará o processo de análise desde o começo. Obviamente, você só fará isso quando for absolutamente necessário.

Status In Review (Status em análise)

Quando seu aplicativo estiver sendo analisado pela Apple, o status muda para In Review. Se você foi solicitado a carregar um documento CCATS, poderá ver o status Waiting for Export Compliance enquanto ele estiver sendo avaliado.

Status Ready for Sale (Status pronto para venda)

Se o status aparecer como Ready for Sale, então seu aplicativo foi aprovado! É hora de celebrar esta grande ocasião!

GERENCIANDO SUAS PRÓPRIAS EXPECTATIVAS

Tom Petty nunca foi tão sábio como quando cantou "the waiting is the hardest part" (*a espera é a parte mais difícil*). Você trabalhou tão duro para chegar a este ponto que, mesmo se o processo de análise do aplicativo terminar em muito menos tempo do que o esperado, a lenta passagem do tempo até que a confirmação da Apple chegue parece dolorosamente longa. Paciência, Gafanhoto. É melhor não ficar pensando. Em vez disso, arrume um projeto para se ocupar.

Você já terminou de criar todo seu material de marketing, como seus press-releases e trailers de vídeo? E como estão as pesquisas e conexões com potenciais sites da mídia sobre oportunidades de análises e exposição na imprensa, como analisamos no Capítulo 10?

Se você já cuidou das suas tarefas de marketing, ótimo! Você estará pronto para agitar quando seu aplicativo estiver disponível na App Store. Mas isto não é desculpa para sentar e esperar, olhando ansiosamente para o relógio. Não há melhor hora do que esta para mergulhar no desenvolvimento do seu próximo aplicativo ou começar a trabalhar em novos recursos para o aplicativo existente. Não importa o que faça, mantenha-se ocupado, e o tempo voará.

Recebendo notificações sobre o status do aplicativo

Aqueles que preferirem não entrar no iTunes Connect um milhão de vezes por dia, obcecados por ver quando a mensagem de status mudará, podem preferir receber as atualizações de status diretamente no seu e-mail. Dentro do seu perfil de usuário no iTunes Connect, simplesmente faça a opção por assim recebê-las, modificando as configurações na guia Notifications (veja a Figura 11.20).

DICA: Num esforço para oferecer maior transparência e comunicação harmoniosa, a Apple também criou o site News and Announcements for Apple Developer, em http://developer.apple.com/news/, como um recurso on-line para dicas sobre a submissão de aplicativos, atualizações do iOS Dev Program, notícias sobre o SDK e técnicas recomendadas de programação. Este website até publica os mais recentes tempos de retorno de análise de aplicativos, como "Percentage of iOS submissions reviewed within the last 7 days: 80% of new apps and 92% of app updates" (Percentual de submissões de iOS analisadas nos últimos 7 dias: 80% de novos aplicativos e 92% de atualizações de aplicativos).

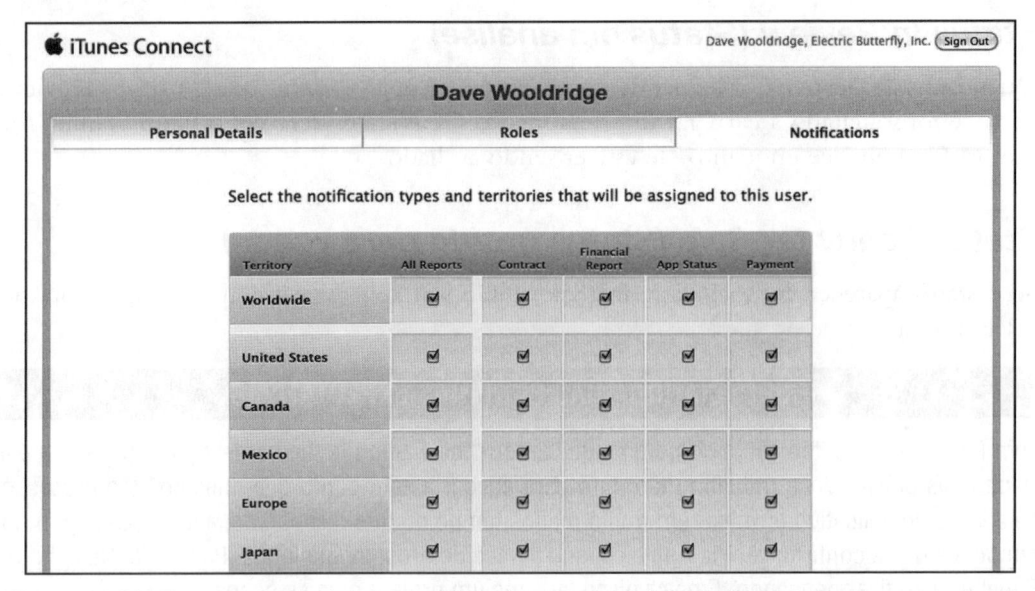

Figura 11.20. *Peça para receber as notificações por e-mail quando o status do seu aplicativo mudar, atualizando a guia Notifications do seu perfil de usuário no iTunes Connect.*

Mas, se você estiver paranoico pensando que pode perder aquela tão importante notificação por e-mail, a Apple também oferece o prático recurso de Status History. Na página de resumo principal da listagem do aplicativo no iTunes Connect, clique no link Status History para ver quais estágios do processo de análise já se passaram, bem como quando as ações específicas aconteceram e quem as iniciou (você ou a Apple).

Tente, tente novamente: lidando com rejeições na App Store

Todos nós cruzamos os dedos esperando desesperadamente não receber a temida nota de rejeitado, mas se o aplicativo que você submeteu for rejeitado pela Apple, não se desespere. Embora seja dolorosamente frustrante, não é o fim do mundo. A coisa bacana sobre o software é que ele sempre pode ser modificado e ressubmetido!

Na carta de rejeição que a Apple envia, normalmente os analistas explicam por que o aplicativo foi rejeitado e, se você tiver sorte, às vezes até oferecem sugestões sobre como corrigir o problema. Para coisas simples, como ícones inadequados ou uso incorreto de um elemento de interface, não deve ser difícil fazer os ajustes necessários.

Não importa se você concorda ou não com o motivo da rejeição. O importante é que faça as correções solicitadas e submeta novamente seu aplicativo. Felizmente, não há limite para a quantidade de vezes que se pode reapresentar um aplicativo. Então, monte no cavalo outra vez e continue tentando. Você já chegou muito longe, e não deve deixar que um probleminha o impeça de ganhar dinheiro na App Store.

Para problemas maiores de rejeição, que não possam ser resolvidos tão facilmente, é importante manter a calma e tratar do assunto como um profissional dono de uma empresa.

Eu sei que a simples ideia de vários meses da sua vida jogados pela janela por causa de um aplicativo rejeitado é o suficiente para levar qualquer pessoa à loucura. Sua primeira reação pode ser de escrever um irritado post no blog, numa tentativa de reunir tropas para dar suporte à sua causa. Algumas redes de mídia social, como o Twitter, tornam extremamente fácil reunir um grupo on-line de seguidores descontentes. Mas enfurecer-se contra a máquina não o fará ser admirado pela equipe de análise de aplicativos da Apple. Sim, eles também leem os blogs e sites de notícias. Embora possa parecer pessoalmente gratificante ter um relatório TecCrunch sobre mais uma vítima de rejeição de aplicativo, isto não o ajudará a entrar na App Store.

E se a rejeição da Apple for totalmente justificável, porque seu aplicativo violou os termos e condições estabelecidos, você realmente não tem um bom motivo para protestar. Suas reclamações abertas apenas o farão parecer não profissional aos olhos dos seus pares, a comunidade de desenvolvedores. E, certamente, não o fará ganhar pontos com os clientes que lerem seu blog ou o seguirem no Twitter.

Se sentir que tem motivos legítimos para considerar injusta a rejeição do seu aplicativo, então discuta-a com a Apple. Tente estabelecer um diálogo com os analistas que avaliaram seu aplicativo. Se isso não funcionar, você pode submeter uma apelação ao App Review Board oficial, em http://developer.apple.com/appstore/resources/approval/contact.html. Sempre exprima seu caso de forma atenciosa e clara para ajudar os revisores a entender seus motivos. Diversas rejeições de aplicativos foram revertidas em função de argumentos persuasivos dos desenvolvedores após uma rápida reavaliação.

Ninguém disse que o processo de análise de aplicativos é perfeito. Lembre-se apenas de que a App Store ainda é um mercado relativamente novo – que aumentou de tamanho muito mais rapidamente do que a Apple (ou quem quer que seja) jamais pensou. É fácil ficar aborrecido com uma rejeição, mas, com mais de 300 mil aplicativos inundando a App Store e mais de 15 mil submissões de aplicativos toda semana, a sobrecarregada equipe de análise da Apple está simplesmente tentando fazer seu trabalho da melhor forma possível sob esta incrível pressão.

Enganos acontecem, mas a Apple está constantemente trabalhando para melhorar o processo. Embora esse tipo de sentimento possa me fazer parecer um glorioso fã obsessivo, por favor, não interprete mal minhas intenções. Sendo eu mesmo um desenvolvedor, certamente fico frustrado se minha criatividade e ambição são limitadas pelas restrições do mundo dos negócios, mas então me lembro de que *são* negócios. E se quiser fazer parte deles, resolver problemas com seriedade e profissionalismo é a única forma de realmente ter sucesso no longo prazo.

A Apple tem nas mãos as chaves do reino, portanto, se você espera algum dia prosperar na App Store, deve ser do seu maior interesse manter um bom relacionamento de trabalho com a empresa e sua equipe de análise.

Aprovado! Você chegou à terra prometida

Então, aquele dia milagroso finalmente chegou. Seu aplicativo foi aprovado e agora está disponível na App Store! Parabéns! Sem dúvida é uma grande realização que pode lhe trazer muito sucesso, especialmente se você tomou as ações necessárias para fazer um marketing eficaz do seu aplicativo.

Verificar a performance do seu aplicativo na App Store é tão fácil quanto entrar no iTunes Connect para analisar as vendas e baixas reportadas em bases semanais ou diárias. *Cuidado: rastrear as vendas pode viciar e destruir seu nível diário de produção.* O iTunes Connect também emite relatórios financeiros mensais que apresentam um resumo das vendas do seu aplicativo e da renda conseguida.

Analisando as estatísticas de venda do seu aplicativo na App Store

Os relatórios de vendas e tendências no iTunes Connect abrangem vários dados para analisar o ciclo de vida do seu produto e a performance das vendas no mercado. Mas, e se você estiver procurando por ajuda e recursos adicionais? São pontos importantes:

- Rastrear suas estatísticas na App Store a partir de um aplicativo para desktop ou dispositivo móvel.
- Criar gráficos personalizados das suas estatísticas para melhor direcionar seus próprios esforços de marketing.
- Automatizar a tarefa de recuperar e analisar os dados de vendas e de downloads (para quando você se esquecer de fazê-lo você mesmo).

Ferramentas de terceiros e serviços baseados na web podem fornecer esses recursos. Certamente há uma solução por aí que se entrosará bem com seu fluxo de trabalho. Embora esta possa não ser uma lista muito abrangente, eis algumas opções a explorar:

- iTunes Connect Mobile (http://itunes.com/apps/iTunesConnectMobile), da Apple, é um aplicativo universal para iPhone e iPad que pode ser baixado gratuitamente na App Store, que lhe dá acesso direto aos seus dados de vendas e tendências no iTunes Connect. Independentemente de você já empregar outros serviços, como appFigures ou App Annie, esta ferramenta móvel gratuita da Apple é uma maneira conveniente de rastrear as vendas do seu aplicativo estando em qualquer lugar.
- appFigures (http://www.appfigures.com/) é uma popular solução web que suporta a importação automatizada dos seus relatórios de vendas do iTunes Connect, apresentando os dados em imagens e gráficos dinâmicos. Além de rastrear vendas, tendências, classificações na App Store e análises, o appFigures também enviará automaticamente por e-mail relatórios diários resumidos. Você pode escolher entre uma conta Basic gratuita ou atualizar para acessar todos os recursos Premium. Embora os relatórios web da appFigures sejam compatíveis com iOS (quando visualizados no Mobile Safari), há também um aplicativo nativo para iPhone para acessar sua conta desta ferramenta, o app Trendes, de David Knell, disponível na App Store.
- App Annie (http://www.appannie.com/), apelidado "Your App Nanny" (A Babá do seu Aplicativo), é um abrangente aplicativo para rastreamento de vendas e serviço web de análise de tendências. Ele oferece muitos dos mesmos recursos do appFigures, bem como dados históricos de classificações na App Store de todos os aplicativos. Sua

atraente interface on-line do tipo painel de instrumentos pode ser acessada e visualizada tanto pelo navegador web do seu desktop como pelo Mobile Safari do iPad.

- AppSales Mobile (https://github.com/omz/AppSales-Mobile) é um aplicativo para iPhone que baixa e analisa seus relatórios de vendas do iTunes Connect. Como está disponível open source no GitHub, você precisará compilar o projeto no Xcode e executá-lo como build de debug para conseguir usá-lo. Mas ele lhe dá a flexibilidade de personalizar, compilar e instalar o software nos seus dispositivos iOS para atender às suas necessidades.
- AppStar (http://www.damabia.com/appstar.php), aplicativo Mac OS X da Damabia, é uma solução abrangente para desktop que rastreia suas vendas e relatórios de tendências do iTunes Connect, os relatórios financeiros mensais de vendas da Apple, as classificações nos gráficos e análises de aplicativos da App Store. Ele também fornece uma interface para organizar todos os ícones dos seus aplicativos, imagens de tela e materiais de marketing em um só lugar. Uma demonstração funcional por dez dias do AppStar está disponível para download.
- AppStore Clerk (http://blog.fieryferret.com/2008/10/appstoreclerk.html) é um aplicativo gratuito para Mac OS X que analisa seus relatórios de vendas e mostra os downloads do seu aplicativo em uma planilha no formato de tabela fácil de ler. Ele pode não incluir os avançados recursos de gráfico de outras soluções listadas aqui, mas é generosamente oferecido como freeware (e o desenvolvedor até fornece o código-fonte também).
- AppViz (http://www.ideaswarm.com/products/appviz/), da Ideaswarm, é um aplicativo para Mac OS X lindamente desenhado que pode baixar seus dados de vendas do iTunes Connect, bem como importar relatórios que você já tenha baixado para o seu disco rígido. Como a maioria das outras ferramentas desta lista, ele pode analisar e rastrear suas vendas e downloads usando gráficos para revelar tendências. Também monitora vários aplicativos e contas, classificação por categoria na App Store, análises de clientes e mais o rastreamento das vendas dos seus produtos de Compra in-app. Uma versão experimental deste aplicativo para desktop popular e rico em recursos está disponível para download.
- Distimo Monitor (https://monitor.distimo.com/), como o appFigures e o App Annie, é uma abrangente ferramenta web para rastreamento das vendas de aplicativos. O que diferencia esta solução de muitos outros produtos listados aqui é que o Distimo Monitor suporta todas as principais lojas de aplicativos, como a App Store da Apple, a Android Market do Google, a App World da BlackBerry, etc.; perfeito para desenvolvedores móveis interplataformas.
- Heartbeat (http://www.heartbeatapp.com/), um serviço da Mobclix, é um aplicativo muito elegante hospedado na web, que oferece um extenso pacote de rastreamento de vendas, tendências, monitoramento de crash report, estatísticas de uso, classificações na App Store, gerenciamento do pagamento de rendimentos, etc. Se você estiver em busca de uma ferramenta abrangente para gerenciar todos os seus negócios com a App Store, então abra uma conta na Mobclix e tire proveito do gratuito Heartbeat.
- MyAppSales (https://github.com/Cocoanetics/MyAppSales) é um conveniente aplicativo para iPhone, como o AppSales Mobile, que oferece bem mais recursos, por causa do

ativo desenvolvimento do seu criador, Oliver Drobnik. Mesmo considerando que o MyAppSales agora está disponível como open source, permitindo que você compile e execute este aplicativo rico em recursos nos seus próprios dispositivos iOS, doações são bem-vindas e agradecidas pelo Oliver.

- Prismo (http://positiveteam.com/products/prismo/mac/), um aplicativo para Mac OS X da Positive Team, apresenta um desenho de interface iTunesstyle limpo e simplificado. Ele suporta a baixa automática de relatórios do iTunes Connect, bem como o rastreamento de classificações e vendas dos seus aplicativos para iPhone e produtos de Compra in-app. Uma versão experimental por 30 dias do Prismo está disponível para download.

Além destas soluções mencionadas, não se esqueça de também verificar as muitas ferramentas de classificação da App Store que foram delineadas no Capítulo 2, como o APPlyzer e o excelente (e gratuito) MajicRank de David Frampton.

Acelere seus motores

Você está na App Store... Agora, fazer o quê? Não, não é hora de dar uma parada. Sei que está cansado pelos meses de desenvolvimento, mas é preciso capitalizar sobre o curto período de *momentum* que cerca o lançamento do seu aplicativo! O capítulo 12 põe em movimento seu mecanismo de publicidade para aumentar a perceptividade dos clientes sobre a disponibilidade do seu aplicativo.

Capítulo **12**

Aumentando a perceptividade do seu aplicativo iOS

Seu aplicativo foi aprovado e está disponível para venda na App Store. E agora? Primeiro, gostaria de parabenizá-lo por esta importante conquista! Se você trabalhou durante todo o livro e finalmente tem um aplicativo listado na App Store, isto é, em si mesmo, uma grande realização. Apenas os colegas desenvolvedores sabem realmente quanto trabalho duro e dedicação são necessários para lançar um novo produto de software. Depois de meses de meticuloso planejamento e programação do seu aplicativo, você merece celebrar. Embora provavelmente adorasse tirar umas muito merecidas férias agora, infelizmente você ainda não pode descansar.

É hora de acelerar os motores da publicidade para aumentar a percepção sobre a disponibilidade do seu aplicativo. Mesmo que você tenha implementado as diversas estratégias dos capítulos anteriores e seus esforços antecipados de marketing tenham resultado em um pico inicial de vendas, ainda há algum trabalho vital a ser feito. É sua função garantir que seu aplicativo iOS não fique soterrado no meio de milhares de novos aplicativos que inundam a App Store. Este capítulo revela como criar press-releases eficazes, utilizar códigos de promoção, conseguir exposição, através de análises e entrevistas, e sustentar o *momentum* na App Store com promoções, brindes e eventos de vendas cuidadosamente programados.

Dedicando tanto esforço ao marketing do seu aplicativo quanto dedicou ao seu desenvolvimento

Se o seu aplicativo já estava disponível na App Store quando comprou este livro, e você decidiu vir direto para este capítulo, recomendo-lhe que leia antes o Capítulo 10. Na verdade, insisto que você o faça. Este capítulo se mostrará muito mais útil *depois* que você ler o Capítulo 10.

Mesmo considerando que o Capítulo 10 tenha como objetivo o marketing anterior à liberação, seu objetivo principal é ajudá-lo a construir uma sólida fundação on-line. Ele discorre sobre o estabelecimento de presença através de um website, atividades na mídia social através do Twitter e do Facebook, relacionamentos com blogueiros proeminentes e sites influentes de análise de aplicativos. Todos esses elementos servirão como a espinha dorsal subjacente para seus esforços de marketing pós-liberação; portanto, tê-los implementados bem antes de seu aplicativo ser liberado na App Store é crucial para o sucesso.

Lançando com uma supernova de publicidade

Você quer capitalizar em cima da visibilidade inicial obtida com a liberação do seu aplicativo na App Store, portanto, o segredo é ter o maior número possível de clientes e fontes de notícias falando sobre seu aplicativo ao mesmo tempo. Pense nisso como uma supernova de publicidade na esperança de criar um efeito bola de neve. Você quer que os consumidores pensem "todos estão falando sobre este aplicativo, ele deve ser bom!". Com isso em mente, enquanto estiver lendo este capítulo não ataque uma única tarefa por semana. Leia todos os tópicos e depois tente implementar o maior número possível deles ao mesmo tempo, objetivando sustentar aquele agito até muito além da liberação inicial.

Quanto tempo você deve dedicar ao marketing do seu aplicativo? Inicialmente, apenas uma ou duas horas por dia não será o suficiente. Sim, eu sei que está ansioso para começar a desenvolver aquela sua grande ideia para um aplicativo, mas, antes que mergulhe em qualquer futuro projeto, sua nova liberação 1.0 do aplicativo precisa de atenção. Você deve estar preparado para reservar as primeiras duas semanas para se concentrar em nada mais do que promover seu novo aplicativo. Peça análises, faça publicidade do seu aplicativo no Twitter e no Facebook, promova entrevistas com a mídia, coloque artigos no blog, inscreva seu aplicativo em premiações, e a lista segue. Depois que seus esforços de marketing começarem a dar retorno com um aumento das vendas e/ou subida nos gráficos da App Store, você pode gradualmente voltar para sua vida normal de trabalho, com um par de horas por dia dedicadas ao marketing do aplicativo.

Infelizmente, não há atalhos no marketing de software. Para que seu aplicativo iOS tenha alguma chance de ser bem-sucedido, você precisa ter disposição para investir tanto tempo e esforço na promoção do aplicativo quanto investiu no seu desenvolvimento.

Recrutando ajuda dos profissionais

Se não puder dedicar o tempo necessário para o marketing pós-liberação, então deve ser do seu maior interesse contratar uma empresa para cuidar desta tarefa. Faça uma pesquisa on-line por *iphone app marketing* ou *iphone marketing agency*. Você encontrará centenas de empresas de marketing e RP em todo o mundo que se especializam no lançamento de produtos móveis. Eis aqui algumas agências para lhe dar uma ideia de alguns serviços disponíveis:

- Appency (http://www.appency.com/).
- Appular (http://appular.com/).
- App2Market (http://www.app2market.com/).
- Apalon App Marketing (http://www.apalon.com/iphone_marketing.html).

- Digital Automat (http://www.digitalautomat.com/).
- Mobility Public Relations (http://www.mobilitypr.com/).
- TriplePoint PR (http://www.triplepointpr.com/).

Certamente há muitas outras agências de marketing no mercado além das listadas aqui. Dependendo de onde vive, você pode se sentir mais à vontade contratando uma empresa local. Neste caso, faça várias buscas on-line para encontrar aquela que atende às suas necessidades específicas.

Como já disse antes, sempre que estiver contratando consultores ou empresas terceirizados, você deve, antes de optar por um, fazer uma ampla pesquisa. Esses profissionais devem ser não apenas especialistas nos desafios específicos da App Store e no marketing de aplicativos iOS, mas suas práticas, políticas e performance ser muito transparentes. Como eles estarão representando sua empresa e produtos, suas ações são um reflexo seu e do seu aplicativo.

Por exemplo, se uma empresa de RP inescrupulosa usar suas próprias contas internas do iTunes para plantar as mesmas análises falsas de cinco estrelas para todos os aplicativos dos seus clientes na App Store, é só uma questão de tempo antes que alguém faça a ligação e dê o alerta. Mesmo que você não soubesse que isto estava acontecendo, em última instância é a sua reputação que fica manchada.

Sabe-se até que a Apple retirou da App Store aplicativos que abusaram do sistema de análise do cliente. Obviamente, a maioria das agências de RP leva sua responsabilidade ética muito a sério e nunca passa dos limites. Faço esta menção apenas para que você faça a lição de casa e empreenda as perguntas certas antes de escolher uma empresa de marketing móvel para promover seu aplicativo para iPhone ou iPad.

Dependendo do nível de serviços oferecidos, uma agência terceirizada de marketing com experiência custará pelo menos mil dólares (e possivelmente milhares a mais). Se você for um desenvolvedor independente que não pode se dar ao luxo de terceirizar o marketing e a publicidade do seu aplicativo, então precisará arranjar o tempo necessário na sua agenda para tratar dessas tarefas você mesmo. Então, arregace as mangas e vamos lá!

DICA: Saiba quando as pessoas estão falando do seu aplicativo! Com base nos resultados mais recentes de relevantes pesquisas, o Google Alerts é um fantástico serviço gratuito de notificação por e-mail que lhe permite monitorar quando um determinado nome ou tópico está sendo discutido on-line nos websites, blogs e até mesmo no Twitter. Recomendo fortemente associar-se ao Google Alerts para rastrear o nome do seu aplicativo e o da sua empresa. Você pode até mesmo usar o serviço para ficar de olho nos seus concorrentes! Associe-se gratuitamente em http://www.google.com/alerts.

A arte de criar um press-release eficaz

Quando seu aplicativo estiver disponível na App Store, você vai querer que o mundo saiba! Certo, notificar seus seguidores no Twitter, Facebook e seu blog são importantes primeiros passos. Mas você também vai querer dar a notícia numa escala ampliada, para alcançar o maior número possível de usuários de iPhone, iPad e iPod touch. Uma forma de conseguir isto é enviar um press-release para todos os sites de notícias sobre tecnologia e mercado móvel.

Mesmo que você seja um desenvolvedor bem estabelecido nas comunidades de Mac ou iOS, não assuma que as principais fontes de notícias estão monitorando seus posts no blog ou no Twitter. Com a constante avalanche de notícias técnicas que passam pelas mesas dos jornalistas todos os dias, suas notícias precisam chamar a atenção. Por isso, gaste algum tempo para enviar anúncios importantes diretamente para suas caixas de entrada no e-mail.

Press-releases não se limitam apenas a novos produtos. Envie um press-release para anunciar qualquer coisa digna de nota, como novas versões do aplicativo e vendas especiais por tempo limitado e promoções.

Os ingredientes essenciais de um press-release

Então, como fazer para escrever um press-release eficaz? Não copie e cole simplesmente o anúncio do aplicativo do seu blog para uma mensagem de e-mail!

Um press-release tem formatação específica. Seguindo suas regras e sua sintaxe padrão, você estará facilitando para que os repórteres vasculhem sua história em busca dos fatos pertinentes.

> **NOTA:** Você precisa seguir um formato padrão de press-release? Não. Alguns desenvolvedores conseguiram sucesso com um anúncio diferente e engenhoso. Mas tome muito cuidado para garantir que o press-release seja fácil de ler e contenha todas as informações necessárias. Algumas vezes, o "muito criativo" pode se voltar contra você, como um press-release formatado como a sintaxe de código Objective-C, que poderia receber grande atenção e admiração nos blogs de desenvolvedores, mas ser extremamente difícil de ser decifrado por jornalistas não programadores. Se você estiver disposto a criar um press-release inteligente para destinatários especiais, prepare também um normal para aqueles sites de notícias que possam "não entender a piada" ou que não aceitem press-releases fora do padrão.

Usando o press-release da Streamning Colour Studios para o Dapple como um exemplo visual (veja a Figura 12.1), vou conduzi-lo através de cada um dos elementos essenciais que um press-release deve ter para transmitir as informações necessárias aos jornalistas.

Referindo-nos à Figura 12.1, vamos analisar cada um dos componentes e sua importância no formato do press-release.

> **CUIDADO:** Aqueles que pensam que o conteúdo deste press-release tem tudo a ver com bom-senso estão um passo à frente. Você ficaria surpreso com quantos desenvolvedores se esquecem de incluir informações vitais – como preço, URL do website e até mesmo informações de contato – em seus press-releases. Como os jornalistas conseguirão escrever uma boa história baseada no anúncio do seu novo aplicativo se não conseguem contatá-lo com perguntas adicionais que possam ter? Eles não conseguirão! Press-releases incompletos simplesmente são descartados, e a mídia segue em frente para a próxima história. Não deixe que isso aconteça com você!

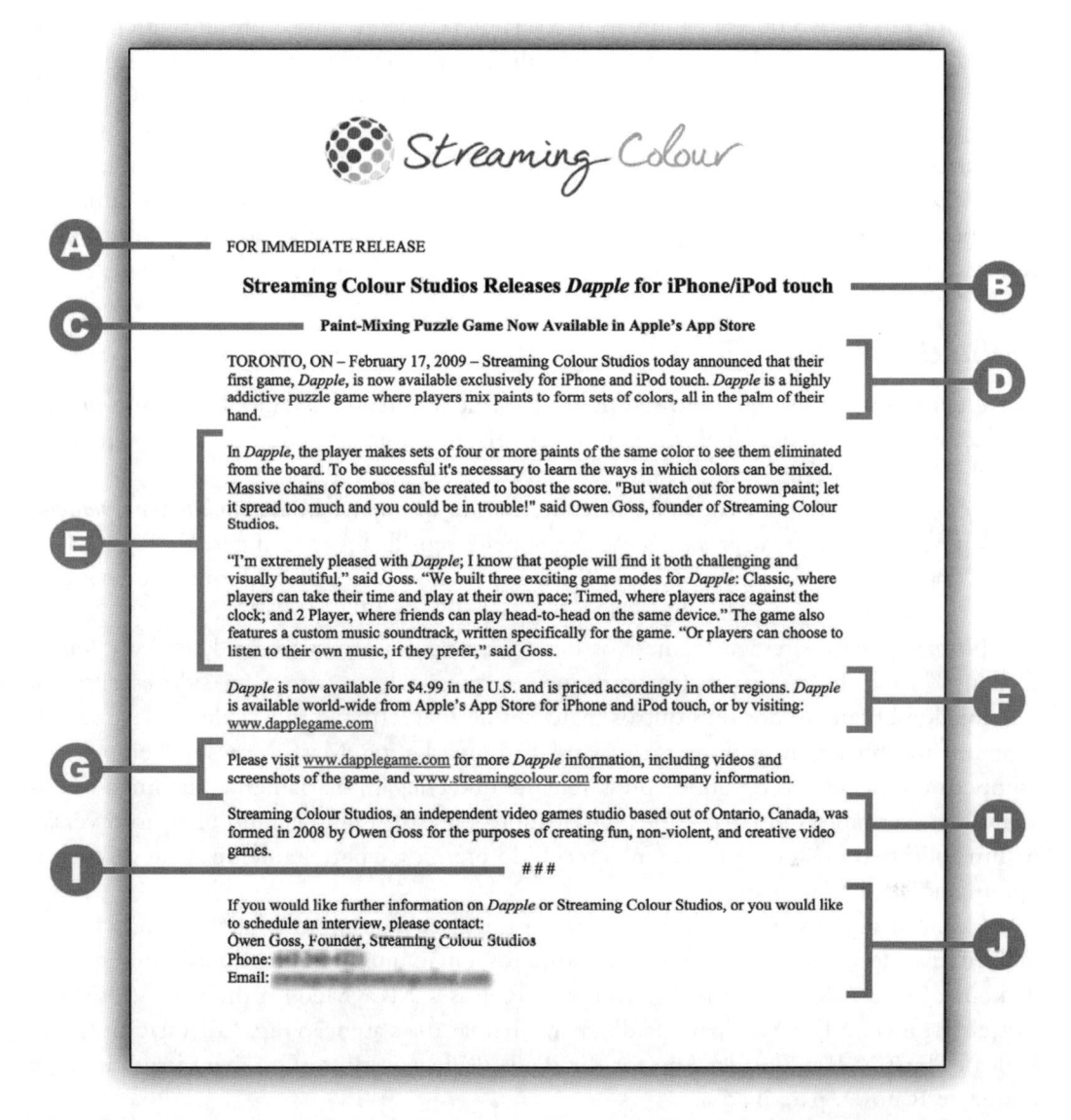

Figura 12.1. *Usando o anúncio do Dapple, da Streaming Colour Studios, como exemplo, esta ilustração destaca os ingredientes essenciais para um press-release eficaz.*

Instruções de liberação (A)

Tipicamente, se seu aplicativo já está disponível, use a frase "FOR IMMEDIATE RELEASE" (PARA LIBERAÇÃO IMEDIATA) (tudo em letras maiúsculas).

Se estiver enviando um press-release antecipadamente sobre o lançamento oficial do produto e quer que a imprensa segure a publicação da história até que ele aconteça, você pode especificar "UNDER EMBARGO UNTIL" (RETER ATÉ), definindo uma data. É bom saber que muitos sites de notícias e blogs simplesmente ignoram pedidos de retenção, sempre ansiosos por ser os primeiros a dar notícias novas.

Se for imperativo que seu anúncio não seja divulgado até que o produto esteja disponível, o mais aconselhável é esperar até a manhã da efetiva apresentação na App Store para enviar o press-release. Alguns jornalistas recomendam enviá-lo na noite anterior. O problema é que muitos sites publicam notícias dia e noite, e seu press-release pode simplesmente receber cobertura da imprensa no meio da noite, enquanto seu público-alvo estiver dormindo. Depois, pela manhã, sua história estará soterrada sob as novas. Por isso, é uma boa ideia pesquisar os hábitos de reportagem de cada site de notícia e blog relacionado com iOS. Isso permitirá que você avalie melhor quando lhes enviar seu press-release.

Linha do assunto (B)

O elemento mais importante do seu press-release é a linha do assunto. Este título precisa prender a atenção de qualquer um que o leia, seja ele a linha de assunto de um e-mail ou o título de um hyperlink em um site de notícias.

Tradicionalmente, a fórmula da linha do assunto é *"empresa libera produto para plataforma"*, substituindo *empresa, produto* e *plataforma* pelos seus dados específicos. Na Figura 12.1 isto se traduz como "Streaming Colour Studios Releases Dapple for iPhone/iPod touch", ou "Streaming Colour Studios libera Dapple para iPhone/iPod touch".

Nunca, jamais acrescente adjetivos de marketing, como "surpreendente" ou "emocionante" a esta linha. Isso só faz com que seu press-release pareça ter sido escrito por um amador. Diferente dos seus outros materiais de marketing, o press-release deve se ater somente aos fatos, sem os floreios dos jargões de marketing. Mas, ao mesmo tempo, para competir com centenas de outros press-releases que chegam diariamente, sua linha do assunto deve ser tanto informativa *quanto* cativante. Se estiver anunciando uma nova versão de um aplicativo existente que já tenha recebido prêmios, é perfeitamente aceitável incluir "premiado" na linha do assunto.

Como o objetivo é chamar a atenção da mídia, se o nome do aplicativo não for representativo dos seus recursos únicos e pioneiros, então ajuste a linha do assunto adequadamente. Em vez de dizer "Electric Butterfly Releases XRayMed for the iPad" ("Electric Butterfly Libera XRayMed para iPad"), para chamar mais atenção diga "Electric Butterfly Releases First X-Ray Reader App for the iPad" ("Electric Butterfly Libera Primeiro App Leitor de Raios X para iPad").

Linha do resumo (C)

É o segundo elemento mais importante do seu press-release. Se os jornalistas estiverem remotamente intrigados pela sua linha do assunto, este breve resumo, de uma sentença, ajudará a determinar se eles continuarão lendo o resto do press-release. Muitos desenvolvedores optam por não incluir esta linha, usando apenas a do assunto para conduzir a um parágrafo introdutório, mas eu realmente recomendo sua inclusão para ajudar a apresentar o básico, mesmo que o leitor pare por aqui.

No caso do press-release do Dapple na Figura 12.1, as linhas do assunto e do resumo juntas transmitem a ideia de que a Streaming Colour Studios liberou o Dapple para iPhone e iPod touch, e que esse jogo de quebra-cabeça para misturar cores está disponível na App

Store da Apple. Se os leitores só se derem ao trabalho de ler essas duas linhas, ainda assim terão as informações mais importantes sobre o que faz seu aplicativo e como consegui-lo.

Introdução (D)

O primeiro parágrafo começa com sua localização e a data de liberação, seguido por uma reapresentação das suas linhas de assunto e resumo. Essa introdução deve ser de um único parágrafo, com apenas um par de sentenças. E deve informar que sua empresa anuncia a liberação de um produto específico, o que ele é, qual é o público/plataforma a que se destina e onde consegui-lo.

Descrição (E)

Lembra-se de quando falei, no Capítulo 10, sobre criar um "discurso de elevador" para a descrição do seu aplicativo? Em relação aos próximos parágrafos, o introdutório é essencialmente a descrição do seu discurso de elevador sem o floreio dos adjetivos de marketing.

O corpo principal do seu press-release deve explicar em detalhes, mas de forma concisa, o que seu aplicativo faz, os recursos e benefícios que oferece, e por que as pessoas gostarão dele. A imprensa adora incluir citações nas histórias que publicam; portanto, também é uma boa ideia incluir uma boa citação de um executivo sênior da sua empresa (você?) sobre por que o produto foi criado e como ele representa um marco importante para sua empresa.

Lembre-se simplesmente de que menos é mais. A menos que seu aplicativo represente alguma tecnologia inovadora de arrasar que exija uma explicação mais longa, seu press-release não deve ser maior do que uma página. Isto significa que, se você estiver usando um software processador de texto, como o Microsoft Word, para escrevê-lo, o documento inteiro deve caber em uma única página de 21,59 × 27,94 centímetros (tamanho carta) com 2,5 centímetros de margem.

Preço e disponibilidade (F)

O próximo bloco de texto deve incluir o preço do seu aplicativo, quaisquer requisitos de dispositivo de hardware ou versão de iOS específicos e onde ele pode ser comprado. Como a maioria dos aplicativos para iPhone e iPad estão disponíveis em diversos países, se o preço estiver apresentado em dólares americanos, indique que este é o preço na App Store dos Estados Unidos, e que o aplicativo tem preço equivalente em outras regiões.

A maioria dos sites de notícias atende a uma audiência global, portanto, é importante mencionar se seu aplicativo está disponível mundialmente em todas as App Stores regionais da Apple.

Se você também oferece uma versão lite gratuita, certifique-se de incluir esta informação, para que os leitores interessados possam baixá-lo e experimentá-lo sem compromisso.

URL do website e informações adicionais (G)

Como um press-release de uma página não tem como incluir tudo sobre seu novo aplicativo iOS, é absolutamente crucial que você inclua um link para o website do seu aplicativo ou da empresa. Isto dá aos consumidores interessados acesso fácil a informações, imagens de tela e vídeos de demonstração adicionais.

Se a imprensa estiver interessada em escrever sobre seu produto, os jornalistas também visitarão as URLs listados para melhor se familiarizarem com sua empresa. E esta é mais uma razão para que você tenha pronto um website profissional e bem desenhado antes da liberação do seu aplicativo.

Sobre sua empresa (H)

Este último parágrafo deve descrever sua empresa. Aqui é um excelente lugar para mencionar brevemente quaisquer prêmios relevantes que você tenha ganhado e outros produtos bem conhecidos que possa ter produzido. Os jornalistas também são consumidores, portanto, se reconhecerem e admirarem seus outros aplicativos de software, poderão estar mais inclinados a escrever sobre seu novo produto.

Fim do press-release (I)

Os três símbolos de número (###) centralizados na página representam o fim do conteúdo do press-release. Tudo o que você incluir abaixo desta marcação é considerado informação que não deve ser tornada pública, como seu número de telefone e outros detalhes de contato para a mídia.

Certamente, naqueles sites automatizados que simplesmente postam o anúncio exatamente como ele aparece no e-mail que lhes é enviado, a mensagem toda será publicada, independentemente desta marcação. Para esses sites, exclua todas as informações pessoais de contato que você não quer ver postadas on-line para que os mecanismos de busca as capture e guarde pela eternidade.

Informações de contato para a mídia (J)

Sempre forneça à imprensa uma forma de poder localizá-lo. Um endereço de e-mail é fundamental, e um número de telefone também é recomendável. Como chamadas internacionais de telefone podem ser muito caras, é conveniente configurar uma conta no Skype ou uma conta de mensagens instantâneas e listá-las, em vez do número de telefone.

Quanto mais opções de contato você oferecer, melhor; portanto, não vai atrapalhar se você incluir também seu Twitter. Se gostarem do seu aplicativo, eles podem até resolver segui-lo.

Esta seção também é um ótimo lugar para incluir links para download das imagens de tela, trailers de vídeo, kit oficial para a imprensa e quaisquer outros materiais de marketing que você tenha produzido para seu aplicativo iOS. Os jornalistas não têm tempo de sair vasculhando seu website à procura de imagens de tela. Por isso, sempre inclua links diretos para os recursos de mídia.

E não se esqueça de dizer que são bem-vindas todas as perguntas, entrevistas e análises do aplicativo. Deixe a imprensa saber que você está totalmente acessível para consultas adicionais e que pode fornecer códigos de promoção para a análise do seu aplicativo. (Os códigos de promoção são analisados um pouco mais adiante neste capítulo.)

Traduzindo seu press-release

A maioria dos sites de notícias dominantes sobre iOS é em inglês. Se este não for seu idioma nativo, não envie seu press-release em um idioma estrangeiro. E certamente não tente convertê-lo usando uma ferramenta on-line automatizada, como o Google Translate. Ou os próprios jornalistas não conseguirão traduzir seu anúncio, ou a autotradução para o inglês conterá tantos erros de sintaxe e construção que pode ficar incompreensível.

Contrate um tradutor profissional para converter adequadamente seu press-release para o inglês e faça o mesmo para traduções do inglês para qualquer outro idioma. A primeira impressão é a que fica, também quando se lida com a imprensa. Por consequência, este é um empreendimento que vale a pena.

A sala de imprensa virtual 24/7

Embora já esteja enviando seu press-release para o maior número possível de sites de notícias relacionadas com iOS, é importante também deixá-lo disponível no seu website ou blog. Você não tem como alcançar todo mundo sozinho. Para aqueles jornalistas que não foram incluídos na sua lista inicial de distribuição do e-mail, mas acabam descobrindo seu aplicativo, ofereça-lhes acesso on-line ao seu press-release. E não o publique simplesmente como uma página HTML. Deixe-o disponível para ser baixado, para que a imprensa possa salvá-lo em seus computadores para depois usá-lo.

Depois de ver o press-release do Dapple na Figura 12.1, elegantemente formatado com um cabeçalho contendo o logotipo da empresa e usando vários tipos de fonte e estilos, você pode ficar tentado a criar algo parecido – e você deveria! Isto é bem fácil de produzir com a maioria dos programas de software processadores de texto, e dá ao seu press-release um visual muito mais profissional. Não deixe de salvá-lo em diversos formatos populares, como DOC (Microsoft Word) RTF e PDF para garantir que qualquer pessoa possa abrir e ler facilmente o arquivo.

Crie no seu website uma seção dedicada para postar todos os seus press-releases. Deixe-a facilmente acessível de qualquer ponto do seu site, incluindo um link no seu menu principal de navegação ou no de rodapé. A maioria dos desenvolvedores tende a dar a esta seção um nome intuitivo e simples, como "Imprensa" ou "Sala de Imprensa", de forma que fique extremamente fácil de encontrar.

Embora oferecer um arquivo público de onde seus press-releases possam ser baixados on-line seja ótimo, não pare por aí. Torne o mais fácil possível para os jornalistas e analistas escrever sobre seu aplicativo iOS incluindo também links para baixar suas imagens de tela, trailer de vídeo, ícones e logotipos do aplicativo e até mesmo o logotipo da sua empresa! Todos os materiais que possam ser úteis para a mídia devem ser colocados na sua sala de imprensa virtual. A página de imprensa on-line da Streaming Colour Studios, em http://www.streamingcolour.com/press/, faz tudo isto, e muito mais. Ela oferece um conveniente kit de imprensa para cada jogo iOS que pode ser baixado, e inclui imagens de tela, um ícone do aplicativo, um logotipo de empresa e um press-release – tudo comprimido em um único arquivo zip. Essa página da imprensa tem também links para prêmios relevantes, entrevistas e análises de aplicativos para dar ainda mais destaque aos seus jogos.

Manter uma seção de imprensa on-line no seu site serve como um abrangente recurso para aqueles jornalistas e blogueiros que estiverem interessados em escrever uma história sobre sua empresa ou seus produtos, não importando em que fuso horário estejam. Os repórteres normalmente têm prazos apertados a cumprir, portanto, sua sala de imprensa virtual 24/7 pode ajudar a fornecer respostas imediatas, mesmo quando você não estiver disponível.

Você realmente não deve esperar que a mídia descubra seu website. Uma seção dedicada à imprensa é um bom recurso a ser oferecido, mas procure enviar ativamente seus press-releases também para os mais importantes sites técnicos e de notícias sobre produtos móveis.

Conectando-se com a imprensa

Quando estiver fazendo contato direto com determinados jornalistas e blogueiros, seu press-release não deve ser a primeira correspondência que eles recebem de você. Como vimos no Capítulo 10, você já deve ter iniciado um diálogo com eles durante o estágio de marketing pré-liberação através de uma breve consulta perguntando se estariam interessados em uma prévia ou análise exclusiva do seu aplicativo. Com as devidas apresentações estabelecidas, aquelas pessoas estarão muito mais receptivas ao seu press-release e futuros anúncios. Obviamente, você não terá tempo para formular uma conexão com todos eles, mas deve fazer isso com os repórteres e blogueiros mais importantes e influentes da sua lista.

Além da introdução, outros elementos vitais a serem dominados quando se comunica com a imprensa são a apresentação, a logística de entrega e a etiqueta.

Formatando seu e-mail de anúncio

Um press-release bem formatado, com o logotipo da sua empresa, parece ótimo, mas não o envie como um PDF anexado a uma mensagem de e-mail que meramente pede aos jornalistas que leiam o anexo. Esta é não apenas uma forma garantida de ter seu e-mail ignorado, mas também um alerta para os filtros de spam. Se seu endereço eletrônico não tiver sido autorizado pelos membros da imprensa que você está tentando alcançar (mais um motivo para estabelecer um relacionamento com eles antecipadamente), seu e-mail contendo anexos pode ser acidentalmente marcado como lixo eletrônico. E para aqueles sites que postam automaticamente os press-releases que são enviados para seus bots de correio, enviar o press-release através de um anexo de e-mail torna quase impossível para seus roteiros automatizados analisarem o texto do seu anúncio.

Seu e-mail deve incluir todo o press-release no corpo da mensagem, com o título na linha de assunto do e-mail. Não formate o texto como Rich Text ou como um enfeitado e-mail HTML. Para permitir que os jornalistas e bots de correio copiem facilmente o press-release, use o testado e aprovado formato de e-mail com texto sem formatação.

Como os processadores de texto, como o Microsoft Word, tendem a inserir aspas e apóstrofes curvos, travessões e outros caracteres especiais, é aconselhável que você garanta que seu press-release seja convertido para texto simples em ASCII padrão. Embora seu aplicativo de e-mail possa suportar caracteres Unicode, muitos websites publicam páginas HTML com caracteres de texto baseado em ASCII, como o ISO 8859-1. Os sites de notícias frequentemente copiam e colam seu texto diretamente na web, sem antes convertê-lo para entidades HTML. Se contiver caracteres especiais, seu press-release pode acabar sendo exibido on-line com estranhos pontos de interrogação representando os caracteres não reconhecidos. Isto não apenas faz o seu press-release não parecer profissional, como também pode deixá-lo difícil de ler.

Pelos mesmos motivos que você não deve inserir seu press-release em um anexo de e-mail, não inclua as imagens de tela do seu aplicativo iOS. Se você conhece o jornalista que está recebendo seu e-mail, então anexar uma ou duas imagens de tela é perfeitamente aceitável. Entretanto, na maioria dos casos inclua apenas links diretos para suas imagens de tela e trailers de vídeo. Isto permite acesso imediato às suas imagens de tela e outros materiais de imprensa sem os problemas que frequentemente infestam os anexos de e-mail.

Quando colocar URLs nas suas mensagens de e-mail, inclua sempre a URL toda, completa, com o prefixo http://. A maioria dos programas modernos de e-mail exibirão dinamicamente a URL completa como link acionado por um clique, mas isto nem sempre ocorre com URLs parciais que comecem apenas por www.

A quem notificar?

Agora que seu e-mail com o press-release está pronto, para quem você deve enviá-lo? Faça buscas on-line por *iPhone notícias* e *iPhone app análises* para descobrir sites e blogs que cobrem anúncios de aplicativos iOS. Se estiver lançando um aplicativo para iPad, é importante também pesquisar sites de notícias relacionadas com iPad (embora a maioria dos sites de notícias sobre iPhone cubra tudo sobre iOS, inclusive iPad). Depois de varrer os resultados da busca, compile rapidamente uma lista muito mais abrangente do que a coleção de sites que incluo no apêndice deste livro.

Esta minha lista, composta de websites que se especializam em notícias sobre iPhone e iPad e análises de aplicativos, deve servir como um bom ponto de partida. E, como alguns dos principais sites de notícias sobre Mac e PC também cobrem notícias sobre aplicativos iOS, incluí alguns deles lá também. Esta longa lista pode parecer assustadora num primeiro momento, mas gaste algum tempo para enviar seu press-release para o maior número possível de sites relevantes de notícias sobre iOS. Lembre-se de que nem todos falarão sobre seu aplicativo recém-liberado. Quanto mais sites contatar, maior a potencial cobertura que você conseguirá, compensando alguns sites que ignorarem seu e-mail.

Antes de enviar press-releases e solicitações de análise de aplicativo para qualquer website ou blog, explore os primeiros para conhecer eventuais políticas especiais de submissão que possam ser obrigatórias e quais membros da equipe tratam das notícias sobre aplicativos iOS e análises. Sequer envie material para um site sem antes analisá-lo. Fazer isso não apenas desperdiçará seu tempo como também incomodará aqueles administradores de sites que não cobrem notícias sobre aplicativos móveis ou o seu gênero de aplicativo em particular. Por exemplo, no caso de um aplicativo de produtividade, não envie um press-release ou solicitação de análise para um site apenas de jogos, como o TouchArcade.com. Não é desejável que pessoas da mídia percebam seu material como spams sem sentido. Faça suas pesquisas antes de contatar determinados sites ou pessoas.

Se seu aplicativo tem como objetivo um mercado de nicho específico – como editoração, yoga ou golfe –, você também deve se esforçar para enviar seu press-release a websites e revistas relacionadas a esses assuntos. Esses meios de comunicação gostam de manter seus leitores informados sobre os mais recentes produtos afins. Mesmo considerando que nem todos possuirão um iPhone ou iPad, uma cobertura objetiva em um campo específico pode ajudar a alcançar novos clientes que normalmente não visitam sites técnicos.

Chegando às massas

Nem todos aqueles para quem você enviar um press-release postarão seu anúncio, mas, se enviar para uma grande quantidade de provedores de notícias, são boas suas chances de conseguir alguma cobertura. Se seu aplicativo iOS não conseguir ser mencionado nos seus sites favoritos de notícias, não se desespere.

Se estiver tendo dificuldade em conseguir alcançar as pessoas certas ou em ser publicado nos principais sites, como o Google News (http://news.google.com/), é aconselhável pedir ajuda a um serviço terceirizado de distribuição de press-releases especializado em notícias de tecnologia. Faça uma busca on-line por *press release distribution* e você encontrará dezenas de serviços comerciais gratuitos, como estes:

- BeeSaved (http://beesaved.com/).
- Business Wire (http://www.businesswire.com/).
- Games Press (http://www.gamespress.com/).
- The Indie Press Release Service (http://www.gamerelease.net/).
- iSpreadNews (http://ispreadnews.com/).
- Newswire (http://www.newswire.net/).
- prMac (http://prmac.com/).
- PRWeb (http://www.prweb.com/).
- PR Newswire (http://www.prnewswire.com/).
- SoftPressRelease (http://www.softpressrelease.com/).

Antes de contratar um determinado serviço, verifique se ele irá distribuir seu press-release para os principais provedores de notícias que deseja atingir. Mas não espere que um serviço como este seja capaz de atingir adequadamente sites de notícias de iOS menores, de nichos; esta deve ser uma tarefa de sua responsabilidade.

Reforçando relacionamentos com um "obrigado"

Quando jornalistas e blogueiros publicarem histórias ou análises sobre seu novo aplicativo, não deixe de enviar um e-mail pessoal agradecendo a cada um deles. Caso seu press-release não tenha conseguido um espaço nos sites principais de notícias, mas simplesmente foi mencionado como um link postado em suas contas no Twitter, isto ainda é cobertura que direcionará mais tráfego para a página de produto do seu aplicativo na App Store. Não importa quão pequena seja a publicidade que um terceiro dê para seu aplicativo, ela merece um muito obrigado.

Expressar sua gratidão com uma nota sincera em um e-mail também ajuda a reforçar seu relacionamento com esses jornalistas e blogueiros. Criar um diálogo com eles mantém abertas essas valiosas conexões, de forma que você possa continuar lhes enviando novos anúncios de aplicativos.

Distribuindo códigos de promoção: solicitando análises de aplicativos para blogs e sites de análise influentes

Para aqueles sites que publicam análises de aplicativos, não é conveniente enviar apenas um press-release. Você deve também contatá-los sobre a possibilidade de que publiquem uma análise do seu aplicativo, o que requer um discurso ligeiramente modificado.

Com mais de 300 mil aplicativos na App Store, todos querem que os seus produtos sejam analisados. Então, como você faz para garantir que seu aplicativo se sobressaia na multidão? É nessa hora que ter um relacionamento estabelecido com proeminentes blogueiros e analistas (como visto no Capítulo 10) pode ajudar a passar seu aplicativo para o começo da fila. Se você já lhes deu uma amostra antecipada das imagens de tela e um trailer de vídeo do seu aplicativo durante os esforços de marketing antes da liberação, e eles ficaram impressionados, há uma boa chance de que venham a fazer uma análise do seu aplicativo quando for liberado.

Fornecendo material para análise

Seu discurso sobre a análise do aplicativo deve conter todas as informações do seu press-release e material adicional para a mídia, como algumas imagens de tela, trailer de vídeo e o ícone do aplicativo – basicamente todos os elementos que você incluiu na página de imprensa do seu site e/ou kit de imprensa para ser baixado. Dependendo das regras de submissão de cada website, os analistas podem lhe pedir que inclua imagens de tela e outras imagens relacionadas com o aplicativo como anexos de e-mail, ou URLs dos seus materiais on-line. Alguns sites aceitam solicitações de análise de aplicativos somente através de formulários web on-line.

Eis a seguir um resumo do material que a maioria dos analistas de aplicativos pede.

- **Seu discurso de elevador** – Por que os analistas deveriam se preocupar com seu aplicativo ou jogo? Eles precisam comprar a ideia de que o novo aplicativo é importante para seus leitores. Aquele discurso de elevador que mencionei no Capítulo 10 está se mostrando bastante útil em quase todos os seus esforços de marketing – seu website, texto na App Store, press-release e, agora, nas solicitações de análise do aplicativo! Use este seu discurso para criar uma atraente linha de assunto para o e-mail e a descrição do aplicativo. Esses dois elementos precisam mostrar sua paixão e satisfação como criador do aplicativo. Os analistas são extremamente ocupados, portanto, brevidade é a chave. Da mesma forma que seu press-release, a descrição do seu aplicativo deve ser curta; e lembre-se de sempre incluir o preço do aplicativo!
- **De três a cinco imagens de tela** – Não inunde os analistas com um excesso de imagens de tela. Escolha as três que melhor representem seu aplicativo e as envie. Se um site lhe pedir que forneça mais do que isto, envie as cinco imagens que você carregou na App Store, já que obviamente elas foram escolhidas por serem as que melhor representam seu aplicativo.

- **Trailer de vídeo** – Se você produziu um trailer de vídeo que mostre seu aplicativo ou jogo em ação, *sempre* inclua um link da sua URL para a visualização também. Como mencionei no Capítulo 10, dê atenção especial à produção, porque seu trailer de vídeo é um reflexo direto da qualidade do seu aplicativo. Um trailer bem produzido pode instruir um analista em menos de dois minutos – menos tempo do que levaria para baixar e fazer um test-drive do seu aplicativo. Este pode ser, muitas vezes, o fator decisivo que determinará se seu aplicativo será ou não analisado.

- **Ícone do aplicativo e URL na App Store** – Embora alguns analistas não peçam a imagem do ícone do seu aplicativo, você deve sempre incluir um link direto para seu aplicativo na App Store. Isto permite que eles consultem sua listagem na App Store e se conectem com ela a partir de suas análises. Em vez de copiar a longa e complicada URL da App Store, normalmente é mais fácil fornecer o link encurtado da Apple no formato do iTunes, do tipo http://itunes.com/apps/APPNAME, substituindo APPNAME pelo nome oficial do seu aplicativo na App Store. Por exemplo, o link do popular aplicativo Bump é http://itunes.com/apps/bump. Para aqueles analistas que aceitarem imagens do ícone do aplicativo, envie a versão de alta qualidade, de 512 × 512 pixels, para maior flexibilidade.

- **URL do website do aplicativo** – Definitivamente, inclua um link para o website do seu aplicativo, para que os analistas possam explorar quaisquer recursos on-line adicionais que você ofereça. Não fique desapontado se uma análise não mostrar a conexão com seu website. O Programa de Afiliação do iTunes é uma fonte importante de renda para muitos sites de análise, portanto, tipicamente a análise somente direcionará leitores para o seu aplicativo na App Store através de um link de afiliação.

- **Informações de contato** – Da mesma forma que no seu press-release, certifique-se de fornecer todas as suas informações de contato, como seu nome, nome da empresa, endereço de e-mail, números de telefone, Skype, IM e Twitter. Quanto mais opções der, melhor. É incrível a quantidade de desenvolvedores que se esquecem de incluir esses detalhes vitais. Se um analista não puder lhe contatar quando precisar fazer perguntas, só isso já pode impedir que uma análise seja escrita.

- **Código de promoção** – Muitos sites pedem que você não inclua um código de promoção com a solicitação de análise do seu aplicativo, afirmando que, se estiverem interessados em analisar o aplicativo depois de avaliar sua solicitação, pedirão o código de promoção. É bacana que eles não queiram gastar desnecessariamente códigos de promoção de aplicativos que não planejam analisar, mas há um pequeno segredo. Se fornecer o código de promoção com sua primeira solicitação de análise, já tornou bastante conveniente para eles baixarem seu aplicativo gratuitamente e experimentá-lo de imediato. São boas as chances de que eles usarão o código de promoção fornecido, e as suas de conseguir a análise aumentaram um pouco! A Apple limita a quantidade de códigos de promoção que você pode enviar por versão de aplicativo; portanto, é aconselhável usar seus códigos de promoção de maneira econômica. Forneça-os com a solicitação inicial somente para os sites de análises mais populares e influentes.

Não tem certeza do que é um código de promoção? Explicarei o que são e como consegui-los na próxima seção.

Obtendo códigos de promoção

Estes são códigos especiais que você pode usar para fornecer a alguém uma cópia gratuita do seu aplicativo. Eles funcionam exatamente como os códigos de vale-presente do iTunes, e são resgatados da mesma forma. Este é o caminho fácil e recomendado para fornecer aos jornalistas, blogueiros e analisadores de aplicativos um download gratuito do seu produto.

O Código de promoção é atribuído a um item específico na iTunes Store. Neste caso, o seu aplicativo iOS. Se um usuário resgatar um código de promoção que você forneceu, apenas o aplicativo relacionado é baixado gratuitamente, e este código não pode ser usado para baixar nenhum outro item. E, como um vale-presente, depois que o código é resgatado nunca mais pode ser usado, o que evita pirataria.

Os códigos de promoção não são amarrados a contas individuais no iTunes, portanto, trate-os como dinheiro. Um código de promoção pode ser dado a quem você quiser.

A Apple lhe dá apenas 50 códigos por atualização de aplicativo. Portanto, se usar todos os 50 para sua versão 1.0, não poderá pedir nenhum outro código até que sua próxima atualização seja carregada e aprovada na App Store.

Embora 50 possa parecer muito, esses códigos de promoção desaparecerão muito mais rapidamente do que você pode esperar. Todos adoram receber aplicativos de graça, portanto, muitas pessoas lhe pedirão códigos de promoção, mas use-os de forma inteligente.

Sua prioridade zero é ter certeza de que tenha suficientes códigos para a imprensa e análises do aplicativo. Depois disso, você pode usar os restantes para brindes e promoções. Mas recomendo sempre reter alguns para o caso de surgir uma excelente oportunidade de análise do aplicativo ou de marketing mais adiante.

Então, como obter os códigos de promoção para seu aplicativo iOS? Como tudo mais associado com os produtos da App Store, eles são gerenciados através do site iTunes Connect da Apple. Entre no iTunes Connect, em http://itunesconnect.apple.com/ e, dentro da seção Manage Your Applications, selecione seu aplicativo. Depois, vá até a página View Details do seu aplicativo. De lá você pode acessar a tela Promotional Codes e digitar a quantidade de códigos de promoção desejada (desde que você não exceda o saldo disponível para aquela atualização do aplicativo). Se sua cota não tiver se esgotado, simplesmente retorne para o iTunes Connect a qualquer momento que precisar obter mais códigos promocionais.

Se você não vir um link ou botão para códigos de promoção na página View Details do seu aplicativo, isto quer dizer que o aplicativo ainda não foi aprovado pela Apple. Como estes códigos são resgatados através do iTunes, seu aplicativo precisa estar disponível para venda na App Store antes que possa solicitá-los.

Se você enviar uma cópia avançada do seu aplicativo para alguém analisar antes de ele estar disponível na App Store, então obviamente não conseguirá emitir um código de promoção. Sua única opção é usar a distribuição ad hoc para enviar o aplicativo para aquele analista. A maioria, se não todos, dos sites de análise de aplicativos pode fornecer seus device IDs e eles aceitarão versões distribuídas ad hoc, se concordarem em fazer uma análise avançada. E, como pré-análises e exclusivas para aplicativos ansiosamente aguardados são muito desejadas, eles não se incomodarão de ter de passar pela irritante complexidade da distribuição ad hoc e perfis de provisionamento expirados.

Mas lembre-se de que você só pode registrar 100 device IDs por ano para todos os seus aplicativos juntos, enquanto a Apple é muito mais generosa com os 50 códigos de promoção por atualização de aplicativo. Se seu aplicativo já estiver disponível na App Store, não desperdice seus preciosos device IDs ad hoc. Em vez disso, emita códigos de promoção, que de qualquer forma são preferidos pelos analistas.

Publicidade requer planejamento e paciência

Só porque você enviou um código de promoção para alguém, não presuma que isto garanta automaticamente a análise do seu aplicativo. E, mesmo que um analista eventualmente escreva sobre seu aplicativo, ele pode não fazê-lo dentro do período que você esperava. Como mencionei, jornalistas e analistas são extremamente ocupados, recebendo centenas de novas liberações de produtos e solicitações de análise todos os dias. Podem se passar dias ou semanas até que eles respondam à sua solicitação. Portanto, seja paciente. Eu sei que estou começando a parecer um disco riscado, mas esta é só mais uma razão por que é tão importante estabelecer relacionamentos com a imprensa durante seus esforços preliminares de marketing. Tudo leva tempo, e com a publicidade não é diferente. Por isso, planeje antecipadamente.

Se um importante site de análise de aplicativos não responder à sua solicitação no tempo desejado, faça qualquer coisa, mas nunca ofereça propina, implore ou peça consideração. E, certamente, não os incomode com um atordoante bombardeio de mensagens de e-mail e telefonemas.

Tal comportamento não só arruinará suas chances de receber cobertura, como também pode até banir você e sua empresa do site.

Você pode antecipar boa parte do mistério fazendo duas perguntas simples quando contatar inicialmente blogueiros e analistas:

- Após receber um press-release ou consulta sobre análise de aplicativo, quanto tempo normalmente leva para um artigo ou análise ser escrito e postado on-line?
- Se eu não receber uma resposta, posso voltar a contatá-lo em uma ou duas semanas?

Se forçar muito, você pode não gostar do resultado. Se estiver tratando com um colega desenvolvedor que tem um popular blog de análise de aplicativos e enfrentar dificuldade em fazê-lo se comprometer a escrever uma análise, vá devagar. Lembre-se de que o motivo pode ser ele não ter gostado do seu aplicativo e está relutante em escrever uma análise negativa, porque, como desenvolvedor, entende quanto trabalho duro foi preciso para criá-lo. Se continuar a incomodá-lo, ele pode preferir publicar a análise ruim só para tirá-lo de suas costas. E isso certamente não ajuda mesmo. Tendo isto em mente, aborde toda potencial oportunidade com paciência.

Para aqueles que estiverem ansiosos para acelerar o processo de análise do aplicativo e ir para o começo da fila, há sites que oferecem análises rápidas de aplicativos, desde que uma taxa seja paga. Para que fique registrado, *não* sou admirador da compra de análises, especialmente porque alguns desses sites não escreverão nada a menos que você concorde em participar de patrocínios ou pacotes premium de análises. Como desaprovo esta tática, não vou promover aqui os nomes desses sites. Eles serão facilmente reconhecidos quando você solicitar análises de aplicativos. Certo, eu entendo que o dilema ético é um tanto amenizado, já que as taxas prometem apenas que aquela análise será escrita, sem garantias de que será positiva. Você poderia pagar a taxa e ainda assim receber uma análise negativa.

Se for seguir por este caminho, então, por que não pagar por uma análise imparcial a ser publicada onde ela possa alcançar o maior número de leitores: a App Store! A Truevoo (http://www.truevoo.com/) oferece exatamente este serviço de "pay-per-review", e você nem precisará gastar códigos de promoção! Ele custa apenas o preço do seu aplicativo mais uma pequena taxa de serviço por análise. Quando as análises postadas aparecem na App Store, os analistas recebem de volta o preço pago pelo aplicativo, de forma que recebem um aplicativo de graça pelo seu trabalho.

Mesmo que você encoraje os clientes satisfeitos a publicar suas análises na App Store, isto não o ajudará nos primeiros um ou dois dias após o aplicativo estar disponível. Você estará promovendo fortemente a liberação do seu aplicativo, direcionando o máximo possível de tráfego para sua página de produto na App Store, e ainda assim, ao longo dos primeiros dias, pode haver apenas umas poucas análises de clientes. Sem uma quantidade substancial de análises, outros clientes podem ficar hesitantes em comprar seu aplicativo. Se o produto tiver mais de uma dúzia de análises na App Store, esta quantidade parece mudar a forma como ele é visto, deixando as pessoas um pouco menos relutantes em fazer a compra.

Se tiver vários amigos ou parceiros dispostos a publicar uma análise, vale a pena sacrificar dez códigos de promoção para garantir que seu aplicativo tenha um número conveniente de análises na App Store durante esses primeiros dias cruciais depois do seu *début*. Você também pode dar alguns códigos de promoção pelo AppGiveaway (http://www.appgiveaway.com/) ou através das suas contas no Twitter e no Facebook em troca de algumas análises na App Store. Apenas se certifique de que os participantes publiquem análises honestas e objetivas. Ter todas as classificações com cinco estrelas bem no primeiro dia parecerá muito suspeito!

Usando promoções e brindes para melhorar a descoberta do aplicativo

Quem não adora brindes? Dar alguma coisa de valor é uma ótima maneira de atrair a atenção para seu aplicativo iOS, especialmente se for disponibilizar seu aplicativo gratuitamente! Reduzir temporariamente o preço do seu aplicativo para gratuito por um único dia ou fim de semana pode ajudar a impulsioná-lo para o topo dos gráficos de Top Free Apps da App Store, especialmente se você notificar todos os sites de notícias relacionadas com iOS sobre esta oferta por tempo limitado. Esses sites adoram falar de reduções de preços e oferta de brindes, assim, a inserção pode dar ao seu aplicativo bastante exposição. E, se você fizer parceria com um site popular de brindes, como os serviços listados a seguir, a publicidade extra deve realmente melhorar a classificação e a visibilidade do seu aplicativo nos gráficos da App Store.

- FreeAppADay (http://www.freeappaday.com/) e seu correspondente aplicativo FreeAppADay Store para iPhone (veja a Figura 12.2)
- Site Free Game of the Day, da OpenFeint (http://freegameoftheday.com/), e seu correspondente aplicativo Game Channel para iPhone (veja a Figura 12.2)
- Free App Calendar (http://www.freeappcalendar.com/)

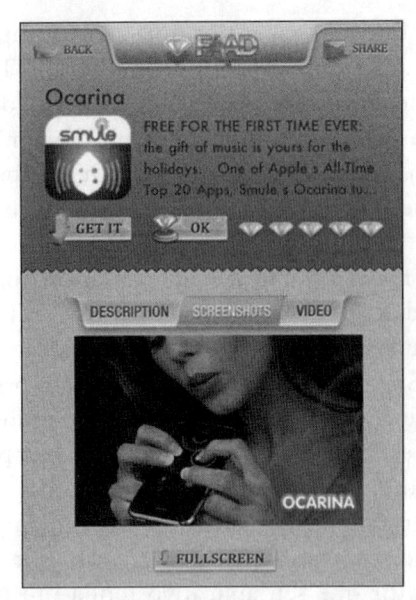

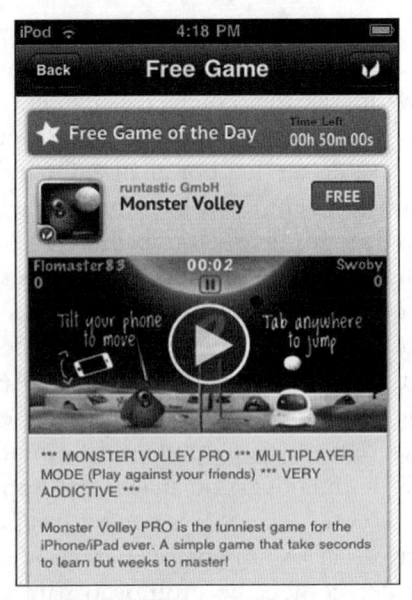

Figura 12.2. *Além do público que visita seus respectivos websites, o aplicativo FreeAppADay Store (esquerda) e o gratuito Game Channel (direita) podem promover sua oferta de aplicativo gratuito diretamente para os usuários móveis.*

Se estiver coçando a cabeça, pensando como conseguirá ter lucro entregando seu aplicativo de graça, então não está vendo o quadro geral. É verdade que você não estará ganhando nenhum dinheiro com todos esses usuários baixando o aplicativo de graça, e nem verá um enorme pico nas vendas pagas do aplicativo depois que a oferta terminar. Então, por que fazê-lo? Esta estratégia tem tudo a ver com promoção.

Removendo a barreira do preço por um tempo limitado, você pode ter milhares de usuários aproveitando-se do download gratuito. Estes são novos clientes que provavelmente não teriam comprado seu aplicativo. Portanto, milhares de novos usuários estão descobrindo seu aplicativo. Se gostarem, você acaba de expandir sua base de clientes e de conseguir uma oportunidade de promover a venda de futuros conteúdos de Compra in-app e outros novos aplicativos. Mesmo que você já estivesse fazendo isso com uma versão lite gratuita, há uma grande diferença no tamanho do público. Esta última versão do seu relativamente desconhecido aplicativo pode alcançar 50 mil usuários no curso de alguns meses, enquanto um de fim de semana bem promovido dando como brinde sua versão completa paga pode acrescentar mais de 100 mil novos usuários à sua atual base de usuários em apenas poucos dias.

Esta estratégia só funciona se você tiver uma forma de eventualmente converter um grande percentual desses novos usuários em clientes compradores. Ter itens de Compra in-app disponíveis dentro do seu aplicativo ou interpromover outros aplicativos pagos pode fazer com que esses tipos de brindes ofereçam menos risco.

Robert Szeleney fez uma parceria com o FreeAppADay para oferecer seu popular jogo Rope'n'Fly gratuitamente na App Store por um dia. Ele fez isso com a intenção expressa de espalhar a perceptividade da sua continuação Rope'n'Fly 2. E capitalizou sobre a oferta do download gratuito promovendo a continuação na tela principal do jogo original (veja a Figura 12.3), alcançando um público muito maior neste processo. Essa exposição extra ajudou a impulsionar o Rope'n'Fly 2 para o gráfico Top 50 Paid Apps da App Store.

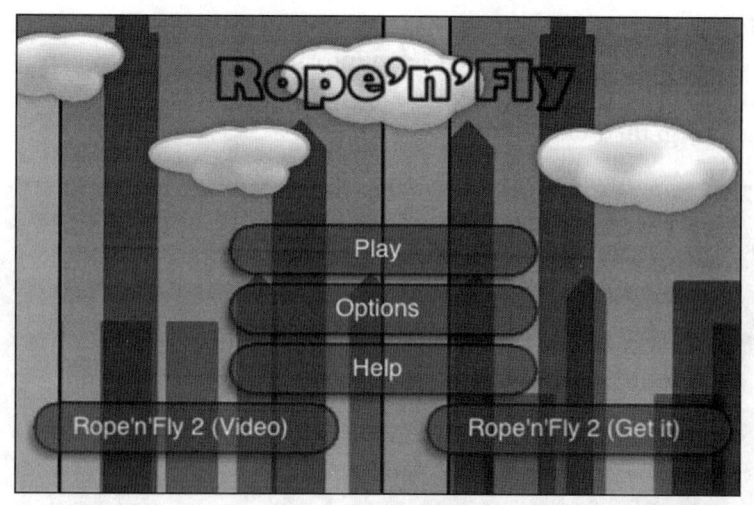

Figura 12.3. *Oferecendo o download gratuito do Rope'n'Fly por um dia, a tela principal do jogo ajudou a promover sua continuação, o Rope'n'Fly 2, para uma público muito maior.*

Se atualmente você só tem um aplicativo disponível e não tem planos de integrar nele alguma Compra in-app, então oferecer um download gratuito por tempo limitado ajudará na descoberta e visibilidade do seu aplicativo dentro da App Store, mas pode não melhorar suas vendas. A Candy Cane teve sorte, já que sua jogada de oferecer gratuitamente o Fling! por um curto período levou o jogo para a posição de número um no gráfico dos Top Free Apps na App Store. Quando o Fling! retornou para seu preço normal, a onda de recomendações positivas boca a boca resultou em vendas suficientes para levar o Fling! ao gráfico dos US Top 50 Paid Apps.

Se tiver confiança na qualidade do seu aplicativo, a estratégia de oferecê-lo gratuitamente por tempo limitado pode ser uma boa opção, embora arriscada. Para a maioria dos aplicativos que tenta esta abordagem, os desenvolvedores veem um aumento nas vendas depois que a oferta gratuita termina, mas não dura muito. Sem ter uma maneira de promover itens de Compra in-app ou interpromover outros produtos, normalmente é difícil justificar este tipo de estratégia de oferecimento de brinde.

Se você está preocupado com a potencial canibalização das vendas do aplicativo, então por que não dar alguma outra coisa? É isto o que a Tap Tap Tap fez. Para promover o lançamento do aplicativo Voices, de alteração de voz, a empresa fez parceria com a Potion Factory para oferecer uma cópia gratuita do aplicativo Voice Candy para Mac OS X. Para ajudar a promover o aplicativo Voices para iPhone, os clientes tinham de twittar sobre a oferta especial para poder baixar suas cópias gratuitas do Voice Candy. A Tap Tap Tap anunciou essa promoção "TweetBlast" através do banco de dados de e-mails e feeds de Twitter do MacHeist, alcançando inicialmente quase 600 mil membros. A palavra se espalhou pelo Twitter, e mais e mais pessoas seguiram para o website. E, então, twittaram sobre ele para receber seu software gratuito para Mac.

A Tap Tap Tap conduziu uma bem-sucedida campanha viral que motivou dezenas de milhares de pessoas a twittarem sobre a oferta, o que resultou em centenas de milhares de pessoas examinando o aplicativo Voices. Além de oferecer os detalhes da promoção, o website também apresentava lindamente o aplicativo Voices, da Tap Tap Tap, com vídeos de demonstração e um botão de compra na App Store (veja a Figura 12.4). E, com certeza, o esquema funcionou. Com um preço introdutório de apenas 99 centavos, foram tantas as pessoas que compraram o aplicativo nos primeiros dias, que o Voices disparou para o primeiro lugar no gráfico US Top Paid Apps.

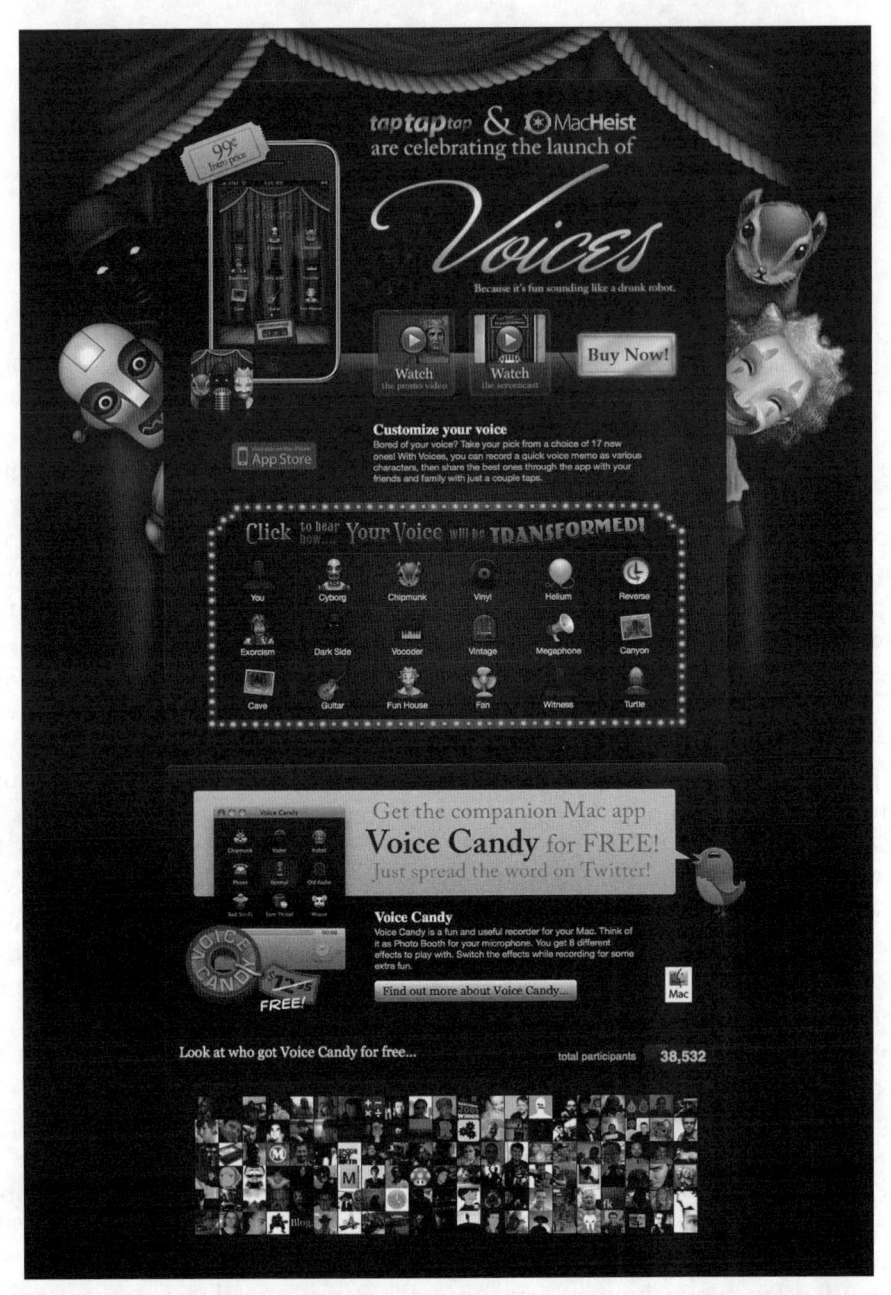

Figura 12.4. *Oferecendo uma cópia gratuita do Voice Candy para Mac para todos os que twittassem sobre a promoção especial, a inteligente campanha TweetBlast da Tap Tap Tap ajudou a impulsionar o Voices para o primeiro lugar no gráfico Top Paid Apps, da App Store nos Estados Unidos.*

Sendo John Casasanta, da Tap Tap Tap, criador do MacHeist, a empresa tinha acesso especial a um público-alvo extremamente grande. Obviamente, a maioria dos desenvolvedores independentes não tem malas diretas tão grandes quanto a lista do MacHeist, mas esse tipo de promoção baseada na mídia social pode funcionar mesmo em escala menor. Se seguiu meu conselho, dado no Capítulo 10, e passou os últimos meses cultivando sua audiência através do Twitter, Facebook, boletins de notícias por e-mail e leitores do blog, você deve ter uma considerável base para comunicar ofertas especiais, brindes e outras novidades relacionadas com aplicativos.

Toda promoção on-line, especialmente as que utilizam a mídia social, deve ser projetada para aumentar sua audiência. Não entregue software gratuito, códigos de promoção ou prêmios sem receber uma conexão valiosa como retorno. Mesmo se as pessoas twittarem sobre seu aplicativo, não há garantias de que essas postagens se transformem em vendas. Mas, se as pessoas tivessem de segui-lo no Twitter ou assinar seu boletim de notícias gratuito por e-mail para poder participar da promoção, então, independentemente do resultado, seus esforços de marketing seriam recompensados.

É exatamente isto o que a Tap Tap Tap fez com a campanha TweetBlast do Voices. Para conseguir o software Voice Candy gratuitamente, os participantes tinham, primeiro, que abrir uma conta gratuita no MacHeist, seguir @TapTapTap no Twitter e depois twittar uma mensagem bem específica. Mesmo que a promoção não tenha sido compensada com um substancial aumento nas vendas do Voices, acrescentou milhares de novos seguidores no Twitter e membros do MacHeist, permitindo que a Tap Tap Tap alcançasse facilmente essas pessoas posteriormente com ofertas especiais e anúncios de novos produtos.

Programando uma boa promoção de vendas para rejuvenescer o interesse pelo aplicativo

Como os brindes, os preços das promoções de vendas também são bastante anunciados por muitos diretórios on-line de aplicativos e sites de análise, portanto, a publicidade extra certamente pode direcionar mais tráfego para o seu aplicativo na App Store. Uma promoção de vendas bem agendada atrairá novos clientes que normalmente não comprariam seu aplicativo pelo preço normal. Durante a promoção, você não terá tanto lucro por compra, mas, provavelmente, o aumento no volume de vendas compensará a diferença.

O objetivo é exceder sua renda diária usual e subir mais alto nos gráficos da App Store. Quanto mais alta for sua classificação, mais visível seu aplicativo será dentro da App Store, especialmente se seu preço promocional impulsioná-lo para os Top 100. Essa visibilidade expõe seu produto a novos clientes que podem não conhecê-lo ainda. Ver que seu aplicativo tem boa performance na App Store incentivará as pessoas a experimentá-lo. É, de certa forma, um círculo vicioso. Você precisa vender muitas unidades para se classificar mais alto nos gráficos da App Store, mas, uma vez que esteja entre os Top 100, esta visibilidade o ajudará a vender ainda mais. Pelo tempo que essa posição puder ser mantida, continue oferecendo o preço reduzido. Quando seu aplicativo, eventualmente, sair dos gráficos, você pode avaliar se deve reverter para o preço normal.

Alguns desenvolvedores iOS oferecem um preço introdutório especial para um novo aplicativo no momento em que ele entra na App Store. Se for uma liberação de vida curta, *hit-driven*, como um jogo ou um aplicativo de novidades que requer colocação alta nos gráficos da App Store para poder sobreviver, uma promoção de vendas instantânea pode maximizar suas chances de sucesso. Mas, se você desenvolveu um aplicativo de nicho que visa a uma audiência muito selecionada, oferecer um desconto logo de saída pode ser uma má ideia.

Por ser diferente de muitos jogos *hit-driven*, os aplicativos de produtividade tipicamente têm um ciclo de vida muito mais longo, já que satisfazem a uma necessidade específica. Se houver uma demanda significativa para os recursos únicos do seu aplicativo, os primeiros a comprá-lo não hesitarão em pagar o preço normal. Oferecendo um desconto logo no primeiro dia você estará vendendo o aplicativo por menos dinheiro do que eles estariam dispostos a gastar (o que é muito bom para os consumidores, mas ruim para seus ganhos). Como a maioria dos aplicativos de nicho não tem classificação alta nos gráficos gerais da App Store, um preço de venda promocional quando da introdução só vai reduzir o valor da renda que você poderia ter ganhado vendendo a mesma quantidade de downloads pelo preço normal.

Quando a popularidade inicial do seu aplicativo começar a declinar e a renda semanal começar a descer pela "cauda longa" da vida do produto (como vimos no Capítulo 8), esta é a hora perfeita para fazer uma promoção de vendas. O preço reduzido ajudará a atrair novos clientes e rejuvenescer o interesse pelo aplicativo. Se julgar que o desconto está garantindo um nível de vendas aceitável, você pode decidir ficar permanentemente com aquele preço de venda pelo restante da vida do aplicativo na App Store.

Uma promoção de vendas bem recebida para um aplicativo pode impactar positivamente também o resto da sua linha de produtos na App Store. Os clientes que ficarem satisfeitos com sua nova compra ficarão curiosos sobre seus outros produtos. Se você interpromover eficazmente seus produtos dentro de cada aplicativo, então um pico de downloads do produto em promoção também direcionará mais tráfego para seus outros aplicativos, o que frequentemente resulta em mais compras.

A propaganda pode vender aplicativos?

Esta é uma das perguntas mais frequentes dos desenvolvedores iOS. A resposta não é tão definitiva quanto se poderia esperar. Fazer propaganda do seu aplicativo pode resultar numa quantidade de vendas suficiente para justificar as despesas, contanto que você escolha o meio e o mercado certos. Mas isto é mais fácil dizer do que fazer.

A menos que você esteja usando o programa iAd for Developers, da Apple, ou uma solução de incentivo do tipo "pague por instalação", como a Tapjoy, é extremamente difícil rastrear com precisão a taxa de conversão da sua campanha publicitária. A web e as redes móveis de propaganda rastreiam os click-throughs para a App Store, e a Apple monitora as vendas do seu aplicativo, mas, como você interconecta os dois relatórios para identificar quantos daqueles cliques nas propagandas se transformaram realmente em venda do aplicativo? Uma forma de conseguir isto é usando uma URL do Programa de Afiliação do iTunes para o seu link de propaganda. Além do benefício de ganhar uma comissão de 5% de todas as vendas derivadas dos links de afiliação do iTunes (como analisado no Capítulo 6), esta é também uma boa maneira de rastrear quais click-throughs nas propagandas resultaram em vendas. E, se você já estiver usando links de afiliação similares no seu website, o LinkShare lhe permite atribuir um ID de assinatura único ao link de afiliação do iTunes que você usa na sua propaganda, de forma que os cliques de seguimento e as vendas resultantes das propagandas podem ser facilmente identificados nos seus relatórios do LinkShare.

Fazendo propaganda para uma audiência móvel

Se você for fazer experiências com propagandas, experimente primeiro as móveis, porque são as mais concentradas. Como já disse muitas vezes, mais de 90% dos usuários de iPhone baixam aplicativos diretamente da App Store para dispositivos móveis. Este é seu público-alvo. Então, que melhor forma poderia haver de alcançá-los do que fazer propaganda dentro de outro aplicativo iOS ou em um website móvel?

Se você já implementou propaganda in-app no seu próprio aplicativo usando o AdMob (como mencionado no Capítulo 7), então está apto a se beneficiar do seu programa Download Exchange, que lhe permite fazer propaganda dos seus aplicativos em outros daquela rede, abrindo mão de alguns dos seus estoques de propaganda. Jon Schlegel, da Optime Software, considerou esta uma maneira muito rentável para testar algumas propagandas iniciais. "Normalmente usamos o AdMob Download Exchange para promover novas liberações de aplicativos", disse Jon. "O volume extra de download que vem do Download Exchange pode, às vezes, ser o suficiente para levar um aplicativo para uma posição mais favorável nas classificações da App Store."

Mas, se seu aplicativo não incorporar propaganda in-app, você precisará pagar pela publicidade. Como está pagando por clique, inclua o preço e uma curta descrição para evitar que curiosos toquem na propaganda só para saber o preço e o que o aplicativo faz. Como normalmente a propaganda é razoavelmente cara, se o preço do seu aplicativo for de apenas 99 centavos, então você precisará tomar muito cuidado para não gastar mais do que poderia eventualmente ganhar com novas vendas.

Enquanto sua campanha publicitária estiver sendo executada, preste muita atenção aos seus relatórios diários de vendas no iTunes Connect para ver se consegue reconhecer picos de vendas que possam ter sido causados pela propaganda. Se sua propaganda estiver usando um link do Programa de Afiliação do iTunes, fica muito mais fácil rastrear a performance das vendas geradas pela propaganda através dos relatórios LinkShare. Se não notar nenhum impacto significativo nas vendas, é aconselhável modificar sua campanha publicitária para ver se os resultados melhoram. Não fique com medo de ajustar continuamente o texto da sua propaganda até que encontre uma mensagem que se mostre eficaz. É importante dar à sua campanha um bom espaço de tempo antes de descontinuá-la. Uma boa propaganda tem tudo a ver com frequência e volume. Fazer propaganda por apenas alguns dias não dará tempo suficiente para avaliar de forma adequada sua eficácia. Repetição é o nome do jogo. As pessoas podem precisar ver uma propaganda várias vezes antes de se motivarem a conhecê-la, especialmente se estiverem imersas no próprio aplicativo, sem prestar muita atenção às propagandas in-app embutidas.

A média dos click-throughs geralmente ronda os 2% das visualizações da propaganda, e mesmo assim não há garantia de que esses visitantes da App Store comprem o aplicativo. Sua campanha publicitária precisa ser vista por milhões de usuários para que possa gerar tráfego suficiente para sua página na App Store.

Mas, e se um intenso volume de tráfego ainda não estiver resultando em vendas?

Muitos desenvolvedores descobriram que fazer propaganda de um aplicativo freemium ou versão lite gratuita produz uma taxa de conversão muito mais alta do que um pago, já que não há risco para o cliente quando ele baixa um aplicativo gratuito. Então, estas versões podem ajudar a fechar o negócio, agindo como uma ferramenta de vendas muito melhor para promover itens de Compra in-app ou um aplicativo pago. Mark Johnson, da Focused Apps, disse: "Nós colocamos um aplicativo gratuito nos gráficos Top 100 com apenas mil dólares em propaganda móvel e conseguimos que subisse para os Top 10 em muitos países. Isto é muito mais difícil de conseguir com um aplicativo pago".

Se você se aventurar pela publicidade na web, comprar palavras-chave e propagandas nos mecanismos de busca e portais populares na maioria das vezes custa muito caro para aplicativos móveis de baixo preço, sem mencionar que algumas das pessoas que estão clicando na sua propaganda podem sequer ter um dispositivo iOS. Sua melhor escolha é concentrar seus esforços de publicidade na web nos sites de nicho voltados especificamente ao público do seu aplicativo. Por exemplo, se for um jogo, faça propaganda em um site popular de jogos para iOS, como o TouchArcade (http://toucharcade.com).

Para a maioria dos aplicativos, é difícil justificar a propaganda impressa. Ela não apenas é cara, como também não consegue oferecer acesso instantâneo à sua página na App Store da mesma forma que uma propaganda on-line. Sua URL está escrita no impresso, o que exige que os leitores interessados normalmente a digitem nos seus navegadores web na próxima vez que estiverem sentados à frente de seus computadores ou usando seus dispositivos móveis. Até lá, eles já podem ter se esquecido da sua propaganda. Se você for um desenvolvedor independente, com um orçamento apertado, a propaganda impressa pode estar fora de questão; fique com aquelas na web e móveis.

Se você trabalha para uma empresa grande, com um bom orçamento para publicidade, então a propaganda impressa pode ser muito eficaz para reforçar a sua identidade de marca. As revistas impressas normalmente precisam de um período de três meses de preparação; portanto, quando a edição com a impressão da sua propaganda chegar às bancas, seu aplicativo pode já ter caído na cauda longa do seu ciclo de vida, um estágio oportuno para que a propaganda reavive o interesse dos consumidores e os downloads do aplicativo.

A propaganda pode funcionar quando mirar o público certo. Apenas caminhe com cuidado para ver se esta é uma boa escolha para o seu aplicativo iOS antes de entrar com os dois pés. Tenha em mente que nenhuma tática individual de marketing transformará seu aplicativo em um *best-seller*. Se você incorporou as várias estratégias que aprendeu neste livro em um plano bem estruturado de marketing, em breve estará no caminho para alcançar o sucesso na App Store.

Tirando proveito do iAd for Developers

O que diferencia o programa iAd for Developers, da Apple, das outras opções de propaganda in-app é que ele traz discretamente a App Store para dentro do host app que está exibindo seu iAd. Quando as pessoas tocam em uma faixa do iAd for Developers, veem uma tela que se parece com uma página de produto na App Store exibindo as informações completas do seu aplicativo, com descrição, classificação dos clientes, imagens de tela e até mesmo um botão de compra.

A Apple integrou com profundidade este sistema com o iOS e a App Store. Por isso, os usuários podem comprar seu produto a partir daquela tela sem jamais sair de seu host app. E podem continuar usando o atual aplicativo enquanto o adquirido está sendo baixado para seus dispositivos em background. Não há inconveniente para o cliente, e você acabou de conseguir uma nova venda!

Como a Apple controla todo o processo – desde a apresentação da propaganda até a compra e o download –, os relatórios da sua campanha iAd for Developers oferecem uma contabilidade verdadeiramente precisa da taxa de conversão dos click-throughs até a compra efetiva. Como você está pagando por click-throughs, isto equivale ao seu custo por aquisição, ou seja, o custo real dos seus novos clientes nesta campanha com base na quantidade de click-throughs pelos quais você pagou.

Mesmo considerando que a Apple tenha planejado o programa iAd for Developers para ser uma solução rentável para os criadores independentes de aplicativos, a rede iAd deve continuar sendo considerada uma plataforma premium de publicidade; por isso, a taxa por click-throughs é maior do que na maioria das outras redes de publicidade móveis. Como a iAd é uma marca da Apple, na qual os consumidores confiam, este fator pode compensar a despesa extra – se você tiver a combinação certa de produto e preço.

Ao conseguir muitos click-throughs iAd, mas sem compras suficientes concluídas, alguns desenvolvedores tiveram um custo por aquisição muito mais alto do que o preço real do próprio aplicativo. Se estiver vendendo um produto de 99 centavos, esta é uma despesa com publicidade difícil de justificar. A menos que tenha itens de Compra in-app para promover para esses novos clientes, você provavelmente perderá dinheiro, em vez de ganhar.

Mas aplicativos com preços mais altos e freemium podem ser ideais para o iAd for Developers. Para muitos desenvolvedores, ele gera um custo por aquisição melhor do que outras redes móveis de publicidade. A Apple anunciou que 75% dos participantes do programa iAd for Developers renovaram suas campanhas de publicidade.

Como qualquer outra opção de publicidade que envolve risco, se sentir que seu aplicativo pode se beneficiar do programa iAd for Developers, faça uma sondagem usando um teste de orçamento que possa suportar. Monitorando de perto o desempenho da sua campanha publicitária, rapidamente verá se ela é uma ferramenta de vendas lucrativa para seu aplicativo. Para saber mais sobre o programa iAd for Developers, dê uma olhada em http://advertising.apple.com/developers/.

Incentivos "pague por instalação" para venda cruzada de aplicativos

Outro conceito interessante de propaganda são os *incentivos* "pague por instalação". Em vez de simplesmente anunciar seu aplicativo dentro de outros em bases "pague por instalação" (esperando conseguir uma taxa de conversão apropriada), incentivos são oferecidos para ajudar a motivar mais usuários a instalar os aplicativos anunciados. Isto normalmente funciona bem apenas para jogos, nos quais os usuários são recompensados com algum tipo de moeda virtual intrajogo em troca de baixar determinado aplicativo. Por exemplo, o Pocket Frogs, da NimbleBit, oferece gratuitamente um sapo virtual para os usuários que baixarem um determinado aplicativo na App Store (veja a Figura 12.5).

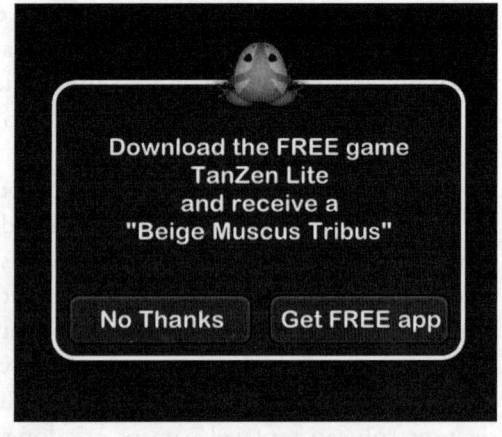

Figura 12.5. *Como incentivo para baixar aplicativos específicos, o Pocket Frogs, da NimbleBit, recompensa aqueles usuários oferecendo gratuitamente um exótico sapo do jogo.*

Esse tipo de sistema em geral exige um método de detecção para verificar que o aplicativo participante foi baixado e executado pelo menos uma vez. O host app precisa ser notificado de que a tarefa foi completada com sucesso, e o usuário deve ser recompensado com o incentivo intrajogo prometido.

Alguns desenvolvedores criaram suas próprias alianças estratégias entre si para interpromover os aplicativos uns dos outros com recompensas intrajogo como incentivo pelos downloads. Isto funciona bem para as partes envolvidas, embora os resultados tendam a ser de menor escala.

Para realmente tirar proveito deste conceito e atingir um público muito maior em mais jogos, é aconselhável empregar serviços de terceiros, como o Tapjoy (https://www.tapjoy.com/) ou o AppCircle Rewards (http://www.flurry.com/product/appcircle/rewards/), da Flurry, que se especializam em incentivos deste tipo. Unindo a promoção do seu aplicativo à de outros de gênero similar para atingir um público altamente convergente, esses programas são conhecidos por conseguir centenas de milhares de novas instalações por dia, impulsionando seu aplicativo para o topo dos gráficos da App Store. Embora esses tipos de campanha normalmente sejam mais caras do que a tradicional com faixas, elas podem realmente aumentar as vendas dos aplicativos. Isto funciona particularmente bem com jogos freemium, já que não há barreira de custo para os usuários baixarem e, depois que tiverem sido fisgados pela ação do jogo, as Compras in-app podem amortizar a despesa da campanha "pague por instalação".

Ficando conectado com os clientes

Manter o interesse dos usuários no seu aplicativo não tem a ver somente com atrair novos, mas com manter felizes seus atuais clientes. Lembra-se de quando falei sobre os clientes fiéis serem os melhores clientes, no Capítulo 8? A forma de conseguir a lealdade deles é praticar um suporte de alta qualidade e entrega no tempo certo de correções de problemas e de recursos/conteúdos adicionais.

Entregando atualizações frequentes do aplicativo

Não espere meses antes de liberar versões atualizadas do seu aplicativo. Mesmo sem ter informações de bugs ou crashes, você deve atualizá-lo periodicamente, oferecendo refinamentos e valor adicionais. A falta de atualizações pode afetar negativamente a percepção dos seus clientes sobre seu aplicativo na App Store. Se os consumidores perceberem que seu aplicativo não é atualizado há vários meses, podem ficar relutantes em comprá-lo, com medo de que não esteja mais sendo suportado.

Continuando a atualizar o aplicativo, você está melhorando a experiência dos usuários e mantendo-o sempre em suas memórias. Mesmo que a utilização geral do seu aplicativo pelos clientes eventualmente decline porque estão distraídos por novas compras, sempre que uma nova versão aparece nas suas listas de Atualizações, serve como um sutil lembrete do valor do seu aplicativo e do seu compromisso em suportá-lo.

Se os clientes continuarem satisfeitos com seu aplicativo, ficarão muito mais motivados a adquirir itens de Compra in-app e outros dos seus novos produtos. Um fluxo contínuo de atualizações também ajuda a sustentar a utilização pelo cliente, o que é extremamente importante se seu principal fluxo de receita for com propaganda in-app. Enquanto continuar possibilitando uma experiência gratificante e divertida, as pessoas continuarão a falar sobre seu aplicativo. Atualizações contínuas e suporte de alta qualidade aos clientes são fatores importantes para conseguir divulgação boca a boca positiva.

Fornecendo suporte de alta qualidade

Nos capítulos anteriores analisei a importância de se configurar um site de suporte e um endereço de e-mail para os clientes que precisem de ajuda ou que tenham perguntas a fazer. O uso que você faz desses canais de comunicação determinará sua eficácia como ferramentas de negócios. As pessoas que se sentirem bem em relação à sua empresa vão querer apoiá-lo em troca, não apenas comprando seus aplicativos e conteúdo que possam ser baixados, mas também tornando-se defensores que recomendam seus aplicativos e serviços aos amigos pelo Twitter, Facebook e outras plataformas de mídia social. Sabe-se até mesmo de hackers que usaram aplicativos pirateados e depois se tornaram compradores legítimos de conteúdo na App Store porque gostaram do trabalho do desenvolvedor.

O boca a boca on-line é uma faca de dois gumes. Ele tem o poder de catapultar produtos da obscuridade ao sucesso da noite para o dia, bem como o de destruir a reputação de empresas em poucas horas. A lição é sempre tratar as consultas dos clientes com absoluto respeito e atenção.

Gaste algum tempo para implementar um sistema organizado de suporte ao cliente que lhe permita não somente responder rapidamente às informações sobre problemas, mas que também rastreie eficazmente o histórico de suporte e as informações de contato. Isto normalmente está além da capacidade da maioria dos aplicativos de e-mail, exigindo o uso de uma solução personalizada de gerenciamento rica em recursos, como um software de help desk ou sistema trouble ticket baseado na web. Realize uma busca on-line por *customer support software* e descobrirá que há dezenas de produtos e serviços disponíveis. Muitos deles, como o Zendesk (http://www.zendesk.com/), oferecem faixas acessíveis de preço que atendem tanto a desenvolvedores solo como a grandes empresas, dependendo de suas necessidades específicas.

O que é particularmente interessante no Zendesk é que oferece aos desenvolvedores iOS diversos recursos atraentes. Se você já estiver usando o GetSatisfaction (http://getsatisfaction.com/) como sua solução on-line de suporte, os comentários das comunidades podem ser sincronizados com o Zendesk. Para aqueles que estiverem usando o MailChimp para enviar boletins de notícias por e-mail, também podem ser integrados com o Zendesk para um gerenciamento do suporte ao cliente baseado em boletins de notícias por e-mail. Quer acessar remotamente seu sistema de help desk? Simplesmente baixe o aplicativo Zendesk gratuito para iPhone e iPad. Este fornecedor oferece até mesmo um formulário de retorno em open source que você pode embutir no seu projeto Xcode, permitindo que os clientes submetam solicitações de suporte diretamente para sua conta no Zendesk de dentro de seus aplicativos iOS! Você pode baixar a biblioteca Cocoa do Zendesk para iPhone em http://github.com/zendesk/zendesk-iphone-dropbox.

Rastreando o histórico de suporte ao cliente, você será capaz de atender melhor as necessidades específicas de cada um deles e monitorar eficazmente questões que se repetem. Você deve responder a todos os e-mails de suporte que receber, mesmo que sejam apenas solicitações de recurso. Uma rápida resposta com um obrigado é uma maneira simples de estabelecer um bom relacionamento com seus clientes. As pessoas gostam de saber que suas vozes são ouvidas.

Quando problemas mais sérios aparecerem, é importante reagir rapidamente. A primeira coisa que você deve fazer é atualizar imediatamente a descrição do seu aplicativo na App Store notificando os consumidores de que está ciente do problema. Faça com que os clientes saibam que a questão está sendo tratada e que uma versão atualizada estará disponível em breve. Isto deve ajudar a reduzir a montanha de mensagens de e-mail redundantes e – cruzemos os dedos – ajudar a dissuadir as pessoas de mostrar suas frustrações em um fórum público, o que pode prejudicar a reputação do seu aplicativo. No mínimo, esta estratégia deve lhe dar tempo suficiente para investigar e resolver o problema mais sério.

Se o problema reportado for daqueles que interrompem o funcionamento e afetem uma grande parte dos seus clientes, e você precisar fazer com que a atualização esteja na App Store o mais rápido possível, é bom saber que a Apple oferece análises rápidas para circunstâncias especiais. Depois de submeter seu aplicativo atualizado pelo iTunes Connect, envie uma mensagem de e-mail para a equipe de análise da Apple, em appreview@apple.com, explicando a situação. Nos casos de emergência, a Apple pode agilizar a análise do aplicativo para um ou dois dias, evitando que você tenha de esperar vários dias.

A Apple realizará análises urgentes para você uma ou duas vezes (e a Apple mantém esse controle), por isso, use este "passe livre" de forma muito criteriosa. Esta é mais uma razão por que, no Capítulo 9, colocamos tanta ênfase em fazer tantos testes antes da submissão do aplicativo para a App Store. A comunidade de desenvolvedores tem a felicidade de ter esta linha de e-mail direta com a Apple. Assim sendo, não a use para comunicar nada que não seja uma necessidade crítica de análise de aplicativo.

Dicas adicionais para manter o momentum na App Store

Além de solicitar análises de aplicativos, participar de fóruns na web relacionados com iOS, aumentar sua audiência on-line com o Twitter e o Facebook e a miríade de outras estratégias de marketing e publicidade já delineadas no Capítulo 10 e neste, as seções a seguir analisam mais alguns tópicos importantes.

Apostando no prestígio de prêmios e recomendações

Inscreva seu aplicativo no maior número possível de competições de alto perfil para premiação de aplicativos para iPhone. Ganhar um prêmio pode fazer maravilhas, tanto pelo seu aplicativo como pela sua empresa, possibilitando uma enxurrada de publicidade e prestígio. E, com toda a cobertura da imprensa sobre os ganhadores, estar neste meio aumentará a perceptividade dos clientes e impulsionará as vendas do aplicativo. Mesmo que você seja apenas um semifinalista, esta exposição e reconhecimento extras definitivamente beneficiarão seu aplicativo. Eis algumas que devem ser consideradas:

- Apple Design Awards (http://developer.apple.com/wwdc/ada/).
- 148Apps' Best App Ever Awards (http://bestappever.com/).
- Appsfire's App Star Awards (http://appsfire.com/appstar).
- App Hall of Fame (http://www.apphalloffame.com/).

Embora todas essas premiações listadas sejam muito influentes, exibir um renomado Apple Design Awards (ADA) é visto como a maior honra que um desenvolvedor iOS pode conseguir. Submeter seu aplicativo para o ADA é uma excelente maneira de conseguir a atenção da Apple. Mesmo que você não ganhe o prêmio, se seu aplicativo impressionar a Apple, ele pode até ser escolhido como de destaque na App Store. E todos nós sabemos que ser exibido pela Apple na App Store tem o poder de transformar aplicativos em *best-sellers*.

Receber apoio de desenvolvedores respeitados e personalidades da mídia também pode conseguir bem-vindos picos de vendas. O então desconhecido Simplenote foi reconhecido publicamente on-line por John Gruber como seu aplicativo de anotações favorito. Devido ao grande número de leitores do site DaringFirebal.net do Gruber, as vendas do Simplenote explodiram nos dias seguintes à publicação.

Como mencionei no Capítulo 10, premiações de alto perfil e testemunhos de especialistas podem ser orgulhosamente exibidos no website do seu aplicativo e na descrição da App Store na forma de emblemas de mérito. Premiações e reconhecimentos representam validação e selos de aprovação que influenciam na percepção dos clientes em relação ao seu aplicativo.

Compartilhe seu conhecimento

No Capítulo 10 falei sobre o valor de escrever em blogs e artigos sobre as experiências no desenvolvimento do seu aplicativo iOS como uma forma de aumentar sua audiência on-line durante a fase de pré-liberação. Publicar suas ideias, entendimento e lições aprendidas durante o processo ajuda a criar uma ligação entre você e seus leitores. Provavelmente, eles terão maior apreço por seus esforços e seu produto acabado. Mas não pare depois que o aplicativo estiver disponível na App Store.

Os desenvolvedores iOS adoram ler sobre as experiências dos seus pares, e frequentemente são rápidos em retwittar sua URL se considerarem que seus posts no blog possam interessar a outros colegas desenvolvedores. Lembre-se de que muitos clientes seguem os blogs e tweets de seus criadores favoritos de aplicativos. Então, se esses desenvolvedores espalharem a notícia sobre seu aplicativo, os clientes deles poderão se tornar seus também! Assim como outros websites e blogs podem apresentar links para seu artigo. E, se tiver sorte o suficiente para conseguir algum link desinteressado no Digg, Techmeme, Technorati ou até no Slashdot, poderá ver o tráfego no seu site aumentar exponencialmente em questão de horas.

Owen Gross, da Streaming Colour Studios, viu isto acontecer pela primeira vez depois de publicar um artigo no blog sobre os números das vendas do jogo Dapple. O Slashdot publicou uma história sobre ele, colocando um link para seu blog, e Owen se tornou uma testemunha do famoso "efeito Slashdot". No dia em que este website fez a publicação, o tráfego do site da Streaming Colour Studios aumentou 4.000% e as vendas do Dapple foram quatro vezes maiores do que as diárias normais! Como você pode ver, publicar artigos interessantes e de valor no seu blog (com links para suas contas de mídia social) tem o potencial de impulsionar dramaticamente a perceptividade do seu produto e as vendas do aplicativo.

Participando de entrevistas e podcasts

Nem é necessário dizer que convites da imprensa e da comunidade de desenvolvedores para ser entrevistado para uma matéria ou como convidado especial de um podcast popular devem ser aceitos quando sua agenda permitir. Isto pode ter efeito similar a publicar frequentes artigos no blog e posts no Twitter, permitindo que os clientes e colegas saibam mais sobre você como pessoa e empresário, e representa mais uma valiosa audiência para aumentar as vendas e a perceptividade do seu aplicativo.

Informe-se sobre o tópico proposto antes de concordar em participar de uma entrevista ou podcast. Se a história tiver um ângulo negativo, seu envolvimento pode, em última instância, manchar sua reputação.

Também tenha muito cuidado com o que diz em uma entrevista. Quando você está sendo gravado, dando muito casualmente suas opiniões sobre outros produtos, empresas e indivíduos podem colocá-lo em situações delicadas. Lembre-se de que a maioria dos artigos publicados permanece on-line indefinidamente e, por consequência, suas palavras podem voltar a assombrá-lo continuamente.

Se você for descontraído e não encontra dificuldades para falar em público, então esta exposição adicional pode ajudar a trazer admiradores para sua causa. Mas, se for acanhado (como a maioria dos programadores), com clara dificuldade de falar em público, seria aconselhável receber antes algum treinamento sobre como interagir com a mídia. É importante que você seja capaz de causar boa impressão quando falar com a imprensa ou bater papo em podcasts. É verdade, consultores de treinamento para mídia e seminários custam dinheiro, mas, se você se sair mal em uma entrevista de alto perfil, isto pode lhe custar ainda mais.

Olhando para o horizonte

Primeiro, gostaria de agradecê-lo por ter lido este livro. Segundo, quero parabenizá-lo por trabalhar tão diligentemente em cada capítulo. Juntos, cobrimos uma grande quantidade de tópicos importantes. Você aprendeu sobre pesquisa competitiva, estratégias de marketing in-app, modelos alternativos de negócios, o processo de submissão na App Store, promoção on-line e muito mais. Houve até um capítulo dedicado a como aproveitar o poder das Compras in-app! Este livro foi projetado cuidadosamente para fornecer as ferramentas, recursos e conhecimentos essenciais e necessários para transformar o desenvolvimento do seu aplicativo iOS de um hobby divertido em um negócio próspero e bem-sucedido.

Além do que você leu nestas páginas, sempre haverá novos caminhos para promover seu aplicativo. Estude o que outros desenvolvedores estão fazendo para comercializar seus produtos móveis – não apenas o que funciona, mas também as estratégias que falham e por quê. Mas não limite seu escopo apenas à comunidade iOS. É importante estar bem informado sobre eventos atuais em toda a arena móvel, lendo todas as mais recentes notícias dos sites e blogs de tecnologia, como TechCrunch, Techmeme, Daring Fireball e Mashable (para citar alguns). Mesmo as campanhas de marketing de software para o Google Android, Windows Phone, HP webOS e aplicativos móveis na web podem inspirar novas ideias valiosas para seus próprios esforços para alcançar os usuários de iPhone, iPad e iPod touch. O objetivo é manter a mente aberta e adotar novas estratégias que possam ajudar a fazer seus negócios crescerem.

Com a App Store sendo o fenomenal sucesso que é, a plataforma iOS certamente se expandirá para novos dispositivos. E futuras atualizações do SDK continuarão a trazer uma gama sem fim de novos recursos inovadores. É um momento fascinante para estar presente no software mobile, e a Apple apenas começou a explorar suas possibilidades. Com novas oportunidades surgindo todo dia para os desenvolvedores iOS, o futuro promete ser uma jornada emocionante!

Apêndice

Recursos on-line para pesquisa e marketing de aplicativos

Ao longo dos estágios de planejamento, desenvolvimento e comercialização do aplicativo recomendei explorar todos os maravilhosos diretórios, notícias e sites de análise de aplicativos relacionados com iOS disponíveis on-line quando você fosse realizar a pesquisa competitiva e conseguir cobertura da imprensa para seu aplicativo.

Com novos sites surgindo a todo momento, este apêndice pode não representar uma lista completa de recursos on-line. Porém, com mais de 90 links, esta coleção deve servir como um ponto de partida.

> **NOTA:** Como um lembrete, alguns sites de análise de aplicativos podem cobrar uma taxa para publicar uma análise de aplicativo ou assegurar uma análise mais rápida. Vá com cuidado. Leia sempre a política de análise do site antes de submeter seu aplicativo para exame.

Sites com diretórios, notícias e análises sobre aplicativos iOS

Como muitos destes sites (listados em ordem alfabética) oferecem uma combinação de notícias sobre aplicativos, análises, fóruns, etc., é praticamente impossível separá-los em categorias distintas. Mas, de qualquer forma, você deve realmente gastar algum tempo para dar uma olhada em todos eles para que possa ter uma boa compreensão de todas as oportunidades de pesquisa competitiva e promocionais disponíveis on-line.

- 148Apps (http://www.148apps.com/)
- All About iPhone (http://www.allaboutiphone.net/)
- All iPhone Apps Review (http://www.alliphoneappsreview.com/)
- App Advice (http://appadvice.com/)
- App of the Day (http://appoftheday.com/)
- App Smile (http://www.appsmile.com/)
- App Store Apps (http://www.appstoreapps.com/)
- AppAddict (http://appaddict.net/)
- AppBoy (http://www.appboy.com/)
- AppChatter (http://www.appchatter.com/)
- AppCraver (http://www.appcraver.com/)
- AppGamer (http://appgamer.net/)
- AppStoreHQ (http://www.appstorehq.com/)
- Apple iPhone School (http://www.appleiphoneschool.com/)
- AppleTell (http://www.appletell.com/)
- Appmodo (http://appmodo.com/)
- Appolicious (http://appolicious.com/)
- AppReview (http://appreview.com/)
- AppSafari (http://www.appsafari.com/)
- AppScout (http://www.appscout.com/)
- Appsfire (http://appsfire.com/)
- AppShopper (http://appshopper.com/)
- AppSIZED (http://www.appsized.com/)
- appSpace (http://appspace.com/)
- AppStruck (http://appstruck.com/)
- Apptism (http://www.apptism.com/)
- AppVee (http://www.appvee.com/)
- AppVersity (http://www.appversity.com/)
- Ars Technica's Infinite Loop (http://arstechnica.com/apple/)
- Art of the iPhone (http://artoftheiphone.com/)
- AverageApper (http://averageapper.com/)
- Buy Me An iPhone (http://www.buymeaniphone.com/)
- Chomp (http://chomp.com/)
- Crazy Mike's Apps (http://www.crazymikesapps.com/)
- Everything iCafe (http://www.everythingicafe.com/)
- FingerGaming (http://fingergaming.com/)
- Fresh Apps (http://www.freshapps.com/)

- Fuel Your Apps (http://www.fuelyourapps.com/)
- Gamezebo (http://www.gamezebo.com/iphone-games)
- GiggleApps (http://www.giggleapps.com/)
- I Use This App (http://www.iusethisapp.com/)
- iGame Radio (http://www.igameradio.com/)
- iLounge (http://www.ilounge.com/)
- iPhone Alley (http://www.iphonealley.com/)
- iPhone and Kids (http://www.iphoneandkids.com/)
- iPhone App Index (http://www.iphoneappindex.com/)
- iPhone App Reviews (http://www.iphoneappreview.com/)
- iPhone Application List (http://iphoneapplicationlist.com/)
- iPhone Dev SDK (http://www.iphonedevsdk.com/)
- iPhone Footprint (http://www.iphonefootprint.com/)
- iPhone Freak (http://www.iphonefreak.com/)
- iPhone Gamer Blog (http://iphonegamerblog.com/)
- iPhone Life (http://www.iphonelife.com/)
- iPhone-Game-Reviews.com (http://iphone-game-reviews.com/)
- iPhone.AppStorm (http://iphone.appstorm.net/)
- iPhoneAppCafe (http://iphoneappcafe.com/)
- iPwnGames (http://www.ipwngames.com/)
- iSource (http://isource.com/)
- Just Another iPad Blog (http://www.justanotheripadblog.com/)
- Mac User (http://www.macuser.co.uk/)
- Mac|Life (http://www.maclife.com/)
- MacNews (http://www.macnews.com/)
- MacNN (http://www.macnn.com/)
- MacStories (http://www.macstories.net/)
- MacUpdate (http://www.macupdate.com/explore/iphone/)
- Macworld AppGuide (http://www.macworld.com/appguide/)
- Macworld's iOS Central (http://ios.macworld.com/)
- Modojo (http://www.modojo.com/)
- No DPad (http://nodpad.com/)
- Planet-iPhones (http://planet-iphones.com/)
- Pocket Gamer (http://www.pocketgamer.co.uk/)
- PocketFullOfApps (http://pocketfullofapps.com/)
- PocketGamer.biz (http://www.pocketgamer.biz/)
- PocketPicks (http://www.pocketpicks.co.uk/)

- RazorianFly (http://www.razorianfly.com/)
- SlapApp (http://www.slapapp.com/)
- Slide To Play (http://www.slidetoplay.com/)
- The APPera (http://theappera.com/)
- The Daily App Show (http://dailyappshow.com/)
- The iPhone App Review (http://www.theiphoneappreview.com/)
- The Mac Observer (http://www.macobserver.com/)
- The Portable Gamer (http://theportablegamer.com/)
- The Unofficial Apple Weblog (http://www.tuaw.com/)
- TheAppleBlog (http://www.theappleblog.com/)
- TiPB (http://www.tipb.com/)
- Touch Arcade (http://toucharcade.com/)
- Touch Reviews (http://touchreviews.net/)
- TouchGen (http://touchgen.com/)
- TouchMyApps (http://www.touchmyapps.com/)
- What's on iPhone? (http://www.whatsoniphone.com/)
- Yappler (http://www.yappler.com/)

Recursos adicionais para comercialização de aplicativos

Eis aqui mais dois recursos para comercialização de aplicativos.

- **Selling Your Apps Forum** (http://iphonedevbook.com/forum/selling-your-apps/)
  O popular fórum da comunidade de desenvolvedores para iPhone, iphonedevbook.com, tem um fórum dedicado chamado Selling Your Apps (Vendendo Seus Aplicativos), no qual os desenvolvedores iOS podem compartilhar suas recomendações sobre negócios e estratégias de marketing. Entre na discussão, seja para contribuir com seu conhecimento, seja para aprender mais com as experiências de seus pares. Eu também estarei postando naquele fórum de tempos em tempos, então, venha me dar uma alô.

- **The Book's Official Companion Site** (http://www.iphonebusinessbook.com/)
  Este é para os leitores do livro *O negócio de desenvolvimento de aplicativos para iPhone e iPad* poderem ver suas mais recentes atualizações, artigos do blog e ter acesso aos downloads dos projetos Xcode aqui exemplificados.

Índice remissivo

Caracteres e números especiais
* (asterisco) usado como curinga, 249
# fb hashtag, 318
# li hashtag, 318

30 pinos, cabo USB, 245
3D Rollercoaster Rush, aplicativo, 30, 136

A
acordo de confidencialidade mútuo, 45
acordos de não divulgação, 44
acordos para colocação de produto, 151, 191
Ad Hoc Helper, aplicativo, 257
ADA (Apple Design Awards), 397
Adobe Illustrator, 65, 67
Adobe Photoshop, 65, 67
adquirindo licenças, 51-53
    documentando, 51
    garantias e indenização, 52
    licenças virais, 52
    marcas registradas da Apple, 52-53
análises dos clientes
da App Store, 233-234
de aplicativos concorrentes, 21-23
análises na versão lite
    incluindo, 138-139
    rastreando utilização do aplicativo através de, 188-190
    visão geral, 155-177
análises
    encorajando usuários a fazer, 95-99
        buscando durante a execução, 96-98
        solicitando classificações, 98-99
    sites com, 401-404
    solicitando
        fornecendo materiais para análises, 380-383
        requer planejamento e paciência, 383-386
Anderson, Chris, 194
Angry Birds, Rovio, 241
UIView animation, 168, 183
API Facebook Connect, 110
aplicativo AppSales Mobile, 367
aplicativo AppStar, 367
aplicativo AppStore Clerk, 367
aplicativo AppViz, 367
aplicativo Astronaut, 231
aplicativo Awesome Note, 84-85
aplicativo Balloons!, 282-283
aplicativo Breadcrumbs, 68, 71, 221, 225
aplicativo Bump, 15, 19, 144, 240
aplicativo Comics, 202, 211
aplicativo Convertbot, 83-84, 241
aplicativo de fitness Men's Health Magazine, 203-204
aplicativo Diabolotros Lite, 29
aplicativo Diabolotros, 29

aplicativo Eliminate Pro, 126
aplicativo Facebook Notes, 317
aplicativo FitnessBuilder, PumpOne, 236
aplicativo Flower Garden 208-209
aplicativo Gokivo GPS Navigator, 207
aplicativo Gokivo, 207
aplicativo G-Park, 20
aplicativo GPS Navigator, Gokivo, 207
aplicativo Grocery Gadget, 140
aplicativo Groups, 342
aplicativo iFiles, 339-340
aplicativo iPhoto, 339
aplicativo iShoot, 129
aplicativo iSimulate iPhone, 245, 270
aplicativo iTunes Connect Mobile, 366
aplicativo Keychain Access, 247, 342-343
aplicativo LandFormer, 195
aplicativo Moon Drop, 113
aplicativo MyAppSales, 367
aplicativo Nike+ GPS, 87-88
aplicativo Notes, Facebook, 317
aplicativo Ocarina, 340-341
aplicativo Pandora, 147
aplicativo Plants vs. Zombies, 273
aplicativo Pocket God, 194-195, 273
aplicativo Postage, 339
aplicativo Prismo, 368
aplicativo Put Things Off, 286
aplicativo Ramp Champ, 205-206
aplicativo Real Racing, 190
aplicativo RunKeeper Pro app, 242-243
aplicativo Selective Tweets, para Facebook, 317-318
aplicativo Settings, 220-342
aplicativo Sim Daltonism, Mac OS X, 89
aplicativo Simplenote, 204-205
aplicativo Sneezies, 338-339
aplicativo Stanza, 238-239
aplicativo Story Tracker, 14
aplicativo The Moron Test, 17-18
aplicativo Things, 74-75 , 85-86
aplicativo Touchgrind, 74
aplicativo Tweetie, 26
aplicativo Voices, 387
aplicativo Where To?, 284
aplicativo Words with Friends, 363
aplicativo WriteRoom, 329
aplicativo YouTube, 239
aplicativo Zendesk, 395-396
aplicativo, tratador handleOpenURL, 143
aplicativos como ferramentas de marketing, 59-93

e aderindo às diretrizes da Apple, 61-64
recursos de projeto para, 89-93
    áudio, 92
    e serviços profissionais de design, 92-93
    fontes, 91
    imagens, 90-91
projetando para vários dispositivos iOS, 63-66
    considerações sobre a tela Retina, 65
    considerações sobre orientação no iPad, 64-67
    imagens para, 63-64
primeiras impressões do aplicativo, 59-62
    com versão de avaliação, 60-61
    ícone e nome, 60
    imagens de tela, 60
ícones para, 65-76
    desenho do, 68-73
    e logotipos, 72-74
    ferramentas para, 66-68
    identidade consistente da marca usando, 74-75
    regras para, 66-68
interface do usuário para, 75-90
    com UIKit, 84-88
    e acessibilidade, 88-89
    e interfaces personalizadas, 83-84
    prototipagem, 78-85
aplicativos concorrentes, 19-25
    analisando estatísticas de classificação, 21-22
    lendo análises dos clientes, 22-24
    pesquisando diretórios de aplicativos de outras regiões, 21
    preenchendo necessidades com aplicativos, 16-17
    teste dos, 25
aplicativos de demonstração, não permitidos, 124, 128
aplicativos de jogos
    fazendo propaganda nos, 152
    versões lite versus premium, 132
aplicativos de produtividade, 131
aplicativos gratuitos, 123-149
    desenhando com propagandas removíveis, 158-160
    desenvolvendo fatia de mercado com, 143-144
    ganhando dinheiro com propaganda, 151, 156
    garantindo fatia do mercado, 143-146
    gerando receita, 123-126
        com versões lite, 124-126
        estratégias gratuitas, 124

migrando dados para versões pagas, 140
programas de afiliação, 146-149
promovendo versões pagas com, 124
    como é possível, 129-130
    discurso de vendas in-app, 133-134
    interpromoção in-app, 113-114
    versão lite versus Compra in-app, 125-126
requisitos de controle da qualidade, 139
restrições das versões lite, 128
versões lite, 128-143
    agendando a liberação, 133-134
    controle da qualidade, 139
    discursos de venda in-app, 133-139
    estratégias para, 130-133
    migrando dados da versão paga a partir das, 140-141, 143
    reforçando a venda de aplicativos pagos, 129-130
    restrições, 128
    versus itens de Compra in-app, 125-127
aplicativos para nichos, taxas de conversão dos, 129
aplicativos suportados por propaganda, 158-164
    harmonizando a estética do desenho com, 158-159
    propagandas domésticas, 162-164
    redes de propaganda 161-164
aplicativos universais
    preocupações comerciais com, 27-28
    visão geral, 26-27
aplicativos utilitários, versões lite dos, 131
App Marketing Artwork License Agreement, 283
App Store
    análises dos clientes da, 233-234
    botão comprar, 387
    descrição, 267-268
    emblemas de identidade, 283, 284
    expectativas do cliente da, 234-235
    perfil de provisionamento de distribuição, 343-345
    seção Badging and Artwork, App Store Resource Center, 283
App Store, processo de submissão. *Veja* processo de submissão à App Store
Apple Design Awards (ADA), 397
Apple
    diretrizes, aderindo às, 61-35
    EULA, 53
    marcas registradas, 52-53
aprovação, 365-366
Archived Applications, Xcode, 261

Arment, Marco, 131
arquivo .mobileprovision, 250, 251, 258, 259, 262, 343
arquivo adbannerlandscape-ipad.png, 177
arquivo adbannerlandscape-iphone.png, 177
arquivo adbannerlandscape-iphone@2x.png, 177
arquivo adbannerportrait-ipad.png, 177
arquivo adbannerportrait-iphone.png, 177
arquivo adbannerportrait-iphone@2x.png, 177
arquivo AppDelegate_iPad.h, 101
arquivo AppDelegate_iPad.m, 101 172
arquivo AppDelegate_iPhone.h, 101, 171
arquivo AppDelegate_iPhone.m, 101
arquivo apple-touch-icon.png, 303
arquivo AppleWWDRCA.cer, 247
arquivo AskForRatingViewController.h, 96
arquivo AskForRatingViewController.m, 96
arquivo AskForRatingViewController.xib, 97
arquivo textura azul.png, 65
arquivo textura azul@2x.png, 65
arquivo BreadcrumbsAppDelegate.m, 143
arquivo CertificateSigningRequest.certSigningRequest, 246, 254
arquivo developer_identity.cer, 248
arquivo Entitlements.plist, 260
arquivo iAd.h, 178
arquivo Icon.png, 71
arquivo Icon@2x.png, 71
arquivo InAppPurchase-Info.plist, 221
arquivo InAppPurchaseObserver.h, 221, 228
arquivo InAppPurchaseObserver.m, 228, 231
arquivo InAppPurchaseViewController.h, 221
arquivo InAppPurchaseViewController.m, 222-223, 225-226
arquivo InAppPurchaseViewController.xib, 222
arquivo Info.plist, 141-142, 221, 349, 351, 358
arquivo MainViewController.m, 178
arquivo MainViewController_iPad.h, 172-173, 178
arquivo MainViewController_iPad.m, 174, 185
arquivo MainViewController_iPad.xib, 172, 176
arquivo MainViewController_iPhone.h, 171-173-177-178
arquivo MainViewController_iPhone.m, 173, 178, 183, 185
arquivo MainViewController_iPhone.xib, 172, 174, 175
arquivo MainWindow_iPad.xib, 102, 172
arquivo MainWindow_iPhone.xib, 102, 172
arquivo PDF App Marketing and Identity Guidelines for Developers, 283

arquivo Reachability.h, 170
arquivo Reachability.m, 170
arquivo RootViewController.h, 102, 105
arquivo RootViewController.m, 103,106, 112
arquivo SHKConfig.h, 112
arquivos Entitlements, 260, 345
arquivos Sitemap, XML, 277-278
arquivos XML Sitemap, 277-278
Assinatura do tipo Autorrenovável, 200, 217
assinaturas, 204-206
assistente Development Provisioning Assistant, Apple, 249
atributo SKU, 348
atualizações do aplicativo, mantendo o cliente interessado com, 394
atualizações, sites web para este livro, 404
áudio, recursos para projetar aplicativos, 92
Automatic Device Provisioning, Xcode, 249
avisos legais, garantia, 53

B

baixas, extras, 295
bannerView, didFailToReceiveAdWithError, evento, 183
benefícios, incluindo na descrição na App Store, 336
biblioteca de classes ShareKit, usando, 111-113
biblioteca MGTwitterEngine, 109-110
    binários
        preparando o do aplicativo, 342-345
            compilando aplicativos para iOS, 345
            configurando projetos da ferramenta Xcode para distribuição na App Store, 342-343
            gerando e instalando perfis de provisionamento para distribuição da App Store, 343
            verificando o certificado de distribuição, 342-343
        carregando para análise na App Store, 359-363
            na ferramenta Xcode Organizer, 362
            notificações de status do aplicativo, 363
            página Export Compliance, 360-361
            status Developer Rejected, 362
            status In Review, 363
            status Ready for Sale, 363
            status Waiting for Upload app, 361
blog Application Submission Feedback, 63
blog Parade of Rain, 262

blogs, 290-292, 304-306
    comentando nos, 318-319
    distribuindo conteúdo para publicação, 304-305
    hospedagem personalizada versus serviços de terceiros, 306
    importando para o Facebook e enviando para o Twitter, 316-317
    solicitando comentários, 305-306
    versus sites personalizados, 303
bookmarking da tela principal, personalizado, 303
bookmarking
    sites, 318
    tela inicial personalizada, 303
botão Add Devices, iOS Provisioning Portal, 248
botão Add New App, iTunes Connect, 347
botão Add New User, página Manage Test Users, 214
botão Always Allow, Xcode, 252, 253, 261
botão App Treasures, 117
botão Apply, 148
botão Approve, 218, 254
botão Ask, aplicativo FitnessBuilder, 236
botão azul Info, Xcode, 252
botão Build and Run, Xcode, 252
botão Buy Now, 283
botão Choose File, 357
botão de compra no Get Balloons!, 282
botão comprar, acessibilidade do, 134
botão Create New, 216
botão da barra de ferramentas Info, 221
botão Developer Web Site, 273
botão Disable Tips, Stanza, 238-239
botão Dismiss, Stanza, 238
botão Done, controlador do iOS, 240
botão Facebook Like, 289
botão Full Version Info, 137
botão Full Version, 135
botão Get Info, 169
botão Get the Full Version, 136
botão Home, 339
botão inappBuy, 225
botão Info, Xcode, 343 -344
botão Like, Facebook, 289
botão Manage In App Purchases, 216
botão Manage Localizations, 359
botão Maybe Later (cancelar), 104
botão More Games, 114, 115, 117, 118
botão New App, iOS Provisioning Portal, 249
botão New Profile
    iOS Dev Center, 343

iOS Provisioning Portal, 250 258
botão Post on Twitter, 105
botão Power, 339
botão Rate This App, 97-99
botão Ready to Upload Binary, iTunes Connect, 360
botão Reject Binary, iTunes Connect, 362
botão Request Certificate, iOS Dev Center, 246, 254
botão Restore Purchased Content, 231
botão Rounded Rect, 222-223
botão Send Email, 105, 108
botão Share Application, Xcode, 261
botão Share on Facebook, 105
botão Show Next Tip, Stanza, 238
botão Sign Out, 219
botão Smart Digg, 289
botão Submit Application to iTunes Connect, 362
botão Submit to iTunes Connect, Xcode, 345
botão Submit
   iOS Dev Center, 346
   iOS Provisioning Portal, 250
botão Transfer My Data to Full Version, 142-143
botão Tweet, 289
botão Use for Development, Xcode, 245-246
botão Validate Application, 362
botão View Details, 359
botão What´s Full Version?, 136
botão What´s in Premium?, aplicativo Simplenote, 204
botões de compra
   colocação, 134-135
   visão geral, 283-284
botões Tell A Friend, 99-113
   acrescentando suporte por e-mail, 105-113
   compartilhamento in-app, 99-113
   integrando Twitter e Facebook, 108-113
      acessando a API do Twitter, 109-110
      usando a biblioteca de classes ShareKit, 111-113
      usando o SDK do Facebook para iOS, 110-111
   serviços web de terceiros, 100
Brichter, Loren, 26
brindes, comercializando aplicativos com, 385-389

C

Cabo USB de 30 pinos, 245
caixa de diálogo New File, 221
caixa de diálogo para solicitar classificação, 98
caixa de diálogo UIAlertView, 96-97
caixa de verificação Cleared for Sale, 217
caixa de verificação Copy items into destination group's folder (if needed), 111
caixa de verificação Resize View from NIB, 172
caixa de verificação Use Core Data for storage, 169
caixa de verificação With XIB for user interface, 170
campo Any iOS, Xcode, 259, 344
campo App Name, 334-335, 348
campo App URL, 354
campo Bio, Twitter, 312
campo Bundle ID, 348
campo Contact Email Address, 353
campo Copyright, 353
campo Description, 218, 249, 352
campo Device ID, iOS Provisioning Portal, 248
campo Displayed Name, 218
campo Identifier, Xcode, 345
campo Keywords, 331-332, 353
campo Language to Add, 218
campo Language, 217
campo Product ID, 217
campo Reference Name, 217
campo Review Notes, 354
campo Screenshot, 218
campo SKU Number, 348
Campo Support URL, 353
campo Type, 217
campo Version Information, 351-355
   atribuindo classificações, 354-357
   campo App URL, 354
   campo Contact Email Address, 353
   campo Copyright, 353
   campo Description, 353
   campo Keywords, 353
   campo Primary Category and Secondary Category, 352-353
   campo Review Notes, 354-355
   campo Support URL, 353-354
   campo Version Number, 351-352
   seção Images, 386-389
      ícone na App Store, 357-360
      imagens de tela, 358
      overview, 386-387
      listagem de aplicativos no Apple iTunes Connect, 359-360
campo Web, Twitter, 312
campos Categoria Principal e Categoria Secundária, 352

Casasanta, John, 3890
Cascading Style Sheets (CSS), 294
Castlenuovo, Dave, 195
categoria Cocoa Touch Class, 221
categoria Entertainment, 17-18
categoria Games, 17-18
categoria Keys, janela Keychain Access, 248, 255
categoria Negócios, 19
categoria Produtividade, 18
categoria Utilitários, 18
categorias, saturadas, 17-19
CCATS (Commodity Classification Automated Tracking System), 361
certificado Worldwide Developer Relations (WWDR), 247
Certificado WWDR (Worldwide Developer Relations), 247
certificados de desenvolvimento, 246-248
Certificate Revocation List (CRL), 246, 253
chave firstRun (NSUserDefaults), 98
chave UIPrerenderedIcon, arquivo Info.plist, 358
chave UIRequiredDeviceCapabilities, arquivo Info.plist, 349
citações, 375
Citron, Jason, 119
classe Appirater, 98-99
classe iAd.framework, 169
classe InAppPurchaseObserver, 221-222, 226-227
classe InAppPurchaseViewController, 222, 225
classe MainViewController_iPad, 170-174
classe MainViewController_iPhone, 170-171, 172-174
classe NSNotificationCenter, 174
classe Reachability, 169-170, 173
classe RootViewController, 101-102, 113
classe SKPaymentQueue, 223-224
classe UIViewController, 170, 172
classificações, analisando estatísticas dos aplicativos concorrentes, 21-22
classificações, atribuindo, 355-357
classificando aplicativos, pedindo aos usuários, 96
clientes
    expectativas da App Store, 234
    reduzindo os insatisfeitos, 233-237
        evitando as armadilhas comuns, 234-235
        solicitando retorno direto, 235-237
códigos de promoção, obtendo, 383-384
coluna Groups & Files, 170, 221
coluna Key, 141
comando no URL, transferindo dados através de, 141-143

comentários, solicitando, 305, 306
comercializando aplicativos, 369-399. *Veja também* promovendo aplicativos
    aumentando a perceptividade de, 190-191
    códigos de promoção, obtendo, 383-384
    coletando materiais pré-liberação, 268-272 imagens de tela, 269-270
        logotipos da empresa, 268
        presença dedicada na web 272
        trailers de vídeo, 270-271
    fazendo propagandas para, 391-395
        iAd for Developers, 392-393
        incentivos "pague por instalação", 393-394
        para uma audiência móvel, 391-392
    lançamento da publicidade, 370
    mantendo o interesse do cliente, 394-396
        com frequentes atualizações do aplicativo, 395
        fornecendo suporte de alta qualidade, 395-396
    participando de entrevistas e podcasts, 398
    planos de longo prazo, 3-5
    por compartilhamento do conhecimento, 397-398
    press-releases para, 371-380
        descrição no, 375
        enviando e-mails de agradecimento, 380
        enviando para sites web selecionados, 379-380
        formatando e-mail de anúncio sobre, 378-379
        indicador de fim do press-release, 376
        informações da empresa no, 376
        informações de contato para a mídia no, 376
        instruções de liberação no, 373-374
        introdução no, 375
        linha do assunto no, 374
        linha do resumo no, 374-375
        preço e disponibilidade no, 375
        publicando no site web para baixa, 377-378
        traduzindo, 377
        URL do site web no, 375-376
        utilizando serviços de distribuição de press-release, 380
    rastreando o desempenho dos esforços, 316
    recursos online para, 401-404
        fórum Selling Your Apps, 404
        site web deste livro, 404

sites com diretórios, notícias e análises sobre aplicativos para iOS, 401-404
solicitando análises
    fornecendo materiais para análise, 381-382
    requer planejamento e paciência, 384-385
    utilizando agências de marketing, 370-371
    utilizando preços de venda, 389-390
    utilizando prêmios e recomendações, 397
    utilizando promoções e brindes, 385-389
Commodity Classification Automated Tracking System (CCATS), 361
compartilhamento do conhecimento, comercializando aplicativos por, 397-398
compartilhamento in-app, 100-105
compatível retroativamente, 235-236
componente iAd BannerView, 175
compra in-app, 125-126, 128
compras
    entregando e gerenciando, 209-214
        baixando conteúdo do servidor, 211-213
        destravando conteúdo embutido, 209-210
suporte, 213
    fornecendo acesso ao conteúdo, 229-230
    solicitando, 226-227
comunidades online, cultivando, 304
conector buttonPressed, 96
configuração Release, Xcode, 259-260
configuração Tile Background, Twitter, 310
configurações de pagamento, verificando o status da submissão na App Store, 346
conjuntos de estruturas de trabalho na web, iOS, 244
Connect, iTunes, 383, 396
Conrad, Tom, 147
consultoria, desenvolvendo aplicativos para iOS para clientes, 10
conta de Test User, 214-215, 219-220, 224, 227
conta no iOS Developer Program, limitações do dispositivo, 259
conteúdo adicional no recurso Compra in-app, 202-204
    apresentação, 205-206
    clientes existentes, 193-198
    configurando a ferramenta iTunes Connect, 214-219
        conta Test User, 214-215
        itens de Compra in-app, 215-219
    entregando e gerenciando as compras, 209-213
        baixando conteúdo do servidor, 211-213
        destravando conteúdo embutido, 209-210

suporte, 213
estratégia bem-sucedida para, 206-209
    estrutura de preço, 207
    gasto ilimitado do cliente, 207-209
estrutura de trabalho Store Kit, 220-223
    configurando o básico, 221-223
    configurando o projeto, 220-221
executando, 223-230
    fornecendo acesso ao conteúdo adquirido, 229-230
    permitindo o recurso Compra in-app, 223-224
    recebendo status do pagamento, 227-228
    recuperando itens de Compra in-app disponíveis, 224-226
    solicitando compras, 226-227
fundamentos do, 199-201
    diretrizes, 200-201
    tipos de produtos, 199-200
preparando dispositivos de teste, 219-220
restaurando conteúdo pago, 231
serviços e assinaturas, 204-205
conteúdo de Compra in-app, 386-387, 395-396
conteúdo embutido, destravando, 209-210
conteúdo pago, restaurando, 231
contrato Free Applications, 346
contratos com funcionários, 50-51
contratos com prestadores de serviço, 49-50
contratos de licenciamento com usuário final. *Veja* EULAs
contratos, verificando status para submissão à App Store, 346
controlador de tab bar, 90
controle da qualidade, para versões lite, 139
controles UIKit, 241
conversão de unidades, 240-241
cores do background, para UIKit, 88
corres da barra de ferramentas, para UIKit, 87-88
Crittercism, 236
CRL (Certificate Revocation List), 246, 253
Crowley, Patrick, 79
CSS (Cascading Style Sheets), 294
custo eficaz por milhar (eCPM-effective cost per thousand)

D

Dalrymple, Mark, 8
Deamer, Jonathan, 306
Debug Console, Safari, 298
definindo a Availability Date, 350-351

delegate SKProductsRequest, 225
Demeter, Steve, 1
demonstrações embutidas, fornecendo, 238
demonstrações, visuais, 240-242
descontos educacionais, 351
descontos, deixando espaço nos preços para, 326-327
descrição do aplicativo, 266
descrição
    App Store, 334-335
        explicação do aplicativo, 335-336?
        organizando, 336-337
        prêmios e testemunhos, 336
        recursos e benefícios do aplicativo, 336
    nos press-releases, 374-376
descrições em balões pop-up, 336
desenhando aplicativos
    ícones para, 68-72
    para múltiplos dispositivos de iOS, 63-64
        considerações sobre a tela Retina, 65
        considerações sobre orientação no iPad, 64-65
        imagens para, 63-64
detecção de navegador com PHP (Hypertext Preprocessor), 301
    substituindo dinamicamente Adobe Flash por conteúdo compatível com iOS usando, 301-303
detecção do navegador, 299-301
diferenciadores, definindo para o aplicativo, 25-26
direcionamento, 156-157
direitos de autor para aplicativos, 39-40
    aplicativos, 39-40
    limitações da proteção, 40
diretório de sites, 401-404
diretório File Sharing, 140
discursos de elevador, 266-268, 283
discursos de venda in-app, 134-135
    adicionando informações de atualização nas versões lite, 135-138
    colocando o botão comprar, 134-135
    incluindo análises, 138-139
disponibilidade global, 156-157
disponibilidade regional, 351
dispositivos de desenvolvimento, 245-253
    criando IDs de aplicativo, 249-250
    certificados de desenvolvimento, 246-248
    executando o projeto Xcode, 251-253
    ferramenta Xcode Organizer, 245-246
    perfis de provisioning profile, 273-274
    registrando Device IDs, 248-249
dispositivos de teste, preparando, 219-220

distribuição ad hoc
    para a imprensa, 323-324
    perfis de provisionamento, 258-259, 343-345
distribuição sem fio, 262-263
distribuição
    ad hoc, 258-259
    certificados
        verificando status para binário do aplicativo, 342
        visão geral, 253-256
    private key, 255
    configurando aplicativos para, 259-260
    de aplicativos para beta testers, 261-262
    perfis de provisionamento, gerando e instalando na App Store, 343
distribuindo conteúdo do blog para publicação, 305
documento Human Interface Guidelines, iOS, 61
documento iOS Human Interface Guidelines, 62
documento Official App Store Review Guidelines, 62

E

eCPM (effective cost per thousand-custo eficaz por milhar), 157
electronic Copyright Office (eCO), 40
elementos UIImage, 82
e-mails de agradecimento, enviando depois do press-release, 380
emblemas de identidade, App Store, 283, 285
encenação, 269-270
entrevistas, comercializando aplicativos com, 398
estatísticas de vendas, analisando, 366-368
estilo de camada Chanfro e Entalhe, 70
estilo de camada Sombra Projetada (Drop Shadow) 70, 73
estrutura de trabalho iAd, da Apple, 164-188
    exibindo banners, 165-167
    habilitando propagandas ao vivo, 188
    associando-se à iAd Network, 164-165
    programando aplicativos para trabalhar com propagandas, 168-188
        checando a conexão do dispositivo iOS com a rede, 173-174
        classe Reachability, 169-170
        código de propaganda in-app, 177-188
        construindo a fundação, 170-172
        copiando arquivos domésticos de propaganda para o projeto, 176-177
        estrutura de trabalho iAd, 168-169

interface e hierarquia da propriedade UIView, 174-176
projetos com a ferramenta Xcode, 168-169
estrutura de trabalho iUI, 244
estrutura de trabalho Security, 112
estrutura de trabalho Store Kit, 220-222-223
configurando o projeto, 220-221
configurando o básico, 221-223
estrutura de trabalho SystemConfiguration, 112, 170
estruturas de trabalho para iOS na web, 243-244
estruturas de trabalho web móveis, 244
EULAs (contratos de licenciamento com usuário final), 53
Apple, 54
finalidade do, 53-54
aviso legal sobre garantia, 53-54
limitações de responsabilidade, 54
personalizado, 55
evento bannerViewDidLoadAd, 183
evento didDismissWithButtonIndex, 104, 108
evento mailComposeController, 106
evento mailComposerController, 108
evento Twitpocalypse, 100
evento viewDidLoad, 182-183, 222, 223
evento viewWillAppear, 184-185
evento willRotateToInterfaceOrientation, 184-185
Existing Frameworks, opção, 169, 221
experiência do usuário, preenchendo necessidades com aplicativo, 15-16

F

Facebook SDK para iOS, 314
Facebook, 314-318
conectando-se com fãs, 316-317
criando páginas, 315
importando do seu blog e enviando para o Twitter, 316
integrando, 108-113
usando a biblioteca de classes ShareKit, 111-113
usando o Facebook SDK para iOS, 110-111
banners iAd de teste, 165
faixa iTunes Create Links, rede LinkShare, 148
banners, 165-167, 196
FAQs (frequently asked questions-perguntas frequentes), 353

Farina, Nick, 72
fatia de mercado, garantindo com aplicativos gratuitos, 143-146
feeds RSS, 290-304
ferramenta Balsamiq Mockups, 80
ferramenta Briefs, 82-83
ferramenta Connect, iTunes, *Veja* iTunes Connect, Apple
ferramenta de palavras-chave AdWords Google, 276, 333
ferramenta Dégradé (Gradient), 70-71
ferramenta Distimo Monitor, 367
ferramenta Graffletopia, 79-80
ferramenta iTunes Connect, configurando o recurso Compra in-app na, 214-219
conta de Test User, 214-215
itens, 215-219
ferramenta Keynotopia, 80
ferramenta LiveView, 82-83
ferramenta Mockabilly, 82-83
ferramenta OmniGraffle, 79-80
ferramenta Organizer, Xcode, 245-246
ferramenta RAGE Sitemap Automator for Mac OS X, 278
ferramentas, para ícones, 66-68
Flash, Adobe. *Veja* Adobe Flash
fontes, recursos para desenhar aplicativos, 91
formato de e-mail com texto sem formatação, 378-379
fórmula "empresa libera produto para plataforma", 374
formulário de retorno in-app, 236-237
Fortin, Michel, 89
fórum SellingYour Apps, 404
fóruns, comentando nos, 318-319
Frampton, David, 21, 368
frustração do usuário, com aplicativos, 234
função exit(), 301
função indexOf(), 301
função showMailComposer, 106,-108
função stristr( ), 301
função toLowerCase(), JavaScript, 301

G

ganhando dinheiro com aplicativos gratuitos, 151-192
patrocínio e acordo de colocação de produto, 190-191
análises, rastreando a utilização do aplicativo através de, 188-190

aplicativos suportados por propaganda, 158-164
   harmonizando a estética do desenho da interface com, 158-161
   propagandas domésticas, 162-164
   redes de propaganda, 161-162
estrutura de trabalho iAd, da Apple, 164-188
   associando-se à iAd Network, 164-165
   exibindo banners, 165-167
   habilitando propagandas ao vivo, 188
   programando aplicativos para trabalhar com propagandas, 168-188
propaganda in-app, 151-154
   como ferramenta de vendas, 153-154
   conhecendo seu público, 152-153
redes móveis de propaganda, 154
   critérios de escolha, 155-158
   sites, 154- 155
ganhos, 157-158
garantias
   aviso legal, 53-54
   visão geral, 51
Gemmell, Matt, 110
General Settings, 220
Goss, Owen, 195, 196, 274, 398
Grosjean, Jesse, 159, 329
Gruber, John, 397
grupo Targets, 169
grupos, comentando nos, 318
guia Attributes, paleta inspector, 172, 175
guia Certificates, utilitário Keychain Access, 246
guia Configurations, Xcode, 344
guia Development, iOS Provisioning Portal, 250-251
guia Distribution
   iOS Dev Center, 165, 168, 188, 231, 245, 246, 343
   iOS Provisioning Portal, 288
guia Identity, paleta inspector, 172
guia Info, Página do Facebook, 315
guia Manage, iOS Provisioning Portal, 248
guia Marketing, Página do Facebook, 316
guia Notifications, iTunes Connect, 363
guia Properties
janela Target Info, 252-260
Xcode, 343-345
guia Screenshots, janela Xcode Organizer, 340
guia Summary, Xcode, 246, 251
guia Tab, 239, 275, 376, 221
guia View Size, paleta inspector, 175
guias in-app, 238

H

hashtags, Twitter, 312-313
Hick, Jon, 72
hierarquia da propriedade UIView, interfaces e, 174-177
histórias exclusivas, oferecendo à imprensa, 323-324
hospedagem na web, 272
hospedagem personalizada versus serviços de terceiros, 306
HTML, usando em recursos de ajuda baseados em texto, 242-244
Hypertext Preprocessor. *Veja* PHP

I

iAd for Developers, 392-393
iAd Interstitial View, 165
iAd Network, 168, 183, 188, 392-393
iAd, estrutura de trabalho da Apple. *Veja* estrutura de trabalho iAd, da Apple
ícone do aplicativo, 269, 381-382
ícone iTunes, 261-262
ícone na App Store, 357-358
ícone Xcode, 250-252
ícones, 65-75
   desenho do, 68-72
   e logotipos, 72-74
   ferramentas para, 66-68
   identidade consistente da marca usando, 74-75
   para aplicativos
      e primeiras impressões, 60-61
      pesquisando antes de desenvolver, 32-33
   para UIKit, 86
   regras para, 66-68
   solicitando registro de marca para, 40-43
      passíveis de proteção, 41-43
      solicitações, 40-41
ID explícito do aplicativo, 249-250
identidade da empresa, 294
identidade da marca, 281-282
bundle identifier específico do aplicativo, 250
bundle identifier, 250
identificador único do dispositivo (UDID-unique device identifier), 246
idiomas
   principal, fornecendo para submissão do aplicativo, 347
   suportando múltiplos, 359-360
IDs de aplicativo usando curinga, 249
Device IDs, registrando
   testadores, 256-257

visão geral, 248
IDs do aplicativo
    criando, 249-250
    curinga, 249
IDs
    de dispositivo, 248-250
    do aplicativo, 249-250
Illustrator, Adobe, 67-68, 69
imagem de avatar, Twitter, 309-310
imagem profissional, 319-320
imagens de tela, 269-270, 284-387, 338-342
    aplicativo, 357-359
    escolhendo a principal, 338-340
    incluindo imagens e texto personalizados, 340-342
    e primeiras impressões, 61
imagens
    e desenhando aplicativos para múltiplos dispositivos para iOS, 63-64
    recursos para desenhar aplicativos, 89-91
Imangi Studios, 257
in-app Email, 235
in-app, discursos de vendas, 134-139
    adicionando atualização dentro das versões lite, 135-138
    colocando botão comprar, 134-135
    incluindo análises, 138-139
in-app, recursos de ajuda 237-244
    ajuda baseada em texto, 242-244
        estruturas de trabalho web móveis, 244
        usando HTML, 242-244
    demonstrações visuais, 240-242
    dicas na tela, 238-239
    vídeos instrucionais, 239-240
incentivos "pague por instalação", 393-394
indenização, 52
indicador de fim do press-release, 376
informações da empresa, nos press-releases, 376
informações de contato com a mídia, nos press-releases, 376
informações de contato, 293-394
informações sobre atualização, adicionando nas versões lite, 135-138
instalando MessageUI.framework, 105
instalando o certificado WWDR, Apple, 247
instrução de liberação PARA LIBERAÇÃO IMEDIATA, 373
instrução de liberação RETER ATÉ (UNDER EMBARGO UNTIL), 373
instruções de liberação, nos press-releases, 373-374
interface com o usuário, 75-89. *Veja também* testando a usabilidade

e acessibilidade, 89-89
com UIKit, 84-88
    cores da barra de ferramentas, 87-88
    cores de background, 88
    ícones e imagens para, 86-87
e interfaces personalizadas, 83-84
prototipagem, 76-83
    com papel, 80-81
    criando modelos em tamanho real, 78-79
    desenhando as ideias no papel, 77-78
    ferramentas móveis para modelos reais, 79-80
    testando a interface com o usuário para, 81-83
interfaces personalizadas, 83-84
interfaces, e hierarquia da propriedade UIView, 174-176
interpromoção in-app, 113-118
    App Stores comunitárias, 116-118
    App Stores embutidas, 115-116
interpromoção, 294-295
    in-app, 113-118
    oportunidades, 118-120
introdução, nos press-releases, 375
iOS (Sistema Operacional da Apple)
    aplicativos
        compilando, 260-345
        plano específico de jogo, 38-40
        visão geral, 38
    sites com diretórios, notícias e análises sobre aplicativos, 401-404
    substituindo dinamicamente Adobe Flash com, 301-303
        usando linguagem JavaScript, 302
        usando PHP, 302-303
    usando o Facebook SDK para, 110-111
    verificando a conexão do dispositivo com a rede, 173-175
iOS Dev Center, 245, 343
iOS Provisioning Portal, 215, 221, 323, 342-343
iOS Simulator, 219, 234, 270
IPO (oferta pública inicial de ações), 50
ISPs (provedores de serviço de Internet), 292
itens de Compra in-app, 125-127
iTunes Affiliate Program, 116, 139, 146, 148-149, 284
iTunes Connect, da Apple, 346-364
    criando entradas de novos aplicativos, 347-349
        nome da empresa e idioma principal, 347
        tela App Information, 347-349

tela Rights and Pricing, 350-351
  definindo a data de disponibilidade, 350-351
  descontos educacionais e disponibilidade regional, 351
  faixa de preços, 351
suportando múltiplos idiomas, 359-360
carregando binários do aplicativo para análise da App Store, 360-364
  na ferramenta Xcode Organizer, 362
  página Export Compliance, 360-361
  status Developer Rejected, 362
  status Waiting for Upload, 361
campo Version Information, 351-352
  atribuindo classificações, 355-357
  campo App URL, 354
  campo Contact Email Address, 353
  campo Copyright, 353
  campo Description, 352
  campo Keywords, 353
  campos Primary Category e Secondary Category, 352-353
  campo Review Notes, 354-355
  campo Support URL, 353-354
  campo Version Number, 351-352
  seção Images, 357-359
iTunes Connect. *Veja* Apple iTunes Connect, da Apple
iWebKit, 244

J

janela Certificate Assistant, Keychain Access, 246, 254
janela do projeto, Xcode, 343-345
janela Info, Xcode, 343-344
janela Organizer, Xcode, 245-246, 340, 345
janela Preferences, utilitário Keychain Access, 246
janela Target Info, Xcode, 252, 344
JavaScript Object Notation (JSON), 212
jogos, versões lite de, 132-133
Johnson, Mark, 161-162, 392
jQTouch, 244
JSON (JavaScript Object Notation), 212

K

Kaplan, Dean, 78
kit de desenvolvimento de software (SDK), 110
Knaster, Scott, 8

L

LaMarche, Jeff, 8
lançamento da publicidade, comercializando aplicativos, 370
largura da viewport, configurando, 297-298
largura de banda, para propaganda in-app, 152
Lesser GPL (LGPL), 52
LGPL (Lesser GPL), 52
Licença Pública Geral (LPG) do GNU, 52
licenças virais, 52
licenciamento, adquirindo
  documentando, 51
  garantias e indenização, 52
  licenças virais, 52
  marcas registradas da Apple, 52-53
Lieb, David, 19, 19
limitações do dispositivo, para a conta iOS Developer Program, 258
linguagem JavaScript
  detecção do navegador, 300-301
  substituindo dinamicamente Adobe Flash com conteúdo compatível com iOS usando, 301-302
linha Code Signing Identity, Xcode, 252, 259
linha do assunto, nos press-releases, 372-375
linha do resumo, nos press-releases, 375
link Editar Info, Página do Facebook, 316
link iTunes para App Store, 312
Link Maker Tool, 149-149
link Manage Users, página iTunes Connect, 214
link More, 335-336
link See Pricing Matrix, 351
link Status History, iTunes Connect, 364
link View Insights, Página do Facebook, 316
links, mantendo válidos, 277
Lips, Katie, 506
lista Category, aplicativo Keychain Access, 342
lista de catálogo do Comics, 203
lista Keychains, aplicativo Keychain Access, 342
listagens, no Apple iTunes Connect, 359
listas, Twitter, 313-314
litígio, 57
Llopis, Noel, 127, 208
Loehfelm, Erik, 77
login no Dev Center, iOS, 245-246
Logotipo do aplicativo, 269
logotipo do Breadcrumbs, 281-282
logotipos
  e ícones, 72-74
  empresa, 268-269

solicitando registro de marca para, 40-43
   aplicativos, 40-41
   passível de proteção, 41-43
LPG (Licença Pública Geral do GNU), 52

M

Magic Framework, 244
mala direta de e-mail com notícias, 292-293
mantendo a reputação profissional, 319-320
marca, com ícones, 74-75
Mark, Dave, 8
máscara de autodimensionamento UIView, 170
mecanismo in-app, para retorno do cliente, 235-236
menu suspenso Configuration, Xcode, 343-345
menu suspenso Overview, Xcode, 251
menu suspenso Price Tier, 217
menu suspenso Product, 169
menu suspenso Subclass, 221
mercados inexplorados, preenchendo necessidades com aplicativos, 12-15
metatag de descrição, 276
metatag viewport, 297
metatags de description e keywords, 276
   arquivos XML Sitemap, 277-278
   mantendo links válidos, 277
   keywords
      no texto, 276-277
      nos URLs, 277
   tags <title>, 275
metatags
   description, 276
   keywords, 276
método (IBAction)buttonPressed, 96
método adjustAdBannerPosition, 179-185, 187
método buyInApp, 222, 226
método canMakePayments, 223
método finishTransaction, 229
método IBAction, 96, 102
método prepareAdBannerView, 183
método prepareAltAdBanner, 183, 185, 187
método showShareOptions, 104, 112
método stringByAddingPercentEscapesUsingEncoding, 143
método tappedAltAdBanner, 185
mídia social, 287-290
migrando dados, para versões pagas a partir das versões lite, 140-143
   sincronizando com serviços em nuvem, 140-141
   transferindo dados através de comando no URL, 141-143
Mobile Safari, navegador da Apple,
   compatibilidade do site web com, 296-303
      bookmarking da tela inicial personalizada, 303
      configurando a largura da viewport, 297-299
      detecção do navegador, 299-301
      substituindo dinamicamente Adobe Flash por conteúdo compatível com iOS, 301-302
modelo Objective-C Class, 221
modelos, para protótipo da interface com usuário, 78-80
modo Linear, Ferramenta Dégradé (Gradient), 70-71
modo Radial, ferramenta Dégradé, 70
modo Realce (Highlight), 70
modo Sombra (Shadow), 70
modo White on Black, 88-89
Mrgan, Neven, 72

N

não apropriado para o ambiente de trabalho (NSFW-not suitable for work), 320
navegador Mobile Safari, Apple. *Veja* Mobile Safari, navegador da Apple
navegador Safari, Apple Mobile. *Veja* Mobile Safari, navegador da Apple
Neil, Theresa, 80
New File, opção, 221
Nicholas, Ethan, 129
Nicolle, Andrew, 14
NimbleBitís NimbleStore, 115
Rix, Matt, 132
nomes da empresa, fornecendo para submissão do aplicativo, 347
nomes de domínio
   benefícios dos, 273-275
   registrando antes de desenvolver um aplicativo, 32-33
nomes para aplicativos
   e primeiras impressões, 61
   pesquisando antes de desenvolver, 29-32
   técnica de nome estendido, 333-335
notícias por e-mail, malas diretas, 292-293
notícias
   coletando pré-liberação, 321-323
      escolhendo as fontes de imprensa, 321
      estabelecendo relacionamentos, 322-323
      oferecendo montagens ad hoc exclusivas e avançadas, 323-324

press-releases, 371-380
  descrição nos, 375
  enviando e-mails de agradecimento, 380
  enviando para sites web selecionados, 379-380
  formatando e-mail de anúncio sobre, 378-379
  indicador de fim do press-release, 376
  informações da empresa nos, 376
  informações de contato para a mídia nos, 376
  instruções de liberação nos, 373-374
  introdução nos, 375
  linha do assunto nos, 374
  linha do resumo nos, 374-375
  preço e disponibilidade nos, 375
  publicando no site web para baixa, 377-378
traduzindo, 377
URL do site web nos, 375-376
utilizando serviços de distribuição de press-releases, 380
notificações de status, aplicativo, 363-364
NSFW (not suitable for work-não apropriado para o ambiente de trabalho), 320
Nutting, Jack, 8, 29

O

oferecendo versão lite do aplicativo, 237-238
oferta pública inicial de ações (IPO), 50
Online Certificate Status Protocol (OSCP), 246, 253
opção Add to Home Screen, Mobile Safari, 303
opção Copy Link, 97
opção de aplicativo Target, Xcode, 344
opção de incluir vídeos relacionados, YouTube, 287
opção de menu Build and Archive, Xcode, 345, 362
opção Edit Import Settings, 317
opção Request is, utilitário Keychain Access, 246, 254
opção Resize View from NIB, 102
opção Select Existing Account, 220
opção Send an Update (enviar uma avaliação), Página do Facebook, 316
opção Start Importing, 317
opção Submit Now, 218
opção Submit with Binary, 219
opção URL Types, 141
opção Use Existing Account, 227

opção Use old embed code, YouTube, 287
opções desabilitadas, TestApp, 249
Optime Software, 113-114
orientação, e desenhando aplicativos para múltiplos dispositivos para iOS, 64-65
OSCP (Online Certificate Status Protocol), 246, 253
outlet inappButton, 222

P

página Connect, iTunes, 214
página do produto, App Store, 338-339
página Export Compliance, 360-361
página iTunes Connect, 214
página Manage Test Users, 214
página Manage Your Applications, iTunes Connect, 347
página Notes, 317
página Settings, Twitter, 310
página Version Information, 351-352, 355, 357, 358
página View Details, 359, 360, 383
Paid Applications Contract, 215, 346
painel Developer, Safari, 298
painel Groups & Files, Xcode, 221, 252, 259, 343-344
painel Settings, Stanza, 238
keywords
  atribuindo, 331-333
  no texto da página web, 276-277
  nos URLs, 277
  Twitter, 312-313
paleta inspector, 172, 175
paleta Library, 172, 174-176
parâmetro autoplay, Quick Time, 286-287
parâmetro bgcolor, QuickTime, 286-287
parâmetro content, 297-298
parâmetro controller, QuickTime, 286-287
parâmetro loop, QuickTime, 286-287
parcerias com outros desenvolvedores, 116-117
pasta Classes, 221
pasta Frameworks, 105, 169, 220-221
pasta iPad, 170
pasta iPhone, 170
pasta Shared, 101, 170, 177
pasta ShareKit, 111
patentes, 46-49
  contratando advogados de patentes, 48
  limite de tempo, 48
  registrando solicitação provisória de patente, 48-49

requisitos, 47
patrocínios, 190-191
Payan, Arash, 99
perfil Gravatar, 319
perfis de provisionamento, 250-251
    distribuição ad hoc, 258-259
    gerenciando e instalando distribuição na App Store, 343
perfis, personalizando no Twitter, 309-312
perguntas frequentes (FAQs), 353
Petty, Tom, 363
Photo Library, 339
Photoshop, Adobe, 67, 69
plataforma OpenFeint, 118-120
plataformas de jogos sociais, terceiros, 118-121
    escolhendo, 120-121
    oportunidades de interpromoção, 118-120
podcasts, comercializando aplicativos com, 398
política de privacidade, 293
pop-up UIAlertView, 238
preço, aplicativo, exibindo dentro do aplicativo, 138
preços promocionais, comercializando aplicativos com, 389-390
preços, 326-331
    analisando aplicativos concorrentes, 326
    aplicativos, 284
    faixa, 351
    deixando espaço para descontos, 326-327
    estrutura, para Compras in-app, 207
    nos press-releases, 376
    sustentando os negócios no longo prazo, 327-329
    valor percebido e resistência do cliente, 329-331
pré-litígio, 55-56
premiações
    comercializando aplicativos com, 397
    incluindo na descrição da App Store, 336
pré-requisitos, para criar aplicativos para iOS, 8-9
presença na web, 272
Pressman, David, 49
primeiras impressões, do aplicativo, 59-62
    com versão de avaliação, 60-61
    ícone e nome, 60
    imagens de tela, 60
processo de submissão à App Store, 346-368
    analisando as estatísticas de vendas, 366-368
    Apple iTunes Connect, 356-365
        criando entradas de novos aplicativos, 347-349

tela Rights and Pricing, 350-351
suportando múltiplos idiomas, 359-360
carregando binários do aplicativo para análise da App Store, 360-364
campo Version Information, 351-352
aprovação, 365-366
atribuindo keyword, 331-333
verificando status das configurações de contratos e pagamentos, 346
descrição, 335-337
    recursos e benefícios do aplicativo, 336
    prêmios e testemunhos, 336
    explicação do aplicativo, 335-336
    organizando, 337
dando nomes aos aplicativos, técnica expandida, 333-3354
preparando o binário do aplicativo, 342-345
    verificando o certificado de distribuição, 342-343
    compilando aplicativos para iOS, 345
    configurando projetos da ferramenta Xcode para distribuição na App Store, 342-343
    gerando e instalando perfis de provisionamento de distribuição da App Store, 343
preços, 326-331
    analisando aplicativos concorrentes, 326
    deixando espaço para descontos, 326-327
    valor percebido e resistência do consumidor, 329-330
    sustentando negócios no longo prazo, 327-329
rejeições, 364-365
imagens de tela, 338-342
    escolhendo a principal, 338-339
    incluindo imagens e texto personalizados, 340-342
Programa de Afiliação, iTunes, 139, 148-149, 381-382, 390-392
programa Download Exchange, AdMob, 391
programas de afiliação, 146-148
    ingressando no iTunes, 148-149
    visão geral, 146-149
progredindo, 33
    aplicativos concorrentes, 19-26
        analisando estatísticas de classificação, 21-22
        buscando nos diretórios de aplicativos de outras regiões, 21
        lendo análises dos clientes, 22-24
        testes dos, 25

aplicativos universais
　　desafios comerciais dos, 27-28
　　visão geral, 26-27
definindo diferenciadores, 25-26
e ícones de aplicativos, 33
e nomes de aplicativos, 29-32
evitando categorias saturadas, 17-19
preenchendo necessidades com o aplicativo, 11-17
　　competindo com aplicativos similares, 16-17
　　descobrindo mercados inexplorados, 12-15
　　melhorando a experiência móvel, 15-16
recursos online para, 401-404
　　fórum Selling Your Apps, 404
　　site web deste livro, 404
　　sites com diretórios, notícias e análises de aplicativos para iOS, 401-404
registrando nomes de domínio de sites web, 32-33
projeto AskForRating, 96
projeto iAdSuite, 168
projeto InAppAdv, 168-169, 170, 176-177
projeto InAppPurchase, 220
projeto Reachability, 169-170
projeto TellAFriend, 100, 108
projetos da ferramenta, Xcode, 168-169
projetos, executando no Xcode, 251-253
promoções, comercializando aplicativos com, 385-389
promovendo aplicativos, 95-121, 265-324. *Veja também* comercializando aplicativos
　　blogando, 304-305
　　　　distribuindo conteúdo para publicação, 305
　　　　hospedagem personalizada versus serviços de terceiros, 306
　　　　solicitando comentários, 305-306
　　bookmarking, 318
　　botões Tell A Friend (Conte a Um Amigo), 99-113
　　　　adicionando suporte a e-mail, 105-108
　　　　compartilhamento in-app, 100-105
　　　　integrando Twitter e Facebook, 108-113
　　　　serviços web de terceiros, 100
　　coletando notícias e testemunhos
　　　　pré-liberação, 321-324
　　　　　　escolhendo as fontes de imprensa, 321
　　　　　　estabelecendo relacionamentos, 322-323
　　　　　　oferecendo montagens ad hoc exclusivas e avançadas, 323-324
　　comentando em fóruns, grupos e blogs, 318-319
　　cultivando comunidades online, 304
　　encorajando análises dos usuários, 95-99
　　　　buscando retorno durante a execução, 96-98
　　　　pedindo classificações, 98-99
　　interpromoção in-app, 113-114
　　　　App Stores comunitárias, 116-118
　　　　App Stores embutidas, 115-116
　　mantendo a reputação profissional, 319-320
　　plataformas de jogos sociais de terceiros, 118-121
　　　　escolhendo, 120-121
　　　　oportunidades de interpromoção, 118-120
　　preparação
　　　　coletando materiais de marketing pré-liberação, 268-272
　　　　discursos de elevador, 266-268
　　　　encontrando seu público, 266
　　　　visão geral, 265
　　rede social Facebook, 314-318
　　　　conectando-se com os fãs, 316
　　　　criando páginas, 315
　　　　importando do seu blog e enviando para o Twitter, 316-318
　　rede social LinkedIn, 318
　　rede social MySpace, 318
　　rede social Twitter, 306-314
　　　　ganhando seguidores, 307-309
　　　　gerenciamento da conta, 305
　　　　gerenciando o tráfego, 314
　　　　listas, 313-314
　　　　keywords e hashtags, 312-313
　　　　personalizando perfis, 309-312
　　sites web, 272-296
　　　　anatomia dos, 279
　　　　aumentando a audiência, 295
　　　　benefícios dos nomes de domínio, 273-275
　　　　blogs versus sites personalizados, 273
　　　　compatibilidade com o navegador Mobile Safari, da Apple, 296-303
　　　　hospedagem na web, 272
　　　　rastreando o tráfego, 278-279
　　　　táticas de SEO, 275-278
propaganda in-app, 151-154
　　código, 177-188
　　　　como ferramenta de vendas, 153-154
　　　　conhecendo seu público, 152-153

propaganda, 390-394
  aplicativos suportados por, 158-164
    harmonizando a estética do desenho da IU com, 159-162
    propagandas domésticas, 162-164
    redes de propaganda, 161-162
  habilitando ao vivo, 188
  formatos, suportados pela rede móvel, 156
  iAd for Developers, 392-393
  para uma audiência móvel, 391-392
  incentivos "pague por instalação", 393-394
  programando aplicativos para suportar, 168-188
    classe Reachability, 169-170
    código de propaganda in-app, 177-188
    construindo a fundação, 170-172
    copiando arquivos domésticos para o projeto, 176-177
    estrutura de trabalho iAd, 168-169
    interface e hierarquia da propriedade UIView, 174-176
    projetos com a ferramenta Xcode, 168-169
    checando a conexão do dispositivo iOS com a rede, 173-174
  tamanhos suportados pela rede móvel, 156
propagandas ao vivo, habilitando, 188
propagandas domésticas
  copiando arquivos de imagens para o projeto, 176
  visão geral, 162-164
propriedade CFBundleVersion, arquivo Info.plist, 351
propriedade contentView, 166-167, 174-175
propriedade de largura, 298
propriedade Delegate, 225
propriedade Enabled, 222-223
propriedade get-task-allow, 260
propriedade HTTP_USER_AGENT, 301
propriedade inappObserver, 221-222
propriedade localizedDescription, 225-226
propriedades viewport, 298
  proteção da propriedade intelectual, 35-58
    em contratos com funcionários e terceiros, 49-50
  definição, 36
  definindo a estratégia, 37-49
    aplicativos para iOS, 38-39
    obtendo copyright de aplicativos, 39-40
    patentes, 46-47
    segredos comerciais, 43-44

solicitando registro de marca para aplicativos, ícones e logotipos, 40-43
EULA
  Apple, 54
  finalidade do, 53-54
  personalizado, 55
adquirindo licenças, 51-53
  documentando, 51
  garantias e indenização, 52
  licenças virais, 52
  marcas registradas da Apple, 52-53
proteção legal, 55-57
  litígio, 57
  pré-litígio, 56-57
  solução de demanda, 56
protótipos, interface com o usuário, 76-83
  colocando as ideias no papel, 77-78
  com papel, 80-81
  criando modelos em tamanho real, 78-80
  ferramentas móveis para modelos, 80
  testando a interação com o usuário para, 81-83
Provedores de Serviço de Internet (ISPs), 292
Provisioning Portal, iOS, 215, 221, 246
público
  aumentando através de sites web, 295-296
  encontrando, 266
push notifications específicas do aplicativo, testando, 249
push notifications, 249

Q

Quadro ADBannerView, 177-178, 183
quadro para banner iAd, 165-166, 167-168, 175, 183

R

rastreando
  desempenho dos esforços de marketing, 316
  tráfego no site web, 278-279
recomendações, comercializando aplicativos com, 397-398
recurso Build and Analyze, Xcode, 234
recurso Document Support, 140
recurso FeedFlare, serviço FeedBurner, 291
recurso Import a Blog, Facebook, 316
recurso Status History, iTunes Connect, 364
recursos de ajuda
  baseados em texto, 242-244

estruturas de trabalho web móveis, 244
    usando HTML, 242-249
demonstrações visuais, 240-242
dicas na tela, 238-239
vídeos instrucionais, 239-240
recursos mutilados nos aplicativos lite, 128
recursos por tempo limitado, não permitido, 128
recursos, incluindo na descrição para App Store, 336
recursos, para desenhar aplicativos, 89-92
    áudio, 92
    fontes, 91
    imagens, 90-91
    e serviços profissionais de design, 92-93
rede LinkShare, 148
rede social Linkedin, 318
rede social MySpace, 318
rede social Twitter, 306-315
    importando blogs para a, 316-318
    ganhando seguidores, 307-309
    gerenciamento da conta, 307
    gerenciando o tráfego, 314
    integrando, 108-113
        acessando a API, 109-110
        usando a biblioteca de classes ShareKit, 111-113
    listas, 313-314
    keywords e hashtags, 312-313
    personalizando perfis, 309-312
redes de propaganda móvel, 154-158
    critérios de escolha, 155-156
        disponibilidade global e direcionamento, 156-157
        relatórios e análises, 156
        tamanhos e formatos de propaganda suportados, 156
        taxas de ganhos e preenchimento, 157-158
    sites, 155
redes de propaganda, 161-162
redes sociais
    categoria de, 18-19
    Facebook, 314-318
    LinkedIn, 318
    MySpace, 318
    Twitter, 306-314
registro da marca
    Apple, 52-53
    solicitando para ícones e logotipos de aplicativos, 40-43
        solicitação, 41-42

passível de proteção, 42-43
regras, para ícones, 66-68
rejeição de aplicativo pela App Store, devido a telas de abertura, 115
rejeições, 364-365
remover, classificando aplicativos quando, 95
reportando, 156-157
reputação profissional, mantendo, 319-320
resistência do consumidor, 329-331
responsabilidade, limitações de, 54
retorno positivo, direcionando para a App Store, 236-237
retorno
    buscando durante a execução, 96-98
    direcionando para a App Store, 237-238
    solicitando direto, 235-237
Rowe, Ryan, 43

S

SaFire, 244
Schlegel, Jon, 114, 160, 188, 391
Schneider, Michael, 6, 31, 33, 35, 73, 356
SDK (kit para desenvolvimento de software), 110
seção Certificates, iOS Dev Center, 246
seção Code Signing, 221
seção Contracts, Tax and Banking, iTunes Connect, 164, 346
seção Design, página Settings, 310
seção Images, 357-358
    da página Version Information da listagem do aplicativo no iTunes Connect da Apple, 358-359
        ícone na App Store, 357-360
        imagens de tela do aplicativo, 357-358
    visão geral, 356-358
seção Localization, iTunes Connect, 333
seção Manage Users, iTunes Connect, 214-215
seção Manage Your Applications, iTunes Connect, 188, 347, 359, 383
seção Manage Your in-app Purchases, iTunes Connect, 215
seção Provisioning, iOS Dev Center, 343
seção Restrictions, General Settings, 220
segredos comerciais, 43-45
    acordos de confidencialidade, 44-45
    estabelecendo, 44
    limites da proteção, 45-46
selecionar MessageUI.framework, 105-106
Sencha Touch, 244
serviço App Annie, 366

serviço Bit.Iy, 290
serviço Campaign Monitor, 292
serviço Constant Contact, 292
serviço Email Subscriptions, serviço FeedBurner, 291
serviço FeedBurner, Google, 291
serviço GetSatisfaction, 396
serviço Google Alerts, 371
serviço Google Analytics, 279
serviço Heartbeat, 367
serviço iContact, 292
serviço MailChimp, 292-293, 396
serviço Mint, 279
serviço Site Meter, 279
serviço StreamSend, 292
serviço Truevoo, 385
serviço Twitter Search, 313
serviço Vertical Response, 318
serviço What the Trend, 339
serviços de terceiros, 100
serviços em nuvem, sincronizando com, 140-141
serviços, 204-205
servidores, baixando conteúdo dos, 211-213
Shaw, Cory, 273
Shepherd, Keith, 118
Short Message Service (SMS), 25
Simulator, iOS, 219, 234
sincronizando com os serviços em nuvem, 140-141
Sistema Operacional da Apple. *Veja* iOS
site complementar do livro O Negócio de Desenvolvimento de Aplicativos para iPhone e iPad, 404
site News and Announcements for Apple Developers, 363
site Webmaster Tools, Google, 277
sites de compartilhamento de vídeo, 239-240
sites de notícias, 401-404
sites personalizados, blogs contra, 273
sites, diretórios, notícias e análises de aplicativos, 431-434
Sky, Lima, 98, 99, 109
SMS (Short Message Service), 25
solicitação provisória de patente, registrando, 50-51
solução appFigures, 366
solução de demanda, 57-58
status Developer Rejected, 362
status do pagamento, 246-248
status In Review, 219, 363
status Pending Developer Approval, 218, 224
status Prepare for Upload, 215
status Ready for Sale, 363
status Waiting for Review, 219
status Waiting for Upload app, 361
Stim, Richard, 49
subclasse NSObject, 228
subdomínios, 275
substituindo Adobe Flash, por conteúdo compatível com iOS, 301-303
   usando linguagem JavaScript, 302
   usando PHP, 302-303
subvisualização viewController, 171-172
suporte a e-mail, acrescentando, 105-108
suporte ao cliente, 293-294
suporte
   mantendo o interesse dos clientes com, 395-396
   para Compras in-app, 212-213
Szeleney, Robert, 386

T

tag <head>, 376, 297, 300, 303
tag <html>, 301
tag <url>, 278
tag meta de keywords, 276
tag urlset, 278
tag viewport, 297-298
tags <title>, 275-290
táticas de otimização dos mecanismos de busca, *Veja* táticas de SEO
táticas de SEO (search engine optimization), 275-333
taxas de conversão (gratuito para premium), 114, 129
taxas de preenchimento, 157, 161-162
Tela App Information, 347-349
tela de abertura, discurso de vendas in-app na, 134
tela de registro no iTunes, 219-220
tela NimbleStore, 115
tela Promotional Codes, 383
tela Retina (Retina display), e desenhando aplicativos para múltiplos dispositivos para iOS, 65
tela Rights and Pricing, 350-351
   definindo Availability Date, 350-351
   descontos educacionais e disponibilidade regional, 351
   faixas de preço, 351
tela Settings, 142

tela sobre
  aplicativo Bump, 240
  aplicativo RunKeeper Pro, 242
tela Store, 219
tela Upgrades, aplicativo Simplenote, 204
tema AppifyWP, WordPress, 273
TESS (Trademark Electronic Search System), 31
testando a usabilidade, 25, 233-263
  beta, 253-262
    arquivos Entitlements, 260
    certificados de distribuição, 253-255
    compilando aplicativos para iOS, 260-261
    configurando aplicativos para distribuição, 259-260
    distribuição ad hoc de perfis de provisionamento, 258-259
    distribuindo aplicativos para os testadores, 261-262
    registrando IDs dos dispositivos dos testadores, 256-258
  configurando os dispositivos de desenvolvimento, 245-253
    certificados de desenvolvimento, 246-248
    criando IDs de aplicativos, 249-250
    executando o projeto Xcode, 251-253
    ferramenta Xcode Organizer, 245-246
    perfis de provisionamento, 250-251
    registrando Device IDs, 248-249
  minimizando a quantidade de clientes insatisfeitos, 233-237
    evitando as armadilhas comuns, 234-235
    solicitando retorno direto, 235-237
  recursos de ajuda in-app, 237-244
    baseados em texto, 242-244
    demonstrações visuais, 240-242
    dicas na tela, 238-239
    vídeos instrucionais, 239-240
testemunhos
  coletando antes da liberação, 321-324
    escolhendo fontes de notícias, 321-322
    estabelecendo relacionamentos, 322-323
    oferecendo montagens ad hoc exclusivas e avançadas, 323-324
  incluindo na descrição na App Store, 336
testes beta, 253-261
  arquivos Entitlements, 260
  certificados de distribuição, 253
  compilando aplicativos para iOS, 260-261
  configurando aplicativos para distribuição, 259-260

  distribuindo aplicativos para os testadores, 261-262
  perfis de provisionamento para distribuição ad hoc, 258-260
  registrando Device IDs dos testadores, 261-262
    coletando IDs, 257-258
    recrutando, 256-257
TestFlight, 263
tipo Assinatura, 200, 217
tipo de produto Consumível, 199, 217
tipo iAd Banner View, 165-166
tipo não consumível, 199, 217
totalmente funcionais, aplicativos lite, 128
Trademark Electronic Search System (TESS), 31
traduzindo, press-releases, 377
trailers, vídeo, 270-271
transferindo dados através de comando no URL, 141-143
tutoriais, 238

U

UDID (unique device identifier-identificador único do dispositivo), 246
UI. *Veja* interface com o usuário
UIAlertView como solicitação de retorno, 96
UIKit, 84-86
  cores da barra de ferramentas, 87-88
  cores de background, 88
  ícones e imagens para, 86-87
UILabel, 167
UITableView, 166, 243-244
UiUIKit, 244
UIWebView, 242
Uniform Resource Locators (URLs), keywords favoráveis, 277
URL do site web do aplicativo, 381-382
URL, transferindo dados através de, 141-143
URLs (Uniform Resource Locators), keywords favoráveis, 277
usabilidade. *Veja* testando a usabilidade
utilitário Application Loader, 362
utilitário Camtasia for Mac, 271
utilitário Final Cut Pro, 271
utilitário iMovie, 271
utilitário iShowU HD, 271
utilitário PhoneFinger, 271
utilitário ScreenFlow, 271
utilitário Screenium, 271
utilitário SimFinger, 271

utilitário Snapz Pro X, 271
utilitário Sound Stage, 271
utilitário Voila, 271

V

valor Bundle Identifier, 249
valor Bundle Seed ID, 249
valor percebido, 329-331
vCard de contato/cartão de visita, 15, 323
versão atualizada, 208
versão de avaliação, e primeiras impressões, 59-62
versões experimentais, 124
versões lite, 124-143
    agendando a liberação, 133-134
    controle da qualidade, 139
    de aplicativos
        liberação de versão paga e, 133-134
        oferecendo, 237-238
    discurso de vendas in-app, 133-139
        adicionando informações de atualização nas versões lite, 135-138
        colocando botão comprar, 134-135
        incluindo análises, 138-139
    estratégias para, 130-133
        versões lite de aplicativos de produtividade e utilitários, 131
        versões lite de jogos, 132-133
    reforçando as vendas de aplicativos pagos, 129-130
    migrando dados para a versão paga a partir dc, 140-143
        sincronizando com serviços em nuvem, 140-141
        transferindo dados via comando no URL, 141-143
    restrições, 128
    versus itens de Compra in-app, 125-127
versões pagas
    incrementando as vendas com versões lite, 129-130
    migrando dados para a versão, a partir das versões lite, 140-143
        sincronizando com serviços em nuvem, 140-141
        transferindo dados através de comando no URL, 141-143
Flash video, 239
vídeos
    de aplicativos em ação, 284-287
    instrucionais, 239-240

    trailers, 270-271
visualização agrupada de tabela, 86-87
vitrine in-app, 205-206
volume de vendas, a importância do, 129-130, 142-143
voluntários, para testes beta, 253, 256-257

W

WebApp.Net, 244
Websites, 272
    anatomia dos, 279
        blogs e feeds RSS, 290-292
        botão de compra, 283-284
        detalhes adicionais, 287
        discursos de elevador, 283
        emblemas de identidade na App Store, 283
        extras para serem baixados, 295
        identidade da empresa, 294
        identidade da marca do aplicativo, 281-282
        imagens de tela e vídeo, 284-287
        interpromoção, 294-295
        malas diretas de e-mail com notícias, 292-293
        mídia social, 287-290
        preços, 284
        suporte ao cliente e informações de ontato, 293-294
    aumentando a audiência, 295-296
    benefícios dos nomes de domínio, 273-274
    blogs versus sites personalizados, 273
        compatibilidade com o navegador Mobile Safari, da Apple, 296-303
        bookmark personalizado da tela principal, 303
        configurando a largura da viewport, 297-298
        detecção do navegador, 300-301
            substituindo dinamicamente Adobe Flash com conteúdo compatível com iOS, 301-302
    hospedagem na web, 272
    rastreando o tráfego, 278-279
    táticas de SEO, 275-278
        arquivos XML Sitemap, 277-278
        mantendo links válidos, 277
        meta tags de description e keywords, 276
        keywords, 276-277
        tags <title>, 275

URL dos, nos press-releases, 375-376
website App Store Metrics, 22
website App Store Stats, 22
website APPlyzer, 22
website AppTrends, 22
website MajicRank, 21
website Mobclix, 21
website PositionApp, 22
website Top App Charts, 22
website Vischeck, 89
Weiner, Nate, 111, 113
Wooldridge, Dave, 8, 310

X

Xcode, 245-246
    configurando projetos para distribuição na App Store, 343-344
    Organizer, carregando binários para análise na App Store, 362
    projetos, 169, 251-253

Y

Young, Andy, 318

Cartão Resposta
050120048-7/2003-DR/RJ
Elsevier Editora Ltda
...CORREIOS...

ELSEVIER

SAC | 0800 026 53 40
ELSEVIER | sac@elsevier.com.br

CARTÃO RESPOSTA
Não é necessário selar

O SELO SERÁ PAGO POR
Elsevier Editora Ltda

20299-999 - Rio de Janeiro - RJ

Acreditamos que sua resposta nos ajuda a aperfeiçoar continuamente nosso trabalho para atendê-lo(la) melhor e aos outros leitores.
Por favor, preencha o formulário abaixo e envie pelos correios ou acesse www.elsevier.com.br/cartaoresposta. Agradecemos sua colaboração.

Seu nome: _____

Sexo: ☐ Feminino ☐ Masculino   CPF: _____

Endereço: _____

E-mail: _____

Curso ou Profissão: _____

Ano/Período em que estuda: _____

Livro adquirido e autor: _____

Como conheceu o livro?
☐ Mala direta
☐ Recomendação de amigo
☐ Recomendação de professor
☐ Site (qual?) _____
☐ Evento (qual?) _____
☐ E-mail da Campus/Elsevier
☐ Anúncio (onde?) _____
☐ Resenha em jornal, revista ou blog
☐ Outros (quais?) _____

Onde costuma comprar livros?
☐ Internet. Quais sites? _____
☐ Livrarias ☐ Feiras e eventos ☐ Mala direta

☐ Quero receber informações e ofertas especiais sobre livros da Campus/Elsevier e Parceiros.

Siga-nos no twitter @CampusElsevier

Qual(is) o(s) conteúdo(s) de seu interesse?

Concursos
- [ ] Administração Pública e Orçamento
- [ ] Arquivologia
- [ ] Atualidades
- [ ] Ciências Exatas
- [ ] Contabilidade
- [ ] Direito e Legislação
- [ ] Economia
- [ ] Educação Física
- [ ] Engenharia
- [ ] Física
- [ ] Gestão de Pessoas
- [ ] Informática
- [ ] Língua Portuguesa
- [ ] Línguas Estrangeiras
- [ ] Saúde
- [ ] Sistema Financeiro e Bancário
- [ ] Técnicas de Estudo e Motivação
- [ ] Todas as Áreas
- [ ] Outros (quais?) _____

Educação & Referência
- [ ] Comportamento
- [ ] Desenvolvimento Sustentável
- [ ] Dicionários e Enciclopédias
- [ ] Divulgação Científica
- [ ] Educação Familiar
- [ ] Finanças Pessoais
- [ ] Idiomas
- [ ] Interesse Geral
- [ ] Motivação
- [ ] Qualidade de Vida
- [ ] Sociedade e Política

Jurídicos
- [ ] Direito e Processo do Trabalho/Previdenciário
- [ ] Direito Processual Civil
- [ ] Direito e Processo Penal
- [ ] Direito Administrativo
- [ ] Direito Constitucional
- [ ] Direito Civil
- [ ] Direito Empresarial
- [ ] Direito Econômico e Concorrencial
- [ ] Direito do Consumidor
- [ ] Linguagem Jurídica/Argumentação/Monografia
- [ ] Direito Ambiental
- [ ] Filosofia e Teoria do Direito/Ética
- [ ] Direito Internacional
- [ ] História e Introdução ao Direito
- [ ] Sociologia Jurídica
- [ ] Todas as Áreas

Media Technology
- [ ] Animação e Computação Gráfica
- [ ] Áudio
- [ ] Filme e Vídeo
- [ ] Fotografia
- [ ] Jogos
- [ ] Multimídia e Web

Negócios
- [ ] Administração/Gestão Empresarial
- [ ] Biografias
- [ ] Carreira e Liderança Empresariais
- [ ] E-business
- [ ] Estratégia
- [ ] Light Business
- [ ] Marketing/Vendas
- [ ] RH/Gestão de Pessoas
- [ ] Tecnologia

Universitários
- [ ] Administração
- [ ] Ciências Políticas
- [ ] Computação
- [ ] Comunicação
- [ ] Economia
- [ ] Engenharia
- [ ] Estatística
- [ ] Finanças
- [ ] Física
- [ ] História
- [ ] Psicologia
- [ ] Relações Internacionais
- [ ] Turismo

Áreas da Saúde
- [ ]

Outras áreas (quais?): _____

Tem algum comentário sobre este livro que deseja compartilhar conosco?

_____

Atenção:
- As informações que você está fornecendo serão usadas apenas pela Campus/Elsevier e não serão vendidas, alugadas ou distribuídas por terceiros sem permissão preliminar.
- Para obter mais informações sobre nossos catálogos e livros, por favor, acesse www.elsevier.com.br ou ligue para 0800 026 53 40